城市名片

LINYICHENGSHIMINGPIAN

- 东夷文化发祥地
- 战争年代华东暨山东解放区首府
- 全国双拥模范城市
- 中国优秀旅游城市
- 全国红色旅游重点城市
- 全国创建文明城市工作先进城市
- 全国社会治安综合治理优秀市
- 中国市场名城
- 中国地热城
- 中国书法名城
- 国家园林城市
- 国家环保模范城市
- 中国城乡建设范例城市
- 2010中国全面小康最具安全感城市

临沂年鉴

YEARBOOK OF LINYI

2011

中共临沂市委
临沂市人民政府 主办

中華書局

《临沂年鉴》编纂委员会

《临沂年鉴》编辑人员

《临沂年鉴》理事单位

编辑说明

一、《临沂年鉴》是中共临沂市委、临沂市人民政府主办的大型综合性政务工具书。该书旨在逐年全面反映临沂市情，具有很强的综合性、资料性、权威性、连续性和资政、教育、存史作用。是各级领导进行科学决策的重要依据，国内外了解临沂的信息窗口，对干部群众进行爱国主义、集体主义和社会主义教育的生动教材。从1995年起，每年编辑出版1部。

二、编辑《临沂年鉴》，坚持以马列主义、毛泽东思想和邓小平理论和“三个代表”重要思想为指导，以科学发展观为统领，实事求是地反映全市各行各业发展的历史进程。务求做到观点正确，内容翔实，分类科学，结构严谨，特点鲜明，语言精练，文图并茂，实用性强。

三、《临沂年鉴》2011年卷，主要记述2010年全市地理环境、政治、经济、军事、政法、科技、教育、文化、卫生、体育、社会、人物等方面的内容，力求多层次、多角度、全方位地反映出全市的总体面貌和特点。

四、《临沂年鉴》采用分类编辑法，以部类为大单元，部类下设分目，分目下设条目。条目为记述的基本单元。为查阅方便，条目标题采用黑体字并加【 】表示。

五、《临沂年鉴》入选人物，主要包括市级以上劳动模范、省部级以上先进工作者，逝世人物中主要收录年内去世的担任过正县级实职及以上职务的领导干部等。

六、《临沂年鉴》所用数据务求真实准确，主要数据以统计局公布的数字为准，统计局未列入的，以主管部门认定的数字为准。

七、行文采用语体文记述体，语言力求准确、精练、朴实，做到文约事丰。使用规范化汉字、标点符号和标准计量单位。

八、《临沂年鉴》稿件由县区和市直各有关部门提供。为示负责，文稿作者署名。各县区文稿除作者署名外，另附专栏组稿人名单。

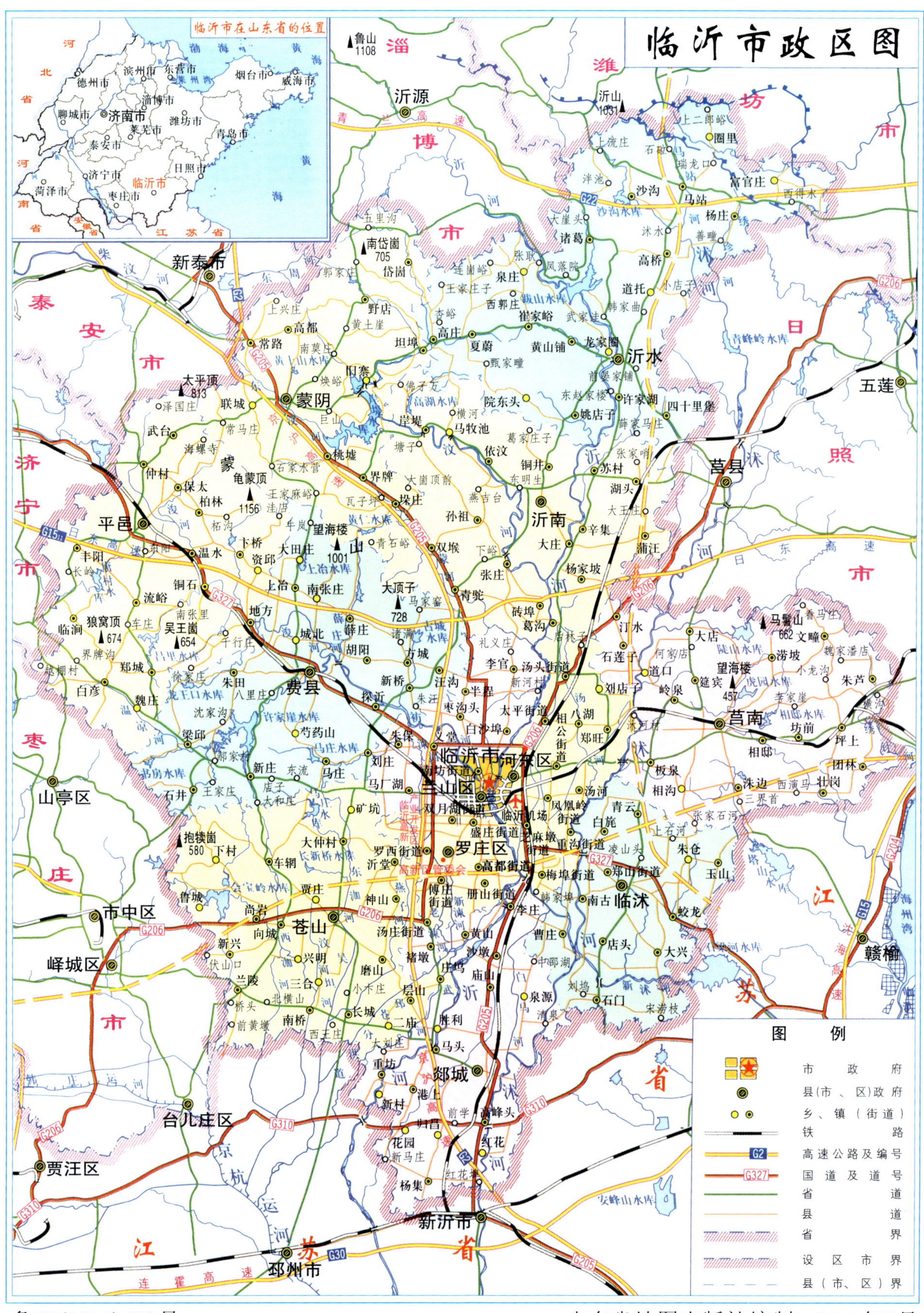

鲁SN(2010)070号

山东省地图出版社编制　2010年6月

鲁SN(2010)070号

山东省地图出版社编制　2010年6月

11月22～23日，中共中央政治局常委、中央政法委书记周永康来临沂市视察调研。

4月18～19日，全国人大常委会副委员长桑国卫来临沂市调研。

5月20日，国务委员兼国务院秘书长马凯来临沂调研信访工作。

11月22～23日，全国群众工作会议在临沂市召开。

10月1～5日，中央国家机关工委常务副书记杨衍银来临沂市参观考察。

5月29日，市委副书记、市长张少军到临沂市科技馆视察。

10月28日，市政协主席孟宪海带队视察交通重点工程项目建设。

5月10日，市人大常委会党组书记、第一副主任朱绍阳带队视察国家卫生城市创建工作。

商贸之都 物流天下

临沂机场

沂河铁路大桥

临沂口岸保税仓库

临沂市地理位置示意图

立晨物流集团

澳龙国际物流信息发布中心

临沂万兴都国际商业公园

科技创新　工业强市

临工——沃尔沃现代化的地下往返式总装流水线

久泰化工——中国最大的二甲醚生产基地

金沂蒙集团——全国复合肥基地

澳柯玛、格仑特著名品牌落户临沂

国电费县发电有限公司

金锣集团——
中国最大的冷鲜肉生产车间

板材加工与贸易

展现孝悌文化的大型新编历史故事柳琴戏《王祥卧鱼》

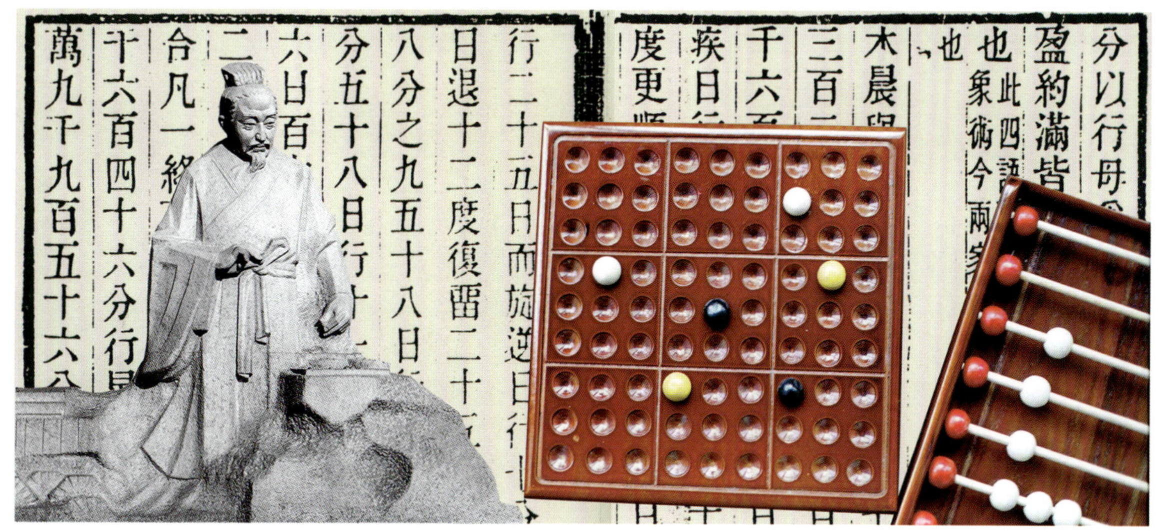

刘洪（约公元130-196年），字元卓，东汉泰山郡蒙阴（今临沂市蒙阴县）人，杰出的天文学家和数学家。著有中国第一部历书《乾象历》，发明了珠算，被尊称“算圣”。

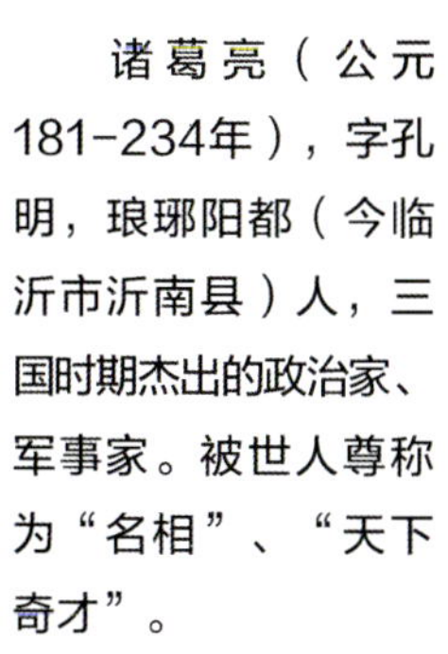

诸葛亮（公元181-234年），字孔明，琅琊阳都（今临沂市沂南县）人，三国时期杰出的政治家、军事家。被世人尊称为“名相”、“天下奇才”。

1972年银雀山汉墓出土竹简4974枚，有《孙子兵法》、《孙膑兵法》、《六韬》、《尉缭子》等先秦古籍，证实了中国历史上确有孙武、孙膑其人并各有兵书传世，为“中国二十世纪百年百项考古发现”之一。

全国爱国主义教育基地——华东革命烈士陵园

沂蒙母亲王换于纪念馆

中共中央山东分局旧址

山东沂蒙红色影视（党性教育）拍摄基地

八路军115师司令部旧址暨山东省政府成立地

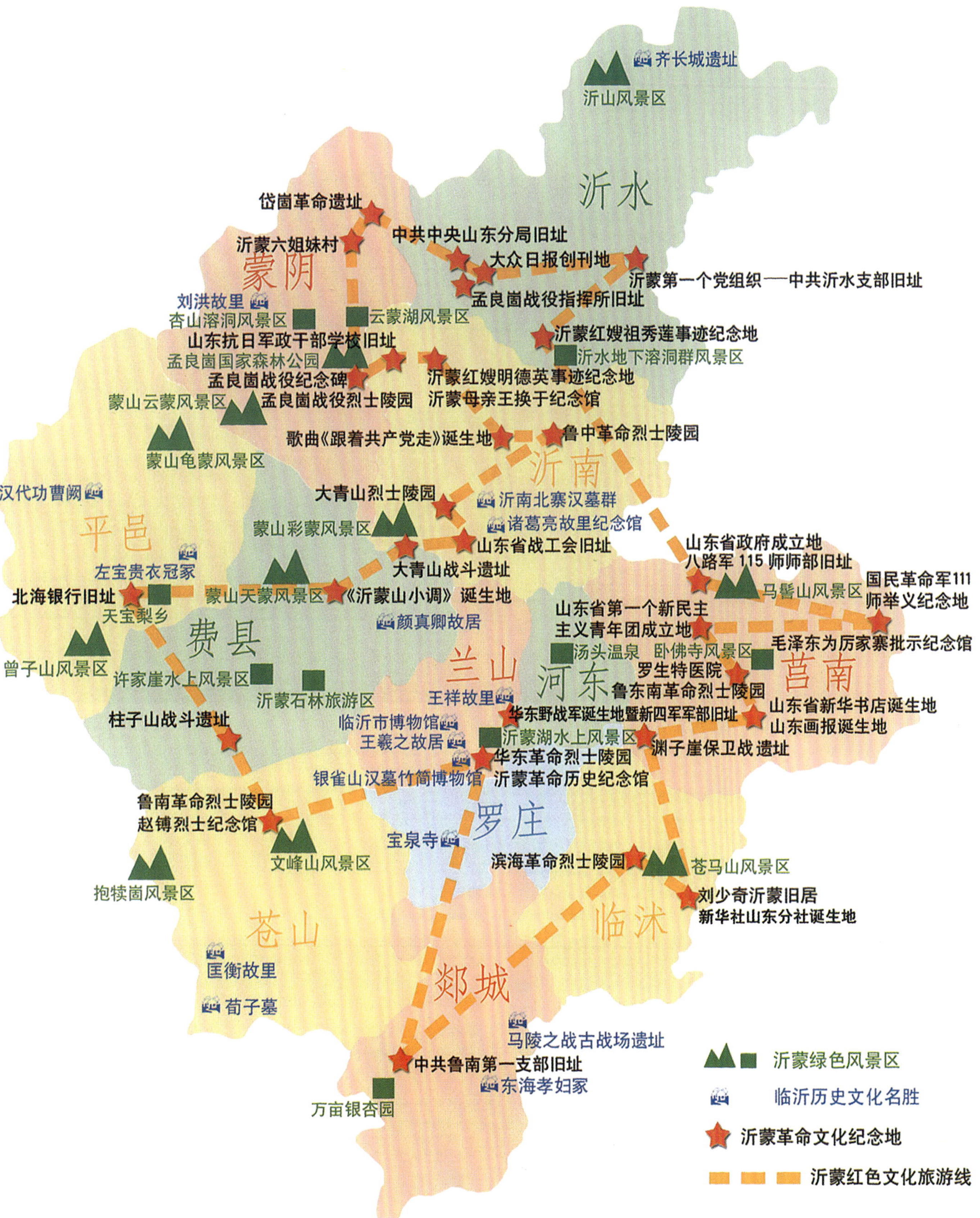

沂蒙红色文化旅游线示意图

华盛江泉城大酒店

生态家园

三级甲等综合医院

临沂大学校区一角

滨河公园

阳光沙滩浴场

滨河大道一角

临沂市区滨河一角

临沂 年鉴2011
2011YEARBOOK OF LINYI

运动之城 旅游胜地

F1摩托艇世界锦標賽中国臨沂大獎賽

经典红运 盛世中国

1241

莒南县天马岛旅游区

沂水县地下画廊

观塘温泉

智圣汤泉

沂水县地下大峡谷

经济与社会发展成就图解

生产总值

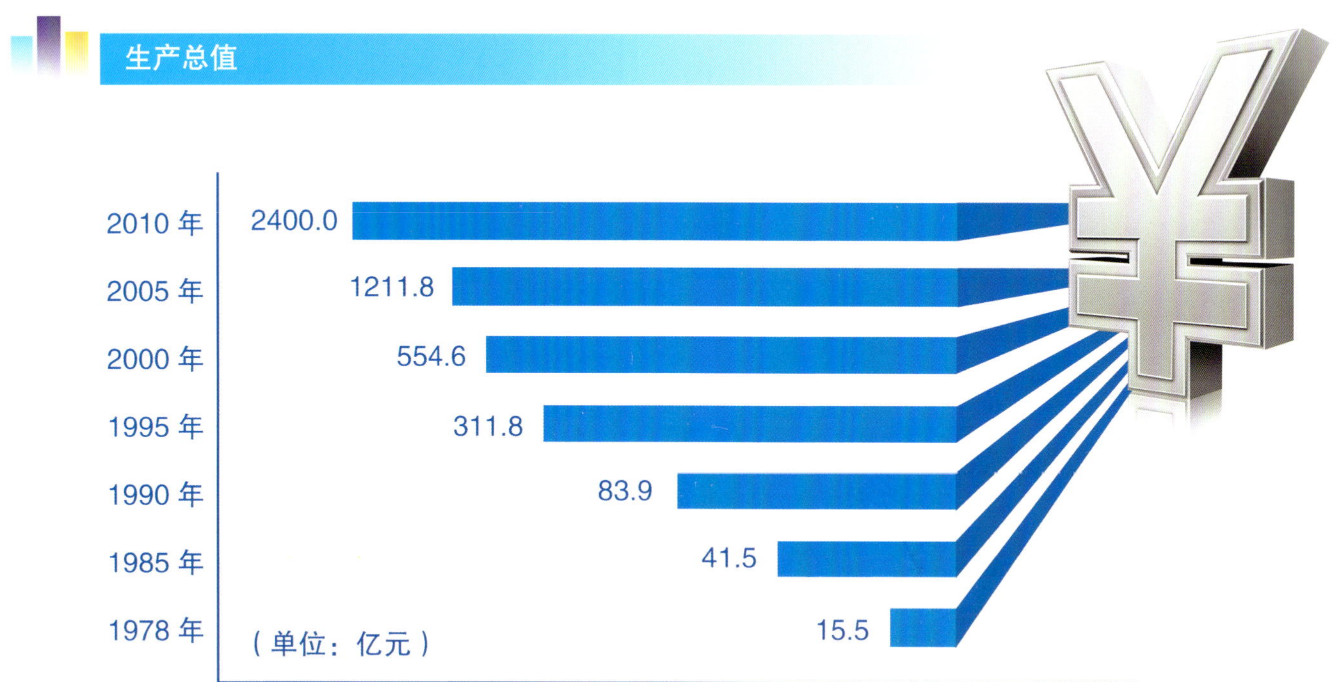

全社会金融机构存贷款情况

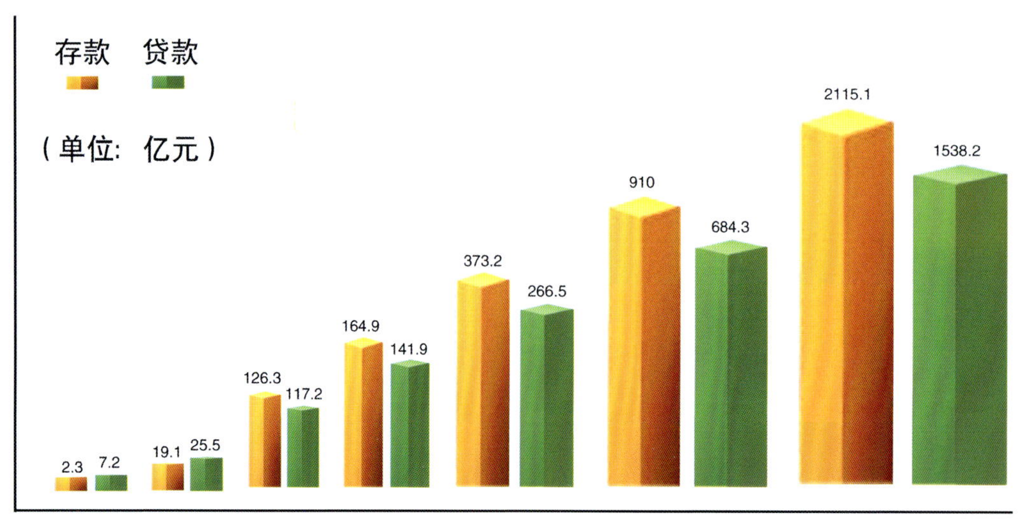

地方财政收入情况

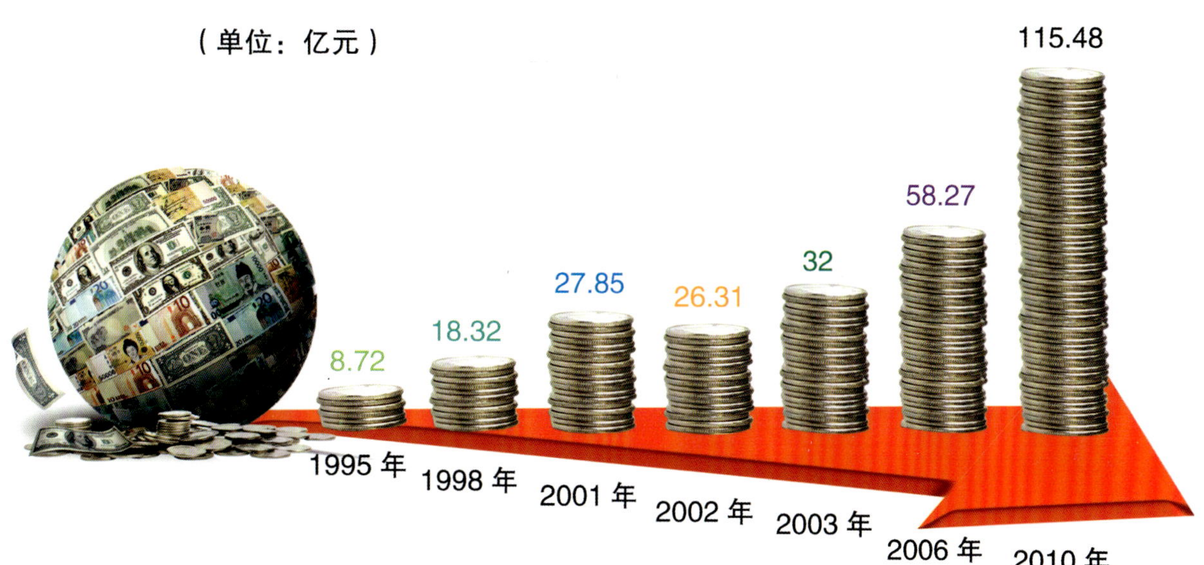

出口情况

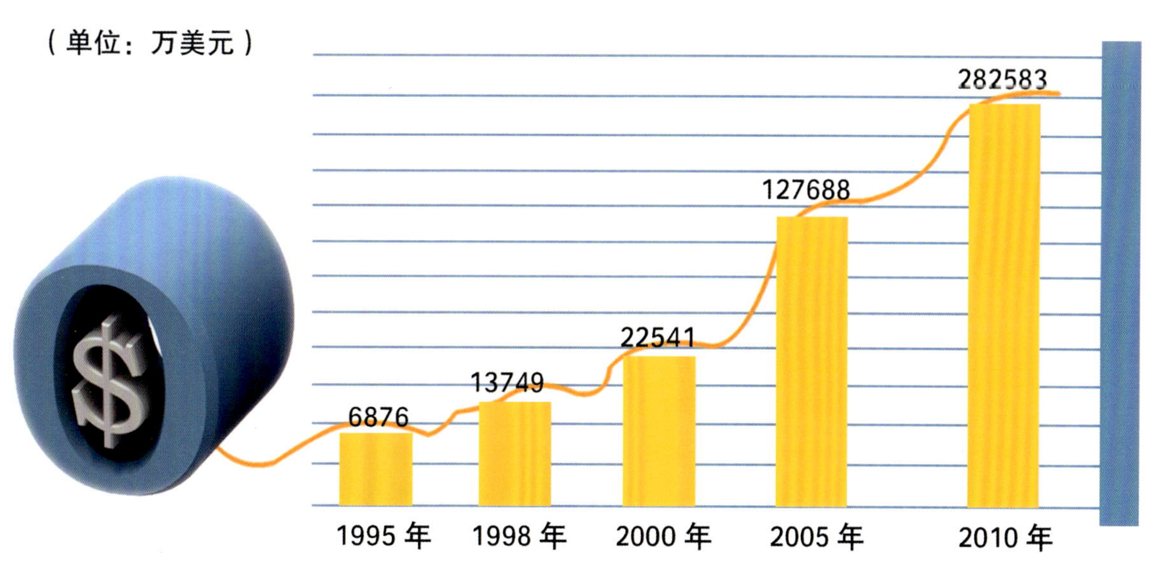

社会消费品零售总额

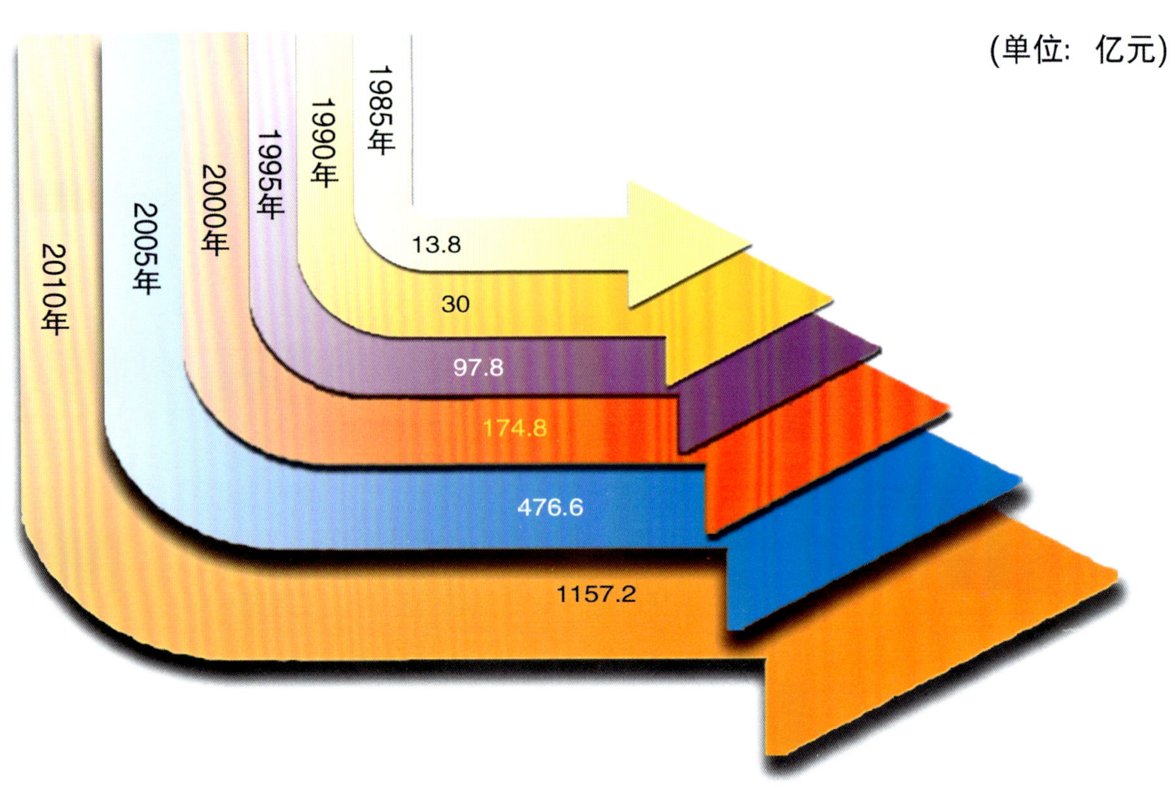

农林牧渔业总值

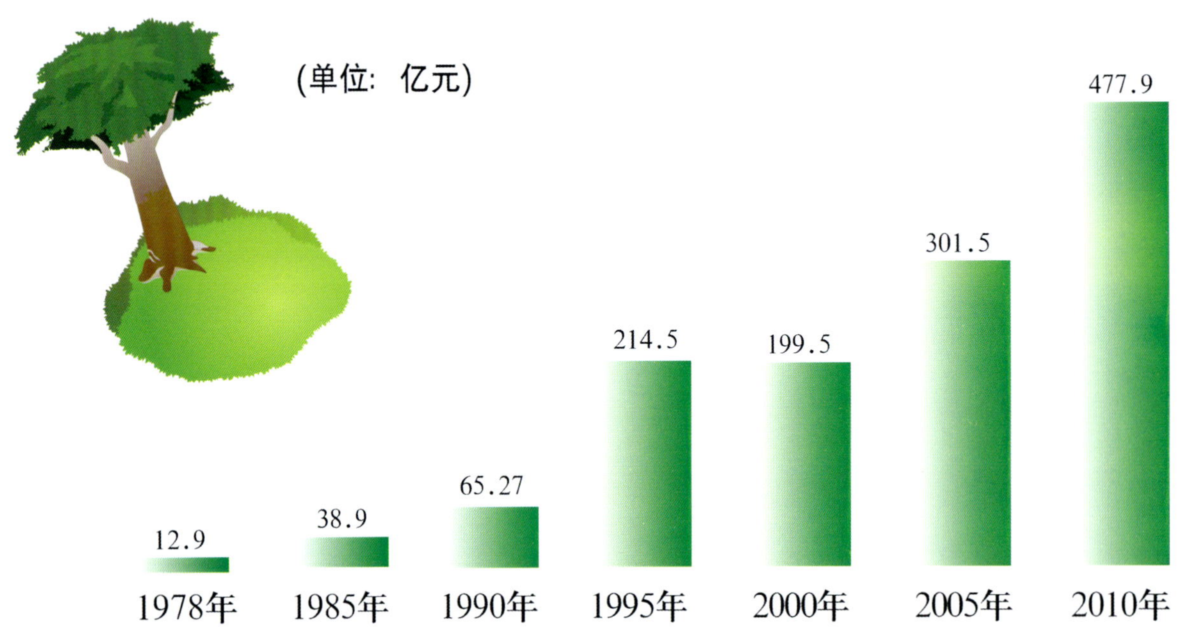

城乡居民人均收入

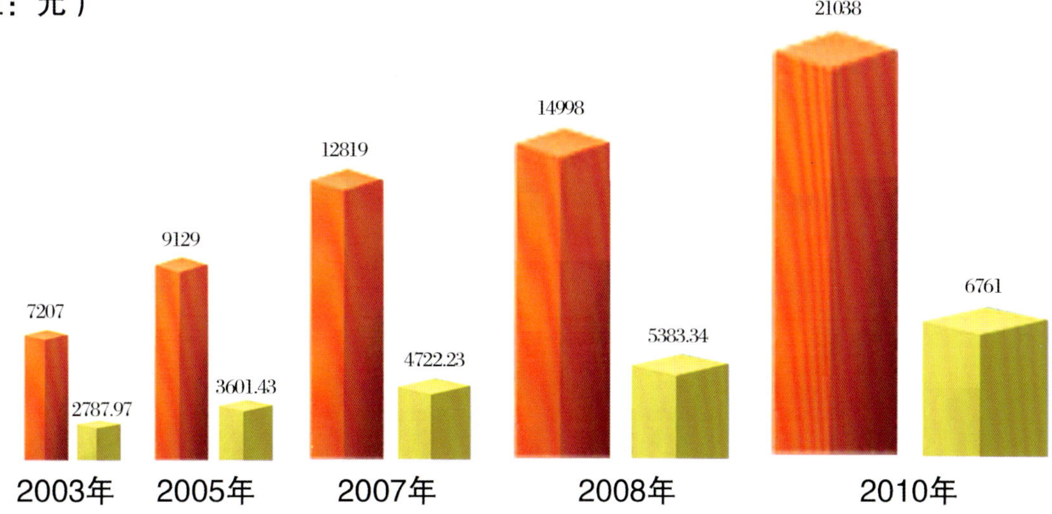

总人口

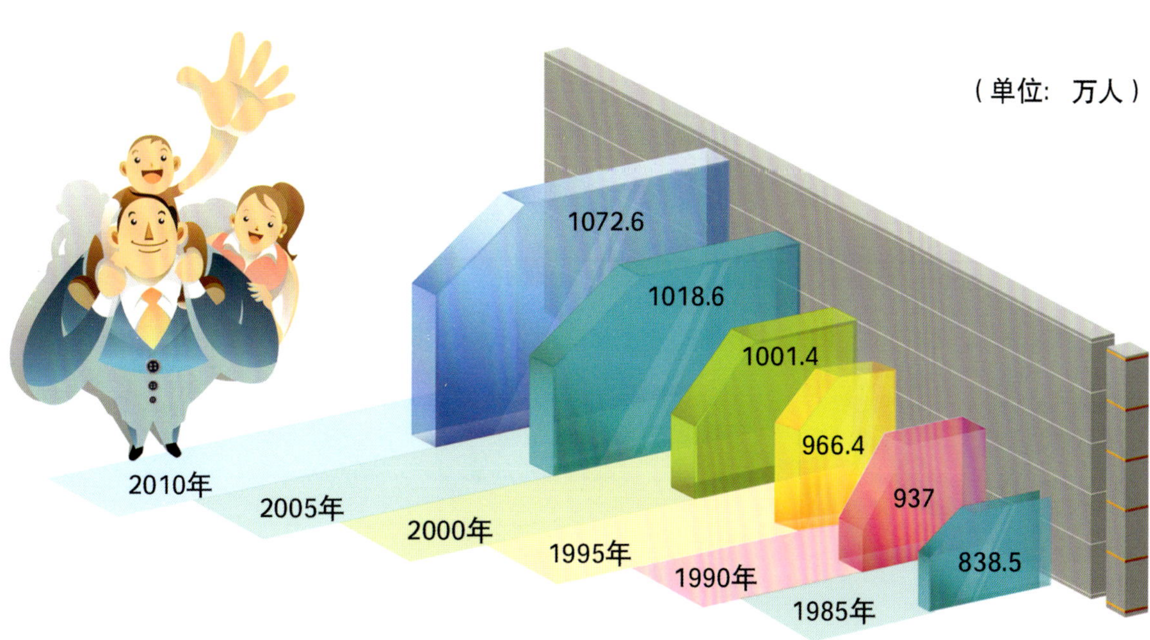

图书在版编目（CIP）数据

临沂年鉴. 2011 /《临沂年鉴》编纂委员会编.
—北京：中华书局，2011.9
ISBN 978-7-101-08146-6

Ⅰ. 临… Ⅱ. 临… Ⅲ. 临沂市 – 2011 – 年鉴
Ⅳ. Z525.23

中国版本图书馆 CIP 数据核字 (2011) 第 169965 号

责任编辑：朱 慧

临沂年鉴 2011
《临沂年鉴》编辑部编
中华书局出版
（北京市丰台区太平桥西里 38 号 100073）
Http://www.zhbc.com.cn
E-mail:zhbc@zhbo.com.cn
临沂市地方史志办公室 策划
临沂玉峰印刷有限公司 印刷
*
889×1194 1/16 31.50 印张 18 插页 760 千字
2011 年 11 月第 1 版 2011 年 10 月第 1 次印刷
印数：1-3000 册 定价：260.00 元

ISBN 978-7-101-08146-6

目　录

特　载

大　事　记

专　记

概　况

建置沿革

环境·资源

人口·民族

国民经济和社会发展

政党·政务

中国共产党临沂市委员会

军事·政法

经济管理

农　　业

工　　业

对外贸易及经济合作

县区概况

兰山区

罗庄区

河东区

郯城县

苍山县

莒南县

人　物

文献辑存

便民生活

主题索引

Contents

Parties · Administration

Military · Political and Legal Affairs

Economic Management

Agriculture

Industry

Commerce · Tourism

Foreign Trade and Economic Cooperation

Transportation · Post

Urban &Rural Construction · Environ ment Protection

Finance & Tax · Banking

Science & Technology

Education

Culture

Health · Sport

Social Life

Districts and Counties

People

Documents

Transport Services

Index table

特　载

临沂市人民代表大会常务委员会工作报告

——2010年1月20日在临沂市第十七届人民代表大会第三次会议上

临沂市人民代表大会常务委员会副主任　朱绍阳

各位代表：

我受连承敏主任的委托，代表市人大常委会向大会报告一年来的工作，请予审议。

过去一年的工作回顾

过去的一年，是临沂市进入新世纪以来面临困难最大、压力最重的一年，也是工作最有成效、目标任务完成最好的一年。在市委的坚强领导下，全市人民万众一心，迎难而上，风雨同舟，和衷共济，迸发出了前所未有的热情和干劲，经受住了前所未有的挑战和考验，经济、文化和社会事业在逆境中实现了跨越发展，国民生产总值历史性地突破了2000亿元大关。

过去的一年，市人大常委会自觉坚持党的领导，全面落实党的十七大和十七届三中、四中全会精神，紧紧依靠全体代表和全市人民，围绕中心，服务大局，依法履职，和谐共进，为实现富民强市新跨越做出了积极的贡献。

一年来，常委会忠实履行法定职权，共召开了7次例会，听取审议了“一府两院”11项专项工作报告，依法作出了35项决议决定和审议意见，为推进经济文化强市建设发挥了应有的职能作用。

一年来，常委会深入开展视察和调查研究，形成了20篇视察和调研报告，提出了许多有价值的意见建议，为推进经济文化强市建设提供了科学的决策依据。

一年来，常委会积极推进民主法制建设，对8部法律法规实施情况进行了执法检查，配合省人大对7部法律法规草案进行了立法调研，为推进经济文化强市建设创造了良好的法制环境。

一年来，常委会始终坚持党的领导、充分发扬民主、严格依法办事，任命了32名国家机关工作人员，为推进经济文化强市建设奠定了坚实的组织基础。

一、全面贯彻市委决策部署，努力创造团结和谐、科学务实的工作局面

和谐有活力，实干出实效。一年来，常委会始终坚持把维护市委的权威、维护市几大班子团结实干的“品牌”，作为一项政治任务，充分发挥权力机关、监督机关、民意机关的优势，积极主动地谋科学发展、议和谐发展、促率先发展。

（一）突出发展主题，依法推进“经济大市”建设。打造与人口大市相匹配的经济大市，是富民强市的根本，是千万沂蒙人民的共同愿望。一年来，常委会按照讨论决定重大事项办法的规定，通过听取专项工作报告、视察调研、适时作出决议决定和审议意见，促进了国民经济持续健康运行。先后审查了2009年计划和预算草案，审查批准了2008年市级财政决算。听取审议了2009年上半年计划和预算执行情况的报告、2008年市级预算执行和其他财政收支情况的审计工作报告。针对经济运行中存在的矛盾和困难，建议市政府突出重点产业发展，加大项目建设力度，促进经济结构优化调整。同时，要求市政府及审计部门抓好审计查出问题的整改，提高财政资金使用效益，促进计划、预算的顺利执行。市政府以对人民高度负责的精神，全力扩内需、调结构、保增长、惠民生、促稳定，全市经济在复杂严峻的宏观经济形势下，保持了平稳较快发展。

（二）立足传统优势，依法推进“商贸强市”建设。打造“物流天下”的商贸强市，对于巩固临沂市商贸业发展的优势地位，实现由传统商贸物流向现代商贸物流跨越，具有重大意义。为促进临沂市市场持续繁荣，常委会听取了市政府关于《临沂市城区市场产业发展规划》编制情况的报告，并依法作出了决议。要求将规划纳入全市经济社会发展总体规划，尽快出台与规划相配套的政策措施，为建设商贸物流强市提供强有力的产业支撑，努力把临沂商城打造成中国最大的现代市场集群之一、中国最大的电子商务平台之一、中国国际性商品集散中心。

（三）着眼长远发展，依法推进“文化名市”建设。近年来，临沂市以打造古今文化相辉映的文化名市为目标，加快实施文旅一体化发展战略，带动了经济跨越发展。按照市委的决策部署，常委会先后组织对《市人大常委会关于加强文化事业建设的决议》落实情况进行了检查，对临沂城区使用书法题字及中小学书法教学情况进行了调研，对《文物保护法》实施情况进行了执法检查，对全市文化市场管理执法工作进行了视察。听取审议了市政府关于全市旅游工作情况的报告，围绕加快旅游项目建设、开拓文化旅游市场、优化旅游发展环境，提出了有针对性的建议。上年，临沂市推出了《沂蒙六姐妹》、《沂蒙》、《蒙山沂水》等一批在全国具有影响力的文化精品项目，获得了“全国文化体制改革先进地区”、“中国最佳文化生态旅游城市”等荣誉称号，文化旅游产业成为临沂市抗金融危机冲击最强的行业之一。

（四）坚持以人为本，依法推进“宜居城市”建设。打造“城水相依、人水相亲”的滨水宜居城市，人人共享，人人有责。一年来，常委会先后组织对《市人大常委会关于加强滨河景区管理的决议》落实情况进行了检查，对国家园林城市创建、城乡环境综合整治、植树造林和荒山绿化等工作进行了视察，审议批准了《临沂市综合交通规划》。临沂市上年被评为全国创建文明城市工作先进市、全国社会治安综合治理优秀市，顺利通过了国家园林城市考核验收，在全国城市公共文明指数测评中获得地级城市全国第七位、全省第一位的优异成绩；全市城乡环境综合整治工作力度大、措施硬、进展快，形成了全民动员、人人参与的浓厚氛围，得到了省委、省政府领导的高度评价。临沂的城乡面貌越来越美，临沂人民的自信心越来越足，临沂的知名度和美誉度越来越高。

二、全力支持市政府应对危机，努力营造迎难而上、共克时艰的浓厚氛围

宏观经济形势的新情况、新变化，对人大工作提出了新要求、新挑战。一年来，常委会带着责任和感情全力支持市政府迎难而上、攻坚克难，共同唱响“化危为机、危中求机”的主旋律，形成了众志成城保增长、齐心协力促发展的强大合力。

（一）围绕扩内需，积极支持市政府推进项目建设。扩内需最有效的办法是扩大投资，最有效的载体是项目建设。为推动投资快速增长、项目建设顺利进行，常委会听取了市政府关于2009年地方政府债券收支安排及预算调整方案的报告，要求相关部门强化监管，确保债券资金重点用于民生项目。组织对全市交通基础设施重点项目建设、中小型水库除险加固、测绘等工作进行了视察，建议市政府把加大固定资产投资作为保增长的重要措施，全方位推进项目建设，增强经济发展后劲。省人大常委会调研组总结了临沂市病险水库除险加固的经验和做法，省委、省政府主要领导作出批示，并在临沂市召开了现场会。为解决项目建设资金问题，常委会先后作出了关于批准重点项目使用银行贷款的17项决定，并听取了市政府关于2009年度贷款资金使用情况的报告。

（二）围绕调结构，积极支持市政府加快经济转型。调结构、促转型，是应对危机挑战、实现经济平稳较快发展的根本途径。常委会积极推进工业经济调结构、上水平。组织对全市工业经济、迎淮检查及电力等工作进行了视察，开展了三次“沂蒙环保世纪行”活动，建议市政府加快推进节能减排，不断优化工业经济结构，全面提高自主创新能力。常委会积极推进农业经济调结构、上规模。6月，组织对全市农业综合开发和扶贫开发工作进行了调研；8月，赴陕西、甘肃等地考察学习，形成了《关于外地特色农业发展情况的考察报告》；11月，组织对全市优质农产品基地建设情况进行了视察，建议市政府以优质农产品基地品牌建设为抓手，加快推进农产品生产经营的规模化、标准化、品牌化。常委会积极推进外经外贸调结构、拓市场。听取审议了市政府关于全市外经贸工作情况的报告，提出了积极承接欧美等发达国家产业转移、扎实推进境外园区建设等建议。

（三）围绕保增长，积极支持市政府优化发展环境。优化发展环境,是适应区域竞争、保障经济平稳较快发展的重要条件。为了营造有利于中小企业健康发展的融资环境,常委会组织对全市银行业金融机构支持中小企业发展情况进行了视察,建议市政府充分发挥主导作用,加强信用担保体系建设。随后,市政府转发了市金融办、工商局、经贸委、人民银行、银监局等五部门《关于临沂市动产抵押、股权质押暂行办法》。为了创造最佳的创业、投资、发展环境,常委会审议通过了《临沂市授予荣誉市民办法实施细则》,组织对平安临沂建设情况进行了视察,对《台湾同胞投资保护法》实施情况进行了执法检查。市政府按照执法检查组提出的建议,制定了《关于优化发展环境维护台胞利益促进临台经贸合作的意见》,促进了临沂市台资企业的健康发展。

三、不断强化代表工作,努力打造"民意通道、代表之家"的服务品牌

民意通道越畅达,科学发展越有力。一年来,常委会充分发挥人大代表密切联系人民群众的优势,不断提高代表对人大工作的参与程度,为代表履行职责、反映民意开辟了快捷通道。全体代表牢记人民重托,积极投身经济、政治、文化和社会建设,尽到了代表的义务,履行了代表的责任,展现了代表的风采。本次人代会期间,将对评选出的49名优秀市人大代表进行隆重表彰。

(一)强化代表联系工作,积极提供组织保障。继续坚持常委会组成人员分工联系代表制度,认真落实邀请代表列席常委会会议制度,积极组织代表参加常委会开展的视察、调研、执法检查及"一府两院"开展的座谈会、听证会、法庭庭审等活动,不断拓宽代表知情知政渠道。9月,围绕"食品安全法贯彻实施"、"农村社会保障体系建设"两个课题,分别组织驻临沂的全国和省人大代表开展了专题调研活动。12月,组织驻临沂市的全国人大代表和省、市部分人大代表进行了会前集中视察,收集整理议案和建议100余件,为代表在全国和省人代会上宣传临沂的大好形势、提出高质量的议案和建议打下了基础。

(二)创新代表活动载体,精心打造"代表之家"。坚持把代表小组建设作为提升代表工作水平、增强代表活动实效的重要措施,制定了《关于进一步规范完善人大代表小组建设的实施意见》,将代表小组建设纳入了制度化、规范化的轨道。建立了驻临沂全国人大代表小组活动室,对各县区代表小组规范化建设情况进行了检查,努力把代表小组活动室打造成"代表之家"。上年,全省人大代表工作经验交流会在临沂召开,对临沂市代表小组规范化建设的经验和做法给予了充分肯定,并在全省进行推广。

(三)突出代表主体地位,充分发挥代表作用。把提出高质量的议案和建议,作为代表执行职务的重要内容。市十七届人大二次会议期间,代表共提出议案2件、建议186件,闭会期间代表提出建议1件。市政府对议案和建议办理工作高度重视,精心组织,强化督查,做到了件件有回音,事事有着落。常委会突出加强《关于加大对岸堤水库水源地保护与综合开发的议案》、《关于严格沂河两岸规划控制,开发建设,改善水质,形成景观,打造城市名片的议案》办理的督促指导,两次召开主任会议听取市政府办理情况的汇报。有关专门委员会加强调研,反复论证,认真审议,向常委会提出了审议结果的报告。《岸堤水库水源地保护规划》、《沂河两岸开发控制规划》的编制工作已基本完成,为下一步开发建设打下了基础。

四、深入开展学习实践活动,努力塑造勤政为民、务实高效的良好形象

只有勤政为民、务实高效,才能不负众望、不辱使命。一年来,常委会以开展深入学习实践科学发展观活动为契机,深入基层,心系群众,强化服务意识,创新体制机制,努力打造决策科学、运转高效、勤政廉洁、充满活力的地方国家权力机关。

(一)坚持把调查研究作为学习实践活动的有力抓手。按照学习实践活动的统一安排,常委会领导班子成员深入开展了"抢抓机遇、科学发展"调研活动,围绕"充分发挥代表职能、促进经济社会发展"、"应对新形势下财政增收困难、缓解县乡财政压力"、"有效畅通基层信访渠道、切实解决群众合理诉求"、"整合临沂城区水资源、加快大水城建设"、"解决农村医疗卫生机构人才匮乏"等5个方面的课题,开展了深入细致的调查研究,提出了26条有针对性的建议和对策。

(二)坚持把机制创新作为学习实践活动的重要内容。从服务、保障科学发展的需要出发,积极稳妥地推进机制创新和制度建设。制定了常委会专项工作评议办法,机关党组、党委议事规则、工作职责,秘书长职责及协调工作规则,督查工作办法、常委会任命人员任前法律考试、供职报告实施办法等21项规范性文件,对16项规章制度进行了修订,编印了常委会及机关工作制度汇编，形成了功能比较齐全、结构比较合理的制度体系。

（三）坚持把改善民生作为学习实践活动的最终目标。认真落实“人民群众得实惠”的要求，着力推进以改善民生为重点的社会建设。4月，组织对全市中小学校舍危房改造工作进行了调研，建议市政府进一步加大专项资金投入力度，确保按期完成危房改造任务。5月，听取了市政府关于农村住房建设与危房改造项目使用银行贷款的报告，并依法作出了决定。6月，组织对全市劳动和社会保障工作进行了视察，就妥善解决“零就业家庭”就业、关闭破产企业退休人员医疗保险、被征地农民社会保障等问题，提出了建议。常委会还组织对福彩发行促进福利事业发展情况进行了视察，协助全国人大和省人大内司委对《工会法》、《残疾人保障法》实施情况进行了执法检查。通过聘请律师参与人大信访工作，不断创新信访工作机制，努力提高信访工作水平。一年来，共接待群众来访763批、1330人次，办理群众来信364件次，办理上级人大督办、交办信件及领导批示信件137件，为化解社会矛盾、维护群众利益、促进社会和谐，做出了积极的贡献。

各位代表！过去的一年，常委会各项工作和建设都取得了明显成效，这是市委坚强领导的结果，是“一府两院”和全市人民大力支持的结果，是常委会组成人员和各级人大代表共同努力的结果。在此，我代表市人大常委会向各位代表、向关心支持人大工作的各级领导、社会各界，表示崇高的敬意和诚挚的感谢！

主要经验和做法

各位代表，回顾过去一年的工作，我们深感团结的珍贵、实干的重要。一年来，市人大常委会始终坚持党的领导，牢牢把握人大工作的政治方向，在实践中探索、积累了一些值得总结的经验和做法。

（一）强化责任意识，瞪大眼睛搞监督。常委会不断强化“依法监督，和谐共进”的监督理念，坚持把党委科学决策、政府着力推进、人民群众普遍关心、人大职权范围内的事项作为监督重点，加大了监督工作的力度。一是实行了审议意见卡制度。常委会组成人员在认真审议的基础上填写审议意见卡，会后由办公室进行汇总整理、编发简报，提高了常委会的审议质量。二是强化了对司法机关的监督。组织对全市“五五”普法依法治市工作及《法官法》、《检察官法》、《监狱法》实施情况进行了检查；听取审议了市中级人民法院关于人大交办督办信访案件办理情况的汇报；对常委会任命的有关审判人员、检察人员进行了书面述职。三是加大了跟踪督办的力度。对常委会有关决议落实情况及时进行检查，推进了相关工作的深入开展。

（二）强化导向意识，放开嗓子造舆论。常委会始终坚持“内宣造氛围，外宣塑形象”的宣传思路，强化舆论导向，加大宣传力度，努力营造良好的舆论氛围。制定了《关于加强人大宣传报道工作的意见》，通过《临沂人大工作》、临沂人大信息网、临沂日报“人大视窗”栏目等宣传阵地，通过开展宣传人民代表大会制度好新闻评选等活动，深入宣传人民代表大会制度的性质、地位和作用，深刻认识我国人民代表大会制度与西方议会制度的本质区别，旗帜鲜明、坚定不移地走中国特色社会主义民主政治道路。开展了纪念新中国成立60周年、地方人大设立常委会30周年系列活动，全方位、多层次地展示临沂市经济社会发展和民主法制建设取得的辉煌成就，鼓舞人心、凝聚力量。上年，全市人大系统在市级以上新闻媒体发表稿件1700余篇，其中在《中国人大》等国家级刊物发表稿件15篇，对于提高临沂的知名度、扩大人大工作的社会影响发挥了积极作用。

（三）强化融入意识，铺下身子去实干。常委会牢固树立“围绕中心，服务大局”的指导思想，积极探索人大工作如何更好地融入全市工作大局，将履行法定职权与参与中心工作紧密结合起来。按照市委的统一部署，常委会有多位主任和委员直接参与了北城新区建设、涑河片区治理开发、国家园林城市创建及陷泥河综合整治、武河湿地建设等中心工作，实现了在参与中监督、在监督中支持，赢得了社会的认可，得到了市委的肯定。实践证明，几大班子围绕中心工作齐上阵，“人大、政协打头阵”，这既是市委对人大的高度信任，也是更好地发挥人大作用、参与经济建设的重要机遇，更是对政府工作的有力支持。

（四）强化表率意识，挺直腰杆抓自律。常委会严格落实“创一流，做最佳”的目标要求，不断加强常委会及机关自身建设，努力做勤奋学习、用心工作、团结协作、廉洁自律的模范。常委会十分重视履职能力的提升。通过各种形式，深入学习中国特色社会主义理论和人大业务知识，不断提高依法履职的水平。常委会十分重视发挥各专门委员会的作用。各专门委员会围绕常委会的工作重点,有计划地听取有关部门的工作汇报,深入开展视察和调研活动,为提高常委会的工作质量发挥了重要作用。常委会十分重视机关建设。通过深化精细化管理和规范化建设,机关服务保障能力有了明显增强,保持了“省级文明机关”称号。常委会十分重视老干部工作,努力做到政策到位、感情到位、服务到位,积极争取老领导、老干部对人大工作的关心和支持。常委会十分重视对县区人大工作的指导,通过多种形式交流工作、听取建议,形成了全市人大工作整体推进的局面。

各位代表,在肯定成绩的同时,我们也清醒地看到工作中存在的不足。主要是,人大代表中蕴藏的潜力和热情还没有完全激发出来;监督效果与人民群众的期望和要求还有差距。对此,我们将高度重视,认真研究解决。

2010年的主要工作任务

各位代表,2010年是实施“十一五”规划的最后一年,也是为“十二五”规划启动实施奠定基础的关键一年。在新的一年里,常委会要在市委的坚强领导下,全面贯彻落实党的十七大和十七届三中、四中全会精神,以服务发展、促进发展为立足点,以关注民生、维护民利为着力点,以强化监督、推进法治为切入点,着力促进经济平稳较快发展,着力推进民生改善,着力保障宪法和法律有效实施,努力把人大工作提高到一个新水平。

(一)围绕中心,认真履行法定职权。要坚持把促进全市经济平稳较快发展放在首位,认真听取审议国民经济和社会发展计划、财政预算、审计监督等工作情况的报告,依法适时作出决议决定和审议意见,确保圆满完成“十一五”规划目标任务。督促市政府及有关部门认真做好“十二五”规划(草案)的编制,明确今后五年的工作思路和发展战略。按照全市经济工作会议提出的“结构调整是主线,工业经济是重点,城镇化战略是主导,临港产业是突破口,县域经济是基础,改善民生是落脚点”的工作思路和重点,多搞有深度的调查研究,多提建设性的意见建议,多做实质性的推进工作。

(二)突出重点,切实增强监督实效。要坚持把推动市委决策部署的落实作为监督工作的重中之重,听取审议“两型”社会试点、法院执行工作、矿产资源管理、职业教育等专项报告;围绕国家卫生城市创建、沂河两岸规划开发、污染物减排、侨资企业发展、“五五”普法依法治市等工作,深入开展视察、调研活动;组织对《山东省宗教事务管理条例》等法律法规实施情况进行执法检查,对常委会有关决议落实情况进行跟踪督办;强化对农村住房建设与危房改造、饮用水源地保护、荒山绿化、城乡环境综合整治等热点问题的监督,真正做到心系群众、贴近群众、为了群众;深入开展专项工作评议,督促“一府两院”依法行政、公正司法,推进各项工作求实效、上水平。

(三)创新机制,充分发挥代表作用。要坚持把做好代表工作、发挥代表作用,作为人大工作的永恒主题,健全完善代表工作制度,科学规范代表闭会期间活动,为代表依法执行职务提供全方位的服务和保障。进一步强化抓基层、打根基的意识,不断深化代表小组规范化建设,使之真正成为代表履行职责、执行职务的阵地。切实改进代表议案和建议督办工作,探索建立满意度评判机制,选择有代表性的建议进行现场督促检查。充分利用各种新闻媒体,广泛宣传优秀市人大代表的典型事迹,引导、激励全体代表为临沂经济社会发展建功立业。

(四)适应形势,全面加强自身建设。要坚持把思想政治建设作为自身建设的首要任务,自觉运用中国特色社会主义理论体系武装头脑、指导实践、推动工作,牢牢把握人大工作正确的政治方向。认真学习监督法、选举法等法律法规和人大业务知识,深入开展调查研究,自觉接受人民群众的监督。继续发挥人大宣传的教育和导向作用,不断提高人民代表大会制度和人大工作的社会知晓率。充分发挥各专门委员会的作用,强化与“一府两院”的联系与沟通。不断完善信访工作机制,加大催办、督办力度,督促解决人民群众反映的实际问题。继续加强对机关干部的教育和培养,切实增强人大机关的生机与活力。进一步密切与县区人大的联系,共同推动全市人大工作再上新水平。

各位代表,始终不渝地坚持和依靠党的领导,是我们不断从胜利走向胜利的根本保证。让我们更加紧密地团结在以胡锦涛为总书记的党中央周围,在市委的坚强领导下,倍加珍视政通人和的大好局面,自觉维护团结实干的政治品牌,不断提升依法履职的能力水平,更加坚定率先发展的信心决心,为开创人大工作新局面、谱写富民强市新篇章做出新的更大的贡献!

政府工作报告

——2010 年 1 月 19 日在临沂市第十七届人民代表大会第三次会议上

临沂市市长　张少军

各位代表：

现在，我代表市人民政府向大会作工作报告，请予审议，并请市政协委员和其他列席会议的同志提出意见。

一、2009 年工作回顾

刚刚过去的一年是极不平凡的一年。面对国际金融危机冲击和各种困难的考验，市政府在市委坚强领导和市人大、市政协大力支持下，深入贯彻落实科学发展观，认真贯彻执行中央和省委、省政府决策部署，坚定信心、迎难而上、科学务实、积极作为，全力保增长、保民生、保稳定，各项工作取得了显著成绩，经济文化强市建设上了新水平。

（一）坚持扩内需、调结构，经济实现平稳较快发展。抓住国家实施积极财政政策和适度宽松货币政策的机遇，及时制定出台扩大内需和推进结构调整、节能减排、自主创新等方面政策措施，集中力量抓落实，经济运行持续回升，主要经济指标完成情况良好。预计全年实现生产总值 2100 亿元左右，同比增长 13% 左右；实现地方财政收入 91.5 亿元，增长 14.1%；规模以上固定资产投资 1150 亿元，增长 24.8%；社会消费品零售额 973 亿元，增长 19.1%。农业农村经济发展形势好。粮食生产连续 6 年增收，综合亩产和总产分别达到 416.7 公斤和 456.1 万吨，林牧渔业产品产量平稳增长；农产品质量安全水平提高，新建各类优质农产品基地 6.29 万公顷、累计达到 24 万公顷。工业生产较快回升。规模以上工业增加值同比增长 15.9%，实现利润、利税分别增长 18.8% 和 16.8%；实施工业发展振兴规划，新增利税过千万元企业 104 个，新创中国驰名商标 8 件，高新技术产业产值占规模以上工业的比重比年初提高 2 个百分点，电动汽车等新兴产业发展实现了历史性突破。服务业快速提升。旅游总收入同比增长 17.84%，文化产业增加值增长 22%，临沂商城商品交易额突破 600 亿元，首届中国农产品加工与流通博览会、山东省第十二届广告节等大型会展活动成功举办，被评为全省服务业发展先进市。节能减排工作成果显著。累计淘汰 294 条落后产能生产线，关停取缔或停产、限期治理了 2439 家环境安全隐患企业，实施了 189 项水污染防治和总量减排工程，万元 GDP 能耗、化学需氧量和二氧化硫排放量持续下降。

（二）实施城镇化主导战略，城乡环境面貌有了进一步改观。健全完善规划体系，加快城乡基础设施建设，深入开展创城和环境综合整治活动，取得显著进展。城市形象不断提升。北城新区、涑河片区、滨河景区、临沂大学二期等重点工程及陷泥河、南涑河治理等重点项目进展顺利。中心城区新增绿地面积 3426 万平方米，新安装路灯 1 万多盏，顺利通过了国家园林城市专家组考核验收。农村基础设施建设得到加强。中小型水库除险加固、农房建设、农村沼气建设工作走在全省前列，完成 299 座小型水库除险加固任务，竣工农村住房 12.8 万户，实施危房改造 2 万余户，新增户用沼气 4.8 万户，新建、改造农村公路 1125.4 公里，农村自来水普及率、有线广播电视入户率分别达到 80% 和 70%。交通、电力等重大基础设施进一步完善。沂河生态路实现全线贯通，206 国道临沂绕城北线及岚济路临沂至费县新庄段等公路建成通车，主城区实现了四环闭合通行。临沂机场改造提升土建工程完成，新开辟航线 4 条。电网建设提前一年完成“十一五”规划建设项目。

（三）稳步推进改革开放，经济发展活力不断增强。继续深化企业改革，临沂商城公司化改革和中通飞燕汽车公司等企业改制重组依法规范实施。大力发展非公有制经济，民间投资占规模以上投资的比重比上年提高 4.3 个百分点，新登记个体工商户 4.75 万户，民营经济实现税收占国地税收入的比重达到 80.8%。创新金融服务手段，健全银政企沟通合作机制，推行动产抵押、股权质押、商标专用权质押等办法，建立和拓展中小企业信用担保及贷款风险补偿体系，支持解决企业贷款难问题，全市新增本外币各项贷款 347 亿元，是上年的 2.2 倍，其中年末中小企业贷款余额较年初增加 69.5 亿元。完善耕地保护和建设用地保障制度，土地增减挂钩实施规模居全省首位。在全省率先实施了文化管理体制改革，被授予全国文化体制改革先进地区称号。扎实推进农村综合改革，集体林权制度改革试点基本完成，农村流通网络建设走在全国前列。稳步推进行政管理体制改革，市政务大厅行政审批实际提速88%，政府机构编制实名制管理经验被国家人事部推广。完善和落实招商引资政策，强化以商招商、资源招商，全年引进利用市外资金同比增长15.9%。采取有力措施支持外经贸实现恢复性增长，全年完成进出口总额34.2亿美元，实际利用境外资金3.05亿美元，被评为全省外经贸工作先进市。

（四）着力保障民生，人民群众生产生活条件得到改善。全面落实各项惠民政策，集中力量实施为民重点办好的10件实事，各级财政民生方面的支出达112亿元，同比增长33.8%。居民收入增加，城镇居民年人均可支配收入同比增长9%，农民人均纯收入增长8%左右。就业形势基本稳定，新增城镇就业9.2万人，培训和转移农村劳动力21.3万人。社会保障水平提高，城镇职工基本养老保险参保人数增长6.14%，企业退休人员人均月增养老金134元；新型农村养老保险试点在平邑县正式启动；城镇基本医疗保险参保人数增长40.2%；新型农村合作医疗参合率达到99%，人均筹资标准、大病报销封顶线分别提高到100元和4万元；城乡低收入居民基本实现应保尽保，农村低保标准提高到每人每年1000元，城市低保月人均补助水平达到120元。义务教育经费保障、贫困家庭学生资助政策进一步完善，农村中小学生均公用经费标准分别提高到600元和400元。公共卫生和食品药品监管工作进一步强化，累计建成标准化村卫生室1580处，规范建设社区卫生服务机构98处，社区卫生服务人口覆盖率达100%，甲型流感、手足口病等重大疫病得到有效防控。保障性住房建设力度加大，经济适用房、廉租房分别竣工54万和6.5万平方米，市区城中村改造使1.95万户居民居住条件得到改善。安全生产、社会治安、信访工作形势稳定，被评为全国社会治安综合治理优秀市。

（五）协调推进经济社会发展，各项事业全面进步。深入开展群众性精神文明创建和“五五普法”教育、科普知识宣传活动，被评为全国创建文明城市工作先进市。在城市公共文明指数测评中名列地级城市全国第七位、全省第一位。不断完善公共文化服务体系，市规划展览馆、科技馆、图书馆、博物馆、艺术中心等文化设施相继建设，有的建成使用。乡镇标准化综合文化站、村级文化大院、农家书屋建设超额完成计划任务。繁荣发展文学艺术，电影《沂蒙六姐妹》、大型水上实景演出《蒙山沂水》分别获得国家“华表奖”和“荷花奖”特别奖，电视剧《沂蒙》获得央视“首播优秀奖”和“最高收视率奖”。积极推进科技创新，新建国家级工程技术研究中心和重点实验室各1家，获得国家科技进步二等奖2项，省科学技术奖13项，被确定为国家知识产权试点城市。大力实施人才强市战略，被评为全国引智工作先进单位。广泛开展全民健身活动，发展竞技体育，圆满完成了“十一运”赛事承办任务。稳定低生育水平，人口计生工作全面完成省下达的人口控制计划。认真履行政府责任，国防动员、人民防空、民兵预备役建设和双拥优抚安置工作取得新成果；审计、物价、财政、统计的监督作用得到较好发挥；国有资产、社保资金、住房公积金管理进一步规范；妇女、儿童、老年人和残疾人权益得到较好保障；民族宗教、外事侨务、对台工作扎实开展；档案、史志、气象、防震减灾、援川等工作取得新成绩。

各位代表，2009年是新世纪以来临沂市经济发展最为困难的一年，取得这样的成绩极为不易。这是中央、省委省政府和市委正确领导的结果，是人大、政协和社会各界鼎力支持的结果，是全市人民共克时艰、拼搏奋斗的结果。在此，我代表市人民政府，向全市人民，向关心支持市政府工作的人大代表、政协委员，向各民主党派、工商联、无党派人士和人民团体，向驻临人民解放军、武警官兵和中央、省属单位，以及所有关心支持临沂发展的各界朋友和国内外客商，表示衷心的感谢！

一年来应对危机的实践，使我们深刻体会到，无论形势多么严峻、任务如何艰巨，只要我们深入贯彻落实科学发展观，坚决执行中央、省委省政府和市委决策部署，下功夫抓好各项措施落实，就一定能够克服困难、开创全市经济社会发展新局面；只要我们审时度势，科学务实，大胆创新，就一定能够找到解决困难的新思路、新办法，掌握工作的主动权；只要我们从实际出发，扬长补短，发挥优势，找准工作的着力点，集中力量一抓到底，就一定能够推动工作不断实现新突破；只要我们坚持以人为本，奋发有为，踏实工作，就一定能够赢得广大人民群众的信任和支持，凝聚和调动各方面力量，取得科学发展、和谐发展、率先发展的新成就。

同时，我们也清醒地看到，全市经济社会发展中仍然存在一些问题和制约因素。主要表现在:经济回升的基础不够牢固,固定资产投资结构有待改善,部分企业生产经营还比较困难;经济发展方式仍然比较粗放,企业自主创新能力不强、经济效益较差;财政收入质量不高,收支矛盾突出;保障和改善民生的长效机制尚不健全,就业形势依然严峻,社会事业发展相对滞后,文化、教育、卫生等公共服务功能亟待增强;安全生产、社会管理领域仍有一些薄弱环节,安全事故、社会治安案件时有发生。政府工作与新形势的要求和人民群众的期望还有不小差距,尤其在干部作风和政府效率等方面差距更大。对这些问题,我们一定高度重视,下大力克服和解决。

二、2010 年工作的主要目标和总体要求

今年是实施"十一五"规划的最后一年,也是巩固经济回升向好势头、夺取应对金融危机冲击全面胜利、为"十二五"规划启动实施奠定基础的关键一年,改革发展稳定的任务十分繁重。

当前,国际国内经济形势不断发生着新的变化,全市经济社会发展机遇和挑战并存,整体上机遇大于挑战。从国际上看,世界经济逐步趋稳,主要经济体出现好转迹象,外需拉动有望增强,但全球经济复苏将经历缓慢复杂曲折的过程,发展仍存在许多不确定因素。从国内省内看,一方面,国家继续实施积极的财政政策和适度宽松的货币政策,省委、省政府作出规划建设蓝色经济区和鲁南临港产业带的战略决策,并完善相关政策,加大对革命老区、欠发达地区发展的支持力度,这将为临沂市经济社会发展带来更多机遇。特别是经过这些年的发展,临沂市的整体经济实力不断增强,培育成长起一大批充满活力的骨干企业和素质优良的企业家,这为我们战胜困难、进一步加快发展奠定了坚实基础。另一方面,国家加大转方式、调结构工作力度,调整完善产业政策,临沂市一些产业、企业的发展将受到更多的制约;政策性减收增支因素增多,财政保收支平衡面临很大压力;区域竞争日益激烈,周边地区在科技、人才、资金等方面与临沂市的竞争将会加剧。我们必须保持清醒头脑,既充分看到有利条件和积极因素,坚定必胜信心;又充分估计各种困难和不利因素,及时调整和落实应对措施,努力在危机后的新一轮发展中抢占先机、赢得主动。

今年政府工作的总体要求是:坚持以党的十七大和十七届三中、四中全会精神为指导,以科学发展观统揽全局,全面贯彻落实中央和省委、省政府各项政策措施,以建设资源节约型、环境友好型社会为总抓手,继续把握积极作为、科学务实的工作基调,着力转方式、调结构,在提高经济增长质量和效益上取得重大进展;着力谋长远、拓空间,在培育经济增长新优势上取得重大进展;着力抓改革、促开放,在增强经济社会发展活力上取得重大进展;着力惠民生、保稳定,在构建和谐社会上取得重大进展,努力推进经济社会平稳较快发展,全面完成"十一五"规划目标任务,实现富民强市新跨越。

全市经济社会发展的主要预期目标为:生产总值、地方财政收入均增长 12% 左右,规模以上固定资产投资增长 20% 以上,社会消费品零售总额增长 18% 左右,外贸进出口、实际利用外资均增长 10% 左右。城镇新增就业 8 万人,登记失业率控制在 3.5% 以内,人口自然增长率控制在 6.8‰以内。城镇居民人均可支配收入、农民人均纯收入均增长 9% 左右,居民消费价格涨幅控制在 3% 左右。万元生产总值能耗、二氧化硫、化学需氧量排放量全面完成"十一五"规划目标。

实现上述目标,在工作指导上坚持以下原则:一是坚持把上级指示精神和临沂市实际相结合,创造性地开展工作。深入领会和贯彻中央、省委省政府决策部署,从实际出发制定具体落实办法和措施,真抓实干,确保国家稳增长、转方式、惠民生的各项方针政策落到实处,最大限度地争取国家支持,最大限度地拓展发展空间。二是坚持在发展中促转变、在转变中谋发展,推动经济在加快发展的基础上提高质量和效益。正确处理经济发展速度与质量效益的关系,把保持经济平稳较快增长作为突出任务,把加快转变发展方式和调整经济结构作为治本之策和主攻方向,坚定不移地扩大需求规模、加快经济发展,坚定不移地淘汰落后产能、培育战略性新兴产业,坚定不移地抓好节能减排、建设资源节约型和环境友好型社会,确保经济增长速度高于全省平均水平,经济发展质量和效益好于历史最好水平。三是坚持以人为本,共建共享和谐社会。把改善民生作为政府全部工作的出发点和落脚点,全面落实各项民生政策,持续扩大和改善公共服务,建设宜居城市。把人才作为科学发展的第一资源,优化创业发展环境,尊重知识、尊重创造、尊重劳动,推动经济社会全面协调可持续发展。四是坚持以开拓进取的精神,不断深化改革、扩大开放。继续解放思想,积极探索,推进重点领域和关键环节改革,加快思路创新、管理创新、科技创新、制度创新,激发发展活力。拓宽对内对外开放的广度和深度,进一步利用好国际国内两种资源、两个市场,充分发挥外需在拉动经济增长中的重要作用。

各位代表,经济危机影响最困难的时期已经过去,新的形势和任务给我们的工作提出了新的更高的要求。我们一定要发扬成功经验,抓住机遇,迎接挑战,坚持与时俱进,紧紧依靠全市广大人民群众,团结实干,拼搏进取,形成攻坚克难、加快发展的强大力量,全面完成或超额完成各项目标任务。

三、着力转方式、调结构,推动经济平稳较快发展

以调结构、转方式为主线,优化需求结构,合理扩大需求规模,促进投资、消费、出口协调拉动经济增长;发展新兴产业,改造提升传统产业,促进经济结构优化升级;强化自主创新和节能减排,增强可持续发展能力,努力实现经济较快增长、发展质量效益和后劲显著提高。

*(一)认真贯彻扩大内需方针,进一步激发经济增长内生动力。*顺应国家宏观调控的力度、节奏和重点,保持足够的固定资产投资强度。一是强化重点领域和薄弱环节投资。严格执行国家产业政策,从严控制"两高"行业投资,防止形成新的生产能力过剩。积极引导各类资金投向交通能源、农林水利、社会民生、高新技术、技术改造、现代服务业、住宅和房地产开发等重点领域,提高投资效益。着力抓好临工、众友、金升、久泰、常林、恒通等工业企业新建、扩建项目,加快推进山西中南部铁路通道、枣临铁路、长深高速、枣临高速临沂段和临沂飞机场建设等交通设施项目,争取实施华能沂水电厂、河东热电、费县热电等电力建设项目,加快推进城建、农林水利和服务业建设项目,优化投资结构。二是强化重点项目带动。按照"三个百分之百"的要求,保质保量完成中央、省新增投资项目建设任务。落实领导、部门包扶责任,加快市级重点项目建设。今年初步确定200个市级重点建设项目,总投资1141.1亿元,年度计划完成投资365亿元。同时,筛选一批对改善民生、产业升级具有较强引领、带动作用的建设项目,推进前期工作,争取国家、省支持,搞好重点项目的接续。三是强化招商引资。进一步落实优惠政策和管理权限,支持各类开发区、园区加快发展,打造招商引资优势平台。完善招商引资激励政策,加大对招商引资工作任务完成情况的考核力度,充分发挥驻外招商机构和专业队伍的作用,大力推进企业招商,力争全年引进500万元以上市外固定资产项目投资总额210亿元以上。四是强化民间投资。认真落实国家相关政策,扩大民间投资市场准入范围,鼓励支持民间资本进入基础设施建设、公益社会事业、金融服务等领域。努力解决民间投资项目融资难等问题,完善创业服务体系,力争民间投资占规模以上固定资产投资比重达到80%。

积极创造条件,进一步扩大消费需求。一是增强居民消费预期。多方增加城乡居民收入,不断完善覆盖城乡的社会保障体系,逐步消除制约消费的制度和政策障碍,增强居民消费能力。深入推进市场信用分类监管,依法保护消费者合法权益,保障群众放心消费。二是进一步发挥房地产业拉动消费的重要作用。坚持有利于促进房地产市场健康发展的政策导向,努力保持政策的连续性和稳定性,加大对中低价位、中小套型商品房建设的支持,年内完成房地产开发投资120亿元以上。三是拓宽消费领域,培植消费热点。增加家电、汽车下乡品种,扩大补贴范围,简化办理手续,进一步启动农村消费市场。发展社区商业、物业、家政、惠民早餐等便民服务,扩大文化娱乐、旅游休闲、体育健身、教育培训、信息通信等服务型消费,引导住房、汽车等大宗商品消费,促进消费结构优化升级。

*(二)大力发展现代农业,推动农业增效和农民增收。*全面贯彻中央农村工作会议精神,坚持稳粮保供给、增收惠民生、改革促统筹、强基增后劲,促进农民持续增收。一是确保粮食安全。落实好各项惠农政策,组织实施粮食"双千田"高产开发、农业综合开发和全省千亿斤粮食生产能力规划,开展高产创建活动,稳定粮食生产。二是大力发展高效特色农业。依托农业龙头企业和农民专业合作经济组织,加快实施优质农产品生产基地三年建设规划,推进出口农产品质量安全示范区建设和无公害、绿色、有机食品认证,努力提高农产品生产经营规模化、标准化、品牌化水平,力争年内新增各类优质农产品生产基地5.33万公顷、优质畜禽养殖示范小区50个,新培育50个在全省乃至全国有影响的农产品品牌,争创国家现代农业科技示范区。三是加快发展现代林业。发挥临沂市特色优势,大力发展杞柳、花卉、金银花等品种,搞好各类经济林、速生丰产林的管理养护,提高经济效益。做大做强以木质板材加工为重点的林产品产业,提升产品档次,增强市场竞争力。四是健全农村现代服务体系。继续实施"万村

千乡”、农贸市场改造和社区商业网点“双进”工程，支持大型连锁超市、农产品流通企业与专业合作社对接，推动工业品下乡、农产品进城。依托各级供销社组建果业、蔬菜、养殖业产销联合社，建设沂蒙优质农产品购销中心，加快形成上下贯通的农产品经营服务体系。五是加强农村基础设施建设。加快实施中小型病险水库除险加固工程，上半年完成三年规划任务目标。启动实施郯苍洼地治理、病险水闸除险加固工程，鼓励发展民营水利，力争新增和改善灌溉面积4.93万公顷。

（三）构建新型产业体系，促进工业转型升级。建设经济大市的关键在工业，调结构、转方式的重点也在工业。实施高端高质高效产业发展战略，组织开展“加快工业发展年”活动，全力推进工业经济发展壮大。一是大力发展临港产业。集中力量抓好临港产业园区建设，抓紧完善疏港交通等基础设施，打造临港产业发展的坚实平台。加强与日照、青岛、连云港等沿海城市及港口对接，积极引进和发展临港加工业，力争临港产业区招商引资突破100亿元。二是培育发展新兴产业。制定全市战略性新兴产业发展规划和实施方案，设立高新技术产业创业发展基金，加快培育发展具有临沂特色的新能源、新医药和医疗器械、新信息、新材料等新兴产业，确保高新技术产业产值占规模以上工业产值的比重提高2个百分点以上。依托商品批发市场和物流基地，大力发展地产品加工业，加快形成工业拉动市场、市场带动工业的良好格局。三是改造提升传统产业。稳步推进钢铁、水泥、电解铝、工程机械等行业结构调整，鼓励和支持企业加快实施技术改造，确保工业技改投资增长22%以上。推动信息化与工业化有机融合，提升现代化管理水平。加大找矿力度，壮大矿业经济。四是培育提升产业集群和大型企业集团。实施中小企业成长和特色产业提升计划，推动行业企业向园区、基地集聚，力争销售收入过100亿元的产业集群达到7个。指导骨干企业建立完善现代企业制度，开展兼并重组和技术创新、管理创新，尽快做强做大，力争全市销售收入过10亿元企业达到50家以上。实施质量兴市战略、名牌战略和标准化战略，组织企业开展争创市长质量奖、省长质量奖活动，促进产品质量提升，再创一批名牌产品、知名商标和优质产品基地。五是推动民营经济快速发展。加强金融、信息、科技、担保、法律服务体系建设，继续清理整顿涉企收费，在全社会进一步营造支持、保护民营经济发展的良好环境。大力宣传表彰优秀民营企业和企业家，提高其社会地位，进一步形成创业光荣的浓厚社会氛围。加强行业商会建设，支持商会发挥好政府与企业（业户）间的桥梁纽带作用和行业自律作用，鼓励商会开展对民营企业经营管理者的教育培训，促进企业提高经营管理水平。

（四）繁荣发展服务业，培育形成区域竞争新优势。立足临沂市优势，整合资源，加大投入，推动服务业扩大总量、提升层次，确保服务业增加值占生产总值的比重提高1个百分点以上。一是发展壮大商贸物流业。继续抓好商城改造提升和现代企业制度建设，增强市场竞争力。进一步完善落实城区市场产业发展规划，力争在扩大地产品加工、发展会展业、推行电子商务等方面取得重大进展。加快建设城东物流园、临港产业物流园、临沭县全国优质复合肥物流基地，发展航空、航海等现代物流，巩固发展在全国物流业中的领先地位。二是大力发展旅游业。加快蒙山旅游区、沂蒙山红色旅游园区、温泉旅游度假区、苍马山风景名胜区、诸葛亮文化旅游区、中国兵学城、书法广场二期、费县中华奇石城等项目建设，增强参与性、趣味性、娱乐性。搞好旅游产品设计，加大宣传推介力度，提高临沂旅游的知名度和吸引力。积极推进与大型旅行社集团的合作，借助其网络、人才等优势，提升临沂市旅游业水平。三是加快发展文化产业。编制“十二五”文化产业规划，搞好文化产业园区、基地建设，组建文化产业投资运营中心、影视文化产业集团等文化企业，加快发展出版印刷、演艺娱乐、节庆会展、影视动漫、民俗文化等产业，力争文化产业增加值占全市生产总值比重达到5%以上。四是积极发展金融服务业。支持金融保险机构加强服务网络建设，推进农村合作社股权改造，继续引进股份制金融机构，发展小额贷款公司、农村资金互助合作社、村镇银行等新型金融机构，完善金融服务体系。招商银行、浦发银行在临沂市设立的分支机构，近期要开业运营。

（五）强化节能减排，增强经济发展的可持续性。坚持把节能减排作为转方式、调结构的中心环节来抓，层层落实责任，加强执法监督，严格考核奖惩，强力推进节能减排各项措施的落实，确保全面完成“十一五”目标任务。一是扎实做好节能降耗工作。突出抓好重点用能企业和建筑、交通、公共机构等重点用能领域节能，对能耗增长过快、单位产品能耗严重超标的企业实行限产或停产，对未完成年度节能目标任务的企业实行强制性清洁生产，在大中型工业企业中开展清洁生产对标建设活动。大力发展循环经济，开展低碳经济试点，搞好全国再生资源回收利用体系试点，加快农村沼气、秸秆气化等新能源建设。强化社会节能，力争用三年左右时间，使城市和农村的太阳能热水器普及率分别提高到40%和10%以上。二是下大力抓好污染防治。以迎接国家淮河流域水污染防治工作考核为契机，全面落实企业环境风险排查整治和水质监控措施，巩固提升治理成果。强化风险源单位、饮用水源地和重点流域区域环境安全监管，加强水污染防治项目建设、运行和管理，严格控制减排总量，健全“治、用、保”水污染防治长效机制。加强大气污染治理。按照省政府规定要求，自今年起，对不能满足污染物排放总量控制要求的企业实施限产限排，对道路、施工、拆迁等扬尘产生场所加强管理，推进机动车排气污染防治工作，降低城市扬尘污染，确保城区空气质量良好率达到80%以上。三是全面推进节地节水节材工作。建立最严格的节约集约用地制度和保护耕地制度，加大闲置土地处置力度，确保重点项目建设用地需求，坚决制止违法违规用地。严格实施水资源管理制度，推进城乡节水。加强生态环境保护，合理开发利用各类资源。

（六）实施科技兴市和人才强市战略，推进自主创新。坚持把增强自主创新能力作为提高经济发展质量和效益的核心战略，加快高新技术研发和推广应用。一是大力支持企业自主创新。引导创新要素向企业集聚，鼓励企业加大研发投入，破解技术瓶颈，开发具有自主知识产权的高新技术及产品，充分发挥企业在技术创新体系中的主体作用。二是推动产学研合作。支持企业、高等院校和科研机构采取多种形式和途径，广泛深入地开展产学研合作，力求取得更大成效。加强市科学技术合作与应用研究院、中科院山东综合技术转化中心临沂中心、中科院计算机与人工智能开发所、山东省科学院临沂分院建设，畅通产学研合作渠道。力争年底前全市超过50%的规模以上企业与高校科研单位建立起合作关系。三是健全科技创新平台。力争创建2～3家省级以上工程技术研究中心，1～2家省级以上重点实验室，新增博士后科研工作站4～6家，认定一批市级工程技术研究中心。扎实搞好国家知识产权试点城市建设，积极争取省级以上重大科技专项落户临沂。四是努力吸引和培养高层次创新创业人才。健全有利于推进技术创新的评价、考核与激励机制，进一步营造有利于创新创业的良好环境，加快培养一批高素质创新创业人才。实施“百名高层次人才引进工程”、“百名外国专家兴沂蒙工程”，努力吸引更多的高层次人才来临沂创业，推动创新型城市建设。

（七）扎实做好财政金融工作，为经济社会发展提供保障。抓好财政增收节支，全力保运转、保稳定、保民生。把增加财政收入作为提高经济发展质量和效益的主要目标，重点支持对财政贡献大的产业、企业发展，大力培植地方财源。坚持依法治税，保障纳税人权益，优化涉税服务环境，加强税收征管，努力提高税收占地方财政收入、地方财政收入占生产总值的比重。鼓励企业在发展生产、提高效益的同时，自觉履行纳税义务，为国家和社会多做贡献。对纳税多、贡献大的企业和企业经营者进行宣传表彰。强化非税收入管理，增加政府可支配财力。坚持勤俭节约，继续压缩公用经费和一般性开支，优化支出结构。加强财政资金监管和政府性债务管理，提高资金使用效益。

优化金融生态环境，扩大融资，支持经济社会发展。积极举办各类银企洽谈会，加强银政企合作，协调做好企业信用评价等工作，疏通贷款渠道。加强各级各类担保机构建设，充分发挥市中小企业担保公司的重要作用，大力推行动产、股权、专利使用权抵押质押方式，为解决企业贷款难创造条件。支持金融机构创新金融产品、扩大信贷业务，加强对重点产业和重点项目的信贷投放，加大对农业和中小企业的贷款支持，确保全市信贷投放总量、增量高于上年。加大处置不良贷款工作力度，防范金融风险。做优做强投融资公司，扩大投融资规模。加大推进企业上市工作力度，力争今年临沂市企业在国内证券上市实现新突破。

（八）深化改革开放，进一步增强经济社会发展活力。以资源节约型和环境友好型社会建设改革试点为抓手，不断深化市场取向的各项改革。推动资源型产品价格和环保收费改革。完善可再生能源发电定价和费用分摊机制，推进水价和天然气价格改革，探索排污权交易。扎实推进农村改革。加快农村土地承包经营权依法合理流转，支持农民以土地承包经营权入股加入合作社或作为贷款抵押担保手段；全面实施集体林权制度改革，探索建立生态林场建设的新机制，提高建林管林护林水平；完善户籍制度改革相关配套政策，促进农村居民向城镇迁移。

推动国土资源管理改革,探索建立土地二级市场和矿产资源储备制度。加快经营性事业单位转企改制步伐,探索组建国有资产管理运营公司,将经营性国有资产纳入统一管理运营。深化文化管理体制改革,实现制播分离、编发分离和非时政类报刊、新闻网站转企改制,推进广电网络整合发展。

坚持在困难中寻找机遇,稳定发展外经贸。一是全力促进对外贸易实现恢复性增长。积极组织出口企业参加境外展会,开拓国际市场。支持帮助出口企业用好出口信用保险、出口退税等政策,增强国际竞争力。培育壮大出口骨干企业,力争新增出口实绩企业100家、出口过500万美元的企业10家。同时,抓住有利时机,扩大先进技术装备关键零部件及紧缺物资进口,增加资源储备。二是优化利用外资结构。筛选确定100个符合国家产业政策、有吸引力的招商项目,通过多条途径集中对外推介,引进战略性新兴产业、高新技术产业、高端制造业、现代服务业和矿产资源开发项目,提高利用外资质量。三是有效实施"走出去"战略。鼓励产能过剩行业有序向外转移生产能力,支持具备条件的企业到境外发展。积极开展国际劳务合作,在巩固扩大已有劳务合作业务的同时,积极发展医护、海员、教师等高端外派劳务,推动外派劳务向高中低端协调发展转变,全力打造提升沂蒙外派劳务品牌。

四、以改善民生为重点,大力发展社会事业

坚持发展为了人民,发展成果由人民共享,更加注重保障和改善民生,把更多的公共资源用于发展社会事业,用于扶助弱势群体和困难群众,加快推进公共服务均等化,不断提高人民群众生活幸福指数。

(一)千方百计扩大就业。抓住国家就业扶持政策延长一年的时机,继续做好援企稳岗工作。运用税费减免、小额担保贷款贴息、社会保险补贴、公益性岗位补贴、职业培训补贴等政策,支持各类劳动者自主创业、自谋职业,以创业带动就业。开展"人力资源市场建设提升年"活动,力争市级和6个县区人力资源市场达到省规定的Ⅰ类市场标准,其余县区达到Ⅱ类市场标准。加强驻外劳务输出办事机构建设,提高管理服务水平。健全乡镇(街道)劳动保障机构,搞好村居劳动保障协理员队伍建设,在全市形成上下贯通的就业服务网络。实施"百万农村劳动力转移培训工程",年内完成职业技能培训10万人,农村实用技术培训10万人,新增农村劳动力转移就业15.2万人。充分发挥政府公共投资和重大投资项目带动就业的作用,开发更多社会公益岗位,广泛开展针对普通高校毕业生、零就业家庭、残疾人、低保对象、破产企业职工的就业援助活动,统筹推进各类就业。开展"劳动合同履行质量年"活动,推进工资集体协商制度,健全失业动态监测体系,维护劳动者合法权益。

(二)加大社会保障工作力度。以人人享有社会保障为目标,继续推进社会保险扩面征缴,力争实现企业养老保险扩面6万人,城镇医保扩面10万人,工伤保险扩面8.5万人。扎实搞好新型农村社会养老保险制度试点,积极争取国家和省里支持,创造条件扩大试点范围。调整基本养老保险参保政策,鼓励城镇个体工商户及城镇灵活就业人员、乡镇(街道)管理的村居干部参加城镇职工基本养老保险。提高社会保障标准,城市低保标准提高到每人每月200~260元,农村低保标准提高到每人每年1200元;农村"五保户"集中供养标准提高到每人每年2400元,分散供养标准提高到1500元,集中供养率稳定在70%以上。落实拥军优抚政策,维护优抚对象的住房、医疗保障以及就业安置等方面的权益。加强优抚医院和光荣院建设。推进养老服务社会化,开展居家养老服务试点。加强社会福利机构建设,建成市儿童福利院和流浪儿童保护中心。搞好保障性安居工程建设,向社会提供经济适用住房60万平方米,建设廉租住房12.1万平方米,廉租住房补贴累计达到2300户以上,解决1万户城市低收入家庭的住房困难,逐步将有稳定职业和收入的农民工家庭纳入城镇保障性住房体系。加强法律援助,保障困难群体合法权益。

(三)加快医药卫生事业改革与发展。有序推进基本医疗保障制度改革。将关闭、破产集体企业未参保的退休人员全部纳入城镇基本医疗保险,把城镇职工和居民基本医疗保险最高支付限额分别提高到8万元和5万元。巩固新型农村合作医疗制度成果。将新农合覆盖率稳定在98%以上,筹资标准由每人每年100元提高到120元,基本药物目录基层部分药品报销比例提高10%,住院报销封顶线提高到5万元。实施大病救助,逐步解决因病致贫、因病返贫问题。完善医疗卫生服务体系。实施"卫生强基工程"和"万名医师支援农村卫生工程",完成国家和省规划支持的15所乡镇卫生院、927处村卫生室建设改造任务,开工建设3所县级医院和1所精神卫生中心;完善公共卫生服务体系,在全市范围内实现120急救指挥全覆盖，加快市人民医院传染区新病房楼和妇幼保健院新区等项目建设，抓好甲型H1N1流感、手足口病等重大疾病防控，坚决防止出现大面积流行；健全中医药服务体系，进一步发挥中医药在防病治病中的作用。开展公立医院改革试点，加快形成多元化办医格局。

（四）全面提升各类教育办学水平。加大教育经费投入，逐步免除城市义务教育学生课本费，提高生均公用经费标准，对中等职业学校农村家庭经济困难学生和涉农专业学生落实免学费政策，对家庭经济困难的大学生实行生源地信用助学贷款，切实解决贫困学生上学难问题。巩固提升义务教育，推进中小学办学条件标准化建设，确保完成或超额完成校舍安全工程三年建设规划确定的工程量，按计划实施农村中小学仪器更新和“两热一暖一改”工程；落实城区和农村教育设施配套建设规划，搞好中小学校布局调整，扩大义务教育资源；实行小学、初中学生全员全过程交接制度，保障适龄儿童少年全部入学。稳步推进高中教育，合理调控招生规模，力争高中段入学率达到80%以上。支持高等院校发展，全力争取临沂大学（筹）通过国家教育部评审验收，协调推进山东医专新校区建设，支持青岛理工大学费县校区完善基础设施，提升办学水平。重视发展学前教育，力争全市学前三年教育普及率达到79%。关心特殊教育，残疾儿童少年入学率达到96%。大力发展职业教育，努力办好各高等职业院校，加强职业学校重点专业和实训基地建设，争取有1－2所学校创建为国家级重点中等职业学校。整合农村各类科技、教育资源，提高农民培训实效。

（五）积极发展文化体育事业。深入开展群众性精神文明创建活动，大力弘扬沂蒙精神，提高社会文明程度。倡导移风易俗，喜事新办，丧事简办。继续推进文化惠民工程，完成村级文化大院2700个、农家书屋915个、有线广播电视入户率达到75%，实现文化信息资源共享工程由进村到入户的转变。做好大型实景演出《蒙山沂水》的提升工作，抓好电视剧《大商城》等文化产品的制作和推介。完成市艺术中心、博物馆、科技馆、图书馆、广播电视发射塔建设，完善公共文化服务设施。组织好第八届书圣文化艺术节、第十届广场文化艺术节和民间秧歌会等大型文艺演出，广泛开展群众喜闻乐见的文化活动，丰富群众精神生活。整顿文化出版市场，严厉打击互联网和手机媒体淫秽色情及低俗信息传播活动。加强文化和非物质文化遗产保护，弘扬优秀传统文化。落实《全民健身条例》，启动市级全民健身中心建设，抓好滨河百里健身长廊延伸工程和农民健身工程，深入开展全民健身运动。办好市、县两级竞技体校，提高竞技体育水平，做好22届省运会备战工作。发展体育产业，开展富有特色的群体活动和水上项目，打造水上运动之城的品牌。

（六）加强宜居城市建设。继续大力实施城镇化主导战略，制定完善城乡统筹建设规划，加快推进新型城镇化。一是继续做好做大中心城市。完善提升北城新区一期工程，适时实施二期工程，拓展新区规模。完成北城新区30万吨供水项目、市第二污水处理厂、西外环与双岭路立交桥、市人民公园提升改造、开罗大桥、沂河路沭河大桥、临东大道等重点工程建设，增强城市功能。加强人流密集路口、路段的交通设施建设和管理，缓解城区部分区域、路段的交通拥堵现象。强化规划控制和管理，城区沂河、祊河两岸边不再安排一般性房地产开发项目，主要安排建设商贸、文化等公建服务项目，把滨河空间留给更多的居民群众。二是加快县城、中心镇和农村社区建设。进一步完善提升县城建设规划，合理布局和加快推进各类城建项目建设，适度扩大县城规模，提升管理水平。健全县、乡驻地公共服务设施，为群众营造宜居宜业的良好环境。健全农村社区服务体系，集中建设29个中心镇和1130个中心村。深入推进农村住房建设和危房改造，确保完成新建农房12万户、改造危房2万户以上。完善农村基础设施，新增农村自来水受益人口42万人，新建、改建农村公路800公里，新发展户用沼气4万户。三是加强重点区域生态建设。坚持以水为魂，突出生态、环保、景观特色，继续搞好城区陷泥河、南涑河、柳青河、青龙河、李公河等河流的整治和管理。按照省委、省政府加强水系生态建设的部署要求，抓紧制定沂河及祊河、汶河等主要河流两岸的开发建设规划，有步骤地加快推进实施，努力把沂河及其主要支流两岸建成生态长廊、旅游长廊和特色农业长廊。同时，加快武河万亩生态湿地公园等项目建设，彰显滨水特色。搞好岸堤水库水源地保护与综合开发，确保群众饮水安全，增加库区群众收益。实施荒山造林、城市造林、水系造林、干线公路绿化四大工程，力争全市森林覆盖率达到30%。四是深入开展城乡环境综合整治。在中心城区，围绕创建国家卫生城市，加快农贸市场改造提升，规范“五小场所”经营行为，着力改善城中村、城乡结合部和背街小巷的环境面貌，健全环境卫生长效管理机制。在乡村，围绕建设社会主义新农村，大力推进道路硬化、植树绿化、卫生净化、环境美化、村居亮化，力争兰山区、罗庄区、高新产业开发区、经济开发区村庄基本达到“五化”，河东区及各县60%的村庄达到“五化”。

（七）全力维护社会和谐稳定。深入开展安全生产“打非、治违、抓责任”三项行动，加大行政问责力度，强化执法监管，下大力抓好重点行业、企业的安全隐患治理，坚决防止较大及以上安全生产事故发生。加强食品药品安全监管综合协调，保障群众饮食用药安全。完善社会治安防控体系，依法防范和打击违法犯罪活动。健全社会矛盾纠纷调处机制，扎实做好信访工作。加强农民负担监管，重视和防范企业破产、征地拆迁以及涉法涉诉问题可能引发的群体性事件，坚决纠正各种损害群众利益的行为。完善应急管理机制，提高灾害预报预防能力。加强社会信用体系建设，依托金融业统一征信平台实施“金诚”工程，推进各部门之间的信用信息共享，在全市建立守信激励和失信惩戒机制。深入开展“五五”普法宣传教育，进一步增强公民的法律意识和法制观念。完善群众自治制度，开展和谐社区创建活动，努力把城乡社区建成管理有序、服务完善、文明祥和的社会生活共同体。完善以职工代表大会为基本形式的企事业单位民主管理制度，维护职工合法权益。统筹推进人口和计划生育工作，强化宣传教育、依法行政和政策推动，严格控制违法生育、稳定低生育水平，确保全面完成各项人口责任指标。精心组织协调，搞好全国第六次人口普查。发展妇女儿童事业，重视残疾人工作。加强国防教育，搞好国防动员，推进民兵预备役建设、人民防空和双拥优抚安置工作，争创新一轮全国双拥模范城。做好民族宗教、气象、防震减灾、史志、档案、红十字会等工作，推动经济社会协调发展。

五、进一步加强政府自身建设

今年政府工作任务重，要求高。各级政府必须大力加强自身建设，不断提升驾驭经济社会发展能力和管理服务效能。各级政府部门及其工作人员要切实增强使命感和责任感，按照“为民、务实、清廉”的要求，不断提高行政水平，更好地为发展服务、为基层服务、为群众服务。

一要增强公共服务能力。强化执政为民意识，密切与人民群众的联系，努力使发展目标、工作思路、政策措施更加符合人民群众的愿望和要求。以市、县政府机构改革为契机，进一步转变政府职能，加强公共服务部门建设，完善公共财政体系，强化政府公共服务和社会管理。继续确定若干件为民集中办好的实事，认真落实措施，确保如期完成。深入推进政企、政资、政事、政府与中介组织分开，进一步理顺关系，更大程度地发挥市场在资源配置中的基础性作用，为市场主体创造良好发展环境。加强政府门户网站建设，及时听取群众意见，提高服务质量和效率。深入调查研究，及时为基层、企业和群众解决实际问题，向弱势群体倾注更多的关爱，加快建设服务型政府。

二要提高行政效能。进一步清理行政审批事项，优化办事程序，推进部门审批事项向政务大厅集中，实行行政审批项目并联审批和代办服务制度，提高行政审批效率。层层落实工作目标责任制，健全重点项目和重要工作协调推进机制，加强监督检查，加大考核奖惩和行政问责力度，抓好工作落实。积极开展政府工作绩效评估，完善事业单位人事制度和机关事业单位工资收入分配制度，进一步调动广大干部干事创业、多做贡献的积极性。大力弘扬求真务实、开拓创新的工作作风，进一步精简会议和文件，把更多的精力用在察实情、出实招、办实事、抓落实上，用在为基层、群众和企业解决实际问题上，增进工作实效。

三要推进依法行政。加强和改进政府法制工作，严格按照法定权限和程序行使政府职权。认真执行人大及其常委会的决议、决定，自觉接受人大法律监督和政协民主监督，充分发挥各民主党派、工商联、无党派人士参政议政的作用。编制行政职权目录并向社会公布。积极创造条件，尽快将国有土地招拍挂、政府采购、政府工程招投标、国有企业股权转让等政府公共资源交易集中到政务大厅统一运作。继续办好“行风热线”节目，依法推进政府信息公开，增强政务公开的及时性、准确性和一致性。

四要坚持从严治政。严格执行党风廉政建设责任制，深入开展反腐倡廉教育，健全权力运行制约和监督机制，完善惩治和预防腐败体系。强化对财政资金和重大投资项目的检查审计，确保公共投资项目真正用于推进经济社会发展和改善人民生活。严肃查处滥用职权、腐化堕落、商业贿赂及群体性事件、重大责任事故背后的腐败案件，坚决纠正损害国家和人民群众利益的行为。各级政府及其部门主要负责人作为廉政建设第一责任人，必须切实履行职责，做反腐倡廉表率，抓好廉政建设，推动各级政府机关进一步树立廉政勤政的良好形象。

各位代表，做好今年的工作，任务艰巨，意义重大。让我们更加紧密地团结在以胡锦涛为总书记的党中央周围，深入贯彻落实科学发展观，在中共临沂市委的坚强领导下，坚定信心，开拓进取，凝心聚力，扎实工作，全面实现经济平稳较快发展的各项任务目标，为建设富强美丽的“大临沂、新临沂”做出新的更大的贡献！

关于临沂市2009年国民经济和社会发展计划执行情况与2010年计划草案的报告

——2010年1月19日在临沂市第十七届人民代表大会第三次会议上

临沂市发展和改革委员会主任　刘纪民

各位代表：

我受市政府委托，向大会报告2009年经济和社会发展计划执行情况与2010年计划草案，请予审议，并请市政协委员和其他列席会议的同志提出意见。

一、2009年经济和社会发展计划执行情况

过去的一年，面对严峻复杂的经济形势，全市人民在中共临沂市委的正确领导下，在市人大、市政协的监督支持下，攻坚克难，拼搏实干，全市经济社会实现了平稳较快发展。预计全年实现生产总值2100亿元左右，增长13%左右；实现地方财政收入91.5亿元，增长14.1%。

(一)投资保持较快增长，重点项目建设进一步加快。完成规模以上固定资产投资1150.5亿元，增长24.8%，其中民间投资915.8亿元，增长37.2%，占规模以上投资的比重达到79.6%。服务业、技术改造投资分别高出规模以上投资增幅23.4个和20.3个百分点。136个市重点项目完成投资236.2亿元，已有47个项目全部建成，43个项目部分建成。争取国家和省各类扶持项目475个、资金35.7亿元，项目和资金数均居全省前列。前四批367个扩大内需项目已开工354个，实际完成投资19.6亿元。金融机构人民币各项存款余额1762.3亿元，比年初增加354.5亿元；各项贷款余额1287.4亿元，比年初增加245.9亿元。全市投融资公司实现投融资81.5亿元，担保机构完成担保额70.2亿元。

(二)产业结构调整步伐加快，运行质量和效益进一步提升。农业发展形势稳定。粮食总产456.1万吨，连续6年实现增产。新建优质农产品生产基地94.3万亩，累计达到360万亩。新增户用沼气4.8万户，累计达到35.6万户。省级农业产业化龙头企业达到33家，其中国家级3家。平邑、临沭、沂南各有1家基地被确定为全国农产品加工创业基地。临沂市被授予“中国桃业第一市”称号。工业调整振兴初显成效。规模以上工业完成增加值1057.6亿元，增长15.9%，利润、利税分别增长18.8%和16.8%。八大支柱产业完成增加值809.4亿元，增长16.4%，占规模以上工业的比重达到76.5%。高新技术产业产值占规模以上工业产值的比重达到28.5%，提高2个百分点。自主创新能力得到提高，临沂市被确定为国家知识产权试点城市。组建了临沂市科学技术合作与应用研究院，成立了中科院山东综合技术转化中心临沂中心，金正大获批建设国家缓控释肥工程技术研究中心，华盛中天集团实验室被认定为国家实验室，鲁南制药等3家企业获准设立院士工作站。服务业加快发展。预计实现社会消费品零售总额973亿元，增长19.1%。文化产业增加值占生产总值的比重达到4%以上；接待国内游客2443..5万人，实现国内旅游收入178.7亿元，分别增长20.2%和23.7%。房地产市场稳中趋好，完成房地产开发投资146.4亿元，商品房销售面积374.1万平方米，分别增长23%和10.7%。全年举办各类展会120余个，协议成交额及意向订单116亿元，中国农产品加工与流通博览会等一批展会带动效应明显。

(三)改革开放不断深化，经济发展活力进一步增强。“两型”社会建设改革试点总体方案经省政府正式批准，三年改革方案已印发实施，相关工作全面展开。医药卫生体制改革顺利推进。启动了省直管县财政体制改革试点。集体林权制度改革试点任务基本完成。农村流通网络体系进一步完善,“一网两平台”建设经验在全国推广。外经贸形势总体向好,完成进出口总额34.2亿美元,其中出口21.9亿美元,进口12.3亿美元。新批境外投资项目29个,投资额1.73亿美元,分别增长16%和106.5%。引进利用市外资金203.5亿元,增长15.9%。实际到账外资3.05亿美元,增长0.7%。13个省级经济开发区(园区)累计完成固定资产投资330亿元,实现业务总收入1681亿元。

(四)节能减排成效明显,城乡环境进一步改善。深入开展淘汰落后产能集中行动,累计淘汰294条落后产能生产线。关停小火电机组4台、4.2万千瓦,“十一五”以来累计关停10台、18.3万千瓦,提前超额完成关停任务。华盛江泉煤气资源综合利用发电供热工程被列入2009年度山东省循环经济十大示范工程。华能2×35万千瓦热电联产机组扩建工程顺利通过国家发改委核准。万元生产总值能耗、化学需氧量和二氧化硫排放量持续下降。迎淮检查工作扎实推进,7个国家考核断面水质全部达到考核要求,63个列入《淮河流域水污染防治规划(2006-2010年)》的治污项目全部完成。生态林业建设步伐加快,完成新造林29.4万亩。全市森林覆盖率达到29.7%,同比提高1.1个百分点。园林城市创建工作取得新进展,顺利通过国家园林城市专家组考核验收。新一轮土地利用总体规划编制基本完成。城乡建设步伐加快,城市建设完成投资56亿元,村镇建设完成投资98亿元。城区30万吨供水工程扎实推进,主要河道综合整治进展较快,一批垃圾无害化处理厂、污水处理厂和污水管网等基础设施陆续建成投入使用。

(五)民生工程扎实推进,和谐氛围进一步浓厚。市委、市政府确定为民办的10件实事顺利完成。城镇居民人均可支配收入、农民人均纯收入分别增长9%和8%左右。百万农户致富工程取得显著成效,累计参与农户196万户,发展致富项目132.7万个。实现城镇新增就业再就业9.2万人,农村劳动力转移就业21.3万人。完成农村住房建设12.8万户、危房改造2万余户。城镇居民医疗保险全面推开,新型农村社会养老保险试点正式启动。甲型流感和手足口病得到较好控制。援川工作取得新成绩,被评为2009年山东省对口支援北川灾后恢复重建工作先进集体。“平安临沂”建设顺利推进,被评为全国社会治安综合治理优秀市。公共文明程度显著提高,在全国城市公共文明指数测评中,名列地级城市全国第七位、山东第一位。

总的来说,2009年全市经济社会主要计划指标完成情况良好。但也应当看到,临沂市经济总量不够大,人均占有水平低,产业结构调整任务艰巨;受国际金融危机影响,部分企业生产经营困难,外贸出口回升乏力,财政收支平衡压力加大,就业形势依然严峻。这些都需要采取有效措施,认真加以解决。

二、2010年经济社会发展目标和工作重点

2010年全市经济社会发展的主要预期目标为:生产总值、地方财政收入均增长12%左右,规模以上固定资产投资增长20%以上,社会消费品零售总额增长18%左右,外贸进出口、实际利用外资均增长10%左右。城镇新增就业8万人,登记失业率控制在3.5%以内,人口自然增长率控制在6.8‰以内。城镇居民人均可支配收入、农民人均纯收入均增长9%左右,居民消费价格涨幅控制在3%左右。万元生产总值能耗、二氧化硫、化学需氧量排放量全面完成“十一五”规划目标。

实现上述任务目标,应重点抓好以下工作:

(一)千方百计扩大投资规模,着力优化投资结构。一是积极争取项目和资金。用足用好国家和省对革命老区、欠发达地区倾斜政策,围绕投资方向和重点,扎实做好项目的策划、筛选、储备和提报工作,争取更多项目列入国家和省扶持盘子。按照“三个百分之百”的要求,完善相关手续,落实配套条件,确保中央项目按时保质保量建成投产。二是搞好重点项目建设。选择一批投资规模大、技术含量高、带动作用强、经济效益好的重点项目,给予重点扶持,带动产业结构优化升级。完善重点项目建设推进机制,强化组织领导,落实目标责任,搞好配套服务,及时协调解决项目建设中的矛盾和问题。强化存量土地挖潜,提高土地集约节约水平,确保重点项目用地需求。三是大力优化投资结构。围绕国家和省确定的投资安排,引导各类资金投向交通、能源、农林水利、社会民生、高新技术、技术改造、现代服务业、住宅和房地产开发等关键领域。鼓励新上有利于产业结构优化升级、优势骨干企业技术改造和带动产业集群发展的项目,加快培育新的经济增长点。坚决控制“两高一资”和产能过剩的新上项目,避免盲目投资和低水平重复建设。四是积极扩大民间投资。贯彻落实国家和省鼓励民间投资健康发展的政策措施,加强引导、搞好服务、拓宽领域,推动民间投资在稳增长中发挥更大作用。

（二）着力扩大消费需求，增强经济发展的内生力。一是增强居民消费能力。完善最低工资制度，提高中低收入群体的工资水平，逐步缩小收入分配差距，加强社会保障体系建设，扩大保障范围，增强居民特别是低收入群体的消费能力。二是贯彻落实消费政策。认真落实家电下乡、汽车摩托车下乡、汽车家电以旧换新等政策，促进农村消费转型升级。扩大休闲旅游等服务型消费，引导汽车、住房等大宗商品消费，培植新的消费增长点。三是切实改善消费环境。加强对涉及人民群众身体健康和生命安全的重点产品的监管，严厉打击扰乱市场秩序、假冒伪劣、价格欺诈、虚假广告等各种违法犯罪行为，保护消费者合法权益。四是拓宽消费增长空间。加快老城改造和新区建设，完善公共服务功能，提高城市吸引力和承载力。有计划、有步骤地解决农民工在城镇的就业和生活问题。组织实施沿河两岸城市建设规划，精心设计建设一批多功能精品工程，提升城市品味和档次。加快县城和中心城镇的发展，形成中心城市、县城和小城镇协调发展的新格局。

（三）积极推进产业结构调整，加快发展方式转变。一是抓好农业增效、农民增收。全面落实粮食综合补贴、油料生产补贴等各项强农惠农政策，扎实开展粮食高产创建活动。多方式、多渠道推进优质农产品基地和品牌创建，切实抓好农产品质量安全体系建设，打造农产品质量安全放心市。继续实施“万村千乡”市场工程，完善农村新型“双向”流通服务体系。深化农村改革，加快农业基础设施建设，推进农村土地流转，为农业增效、农民增收增添动力。二是加快工业结构优化升级。深入开展“加快工业发展年”活动，继续实施八大支柱产业及电子信息产业调整振兴规划。引导企业加大技改投入，用高新技术改造传统产业。科学制定战略性新兴产业发展规划，扶持新能源汽车等重点产业集聚发展。大力实施“生物技术推广工程”，做大做强生物医药、生物制造和生物农业。重点推动金属镁、LED、光伏太阳能等产业快速发展壮大。新建或联合共建一批工程技术研究中心、重点实验室、院士工作站等研发平台。三是大力发展现代服务业。规划建设省级物流节点城市和一批现代物流集聚园区。加快商城市场资源整合力度，及早组建规范化的商城集团。发挥好商贸物流带动作用，鼓励扶持地产品生产，提升电子商务水平。大力发展影视制作、演艺娱乐、文化创意、文化节会、民间民俗等文化产业。加快推进一批在建文化旅游工程建设，突出抓好文化旅游精品创新和推介宣传，不断提高临沂的知名度和美誉度。完善支持房地产业发展的政策措施，加大对中小户型、中低价位商品房的政策支持，保持房价平稳，促进房地产消费。用好各级服务业引导资金和专项资金，支持服务业“三大载体”加快建设。四是积极发展临港产业。重点培植运量大、外向型和港口依赖度高的临港工业。贯彻落实好与日照市签订的《共建鲁南临港产业带合作协议》，主动加强与日照港产业的对接，推进一批适合发挥临港优势的重点产业向临港产业园区布局。积极争取省扶持，加快疏港通道建设，构筑发展临港经济的快捷通道。

（四）深化改革扩大开放，提升经济发展的动力与活力。一是深入推进“两型”社会建设改革试点。按照试点总体方案和三年实施方案，充分利用“先行先试”扶持政策，重点推进9个示范区和11个示范项目建设。科学制定“两型”社会建设考核办法，组织编制“两型”社会建设总体规划和15个专项规划。积极争取上级有关部门支持，加快推进“两型”社会建设。二是积极推进医药卫生体制改革。用好国家和省医改倾斜政策，抓好医药卫生体制改革五项重点工作，鼓励各县区开展多种形式的试点。启动蒙阴、临沭2个县实施国家基本药物制度试点和1家公立医院改革试点。三是提升外向型经济发展水平。继续实施多元化战略，扶持优势企业、出口大户、重点产品扩大出口，稳住传统市场，开拓新兴市场。加快推进出口农产品质量安全示范区建设，提升出口农产品质量安全水平。鼓励有条件的企业到境外建设工贸园区，扩大对外经济合作。依托各类园区，突出重点国家和区域招商引资，努力引进一批大企业、大项目，进一步提升临沂市利用外资的质量和水平。

（五）突出抓好财政金融工作，为经济社会发展提供强大支撑。一是着力培植地方财源。进一步明确财源建设重点和方向，大力培植高效支柱财源，巩固壮大优势特色财源，重视抓好新兴后续财源。全力新上一批大项目，突出抓好大企业，积极支持中小企业发展，建设一批大型骨干财源，不断提高生产总值对地方财政的贡献度。二是努力做好增收节支文章。依法加强税收和非税收入征管，确保财政收入稳定较快增长。坚持厉行节约，合理调整支出结构，优先保障民生支出，集中财力抓好各项重点工作。三是构建多元化融资格局。进一步优化信贷结构，重点投向农业、中小企业、服务业、结构调整项目和社会建设领域。加大股份制商业银行引进力度，鼓励金融机构增设网点。加强企业信用担保体系建设，继续实施中小企业贷款"绿色通道"工程。依托各类担保机构和助贷机构，积极帮助企业特别是中小企业解决融资难问题。做好临沂城投公司10亿元企业债券发行工作，扶持山东利泰公司等创投企业加快发展。争取立晨物流、金正大、宏艺科技等企业上市融资，推动企业参与私募股权投资基金合作，逐步构建并完善多元化的融资格局。

（六）强化节能减排，推进生态建设再上新水平。一是全面完成"十一五"节能减排目标。根据"十一五"万元生产总值能耗下降23%，二氧化硫、化学需氧量分别下降9% 和19%两个约束性指标，分解任务，倒排工期，确保实现规划目标。抓好源头控制，对年综合能耗2000吨标煤以上项目，落实节能评估审查制度。引导企业加大节能技术改造力度，支持鼓励企业推广应用节能新技术、新材料、新工艺和新设备。继续实施生态建设重点工程，加快荒山造林、环城森林和沿河防护林体系建设。二是积极发展循环经济。抓住国家设立循环经济专项资金机遇，加快培育一批符合循环经济发展要求的企业和园区。稳妥推进再生资源回收利用工作，建立完备的回收利用体系。以农村沼气、秸秆气化为重点，大力发展农村循环经济。三是打好迎淮检查攻坚战。加快推进各项在建治污工程建设和已建成工程的维护管理，加大对工业污染源和河流断面的监控，确保所有工程正常发挥作用，重点污染源达标排放和河流断面水质达标。对照目标责任书和考核评估办法，逐一梳理迎查准备工作，确保顺利通过国家现场核查。四是加强水系生态建设。积极争取全省水系生态建设政策扶持，加快推进陷泥河、南涑河等河道综合整治，提升大水城建设水平，带动城乡水生态建设。

（七）努力保障和改善民生，促进社会和谐发展。贯彻落实积极的就业政策，完善对农民工转移就业和返乡创业的扶持政策。加大社会保险扩面征缴和新农合管理工作力度，提高运行质量和保障能力。稳妥推进新型农村社会养老保险试点。继续搞好农村住房建设和危房改造。实施好农村中小学校舍安全改造工程。加快推进城中村、城边村、乡镇驻地、大企业周边和经济强村的整体改造，同步实施配套设施建设。加大保障性住房建设力度，搞好经济适用房和廉租住房建设。高度重视甲型流感和手足口病等传染性疾病防控工作。加快推进各项援建工作，努力实现"三年任务两年完成"目标。深入开展平安创建活动，妥善处理各种矛盾和问题，为经济社会发展创造良好环境。

（八）立足当前着眼长远，全面做好"十二五"规划编制工作。根据国家和省规划编制进度安排，加强上下沟通衔接，及时向上级部门汇报临沂市"十二五"总体思路和发展重点，努力争取更多的项目和政策纳入全省、全国规划。在科学论证、广泛征求意见的基础上，编制好全市"十二五"总体规划纲要，加强对各专项规划、区域规划编制工作的调度和指导，确保各专项规划、区域规划与总体规划相衔接。

各位代表，今年是实施"十一五"规划的最后一年。我们要在中共临沂市委的坚强领导下，在市人大、市政协的监督支持下，全面落实本次大会通过的各项决议，以更加饱满的热情、更加昂扬的斗志、更加扎实的作风，干事创业，加快发展，为全面完成今年经济社会发展的各项任务目标，建设富强美丽的"大临沂、新临沂"做出新的更大贡献。

关于临沂市2009年预算执行情况和2010年预算（草案）的报告

——2010年1月19日在临沂市第十七届人民代表大会第三次会议上

临沂市财政局局长　李　民

各位代表：

我受市政府委托，向大会报告2009年预算执行情况和2010年预算草案，请予审议，并请市政协委员和其他列席会议的同志提出意见。

一、2009年预算执行情况

过去的一年,全市上下深入贯彻科学发展观,积极应对国际金融危机的挑战和影响,认真落实中央和省、市的决策部署,经济运行持续回升向好。在此基础上,全市财政预算执行情况较好,圆满完成了市十七届人大二次会议确定的任务。

全市实现地方财政收入91.5亿元,完成汇总预算的106.8%,比上年增长14.1%;当年地方收入,加上中央、省税收返还和各项补助及上年结转、地方政府债券收入113.8亿元,收入共计205.3亿元。全市财政支出187.3亿元,完成汇总预算的117.1%,增长22.9%;当年财政支出,加上上解中央、省和结转下年支出17.8亿元,支出共计205.1亿元。收支相抵,累计净结余1449万元。

市级地方财政收入31.8亿元,完成预算的115.1%,比上年增长11.2%;当年市级地方收入,加上中央、省税收返还和各项补助及上年结转、地方政府债券收入20亿元,收入共计51.8亿元。市级财政支出38.8亿元,完成预算的120%,增长24%;当年市级支出,加上上解中央、省和结转下年支出12.9亿元,支出共计51.7亿元。收支相抵,累计净结余1231万元。

全市纳入预算管理的政府性基金收入完成93.5亿元,比上年增长9.5%;基金支出94.9亿元,增长2.2%。市级政府性基金收入71.9亿元,增长5.7%;基金支出59.1亿元,减少8.3%。

全市预算外资金收入完成7.2亿元,比上年减少17%;支出7.3亿元,减少13.9%。市级预算外资金收入4.7亿元,减少25.5%;支出4.8亿元,减少22%。

全市地方预算内外收入,加上社保基金和上缴中央、省收入等,境内财政总收入实现323.6亿元,比上年增长7.1%。

2009年是极不平凡的一年。面对经济增速放缓、减收增支明显、收支矛盾十分突出的严峻形势,全市财税部门紧紧依靠各级党委的坚强领导,依靠人大、政协的监督支持,依靠社会各界的关心帮助,强化增收节支,依法科学理财,全力保增长、保民生、保稳定,有力地促进了全市经济平稳较快发展和社会和谐稳定。预算执行和财政运行呈现出“五个明显增强”。

(一)财政收入继续平稳增长,保障能力明显增强。财政、国税、地税部门以及各县区协调联动,积极应对经济运行和财政增收面临的困难,将组织收入作为财政工作的中心任务,坚持依法征管,加大稽查力度,挖掘增收潜力,强化督导考核,使财政收入继续保持了平稳增长。全市地方财政收入总量突破90亿元大关,增幅高于全省平均水平1.7个百分点,其中,地方级税收收入完成69.6亿元,增长18.2%,占地方财政收入的76%,比上年提高2.7个百分点。这充分反映了全市经济企稳回升、向好发展的成果,反映了各级依法征管、挖潜增收的成效。在此基础上,抓住国家扩大内需、加大民生投入的机遇,努力争取上级支持,累计争取转移支付和其他各类资金96.5亿元,比上年增加25.8亿元,增长36.4%,大大提高了财政保障能力。

(二)支持经济发展积极主动,财政调控作用明显增强。科学运用财税政策手段,发挥财政资金“四两拨千斤”的导向作用,全力落实扩内需、保增长的政策措施,有效增强了全市经济增长的内在动力。扩大内需项目配套资金落实到位。市和县区两级财政筹措资金9.6亿元,全部用于中央扩大内需项目资金配套,使367个项目地方配套资金到位率达100%,保障了中央扩大内需项目的顺利实施。经济发展环境进一步优化。认真落实结构性减税和清理减免行政事业性收费政策,减轻企业和居民负担约3.9亿元;办理出口退税和政策性减免各种税收34.7亿元。专项资金支持力度加大。市财政安排支持经济发展方面的专项资金2.1亿元,争取上级补助6.4亿元,共投入各类引导资金8.5亿元,比上年增加1.9亿元,促进了经济结构调整和发展方式转变。扶持中小企业发展成效明显。完善中小企业信用担保体系,组建成立了临沂市中小企业信用担保有限公司,注册资本金由上年的1亿元增加到5.2亿元,使担保能力提升到50亿元以上,全年新增担保项目129个、担保额22.1亿元,累计担保额达24.2亿元;设立市级中小企业“过桥”还贷资金2.4亿元,累计为137家企业提供短期还贷周转资金12亿元;安排中小企业信用担保机构和金融机构风险补偿资金1000万元,引导民营担保机构新增担保额36亿元、金融机构为34家中小企业发放项目贷款3亿元;实施中小企业贷款“绿色通道”工程,在贷款利率、风险补偿等方面给予优惠扶持,促进了中小企业的健康发展。

(三)重点事业保障有力,民生财政特色明显增强。突出保障和改善民生,大力支持全市“十大为民工程”的实施,使人民群众切实得到更多实惠。

各级财政用于民生方面的支出达112亿元，比上年增长33.8%，占全市财政支出的59.8%。全市教育支出41.7亿元，增长11.1%。健全教育经费保障机制，进一步提高农村义务教育经费保障水平，实施中小学校舍安全工程，推进家庭经济困难学生资助体系建设。医疗卫生支出15.5亿元，增长31.3%。完善新型农村合作医疗制度，人均筹资标准提高到100元，各级财政补助6.5亿元，惠及参合农民811万人；建立城镇居民基本医疗保险制度，实施优抚对象医疗保障，各级财政补助6877万元，惠及城镇居民58.5万人、优抚医疗对象6.8万人；积极支持甲型流感、手足口病等疫病防控，提高了传染病防治能力。社会保障和就业支出21.2亿元，增长18.7%。提高城乡低保标准，各级财政补助3.1亿元，惠及城乡低保对象33.2万人；支持实施更加积极的就业政策，各级财政补助9608万元，促进困难群体就业、创业。环境保护支出6亿元，增长58.6%，重点支持迎接淮河流域水污染防治检查工作。文化体育与传媒支出2.7亿元，增长18.1%。加大保障性住房支持，各级财政补助廉租住房建设资金7434万元，落实经济适用住房优惠政策，积极帮助解决城市低收入家庭住房困难。围绕北城新区、涑河片区开发建设和中心城区改造提升，完善融资平台，积极稳妥地搞好融资，全力支持园林城市创建、城市基础设施和市委、市政府确定的重点项目建设，城市化水平得到明显提升。

（四）扶持“三农”力度加大，农村公共服务能力明显增强。各级财政用于“三农”方面的支出达98.3亿元，比上年增长38%。对农民的补贴投入进一步增加。发放粮食直补、农资综合、良种、农机具购置四项补贴6.7亿元，比上年增加9770万元；拨付家电和汽车摩托车下乡补贴2.2亿元，补贴家电30.7万件、汽车摩托车7.4万辆。农业生产投入进一步增加。农业综合开发支出7600万元，改造中低产田和小流域治理12.5万亩；补助优质农产品基地建设和农民专业合作组织发展资金1565万元，促进了农业产业化发展；补助农业政策性保险资金3210万元，参保农户累计达101万户；补助贫困村村民发展互助试点资金2190万元，入会农户达3.3万户。农村基础设施建设投入进一步增加。补助水库除险加固资金7.5亿元，实施19座中型水库和299座小型水库除险加固；补助“村村通自来水”工程资金4972万元，新增受益人口42万人；补助农村新能源建设资金5936万元，新增4.8万沼气用户；市财政安排农村住房建设与危房改造和乡村环境综合整治资金3.15亿元，农村居住条件和乡村环境得到明显改善。

（五）依法理财机制不断完善，财政管理的科学化、精细化程度明显增强。积极做好“省管县”财政体制改革试点工作，郯城县和平邑县纳入试点范围。完善部门单位基础资料数据库和项目库，预算编制更加系统、科学、规范。全面推行市级预算单位公务卡制度，推进乡镇国库集中支付改革，进一步规范了支出管理。推行电子化政府采购，率先在全省实现县级管理与采购职能的分离，市级实现了财政、监察部门对采购过程的远程实时监控，增强了政府采购的透明度和公信力，全市完成政府采购额42.4亿元，节支率达14%。评审政府公共投资项目270个，评审投资额30.7亿元，审减不合理支出6.5亿元，审减率达21.2%。深入开展扩大内需项目资金、财政专项资金、税收征管、“收支两条线”、“小金库”专项治理等一系列监督检查，依法处理违规违纪问题，有效规范了财政收支行为，严肃了财经纪律。

在充分肯定成绩的同时，我们也清醒地认识到预算执行和财政工作中存在的问题：受经济增长减速、结构性矛盾制约和结构性减税等因素影响，财政增收后劲不足、难度加大；县域经济发展整体上相对薄弱，县区收入不平衡的问题还比较突出，部分县乡财政保障能力较弱；各项涉及民生、“三农”的政策性增支因素多、刚性强，发展建设的资金需求大，各级财政收支矛盾仍然十分突出；财政资金使用效益有待进一步提高，监督管理仍需加强。对此，我们将高度重视，采取有效措施，努力加以解决。

二、2010年预算草案

根据全市经济工作的总体部署，充分考虑各方面减收增支因素，2010年，全市地方财政收入预算安排102亿元，增长12%。加上中央、省税收返还和各项补助及上年结转收入99.7亿元，减上解中央、省和结转下年支出6.6亿元，全市可供安排支出的收入195.1亿元。按照收支平衡的原则，全市支出相应安排195.1亿元，增长9%。

市级地方财政收入安排31.6亿元，相同口径增长13%。其中，国税部门组织收入6.5亿元，增长16%；地税部门组织收入15.1亿元，增长16%；财政等部门组织收入10亿元，增长10%。加上中央、省税收返还和各项补助及上年结转收入18.3亿元，减上解中央、省和结转下年支出10.9亿元，市级可供安排支出的收入39亿元。按照收支平衡的原则，市级支出相应安排39亿元，相同口径增长8%。

全市和市级财政收支安排，主要是统筹考虑2010年全市主要经济指标的预期增长情况和各项收支增减因素确定的。从收入方面看，虽然目前经济运行出现了许多积极变化，主要经济指标逐步提高，但国际金融危机的影响仍然存在，经济回升的基础还不稳固，结构性减税等政策性减收依然明显，将继续制约财政增收。从支出方面看，落实各项民生惠农政策和扩大内需地方配套，支持医药卫生体制等重点领域的改革和市委、市政府确定的重点项目，都需要进一步加大投入，各级财政收支的矛盾更加突出。

结合今年收支形势，在市级支出预算安排上，我们本着统筹兼顾、突出重点、优化结构、注重效益的原则，将新增财力重点向民生倾斜，向"三农"倾斜，向重点事业和重点项目倾斜，在财力许可的范围内科学合理安排支出，集中财力保重点、办大事。具体安排上，突出"四个更加注重"。

——更加注重支持转方式、调结构。重点项目支出共安排1.7亿元。其中，2000万元用于环境污染重点治理，1500万元用于新能源开发和节能节水，3300万元用于交通、民航事业发展补贴，2815万元用于外经外贸、招商引资和旅游宣传促销，1225万元用于县域经济发展和区域经济协调发展示范县配套，1900万元用于中小企业发展及信用担保风险补偿、信贷奖励、企业技术改造、名牌产品驰名商标奖励和市长质量奖，1250万元用于服务业、会展业和供销社改革发展，3000万元用于矿山环境治理和地热资源勘查开发。

——更加注重支持新农村建设。重点项目支出共安排5亿元。其中，3亿元用于农村住房建设与危房改造，7460万元用于小型水库除险加固、东调续建工程和农田水利基本建设，1470万元用于"村村通自来水"工程，1000万元用于农村新能源建设，1000万元用于贫困村村民发展互助资金补助，1250万元用于农业综合开发和扶贫，1350万元用于农业良种推广、农机具购置和农业政策性保险，1700万元用于农业产业化、优质农产品基地和农民专业合作组织发展，1550万元用于动物疫病防治和应急性农村防疫队伍建设，800万元用于生态林补偿，1500万元用于乡村环境综合整治，650万元用于选聘高校毕业生和机关干部到村任职致富项目，500万元用于村干部报酬。

——更加注重支持社会保障。重点项目支出共安排1.3亿元。其中，3629万元用于城乡居民最低生活保障，470万元用于新型农村社会养老保险试点，1048万元用于复退军人补贴、退役士兵自谋职业及参战参核退役人员补助，453万元用于优抚对象医疗保障和荣军医院、市军休所补助，325万元用于市直困难企业军转干部和军队移交政府离退休干部生活补助，380万元用于福利院收养、救助站救助，458万元用于"金蓝领"培训工程、农村劳动力转移培训、技能扶贫和下岗职工小额担保贷款贴息，738万元用于农村老党员生活补助、市直困难企业离休干部两费、困难职工救助和自然灾害救济，1000万元用于城市社区服务管理和城乡社区建设，650万元用于残疾人事业发展，3612万元用于社会福利中心和残疾人康复中心建设。

——更加注重支持社会事业发展。重点项目支出共安排4.9亿元。其中：

教育方面安排1.9亿元。3377万元用于农村义务教育经费保障机制改革，1122万元用于农村中小学和市属学校设备购置及城市义务教育免杂费，1200万元用于中小学校舍安全工程，3140万元用于职业教育、少数民族教育和特殊教育，1094万元用于普通高校、中等职业学校和普通高中家庭经济困难学生资助，6000万元用于师院扩建工程建设及迎评，1399万元用于高校毕业生"三支一扶"、选聘高校毕业生到村任职补助、高校助学贷款贴息和市属高校生源地信用助学贷款风险补偿，700万元用于创建省级规范化学校，1300万元用于党校基本建设。

科技方面安排3400万元。2300万元用于应用和产业技术研发、重大科技成果转化、产学研技术创新和科技型中小企业创新，400万元用于科技奖励、科普、知识产权和地震监测，700万元用于人才开发引进。

医疗卫生和计划生育方面安排1.9亿元。8941万元用于医药卫生体制改革，其中，7380万元用于新型农村合作医疗，1250万元用于基本和重大公共卫生项目，311万元用于关闭破产企业退休人员医疗保险；480万元用于城镇居民医疗保险，5215万元用于市疾控中心建设和市直医院事业发展，3000万元用于传染病医院和妇幼保健院扩建，211万元用于农村卫生室建设，640万元用于食品药品监督检验，710万元用于人口与计划生育事业发展。

文化体育与传媒方面安排1830万元。700万元用于公共文化服务体系建设和文化产业发展，705

万元用于文化、宣传活动、文物保护和电视台设备购置,425万元用于体育事业发展。

公共安全和社会稳定方面安排5626万元。1439万元用于公检法办案装备及经费补助,1462万元用于消防装备购置和武警、消防及军分区经费补助,2310万元用于市中级法院综合审判楼和看守所建设,415万元用于综合治理、平安创建、安全生产、普法及法律援助。

另外,城市建设管理方面,除北城新区和涑河片区开发建设,预算内安排2.1亿元,政府性基金和专项收入安排3.3亿元,主要用于绿化亮化、道路改造、供热管网、河道整治、垃圾污水处理、城市维护、廉租住房建设、文化设施建设和“一创六建”等。

安排预备费8000万元,转移支付市级配套9000万元,扩大内需新增投资配套5000万元,支援北川地震灾区恢复重建3180万元。

在市级预算安排上,农业、科技、教育支出分别增长13.8%、10.7%、10.9%,均高于财政经常性收入增长,符合法定支出要求。

三、统筹兼顾,增收节支,确保完成2010年预算任务

新的一年,我们将紧紧围绕市委工作部署,按照转方式、调结构、促改革、惠民生的要求,继续落实好积极的财政政策,充分发挥财税职能,突出建立“四个机制”,加快推进经济文化强市建设。

(一)转变方式促发展,建立增长稳定、结构优化的财政收入机制。围绕开展“加快工业发展年”活动,加大财政扶持力度,设立高新技术产业创业发展基金,积极支持新兴产业、循环经济发展和低碳经济试点,提高经济发展的质量和效益。创新财政支持方式,采取贴息、担保、参股、风险补偿等形式,调动社会和金融资金贯彻产业政策。发挥市中小企业信用担保有限公司的龙头带动作用,立足做大做强,扩大担保规模,促进中小企业和县域经济加快发展。继续落实好扩大内需的政策措施,确保配套资金及时足额到位。依法加强税收征管,清理规范各类税收优惠政策,严厉打击偷税骗税行为,强化国有资源和国有资产有偿使用的收入管理,进一步提高税收收入比重,确保财政收入稳定增长。

(二)突出重点保民生,建立以人为本、规范有效的财政支出机制。按照政府职能的要求,切实发挥财政在经济调节、市场监管、社会管理和公共服务方面的作用,最大限度地提高资金使用效益。围绕建设民生财政,把改善民生、发展社会事业作为扩大内需、调整经济结构的重点,继续加大对“三农”、教育、卫生、社会保障和就业、保障性住房等民生领域的投入,保障全市为民工程的落实,让发展成果更多地惠及人民群众。

(三)强化政策重激励,建立科学发展、协调配合的财政调控机制。认真贯彻落实国家宏观调控政策,进一步促进全市经济社会健康、可持续发展。发挥财税政策的杠杆调控作用,积极支持资源节约型、环境友好型社会建设试点。结合上级支持,加大对下转移支付力度,提高县乡政府提供公共服务的能力。落实各项惠民政策,提高城乡居民收入,建立科学合理的收入分配调节机制,增强居民特别是低收入群众的消费能力。继续发挥投融资平台的作用,积极支持重点项目建设。严格政府债务管理,合理控制债务规模,切实防范财政风险。

(四)立足创新用好钱,建立方法科学、基础扎实的财政管理机制。积极探索科学理财的新思路、新机制、新方法,大力推进财政科学化、精细化管理。加大资金整合力度,逐步解决职能交叉、重复建设、“撒芝麻盐”等问题,集中财力保重点、办大事。扩大评审范围,开展项目支出预算评审,为部门预算编制执行提供技术支持。强化执行管理,实行动态监控,提高预算执行的均衡性和效率。在县区全面推行公务卡制度,进一步规范公务支出管理。继续做好“省管县”财政体制改革试点工作。健全覆盖所有政府性资金和财政运行全过程的监督机制,重点加强对政府公共投资和民生资金的监督评审,确保财政资金规范、安全、有效使用。牢固树立过紧日子的思想,勤俭办一切事业,严格预算约束,最大限度地节约支出。

各位代表,新的一年,我们决心在市委的坚强领导下,认真落实本次大会决议,自觉接受人大、政协和社会各方面的监督,着力建设一支勤政、廉洁、高效、务实的财政干部队伍,依法理财,科学管理,勤政为民,扎实工作,切实为人民当好家、理好财,为促进全市经济社会又好又快发展做出积极贡献!

大事记

1月

4日　2008～2009年度《人口和计划生育目标管理责任书》执行情况反馈会举行，省考核组对临沂市执行情况进行反馈，对临沂市的工作给予充分肯定。省人口计生委副主任丁传英，市领导连承敏、张少军等出席反馈会。

5日　临沂市金融资产处置服务有限公司成立。该公司主要承接金融机构不良贷款处置任务，通过对银行不良贷款及所含资产的快速评估、拍卖、挂牌、成交，快速核销，努力减少、处置、化解各金融机构的不良贷款。

7～9日　市委副书记、市长张少军带队到海航集团有限公司访问。访问期间，张少军会见了海航集团董事长陈峰及部分高层人员，并出席市政府与海航集团有限公司战略合作框架协议签字仪式。

9日　国土资源部党组成员、副部长王世元率领国土资源部人事司副司长李国继、国家土地督察济南局局长赵龙、国土资源部人力资源开发中心主任纪树建等一行，来临沂市就下一步国土资源部开展“节约、集约利用土地模范县(市)”创建活动进行调研。王世元对临沂市经济社会发展和土地节约集约利用所取得的成绩给予充分肯定。省国土资源厅厅长徐景颜、副厅长张庆坤，市领导连承敏、张少军等陪同调研。

11日　市委副书记、市长张少军会见了东亚国际投资(集团)有限公司董事局主席李国纬一行。李国纬表示，东亚国际投资(集团)有限公司将进一步加强与临沂市的联系与沟通，努力促进双方合作共赢。12日，东亚国际投资(基金)有限公司与临港产业区投资合作项目举行签约仪式。东亚国际投资(基金)有限公司拟在临港产业区投资约25亿元建设基础设施及旅游休闲度假中心项目。

11～13日　省食品安全整顿督查组来临沂市督查食品安全整顿工作情况。督查组听取了临沂市2009年食品安全整顿工作汇报，又先后到市区临沂红星牧业有限公司、临沂金锣良种猪场、临沂新程金锣肉制品有限公司以及莒南县部分食品生产企业和超市进行了现场检查，并进行了座谈，督查组充分肯定了临沂市食品安全整顿工作取得的成效。副市长王晓嫚陪同督查。

12日　市委书记、市人大常委会主任连承敏会见了美国时代华纳全球副总裁、中华影业(香港)CEO、成龙影业总裁印刚一行。

14日　经临沂市第十七届人大常委会第十四次会议审议并投票通过，沂州海棠成为临沂市市花。

15日　市委书记、市人大常委会主任连承敏在颐正园会见了马来西亚实康集团高级顾问拿督郑添利，双方就进一步加强城市公益设施项目方面的合作进行了广泛而深入的交流。

15～17日　省总工会副主席赵立群带领督查组来临沂市就开展农民工工资支付及预防处理劳动纠纷工作进行专项督查。督查组一行听取了临沂市开展农民工工资支付及预防处理劳动纠纷工作情况汇报以及劳动保障、工会、公安、建设等部门负责人和农民工代表的发言。赵立群对临沂市开展农民工工资及预防和处理劳动纠纷工作给予了充分肯定。市委副书记、市长张少军，副市长左沛廷等陪同督查。

16日　全市政法综治信访暨平安临沂建设工作会议召开，会议主要学习贯彻全国政法工作会议、全省政法工作会议暨平安山东建设表彰视频会议精神，总结工作，表彰先进，分析形势，部署全年政法综合信访和平安临沂建设工作任务。市委书记、市人大常委会主任连承敏出席会议并讲话。

17～18日 住房和城乡建设部住房改革与发展司司长冯俊带队来临沂市调研城镇化工作，冯俊一行先后参观了临沂市规划展览馆、大官苑社区、书法广场、凤凰广场观景台、月亮湾社区和罗湖观天下小区等，并到平邑、费县进行了实地考察。对临沂市城镇化建设工作取得的经验给予肯定。省住房和城乡建设厅副巡视员耿庆海，市委常委、市政府党组副书记林祥余陪同调研。

18～19日 由省安监局副局长袁守山带队的省政府安全生产考核第一组一行6人对临沂市进行实地检查考核，并向临沂市反馈了考核意见，考核组对临沂市的安全生产工作给予充分肯定。

18～21日 中国人民政治协商会议第十三届临沂市委员会第三次会议在大元商务大厦会议中心召开。市政协主席孟宪海受政协临沂市第十三届委员会常务委员会委托，向大会作了工作报告。受政协第十三届临沂市委员会常务委员会的委托，仇景阳向大会作提案工作报告。

19日 由市委宣传部、市新闻工作者协会、临沂日报报业集团和市广播电视局共同主办的"红盾杯"2009年度"临沂十大新闻"、"临沂十大新闻人物"评选结果揭晓。十大新闻分别为：1、全国文明指数测评临沂脱颖而出，名列地级市全国第七、山东第一。2、临沂市成为山东省"两型"社会唯一试点城市。3、文化体制改革荣获全国先进地区，创造"临沂模式"。4、临沂市荣获"全国社会治安综合治理优秀市"称号。5、三大文艺精品斩获全国大奖，提升临沂文化软实力。6、临沂市城镇化建设成为全省新亮点，环境综合整治扮靓城乡。7、沂星电动客车批量下线，临沂市高新技术产业实现新突破。8、农田水利基本建设及小型病险水库除险加固走在全省全国前列。9、临沂市成功承办山东省第十二届广告节。10、全国三大会议在临沂市召开。

十大新闻人物为：1、供销改革"莒南模式""临沂经验"的推行者高贵金。2、情系四川灾区的援建干部程守田。3、一心为民的村支书孟昭焱。4、全国粮食生产大户标兵唐开平。5、见义勇为的好青年徐家喜。6、培养出一批优秀农民工的基层干部梁传江。7、火海救人的当代儒商刘云峰。8、执著于职业教育的探索者李守贵。9 慈善活动的带头人朱孔祥。10、电影《沂蒙六姐妹》、电视连续剧《沂蒙》、大型水上实景演出《蒙山沂水》团队。

19～20日 省农村住房与危房改造建设检查组在省教育厅副厅长张海泉的带领下来临沂市督查农村住房与危房改造建设工作。检查组在实地查看了河东区、经济开发区、临沭县和莒南县后，对临沂市农村住房与危房改造建设工作给予了充分肯定。市委常委、市政府党组副书记林祥余陪同督查。

19～22日 临沂市第十七届人民代表大会第三次会议在市会议中心召开。市长张少军向大会作《政府工作报告》。市发展和改革委员会主任刘纪民作关于临沂市2009年国民经济和社会发展计划执行情况与2010年计划(草案)的报告；市财政局局长李民作关于临沂市2009年财政预算执行情况和2010年财政预算(草案)的报告。

20日 中国民生银行与市政府签署区域战略合作协议。中国民生银行在两年内向临沂市提供不低于100亿元的信贷支持，其中临沂专业批发市场50亿元，各县区中小企事业单位50亿元，2010年中国民生银行在临沂市建立1家村镇银行。中国民生银行副行长毛晓峰，中国民生银行济南分行行长马琳，市领导连承敏、张少军等出席签字仪式。

22日 市委书记、市人大常委会主任连承敏会见了香港培新集团董事长杨世杭一行。连承敏对杨世杭一行的到来表示欢迎，并对香港培新集团长期以来对临沂经济社会发展的支持表示感谢。

▲ 2009年度全市人口和计划生育奖惩兑现大会召开。会议总结2009年全市人口计生工作，兑现奖惩，全面部署2010年全市人口计生工作任务，推动人口和计划生育工作再上新台阶。市长张少军与县区代表签订《2010－2012年度人口和计划生育目标管理责任书》、与市直部门代表签订《履行计划生育分工职责责任书》。

26日 市委副书记、市长张少军接受大众网专访，就上年临沂经济社会发展变化、新一年如何应对危机转方式、调结构，以及新时期如何更好地弘扬沂蒙精神等问题进行了深入总结概括，向广大网友介绍了"大临沂、新临沂"的新变化、新面貌。

27日 市委书记、市人大常委会主任连承敏，市委副书记、市长张少军，市政协主席孟宪海，市人大常委会党组书记、第一副主任朱绍阳，临沂军分区司令员郭庆堂，市委常委、秘书长李峰，市委顾问李桂祥，副市长左沛廷及驻临沂各部队单位领导来到山东省军区、武警山东省总队、山东省公安消防总队、济南军区空军领导机关走访慰问。

28 日　国家保密局局长夏勇、副局长杜永胜一行来临沂市看望慰问基层保密干部职工。省委副秘书长、保密委副主任彭绪进，省保密局局长张文杰，市委副书记张务锋，市委常委、秘书长、市保密委主任李峰陪同慰问。

▲　省督导组来临沂市检查开展打击非法生产经营烟花爆竹工作，对临沂市烟花爆竹“打非”工作给予充分肯定。

29～30 日　卫生部党组书记、副部长张茅来临沂市就卫生基层单位学习实践科学发展观暨医药卫生体制改革进展情况等进行调研。张茅充分肯定了临沂市在深化医药卫生体制改革工作和基层医疗卫生单位学习实践科学发展观活动取得的成绩。副省长王随莲，卫生部办公厅主任侯岩，省卫生厅厅长包文辉，卫生部政策法规司副司长高卫中，卫生部农卫司副司长聂春雷，市领导张少军、张务锋、杜德昌、尹长友、王晓嫚等陪同调研。

30 日　由联合国旅游经济促进会、中国营销学会、中国国际旅行家协会联合举办的世界旅游博览会大型系列活动之一“2010 国际旅游经济发展论坛”在北京召开。莒南县被评为中国最具魅力旅游名县。

2 月

1 日　京沪高速公路临沂北出口开通。

2 日　副省长郭兆信到临沂市蒙阴县走访慰问城乡困难群众和生活困难党员、老党员，代表省委、省政府送来党和政府的温暖及新春祝福。省政府副秘书长张传亭，省民政厅副厅长秦守政，省总工会经费审查委员会主任宫祥宏，省残联副理事长牟顺娥，省老龄办巡视员高慧，市领导连承敏、孟宪海、朱绍阳、杜德昌及市直有关部门负责人陪同。

2 日　全市维护社会稳定工作会议召开。会议通报了全市信访工作、严打整治冬季“百日会战”和城乡道路交通秩序百日集中整治情况，兰山区、苍山县和沂南县作了发言。

3 日　省质监局党组书记、局长丛大鸣一行来临沂市走访慰问基层质监部门和困难职工。丛大鸣对临沂市质监工作给予了充分肯定，对临沂市委、市政府给予质监部门的大力支持表示感谢。市委书记、市人大常委会主任连承敏，副市长慕增利等陪同慰问。

4 日　中国出口信用保险公司山东分公司副总经理宫燕明，中国人民大学教授胡波，山东师范大学教授朱刚等来临沂市考察文化产业发展情况。宫燕明高度评价临沂市文化建设取得的巨大成就。市领导连承敏、张少军等陪同考察。

4～5 日　省计生委主任盖国强一行到苍山县调研人口和计划生育工作。盖国强对苍山的人口和计划生育工作给予肯定。市领导连承敏、张少军等陪同调研。

6～7 日　国家科技部火炬中心主任梁桂一行来临沂市检查指导工作。梁桂一行先后到费县、罗庄、临沂高新技术产业开发区、临沭等县区进行参观考察，并听取临沂市有关工作汇报，对临沂市近几年在科技工作以及高新技术产业园区建设中取得的成绩给予了充分肯定。省科技厅副厅长崔建海，市领导连承敏、张少军等陪同。

7～8 日　副省长李兆前来临沂市调研环保工作。李兆前先后到河东区、临沂经济开发区、兰山区、罗庄区就有关工作进行了实地察看，并听取了临沂市有关工作基本情况汇报，对临沂市取得的成绩给予了充分肯定。省环保厅厅长张波，市委书记、市人大常委会主任连承敏，市委副书记、市长张少军等陪同调研。

8 日　国家税务总局党组副书记、副局长钱冠林来临沂市走访慰问。钱冠林实地察看了沂南县国税局青驼分局和地税青驼中心税务所，观看了国、地税预警分析系统、纳税评估系统、山东地税网上申报系统监控平台、山东地税集成工作平台和山东国地税联合办证系统的操作演示，充分肯定了近年来临沂市税务系统深入开展纳税评估、优化纳税服务、实施综合治税、加强基层建设和税务文化建设，促进税收事业发展所取得的成绩。省国税局局长胡金木，省地税局局长宋文军，市委书记、市人大常委会主任连承敏，市委副书记、市长张少军等陪同慰问。

▲　临沂市环境监控应急指挥中心建成并投入使用。该中心由重点污染源在线监控、流域区域环境质量在线监测、环境地理信息（GIS）、监察监测车辆指挥调度（GPS）、“12369”环保举报热线和环境

视频会议等12个系统组成。通过中心监控平台,能够对占全市污染工业排放总量80%以上的重点企业、26家城镇污水处理厂常规及特征污染物排放情况和11个重点河流断面水质、20家放射源单位实施在线监控;对8个环境空气自动监测站、机动车尾气检测线以及环境监察监测车辆等进行监控管理,同时还具备12369环保热线24小时实时受理和环境视频会议等多项功能。

9日 临沂市被命名为国家园林城市。

11日 全市举行市直老干部、各界人士迎春暨春节团拜会。市领导连承敏、张少军、孟宪海、朱绍阳、张务锋、徐涛、杜德昌、李洪海、丁凤云、陈留泉、刘晓、林祥余、李峰、李桂祥等同社会各界人士欢聚一堂,共庆新春佳节。

▲ 市委书记、市人大常委会主任连承敏,市委副书记、市长张少军走访慰问了部分节日期间坚守工作岗位的干部职工,并给大家拜年。

20日 新华社国内部常务副主任王言彬、新华社河南分社社长张百新一行来临沂市参观考察,对临沂市城市建设所取得的成就给予高度评价。市委常委、宣传部长丁凤云陪同考察。

24日 市创卫指挥部邀请国家爱卫会专家组专家辛正来临沂市指导创卫工作。辛正对临沂市创卫“除四害”工作进行了培训,并到河东区、兰山区的部分农贸市场社区进行了现场指导,对发现的问题一一进行了点评并提出了整改意见。

26日 由省环保厅牵头,省发改委、省监察厅、省住房和城乡建设厅和省水利厅参加的省淮河流域迎查督导组在环保厅党组书记、厅长张波带领下,对临沂市淮河流域水污染防治工作进行检查督导。检查组对临沂市谁环境保护工作给予高度评价,并就需要进一步完善提升的工作提出意见和建议。市领导连承敏等陪同检查。

▲ 临沂市与上海铭源集团举行项目合作签约仪式,兰山区人民政府、临沂高新技术产业开发区管委会分别签订了临沂商城资产重组上市和新能源项目合作协议。市委副书记、市长张少军,上海铭源集团总裁助理刘根东,省政府驻沪办经济招商处主任孙向军等出席签约仪式。

27日 省民族事务委员会主任、宗教局局长马文艺来临沂市对基层民族宗教工作进行调研。马文艺察看了天主教爱国运动委员会临沂教区等部分重点宗教活动场所,对临沂市的民族宗教工作给予了充分肯定,并对临沂市今后的民族宗教工作提出了指导性意见。市委书记、市人大常委会主任连承敏,副市长王晓嫚陪同调研。

28日 临沂玉平沂河特大桥及接线工程项目开工奠基。临沂玉平沂河特大桥及接线工程东起G206与长深高速临沂北连接线交汇处,西至新沂蒙路北段,全长13.55公里,工程估算总投资4亿元。全线按照一级公路标准建设,设计速度80km/h,整体式路基,双向四车道,路基宽28米,路面宽23米,大桥全长1038.2米,桥面净宽24米。市委书记、市人大常委会主任连承敏,市委副书记、市长张少军等出席奠基仪式。

3月

1日 国家防总办公室常务副主任张志彤来临沂市检查指导防洪工作。张志彤实地查看了刘家道口水利枢纽工程、大官庄水利枢纽工程等防洪工程,详细了解临沂市水库防汛情况,对临沂市防洪工作给予了充分肯定。市委书记、市人大常委会主任连承敏,淮河防总秘书长、淮委副主任汪斌,沂沭泗水利管理局副局长周虹,市委副书记张务锋,副市长刘彦祥等陪同检查。

▲ 全市创建国家卫生城市再动员大会召开。市委书记、市人大常委会主任连承敏出席会议并讲话。

2日 市委副书记、市长张少军会见了由国际摩联F1赛事推广委员会主席尼克鲁率领的考察团一行。尼克鲁高度评价了临沂市经济社会发展所取得的成就和举办F1赛事的优势条件。

4日 国家人力资源和社会保障部调解仲裁管理司司长宋娟来临沂市,就基层劳动人事争议调解仲裁工作进行专题调研。宋娟一行听取了临沂市劳动人事争议调解仲裁工作情况汇报,并实地到平邑县铜石镇、费县上冶镇基层劳动保障所和劳动争议调解中心进行检查指导。宋娟对临沂市的人力资源和社会保障工作,尤其是加强基层劳动保障平台建设,注重发挥基层调解委员会作用的做法给予了充分肯定。省人力资源和社会保障厅副厅长管世隆,副市长左沛廷陪同调研。

▲ 中国石油天然气集团公司党组书记、总经理、中国石油天然气股份有限公司董事长蒋洁敏在北京中石油总部会见了临沂市委副书记、市长张少

军一行。蒋洁敏高度评价了临沂燃气输配管网的发展和规划,对加快建设覆盖全市供气输配网络、实现“气化临沂”的战略目标给予了充分肯定。

5日 全省劳动人事争议调解仲裁工作会议在临沂市召开。人力资源和社会保障部调解仲裁管理司司长宋娟,省人力资源和社会保障厅厅长董国勋、副厅长管世隆,市委书记、市人大常委会主任连承敏,副市长左沛廷出席会议。

5~6日 省发改委党组书记、主任张超超来临沂市就当前经济运行情况、存在的问题及转方式、调结构的意见建议进行专题调研。张超超一行先后实地察看了莒南县和临沂经济开发区的部分企业,并召开座谈会,详细听取了相关方面和企业负责人的工作汇报,就当前经济运行情况及存在的问题进行了深入交流。市委书记、市人大常委会主任连承敏,市委常委、常务副市长杜德昌,市政府秘书长钱迎伟陪同调研。

9~10日 大众日报报业集团党委书记、董事长、总编辑傅绍万来临沂市参观考察经济社会发展及文化建设情况。傅绍万先后到《沂蒙》影视拍摄基地、大众日报创刊地印刷所、临沂城市规划展馆、临沂日报报业集团、北城新区、书法苑、临沂师范学院大学校区、《蒙山沂水》演出基地、临沂商城、万阅城、临沂经济开发区、临沂高新技术产业开发区等地就相关工作进行了实地参观,对所取得的成绩给予了充分肯定和高度评价。市委书记、市人大常委会主任连承敏,市委常委、宣传部长丁凤云,市中级人民法院院长李方民分别陪同。

10日 国家人口计生委关爱女孩行动专家调研组到平邑县,就开展关爱女孩行动综合治理出生人口性别比偏高问题进行了调研。调研组一行先后到柏林镇计生服务站、黄崖村等地进行了实地考察,并听取了省、市、县三级关于开展关爱女孩行动综合治理出生人口性别比偏高问题的工作汇报。省人口计生委副主任杨心胜,副市长刘彦祥等陪同调研。

11~13日 省纪委驻省国土资源厅纪检组长徐家林带领省治理工程建设领域突出问题重点抽查组来临沂市,对2008年以来政府投资和使用国有资金建设的规模以上工程项目进行了重点抽查。检查组听取了临沂市专项治理工作以及市发改、经信、财政、国土、环保、建设、规划等部门项目审批、监管情况汇报,抽查了部分工程项目档案资料,核查了部分工程现场,对临沂市工程建设领域突出问题专项治理工作给予了充分肯定。市委常委、市纪委书记徐涛等陪同检查。

13~14日 中纪委宣教室副主任范耀庚来临沂市参观考察。范耀庚先后参观了临沂城市规划展览馆等,对临沂市的城乡面貌、现代商贸物流及文化事业给予高度评价。市领导连承敏等分别陪同。

16日 市委副书记、市长张少军与美国哈蒂斯堡市市长约翰尼·杜普里签署两市建立友好合作城市关系协议书,临沂市与哈蒂斯堡市正式建立友好合作关系。

16日 省安监局局长袁策一行来临沂市,检查指导商贸物流安全生产集中整治工作。袁策实地检查了鲁南化工市场、金兰物流和小商品市场,听取了临沂市关于商贸物流安全生产集中整治情况工作汇报,对临沂市的安全生产工作给予充分肯定。市委书记、市人大常委会主任连承敏,副市长慕增利,市长助理宋法亮陪同检查。

17日 沂沭铁路建设启动。该铁路位于临沂市境内,为国铁Ⅱ级、单线、电气化铁路。线路自胶新铁路梅家埠站接轨,经临沂市经济开发区至临沭县,正线全长约20公里,全线设梅家埠和临沭2个车站。

17~22日 《大众日报》报业集团编委刘明洋带领采访团一行7人来临沂市专题采访“大美临沂”建设情况。采访团到罗庄、河东、临沂经济开发区、临沂高新技术产业开发区、北城新区、临沂城市规划展馆、临沂商城发展史展馆等地实地采访,获取了大量一手素材。采访团对临沂市“大美临沂”建设取得的辉煌成就表示由衷赞赏。

18~19日 全省慈善工作座谈会在临沂市召开。省慈善总会会长谢玉堂,省民政厅副厅长、省慈善总会副会长兼秘书长李玉亮出席会议。市委书记、市人大常委会主任连承敏,市委副书记张务锋,市委顾问李桂祥陪同有关活动。,

20~21日 省农业厅副厅长王培泉带领省2009年度耕地保护责任目标履行情况检查组来临沂市检查指导工作。检查组一行听取了临沂市关于2009年度耕地保护责任目标履行情况的汇报,观看了专题片,并对部分区县进行了实地抽查,对临沂市的工作给予高度肯定。市委常委、副市长刘晓陪同检查。

21日 中国华安国际与马来西亚安裕资源公司合作备忘录签字仪式在罗庄区华盛江泉城举行。

马来西亚东姑纳奎尤丁，马来西亚驻华使馆公使林锐仁、参赞施志光，马来西亚安裕钢铁公司执行董事主席拿督林建南，公司总裁拿督林鸿泰，省商务厅副厅长曹文，市领导连承敏、张少军等出席签字仪式。

22日　鲁苏边界环境综合整治暨李庄环卫保洁工作座谈会召开。会议听取了苍山县、郯城县和临沭县关于5个结合部特别是与江苏毗邻边界环境综合整治情况的汇报，听取了郯城县李庄镇关于环卫保洁市场化、物业化的经验介绍，听取了14个督导组关于各县区环境综合整治情况的汇报。市委副书记张务锋对鲁苏边界环境综合整治暨李庄镇环卫保洁工作所取得的成效给予充分肯定。

23～24日　民革山东省"高效生态农业富民工程"沂南示范现场会召开。会上，中央、省领导分别对民革沂南有机蔬菜示范基地、民革册山有机草莓示范基地授牌。与会人员实地考察了沂南县"生态农业富民工程"示范现场。全国人大常委会副委员长、民革中央主席周铁农，全国政协常委、民革中央副主席何丕杰，省人大常委会副主任、民盟山东省委主委温孚江，省政协副主席、民革山东省委主委李德强及市领导连承敏、张少军等出席会议。

23～24日　省委宣传部副部长刘宝莅一行就"四德工程"建设开展情况来临沂市调研。刘宝莅一行先后实地察看了临沂供电公司、市工商局12315热线、市国土资源局兰山分局"四德工程"建设工作情况，听取了临沂市和兰山区"四德工程"建设工作情况的汇报。刘宝莅对临沂市宣传文化工作特别是"四德工程"建设所取得的成绩给予充分肯定。市委书记、市人大常委会主任连承敏，市委常委、宣传部长丁凤云，市人大常委会副主任田友梅等陪同调研。

24～27日　国家环境保护部会同住房城乡建设部、水利部及有关专家组成4个考核小组，查看了山东省纳入《海河流域水污染防治规划》、《淮河流域水污染防治规划》的项目治理情况。临沂代表山东省接受国家淮河流域水污染防治工作考核，考核组听取了市政府关于淮河流域水污染防治情况的汇报，查阅了相关档案资料，现场查看了考核断面水质状况以及工业污染防治项目、污水处理厂建设等进展情况。环境保护部核安全总工程师陆新元对山东省水污染防治工作取得的积极进展给予充分肯定。

25日　省党委中心组理论学习检查指导组一行来临沂市，对临沂市县级以上党委中心组理论学习、推进学习型党组织建设情况进行督导检查。

27日　省科学发展综合考核组一行来临沂市进行实地考察。考核组一行先后到市规划展览馆、临沂商城发展史展馆、中国书法城、月亮湾社区、鲁南花卉市场等地进行实地考察，听取了有关工作汇报。考核组对临沂市认真学习贯彻科学发展观，把科学发展观落实到推动经济社会和谐发展中的做法和取得的成绩给予了充分肯定。市委常委、组织部长陈留泉陪同考察。

28日　山东省重点流域水污染防治规划2009年度实施情况核查反馈会在临沂市召开。环境保护部核安全总工程师陆新元代表考核组作情况反馈。副省长李兆前代表省政府听取了考核组的反馈意见。

29日　全省舆情信息工作会议在临沂市召开。会上对全省舆情信息工作先进单位和个人进行了表彰，临沂等部分市、县作典型发言。省委宣传部副部长高玉清认为，临沂的宣传思想文化工作整体推进、亮点纷呈，舆情信息工作有作为、有经验，走在了全省前列，要认真总结学习临沂好经验、好做法，以此推动全省舆情信息工作再上新水平。

▲　国家开发银行山东省分行与市政府支持中小企业发展贷款合作签约仪式举行。国家开发银行山东省分行行长于泽水、副行长顾安，市领导连承敏、张少军、朱绍阳、杜德昌、颜廷瑞出席签约仪式。

30～31日　最高人民检察院检察长曹建明就贯彻落实全国"两会"精神、推进"社会矛盾化解、社会管理创新、公正廉洁执法"三项重点工作来临沂市调研，并与部分驻临沂的全国人大代表、政协委员进行座谈交流，征求对检察工作的意见和建议。省委常委、政法委书记柏继民，省人民检察院检察长国家森，市领导连承敏、朱绍阳、张务锋、李洪海、李峰、王启成，市人民检察院检察长吕盛昌等参加调研和座谈。

30～31日　中央党校省部班第47期金融支部学员在人力资源和社会保障部副部长杨志明带领下，来临沂市参观考察。考察团一行先后实地参观考察了孟良崮战役纪念馆、市规划展览馆、华东革命烈士陵园、银雀山汉墓竹简博物馆、王羲之故居、临沂商城电子交易中心、市场发展史展馆等地，详细了解临沂市城市规划建设、文化事业、现代商贸物流及工业经济发展情况。考察团对临沂市实施文化强市战略，加快推进文化名市建设给予高度评价。

31日　国家住房和城乡建设部数字化城市管理试点工作验收组在中国科学院数学与系统科学研究所工程院院士崔俊芝的带队下，来临沂市进行检查验收。验收组一行观看了《临沂市数字化城市管理建设情况》专题汇报片，先后到市数字化城市管理中心、河东区数字化城市管理指挥中心实地考察，听取了临沂市数字化城管建设和运行情况汇报，查看了相关资料，并对临沂市汇报建设情况进行质询。验收组组长崔俊芝宣布临沂市数字化城市管理工作顺利通过验收，并向临沂市授牌。

4月

1日　省政协副主席、农工党省委主委王新陆来临沂市参观考察。王新陆一行先后到临沂市场发展史展馆、书法苑、临沂市规划展览馆、凤凰阁、银雀山汉墓竹简博物馆实地考察临沂市经济社会发展情况，并召开座谈会，详细了解农工党临沂市委工作开展情况。王新陆对临沂市经济社会事业发展取得的成绩给予了高度评价。市委书记、市人大常委会主任连承敏，市政协副主席杨爱华分别陪同考察。

▲　市领导连承敏、张少军等及临沂军分区政委焦海旺等到华东革命烈士陵园，悼念革命烈士。

2日　全市城乡环境综合整治工作会议召开。会议总结全市城乡综合整治工作，表彰先进，部署下一阶段工作任务，进一步动员全市各级各部门和广大市民坚定信心，不断把全市城乡环境综合整治工作推向深入。市委书记、市人大常委会主任连承敏，市委副书记、市长张少军等出席会议。

3日　中国人民解放军海军副司令员丁一平一行来临沂市参观考察。对临沂市城市建设所取得的巨大成就给予高度评价。济南军区联勤部副部长相龙华，市领导连承敏、朱绍阳、李峰，临沂军分区政委焦海旺、参谋长邢新建陪同考察。

3～4日　国家广电总局副局长张海涛来临沂市参观考察。张海涛先后参观考察了临沂城市规划展览馆、北城新区、滨河景区等，对临沂市经济文化建设所取得的巨大成就给予高度评价。市委书记、市人大常委会主任连承敏，市委副书记、市长张少军，市委常委、宣传部长丁凤云分别陪同考察。

7日　由山东电力集团公司投资建设的全省首座大型电动汽车充电站——焦庄充电站在临沂市举行开工奠基仪式。该充电站能满足30辆电动汽车不间断充电。山东电力集团公司总经理韩君、副总经理钱平，市委书记、市人大常委会主任连承敏，市委副书记、市长张少军等出席奠基仪式。

7～8日　省政协调研组来临沂市，就促进服务业繁荣发展问题进行专题调研。调研组一行实地考察了金兰物流、临沂商城市场发展史展馆、中国商城电子交易中心、豪德广彩贸易市场、临沂汽车超市、鲁南花卉市场和鲁南国际粮油物流城等，并听取了有关工作情况汇报，对临沂市服务业发展取得的成绩给予高度评价。

7～9日　临沂市组团参加省党政代表团和经贸代表团，赴重庆学习考察。8日，重庆·山东经贸合作项目签约仪式举行，临沂市有11个项目签约，总投资额38.25亿元。到重庆投资项目6个，合同或协议投资总额21.45亿元；引资项目2个，协议投资额4.8亿元。市委书记、市人大常委会主任连承敏，市委常委、常务副市长杜德昌参加有关活动。

8日　国家土地督察济南局来临沂市检查土地专项治理工作，在听取了市政府及有关部门的工作汇报后，国家土地督察济南局副局长刘志萍对临沂市违法违规用地专项整治和土地卫片执法检查工作给予充分肯定。

8～9日　中国华能集团公司总经理、党组副书记曹培玺一行来临沂市参观考察。曹培玺一行先后参观了临沂城市规划展、凤凰阁、沂蒙红嫂广场，并到华能临沂发电公司详细了解企业生产经营情况和华能沂蒙电厂2×1000MW电源项目、河东区2×300MW级热电项目前期工作进展情况。曹培玺对临沂市近年来的发展变化给予充分肯定。市委副书记、市长张少军，副市长慕增利，市长助理宋法亮，市政府秘书长钱迎伟分别陪同考察。

10日　省委书记、省人大常委会主任姜异康和省委副书记、省长姜大明率领省党政代表团到临沂市援建北川新县城影剧院、川剧团、川剧艺术学校工地检查指导工作。四川省委书记、省人大常委会主任刘奇葆，四川省委副书记、省长蒋巨峰等陪同视察，市委书记、市人大常委会主任连承敏参加视察。

▲　中央政策研究室秘书长赵涛一行来临沂市专题调研沂南县新生代农民工就业问题。赵涛一行参观考察了辛集镇现代农业科技示范园、众诚鸭业有限公司、新大洋电动车有限公司，听取了有关情况汇报，对临沂市近年来经济社会各项事业取得的成绩给予了高度评价。省委政策研究室副主任朱建

和、青岛港集团党委书记王论诚，市委副书记、市长张少军等陪同调研。

12 日 临沂“一卡通”项目暨“山东一卡通”济南——临沂互联互通工作正式启动，市民购买“一卡通”，就能实现在济南、临沂两地公交、出租等公共事业和商场、超市等小额支付“一卡通用”。

13 日 由中国残联副理事长程凯，国务院扶贫办党组成员、副主任郑文凯，中国残联教就部主任张新龙，省扶贫办主任黄祖绍，省残联副理事长牟顺娥等组成的中央检查评估组来临沂市检查指导《农村残疾人扶贫开发计划(2001－2010 年)》执行情况。检查评估组先后对平邑县残疾人就业扶贫基地、残疾人创业典型、市残疾人就业扶贫基地等现场进行了评估，充分肯定了临沂市残疾人扶贫开发工作取得的成绩，并就进一步加强残疾人扶贫开发工作提出了重要意见。副市长左沛廷、市政协副主席王秀君陪同检查。

▲ 全省重点污染河流治污暨流域环境安全管理现场观摩调度会议在临沂市召开。与会人员先后到临沂城市规划展览馆、康达环保临沂水务有限公司、临沂市环境监控应急指挥中心、华能临沂发电有限公司、武河万亩人工湿地水质净化工程、久泰能源科技有限公司，就有关工作进行了观摩，并听取了有关工作经验和做法介绍，对所取得的成绩给予了充分肯定和高度评价。副省长李兆前，省政府办公厅副主任刘爱军，省环保厅厅长张波，省住房城乡建设厅巡视员昝龙亮出席。市委书记、市人大常委会主任连承敏，市委副书记、市长张少军及其他 16 市有关负责人参加会议。

14～15 日 中组部调研组单向前一行在省委组织部副巡视员、组织处处长于洪亮的陪同下，来临沂市调研加强乡镇党委书记队伍建设及大学生“村官”工作。

▲ 全省会计管理工作会议在临沂市召开，市财政局在会上做了典型发言，受到省财政厅及与会地市代表的充分肯定和好评。

15 日 国家信访局研究室主任张严在省信访局副局长杜永富等陪同下来临沂市调研。张严在调研中对临沂市用群众工作理念统领信访工作的做法给予充分肯定。市委书记、市人大常委会主任连承敏，市委常委、秘书长李峰等陪同调研。

▲ 省人大内务司法委员会副主任毛春智、副巡视员董文生率领省人大立法调研组，来临沂市对《山东省未成年人保护条例(修订草案)》进行立法调研。

▲ 省政府服务业发展调研组来临沂市调研。调研组听取了部分市直部门单位和有关企业的情况汇报，对临沂市近年来服务业发展取得的成绩给予高度评价。

16 日 省粮食局局长孟庆秀来临沂市调研粮食工作。孟庆秀听取了临沂市粮食工作汇报，并到费县实地视察沂蒙小调特色食品公司粮油店、费城镇王家庄村农民储粮、鲁南粮食储备库，详细了解粮食工作情况，对临沂市粮食工作取得的成绩给予了充分肯定。市委书记、市人大常委会主任连承敏，副市长刘彦祥陪同调研。

17～18 日 中宣部改革办副主任高书生一行在省委宣传部副部长高玉清陪同下，来临沂市专题调研文化体制改革工作。调研组先后来到《蒙山沂水》演出现场、东方红影城、临沂市文化市场管理执法局、临沂城市规划展、书法广场等地实地调研，并召开座谈会，详细听取关于临沂市文化体制改革工作情况汇报，调研组对临沂市文体体制改革工作给予了充分肯定。市委书记、市人大常委会主任连承敏，市委常委、宣传部长丁凤云，副市长左沛廷陪同调研。

18 日 双岭路立交桥工程开工奠基。双岭路立交桥的设计主要针对北外环、西外环、双岭路和 327 国道等 4 条主要干道形成的节点，进行全互通式立交设计。

18～19 日 全国人大常委会副委员长、农工党中央主席桑国卫来临沂市调研。(详见专记)

18～27 日 市委副书记、市长张少军率临沂市经贸考察团赴台湾考察交流，宣传推介临沂，加强两地合作。考察团在台北国际会议中心举办了“两岸(临台)农业交流合作恳谈会”。签订了在临沂市建设“台湾生物科技园区”、“台湾农产品展销交易中心”、“台湾小吃一条街”及采购台湾农特产品等合作事宜。考察团还先后参观访问了台联电子、禧通公司、联想广电、京伦集团、伟盟集团、生物科技及农业生态园区等 20 多家企业。市委台办、临沂经济开发区及有关企业负责人等随团考察。

19～21 日 省政府教育督导团一行在省教育厅副厅长张志勇的带领下，来临沂市就职业教育和“三项工程”工作实施情况进行督导。在听取了全市职业教育和“三项工程”工作开展情况汇报，并到兰山、莒南、郯城等县区进行实地督导后，督导团对临沂市职业教育和“三项工程”工作取得的成绩给予充分肯定。市委书记、市人大常委会主任连承敏等陪同督导。

20日 水利部建管司司长孙继昌、水利部淮河水利委员会副主任刘玉年来临沂市视察中型水库除险加固工程。在察看了费县、平邑县部分中型水库除险加固施工现场后，孙继昌对临沂市中型水库除险加固工作给予充分肯定。

20~22日 省人大常委会副主任鲍志强带领调研组来临沂市调研供销社改革发展和服务“三农”情况。调研组一行先后到费县、蒙阴县、河东区、经济开发区、临沭县、莒南县实地调研了临沂市基层供销社在现代农业日用品流通网络、农产品经营服务体系、农资经营服务体系、再生资源回收利用体系、农村社区服务中心、农村融资服务体系、供销社组织体系建设等方面的工作情况。调研组对临沂市供销社改革发展和服务“三农”工作情况给予了充分肯定。

21日 全市人民为青海玉树地震遇难同胞默哀祈福。

24日 中共中央候补委员、中国科学院常务副院长、中国科学院院士白春礼在省科技厅厅长翟鲁宁的陪同下，来临沂市考察指导科技创新工作，白春礼对临沂市把科技创新工作作为转方式、调结构首要推动力所取得的成就给予高度评价和充分肯定。

▲ 省水利厅党组书记、厅长杜昌文来临沂市参观考察。杜昌文参观了临沂城市规划展览馆，仔细观看了展览馆各展区，听取了临沂市城市规划建设方面的情况介绍，对临沂市以水为中心、打造大水城的城市建设理念给予高度评价。市委书记、市人大常委会主任连承敏，副市长刘彦祥陪同考察。

24~25日 中央委员、武警部队政委上将喻林祥在省武警总队总队长南平、政委张洪运等陪同下来临沂市检查指导工作。喻林祥一行先后到武警临沂支队直属大队三中队、教导队及支队机关看望慰问广大武警官兵，详细了解武警临沂支队工作情况，对取得的成绩给予充分肯定，对临沂市经济社会各项事业取得的成绩给予高度赞赏。市领导连承敏等分别陪同。

▲ 国防大学校长王喜斌带领第36期国防研究班一行80人，来临沂市考察学习。研究班一行先后实地参观了孟良崮战役纪念馆、北城新区、华东革命烈士陵园、银雀山汉墓竹简博物馆等地。学员们对临沂市的经济文化发展给予高度评价。济南军区副司令员刘沈扬，省委常委、常务副省长王仁元，副省长郭兆信，省委副秘书长唐传喜，省政府副秘书长张传亭，市领导连承敏、孟宪海、朱绍阳、张务锋，临沂军分区首长郭庆堂等分别陪同。

28~29日 省长助理、省公安厅厅长吴鹏飞来临沂市检查上海世博会安保工作。吴鹏飞先后到苍山县、郯城县、蒙阴县检查上海世博会安保工作。在听取了市、县世博会安保工作情况汇报后，吴鹏飞对临沂市各项世博会安保工作给予充分肯定。

▲ 省农业厅厅长战树毅一行来临沂市检查指导春季农业生产工作。战树毅一行先后实地察看了郯城小麦良种繁育田、高产创建示范田、临沭万亩优质农产品基地和土地流转交易服务中心、河东区三益农业科技发展有限公司等，对临沂市春季农业农业生产、发展优质农产品基地、搞好土地流转、强力推进现代农业建设等工作给予高度评价。市委书记、市人大常委会主任连承敏，副市长刘彦祥陪同检查。

29日 市委副书记、市长张少军在临沂师范学院会见了来访的韩国水原大学总长李仁洙、韩国水原科技大学总长朴哲秀一行。

▲ 上海浦东发展银行临沂分行举行开业庆典暨向平邑县浦发爱心小学捐助仪式。浦发银行总行党委副书记、副董事长陈辛，省银监局副局长刘悦芹，市领导连承敏、张少军等出席捐助仪式。

29日至5月1日 原中共中央政治局委员、中央军委副主席、国务委员兼国防部长曹刚川一行来临沂市参观考察。曹刚川先后到临沂市规划展览馆、北城新区、华东革命烈士陵园、新四军军部旧址、银雀山汉墓竹简博物馆、王羲之故居、孟良崮战役纪念馆等地进行实地参观考察，对临沂市经济社会建设取得的巨大成就给予高度评价。济南军区副政委杜恒岩，省军区副政委鲁建华，省政府特邀咨询张昭福，省委办公厅副主任王治水，市领导连承敏、张少军，临沂军分区首长郭庆堂等陪同考察。

30日 临沂市劳动模范表彰大会召开。会议表彰了评选出的全国劳动模范和先进工作者、山东省富民兴鲁劳动奖章获得者、山东省富民兴鲁劳动奖状获得者、山东工人先锋号获得者、临沂市劳动模范等共252名，临沂市模范集体50个。市领导连承敏、张少军等出席表彰大会。

▲ 全市史志工作会议召开。

5 月

5~7 日 中央人民广播电台“守望沂蒙”采访组在驻山东记者站站长沈剑华的带领下到临沂市采访。

6 日 省工商局党组书记、局长李华理来临沂市调研,李华理一行先后实地参观考察了久泰能源、华盛中天、罗欣药业等企业和市工商局罗庄分局罗庄工商所。对临沂市工商局的成功经验给予了充分肯定。市委书记、市人大常委会主任连承敏,副市长慕增利陪同调研。

6~7 日 省住房和城乡建设厅副厅长宋守军带领省学校安全稳定工作督导组来临沂市督导学校安全稳定工作。督导组先后到驻城中小学和蒙阴县中小学详细察看了学校安全基础建设情况,了解并询问了学校安全措施等情况,对临沂市学校安全稳定工作给予了充分肯定。市委副书记张务锋,市委常委、政法委书记李洪海,市政协副主席颜廷瑞陪同督导。

7~9 日 2010 年山东省台球大奖赛在临沂市举行。来自全省各地的 100 余名运动员,参加个人赛及团体赛项目。

8 日 由中央文明办、民政部、全国妇联指导,中国志愿服务基金会主办,市文明办、市民政局、团市委、市妇联及兰山区委、区政府承办的“老吾老以及人之老——临沂市关爱空巢老人志愿服务行动”在大官苑社区启动。中国志愿服务基金会理事长甘英烈,省文明办专职副主任王红勇出席启动仪式。

10 日 山重建机临沂新工厂奠基仪式在临沂经济开发区举行。中国工程机械工业协会会长祁俊,山东重工集团总经理、山重建机有限公司董事长江奎,市领导连承敏,孟宪海、杜德昌、慕增利等出席奠基仪式。

10~14 日 市委副书记、市长张少军带领临沂经贸代表团,赴香港参加 2010(香港)山东周活动。签约合同、协议、意向项目 19 个,总投资 7.4 亿美元,利用外资 2.4 亿余美元。

11~12 日 全省检察机关规范换押制度纠防超期羁押现场会在临沂市召开,市检察院在会上作了相关工作经验介绍。最高人民检察院监所厅副厅长周伟,省高级人民检察院副检察长王建,市委常委、政法委书记李洪海,市人民检察院检察长吕盛昌出席会议。

13 日 国家防办副主任束庆鹏一行来临沂市检查指导防汛工作。束庆鹏一行实地察看了大官庄水利枢纽工程、刘家道口水利枢纽工程等,详细了解了临沂市防汛工作情况。他要求深入开展防汛安全大检查,对检查中发现的问题,要立即限期整改,消除隐患,确保万无一失,安全度汛。淮河防总秘书长、淮委副主任汪斌,省水利厅副厅长刘勇毅,副市长刘彦祥陪同检查。

▲ 比利时王国林堡省罗莫尔市市长彼特·范凡特霍温带领考察团来临沂市参观访问。期间,两市签订缔结友好城市合作协议。

14~15 日 人力资源和社会保障部职业技能鉴定中心副主任宋建来临沂市就职业培训工作进行调研。在听取了有关工作汇报后,宋建对临沂市人力资源和社会保障工作给予了充分肯定。省职业技能鉴定中心主任孙戈力,市领导连承敏、朱绍阳、张务锋等陪同调研。

14~17 日 副省长李兆前带领省环保专项行动检查组来临沂市检查指导整治违法排污企业保障群众健康环保工作开展情况。检查组分 5 个组深入各个县区,对重金属排放企业、污染减排重点行业企业、重点信访案件等环保问题进行了调查,对临沂市的工作表示满意。副市长刘彦祥等陪同检查。

▲ 临沂市组团参加第六届中国(深圳)国际文化产业博览交易会,并考察了深圳市的文化产业发展情况。全市推出 100 余个招商项目,举行了好莱坞水上影视拍摄基地等一批重大招商项目的签约仪式。签约金额达 11 亿元。

15 日 2010 年山东省科技活动周开幕式暨临沂市实施科技兴工战略建设创新型城市活动启动仪式在临沂市举行,国家科技部副部长王伟中、科技部政策法规司巡视员李新男,副省长李兆前、省人大常委会原副主任曹学成、省政协副主席栗甲,省政府办公厅副主任刘爱军,市领导连承敏、孟宪海、徐涛、杜德昌、李峰等出席启动仪式。

▲ 全球首套宣纸邮票《中国古代书法——行书》特种邮票首发式在临沂市书法苑举行。该邮票由中国邮政集团公司发行的全球首套宣纸邮票,1 套 6 枚,采用连票形式,呈现了三大行书(王羲之的《兰亭序》、颜真卿的《祭侄稿》和苏轼的《黄州寒食帖》),完美地将书法艺术与集邮文化结合,展现了

中国文化独特魅力。中国邮政集团公司党组成员、纪检组长马建中,中国集邮总公司党组书记赵春源,省邮政公司总经理陈必昌,市领导张务锋、王晓嫚、王秀君等出席首发仪式。

▲ 著名画家吴东魁作品邀请展暨中国50位著名书画家作品联展在临沂群众艺术馆开展。

16～26日 由中国观赏石协会、市政府主办的中国(临沂)第二届国际观赏石博览会暨名家书画展在临沂珠宝玉器市场奇石街举行。共有来自国内外的客商300余家,带来观赏石、陨石、珠宝玉器等产品9万余件,进行现场展销交流;有来自全国各地的书画名家600余人,展出书画精品1000余件。省政协原副主席王久祜,市委书记、市人大常委会主任连承敏,市政协主席孟宪海,市人大常委会党组书记、第一副主任朱绍阳,市长助理宋法亮,中国观赏石协会副会长朱勃滕等出席开幕式。

18日 中央联席办副主任、国家信访局副局长王石奇来临沂市调研。王石奇一行先后来到大官苑社区、枣沟头镇、义堂镇化沂庄村、兰山区群众工作部,就信访工作进行实地检查,认真听取情况介绍,详细了解了临沂市信访工作开展情况及取得的成绩。王石奇对临沂市信访工作取得的成绩给予了肯定。国家信访局综合指导司副司长王村理,省信访局副局长杜永富,市委书记、市人大常委会主任连承敏,市委副书记张务锋,市委常委、秘书长李峰陪同。

20日 国务委员兼国务院秘书长马凯来临沂市调研。(详见专记)

21日 省委常委、宣传部长李群到苍山、郯城、临沭等县,就文化建设及企业转方式、调结构等工作进行调研。李群对临沂市经济文化等各项事业的持续快速发展给予充分肯定。市委书记、市人大常委会主任连承敏,市委副书记张务锋,市委常委、宣传部长丁凤云,市委常委、秘书长李峰等陪同调研。

21～22日 省第六次人口普查综合试点现场会在临沂市召开。会议听取了临沂、济宁等市关于人口普查等工作的情况汇报,并到临沂市罗庄区双月湖街道办事处现场观摩了人口普查入户登记工作。省统计局副局长潘振文,市委常委、常务副市长杜德昌出席会议。

22日 全国推进"乡村少年宫"建设座谈会在临沂市召开。会议通过召开座谈会和参观临沂市"乡村少年宫"建设现场等形式,借鉴山东经验,推广临沂做法,大力推动农村未成年人课外活动场所建设。中央文明办专职副主任王世明出席会议并讲话,委常委、宣传部长李群致辞,省委宣传部常务副部长、文明办主任姜铁军作了题为《大力推进"乡村少年宫"建设,全面提升农村未成年人素质》的典型发言,市委书记、市人大常委会主任连承敏作了题为《真情关爱农村未成年人,建设"乡村少年宫"课外活动乐园》的典型发言。淄博市桓台县、潍坊市、烟台市、张家港市分别作典型发言。中央文明办未成年人工作组组长谭陆、副组长张志勇,全国各省市文明办主任或未成年人工作处处长,部分全国文明城市、全国未成年人思想道德建设先进城市文明办负责人,山东省各市文明办主任及部分省的小学校长参加座谈会。

25～26日 省安监局副局长刘金鸿率省防汛抗旱指挥部防汛检查督导组一行来临沂市检查防汛工作。检查组一行实地察看了刘家道口枢纽工程、兴元煤矿调度监控指挥中心、城市防洪排涝泵站、小埠东橡胶坝及引祊入涑防洪工程和费县、平邑等地的水库除险加固工程,听取了临沂市关于防汛工作的汇报,对临沂市防汛工作的早部署和早落实给予了充分的肯定。市委副书记张务锋,市长助理姜和良陪同检查。

27～28日 国务院安委会安全生产督查组一行来临沂市检查指导工作。督查组一行先后到鲁南化工市场、山东金兰现代物流发展有限公司、临沂市安全生产产业化服务基地、沂水县山东兴盛矿业股份有限公司,实地查看了解部分企业安全生产管理情况,并听取了临沂市安全生产工作情况汇报。督查组对临沂市扎实落实各项安全生产措施、维护安全生产形势持续稳定的工作态势给予充分肯定。国家安监总局监察专员郭新庆、国家安监总局监管三司副司长孙广宇、国家煤矿安全监察局监察专员杨庆生、国家矿山救援中心副主任孟斌成等参加督查。省长助理曲植凡、省安监局局长袁策、省煤监局局长王子奇,市委副书记、市长张少军等陪同检查。

▲ 国家环保部华东督查中心调研组一行在主任高振宁的带领下,来临沂市调研淮河流域水污染防治工作。调研组一行先后实地查看了邳苍分洪道西偏泓水质监测站、武河万亩人工湿地水质净化工程、原罗庄新盛包装有限公司和市环境监控应急指挥中心,并召开座谈会,听取了临沂市环保工作情况汇报。高振宁对临沂市环保工作取得的成绩给予充分肯定。省环保厅厅长张波,市委副书记、市长张少

军,市委副书记张务锋,市政协副主席杨爱华等陪同调研。

28日　2009年国家园林城市、县城和城镇授牌仪式在苏州举行。国家住房和城乡建设部为临沂等47个“国家园林城市”、平邑县等30个“国家园林县城”和“国家园林城镇”授牌。

30日　市委副书记、市长张少军在澜泊湾国宾馆会见了美国好莱坞导演泰勒·海克福德一行。双方就好莱坞影片《梦想家》在临沂拍摄和影视基地建设的有关事宜交流了意见。

▲　首届“海内外博士后沂蒙行”活动在临沂市举行。博士后与企事业单位达成对接科技项目76项,其中签订合同37项,达成合作意向39项。来自北京大学、清华大学、复旦大学等11所国内著名高校和科研机构的博士后管理机构负责人与临沂市签订了高端人才交流合作协议。

30~31日　2010中国商品市场年度工作会议在临沂市召开。中国商业联合会市场委常务副主任兼秘书长骆毓龙作了《市场委年度工作报告》,市委常委、副市长刘晓作了《临沂市场经济发展报告》;来自全国50余家商会、市场和企业代表围绕品牌市场创建、产业基地与专业市场互动发展等问题进行了探讨与交流;会议宣布成立了“中国商业联合会市场博览战略联盟”,46家单位加盟。中国商业联合会名誉会长何济海,市委副书记、市长张少军等出席会议。

6月

1日　省政府加强和规范驻京办事机构领导小组成员、省级机关事务管理局副局长马光秀带领调研组,来临沂市就加强和规范驻京办事机构工作进行调研。在听取了临沂市加强和规范驻京办事机构工作开展情况的汇报后,调研组对临沂市工作开展情况给予了充分肯定。

▲　临沂市科技馆举行开馆仪式。该馆以“自然、科技、社会”为主题,由常设展厅、儿童科学乐园厅、科技影视厅、学术报告厅和青少年科学工作室等6大功能区组成,有各类展品展项110项(件),涵盖了自然科学、信息科学、环境科学等多学科领域。中国自然博物馆协会理事长、原中国科协党组副书记、副主席徐善衍,山东省科协党组书记、副主席燕翔,市领导连承敏等出席开馆仪式。

1~3日　中央编办监督检查司司长李世春率调研组来临沂市,就机构编制管理工作进行调研。调研组通过座谈交流和深入到沂水、平邑实地调研等方式,对临沂市的机构编制管理工作进行了详细了解,并给予充分肯定。省编办副主任李显升,市领导连承敏、张少军等陪同调研。

2日　市委副书记、市长张少军会见了来临沂市参观访问的墨西哥阿巴索罗市市长胡安·帕拉莫一行,并代表市政府与胡安·帕拉莫签署了两市友好合作关系协议书。

2~4日　省民政厅厅长张国琛来临沂市调研民政工作。张国琛分别实地察看了市、县部分福利机构规划建设和运行情况及城乡社区建设情况,并到部分社区慰问困难群众。在听取相关工作情况汇报后,张国琛认为临沂民政工作在很多方面进行的有益探索,为全省乃至全国提供了好经验。市委书记、市人大常委会主任连承敏,副市长左沛廷等陪同调研。

3日　中组部信息中心技术保障处处长种建率督导组一行,来临沂市检查督导“大组工网”网络建设工作。督导组一行先后对蒙阴、罗庄两个县区和市委组织部“大组工网”建设的环境安全、防病毒能力和密级标识等方面进行了现场检查,对临沂市“大组工网”网络建设工作给予了充分肯定。省委组织部副部长胡文容,市委书记、市人大常委会主任连承敏,市委常委、组织部长陈留泉陪同。

▲　滨河路与通达路互通立交工程全面竣工。该工程为全右转的互通立交,实现了通达路与滨河路的完全互通立交。

4日　全市生态文明乡村建设蒙阴现场推进会召开。市委常委、宣传部长丁凤云主持会议并传达了姜异康、姜大明、刘伟、连承敏等省市领导关于蒙阴县生态村建设的有关批示精神。副市长刘彦祥宣读了市委、市政府关于表彰全市文明生态村、文明生态乡镇的通报。与会人员还先后到垛庄镇后里村、界牌镇河头泉村、桃墟镇安口高效生态农业园、蒙山管委会桃花源村和百泉峪村观摩了蒙阴县生态文明村建设现场,对蒙阴县创造的好经验和好做法给予了高度评价。省委农工办主任王泽厚,省文明办专职副主任王红勇,省财政厅党组成员、纪检组长李振声,市委书记、市人大常委会主任连承敏,市委副书记张务峰,副市长刘彦祥,各县(区)委书记、常委宣传部长、分管农业的副县长、农工办主任、文明办主任，临沂高新技术产业开发区、临沂经济开发区、临港产业区党工委书记、宣传部长，市直有关部门单位的主要负责人等参加会议。

5日 中央文明办秘书组副组长崔海教，在省文明办副主任葛长伟的陪同下来临沂市参观考察。在市规划展览馆，崔海教实地参观了各个展区后，对临沂市城市建设所取得的巨大成就给予高度评价。市委书记、市人大常委会主任连承敏，市委常委、宣传部长丁凤云陪同参观。

7～9日 省督导检查组在省住房和城乡建设厅副厅长张俊乾的带领下，来临沂市检查房地产市场调控政策落实情况。检查组一行实地检查了临沂市商品房开发、住房保障、棚户区改造以及农村住房建设和危房改造进展情况，并听取了有关工作汇报，对临沂市的工作给予充分肯定。市委常委、市政府党组副书记林祥余陪同检查。

8～9日 省纪委效能监察室主任王广太一行来临沂市调研效能监察工作。调研组听取了临沂市效能监察工作情况汇报，并到市规划展览馆和莒南县公共资源交易中心、三义社区、板泉镇为民服务中心等地考察。王广太对临沂市积极开展效能监察，不断创新工作方法给予充分肯定。市委常委、市纪委书记徐涛陪同调研。

▲ 建材下乡（山东）现场会在临沂市召开。与会代表高度评价了临沂市在农村住房建设和建材下乡取得的经验和做法，并围绕建材下乡补贴的形式、补贴对象、下乡产品种类、品牌如何确定等问题进行了讨论。住房和城乡建设部村镇建设司司长李兵弟，省住房和城乡建设厅副厅长张俊乾出席。

8～10日 商务部内贸资金使用管理监督检查组一行在市场秩序司副司长王镇钢带领下，来临沂市检查指导工作。副市长刘晓介绍了临沂市经济社会发展情况，有关部门负责人就临沂市内贸资金使用管理情况作了汇报。王镇钢对临沂市落实“五大工程”、“七大工程”项目建设及内贸资金使用管理方面的做法和所取得的成绩给予了充分肯定。省商务厅巡视员王德福，市委常委、副市长刘晓陪同检查。

9～11日 省政协副主席齐乃贵带领省政协视察组，来临沂市视察转方式调结构工作。齐乃贵听取了临沂市转方式调结构工作情况汇报，并到费县、兰山区、河东区、临沂经济开发区、罗庄区、临沂高新技术产业开发区等地工厂企业实地考察，详细了解了临沂市经济社会发展情况，对临沂市把转方式调结构作为经济工作主线，努力在发展中促转变，在转变中谋发展，保持经济社会平稳较快发展的做法及取得的成绩给予了充分肯定和高度评价。

11日 16时27分，沂南县界湖镇发生1.8级地震，沂南县城及相邻东部几个乡镇部分人有震感。

▲ 数字临沂地理空间框架建设与应用示范项目通过省级预验收。

13日 全省人防社会融资工作现场会在临沂市召开，会议总结交流近年来全省人防社会融资情况，通报2010（香港）山东经贸周人防系统融资成果，研究部署今后人防社会融资工作主要任务。省人防办主任张兆启充分肯定了临沂市利用社会建设人防工程的做法。省人防办副主任李百鸿，市领导连承敏、林祥余、王启成，临沂军分区副司令员杨建强参加会议。

14日 吉林省城乡规划工作现场会在临沂市召开。与会人员到市规划展览馆、书法苑等地，实地参观了临沂市的城乡规划建设工作，与会人员对“以河为轴，两岸开发”的生态水城建设思路给予肯定。吉林省住房和城乡建设厅厅长柳青出席会议，山东省住房和城乡建设厅厅长杨焕彩，市领导连承敏、张务锋、林祥余等陪同参观。

17日 由省政府办公厅副主任高洪波带队，省委、省政府督查组来临沂市督查集体林权制度改革工作。督查组一行听取了临沂市集体林权制度改革工作情况汇报。对临沂市的工作给予肯定。副市长刘彦祥陪同督查。

18日 市政府与中国石油天然气股份有限公司举行天然气发展利用合作协议签字仪式。中国石油天然气股份有限公司总工程师、中国石油天然气与管道分公司总经理黄维和，中国石油天然气与管道分公司副总经理侯创业，中国石油华北天然气销售公司总经理林长海，中国石油昆仑天然气利用有限公司总经理陶玉春，市领导张少军等出席签字仪式。

▲ 招商银行临沂分行开业。招商银行总行副行长丁伟，省长助理周齐，市委副书记、市长张少军，省金融办公室副主任郭永利，人民银行济南分行副行长黄向庆，市委副书记张务锋等出席开业仪式。

18～19日 省人大常委会副主任刘玉功的带领视察组，对临沂市节能减排工作情况进行视察。视察组先后视察了巨皇新能源发展有限公司、平邑县污水处理厂、华能临沂发电公司、久泰能源公司、山东沂星电动汽车有限公司等，并听取了临沂市节能减排工作汇报。刘玉功对临沂市的节能减排工作给予充分肯定。省人大常委会委员、教科文卫委员会主任委员李新泰，市委书记、市人大常委会主任连承敏，市委副书记、市长张少军等陪同视察。

20 日 临沂市20兆瓦光伏跟踪电站项目一期工程奠基，该项目是国内首家单一采用双轴跟踪的兆瓦级光伏电站，全部建成后将成为全国最大的高精度光伏跟踪电站。

21 日 以省财政厅巡视员阮凤英为组长、武警山东总队政治部副主任卢怀亮为副组长，由武警山东总队、北海舰队、省财政厅、省民政厅、省双拥办等单位有关领导和专家组成的省双拥模范城检查组，对临沂市创建国家双拥模范城工作进行考核验收。检查组观看了临沂市双拥工作专题片，对临沂市创建国家双拥模范城档案材料进行了检查，视察了群众满意度电话调查情况、军供站和武警临沂市支队训练基地，并看望了部分军休干部代表。23 日，检查组就临沂市双拥创建工作进行反馈。认为“临沂市的双拥工作领导重视、基础扎实、组织健全、制度完善、氛围浓厚、成效显著，形成了具有临沂特色的双拥工作新格局，临沂双拥工作创造的好经验好做法值得在全省全国推广。”

21～22 日 省政协副主席乔延春带领部分省政协常委和委员来临沂市就农民专业合作社发展情况进行专题调研。调研组一行先后到苍山凯华蔬菜产销专业合作社、苍山会宝山果品专业合作社、经济开发区金升集团、兰山区金锣集团、河东区三益畜禽养殖合作社等地进行了实地调研。市政府及市有关部门负责人就临沂市农民专业合作社发展情况进行了汇报。乔延春对临沂市农民专业合作社发展所取得的成绩给予了充分肯定。市委书记、市人大常委会主任连承敏，市政协主席孟宪海等陪同调研。

22～23 日 淮海经济区第22届顾问会在临沂市召开。各成员市就加强商贸物流合作进行了广泛的交流和探讨，并通过了《关于加强淮海经济区商贸物流合作的意见》。

23 日 临沂市焦庄充电站竣工暨沂星电动汽车批量投运仪式和临沂市义堂电动汽车充电站奠基仪式举行。开工奠基的3座电动汽车充电站，预计总投资1.24亿元，共建设23个充电车位、450套蓄电池充电更换设备，配备蓄电池更换机器人18个，可满足23辆电动汽车同时充电，连续为110辆汽车更换电池组。世界电动车协会主席、中国工程院院士陈清泉，省交通运输厅副厅长高洪涛，中国电工技术学会副理事长兼秘书长裴相精，省电力集团副总经理钱平，省经信委总经济师王兆春，市委副书记、市长张少军，副市长慕增利，市长助理宋法亮出席仪式。

28 日 市委副书记、市长张少军会见了以台湾农产品流通经纪人协会理事长林瑞民为团长的台湾农业经贸考察团一行。

30 日 山东常林集团年产60万套重大装备液压主件产业化项目19.7亿元银团贷款签约仪式举行。省建设银行副行长路民，市领导张少军、杜德昌、陈留泉出席签约仪式。

7 月

1 日 临台农业经贸合作签约仪式举行。台湾农产品流通经纪人协会理事长林瑞民，省台办主任倪明元，市领导连承敏、张少军等出席签约仪式。

3～4 日 “首届中国城乡建设典范大型推介活动暨中国城乡建设论坛”在北京召开。临沂市等10个城市被授予“中国城乡建设范例城市”称号、临沂市住房和城乡建设委员会主任李作良等100人被授予“中国城乡百名建设杰出人物”称号。

5 日 国家发改委国土开发与地区经济研究所副所长肖金成一行来临沂市，就加快脱贫致富进程、全面建设小康社会进行专题调研。肖金成一行同22个相关部门进行了座谈交流，他指出，临沂市作为全国著名的革命老区，有成功的模式和有效地经验，要认真总结临沂模式，积极在全国其他地区推广。市委常委、常务副市长杜德昌陪同。

5～8 日 科技部中国科学技术交流中心副主任赫文平一行，来临沂市就日本花甲专家工作情况进行调研。调研组一行先后到临沭县常林机械集团股份有限公司、沂水县鲁洲集团、引进日本“自然养猪法”示范推广基地进行了实地调研，并听取了临沂市聘请日本花甲专家工作的专题汇报，对临沂市的花甲专家聘请工作取得的成绩给予了充分肯定和高度评价。市委书记、市人大常委会主任连承敏，市委副书记、市长张少军，副市长左沛廷分别陪同座谈调研。

6～9 日 省委、省政府安全生产督查组在省监察厅效能室主任王广太、省煤炭局副局长乔乃琛的带领下来临沂市，就安全生产情况进行督查、考核。督查组深入到部分县区、企业，通过听汇报、看现场、查阅资料等方式，对临沂市安全生产工作进行全面督查、考核。督导组对临沂市的安全生产工作给予充分肯定。副市长慕增利、市长助理宋法亮等陪同督查。

7日　市政府和省林业局在济南签署《共建两型社会发展现代林业战略合作协议》。省林业局局长贾崇福、副局长丁希滨，市委副书记、市长张少军，副市长刘彦祥出席签约仪式。

7~8日　全省特种设备安全形势分析暨企业深入落实主体责任现场会议在临沂市召开。与会人员分别到中化肥业、旭洋机械、奥德燃气等企业和大官苑社区进行了现场观摩，并就山东省特种设备安全形势、特种设备安全监管存在的问题和如何解决等内容进行了深入探讨。省质监局副局长谷源强、副市长慕增利出席会议。

8日　在香港举行的“2010中国城市分类优势排行榜”发布会上，临沂市以总分74.74登上“2010中国十佳诚信政府排行榜”第八位。

9~10日　国家人口计生委副主任江帆来临沂市检查指导工作。在听取工作情况汇报后，江帆高度评价了临沂市人口计生工作取得得的成绩。中国生殖健康产业协会副会长兼秘书长刘继武，中国人口发展研究中心副主任武家华，省人口计生委副主任丁传英，市委书记、市人大常委会主任连承敏，市委副书记张务锋，副市长刘彦祥陪同。

▲　中央纪委案件审理室副主任、监察专员刘振宝一行来临沂市考察调研。调研组听取了临沂市有关情况的汇报。认为临沂市在案件审理工作中，创造了不少成功的经验，被评为全国纪检监察案件审理工作先进集体，工作走在了全国前列。市委书记、市人大常委会主任连承敏，省纪委案件审理室主任马少通，市委常委、市纪委书记徐涛陪同考察。

▲　全省各市远程教育中心主任座谈会在平邑县召开。会议汇报交流了各市上半年远程教育工作开展情况和下半年工作打算，集中讨论了《关于在创先争优活动中充分发挥远程教育作用的意见（讨论稿）》和《关于开展“五比五争”深入创先争优的实施意见（讨论稿）》两个文件。省党员干部现代远程教育中心主任朱昆峰，副主任马俊孝、李彦军、丁振波出席会议，各市远程教育中心主任、省远程教育中心各部室有关负责人参加会议。

14日　临沂——上海往返旅游包机航线正式开通。航班开航初期每周三班（周一、周三、周五），从上海虹桥机场起飞时间为20:10，抵达临沂机场的时间为21:20，从临沂机场起飞时间为21:55，23:20抵达上海虹桥机场。

15日　人力资源和社会保障部调研组来临沂市调研新农保工作。在实地考察了平邑县铜石镇劳动保障所新农保工作开展情况和平邑县农村信用联社代理新农保业务工作情况，并听取了临沂市及平邑县新农保工作情况汇报后，刘从龙对临沂市开展新农保试点工作所取得的成绩给予了充分肯定。省人力资源和社会保障厅副厅长夏鲁青，副市长左沛廷陪同调研。

15~16日　全国农村党风廉政建设工作座谈会在黑龙江省哈尔滨市召开。作为全国3个在大会上发言的地级市之一，临沂市委书记、市人大常委会主任连承敏代表临沂市从4个方面作了题为《开展示范点“三基联创”活动深入推进农村党风廉政建设》的典型发言。

20~21日　省人力资源和社会保障厅副厅长董广驰来来临沂市督导整治非法用工、打击违法犯罪专项行动工作。董广驰对临沂市整治非法用工、打击违法犯罪专项行动工作取得的成绩给予充分肯定。副市长左沛廷陪同。

21~23日　国家体育总局社体中心与中国木球协会（筹）共同主办的第五届全国木球锦标赛在临沂师范学院举行。来自全国各地的19支代表队、251名运动员参加比赛。比赛分团体赛、单人赛、双人赛，每项比赛均设公开组与学院组。比赛分为A、B两区，共设有24条赛道，对于一杆过门的球员设有5000元的现金奖励。国家体育总局社会体育指导中心副主任公治民、副市长王晓嫚出席开赛仪式。

24日　康复人才培养百千万工程山东省市级社区康复协调员师资培训班开办仪式在临沂市举行。此次山东省市级社区康复协调员师资培训班邀请了中国残疾人康复协会等各科专家，在临沂市共进行为期6天的授课。来自全省各级从事残疾人康复工作的专业技术人员300余名参加了培训。省残联巡视员周克明，市政协副主席颜廷瑞出席开班仪式。

28日　中国农业银行股份有限公司业务部副总经理肖彬在农行山东省分行副行长张晓男的陪同

下来临沂市,就土地增减挂钩项目信贷支持问题进行考察。肖彬一行实地察看了兰山区土地增减挂钩李官项目区现场,听取了近年来临沂市开展土地增减挂钩工作的情况汇报。市委副书记、市长张少军,市长助理宋法亮等陪同考察。

28~29日　副省长王随莲一行来临沂市视察食品安全工作。王随莲一行先后实地查看了青援食品有限公司、家乐氏食品有限公司、申泰奶牛养殖场、临沂华丰副食城、临沂宾馆、盛能乳业有限公司、禄福良种奶牛发展有限公司等现场,就进一步加强食品安全工作,促进企业发展进行了座谈,并要求各级各部门要采取更加切实有效的措施,确保食品安全。省政府副秘书长马越男,省卫生厅巡视员刘玉芹,省质监局副局长刘德亮,省食品药品监督管理局副局长陈耕,市委书记、市人大常委会主任连承敏,市委副书记、市长张少军等陪同。

29日　市委副书记、市长张少军在陶然居大酒店会见了台湾省农产品流通经纪人协会筹委会创会理事长、世界华人协会副会长、世界华人协会台湾分会会长林瑞民一行,双方就进一步加强两地农业经济技术合作和农产品的贸易对接等方面进行了友好交流。

31日　省委常委、秘书长王敏来临沂市视察高新技术产业及城市建设工作。王敏一行先后视察了高新技术产业开发区创新大厦、星期九生态休闲农庄、凤凰阁、市科技馆等地,对临沂市近年来经济社会和城市建设各方面所取得的成就表示肯定。省委副秘书长、省委政策研究室主任孙建功,市委书记、市人大常委会主任连承敏,市委副书记张务锋,市委常委、秘书长李峰陪同。

▲　国务院法制办副司长姜凌带领调研组来临沂市就推行行政执法责任制开展情况进行调研。在听取了临沂市有关部门推行行政执法责任制工作情况汇报后,调研组对临沂市开展行政执法责任制工作给予肯定。省法制办副主任周建青,市委常委、常务副市长杜德昌等陪同调研。

8月

1~2日　云南省临沧市党政考察团在市委书记杨洪波带领下来临沂市参观考察。期间,临沂与临沧两市举行签约仪式,正式缔结为友好城市。

2日　山东天宇自然博物馆被吉尼斯世界纪录英国总部认定为“世界上最大的恐龙博物馆”。该馆藏有1106件较完整个体的恐龙化石,是世界上保存恐龙化石最多的自然博物馆。

3日　省政协理论学习中心组读书会与会人员来临沂市参观考察。与会人员先后到江泉实业、名嘉购物广场、凤凰阁、书法苑、临沂商城市场发展史展馆、临沂商城电子交易中心、华丰国际商贸城、临工集团、金升集团、月亮湾社区、大官苑社区、市规划展览馆等地参观考察,对临沂市经济社会发展取得的成绩给予充分肯定和高度评价。4日,省政协理论学习中心组读书会全体会议在临沂市举行。省委副书记、省政协主席刘伟到临沂高新技术产业开发区调研。省政协副主席、党组副书记乔延春,省政协副主席齐乃贵、王志民、赵玉兰、张传林、栗甲、王乃静,省政协秘书长毕泗生等参加调研。市委书记、市人大常委会主任连承敏,市政协主席孟宪海,市委副书记张务锋,市委常委、秘书长李峰,市政协秘书长陈相珍陪同。

4~5日　国土资源部副部长、党组副书记兼国家土地副总督察鹿心社在省国土资源厅厅长徐景颜的陪同下,来临沂市调研。鹿心社对临沂市旧村改造集约节约用地工作所取得的成效予以肯定,对临沂坚决贯彻落实国家宏观调控政策、严守耕地红线、大力开展土地开发整理实行集约用地的做法表示赞赏。市领导连承敏、张少军等陪同调研。

5日　全省工商系统运用现代科技手段预防腐败工作座谈会在临沂市召开。与会人员参观了市工商局12315指挥中心和市规划展览馆,观看了市工商局电子监察管理PPT汇报片和“数字工商”、电子监察演示,并听取了有关情况汇报。省工商局党组成员、省纪委驻省工商局纪检组组长、监察专员刘言春对临沂市工商系统运用科技手段预防腐败工作取得的成绩给予充分肯定。市委常委、市纪委书记徐涛,市长助理宋法亮出席会议。

▲　省财政厅副厅长于国安带领省政府调研组来临沂市,就企业剥离非核心业务工作进行专题督查调研。督导组听取了临沂市开展企业剥离非核心业务工作的有关情况和下一步思路,对临沂市工作予以肯定。

6日　国家新闻出版总署文明单位考核组在国家新闻出版总署机关党委副巡视员陈艳茹、省新闻出版局副局长杨树国的带领下来临沂市,对山东临沂新华印刷物流集团创建全国新闻出版行业文明单位工作进行检查考核。考核组对山东临沂新华印刷物流集团精神文明建设工作取得的成绩给予高度评价。市委常委、宣传部长丁凤云陪同检查。

8~9日 由中共中央党校国际战略研究所主办、临沂市经济开发投资公司协办的"中国战略走向"国际学术研讨会在临沂市召开。本次会议邀请著名经济学家、清华大学胡鞍钢教授,国防大学战略所副所长唐永胜教授,中国地质大学副校长雷涯邻教授,上海市社科院副院长黄仁伟教授,中国政法大学全球化与全球问题研究所所长蔡拓教授,中国人民大学国际关系学院院长助理方长平,复旦大学公共与国际事务学院副院长陈玉刚,中国传媒大学国际关系研究所孙英春教授,韩国外交安保研究院高级研究员金兴圭,日本大阪产业大学经济学部王京滨准教授等30余位国内外知名专家、学者参会。中共中央党校国际战略研究所20余位研究人员参加会议研讨。中共中央党校国际战略研究所所长宫力,市委副书记、市长张少军,市委常委、常务副市长杜德昌出席会议。

9~12日 省政府纠风办副主任、省纪委纠风室主任徐国力一行来临沂市调研。徐国力一行参观了临沂城市规划展,召开了有关部门负责人参加的座谈会,并到临沂经济开发区、莒南县、沂南县等地,深入乡镇为民服务中心和城中村拆迁还建社区进行调研。徐国力对临沂市经济社会发展所取得的成就给予高度评价,对临沂市纠风工作取得的成绩给予充分肯定。市委常委、市纪委书记徐涛陪同调研。

11日 省维护社会稳定督导组在省高级人民法院副院长刘玉安的带领下,来临沂市督导检查重点单位安全保卫工作。市委常委、政法委书记李洪海汇报了临沂市维护社会稳定工作情况,省督导组对临沂市的工作给予了肯定。市政协副主席颜廷瑞,市中级人民法院院长李方民陪同检查。

11~12日 武警部队副政委崔景龙来临沂市调研。崔景龙先后来到武警临沂支队直属大队三中队、武警临沂支队教导队,看望基层一线官兵,详细了解武警官兵的学习、生活、训练和执勤等情况,对驻临武警部队近年来取得的成绩给予充分肯定。武警山东省总队政治委员张洪运,市委书记、市人大常委会主任连承敏,市委副书记张务锋,市委常委、秘书长李峰等陪同。

▲ 第二届苏鲁豫皖4省周边地区打击传销规范直销执法协作会议在临沂市召开。副市长慕增利介绍了临沂市基本情况,国家工商总局直销监管局副局长沈根申对近年来临沂市打击传销规范直销工作给予了充分肯定。

13~15日 以住房和城乡建设部总经济师李秉仁为组长的国家保障性安居工程建设督查组来临沂市检查保障性安居工程建设情况。督查组一行先后到兰山、罗庄、河东3区视察了经济适用住房、廉租住房和棚户区改造等项目进展情况,到蒙阴县检查了保障性住房建设及农村危房改造情况,并听取了临沂市有关工作情况汇报,对临沂市近年来保障性安居工程建设取得的成效给予充分肯定。省住房和城乡建设厅厅长杨焕彩、副厅长吴英,市领导连承敏、张少军等陪同。

15日 市领导连承敏、张少军等与市直机关工作人员、武警官兵、公安干警及部分群众在天元商务大厦前的广场上,面对徐徐降下的国旗肃立默哀,沉痛悼念甘肃舟曲特大山洪泥石流遇难同胞。

16日 第三届山东国际大众艺术节开幕式暨"泰山文艺奖"颁奖典礼在山东电视台演播大厅举行。临沂市报送和推荐的长篇电视剧《沂蒙》、电影《沂蒙六姐妹》分别获得荣誉奖和一等奖。

17~18日 最高人民法院副院长奚晓明在省高级人民法院副院长刘爱卿陪同下来临沂市参观考察。市领导连承敏、孟宪海、张务锋、李洪海,市中级人民法院党组书记、院长李方民等陪同考察。

17~19日 省人大常委会常务副主任高新亭来临沂市调研。高新亭一行先后到平邑、河东、沂水等县区进行了实地视察,对临沂市经济社会发展取得的成绩给予高度评价。市委书记、市人大常委会主任连承敏,市委副书记、市长张少军,市政协主席孟宪海,市人大常委会党组书记、第一副主任朱绍阳等陪同。

18日 临沂市见义勇为基金会成立。市人大常委会原党组书记、第一副主任李荣强为临沂市见义勇为基金会理事长。

18~19日 全国总工会副主席张鸣起一行来临沂市参观考察。在实地参观了临沂商城市场发展史展馆、书法苑、市规划展览馆、市科技馆、大官苑社区、沂蒙精神展展馆、银雀山汉墓竹简博物馆、王羲之故居和小埠东橡胶坝后,张鸣起对临沂的经济社会发展给予充分肯定。省总工会常务副主席吕明辰,市委书记、市人大常委会主任连承敏,市政协主席孟宪海,市委常委、市纪委书记徐涛,市委顾问李桂祥等陪同。

▲ 中宣部干部局副巡视员邱国栋一行来临沂市调研宣传文化系统干部培训工作。通过召开中宣部干部培训工作临沂市调研座谈会，了解临沂市宣传文化干部培训工作情况。

19日 山东电力集团公司总经理李同智来临沂市调研。李同智先后来到临沂电网调度中心、临沂电力技校、焦庄电动汽车充电站等地，了解电网迎峰度夏措施落实、员工培训和新兴产业发展情况。李同智对临沂电力工作给予充分肯定。市委书记、市人大常委会主任连承敏，市委副书记、市长张少军等陪同调研。

24日 省统计局局长刘俭朴来临沂市视察第六次人口普查工作。刘俭朴一行先后来到兰山区兰山办事处砚台岭社区、银雀山办事处和市统计局，仔细查看了人口普查工作开展的相关资料，详细了解人口普查工作中存在的困难和问题，并听取了临沂市关于第六次全国人口普查进展情况的工作汇报。刘俭朴对临沂市的人口普查工作给予充分肯定。市委副书记、市长张少军等陪同。

24～25日 全省服务业统计工作会议在临沂市召开。与会人员先后参观了市规划展览馆、书法苑、临沂商城市场发展史展馆、金兰物流基地、临沂地产品加工园和华丰国际商贸城等现场，观看了市及兰山区服务业统计工作汇报展示，听取了部分地市关于服务业统计工作的交流发言。省统计局局长刘俭朴，副局长姜玉山，市委书记、市人大常委会主任连承敏，市委副书记、市长张少军等参加有关活动。

25～26日 省委常委、组织部部长高晓兵来临沂市调研。高晓兵一行实地参观了临沂市规划展览馆、沂蒙精神展，察看了大官苑社区、小商品城、彭于埠社区等基层单位，与干部群众亲切交谈，深入了解临沂市经济社会发展情况，特别是基层党建工作和开展创先争优活动情况。对临沂市建设大美临沂所取得的成就给予高度赞赏。省委组织部副巡视员、组织处处长于洪亮随行。市委书记、市人大常委会主任连承敏，市委副书记、市长张少军，市委常委、秘书长李峰等陪同调研。

▲ 省人大常委会副主任崔曰臣带领调研组，来临沂市就《山东省建设工程勘察设计管理条例(修订草案修改稿)》、《山东省防震减灾条例(修订草案修改稿)》、《山东省文物保护条例(修订草案修改稿)》进行立法调研。崔曰臣先后考察了郯城、临沭、沂水等地，对临沂市近年来经济社会发生的巨大变化给予了充分肯定。省人大法制委员会副主任委员李建军、省人大法制委员会委员臧天祥、省人大常委会法制工作委员会主任温守信、省人大法制委员会副巡视员冯秉章参加调研。市委书记、市人大常委会主任连承敏，市人大常委会党组书记、第一副主任朱绍阳，市人大常委会副主任杜甲普，秘书长王其东分别陪同考察和调研。

26～27日 全省重点旅游项目建设现场会暨重点旅游项目推介会在临沂市召开。与会人员参观了沂南县智圣汤泉旅游度假村和竹泉旅游度假景区项目，听取了部分旅游企业集团的典型发言。会议还推介了全省重点旅游项目，并举行银旅合作签约仪式。副省长才利民，市委书记、市人大常委会主任连承敏，省政府副秘书长王旭，省旅游局局长于冲，省商务厅厅长吕在模，市委常委、副市长刘晓参加相关活动。

26～28日 中国(临沂·莒南)首届红色运动会在莒南县举行。(详见专记)

27～28日 武警部队政治委员中将许耀元来临沂市视察工作。许耀元询问了解了武警临沂市支队建设情况，对支队建设取得的成绩给予充分肯定。省委常委、宣传部长李群，武警山东省总队总队长南平、政治委员张洪运，市领导连承敏、张少军等分别陪同。

▲ 省委常委、宣传部长李群来临沂市调研环境保护、文旅产业发展、工业经济繁荣、新型城镇化推进等经济社会事业综合发展情况。李群先后到兰山区柳青河污水处理厂、河东区汤头观塘苑(国际)温泉度假村，沂南县智圣汤泉旅游度假村、竹泉旅游度假村、沂蒙红色影视拍摄基地、诸葛亮文化广场、制鞋产业园、绿源电动车生产基地等地实地参观，详细了解了相关工作情况，对取得的成绩给予了充分肯定和高度评价。市委书记、市人大常委会主任连承敏，市委副书记、市长张少军等陪同调研。

▲ 全省“满意消费惠万家”活动现场会在临沂市召开。与会人员参观考察了临沂市开展“满意消费惠万家”活动现场，听取了市政府经验介绍，副省长才利民高度评价临沂市开展的“满意消费惠万家”活动。省政府副秘书长王旭，省商务厅厅长吕在模，市委书记、市人大常委会主任连承敏，市委副书记、市长张少军，市委常委、副市长刘晓出席相关

活动。

29 日　省委常委、副省长王军民来临沂市，就新能源汽车及其配套设施建设情况进行调研。在焦庄电动汽车充电站，王军民仔细了解充电站的建设和运行情况，并对充电站投运后良好的运行机制给予肯定。市委书记、市人大常委会主任连承敏，市委副书记、市长张少军等陪同。

▲　全国人大环境与资源保护委员会副主任委员张文台一行来临沂市参观考察。在实地参观了市规划展览馆、北城新区和书法苑后，张文台高度评价临沂市“依托大水源，建设大水城，形成大水网，开通大水运”的规划思路。市委书记、市人大常委会主任连承敏，市委副书记张务锋，市委常委、秘书长李峰，市人大常委会副主任冯安陪同。

31 日至 9 月 1 日　国务院南水北调办公室副主任李津成来临沂市调研。李津成实地察看了蒋史汪橡胶坝工程、廖家屯拦河闸工程、武河湿地、刘家道口枢纽工程等，对临沂市的水污染防治工作给予高度评价。国务院南水北调办公室总经济师兼环保司司长张力威、省南水北调局副局长王安德、副市长刘彦祥等陪同。

9 月

1 日　10 集电视系列片《沂蒙记忆》首映首发仪式在市行政中心举行。该片由市委组织部、市文化广电新闻出版局、市广播电视台联合策划，由市党员干部现代远程教育中心具体承制。以沂蒙山小调、柳琴戏、郯马五大调、龙灯扛阁、糁、卧冰求鲤等最具代表性的非物质文化遗产为题材，艺术表现了每项非物质文化遗产的溯源、价值、内容、现状和前景等。在由 35 个国家和地区参加的“中国（青海）世界山地纪录片节”中，该片荣获国际人文类优秀作品入围奖，成为全国组织系统唯一获奖单位。

▲　北城新区 13 所中小学校启用仪式在临沂市朴园小学（原三合里小学）举行。一期开工建设的 13 处中小学，总建筑面积 22 万平方米，总投资 6.7 亿元，可解决近 3 万名学生的入学问题。

2 日　临沂——上海浦东往返航班正式开通。班期为每天一班，上海浦东机场起飞时刻 12:55，到达临沂机场时刻 13:55；临沂机场起飞时刻 14:30，到达上海浦东机场时刻 15:30。

2～12 日　市委副书记、市长张少军率市经贸考察团出访瑞典、德国和西班牙。3 日，张少军在瑞典哥德堡沃尔沃集团总部分别会见了沃尔沃集团全球总裁兼首席执行官雷夫·约翰森和沃尔沃建筑设备全球总裁兼首席执行官欧罗夫·佩森，双方就加强合作，促进沃尔沃——临工项目健康、快速发展进行了深入会谈。4 日，代表团访问临沂市友好城市——瑞典埃斯基尔斯图纳市，张少军会见了该市议长兼市执行委员会主席阿尔夫.恩格纳夫斯，就两市加强联系，进一步开展在经贸、科技、文化及教育等方面的交流与合作进行了会谈。5 日，张少军率团访问了德国宝马集团，参观了宝马公司先进的汽车组装生产线和宝马博物馆，拜访了位于兰茨胡特市的宝马铝铸造公司，就推动该公司与临沂市常林集团的合作进行了会谈。6 日，走访了位于德国斯图加特的豪夫公司，并出席了临沂市常林集团与豪夫公司的合作协议签字仪式。9 日，考察了位于西班牙东南部城市——阿利坎特市的城市之光影视基地（世界第三大、欧洲最现代化的影视基地）。10 日，访问了位于西班牙萨拉戈萨市的普林萨集团，与该集团总裁海曼就推动其在临沂市的合作项目进行了会谈，并实地考察了该集团位于萨拉戈萨市的大型水泥预制件工厂，参观考察了有关项目工程。

3～5 日　第八届中国临沂书圣文化节举行。（详见专记）

4 日　临沂广播电视发射塔落成，成为临沂市标志性景观建筑之一。该塔总投资 2 亿余元，由广播电视发射天线、塔楼、塔身及塔座四部分组成。是全省高度最高、功能最全、体量最大的发射塔。能传播 36 套广播电视节目，覆盖鲁南苏北及周边地区 2500 万人口。

6 日　位于北城新区滨河景区，占地 20 余公顷的全国首个慈善广场——临沂慈善广场奠基，成为彰显临沂慈善文化特色、承载“慈心临沂、善行天下”的载体和平台。

7 日　全国微笑列车项目 2010 年度工作会议在临沂市召开。2009 年，临沂市被中华慈善总会、美国微笑列车基金会授予微笑列车项目“突出贡献组织奖”。中华慈善总会副会长彭玉、顾问常寒婴、项目部主任钱钟民，省慈善总会会长谢玉堂，省民政厅副厅长、省慈善总会副会长李玉亮，市委书记、市人大常委会主任连承敏，市人大常委会党组书记、第一副主任朱绍阳，美国微笑列车基金会北京办事处总监薛揄及全国各省、自治区、直辖市的慈善总会相关负责人及微笑列车项目负责人参加会议。

8 日 “永远的记忆——纪念临沂城解放65周年书画大展”开幕。本次书画展共展出老革命家、艺术家的书画作品200余幅,通过书画艺术展现中国人民奋起抗战的光辉历程,缅怀无数革命先烈的丰功伟绩。

13 日 临沂市被授予“全国数字城市建设示范市”。国土资源部副部长、国家测绘局局长徐德明为临沂市授牌,国家测绘局党组成员、副局长李维森,国家测绘局党组成员、纪检组组长张荣久,省国土资源厅厅长徐景颜,省测绘局局长吴玉海,市委书记、市人大常委会主任连承敏等出席授牌仪式。

13~15 日 全国人大教科文卫委员会副主任、国家体育总局原党组书记李志坚一行来临沂市视察体育设施建设情况。李志坚一行重点察看了滨河百里健身长廊,对临沂市体育硬件设施建设和全民健身运动予以肯定。省体育总会副主席徐大义,市人大常委会副主任田友梅、冯安陪同。

13~17 日 全国数字城市建设专题研究班在临沂市举行。与会专家共同就数字城市建设与应用等内容进行专题研讨。国土资源部副部长、国家测绘局局长徐德明,中国浦东、井冈山、延安干部学院理事会秘书处副秘书长董万章,副省长才利民,国家测绘局党组成员、副局长李维森,国家测绘局党组成员、纪检组组长张荣久,省国土资源厅厅长徐景颜,市委书记、市人大常委会主任连承敏等出席开班仪式。全国26个地市分管测绘工作的副市长、副区长、副秘书长,相应省级测绘行政主管部门的负责人,山东省13个市的分管副市长和市测绘行政主管部门的主要负责人参加研究班。

14 日 由国家测绘局主办的“数字城市中国行”大型宣传报道活动在临沂市启动。国土资源部副部长、国家测绘局局长徐德明,国家测绘局党组成员、副局长宋超智,国家测绘局党组成员、纪检组组长张荣久,省国土资源厅厅长徐景颜,省测绘局局长吴玉海,市委书记、市人大常委会主任连承敏,市委副书记、市长张少军等出席启动仪式。同日,临沂市测绘与地理信息局挂牌成立,成为全国地级市首个测绘与地理信息局。

15 日 省工商局党组书记、局长李华理,省工商局党组成员、副局长李学法一行来临沂督察临博会筹备工作。李华理一行现场察看了临博会主会场——临沂商城国际会展中心,仔细察看了开幕式现场设置和主席台装饰情况,现场了解了市场组织体系成果展、国际展览区等展区的布展工作进度。并针对临博会筹备工作中存在的难点和细节问题,提出了具体的意见。他对筹备工作的进展情况表示满意,对筹备工作取得的成绩给予充分肯定。市委副书记张务锋等陪同督察。

▲ 市政府与宁夏回族自治区银川市政府战略合作框架协议签约仪式暨汇丰祥国际贸易城推介会隆重举行。宁夏回族自治区政协副主席解孟林,宁夏回族自治区招商局局长王静,银川市副市长马迎秋,市委书记、市人大常委会主任连承敏,副市长刘彦祥等出席签约仪式。

▲ 市委副书记、市长张少军在市政府亲切会见了应邀来临沂市参加2010中国(临沂)市场贸易博览会的韩国军浦市副市长李容瓘一行。

16 日 国家工商总局副局长刘凡来临沂市检查指导工作。中国商业联合会名誉会长何济海,副省长才利民,省工商局局长李华理,省工商局党组成员、副局长李学法,市领导连承敏、张少军等陪同检查。

16~17 日 大众报业集团所属主要媒体组成联合采访团,在大众报业集团党委常委、副总编辑郝克远的带领下,来临沂市就“转方式、调结构”进行新闻采访。市委书记、市人大常委会主任连承敏,市委常委、宣传部长丁凤云会见采访团一行。

16~18 日 由国家工商行政管理总局、中国商业联合会、省人民政府主办,省工商行政管理局、省商务厅、省贸促会、临沂市人民政府承办的2010年中国(临沂)市场贸易博览会在临沂商城国际会展中心举行。博览会设有4717个国际标准展位,展示各类产品近20万种。参展参会客商来自美国、德国、澳大利亚、法国、韩国、香港等23个国家和地区,以及上海、北京、广东、浙江等28个省、市、自治区。17日,2010中国(临沂)市场贸易博览会招商引资推介会在临沂宾馆举行。300余名海内外客商、社会各界名流和商界精英参加推介会。此次推介会共推介项目650余个。会议共签约合同项目71个,合同利用市外资金136亿元。国家工商行政管理总局副局长刘凡,中国商业联合会名誉会长何济海,副省长才利民,中国市场学会理事长高铁生,宁夏回族自治区政协副主席解孟林,省工商局局长李华理,省贸促会会长刘方会,省商务厅巡视员王德福,台湾农产品经纪人协会会长林瑞民,阿里巴巴集团董事局主席兼首席执行官马云，市领导连承敏、张少军等出席开幕式。国家有关部委、有关协会和学会的领导人，山东省省直有关部门的负责人，各友好城市、有关省市工商局的领导人，有关市场和企业的负责人，国际友人，参展商和采购商代表，市直有关部门及各县区相关主要负责人参加博览会。

17日　在省纪委驻省外办纪检组长、省扩大内需检查组二组组长封燕文的带领下，省扩大内需检查组一行来临沂市检查指导中央扩大内需项目建设管理工作。在听取了临沂市关于中央扩大内需项目建设管理工作的情况汇报后，封燕文对临沂市扩大内需项目建设管理工作取得的成效表示肯定。

▲　2010中国（临沂）市场贸易博览会罗庄陶瓷建材专业展开幕式暨临沂豪德陶瓷建材装饰城开业典礼举行。解放军军事科学院原院长、沈阳军区原司令员刘精松，全国人大常委、毛主席纪念堂管理局原局长徐静，中国侨联副主席王永乐，全国政协委员、中国光彩事业促进会副会长、全国工商联常委、香港豪德集团董事局主席王再兴，中央统战部光彩事业指导中心副主任魏登田，省政协副主席齐乃贵，省政协副主席、省工商联主席王乃静，省委统战部副部长、省工商联党组书记孙传宏，省侨联主席梁波，市领导连承敏、张少军等出席开业典礼。

▲　华丰国际商贸城开业庆典暨电视剧《大商城》新闻发布会举行。市领导连承敏、张务锋、杜甲普、王晓嫚、仇景阳出席。

18日　中国教育用品采购基地、中国教学仪器设备进出口基地授牌仪式暨开业庆典举行。中国教学仪器设备行业协会会长、教育部教学仪器研究所所长王富，中国教学仪器设备总公司总经理李兴植，中国商业联合会秘书长骆毓龙，省教育厅副厅长陈光华，省工商局副局长李学法，市领导连承敏、张少军等出席授牌仪式暨开业庆典。

19日　省质量技术监督局党组书记、局长丛大鸣一行来临沂市参观考察。丛大鸣一行先后实地参观考察了书法苑、市规划展览馆、焦庄电动车充电站、华盛中天等处，对临沂市丰厚的文化底蕴、良好的生态环境、科学的城市发展规划、经济社会的快速发展态势给予了高度评价，并对临沂市充分发挥质量技术机构优势，不断提高质量检验检测和技术机构服务能力的做法表示赞赏。市委书记、市人大常委会主任连承敏，市长助理宋法亮陪同。

20日　省政协调研组一行在省政协原副主席、党组副书记、理论研究会会长王久祜的带领下，来临沂市调研政协开展民主监督情况。在听取了市政协关于履行民主监督职能的情况的工作汇报和部分政协常委、委员关于开展民主监督的意见和建议后，调研组对市政协开展民主监督工作取得的成绩给予高度评价。市委书记、市人大常委会主任连承敏，市政协主席孟宪海，副主席王秀君、颜廷瑞、赵爱华，秘书长陈相珍陪同。

▲　省质量技术监督局与市政府签订了《关于全面加强战略合作推进“两型”社会建设备忘录》。省质监局党组书记、局长丛大鸣，副局长张健，市领导连承敏、张少军出席签约仪式。

▲　全市第一个国家级检测中心——国家化肥质检中心和临沂综合检测中心在北城新区奠基。项目规划占地2公顷，新建检验检测用房2.7万平方米，包括国家化肥质检中心、中国棉花公证检验实验室2个国家中心，以及人造板、烟花爆竹等5个省级质检中心。

25日　在省水利厅党组书记、厅长杜昌文的带领下，2010年山东省水利厅党组理论学习中心组（扩大）读书会全体成员来临沂市考察观摩。与会人员实地参观了凤凰阁、临沂市规划展览馆及河东区桃园水厂工程、刘家道口水利枢纽、武河湿地等水利工程。在听取了相关部门的情况介绍后，杜昌文对临沂市的水利工作给予了充分肯定和高度评价。市委副书记、市长张少军，市委副书记张务锋，市委常委、宣传部长丁凤云，副市长刘彦祥陪同。

▲　道德的传承——全国道德模范与身边好人现场交流活动在临沂市举行。本次现场交流活动邀请全省全国道德模范、部分全国道德模范提名奖获得者和山东省道德模范代表作为出席嘉宾，42位“中国好人榜”入选者参加活动。中央文明办秘书组副组长杨武军，省文明办专职副主任王红勇，山东电视台总编辑祝丽华，省作家协会副主席许晨，市领导连承敏、张少军等出席现场交流活动。

26日　由中国建设报社和临沂市委、市政府主办的中国（临沂）“城镇化主导区域发展”论坛在临沂市举行。此次论坛主题为“走中国特色的城镇化之路”。国家住房和城乡建设部总经济师李秉仁，国家住房和城乡建设部法规司副司长徐宗威，国家住房和城乡建设部规划司副司长吴建平，中国建设报社社长刘士杰，省住房和城乡建设厅副厅长张俊乾，安徽省淮北市市委常委、常务副市长胡海波，安徽省六安市副市长钟园及江苏省、山东省等14个地市代表参加了论坛。市领导张少军、宋培杰出席论坛。

27日 全国政协教科文卫体委员会副主任、凤凰卫视董事局主席、行政总裁刘长乐来临沂市参观考察。省委宣传部副部长刘保聚,省委外宣办主任李建军,市委书记、市人大常委会主任连承敏等陪同。

27~28日 省检查组在省政协副主席、省委统战部部长张传林的带领下,来临沂市检查贯彻落实《中共中央关于加强人民政协工作的意见》及全省政协工作会议精神情况,市委副书记张务锋、市政协副主席杨爱华向省检查组汇报了市委、市政协贯彻落实《意见》的情况,省检查组对临沂市贯彻落实《意见》情况给予充分肯定。省政协副秘书长王祝玉、马啸,省维稳办专职副主任李超群,市委书记、市人大常委会主任连承敏等陪同检查。

28日 省委宣传部、省委外宣办、山东电视台联合举行的大型航拍纪录片《再飞齐鲁》在临沂市广播电视发射塔前开机。山东电视台党委书记、台长韩国强,市委副书记、市长张少军,市人大常委会副主任田友梅,副市长左沛廷出席开机仪式并为开机揭幕。

▲ 山东、吉林、江苏3省环境保护应急管理工作座谈会在临沂市召开。临沂市、吉林市、徐州市作为全国突发水环境事件饮用水水源地安全保障试点城市,对前期工作开展情况进行了汇报,并对《突发水环境事件饮用水水源地安全保障管理指南》编写工作进行了深入的讨论。国家环保部应急中心副主任张志敏,省环保厅总工程师冯玉涛及山东省、吉林省、江苏省代表参加了会议。

29日 临沂城30万吨供水工程竣工通水,将满足市区150万人的供水需求。该工程概算总投资9.5亿元,水源位于蒙阴县岸堤水库。

30日至10月7日 原中共中央政治局委员、中央军委副主席、国务委员兼国防部长迟浩田一行来临沂市参观考察。迟浩田先后到临沂市规划展览馆、书法苑、小埠东橡胶坝、北城新区、临沂广播电视发射塔、大青山胜利突围纪念广场等地进行实地参观考察,高度评价临沂市经济社会建设取得的巨大成就。10月4日,迟浩田亲切会见了革命老区的支前模范"沂蒙六姐妹"伊淑英、伊廷珍、张玉梅和市老干部及劳模代表刘兴武、朱兆彬、刘嘉坤和朱呈镕一行。

中央国家机关工委常务副书记杨衍银,济南军区副政委王健,省委常委、宣传部长李群,省军区政委南兵军,省政府特邀咨询张昭福,省军区副政委鲁建华,市领导连承敏、张少军等陪同考察。

10月

1~2日 省委常委、宣传部长李群来临沂市就高新技术产业和现代服务业发展情况进行调研。李群先后实地察看了临沂高新区创新大厦、临沂新华印刷集团有限公司、罗庄区罗欣药业、临沂豪德光彩贸易广场以及2010年F1摩托艇世锦赛中国临沂大奖赛比赛现场,对临沂市高新技术产业和现代服务业发展所取得的成就表示满意。市领导连承敏、张少军等陪同调研。

1~5日 中央国家机关工委常务副书记杨衍银来临沂市参观考察。杨衍银一行先后到沂南县、市区和临沭县参观考察,对临沂市的发展给予充分肯定。市委书记、市人大常委会主任连承敏等陪同考察。

3日 国家体育总局水上运动管理中心主任王渡在临沂市参观考察了部分水上运动项目筹备及建设情况。市委副书记、市长张少军,副市长王晓嫚等陪同。

3~4日 "中国移动通信杯"2010年F1摩托艇世界锦标赛中国临沂大奖赛在临沂市举行。(详见专记)

11~12日 参加全省转方式调结构现场观摩会的与会人员来临沂现场视察指导工作。省委副书记、省政协主席刘伟,省委常委、青岛市委书记阎启俊,省人大常委会副主任崔曰臣,副省长王随莲,省检察院检察长国家森,省政协副主席赵玉兰,省直有关部门主要负责人和青岛、枣庄、烟台、威海、日照5市的党政主要负责人,参加了观摩。市领导连承敏、张少军等陪同观摩。

12日 省委副秘书长、省信访局局长于晓明来临沂市调研群众工作。于晓明先后到罗庄区委群众工作部、双月湖街道群众工作站、盛庄街道十里堡社区群众工作室,兰山区委群众工作部、白沙埠少年宫进行参观,详细了解临沂市群众工作开展情况,并提出具体指导意见,对临沂市群众工作取得的成绩给予了充分肯定。市委副书记张务锋陪同调研。

12～13日 省公安厅副巡视员刘福宏带领省食品安全督查组来临沂市督导检查工作。督查组一行先后来到兰山区、沂水县的部分食品企业，召开座谈会，听取市政府及有关部门关于临沂市食品安全工作情况的汇报。督查组对临沂市食品安全工作给予了高度评价。

13日 省依法行政“四五”规划实施情况调研组在省政府法制办副主任张敬亮带领下，来临沂市就《山东省依法行政第四个五年规划（2006－2010年）》实施情况进行调研。调研组听取了全市政府系统依法行政“四五”规划实施情况的汇报，并实地察看了兰山区相关工作开展情况。对临沂市的经济社会发展情况给予高度评价。

14日 大众报业集团与临沂市委、市政府和临沂日报报业集团携手合作、优势互补结出的丰硕成果——山东沂蒙晚报传媒有限公司、山东鲁南商报传媒有限公司、山东临沂新闻大厦有限公司在济南山东新闻大厦正式揭牌。省委常委、宣传部长李群，省委宣传部副巡视员王世农，省新闻出版局局长、党组书记宿华，省新闻工作者协会主席高挺先，大众报业集团党委书记、董事长、总编辑傅绍万，大众报业集团党委副书记、社长许衍刚，省报业协会会长王培文，市领导连承敏、张少军等出席揭牌仪式。

14～15日 省编委办公室副主任孙书恒率调研组，来临沂市就乡镇机构改革工作进行调研，调研组一行先后到临沭县、莒南县等地进行了调研座谈和指导，对临沂市在改革中取得的成绩给予了充分肯定。市委副书记张务锋、市委常委尹长友等领导陪同调研。

16日 大义临沂——全国敬老爱老志愿服务活动启动仪式暨第二届中国临沂孝河文化节开幕。中央文明办志愿服务工作组副局长王朝彬，省文明办副主任葛长伟，市委书记、市人大常委会主任连承敏，市委常委、宣传部长丁凤云出席启动仪式。启动仪式结束后，与会人员参观了大型展板话七孝，小孝星“王祥”系列动漫展演，百人书孝、百人画孝、百人剪孝展示以及千人孝道经典诵读表演活动。

17日 最高人民检察院副检察长张常韧来临沂市调研。在参观市人民检察院、河东区人民检察院办公大楼各个功能区域及相关工作后，张常韧出席座谈会听取了临沂市检察计财装备工作情况汇报，对取得的成绩给予充分肯定。省检察院副检察长李少华，市委书记、市人大常委会主任连承敏，市委副书记张务锋，市委常委、政法委书记李洪海，市委常委、秘书长李峰，市人民检察院检察长吕盛昌陪同调研。

▲ 市委副书记、市长张少军会见了来临沂市推进相关投资与技术合作事宜的西班牙TAC集团董事局执行董事玛丽塔一行。会见期间，张少军向iBerchina执行董事帕勃罗·伊苏斯基萨颁发临沂市招商引资顾问证书。

18日 全省厂务公开民主管理理论与实践交流会议在临沂市召开。会议表彰了2010年全省厂务公开民主管理征文活动获奖论文和优秀组织单位，并开展了厂务公开民主管理理论和实践研讨交流。临沂市被评为全国推进厂务公开民主管理工作先进市。省总工会副主席、省工会管理干部学院院长齐太生，市委常委、市政府党组副书记、市总工会主席林祥余出席会议。

▲ 市委副书记、市长张少军向台商刘竹承颁发了临沂市“荣誉市民”证书。刘竹承系全国台企联常务理事、山东省台商台属联谊会常务理事、临沂市台协会名誉会长、临沂市六和鲁盛食品有限公司副董事长。

▲ 由中国观赏石协会、中国花卉协会观赏苗木分会、山东省文联、临沂市政府主办，山东省花卉盆景奇石艺术家协会、罗庄区政府承办，临沂市观赏石协会、罗庄区盛庄街道办事处、鲁南花卉市场协办的中国（临沂）第二届国际奇石盆景花卉根艺博览会在罗庄区鲁南花卉市场开幕。全国人大常委、省人大常委会副主任、山东农业大学校长温孚江，国际园艺生产者协会主席杜克·法博，中俄文化艺术中心顾问、中国专家局专家乌里杨诺夫，中国花卉协会副秘书长陈建武，市领导张少军等出席开幕式。

▲ 罗庄区文化产业项目——沂蒙乐园在该区滨河片区举行奠基仪式。沂蒙乐园项目总投资20亿元，项目突出休闲游乐、花卉博览、沂蒙文化三大主题，集儿童游乐、水上运动、生态示范、科普教育、休闲旅游、商业开发为一体，对于提升罗庄的城市建设品味、增加城市吸引力、拉动全区经济发展具有十分重要的意义。

20日 山东天宝化工有限公司、威海武岭爆破器材有限公司与西班牙马克西姆公司合作签约仪式在济南举行。天宝化工、威海武岭负责人与君诺代表3方签署了合作协议，决定成立马克西姆化工山东有限责任公司。3方共同出资在平邑县规划建设国内一流的工业导爆索、电子雷管和导爆管雷管生产基地,总投资达 6 亿余元。西班牙马克西姆国际集团公司董事会主席君诺,省经济和信息化委员会副主任杨国良,市人大常委会党组书记、第一副主任朱绍阳,副市长慕增利,市政协副主席丁成建出席签约仪式。

▲ “临沭柳编”地理标志证明商标在国家工商总局商标局《商标公告》中通过注册并取得使用权,“临沭柳编”正式成为临沂市地理标志证明商标。这是临沂市继“苍山大蒜”、“郯城银杏”、“平邑金银花”3 个地理标志商标后的又一个重要突破。

21 日 国家环保部环评司司长祝兴祥、贵州省环保厅纪检组组长庄振莉率国家环保部环评审批工作检查组来临沂市检查。检查组一行深入苍山县、罗庄区、费县,通过听取汇报、查阅资料和现场检查等方式,对临沂市环评审批工作落实情况、工程建设领域突出环保问题整改情况、落实建设项目“三同时”等项工作进行检查、指导,对临沂市适应新时期环境保护工作需要,依托先进技术实现对重点污染源排放情况和流域区域环境质量的实时在线监控给予了肯定。省环保厅副厅长车纯滨,市委副书记、市长张少军,副市长左沛廷陪同检查。

▲ 平邑县东近台地区硫铁矿探矿权首次通过市国土资源局矿业权交易系统进行了网上公开出让。通过互联网络公开出让探矿权,所有交易行为全部网上进行,这在山东省乃至全国尚属首次。

22 日 国家工商总局地理标志工作经验交流会在临沂市召开。与会人员座谈交流了各地品牌农业特别是地理标志品牌创建工作的经验和做法;深入到临沭县柳编文化艺术馆、特色产业园区和临沭白旄镇杞柳种植基地,实地考察了“临沭柳编”地理标志运用情况。国家工商总局商标局副局长陈文彤、省工商局副巡视员向维凯、市委副书记张务锋、副市长王晓嫚等出席会议。

25~26 日 省政协党组副书记、副主席乔延春一行来临沂市调研。乔延春详细了解临沂市打造文化名市所取得的巨大成就及企业发展情况,对临沂市文化产业的蓬勃发展和企业坚持科技创新,打造一流铝单板研发企业的做法给予充分肯定。市委副书记、市长张少军,市政协主席孟宪海等陪同调研。

26~28 日 第五届中国(临沂)人造板产业博览会暨国际贸易洽谈会在临沂市举行。本届展会共有 320 家企业参展,布展展位 500 个,来自广东、黑龙江、山东、江苏、广西、安徽、上海、河北、吉林等 20 多个省、市的近 5000 名采购商及 13 个国家和地区的 53 名外商参加展会。共签约外商投资项目 16 个,投资总额 85.17 亿元,合同利用外资 75.87 亿元。实现成交额 10.2 亿元。

27 日 国内著名电动车配套生产企业——新大洋机电集团有限公司与沂南县政府举行微型低速纯电动车项目签约仪式。新大洋微型低速纯电动车项目总投资 30.7 亿元,项目建成后年产微型低速纯电动车 30 万辆。

28 日 山东检验检疫局局长、党组书记周建安来临沂市调研。周建安现场察看了临沂检验检疫局实验室等,听取了实验室建设、机关文化建设和基础设施建设情况的汇报,并与机关干部进行座谈。周建安充分肯定了临沂检验检疫局在履行职责、服务地方经济发展等方面做出的贡献。山东检验检疫局副局长、党组成员石勇,市委书记、市人大常委会主任连承敏等陪同。

29 日 中纪委驻最高人民检察院纪检组组长莫文秀来临沂市人民检察院视察工作。莫文秀一行先后来到阳光检务大厅、控告申诉接访大厅、临沂市预防职务犯罪警示教育基地、红色文化展室、案件管理中心、文体活动中心等地,详细听取了有关工作情况汇报,并对临沂市检察工作给予了高度评价。省纪委常委、巡视员宋卫国,市委常委、市纪委书记徐涛,市人民检察院检察长吕盛昌陪同视察。

29~30 日 省经信委主任郭述禹一行来临沂市对工业经济进行调研。郭述禹一行先后到沂水县、兰山区、临沂高新技术产业开发区、临沂经济开发区,实地察看了隆科特酸制剂、鸿达生物、玻纤复合材料、金锣集团、沂星电动汽车公司和山东临工,听取了有关企业运营情况汇报,详细了解企业当前存在的困难问题和行业发展趋势,并就明年工业经济工作安排、“十二五”规划制定等征求意见和建议。市委书记、市人大常委会主任连承敏,市委副书记、市长张少军,副市长左沛廷,市长助理宋法亮等陪同。

30 日 中国联合网络通信有限公司副总经理赵继东、工会主席姚琼一行来临沂市参观考察。赵继东一行先后参观考察了中国联合网络通信有限公司临沂市分公司服务大厅、银雀山汉墓竹简博物馆、书法苑等,对临沂联通充分发挥网络、技术、人才和管理优势,以服务临沂经济建设和社会发展为己任的做法表示充分肯定。中国联合网络通信有限公司山东省分公司副总经理李天涛、刘玉林，市委书记、市人大常委会主任连承敏，市长助理姜和良陪同。

31 日　总投资 20 亿元的山东柳工高科产业园项目签约仪式举行。广西柳工集团有限公司、广西柳工机械股份有限公司董事长、党委书记王晓华，中信信通国际物流有限公司总裁、广州中信信通物流有限公司董事长李泽，市委副书记、市长张少军等出席签约仪式。

▲　临沂——广州直航开通。航班班期每天 1 班，广州起飞时刻为 08:50，11:10 到达临沂机场；临沂起飞时刻为 12:00，14:30 到达广州白云国际机场。

11 月

2 日　滨河景区湿地公园和双月湖湿地公园被住建部授予“国家城市湿地公园”。滨河景区湿地公园总面积 70 平方公里，双月湖湿地公园总面积 86.67 公顷。

3 日　省统计局副局长刘兴慧来临沂市检查指导第六次全国人口普查工作。刘兴慧听取了有关工作情况汇报，深入兰山区东苗庄社区部分住户家中，现场指导人口普查入户登记工作。市委常委、常务副市长杜德昌陪同。

6 日　沂新公路暨文泗公路兰山段举行竣工通车仪式。沂新公路北接沂南县城，南至北城新区，其中兰山段全长 8.5 公里，投资 9000 余万元；沂南段全长 21.2 公里，投资 1 亿余元。兰山段东起汤头沂河大桥，西至半程镇与 205 国道相接，全长 15.1 公里，总投资约 5000 万元。

7 日　山东省“百名专家企业行”活动在临沂市启动。副省长、九三学社山东省委主委王随莲，九三学社中央社会服务部副部长王金茹，中国工程院院士、山东农业大学教授束怀瑞，省委统战部副部长曲涛，省科协党组书记、副主席燕翔，市领导连承敏、张少军等出席启动仪式。

▲　临沂市举行仪式欢迎援川干部胜利归来。自 2008 年 7 月对口援建工作开展以来，临沂市援川全体人员历经两年多艰苦努力，对口援建共完成投资 2.68 亿元，总建筑面积 9.86 万平方米，圆满完成了省里下达的各项援建援助任务。市委书记、市人大常委会主任连承敏，市委副书记、市长张少军等出席欢迎仪式。

8 日　临沂市在全国城市公共文明指数测评中，获全国地级市总分第一名。

▲　省人口计生委主任盖国强一行到苍山县部分村镇，调研临沂市人口计生工作开展情况，盖国强一行到苍山县实地察看村民自治合同化管理分片联保责任书档案、优质服务建设、人口计生奖扶政策兑现和流动人口计划生育服务管理等情况，对临沂市相关工作给予肯定。市委书记、市人大常委会主任连承敏陪同调研。

9 日　国家信访局综合指导司副司长王村理来临沂市检查指导信访工作。王村理一行先后到罗庄区双月湖街道群众工作站、盛庄街道十里堡社区群众工作室、大官苑社区群众工作室、兰山区委群众工作部等地，听汇报、看现场，详细询问有关情况，并对临沂市注重用群众工作统揽信访工作的做法给予充分肯定。省信访局巡视员赵进，市委常委、秘书长李峰等陪同检查。

10 日　由《大众日报》、省电视台组成的记者采访团来临沂市就文明城市创建工作进行采访报道，深入细致了解临沂市在创建全国文明城市过程中的做法，总结经验，宣传典型。

10～11 日　济南军区副政委中将吕建成一行来临沂市对临沂军分区年度工作和落实基层建设《三年规划》情况进行调研。市委常委、临沂军分区政委焦海旺代表分区党委作了汇报，吕建成充分肯定了临沂军分区近年来各项工作取得的成绩。省军区副政委少将鲁建华，市领导连承敏、张少军等陪同。

▲　全省公共机构节能观摩交流会在临沂市召开。与会人员参观了市会议中心、行政中心、城市规划展览馆、科技馆和书法苑等地，对临沂市大力推行公共机构节能建设的做法大加赞赏。省政府副秘书长兼省机关事务局局长张泽忠，省人大常委会副秘书长谭鹏飞，省委办公厅副主任孙振华，省政府办公厅副巡视员穆长顺，省政协办公厅副主任刘洪宝，省机关事务局副局长刘玉起，市领导连承敏等参加会议。

11 日　国家开发银行党建巡视组在总行行务委员、党建巡视组二组组长冀忠实带领下来临沂市调研。巡视组一行听取了临沂市与国家开发银行山东省分行合作工作开展情况的汇报，对临沂市近年来经济社会发展取得的成绩给予高度评价。国家开发银行山东分行行长于泽水、副行长于丕涛，市领导连承敏、张少军等陪同调研。

12 日　临沂——桂林——海口航线开通。航班班期为每周一、三、五，临沂起飞时刻为 12:35，到达桂林时刻为 14:55，到达海口时刻为 16:55；海口起飞时刻为 7:25，到达桂林时刻为 8:50，到达临沂时刻为 11:45。

13 日　国家发改委、农业部、商务部重点扶持项目——中国福德新城·国际农业产业园启动建设。全国政协常委、全国工商联副主席孙晓华，全国政协经济委员会副主任、中国商业联合会会长张志刚，中共中央政策研究室经济局局长李连仲，国家商务部市场秩序司司长向欣，国家农业部市场与经济信息司巡视员隋鹏飞，市委副书记、市长张少军等出席启动仪式。

14～17 日　中央文明办协调组副组长涂更新率领中央主要新闻媒体的 15 位知名记者，对临沂市创建文明城市的作法，进行了集中采访报道。

15 日　由中央宣传部、中央文明办、教育部、文化部、广电总局、解放军总政治部、全国总工会、共青团中央、全国妇联、中国文联等十部委主办，市委、市政府、中央电视台《激情广场》栏目组承办的“激情广场——爱国歌曲大家唱山东临沂篇”在北城新区举行。中央文明办协调组副组长涂更新，省文明办专职副主任王红勇，市领导连承敏、张少军等观看演出。

16～17 日　省检察院检察长、省全民普法依法治理工作领导小组副组长国家森，在省民政厅副厅长刘同林、省司法厅政治部主任张民忠的陪同下来临沂市，就“五五”普法依法治理工作进行检查指导。市委书记、市人大常委会主任连承敏等陪同检查。

18 日　人力资源和社会保障部农民工培训研究课题组来临沂市专题调研农民工培训工作情况。在实地考察了市人力资源市场各项工作开展情况，听取了有关部门工作汇报后，调研组对临沂市农民工培训工作给予充分肯定。市政协副主席颜廷瑞及市直有关部门负责人陪同。

▲　沂南县人民政府与山东嘉禾股份有限公司就 10 万吨秸秆清洁综合利用项目签约，该项目建成后将是全国第一条零排放纤维素（纸浆）生产线，年产纤维素（纸浆）8.5 万吨。

19～20 日　省委、省政府在临沂市召开全省群众工作会议，深入学习贯彻中共中央总书记胡锦涛在党的十七届五中全会上的重要讲话精神，研究部署做好新形势下群众工作的任务措施，表彰了全省信访工作先进单位和先进个人，省直有关部门、部分市县和单位的负责人作了典型发言。市委书记、市人大常委会主任连承敏在会上介绍了临沂市群众工作做法。省委书记、省人大常委会主任姜异康，省委副书记、省长姜大明，省委副书记、省政协主席刘伟，省委常委、常务副省长王仁元，省委常委、济南市委书记焉荣竹，省委常委、省委秘书长王敏，省委常委、青岛市委书记李群，省委常委、组织部长高晓兵，省人大常委会副主任温孚江，副省长郭兆信，省政协副主席赵玉兰，省长助理、省公安厅厅长吴鹏飞出席会议。

22 日　国家环境保护部副部长周建在省环保厅副厅长王光和的陪同下，来临沂市视察环保工作。周建一行参观了市规划展览馆；视察了市环境监控应急指挥中心，详细了解指挥中心运行情况，并观看了中心功能演示片和临沂市创建国家环保模范城市专题片；参观了武河湿地水质净化工程，对临沂市树立“生态立市、环保先行”的发展理念，推动环境保护和可持续发展所取得的成绩给予充分肯定。

▲　全国橡胶坝技术交流推广会在临沂市召开。会议通过学术交流、典型经验介绍，使与会人员进一步加深了对橡胶坝工程和应用前景的了解，临沂市积极推广应用橡胶坝技术，已建设橡胶坝 34 座。

22～23 日　中共中央政治局常委、中央政法委书记周永康来到临沂视察调研。（详见专记）

▲　全国用群众工作统揽信访工作经验交流会在临沂召开。（详见专记）

23 日　全国政协副秘书长蒋作君到银雀山汉墓竹简博物馆、王羲之故居参观考察。蒋作君对临沂市充分挖掘历史文化资源、大力发展文化产业的做法给予了充分肯定和高度评价。市政协主席孟宪海，秘书长陈相珍陪同。

25 日　临沂市与中国水务投资有限公司签订临沂城 30 万吨供水项目合作框架协议。项目建成后，将基本满足市区 150 余万人的供水需求，有效解决市区供水紧张局面。水利部综合事业局局长王文珂、副局长顾洪波，中国水务投资有限公司总经理刘正洪，省水利厅副巡视员赵青，市委书记、市人大常委会主任连承敏，市委副书记、市长张少军等出席签约仪式。

26 日　省政府安委会督查组来临沂市检查指导安全生产工作。督查组一行实地查看了临沂市部分建筑工地和沂南县两家企业的安全生产情况，对临沂市安全生产工作给予充分肯定。

▲ 国家教育部发文批准，同意临沂师范学院更名为临沂大学，同时撤销临沂师范学院的建制。临沂大学系多科性本科学校，以本科教育为主；学校全日制在校生规模暂定为3.5万人。

▲ 《沂南黄瓜》标准在沂南县发布实施，同时与之配套的技术规程一同发布实施。《沂南黄瓜》联盟标准是全省第一个针对蔬菜产品质量、生产技术出台的企业联盟标准。

26～28日 省公安厅巡视员于长安带领省社会治安综合治理暨平安建设检查考核组来临沂市，对2010年度全市社会治安综合治理暨平安建设情况进行全面系统检查考核。检查考核组听取了临沂市关于社会治安综合治理和平安建设工作情况的汇报；仔细查阅了相关文件资料；实地检查了市国土资源局、天元集团、临沭县、郯城县等部分基层单位，走访了基层群众，全面了解临沂市在治安防控、矛盾化解、基础工作等方面的情况，对取得的成绩给予了充分肯定和高度评价。市委常委、政法委书记李洪海等陪同。

30日至12月2日 省政府消防工作检查组在省交通运输厅总工伊大迈的带领下，对临沂市2010年度消防工作情况进行检查指导。检查组一行在听取了市相关部门情况汇报，并认真查阅了有关台账资料后，实地检查了银座商城、兰山区义堂镇化沂庄社区、兰山区兰山街道办事处等地的消防工作情况，对室内消火栓等自动消防设施进行了测试，察看了消防控制室、消防水泵房等消防安全重点设施。检查组对临沂市消防安全工作给予高度评价。

12月

1～2日 国土资源部党组成员、国家土地副总督察甘藏春一行来临沂市，就国土资源依法管理、服务社会和保障群众合法权益等工作进行调研。甘藏春一行来到市国土资源局指挥中心和市政务大厅国土资源窗口，观看数字执法信息系统演示、了解土地审批流程，参观了市国土资源局法治国土建设图片展，并实地察看新农村建设和土地整理推进情况。省长助理、党组成员周齐，国土资源部政策法规司司长王守智，国家土地督察济南局局长赵龙，省国土资源厅厅长徐景颜，市领导连承敏、张少军等陪同调研。

1～3日 国家环保模范城市复核组来临沂市就创建国家环保模范城市进行复核验收。复核组仔细查阅了临沂市创模相关文件、资料、档案，深入部分县区抽查了企业污染防治情况，检查了城市污水处理设施、饮用水源地保护、河流断面水质检测站等现场，并听取了临沂市创模工作汇报。复核组一致认为，通过国家环保模范城市复核组的实地检查考核，临沂市顺利通过创建国家环保模范城市复核验收。

3～5日 全国革命老区（临沂）跨越式发展理论研讨会在临沂市举行。来自全国的专家、教授以及革命老区的代表共同探讨了革命老区开发建设的特有规律，相互交流借鉴了新中国成立多年来，特别是改革开放30余年来全国革命老区改革发展的成果和经验。中央党校副校长孙庆聚，中国老区建设促进会副会长桓玉栅，山东老区经济文化建设促进会会长王裕晏，中央党校报刊社社长兼总编辑肖勤福，省委党校副校长李永清，市领导连承敏、张少军等出席有关活动。

4日 临沂市与广西壮族自治区玉林市举行友好城市签约仪式。玉林市委书记、市人大常委会主任金湘军，市委书记、市人大常委会主任连承敏，市委副书记、市长张少军等出席签约仪式。

6日 以"公共服务与城乡统筹"为主题的2010第五届中国全面小康论坛在北京举行。临沂市被评为2010中国全面小康最具安全感城市。

▲ 临沂——长沙——丽江航线开通。该航班起飞时间为09:40，11:45到达长沙，14:10到达临沂；返程航班15:00由临沂机场起飞，16:50到达长沙，20:00到达丽江。

7日 省政府督查组在省民政厅副厅长杨丽丽带领下，来临沂市督查稳定消费价格总水平、保障群众基本生活工作。督查组通过听汇报、与基层代表座谈交流等方式，对临沂市贯彻落实省政府《关于贯彻国发[2010]40号文件稳定消费价格总水平 保障群众基本生活的通知》情况进行了详细了解，督查组对临沂市一年来在稳定消费价格总水平、保障群众基本生活方面取得的成绩给予充分肯定。市委常委、常务副市长杜德昌陪同。

▲ 黄委水资源管理与调度局局长张柏山率领国家防总抗旱工作组来临沂市察看抗旱工作。省防办副主任尹长文陪同。

▲ 全省深化医药卫生体制改革座谈会在临沂市召开。副省长王随莲，省政府副秘书长马越男，省发改委副主任、医改办主任秦柯，省财政厅巡视员阮

凤英,省人力资源和社会保障厅副厅长杨喜坤,省卫生厅副厅长仇冰玉,枣庄市、济宁市、日照市、菏泽市政府分管负责人,市委副书记、市长张少军,副市长王晓嫚,市政府秘书长钱迎伟出席会议。

▲ 青岛啤酒公司与香港培新集团关于新银麦啤酒合作项目签约仪式在济南举行。青岛啤酒全资收购由香港培新集团持有的银麦啤酒100%股权。

8～9日 省委、省政府督查组来临沂市督查集体林权制度改革工作。督查组一行先后到河东区、平邑县进行实地查看,并听取了集体林改工作情况汇报。督查组对临沂市集体林权制度改革工作给予了充分肯定。副市长刘彦祥陪同督查。

9日 创建全国无障碍建设城市检查组在住房和城乡建设部标准定额司副司长徐慧琴的带领下,来临沂市就创建全国无障碍建设城市工作进行考核验收。副市长宋培杰汇报了临沂市创建全国无障碍建设城市工作。通过查看资料、查验现场,检查组对临沂市创建全国无障碍建设城市工作给予了充分肯定。省住房和城乡建设厅副巡视员李兴军,市政协副主席杨爱华陪同。

▲ 临沂市"走出去"战略调研座谈会暨重点企业贷款意向签约仪式举行。河东区久利食品有限公司和郯城县红十字友爱医院分别同国家开发银行签订了贷款意向协议。

10日 由省贸促会和市政府联合主办的2010中国(临沂)国际食品产业博览会开幕,本届博览会。来自日本、韩国、美国、法国、德国、港澳台等地400余家企业参展。中国国际贸易促进委员会山东省委员会会长刘方会,市委副书记、市长张少军,市委常委、副市长刘晓,市政协副主席颜廷瑞等出席开幕式。

12日 科技部专家组在科技部863计划节能与新能源汽车重大项目办公室副主任甄子健的带领下,来临沂市就电动汽车生产和示范运营情况进行考察调研。专家组对临沂市高度重视节能与新能源汽车研发生产和推广使用的做法给予充分肯定,并就电动汽车产业发展问题进行座谈交流,提出了咨询意见。市委副书记、市长张少军,副市长慕增利等陪同。

14日 烈士马景宝(在四川省甘孜州道孚县草原火灾中牺牲的沂蒙英雄)葬于郯城烈士陵园。姜异康、姜大明、刘伟、郎剑钊、南兵军、郭兆信,连承敏、张少军、张务锋、焦海旺、张宏亮、左沛廷等省、市领导分别向马景宝烈士敬献花圈。省政府副秘书长张传亭,市委副书记、市长张少军,省民政厅副厅长石贤芹,省军区转业办主任梁振爱,临沂军分区副政委高德亮等参加马景宝烈士骨灰安放仪式,并看望慰问烈士家属。

15～16日 由国家煤矿安监局副局长黄玉治带队的国务院安委会安全生产综合检查督查组来临沂市检查安全生产工作。张少军代表市委、市政府汇报了临沂市安全生产工作情况。督查组对临沂市安全生产工作取得的成绩给予充分肯定。国家安全监管总局监察专员刘云昌、国家煤矿安监局监察司副司长刘志军、省安监局局长袁策、山东煤监局局长王子奇,市领导张少军、慕增利、宋法亮、钱迎伟等参加有关活动。

20日 由中国城市竞争力研究会主办的"第九届(2010)中国城市竞争力排行榜"新闻发布会在香港会展中心举行。临沂市以76.73分成功入选2010中国十佳宜商城市排行榜。

21日 国家部委督查组一行在省经信委副主任李莎的陪同下,对临沂市淘汰落后产能工作及目标任务完成情况进行监督检查。督查组在听取了相关工作情况汇报并与部门座谈后,到市规划展览馆及临沂金花味精厂、罗庄区明兴铸业有限公司等淘汰落后产能项目进行核查验收。副市长慕增利陪同。

▲ 临沂市公共资源交易中心成立,电子监察系统同时启用。

22日 市政府与中国人民银行济南分行签订关于共同推进"两型"社会建设,促进临沂市加快实现"转方式、调结构"战略目标合作协议。

26日 中玻蓝星(临沂)玻璃有限公司500T/D镀膜玻璃生产线点火仪式在罗庄区举行。

27日 公安部检查组来临沂市督导公安机关警车使用和涉案车辆管理专项治理工作,对临沂市"两车"专项治理工作取得的成绩给予充分肯定。

▲ 省政府应急管理工作督查组一行来临沂市检查指导工作。督查组一行通过听取市应急管理工作情况汇报、查阅档案资料、察看市应急平台施工现场和检查市应急救援支队建设,对临沂市的工作表示满意。市委常委、常务副市长杜德昌等陪同。

29日 由淄博市齐商银行发起,联合临沂市蒙凌机械、华太电池、奥德燃气、华扬公司等4家企业共同组建的全市首家村镇银行——临沂河东齐商村镇银行开业。

30日 市科技馆举行国家AAA级旅游景区授牌仪式。市政协副主席赵爱华出席。

专　记

中共中央政治局常委、中央政法委书记周永康来临沂市视察调研

11月22～23日，中共中央政治局常委、中央政法委书记周永康来临沂市视察调研。他深入临沂经济开发区、兰山区和罗庄区等地，进企业、访社区、察看基层政法工作。

22日下午，周永康一下飞机，顾不上休息，就直接赶往位于临沂经济开发区的山东临工参观考察。山东临工是国家工程机械行业大型骨干企业和国家级高新技术企业，产品荣获“中国名牌”、“中国驰名商标”等称号。公司先后承担了31项国家863计划、国家支撑计划、省级重大科技项目，拥有50余项国家专利。2006年底，山东临工与沃尔沃建筑设备公司开展了战略合作。在临工大型挖掘机生产流水线车间，周永康边听边看，不时询问企业发展情况，得知山东临工在汶川地震发生后迅速向灾区提供近百台机械设备，投入抢险救灾工作时，周永康表示赞许。他勉励企业加快技术创新，积极拓展国际市场，争当行业排头兵。

22日下午17时，周永康来到兰山区大官苑社区，了解社区改造建设、居民生产生活情况。该社区是临沂市北城新区8个新建社区之一，2008年由兰山区南坊街道5个行政村合并改造而成，共有居民7000余人，社区不断完善服务体系，强化治安管理，并为每个居民留了10平方米的商业用地，解决了他们的后顾之忧。深入开展入户服务和公益性服务，实现了让居民住得安心、工作放心、生活舒心的目标，先后荣获“山东省文明社区”、“山东省平安建设先进社区”等称号。周永康对大官苑社区的做法表示赞许。他强调，做好新形势下的社会管理工作，要首先解决好民生问题。周永康还来到社区居民崔士锋家，同崔士锋一家5人拉起了家常。了解到他们的生活比过去有了很大改善后，周永康很欣慰，他动情地说：临沂是革命老区，无论是城镇化还是新农村建设，都要把改善民生摆在第一位，这样才对得起为革命作出贡献的老区百姓。

22日18时30分，周永康来到临沂市公安局罗庄分局，看望慰问基层民警。在罗庄分局信访接待室，周永康详细询问了接访情况，每年接待多少群众、其中案件占多大比例。当听到分局负责人汇报每天都由1名值班干部和有关部门的民警共同值班，随时接待群众来访，并在每个基层派出所都设立了信访室、开通了视频接访系统后，周永康对分局积极延伸信访工作触角的做法给予肯定，称“这是多渠道、多方式做好信访工作”。在综合服务大厅，周永康与值班民警亲切交谈，分别询问群众在治安窗口都能办理哪些治安业务，在户政窗口能办理哪些户政业务，业务量有多大，仔细询问“现场评警系统”评价结果后台运行情况，并现场进行试评价。当他选择“非常满意”后，随行人员都开心得笑了。周永康还关切地询问现在二代证是否都办完了，当工作人员回答已办完，周永康非常高兴。在分局指挥中心，周永康详细询问了内部督察工作情况，对分局加强内部监督工作给予充分肯定，并要求内外结

合，让群众监督，让社会监督，增加工作的透明度。

中央政法委秘书长周本顺，最高人民法院副院长景汉朝，最高人民检察院副检察长柯汉民，公安部副部长黄明，司法部副部长郝赤勇等随同考察。省委书记、省人大常委会主任姜异康，省委副书记、省长姜大明，省委常委、政法委书记柏继民，省法院院长周玉华，省检察院检察长国家森，省长助理、省公安厅厅长吴鹏飞等参加活动，市委副书记张务锋，市委常委、政法委书记李洪海，市委常委、秘书长李峰，市政府党组成员、市公安局局长张春义等陪同视察。

全国人大常委会副委员长桑国卫来临沂市调研

4月18～19日 全国人大常委会副委员长、农工党中央主席桑国卫来临沂市调研。

18日下午，桑国卫一行来到平邑县流峪镇金银花基地进行了参观。流峪镇素有“中国金银花之乡”美称，境内80%以上的土地都产金银花，先后获得全国绿色食品原料（金银花）标准化种植基地认证、“平邑金银花”注册商标、“平邑金银花地理标志产品”认证基地等金字招牌，现已形成规模化、产业化、市场化发展，年产干花400余万公斤，金银花种植已成为该镇致富奔小康的支柱产业。桑国卫详细了解了金银花的药用价值，生长周期和收益等情况，并详细询问了有多少农民参与，1年的收入有多少等相关情况。桑国卫对流峪镇大力发展金银花种植基地，为整个产业提供保障的路子给予充分肯定。桑国卫说，这个模式很好，要继续大力推广普及。要以龙头企业带动、政府部门引导、科研院所技术支持、农民合作参与的发展模式加快中草药种植基地建设，为临沂中医药企业的发展和新产品研发奠定坚实的基础。通过基地建设，积极做好对标准化药材生产和供应、标准化药材栽培技术研究、中药材质量标准研究、中药材良种繁育复壮、培育技术研究以及采收加工技术的研究和人才培养培训等工作，认真解决好中药材质量问题，辐射带动临沂全市中医药产业化种植，切实增加农民收入，实现共同致富。

19日上午，桑国卫一行来到费县新时代药业公司，认真查看了厂区建设和听取了有关情况的汇报后，桑国卫强调，党中央、国务院提出要大力转方式、调结构，生物医药产业是确定要重点发展的新兴产业之一。新时代药业的生物医药产业起点高，科研能力比较强，得到政府的大力支持，有发展生物医药产业的实力和潜力。希望临沂今后积极发展生物医药等战略性新兴产业，继续加大研发力度，不断拉长产业链条，通过建立产学研平台，进一步加强高科技孵化基地建设，培育扶持成长型企业发展壮大，努力提高核心竞争力，把生物医药产业建设成为真正的战略性支柱产业，在新药创制等方面实现新的更大发展，为满足广大人民群众疾病预防治疗需要和解决看病难、看病贵问题作出贡献。

在罗欣药业，桑国卫详细了解了企业的科技创新情况，并与企业就新产品的研发进行了探讨与交流。桑国卫指出，新药创制是我国实现医药强国的重大战略举措之一。医药企业必须紧跟时代发展步伐，大力培养医药卫生科技人才，把增强医药产业的创新能力作为医药科技进步的战略支点，加快推进医药卫生事业健康科学发展。要通过科学分析和战略考虑来制定短期和中长期发展规划，加大科技创新力度，选择市场需求量大、市场占有率高或增长潜力大、附加值高、对治疗疾病具有确切疗效的药物品种开展研究，逐步把产业做大做强。

在临沂市调研期间，桑国卫一行还参观考察了市规划展览馆、阳光沙滩浴场、书法苑、临沂商城市场发展史展馆等地。桑国卫对临沂市经济社会发展所取得的巨大成绩给予充分肯定。他指出，临沂拥有丰富的历史文化资源和强大的现代商贸物流优势，交通发达，环境优美，要充分利用这些优势，在规划统筹好的基础上进一步加快发展，在全面建设小康社会的道路上不断迈出新步伐，为全国经济社会发展做出新的积极贡献。

国家新药创制重大专项实施管理办公室副主任、科教部中国生物技术发展中心主任王宏广，国家新药创制重大专项实施管理办公室副主任、总后勤部卫生部药材局副局长程旭东，军事医学科学院科技部部长张永祥，中国医学科学院药物研究所所长杜冠华，省人大常委会副主任鲍志强，省科技厅厅长翟鲁宁，省卫生厅副厅长仇冰玉，市领导连承敏、朱绍阳、李峰、左沛廷等陪同调研。

国务委员兼国务院秘书长马凯来临沂市调研信访工作

5月20日，国务委员兼国务院秘书长马凯到临沂市，就如何用群众工作统揽信访工作、探索建立与之相适应的体制机制问题进行调研。他强调，要牢固树立信访工作本质上是党在执政条件下群众工作重要组成部分的理念，以群众工作统揽信访工作，积极探索建立与之相适应的体制机制，使信访工作更好地适应科学发展观的要求。

马凯深入兰山区、罗庄区基层群众工作部门，考察临沂市用群众工作统揽信访工作的具体做法。马凯同干部群众亲切交谈，仔细询问当地信访工作的体制、机制、网络、流程等情况，了解群众遇到的信访问题以及对当地信访工作的评价。马凯非常关心沂蒙革命老区的发展。调研期间，他还参观了临沂商城和临沂城市规划展，对临沂市近年来大力弘扬沂蒙精神，推动经济社会各项事业发展所取得的成绩给予肯定，对临沂市贯彻落实科学发展观，解放思想，抢抓机遇，推动又好又快发展，促进社会和谐的做法给予高度评价。

下午，马凯主持召开基层干部座谈会。市委书记、市人大常委会主任连承敏介绍了临沂市坚持以群众工作理念为统揽，创新具有沂蒙老区特色的信访工作体制机制的工作作法。马凯认为在改革和建设年代，临沂市根据新形势新情况创造性地开展工作。怀着一颗一切为了人民、一切依靠群众的心，满怀感情地、扎扎实实地为百姓干事，而且办成了事，用群众工作统揽信访工作取得了明显成效，也积累了丰富经验。他指出，用群众工作统揽信访工作是做好信访工作的一条成功之路，是信访工作适应新时期、新任务、新特点的必然选择。用群众工作统揽信访工作，实现了信访工作的根本性转变，由信访部门单一组织协调向力量整合联动转变，由应急“救火”向超前“防火”转变，由稳控群众向服务群众转变，由“头重脚轻”向“重心下沉”转变。用群众工作统揽信访工作，密切了党和群众的血肉联系。扎扎实实为老百姓办实事、解难题，通过信访解决了一大批关系群众切身利益的事情，得到了群众的拥护。用群众工作统揽信访工作，推动了经济社会的科学发展，促进了社会和谐，夯实了党的执政根基。

就新时期如何做信访工作，马凯要求，要转变思想理念，深刻认识群众工作是我们党的根本工作，信访工作本质上是党在执政条件下群众工作重要组成部分。要创新领导体制，形成党委政府统一领导、专门机构组织协调、各部门各司其职、齐抓共管的领导体制。要延伸工作职能，信访工作向前延伸要抓源头，向后延伸要抓事要解决。要逐步建立健全横到边、纵到底、全覆盖的群众工作网络。要继续改革创新，不断总结完善与群众工作相适应的体制机制。要进一步深化认识，在实践的基础上进一步深化提炼，丰富经验，使信访工作更好地适应科学发展观的要求，不断巩固和扩大党的群众基础，为全面建设小康社会、构建社会主义和谐社会作出更大贡献。

座谈会上，济宁市、烟台市芝罘区、德州市夏津县、临沂市沂水县沂水镇、莒南县板泉镇卞家涝坡村以及女子火线架桥队队长、市民政局原副局长李桂芳等分别作了典型发言。

国务院副秘书长、国家信访局局长王学军，中央编办副主任吴知论，中纪委委员、公安部原纪委书记、督察长祝春林，国家信访局副局长王石奇，国务院应急办主任陆俊华等随同来临沂。省委书记、省人大常委会主任姜异康，省委副书记、省政协主席刘伟，省委常委、秘书长王敏，副省长郭兆信，市委书记、市人大常委会主任连承敏，市委副书记、市长张少军，市委副书记张务锋等陪同调研或参加座谈会。

11月23日下午，国务委员兼国务院秘书长马凯来临沂市调研。在参观考察了王羲之故居等地后，马凯指出，临沂市委、市政府基于对临沂市情、民情、自然条件、历史文化和社会资源的洞察和深刻把握，把城市建设放在突出的位置来对待，以大思路、大气魄谋划城市，坚持高标准、高质量规划，大手笔、大气魄建设，做足做活了水文章，使城市更加充满活力、更加富有韵味，彰显了充满生机活力的滨水生态城市特色。作为山东省的文化大市，临沂依托丰厚的文化资源优势，积极稳妥地推进改革，扎扎实实地促进发展，取得了一大批阶段性的成果，激发了文化发展的活力，特别是红色文化名扬全国，文艺精品屡获全国大奖，文化产业发展势头强劲，为文化事业和文化产业的大发展、大繁荣奠定了坚实的基础。希望临沂继往开来，进一步解放思想，开拓创新，努力在经济社会发展中不断迈出新的步伐。

国务院副秘书长汪永清，省委副书记、省政协主席刘伟，副省长郭兆信，市委副书记、市长张少军，市委副书记张务锋，市委常委、政法委书记李洪海，市委常委、秘书长李峰等陪同调研。

全国群众工作统揽信访工作经验交流会在临沂市召开

11月22～23日，全国用群众工作统揽信访工作经验交流会在临沂市召开。中共中央政治局常委、中央政法委书记周永康出席会议并讲话。他强调，要认真贯彻中共中央总书记胡锦涛在中共十七届五中全会上关于做好新形势下群众工作的重要讲话精神，动真感情拿硬措施解决信访突出问题，使信访工作在更好地服务群众中发挥更大作用，为实现“十二五”时期各项目标任务创造和谐稳定的社会环境。国务委员兼国务院秘书长马凯主持会议。

会上，山东、河南、山西、四川、广西、江西、辽宁、黑龙江8个地方的有关负责人先后介绍了近年来用群众工作统揽信访工作的探索和实践。

在听取大家的发言后，周永康说，群众工作是我们党的优良传统，善于做群众工作是我们的政治优势。我们党成立近90年来的奋斗历程充分说明，只有一切为了群众、一切依靠群众，充分相信群众、密切联系群众，才能不断取得革命、建设和改革的伟大胜利。信访工作是党的群众工作的重要组成部分，是送上门来的群众工作，是最直接、最现实的群众工作。许多地方信访总量下降、信访问题减少，在很大程度上是重视群众工作、下功夫做好群众工作的结果。特别是山东、河南等地近年来探索形成的用群众工作统揽信访工作的经验做法，不仅解决了大量信访问题、促进了社会和谐稳定，而且进一步密切了党群干群关系，巩固了党执政的群众基础，各地要认真学习借鉴。

周永康指出，中共中央总书记胡锦涛在党的十七届五中全会上强调，要加强和改进新形势下群众工作，并提出了一系列具体要求。这是做好新形势下群众工作的重要遵循，也是做好新形势下信访工作的重要遵循。为此，要贯彻群众路线，坚持科学民主依法决策，从源头上预防信访问题。要从维护广大人民群众的根本利益出发，全力推动各地建立健全重大工程项目建设和重大政策制定的社会稳定风险评估机制。对于涉及群众切身利益的决策，要事先听取群众意见，汇聚民意、集中民智，做到有明显不稳定风险的政策不出台、绝大多数群众不支持的项目不立项、劳民伤财的事情坚决不干。要下大力气解决群众合理诉求尤其是民生困难，从根本上减少信访问题。信访难点大部分都是民生热点，抓住了保障和改善民生这个关键，就抓住了群众工作和信访工作的现实着力点。必须动真感情，必须拿硬措施，切实解决群众的实际困难，尤其是群众反映强烈的房屋拆迁、涉法涉诉、国企改制、土地征用问题和住房、看病、就业、上学等基本民生问题，实现好、维护好、发展好最广大人民的根本利益。要始终保持党同人民群众的血肉联系，不断夯实党的执政根基。要把做信访工作作为各级领导干部了解社情民意的“必修课”、培养锻炼干部的“大学校”、检验民心向背的“大考场”，坚持领导干部接访、机关干部下访，真正把来访群众当家人，把群众来信当家书，把群众反映的问题当家事，把群众工作当家业。要坚持用群众观点思考问题，站在群众立场处理问题，多做人对人、面对面、手拉手、心连心的工作，办好顺民意、解民忧、惠民生的实事，进一步密切党群干群关系。要始终坚持人民的主体地位，紧紧依靠广大群众做好信访工作。把群众工作的触角延伸到村居、社区，延伸到楼宇、小组，建立群众信息员队伍，形成“纵向到底、横向到边”的群众工作网络，形成群众工作大家做、共同做、就近做、随时做的良好局面。

周永康要求各地结合实际，加强对新形势下群众工作的研究探索，把用群众工作统揽信访工作的经验推广好、完善好。在实际工作中要坚持统揽不包揽，重点在加强领导、整合资源、发挥职能部门作用上下功夫，在提高水平、增强实效、更好服务群众上下功夫，确保这项工作有序推进、健康发展。

山东省委书记姜异康在发言中指出，用群众工作统揽信访工作，首先在于牢固树立群众观点、站稳群众立场、坚持群众路线，核心在于切实解决好群众最关心、最直接、最现实的利益问题，重点在于完善群众工作载体、畅通联系群众渠道，关键在于创新工作思路、构建多元化的社会矛盾化解新格局，根本在于充分发挥机制制度的保障作用。我们将认真学习贯彻这次会议精神，特别是周永康、马凯的重要讲话精神，虚心学习借鉴其他省（区、市）的先进经验，积极探索用群众工作统揽信访工作的新方法新载体新途径，为进一步密切党和政府同人民群众的血肉联系，促进经济社会又好又快发展作出新的更大贡献。

临沂市委书记连承敏介绍了临沂市发挥政治优势，创新体制机制，构建用群众工作统揽信访工作大格局的工作做法。临沂全市上下统一思想、凝聚共识，引导广大干部从沂蒙优良传统中吸取经验和智慧，推动形成了用群众工作统揽信访工作的理念。工作中坚持标本兼治，以听民意、察民情为切入点，强化源头预防的职能；以畅通群众诉求绿色通道为着力点，强化事中疏导的职能；以提高化解矛盾水平为落脚点，强化"事要解决"的职能，不断完善工作制度，形成了"一个体系、三项制度"，即建立以群众工作部为龙头的市、县、村四级群众工作网络，搭建以群众服务中心为主体的市、县、乡三级群众工作平台；建立了群众工作定期研究制度，群众工作投入保障制度和群众工作考核奖惩制度，为全市的经济社会发展创造了良好环境。这次全国会议在临沂市召开，为临沂市提供了接受指导、学习交流的良好机遇。我们将以此为契机，认真贯彻落实中央领导的重要讲话精神和这次会议的安排部署，进一步完善信访工作的体制机制，更好地发挥信访工作在构建社会主义和谐社会中的基础性作用。

近几年，临沂市充分发挥革命老区有着良好群众工作基础和传统的优势，坚持用群众工作统揽信访工作，构建了党委政府统一领导、群工部门综合协调、职能部门各负其责、全社会共同参与的群众工作新格局。市和12个县区、3个开发区都成立了群众工作部，180个乡镇（街道）设立了群众工作站，配备乡镇专职工作人员1239人；在社区、村居和重点企业设立了群众工作室，配备信息员、调解员和陪访员等"三员"1.47万人；在市、县、乡建立了群众服务中心，整合城建、国土、民政、社保、工青妇、公检法司等方面的力量，设立窗口、集中办公，受理群众诉求、提供综合服务。

会议期间，与会代表到罗庄区、兰山区的基层群众工作部门，考察临沂市用群众工作统揽信访工作的具体做法。与会人员仔细听，认真看，同干部群众交流，询问当地信访工作的体制机制、人员编制、网络流程等情况，了解群众遇到的信访问题和对当地信访工作的评价。罗庄区双月湖街道群众工作站设立的视频信访室让与会代表眼前一亮；在盛庄街道十里堡社区群众工作室，退休民警吕维生成立个人调解工作室，以亲情、乡情做群众调解工作，得到与会代表的一致好评。作为全市第一个县区群众工作部——兰山区群众工作部，敢为人先、创新工作，实现了信访部门由"独舞"到"领舞"，由应急"救火"到超前"防火"，由稳控群众到服务群众的转变，让与会代表全面深入了解临沂市群众工作的做法。兰山区南坊街道大官苑社区群众工作室推行的具有临沂特色的"五个一"模式得到与会代表的高度评价。

中央纪委副书记张惠新，中央组织部常务副部长沈跃跃，中央政法委秘书长周本顺，中央办公厅副主任赵胜轩，国务院副秘书长汪永清，国务院副秘书长、中央联席办主任、国家信访局局长王学军，各省、自治区、直辖市，中央和国家机关有关部门分管负责人及省领导姜异康、姜大明、刘伟、王敏、柏继民、郭兆信、周玉华、国家森、吴鹏飞等和市领导连承敏、张少军、孟宪海、朱绍阳、张务锋、徐涛、李洪海、李峰、宋培杰、张春义等参加会议。

中国（临沂）市场贸易博览会在临沂市举行

9月16～18日，由国家工商行政管理总局、中国商业联合会、省人民政府主办，省工商行政管理局、省商务厅、省贸促会、市政府承办的2010年中国（临沂）市场贸易博览会在临沂举行。16日，在临沂商城国际会展中心举行开幕式。国家工商行政管理总局副局长刘凡，中国商业联合会名誉会长何济海，副省长才利民，中国市场学会理事长高铁生，宁夏回族自治区政协副主席解孟林，省工商局局长李华理，省贸促会会长刘方会，省商务厅巡视员王德福，台湾农产品经纪人协会会长林瑞民，阿里巴巴集团董事局主席兼首席执行官马云，市领导连承敏、张少军、孟宪海、张务锋、徐涛、李洪海、丁凤云、刘晓、林祥余、李峰、李桂祥、杜甲普出席开幕式。市委副书记、市长张少军主持开幕式。

市委书记、市人大常委会主任连承敏代表市委、市政府及千万临沂人民，向莅临本次博览会的中外嘉宾和各界朋友表示诚挚欢迎和衷心感谢。本次博览会，是全国范围内首次以市场贸易为主题的展示交易盛会，也是临沂市规格最高、规模最大的展会。办好这次盛会，对于集中宣传展示我国批发市场的发展成就，特别是对于展示临沂新形象、促进市场繁荣发展和加强区域经济交流与合作，都具有十分重要的意义。

副省长才利民代表省政府对临博会的召开表示祝贺。他说，临博会作为国内首家以市场贸易为主题的博览会，对于促进国内市场繁荣、扩大内需、拉动消费具有十分重要的意义。本次博览会以临沂商城市场集群为依托，基础好、创意新、吸引力强，是展示现代市场形象、聚集最新商业资讯、开展商贸洽谈、加强区域贸易合作的良好平台。希望国内外参展企业抓住机遇，结合实际，加强交流学习，在推动商品市场升级发展、繁荣现代商贸流通等方面做出应有的贡献。

中国市场学会理事长何济海代表中国商业联合会致辞，他说，本届博览会是一个国家级的综合展会活动，规格高、规模大、参展客商多、企业多。希望临沂各大市场借助这次展会的举办，学习借鉴现代市场理念，构筑新型特色市场支柱产业，力争在市场基础设施、经营业态、管理体制、市场知名度等方面实现新的突破；各参展商要全面展示市场和商品形象，广交朋友，拓展渠道，广获信息。

国家工商行政管理总局副局长刘凡代表国家工商总局致辞，并宣布临博会正式开幕。他说，临博会以市场为抓手、以商贸为主题，既有商品展销和信息交流又有市场发展成果展示，为不断完善统一开放、竞争有序的现代市场体系搭建了重要的平台。希望来自全国的市场主办单位和参展商借助这一平台，进一步加强交流与合作，更希望临沂发挥自身商贸物流优势，保持市场集群的持续繁荣，构筑“南连长三角、北接渤海湾”的战略地位，在建设“大临沂、新临沂”的历史性进程中再创辉煌。

国家有关部委、有关协会和学会的领导人，山东省省直有关部门的负责人，各友好城市、有关省市工商局的领导人，有关市场和企业的负责人，国际友人，参展商和采购商代表，市直有关部门及各县区相关主要负责人参加开幕式。

16 日，第六届中国（临沂）商品市场峰会举行。本次峰会以“讲诚信、树品牌，扩内需、促消费，调结构、拓市场”为主题，立足临沂，面向全国，把握中国商品市场发展脉搏，研究探讨金融危机之后商品市场发展的新形态、新途径、新思路，积极构筑内需时代中国商品市场新的竞争优势，为政府、专业市场、专家学者等提供了一个工商专业市场未来发展前景的良好平台。本届峰会还邀请阿里巴巴集团董事局主席兼首席执行官马云，中国社会科学院财贸所所长助理、博士生导师荆林波就如何扩大市场经营作了专题报告。峰会期间，阿里巴巴集团与临商网、临沂部分市场、市工商局和中国市场研究院共同签署了临沂专业市场电子商务合作发展计划框架协议书；对中国最具品牌价值商品市场 50 强、2010 中国最具发展潜力商品市场、2010 中国商品市场最佳投资城市等进行了表彰；并为中国市场研究院临沂分院举行了揭牌仪式。

国家工商总局副局长刘凡，中国市场研究院常务副院长徐志祥，国家工商总局市场规范管理司副司长杨洪丰，国家工商总局市场研究中心副主任兰士勇，省工商局党组成员、副局长李学法，市领导连承敏、张少军、孟宪海、张务锋、李桂祥、田友梅、王秀君等出席峰会。市委书记、市人大常委会主任连承敏主持。

17 日，2010 中国（临沂）市场贸易博览会罗庄陶瓷建材专业展开幕式暨临沂豪德陶瓷建材装饰城开业典礼举行。本次陶瓷建材博览会汇集了国内陶瓷建材的业界精英、厂商，将集中展示陶瓷建材的新技术、新产品、新工艺，为全国陶瓷建材行业技术交流、信息沟通、市场开拓搭建平台，进一步拓展陶瓷建材产业的发展空间。来自北京、上海、广东、福建等 12 个省市的 190 余家企业参展。

解放军军事科学院原院长、沈阳军区原司令员刘精松，全国人大常委、毛主席纪念堂管理局原局长徐静，中国侨联副主席王永乐，全国政协委员、中国光彩事业促进会副会长、全国工商联常委、香港豪德集团董事局主席王再兴，中央统战部光彩事业指导中心副主任魏登田，省政协副主席齐乃贵，省政协副主席、省工商联主席王乃静，省委统战部副部长、省工商联党组书记孙传宏，省侨联主席梁波，市领导连承敏、张少军、孟宪海、刘晓、李桂祥、田友梅出席。

18日，2010中国(临沂)市场贸易博览会圆满落幕。本届"临博会"设有4717个国际标准展位，展示各类产品近20万种。参展参会客商来自美国、德国、澳大利亚、法国、韩国、香港等23个国家和地区，以及国内上海、北京、广东、浙江等28个省、市、自治区，其中境外企业197家，全国500强企业7家，中国驰名商品、中国名牌企业55家。展示各类商品近20万种。展览成交额达47亿元人民币，招商引资签约合作项目71个，合同利用市外资金136亿元人民币。

峰会期间，发布了中国市场研究院、中国市场理事会联合评选的"中国最具品牌价值商品市场50强"、"中国最具发展潜力市场"、"中国商品市场最佳投资城市"名单；成功举办了2009~2010年度中国优秀品牌市场新闻发布会暨颁奖仪式，中国临沂小商品城等全国10个重点专业市场获奖；举办了华丰国际商贸城开业庆典暨电视剧《大商城》新闻发布会和招商引资项目发布会；成功举办了"中国教育用品采购基地、中国教学仪器设备进出口基地"挂牌仪式。

第八届中国·临沂书圣文化节

9月3~5日，第八届中国·临沂书圣文化节在临沂举行。3日，在沂河湖心岛隆重举行书圣文化节开幕式。国家行政学院副院长周文彰，省政协原副主席王宗廉，中国当代工笔画学会副秘书长赵嘉赋，省委宣传部副部长徐向红，省文化厅巡视员邢玉斗，省政协原副秘书长王泉恩，中国书协副主席、省书协主席张业法，中国书协理事、中国书协教育委员会副主任苗培红，中国美术家协会会员、中国画创作研究院院长陈培伦以及市领导连承敏、朱绍阳、张务锋、丁凤云、林祥余，临沂军分区司令员张宏亮等出席。市委副书记张务锋主持开幕式。

市委书记连承敏代表市委、市政府对各位领导和嘉宾的到来表示欢迎。连承敏指出，临沂有着丰富的文化资源，历史文化底蕴深厚，红色文化感人至深，商贸文化独具特色。临沂以建设文化名市为目标，坚持以经济催生文化、以文化引领经济，推进经济文化一体化发展，文化建设得到繁荣发展。先后被命名为全国创建文明城市工作先进市、全国文化体制改革先进市，被授予"中国书法名城"称号。临沂是中国书法文化巨人王羲之、颜真卿的故里，已成功举办的7届书圣文化节，对于弘扬书法文化、提高临沂的文明水平产生了良好的作用。

徐向红指出，在全省深入学习实践科学发展观，建设经济文化强省的新形势下，临沂市举办第八届中国临沂书圣文化节，是弘扬优秀传统文化、推动文化大发展大繁荣的重要举措，对搞好沂蒙特色文化建设、丰富发展山东特色文化，建设经济文化强省产生了重要的推动作用。临沂市委、市政府深入贯彻落实科学发展观，高度重视文化建设，成绩卓著、特色明显、亮点纷呈，文化体制改革、文化产业发展等许多工作走在了全省前列，创造了鲜活经验，成为全省乃至全国的典型。尤其是成功推出的电影《沂蒙六姐妹》、电视连续剧《沂蒙》、大型水上实景演出《蒙山沂水》等屡获全国大奖的红色文化精品，很好地弘扬了沂蒙精神，大大提高了临沂的知名度和影响力。

市委常委、宣传部长丁凤云宣读了首届中国王羲之书法艺术(行草)大展获奖名单，并现场进行了颁奖。首届中国王羲之书法艺术(行草)大展，得到了国内外书法家和书法爱好者的积极响应，经过近3个月的征稿，共收到书法作品3300余件，参与人数之众、作品水平之高都是前所未有，体现了行草书法创作的新水平。经评选，共评出一等奖作品3件、二等奖作品10件、三等奖作品20件、入展作品507件。

开幕式上举行了临沂市羲之书法教育基地授牌仪式，临沂三中、洗砚池小学、罗庄区第十八中学、费县费城中学、沂南三中、平邑实验小学6所学校被第八届中国临沂书圣文化节组委会授予临沂市羲之书法教育基地。

3日，作为第八届书圣文化节的重要活动之一，中国馆藏古代书画珍品还原艺术展开展。省政协原副主席王宗廉，中国当代工笔画学会副秘书长赵嘉赋，省政协原副秘书长王泉恩，市委常委、宣传部长丁凤云，市政协副主席王秀君参观展览。

本次展出的84件作品的题材是从国内外著名博物馆里珍藏的中国古代书画藏品中遴选出来的。这些作品借助高科技书画还原技术，并经过文物书画鉴定专家的专业指导，达到了与藏品真迹完美统一的境界。书画还原艺术不仅能够精准地再现真迹原作精妙的笔墨神韵，而且还忠实地还原出真迹原作所承载的历史沧桑感。这次展览不仅零距离地展示了中国古代书画艺术发展的历史脉络与风格流变，更能使观众感受到我国源远流长、博大精深的书画艺术魅力，同时也为广大书画收藏爱好者提供了难得的鉴赏和研究中国古代书画艺术的机会。

4日，首届中国王羲之书法艺术（行草）大展、"大美临沂"美术作品展、"南潮北风"2010南北书坛精英联展开展，倡议设立"中国书法日"万人签名活动同时启动。国家行政学院副院长周文彰，省政协原副主席王宗廉，中国当代工笔画学会副秘书长赵嘉赋，省委宣传部副部长徐向红，省政协原副秘书长王泉恩，中国书协副主席、省书协主席张业法，省美术家协会副主席朱全增，市领导连承敏、朱绍阳、张务锋、丁凤云、李峰、田友梅、左沛廷、杨荣三等出席并参观展览。

"临商银行杯"首届中国王羲之书法艺术（行草）大展由省公共关系协会、省书协和临沂市政府共同举办，"大美临沂"美术作品展是临沂市第一次请名家用巨幅画卷全景式来展现和推介大美临沂，以及汇集临沂市众多美术工作者描绘全市发展变化的一次展览；"南潮北风"2010南北书坛精英联展展示了临沂市文化产业和制造业的完美结合。倡议设立"中国书法日"万人签名启动活动，对扩大书法艺术的影响，推广书法艺术，宣传推介临沂书圣故里、书法名城，提高临沂的知名度与美誉度起到巨大的推动作用。省书协副主席、市文联副主席、市书协主席龙岩宣读了《关于设立中国书法日的倡议书》。倡议每年9月3日为"中国书法日"。友好省、市的领导，国内书法界、美术界嘉宾，以及来自全国各地的书法爱好者也参加了今天的开展仪式。

4日，洗砚池雅集笔会在王羲之故居隆重举行。洗砚池雅集笔会作为第八届书圣文化节的主题活动之一，对传承羲之书法艺术具有重要的推动作用。一大批来自海内外的书法家聚会于洗砚池畔，参加这次丰富的节会活动。他们或晋谒书圣，寻访古迹；或泼墨挥毫，交流书艺；或举办论坛，研讨理论。楷、行、草、隶、篆出神入化，各具特色。一幅幅书法作品或委婉含蓄，遒美健秀，或雄浑厚重、刚柔相济，或灵动飘逸、奔放自如，赢得了在场观摩的领导、群众的一致好评。笔会的成功举办，对于进一步增进书法艺术界的交流，共同推动书法艺术与产业发展具有重要的意义。也成为宣传大美临沂、增进地域间文化交流的重要平台，彰显出临沂书法圣地的独特魅力。

国家行政学院副院长周文彰，省政协原副主席王宗廉，中国当代工笔画学会副秘书长赵嘉赋，省委宣传部副部长徐向红，省政协原副秘书长王泉恩，中国书协副主席、省书协主席张业法，省美术家协会副主席朱全增，市领导连承敏、朱绍阳、丁凤云、田友梅、左沛廷、杨荣三等出席笔会。周文彰、王宗廉、张业法为笔会开笔。市人大常委会党组书记、第一副主任朱绍阳主持笔会。友好省、市的领导，国内书法界、美术界嘉宾，部分首届中国王羲之书法艺术（行草）大展获奖作者以及来自全国各地的书法爱好者，还有韩国书法界、文化界、旅游界的朋友也参加了笔会活动。

2010年F1摩托艇世界锦标赛中国临沂大奖赛在临沂市举行

10月2～3日，"中国移动通信杯"2010年F1摩托艇世界锦标赛中国临沂大奖赛在临沂市举行。2日，比赛正式开始，先后进行了自由练习赛、计时赛、排位赛等多个环节。3日，举行了隆重的开幕式。原中共中央政治局委员、中央军委副主席、国防部长迟浩田,全国人大教科文卫委员会副主任委员宋法棠,中央国家机关工委常务副书记杨衍银,国家体育总局水上运动管理中心主任王渡,中国证监会稽查总队总队长、党委书记张慎峰,国际摩托艇联合会代表尼克鲁、拉维妮娅,济南军区副政委王健中将,副省长黄胜,省政府特邀咨询张昭福,省人大常委会原副主任马仲才、张瑞凤、王渭田,省政协原副主席王宗廉,山东省军区副政委鲁建华,省体育局局长张洪涛,市委书记、市人大常委会主任连承敏,市委副书记、市长张少军,市政协主席孟宪海,市人大常委会党组书记、第一副主任朱绍阳,市委副书记张务锋等出席开幕式。张少军主持开幕式。

下午15时,黄胜宣布:"'中国移动通信杯'2010年F1摩托艇世界锦标赛中国临沂大奖赛开幕!"市委书记连承敏发表致辞,代表市委、市政府对"中国移动通信杯"2010年F1摩托艇世界锦标赛中国临沂大奖赛的举行表示祝贺,向来自世界各国或地区的运动员、教练员、裁判员表示诚挚的欢迎,向支持、参与大奖赛的各有关方面、志愿人员表示衷心的感谢。他指出,伴随着经济社会的进步,临沂体育事业发展进入了历史最好的时期。体育事业的繁荣,丰富了人民群众的文化生活,也使临沂的知名度得到提升。F1摩托艇世锦赛的举办,为临沂全面展现深厚的文化底蕴和靓丽多姿的现代文明搭建了平台,对于带动临沂旅游产业和体育事业的快速发展,提升临沂的国际形象和综合竞争力,必将产生重要的影响。临沂市作为举办方将不负众托,以优质的服务,把本次赛事办成圆满、热烈、安全、精彩的体育盛会,办成促进交流、加快发展的友谊盛会。

2010年F1摩托艇世界锦标赛临沂大奖赛由国际摩托艇联合会、国家体育总局水上运动管理中心、省体育局和市政府主办,中国摩托艇运动协会、市委宣传部、市体育局、市园林局、临沂经济开发区管委会、天荣(中国)投资有限公司承办。来自意大利、法国、葡萄牙、芬兰、俄罗斯、阿联酋、沙特等国家的11支参赛队、几十位世界名将齐聚沂河畔,开展为期两天的角逐。

3日下午,大奖赛结束,年仅25岁的狂鳄队意大利籍选手亚历·卡罗拉获得F1摩托艇世锦赛中国临沂大奖赛冠军。其队友芬兰籍选手萨米·瑟里奥和24号艇辛格竞技队意大利籍的弗朗西斯科·卡塔多分获比赛的亚军和季军。国家体育总局水上运动管理中心主任王渡,副省长黄胜,省体育局局长张洪涛,市委书记、市人大常委会主任连承敏,市委副书记、市长张少军出席颁奖典礼并分别为获奖项选手颁奖。

"天马岛"杯中国(临沂·莒南)首届红色运动会在临沂市举行

8月26~28日,"天马岛"杯中国(临沂·莒南)首届红色运动会在临沂市举行。26日晚,在临沂市沂河湖心岛隆重举行开幕式。原中共中央政治局委员、中央军委副主席、国防部长迟浩田上将向首届红运会组委会发来贺信,中国(临沂·莒南)首届红色运动会组委会主任、中国奥委会副主席、中华全国体育总会副主席、国家体育总局局长助理、党组成员晓敏,中国(临沂·莒南)首届红色运动会组委会名誉主任、山东省人民政府副省长黄胜,山东省政协党组副书记、副主席乔延春,山东省原人大常委会副主任张瑞凤,临沂市委书记、市人大常委会主任连承敏,临沂市委副书记、市长张少军,中国(临沂·莒南)首届红色运动会组委会顾问、中国人民解放军军事科学院战争理论和战略研究部副部长毛新宇少将,中国(临沂·莒南)首届红色运动会组委会副主任、国家体育总局社体中心主任胡建国,中国(临沂·莒南)首届红色运动会组委会副主任、国家体育总局机关党委副书记丁东,国家红色旅游协调领导小组办公室常务副主任罗迪辉,第十届全国政协委员、文史和学习委员会副主任、人民日报社原副总编李仁臣,中国(临沂·莒南)首届红色运动会组委会执行主任、北京体育大学副校长池建,省委宣传部副巡视员王世农,中国(临沂·莒南)首届红色运动会组委会执行主任、省体育总会副主席徐大义等出席开幕式。

中国首届红色运动会是莒南县依托境内丰富的红色资源，在北京体育大学户外运动中心的支持下，联合创意并提出将红色文化与体育运动相结合，创办全新的“红色赛会”。2010 年，莒南县正式向国家体育总局申办中国首届红色运动会，国家体育总局社体中心批复同意。运动会由国家体育总局社会体育指导中心、北京体育大学、山东省体育局、山东省临沂市人民政府主办，北京体育大学户外运动中心、山东省临沂市体育局和山东省莒南县人民政府承办。

中国奥委会副主席、中华全国体育总会副主席、国家体育总局局长助理晓敏宣布中国（临沂 · 莒南）首届红色运动会开幕。开幕式上，展示了首届红色运动会会旗、会徽，运动员、裁判员代表分别宣誓，并进行了圣火传递仪式，主会场传递的火把手共 12 名，主火把手分别由 4 名奥运（世界）冠军担任。主会场火把传递共安排 4 棒，分别寓意国民大革命、土地革命、抗日战争、解放战争 4 个革命历史时期，代表着中国革命精神的孕育、产生和发展的全过程，中国射击队领军人物、射击运动员许海峰作为第四棒点燃了圣火，点火方式采用了“星星之火，可以燎原”的创意，重现了中国革命历史的壮美。随后，进行了大型水上红色歌舞《蒙山沂水》表演。

开幕式结束后，来自井冈山、瑞金、六安、延安、西柏坡、上杭、上海、重庆等全国著名革命老区、红色旅游城市和解放军、中科院、山东龙岗旅游集团代表队等 38 支代表队共 455 名运动员，在莒南县天马岛景区进行了为期两天的红运比赛，主要围绕手榴弹比武（男子手雷投掷大赛）、抢占天马岛（男子横渡两项赛）、红军的扁担（男子 100 米挑担竞速）、艰苦长征路（男子 100 米单腿竞速）、独轮车支前（男子 100 米独轮车竞速）、英雄炸敌堡（男子 100 米炸碉堡竞速）、敌后武工队（男子 240 米场地障碍赛）、抢占天马岛（女子横渡两项赛）、南泥湾丰收（女子 100 米抢收南瓜竞速）、延安的纺车（女子 100 米纺线竞速）、红嫂救伤员（女子 100 米抬担架竞速）、胜利的军旗（男女混合接力赛）、孤胆侦察兵（野战运动个人赛）、天湖游击队（野战运动双人赛）、保卫天马岛（野战运动团队赛）15 个比赛项目展开角逐。红嫂摊煎饼、红嫂纳鞋底 2 个表演项目同时进行。

28 日，首届红运会所有比赛项目圆满结束。决赛决出每个项目前 3 名分别获得冠亚季军，并根据运动成绩分别评出“红运之星”（即男女最佳运动员）和“红色风尚奖”（体育道德风尚奖）。获得此次红运会红运之星的分别是来自 115 师旧址的张浩虎和来自山东莒南代表队的张晓雷。在闭幕式上，沁阳市市长接过了会旗，下一届红运会将在甘肃沁阳举办。

概 况

建置沿革

【历史沿革】 临沂历史悠久，是中华文明的重要发祥地之一。早在四、五十万年以前，人类的祖先就在这块土地上创造了远古文明。5000年以前，这里的人类就开始使用文字符号，掌握了酿酒技术，使用砭石治病等。商周时期，这块土地上已存在着郯、莒、鄫、费诸方国。周灭商后，鲁国和齐国是周王朝控制东方的重要支柱，临沂地域多分属鲁、齐两国。春秋时期，临沂地域主要归属鲁、齐、莒诸国。战国时期，域内诸封国先后为齐、楚所兼并，至战国末期，南部属楚，北部属齐。秦朝统一中国后，地方实行郡县制，全国分为三十六郡，临沂地域属琅琊郡和郯郡（汉称东海郡）。历经魏晋南北朝和隋、唐、宋、元、明等诸王朝，临沂地域多分属各州、郡、府。清雍正十二年（1734年）升沂州为府，置附郭兰山县，辖有兰山、郯城、费县、沂水、蒙阴、日照、莒州6县1州。1913年撤销沂州府，改莒州为莒县。1914年，改兰山县为临沂县，临沂地域分属济宁道和胶东道。1925年于临沂置琅琊道，1928年撤销。1936年划为山东省第三行政督察专员公署。

革命根据地时期，境域先后属鲁中行政区、鲁南行政区、滨海行政区和鲁中南行政区等。1950年5月鲁中南行政区撤销，境域分属沂水专区和临沂专区。1953年7月，沂水专区撤销，除日照县划归胶州专区外，所辖其余各县皆划归临沂专区，原属滕县专区的平邑县并入临沂专区。1956年2月，胶州专区撤销，其所属日照县划归临沂专区。1989年始，日照升格为地级市，沂源和莒县亦相继划出。1994年12月，经国务院批准，撤销临沂地区和县级临沂市，设立地级临沂市。

【位置面积】 临沂市位于山东省东南部，地近黄海，东连日照，南邻江苏，西接枣庄、济宁、泰安，北靠淄博、潍坊。地跨北纬34°22′～36°13′，东经117°24′～119°11′。南北最大长度为228公里，东西最大宽度161公里，总面积17184.1平方公里，是山东省面积最大的市。

【行政区划】 1950年5月鲁中南行政区撤销，以沂蒙专区为基础，成立沂水专区，辖9县；以滨海专区为基础，成立临沂专区，辖9县。1953年1月，将原属临沂专区的赣榆、东海、邳县、新海连市划归江苏省。1953年7月，沂水专区撤销，除日照县划归胶州专区外，所辖其余各县皆划归临沂专区，原属滕县专区的平邑县并入临沂专区。1956年2月，日照县划归临沂专区。至1961年4月，临沂专区辖临沂、郯城、苍山、临沭、莒南、沂南、沂水、沂源、蒙阴、平邑、费县、日照、莒县13个县市。1989年6月，国务院确定日照市升格为地级市；12月，国务院确定，沂源县划归淄博市管辖。1992年12月，莒县划归日照市管辖。至此，临沂地区辖临沂、郯城、苍山、莒南、沂水、沂南、平邑、费县、蒙阴、临沭10个县市。1994年12月，国务院批准撤销临沂地区和县级临沂市，设立地级临沂市，原县级临沂市分为兰山、罗庄、河东3个市区，临沂市辖3个市区并郯城、苍山、莒南、沂水、沂南、平邑、费县、蒙阴、临沭9个县及高新技术产业开发区、经济开发区、临港产业区。2010年，共有180个乡、镇、办事处，7159个行政村（居委会）。

环境·资源

【地质地貌】　地处鲁中南低山丘陵区东南部和鲁东丘陵南部。地势西北高东南低，自北而南，有沂山、蒙山、尼山3条主要山脉呈西北东南向延伸，控制着沂沭河上游及其主要支流的流向。以沂、沭河为中心，西、北、东三面群山环抱，向南构成扇状冲积平原。山地、丘陵、平原面积呈二、四、四比例分布。

临沂市地质构造复杂，地层发育不甚齐全，从太古界至新生界，除上奥陶统、志留系、泥盆系、下石炭统、三叠系及中、下侏罗统、老第三系古新统、新第三系地层缺失以外，其他各期地层都有发育。主要构造以郯庐断裂带（境内称沂沭断裂带）为主，郯庐断裂带经郯城北北向延伸，纵贯全市，以断裂为界，临西为鲁西台背的一部分，属华北地台范畴，临东为胶南隆起的一部分，属扬子大陆块范畴。

【山脉】　境内山脉自北而南，有沂山、蒙山、尼山3条主要山脉，海拔千米以上的山峰有10余座。其中蒙山海拔1156米，为山东第二高峰，素称“岱宗之亚”，久负盛名，享誉中外。境内有不少由流水侵蚀造成的桌状山，当地称为“崮”，素称沂蒙七十二崮，著名的孟良崮就是其中之一。

【河流】　境内水系发育呈脉状分布。有沂河、沭河、中运河、滨海四大水系，区域划分属淮河流域。主要河流为沂河和沭河，有较大支流1035条，10公里以上河流300余条。

沂河主源发源于沂源、蒙阴、新泰交界处的老松山北麓。流经沂水、沂南、兰山、河东、罗庄、苍山、郯城等县区，南流入江苏省境内后注入黄海，全长570公里，境内流长287.5公里，最大流量每秒15400立方米（1957年）。较大支流有东汶河、蒙河、柳青河、祊河、涑河、李公河、白马河等，流域面积10790余平方公里。

沭河发源于沂山南麓，流经沂水、莒县、河东、临沭、郯城等县区，至江苏省境内流入黄海，境内流长197公里，最大流量每秒7290立方米（1974年）。较大支流有浔河、高榆河、汤河、分沂入沭水道、夏庄河、朱范河等，流域面积5320平方公里。

属中运河水系的河流有武河、武河引洪道、东伽河、西伽河和燕子河等，都经苍山县境，南至江苏省境流入中运河。

属滨海水系的河流有锈针河、相邸河、青口河等，皆入黄海。

境内河流均属山洪河道，上游支流众多，源短流急，雨季洪水暴涨，峰高量大，枯水季则多数断流。

【气候】　属温带季风区大陆性气候，气温适宜，四季分明，光照充足，雨量充沛，雨热同季，无霜期长。春季回暖快，少雨多风，气候干燥，常有干旱、寒潮、晚霜冻灾害性天气；夏季温高湿重，雨量充沛，盛东南风，洪涝、大风、冰雹灾害性天气较为频繁；秋季气温急降，雨量骤减，天气晴和，凉爽宜人，亦有秋旱或连阴雨灾害性天气出现；冬季寒冷干燥，雨雪稀少。

【土壤】　土壤分为棕壤、褐土、潮土、砂姜黑土和水稻土五大类。

棕壤面积84.03万公顷，占可利用面积的46.06%，主要分布于沭东丘陵和蒙山、四海山等山体及其周围。棕壤剖面红棕色，呈微酸性或酸性反应，PH值6.5左右，分为棕壤、白浆化棕壤、潮棕壤和棕壤性土。除一部分棕壤性土作为林地外，其余大部分已垦为农田。

褐土面积60.57万公顷，占可利用面积的33.21%，主要分布于沂、沭河以西石灰岩山体上及其山体周围。土壤剖面中部有明显的淋溶淀积粘化层，并有明显的褐色胶膜及钙质斑点或斑纹，一般中性到微碱性，有微弱或中度石灰反应。分为褐土、淋溶褐土、潮褐土、褐土性土和石灰性褐土。

潮土面积24.48万公顷，占可利用面积的13.42%，分布于沂、沭河及其他河流两岸，临郯苍平原及滨海平原上。质地适中，土体中无障碍层，养分含量高，适宜种植小麦、玉米、棉花等作物。分为普通潮土、湿潮土和盐化潮土。

砂姜黑土面积8.14万公顷，占可利用面积的4.46%，分布于沂沭河冲积平原，涝洼平原和蒙山山体洪积扇缘的低洼地带。土质粘重，地下水排泄不畅，地下水位通常在1～2米。具有旱耕熟化特点，适宜种植小麦、玉米、水稻、大蒜等作物。

水稻土面积4.89万公顷，占可利用面积的2.68%，分布在临沂3区和郯城、苍山等县。临沂市种稻历史较短,水稻土发育特征不太明显,属幼年水稻土亚类。

【土地资源】 全市粮食播种面积74.41万公顷,林地面积43.7万公顷。山地丘陵为林果业、畜牧业主要基地。盛产黄烟、花生、地瓜、玉米等。沂沭河冲积平原土层深厚,土质肥沃,灌溉便利,是粮食和蔬菜主要产区。临、郯、苍平原为山东三大粮仓之一。

【水资源】 水资源丰富,水质优良。多年平均地表水资源量51.6亿立方米,地下水资源量23.6亿立方米,重复计算量15.6亿立方米,水资源总量59.6亿立方米。其中现有水利工程平水年可供水量31.8亿立方米。

【生物资源】 生物资源种类较多。全市有高等植物151科、1043种(包括变型或亚种)。其中木本植物65科、367种,药用植物830余种,主要农作物品种923个。动物约14纲1049种,其中淡水鱼15科57种,鸟类37科171种,哺乳类7目25种。盛产金银花、银杏、大蒜、板栗、山楂、黄梨、苹果、花椒、核桃、蚕茧、白柳、蝎子等。

【矿产资源】 矿产资源种类较多,分布广泛。已发现矿产74种,其中,白云岩储量居全国第一位,金刚石、石膏、石英砂岩储量居全国第二位,蛇纹岩、瓷土、石材储量居全国第三位。天然饮用矿泉水资源丰富,质量上乘,产地有15处,为东部沿海地区所罕见。地热产地2处,河东区汤头温泉和沂南县新王沟温泉均为高温水泉,是全国著名的疗养温泉。

【旅游资源】 临沂是中国优秀旅游城市,被国家旅游局、全国红色旅游协调小组列为全国8个红色旅游重点城市。全市共有国家A级旅游区31家,其中,4A级旅游区8家,3A级旅游区8家。著名风景名胜有蒙山自然风景区、临沂城滨河景区、沂山风景区、山东地下大峡谷风景区、四门洞风景区、雪山彩虹谷风景区、费县奇石林风景区、云蒙湖风景区、许家崖水库风景区、天宝山梨乡风景区、卧佛寺风景区等;古文化遗址有东夷文化遗址,金雀山、银雀山汉墓群,北寨汉画像石墓,齐长城遗址,诸葛亮故里,王羲之故里等。

人口·民族

【人口】 2010年末,全市人口共1072.59万人,全年共出生130668人,出生率12.36‰,自然增长率6.79‰,合法生育率81.96%,出生人口性别比122.89。

【民族】 全市除汉族外,有回、蒙古、苗、彝、壮、满、朝鲜、白、哈尼、藏、瑶、土家、维吾尔、拉祜、布依、土、傈僳、达斡尔、侗、佤、傣、高山、锡伯、水、纳西、布朗、仡佬、黎、鄂伦春、怒、鄂温克、珞巴族等44个少数民族,年底,全市有少数民族人口5万余人。

国民经济和社会发展

2010年,全市各级在市委、市政府的正确领导下,深入贯彻落实科学发展观,加快转变经济发展方式,求真务实,扎实工作,全市经济和社会事业实现平稳较快发展。经初步核算,全年实现生产总值2400亿元,增长12.9%;其中,第一产业增加值264亿元,增长3.5%;第二产业增加值1206.3亿元,增长13%;第三产业增加值929.7亿元,增长15.1%。三次产业增加值占比为11∶50.3∶38.7,第三产业所占比重同比提高1.3个百分点。经济运行质量有新的提高,地方财政收入占地区生产总值的比重达4.81%,同比提高0.47个百分点;国、地税收入占地区生产总值的比重达7.92%,同比提高1个百分点。

一、农林牧渔业

农林牧渔业稳定增长。农业、林业、牧业、渔业及农林牧渔服务业实现增加值分别增长3.2%、1.3%、5.1%、1.3%和4.5%。

粮食连续第七年实现增产。全年粮食播种面积74.41万公顷,增加1.43万公顷。粮食总产468.8万吨,增加12.6万吨,其中夏粮211.3万吨,秋粮257.4万吨。经济作物产量有增有减。花生总产80.8万吨,增长0.8%;水果总产182.9万吨,增长2.5%;蔬菜总产576.6万吨,增长1.4%;烤烟产量3.25万吨,下降32.3%;棉花产量1.3万吨,下降

2.3%。全年累计发放良种补贴1.3亿元,种粮补贴5.2亿元,农资综合补贴4.3亿元。

林业生态建设取得积极成效。全年新造林2.55万公顷,其中速生丰产林5200公顷,经济林5866.67公顷,防护林1.44万公顷,森林覆盖率提高到30.7%。

牧渔业取得新发展。年末,全市生猪存栏377.8万头,家禽存栏6083.9万只,分别增长4.6%和13.3%。全年生猪累计出栏548.7万头,增长6.5%;家禽出栏?1.64亿只,增长14.7%。肉类总产量68.8万吨,增长6?%;禽蛋产量28.5万吨,持平略降;奶类产量9.4万吨,下降4.9%。水产品产量12.4万吨,增长3.9%。规模化标准化养殖成效显著。全市规模化养殖场区发展到2855个,其中,国家级标准化示范场区15个,省级22个,市级614个。环保养殖技术推广取得进展。全市生物环保养猪场1960处,环保养鸭场894处,环保养鸡场344处。畜牧龙头企业发展到438家,其中,国家级3家,省级12家,市级122家。畜牧合作经济组织发展到2400余个。

农业现代化水平进一步提高。年末农用机械总动力863.6万千瓦,增长6.2%。农用运输车9.7万辆,拖拉机38.9万台。新增稻麦联合收获机481台、玉米联合收获机1021台,分别达到6026台和2030台。新增有效灌溉面积1.24万公顷,有效灌溉面积达到37.23万公顷。全市市级以上农业产业化龙头企业389家,其中国家级3家,省级54家。新认证绿色食品176个、有机食品103个、无公害农产品56个,“三品”认证累计达到801个。全年农药使用量1.63万吨,化肥使用量(折纯量)43.4万吨,农村用电量32.1亿千瓦时。

二、工业、建筑业

工业生产平稳增长,结构不断优化。全年规模以上工业完成增加值1093.5亿元,增长16.4%。制造业、支柱行业、骨干企业保持良好发展势头。规模以上工业制造业实现增加值996亿元,增长16.2%,其中装备制造业完成增加值158.9亿元,增长23.7%;食品、机械、建材、木业、医药、化工、纺织服装、冶金八大支柱行业完成增加值851.5亿元,增长16.9%。主营业务收入过亿元企业达到897家,同比增加234家,其中10亿元以上企业53家,增加11家。规模以上工业产品销售率97.8%。完成高新技术产业产值1512.5亿元,增长30.1%,占规模以上工业的31.22%,比年初提高2.31个百分点。

工业效益较快增长。规模以上工业企业实现主营业务收入4919.9亿元、利税409.9亿元、利润280.8亿元,分别增长28.3%、31.7%和34.8%。726家企业实现利税过千万元,增加178家,其中过亿元企业39家,增加10家。

建筑业生产规模扩大。全市有资质等级的建筑施工企业360家,完成建筑业总产值285.3亿元,增长29.4%。房屋建筑施工面积3177.3万平方米,房屋建筑竣工面积1498.7万平方米。

三、固定资产投资

投资规模扩张,结构进一步优化。全市规模以上固定资产投资项目完成1408.3亿元,增长22.7%。其中,第一产业23.5亿元,下降4%;第二产业718.4亿元,增长21.2%;第三产业投资666.3亿元,增长28.7%。投资规模5000万元以上项目1385个,完成投资936.6亿元;过亿元项目469个,完成投资557亿元。工业投资完成692.7亿元,增长29.1%。装备制造业、技改投资增长较快,分别完成155.9亿元和422.1亿元,增长70.7%和22.1%。高新技术产业投资完成162.4亿元,增长98%。房地产开发保持理性增长。房地产投资完成158.2亿元,增长8.1%。商品房销售面积459.2万平方米,增长22.7%;商品房销售额129.2亿元,增长42.8%。

四、国内市场、物价和外经外贸

消费市场活跃。全市实现社会消费品零售总额1157.2亿元,增长19%。其中,城镇实现零售额857亿元,增长19.5%;乡村实现零售额300.2亿元,增长17.5%。家电下乡和减收汽车购置税等优惠政策带动消费水平不断提升。2010年,全市销售家电下乡产品68.9万件,实现销售额16.1亿元,审核通过补贴金额2.1亿元。全市限额以上贸易企业销售消费型汽车25.3万辆,实现零售额209.8亿元,增长27.1%。

全年居民消费价格同比上升2.4%,工业品出厂价格上升6.02%,原材料、燃料、动力价格上升11.5%。房屋销售价格同比上升4%。

全年实现进出口总额47.7亿美元,增长39.4%,其中出口额28.3亿美元,增长29.2%;进口额19.4亿美元,增长57.6%。全市出口过5000万美元的企业6家,出口过1000万美元的企业43家,合计出口占全市出口总额的42.4%,占比提高

2.1个百分点。出口商品结构进一步优化，工程机械、园林机械、医药化工等高科技含量，高附加值产品出口达到3.5亿美元，同比净增1.1亿美元。对外经济技术交流合作不断扩大，境外投资居全省前列。外经企业新签承包劳务合同17份，营业额1.71亿美元，同比分别增长13.3%和29.9%。全年新批利用外资项目37个，实际利用国外资金3.27亿美元，增长7%。高新区、经济开发区各项经济指标保持较快增长，临港经济开发区获得省政府批准，搭建了对外开放、承载项目的新平台。

五、民营经济、招商引资

民营经济在生产、消费、投资等方面均保持较好的发展态势。全市规模以上民营工业完成增加值940.5亿元，增长16.1%；非公有经济实现社会消费品零售总额871.3亿元，增长19.4%；民间投资1167.9亿元，增长27.5%；年末工商注册私营企业2.9万家，个体工商户22.3万户；个体私营经济注册资金759.2亿元，增长25.4%。民营经济实现增加值占地区生产总值的76.5%，同比提高1个百分点；民营经济税收占国地税收入的81.7%。

招商引资到位资金增加。全市共引进500万元以上市外招商项目736个，到位资金251.9亿元，增长23.5%。在建5000万元（境外600万美元）以上招商项目484个，实际到位资金212.1亿元。亿元以上招商项目274个，到位资金151.9亿元。企业境外上市实现新突破。2010年山东龙岗旅游集团在美国OTCBB证券市场（美国场外柜台交易系统）成功上市，是临沂市首家在境外上市的旅游企业，实现了临沂市服务业特别是旅游业境外上市的新突破。2010年全市有2家企业在境内外上市，上市公司累计达到24家，其中境外上市19家。

六、交通运输和旅游业

基础设施建设和交通运输稳步增长。全年公路建设投资31.7亿元。年末全市公路通车里程22316公里，其中高速公路330.6公里。全年公路客运量2.55亿人次，旅客周转量99.5亿人公里，分别增长4.7%和4.1%；货物运输量2.74亿吨，货物周转量809.3亿吨公里，分别增长7.5%和1.5%。航空货邮量2019.1吨，客运量57.3万人次，分别增长73.8%和80.2%。

年末全市国家A级旅游区达到55家，其中4A级旅游区15家，3A级旅游区21家；国家工农业旅游示范点8家，省工农业示范点21家；旅行社95家，其中国际旅行社2家；星级酒店61家，其中四星级4家，三星级28家；星级餐馆26家，其中五星级2家，四星级4家。全年共接待国内游客3037万人次，实现国内旅游收入232.7亿元，分别增长24.3%和30.2%；接待海外游客12.1万人次，实现旅游外汇收入7716.7万美元，分别增长42.3%和49.4%。实现旅游总收入237.8亿元，增长30.5%。

七、财税、金融、保险

财税收入较快增长。全年地方财政收入115.5亿元，增长26.2%，其中税收收入88亿元，占地方财政收入的76.2%，同比提高0.2个百分点。分部门组织收入看：国税组织收入22.2亿元，增长23.2%；地税组织收入55.4亿元，增长27.1%；财政组织收入37.9亿元，增长26.7%。财政支出236.5亿元，增长26.2%。进一步加大了对科技、教育、文体、卫生和社会保障等方面的支出力度，分别增长42.8%、23%、33.8%、33.6%和29%。

国、地税收入合计190.1亿元，增长29.8%，其中国税收入118.4亿元，增长31.2%；地税收入71.8亿元，增长27.6%。全市纳税百强企业（集团）纳税85.1亿元，占国、地税收入的44.7%，其中有23家企业（集团）纳税额过亿元。

金融业形势平稳。年末全市金融机构人民币各项存款余额2115.1亿元，比年初增加352.8亿元，其中储蓄存款余额1390.2亿元，比年初增加212亿元。金融机构人民币各项贷款余额1538.2亿元，比年初增加250.8亿元。其中，短期贷款961.2亿元，比年初增加141.8亿元；中长期贷款510.3亿元，比年初增加101.5亿元。全市开展业务的28家担保公司全年新增担保额80.5亿元，增长72.4%。

保险业较快发展。全年保费收入76.3亿元，增长38.1%，其中，财产险保费收入23.9亿元，增长42.5%；人身险保费收入52.4亿元，增长36.2%。支付各项赔款和给付15.3亿元，下降9.6%，其中，财产险业务赔付10.1亿元，增长24%；人身险业务赔付5.2亿元，下降40.8%。

八、科技、教育、文化、卫生和体育

科技事业取得较大进展。全市实施科技计划项目253项，其中国家级项目53项，省级85项，市级115项。技术创新成果丰硕。全年共取得各类科技成果220余项，获省科学技术奖14项，获国家科学技术奖2项。全年申请专利2791件、授权专利2287件。全市拥有国家级工程技术研究中心2家、省级14家,国家级高新技术创业服务中心1家,省级1家,国家级技术中心4家、省级37家、市级122家。产学研合作不断深化,科技创新资源整理力度不断加大。成功组建了临沂市科学技术合作与应用研究院,并与中科院沈阳分院、山东省科学院签订全面战略合作协议,组建了中科院山东综合技术转化中心临沂中心和山东省科学院临沂分院。以三个高端产学研合作平台为依托,全市50%的规模以上工业企业与60余所国内外高等院校、科研院所建立了产学研合作关系。

教育水平不断提高。全年共招收小学新生14.6万人,初中生13.4万人。小学学龄儿童入学率、小学入初中升学率和小学、初中在校巩固率均为100%。招收高一新生5.7万人,普通高等教育招生1.7万人,中等职业学校招生3.8万人。全市普通高等教育在校生5.7万人,66所中等职业学校在校生9.2万人,高中段在校生2.9万人,304所初中学校在校生39.2万人,1639所小学在校生74.3万人。

文化艺术繁荣。公共文化服务体系日趋完善。在城区加快市图书馆、文化艺术中心、博物馆新馆、兵学博物馆等一批标志性文化设施的建设。建设了沂蒙红色影视拍摄基地等五大影视基地,相继推出了大型水上实景演出《蒙山沂水》、电视连续剧《沂蒙》、电影《沂蒙六姐妹》,分别获得中国舞蹈荷花奖特别奖、中国电视金鹰奖、中国电影华表奖等国家级大奖。民间秧歌"龙灯扛阁"入选第三批国家级非物质文化遗产项目,参加了世博园"山东周"民间艺术巡游展示活动。2010年,在全国城市公共文明指数测评中,临沂市获得地级城市第一名的好成绩。中宣部、中央文明办把临沂市列为全国五大文明先进典型,在全国进行了重点宣传推介。年末广播人口覆盖率和电视综合人口覆盖率分别达到96.27%和98.67%。

全市拥有医疗卫生机构1139处(不包括5362个村卫生室),其中医院92处。全市卫生技术人员31526人(不含乡村医生),开设病床36424张,医疗卫生机构万元以上设备20151台。全市医疗机构门急诊2697万余人次,住院病人121万余人次,手术17万余台次。

体育事业健康发展。竞技体育水平有新的提高。在省级以上比赛中共获得金牌16枚,银牌8.5枚,铜牌23.5枚。在二十二届省运会上取得金牌和总分双突破,取得历史最好成绩。成功举办首届中国(临沂·莒南)红色运动会和2010年F1摩托艇世锦赛中国临沂大奖赛。全民健身事业不断发展。全年累计举办各类健身活动300余次,完成500个村的全民健身设施安装。健身组织不断健全。全市建有各级各类体育社团300余家,健身娱乐场所200余处,健身活动站点600余处,拥有各级社会体育指导员8000余人。体彩销售再创新高,全年销量实现3.2亿元,贡献体彩公益金2000余万元。

九、环境保护、技术监督和安全生产

环境保护工作扎实推进。水环境质量进一步改善,淮河流域7个考核断面中4个达标率达到100%,其余三个达标率超过90%,重点河流提前一年达到省政府"稳定恢复鱼类生长"的民心工程要求。在国家对淮河流域治污考核中,临沂市代表山东省接受考核并取得了淮河流域第一名的优异成绩。在沂河、沭河等干、支流建设和修复湿地21处,提高了水体自然净化能力,保障出境水质稳定达标;建成武河万亩人工湿地水质净化工程,进一步完善了邳苍分洪道等3条跨省河流水质。化学需氧量和二氧化硫排放量按期完成"十一五"减排目标。顺利通过创建国家环保模范城市复核验收工作。

质量技术监督工作取得新进展。全市有1家企业荣获首届山东省省长质量奖,有5家企业、2人获得市长质量奖。中国名牌产品累计达7个;新增山东名牌产品12个,复评13个,累计达109个;新增山东省服务名牌1个,复评2个,累计达11个。

安全生产事故下降。全年发生安全生产事故749起、死亡354人、受伤490人、经济损失305.6万元,比上年分别下降5.1%、9.2%、11.9%和26%,其中道路交通事故645起、死亡341人、受伤478人、经济损失222.1万元,比上年分别下降4.6%、6.8%、14%和12.7%。

十、居民生活、就业和社会保障

全市城镇居民人均可支配收入18644元,增长12.5%,城镇居民人均消费性支出11934元,增长10%。农民人均纯收入6761元,增长14.9%;农民人均生活消费性支出3935元,增长9.72%。城乡居民人均住房使用面积分别达到27平方米和32.2平方米,分别提高0.5和0.6平方米。

劳动就业保持稳定增长。全年城镇新增就业再就业12.9万人,转移农村劳动力26.1万人次。社会保障工作进一步加强。全年企业基本养老保险、机关事业单位养老保险、农村养老保险、医疗保险、

失业保险、工伤保险、生育保险参保人数分别达到63万人、22.5万人、224.4万人、191.8万人、47.1万人、83.6万人和42万人。职业技能培训与鉴定稳步发展。全年共组织各类培训38.8万人,其中农村劳动力培训29.9万人;组织职业技能鉴定16.9万人,发放职业资格证书9.9万份。劳动争议仲裁进一步完善,全年受理并结案各类劳动争议案件2919起。社会救助体系逐步建立。全年全市城市低保对象2.98万户、6.85万人,发放低保金1.2亿元;救助农村低保对象20.7万户、30.9万人,发放救助金2.6亿元;农村五保2.82万人,投入供养资金6509.4万元。

机构及领导成员

中国共产党临沂市委员会

书　　记　连承敏
副 书 记　张少军　张务锋
常　　委　连承敏　张少军　张务锋
徐　涛　杜德昌　李洪海
丁凤云(女,10月离任)
陈留泉(9月离任)
刘　晓　林祥余
高绪林(4月离任)　李　峰
尹长友　焦海旺(4月任职)
李　刚(9月任职)
张广敬(12月任职)
李建华(12月任职)
秘 书 长　李　峰
副秘书长　解万青　冯增田　李登仕
姚作为　温希森　丁善余
郑发祥　邢　军　李友泉
刘勋建(10月离任)　安丰和
杨晓东　华　洪　李克彬
黄　杰　王光军(1月任职)

市委办公室

主　　任　解万青
副 主 任　王光军(1月离任)　李学松
陈广善(1月任职)
董西杰(1月任职)

组织部

部　　长　陈留泉(9月离任)
李　刚(9月任职)
副 部 长　张佃余(常务)　许德福
孙树忠　王奎玉　孟凡成
邵长来

宣传部

部　　长　丁凤云(女,12月离任)
李建华(女,12月任职)
副 部 长　高　明(常务)
张景智(1月离任)　冯华昕
何相军　韩　利　王利祥
刘广阔　刘艳芬(女,1月离任)
李洪彦(1月任职)

精神文明建设委员会办公室

主　　任　何相军(2月离任)
刘艳芬(女,2月任职)
副 主 任　李洪彦(2月离任)
郇恒赛(2月离任)
彭友聚(2月任职)
梁绍伟(10月任职)

统战部

部　　长　李发智(1月任职)
副 部 长　李发智(常务,1月离任)
李海宁(1月任常务)　段胜浩
张庆选　张文彦　李　静(女)

市直机关工作委员会

书　　记　赵培军
副 书 记　王培栋　孙百迎(1月任职)
李振兴(10月离任)　陈为国
王华东

党　校

校　　长　连承敏(市委书记兼)
副 校 长　王举生(常务)　潘维康

贺可印(6 月离任)　周少华
柴鸥林　李　刚　左可民
刘淑萍　李抒望

政策研究室

主　　任　冯增田
副 主 任　宋晓生　王世杰　战祥春

党史资料征集委员会

主　　任　李克彬
副 主 任　英昌伟　刘兆东

老干部局

局　　长　孙树忠
副 局 长　彭安吉　孙　伟(10 月离任)
　　　　　薛永府　张学兵(10 月任职)

信 访 局

局　　长　郑发祥
副 局 长　黄金华(女)
　　　　　张文武(3 月任职)
　　　　　滕维生(11 月离任)
　　　　　王洪春(3 月离任)
　　　　　刘田芝(11 月离任)
党组书记　郑发祥
副 书 记　黄金华(女)

临沂市人民代表大会常务委员会

主　　任　连承敏
副 主 任　朱绍阳　于中华　杜甲普
　　　　　祖卫东　田友梅(女)
　　　　　冯　安(女)
顾　　问　蔺景和(10 月离任)
　　　　　李宝智(10 月离任)
秘 书 长　王其东
副秘书长　李廷友(4 月离任)
　　　　　徐学文(12 月离任)　崔照通
　　　　　赵建民　王占奎　宁云龙
　　　　　杭富贵　刘卫兵(女)
委　　员　于　萍(女)　王兴忠
　　　　　王傢玉　毛红旗　尹传贵
　　　　　朱建华　朱胜满　任庆恩
　　　　　华　洪(女)　刘维德
　　　　　闫凤鸣　孙树忠　李义文
　　　　　李洪祥　李素美(女)
　　　　　邸宝成　张万连　张中奎
　　　　　张佃余　张美桢　张桂玉
　　　　　张群力　张殿昌　陆　锦
　　　　　金兴旺　柳勋立　赵志全
　　　　　姜新胜　袁兆建　郭庆堂
　　　　　高士惠　黄桂兰(女)
　　　　　彭善军　蒋　毅　程彦梓
　　　　　解万青　薛海鹰(女)
　　　　　付　强(1 月任职)
　　　　　李旭东(1 月任职)
　　　　　张爱民(1 月任职)
　　　　　张景智(1 月任职)
　　　　　姜　宁(1 月任职)
　　　　　高　明(1 月任职)
党组书记　连承敏　朱绍阳
副 书 记　于中华
党组成员　杜甲普　祖卫东　田友梅(女)
　　　　　蔺景和(10 月离任)
　　　　　李宝智(10 月离任)　王其东

市人民代表大会各专门委员会组成人员

法制委员会

主任委员　张万连
委　　员　朱建华　张佃余　张群力
　　　　　张殿昌　郭庆堂　高士惠

财政经济委员会

主任委员　蒋　毅
委　　员　王傢玉　李义文　陆　锦
　　　　　柳勋立　赵志全　姜新胜
　　　　　彭善军　张爱民(4 月任职)

教育科学文化卫生委员会

主任委员　程彦梓
委　　员　尹传贵　闫凤鸣
　　　　　华　洪(女)　李洪祥
　　　　　邸宝成　付　强(4 月任职)

城乡建设与环境资源保护委员会

主任委员　朱胜满
委　　员　孙树忠　李素美(女)
　　　　　张桂玉　袁兆建
　　　　　薛海鹰(女)

姜　宁(4 月任职)

农业与农村委员会

主任委员　任庆恩

委　　员　王兴忠　张中奎　金兴旺

黄桂兰(女)　解万青

张景智(4 月任职)

民族侨务外事委员会

主任委员　张美桢

委　　员　于　萍(女)　毛红旗

刘维德　李旭东(4 月任职)

高　明(4 月任职)

代表资格审查委员会

主任委员　祖卫东

委　　员　朱建华　刘维德　张佃余

张群力　高士惠

市人大常委会工作机构领导成员

机关党组

书　　记　王其东

副 书 记　崔照通　赵建民

办公室

主　　任　赵建民

副 主 任　李春江(1 月任职)

张京莉(1 月任职)

宋玉波(1 月任职)

研究室

主　　任　崔照通

副 主 任　毛彦玲(1 月任职)

人事代表工作室

主　　任　陈占成

副 主 任　凌宗庆(1 月离任)

张丛爱(1 月任职)

信访室

主　　任　凌宗庆(1 月任职)

法制工作委员会

主　　任　殷洪举

财政经济工作委员会

主　　任　李廷友(4 月离任)

张爱民(4 月任职)

教育科学文化卫生工作委员会

主　　任　徐学文(12 月离任)

城乡建设与环境资源保护工作委员会

主　　任　于维兵

农业与农村工作委员会

主　　任　周忠友(4 月离任)

民族侨务外事工作委员会

主　　任　贾　华

临沂市人民政府

市　　长　张少军

副 市 长　杜德昌　刘　晓　慕增利

刘彦祥　王晓嫚(女)

左沛廷　宋培杰(10 月任职)

马　崑(12 月任职)

党组书记　张少军

副 书 记　杜德昌　刘　晓

林祥余(10 月离任)　慕增利

党组成员　刘彦祥　左沛廷

宋培杰(9 月任职)

马　崑(12 月任职)

张春义(6 月任职)　姜和良

李富山(6 月离任)

李兴军(9 月离任)

郭训成(2 月离任)

宋法亮　钱迎伟

市长助理　姜和良　李富山(6 月离任)

李兴军(9 月离任)

郭训成(2 月离任)　宋法亮

张凌霄(12 月任职)

秘 书 长　钱迎伟

副秘书长　沈孝生　李　磊

吕　富(6 月离任)　田　磊

赵富军(1 月任职)　张卫强

王泽远　牛兆英(1 月任职)

徐化国(1 月离任)　李中经

张宗义　吕国明　张凡春

秦鸿伟(1 月任职)

高文凯(1 月任职)

市人民政府办公室

主　　任　沈孝生

副 主 任　岳利娟(女,1 月离任)

秦鸿伟(1 月离任)

高文凯(1 月离任)　刘　斐

汤海山　丁　勇(1 月任职)

王　谨(1 月任职)
党组书记　钱迎伟
副 书 记　沈孝生

市政府纠风办公室

主　　任　任建军
副 主 任　张福景

政府行政服务大厅管理办公室

主　　任　牛兆英
副 主 任　张克亮　韩纪伦
王宏翔(10 月离任)
孙爱民　盛明耀(10 月任职)
党委书记　牛兆英
副 书 记　张克亮

人事局(至 2010 年 1 月)

局　　长　许德福
副 局 长　杨主强　杜　刚　鹿传伟
密守勇
党组书记　许德福
副 书 记　杨主强

人力资源和社会保障局(2010 年 1 月起)

局　　长　丛 军
副 局 长　杨景林　杨主强　于相永
李宗鲁　徐法英　杜　刚
密守勇　张伟华
党组书记　丛　军
副 书 记　杨景林　杨主强

外事与侨务办公室

主　　任　马永印
副 主 任　赵风海　张　剑　赵明坤
牟晋诚
党组书记　马永印

台湾工作办公室

主　　任　李登仕
副 主 任　徐有顺　杜培军

招商局

局　　长　刘宗海
副 局 长　刘昌盛(1 月离任)
李兆臣　李乃然(1 月任职)
张　健(10 月任职)
孟振宇(10 月任职)
袁钟蛟(1 月离任)
刘庆合 (1 月离任)
党组书记　刘宗海
副 书 记　李兆臣(1 月任职)

政府法制局

局　　长　牛兆英(1 月离任)
惠东波(1 月任职)
副 局 长　王秀君(1 月离任)　韩纪伦
樊伯晗　裴　娜(女)
党组书记　牛兆英(1 月离任)
惠东波(1 月任职)

地方史志办公室

主　　任　朱海涛
总 编 辑　(空)
副 主 任　王志刚(10 月离任)
杨兴文(10 月任职)
党组书记　朱海涛

市直机关事务管理局

局　　长　李兆海
副 局 长　张 林(2 月离任)
张凤体　李成彪　柳洪武
党组书记　李兆海

中国人民政治协商会议临沂市委员会

主　　席　孟宪海
副 主 席　仇景阳　王秀君　王启成
颜廷瑞　赵爱华(女)
丁成建　杨爱华(女)
杨荣三
顾　　问　胡家利(1 月离任)
党组书记　孟宪海
副 书 记　仇景阳　颜廷瑞
党组成员　杨爱华(女)　杨荣三

胡家利(1月离任) 陈相珍

秘书长 陈相珍

副秘书长 王兴申 刘远德 朱会允 张明伟 薛金礼 李青春 吴海波(1月任职)

市政协各专门委员会领导成员

提案委员会

主 任 高维英(女)

经济委员会

主 任 季大连

人口资源环境委员会

主 任 郇红光

科教文卫体委员会

主 任 张升君

社会联络和法制委员会

主 任 亓咏梅(女)

文史资料委员会

主 任 伊廷军

市政协机关工作机构领导成员

机关党组

书 记 陈相珍

副书记 王兴申 刘远德

办公室

主 任 王兴申

副主任 吴海波(1月离任) 马永腾 蔡仲华 王海霞(1月任职)

研究室

主 任 刘远德

副主任 徐兴东

政协委员活动工作室

主 任 薛金礼

副主任 刘恒波(1月任职)

提案工作委员会

主 任 李汉霞(女)

经济工作委员会

主 任 侯成兰(女)

人口资源环境工作委员会

主 任 公维玲(女,1月离任) 王金明(1月任职)

科教文卫体工作委员会

主 任 王宪荣

社会联络和法制工作委员会

主 任 朱会允

文史资料工作委员会

主 任 崔维志

中共临沂市纪律检查委员会

书 记 徐 涛

副书记 王长利(常务) 张群力 赵宗远

常 委 任建军 段 华(女) 贾伟华 唐东远 韦兴东

秘书长 贾伟华

监察局

局 长 王长利

副局长 唐东远 孙沂东

民主党派

中国国民党革命委员会临沂市委员会

主任委员 王启成(市政协副主席)

副主任委员 王学斌 李绿沂

中国民主同盟临沂市委员会

主任委员 刘继双

副主任委员 毛红旗 孟凡明 左志文

中国民主建国会临沂市委员会

主任委员 丁成建(市政协副主席)

副主任委员 林本生 庄乾元

中国民主促进会临沂市委员会

主任委员 王秀君(市政协副主席)

副主任委员 杨忠森 李红婷(女) 郑世东

中国农工民主党临沂市委员会

主任委员 马 华

副主任委员 卞鸿娟(女) 杨临洪 张永民

九三学社临沂市委员会

主任委员 赵爱华(女)

副主任委员 邸宝成 陈元方 薛锋儒(3月任职)

致公党临沂市支部委员会

主任委员 薛 平(女)

副主任委员 高德新 张卫星

工商业联合会

主　　席　陆　锦
副 主 席　张庆选(驻会)　李长存(驻会)
　　　　　纪庆兰(女,驻会)　王傢玉
　　　　　林凡儒　解永军　郭俊岭
　　　　　公丕凤(女)　王彦军
　　　　　纪春潮　王京连　彭思志
　　　　　李银程　孙凤国
　　　　　张立省(3 月任职)
　　　　　李　兴(3 月任职)
　　　　　顾怀亮(3 月任职)
　　　　　杨自江(3 月任职)
　　　　　李步明(3 月任职)
　　　　　王文升(3 月任职)
秘 书 长　徐明亮
党组书记　张庆选(驻会)

总 工 会

主　　席　林祥余
副 主 席　姜新胜(常务)
　　　　　王向群　庄大亮　陈爱平
党组书记　林祥余
副 书 记　姜新胜　王向群

共青团临沂市委员会

书　　记　姜　宁
副 书 记　纪　军(女)
　　　　　段　洪　俞　阳
党组书记　姜　宁

妇女联合会

主　　席　黄桂兰(女)
副 主 席　闵惠玲(女)　刘伟宏(女)
　　　　　李　欣(女)
党组书记　黄桂兰(女)

科学技术协会

主　　任　赵爱华(女)
副 主 任　高文献　石绍峻
党组书记　尚江华

社会科学界联合会

主　　席　王利祥(驻会)
副 主 席　刘卫东(驻会,10 月离任)
　　　　　刘勋建(驻会,10 月任职)
　　　　　王法义　刘远德　胡文娟(女)
　　　　　段新荣(女)　李德收(驻会)
　　　　　乔丽萍(女,驻会)
党组书记　刘卫东(驻会,10 月离任)
　　　　　刘勋建(驻会,10 月任职)

文学艺术界联合会

主　　席　何相军
副 主 席　龙　岩　李秀青(女)
党组书记　孔祥广

残疾人联合会

理 事 长　徐国勤
副理事长　姚卫东　朱　杰
　　　　　宋庆富(1 月任职)　陈怀堂
党组书记　徐国勤

归国华侨联合会

主　　席　陆晓东
副 主 席　董立选　矫素芹(女)
党组书记　陆晓东

临沂军分区

司 令 员　郭庆堂(8 月离任)
　　　　　张宏亮(8 月任职)
政治委员　焦海旺
副司令员　杨建强(7 月离任)
　　　　　牟　鹏
　　　　　邢新建(7 月任职)
副政治委员　盛修祥
　　　　　于海江(7 月离任)
　　　　　高德亮(7 月任职)
参 谋 长　邢新建(7 月离任)
　　　　　钟　伟(7 月任职)
政治部主任　高德亮(7 月离任)
　　　　　盛建伟(7 月任职)
副 主 任　于永富
后勤部部长　陈德法

党委第一书记　连承敏(市委书记兼)
党委书记　焦海旺
副书记　郭庆堂(8月离任)
张宏亮(8月任职)
常务委员　连承敏　焦海旺
郭庆堂(8月离任)
张宏亮(8月任职)
杨建强(7月离任)
牟　鹏　邢建新　盛修祥
于海江(7月离任)
高德亮
钟　伟(7月任职)
盛建伟(7月任职)
陈德法

武警临沂市支队

支队长　张昌伟(4月离任)
韩庆捷(4月任职)
政治委员　马传文
副支队长　刘法庆(4月离任)
郭　政(4月任职)
副政治委员　刘占军
参谋长　杜衍文
政治处主任　陈利达
党委书记　马传文
副书记　张昌伟(4月离任)
韩庆捷(4月任职)

人民防空办公室(民防局)

主任　于彦明
副主任　曹福安　丁文圣
程彦东(1月任职)
王郡宪(10月任职)
党组书记　于彦明

政法委员会

书记　李洪海(市委常委)
副书记　张殿昌(常务)
彭林东(回族,1月离任)
吴建华(1月任职)
徐继臣　绪红山

社会治安综合治理办公室

主任　张殿昌(1月离任)
吴建华(1月任职)
副主任　彭林东(回族,1月离任)
侯占夫

公安局

局长　张春义(6月任职)
政委　任奎军(6月离任)
副局长　刘建全　孙建阔　褚友祥
侯献合　赵　波　李明星
申延军(8月离任)
副政委　刘秋生
党委书记　张春义(6月任职)
副书记　任奎军(6月离任)
于长卿

武警临沂市消防支队(临沂市公安消防支队)

支队长　姜自传(11月离任)
郭芳建(12月任职)
政委　丁宗俭
副支队长　李红宇　刘　鸣　王云收
参谋长　吴　涛
政治处主任　袁　达
党委书记　姜自传(11月离任)
副书记　丁宗俭

人民检察院

检察长　吕盛昌(3月任职)
吕盛昌(12月离任)
副检察长　林树果　董晓峰　刘东宁
王乐圃　凌自力(1月任职)
党组书记　吕盛昌(12月离任)
张振忠(12月任职)
副书记　林树果

中级人民法院

院长　李方民(12月离任)
副院长　亓宗宝(代理院长,12月任职)
李自亮　王存根　石东风
刘晓霞(女)　赵　晨
党组书记　李方民(12月离任)

亓宗宝(12月任职)
副 书 记 李自亮

司 法 局

局　　长 邵明川
副 局 长 吴多庆(1月离任)
赵秋平(1月离任)
鲁　燕(女,1月离任)
张　林(1月任职)
李　伟(1月任职)　主如彬
党组书记 邵明川

发展和改革委员会

主　　任 刘纪民
副 主 任 尹云川　丰绍明(1月任职)
吕全明　王新生　王瑞柱
徐仲圣　姚书华　诸葛继琦
薛临刚(8月任职)
党组书记 刘纪民
副 书 记 尹云川　丰绍明(1月任职)
吕全明　王新生

国土资源局

局　　长 李彦普
副 局 长 杨恒华　刘贵增　李景波
沈　华(女,12月任职)
刘　飞(12月任职)
范宝杰(12月任职)
朱茂波(12月任职)
武玉强(12月任职)
朱化利(12月任职)
党委书记 李彦普
副 书 记 张建中

物 价 局

局　　长 张宪民
副 局 长 公茂兴 刘德浦(10月离任)
孟　群
党组书记 张宪民

国有资产监督管理委员会

主　　任 王东升
副 主 任 任清玉　朱士泉　高　健
李永刚
党委书记 王东升
副 书 记 孟庆山(5月离任)

工商行政管理局

局　　长 姚　明
副 局 长 卢公迎　王增宝　李　峰
李国栋(11月任职)
党组书记 姚　明

质量技术监督局

局　　长 史亮峰
副 局 长 汉继周　张春腾
祝晓亭(3月任职)　吴东昌
党组书记 史亮峰

食品药品监督管理局

局　　长 崔增久
副 局 长 徐宪德(1月离任)
张良书　刘　凯
娄　平(1月任职)
党组书记 崔增久
副 书 记 徐宪德(1月离任)
张良书(1月任职)

统 计 局

局　　长 庄惠超
副 局 长 袁从仕(4月离任)　徐勤夫
王健波　王瑞连(10月任职)
党组书记 庄惠超
副 书 记 丁兆富

国家统计局临沂调查队

队　　长 崔现顺
副 队 长 张桂明(6月离任)
殷巧玲(女)
党组书记 崔现顺

审 计 局

局　　长 张少波

副 局 长　王宏祥(10 月任职)　张金堂
张维莉(女,1 月离任)
殷宗建　陆光平(10 月任职)
党组书记　张少波

安全生产监督管理局

局　　长　谭庆功
副 局 长　彭善民　蒋善杰　庄国强
王瑞文
党组书记　谭庆功
副 书 记　彭善民

市政府调查研究室

主　　任　伏圣东
副 主 任　纪常胜
党组书记　吕　富(6 月离任)
伏圣东(8 月任职)

农村工作领导小组办公室

主　　任　李宗保
副 主 任　尹传斌　王广玉

农业委员会

主　　任　武玉学
副 主 任　张明利　曹首娟(女)
徐文惠　彭殿义(1 月任职)
陈鹏程(1 月任职)
党委书记　武玉学
副 书 记　刘传成(1 月离任)
张明利(1 月任职)
曹首娟(女,1 月任职)

林 业 局

局　　长　王培金
副 局 长　迟明丛　刘西金　申为宝
孙　利
党组书记　王培金
副 书 记　迟明丛

水 利 局

局　　长　朱玉良
副 局 长　申作信　李振山　张玉兰(女)
任广云
党委书记　朱玉良
副 书 记　申作信

畜 牧 局

局　　长　刘景太
副 局 长　吴占元　王学伟　徐　波
党组书记　刘景太

渔 业 局

局　　长　赵　森
副 局 长　杨永林(1 月离任)
范秋艳(女)　辛　伟
孙宝进(10 月任职)
党组书记　赵　森
副 书 记　杨永林

丝绸公司

总 经 理　齐栋梁
党委书记　齐栋梁

农业机械局

局　　长　张敬波
副 局 长　周建华(女,6 月离任)
巩传东(10 月离任)
杨树学　杜　涛(6 月任职)
党组书记　张敬波
副 书 记　周建华(女,6 月离任)

经济和信息化委员会

主　　任　朱承增
副 主 任　刘沂成　沈玉明　李月国
李海滨　阚吉恩(1 月任职)
徐一金(1 月任职)
叶因同(1 月任职)
李　俭(8 月任职)
党委书记　朱承增
副 书 记　郜建民(8 月离任)　刘沂成

政府节约能源工作办公室(煤炭工业办公室)

主　　任　赵常军
副 主 任　刘学广　孙文婷(女)
　　　　　李晓峰(3 月任职)
党组书记　赵常军

临沂矿业集团有限责任公司

董 事 长　李义文
总 经 理　宿洪涛(12 月离任)
　　　　　刘成录(12 月任职)
副总经理　刘成录(12 月离任)
　　　　　郭修杰(12 月任职)　陈　猛
　　　　　吴洪军(6 月离任)
　　　　　陈家忠(12 月任职)
　　　　　于德亮　张廷玉　石富山
党委书记　李义文
副 书 记　宿洪涛(12 月离任)
　　　　　刘成录(12 月任职)　刘孝孔

临沂供电公司

总 经 理　李旭东
副总经理　李建鹏(1 月离任)　林凡勤
　　　　　于安迎　李卫胜(6 月任职)
党委书记　徐庚田
副 书 记　李旭东

黄金建材工业协会(至 2010 年 2 月)

会　　长　傅震宇
党组书记　傅震宇

化学工业协会(至 2010 年 2 月)

会　　长　寇学玲(女)
党组书记　寇学玲(女)

轻工业协会(至 2010 年 2 月)

会　　长　薄法余
党组书记　薄法余

纺织工业协会(至 2010 年 2 月)

会　　长　张欣荣(女)
党组书记　张欣荣(女)

中小企业办公室

主　　任　李月国
副 主 任　张 玫(女)　徐天舒
　　　　　顾晓波
党组书记　李月国

流通业发展局(至 2010 年 3 月)

局　　长　赵富军
副 局 长　刘明新　李兆生　王安春
　　　　　郭效武
党组书记　赵富军

商 务 局(2010 年 3 月起)

局　　长　祖旭东
副 局 长　刘　岩　徐　继　王安春
　　　　　郭效武　王　东

粮 食 局

局　　长　徐　勇
副 局 长　丰绍明(2 月离任)
　　　　　王云鹏(2 月任职)　刘西江
　　　　　宋尚科　王成法
党组书记　徐　勇

供销合作社

理事会主任　高贵金
监事会主任　宋时庆
理事会副主任　邵士民(10 月离任)
　　　　　　王修书　陈相平
监事会副主任　季维忠　叶　军　陈洪兵
党 委 书 记　高贵金

盐 务 局

局　　长　柴子华
副 局 长　王泽刚　邵士勇　刘　强
　　　　　赵希玉
党委书记　柴子华
副 书 记　王泽刚

烟草专卖局(山东临沂烟草有限公司)

局　　长　刘昌宝(7 月离任)
　　　　　王洪波(7 月任职)
副 局 长　董　梅(女,8 月任职)
　　　　　邓　伟　谢建军　王承前
总 经 理　刘昌宝(7 月离任)
　　　　　王洪波(7 月任职)
副总经理　董　梅(女,8 月任职)
　　　　　姜自谦(7 月离任)　董克学
　　　　　籍万光　蒋其华
　　　　　苏建东(10 月任职)
党委书记　刘昌宝(7 月离任)
　　　　　王洪波(7 月任职)
副 书 记　董　梅(女,8 月任职)

中国石化山东临沂石油分公司

经　　理　乔俊岭
副 经 理　张　秋(7 月离任)
　　　　　孙彦超(7 月离任)　常传生
　　　　　李献真　孙开林(7 月任职)
党委书记　张　秋(7 月离任)
副 书 记　孙彦超(7 月任职)

旅 游 局

局　　长　支富增
副 局 长　王建华　王云鹏(1 月离任)
　　　　　刘庆合(1 月任职)　刘奉福
党组书记　支富增

对外贸易经济合作局(至 2010 年 3 月)

局　　长　祖旭东
副 局 长　刘　岩　孙庆梅(女)
　　　　　徐　继
党组书记　祖旭东
副 书 记　刘　岩

中国国际贸易促进委员会临沂市委员会

会　　长　李宗涛
副 会 长　李尊举　赵建华
党组书记　汲　洪(6 月离任)

临沂海关

关　　长　林志勇
副 关 长　韩　勇(1 月任职)
　　　　　王爱民(3 月离任)
　　　　　王　雷(4 月任职)
党组书记　林志勇

出入境检验检疫局

局　　长　范海波
副 局 长　周艳群(女)　郝建光
　　　　　王爱民
党组书记　范海波

交通运输局

局　　长　王君师
副 局 长　公永进　孙　波　王仕田
　　　　　王　宾
党委书记　王君师
副 书 记　公永进

公 路 局

局　　长　江玉龙
副 局 长　朱学新(6 月任职)
　　　　　吕振华　邴贵东
　　　　　刘本昌(6 月离任)　郑安群
党委书记　江玉龙
副 书 记　孙战英(女)

临沂车务段

段　　长　凌　坚
副 段 长　袁明国　张红印　宋玉堂
　　　　　卫忠祥
党委书记　徐永涛
副 书 记　凌　坚　高润芳

邮 政 局

局　　长　郝风柱
副 局 长　杨厚成　武建中
　　　　　卢宗友(12 月任职)
党委书记　郝风柱

信息产业局(至2010年1月)

局　　长　惠东波
副 局 长　阚吉恩　徐一金　叶因同
党组书记　惠东波

中国移动通信集团山东有限公司临沂分公司

总 经 理　薛海鹰(女)
副总经理　刘　健(9月离任)
　　　　　任春渤(9月离任)
　　　　　潘　振　刘玉东
　　　　　崔鼎锋(9月任职)
党委书记　薛海鹰(女)

中国电信股份有限公司临沂分公司

总 经 理　朱孔祥
副总经理　沈兴顺　王玲玲(女)
　　　　　郁万成
党委书记　朱孔祥

规划局

局　　长　李凤兰(女)
副 局 长　李孟继　石增民　王启成
　　　　　鲁佃泰
党组书记　李凤兰(女)

住房和城乡建设委员会

主　　任　李作良
副 主 任　张　廷　闵　锐　薛　铸
　　　　　张永飚　王京民
党委书记　李作良
副 书 记　张　廷

房产和住房保障局

局　　长　张希彦
副 局 长　张志强　宋春森　李明耀
党组书记　张希彦
副 书 记　张志强

城市管理局

局　　长　吴建华(1月离任)
　　　　　彭林东(1月任职)
副 局 长　黄士光　王学选
　　　　　刘田立(12月任职)　孟凡优
党组书记　吴建华(1月离任)
　　　　　彭林东(1月任职)

滨河景区管委会办公室(至2010年2月)

主　　任　徐化国
副 主 任　付　光(2月离任)
　　　　　赵桂真　陈　珂
党委书记　徐化国

园林局(2010年2月起)

局　　长　徐化国
副 局 长　袁钟蛟(2月任职)　赵桂真
　　　　　陈　珂　党东雨(2月任职)
党委书记　徐化国

环境保护局

局　　长　段卫东
副 局 长　王精华　冯凡华　于长江
党组书记　段卫东

财政局

局　　长　李　民
副 局 长　王经绍　王树和　解曙光
　　　　　莫凤玲(女,1月离任)
　　　　　王连正　矫晓斌(1月任职)
　　　　　主笑宜(1月任职)
党组书记　李　民
副 书 记　王经绍

国家税务局

局　　长　何庆清(6月离任)
　　　　　侯　波(6月任职)
副 局 长　朱德瑞(6月任职)
　　　　　张在峰　王立方
党组书记　何庆清(6月离任)
　　　　　侯　波(6月任职)
副 书 记　朱德瑞(6月任职)

地方税务局

局　　长　刘文和
副 局 长　聂奎亮　张宝富　费秀云(女)
　　　　　王光新
党组书记　刘文和
副 书 记　聂奎亮

金融工作办公室

主　　任　王兴助
副 主 任　厉建仁　戴晓峰(1 月任职)

中国人民银行临沂市中心支行

行　　长　祖洪涛
副 行 长　林　飞　许　波　朱传辰
党委书记　祖洪涛

中国银行业监督管理委员会临沂监管分局

局　　长　张　强
副 局 长　陈大章　公冶颂(5 月任职)
党委书记　张　强

中国农业发展银行临沂市分行

行　　长　陈彦亮
副 行 长　徐振云　鲁守堂
　　　　　庞肇国(9 月任职)
党委书记　陈彦亮

中国工商银行股份有限公司临沂分行

行　　长　孙光辉
副 行 长　蒋洪深　刘树伟　叶清涛
党委书记　孙光辉

中国农业银行股份有限公司临沂市分行

行　　长　钱　进
副 行 长　王东升(3 月离任)
　　　　　李宗海(3 月任职)　李全成
　　　　　孙士乐(3 月任职)　潘兆华
　　　　　赵洪亮(3 月离任)
　　　　　包　迪(12 月任职)
党委书记　钱　进
副 书 记　王东升(3 月离任)
　　　　　李宗海(3 月任职)

中国银行股份有限公司临沂分行

行　　长　赵　勇
副 行 长　葛庆亮　任伟杰　张　猛
党委书记　赵　勇

中国建设银行股份有限公司临沂分行

行　　长　肖邦强
副 行 长　邢业久　邢成华(5 月任职)
　　　　　管春阳(3 月离任)
　　　　　郭　骁(3 月离任)
党委书记　肖邦强

临商银行

董 事 长　王傢玉
监 事 长　刘　超
行　　长　赵　强
副 行 长　庄　依　孙瑞英(女)
　　　　　刘建军(1 月任职)
　　　　　葛　磊(1 月任职)
党委书记　王傢玉
副 书 记　赵　强　谷照明

中国人民财产保险股份有限公司临沂分公司

总 经 理　李连亮
副总经理　刘传峰
　　　　　孙光毓(女,5 月离任)
　　　　　赵景华　卢爱民　秦文余
党委书记　李连亮

中国人寿保险股份有限公司临沂分公司

总 经 理　周曙光
副总经理　张文成　李瑞华
党委书记　周曙光

科学技术局

局　　长　王文元
副 局 长　李金华　董瑞东
　　　　　褚　冰(女)　童文辉(挂职)
党组书记　王文元

副书记　沈如茂

地震局

局　长　赵清玉
副局长　闫洪朋　公沛成
党组书记　赵清玉

气象局

局　长　朱　虹
副局长　陈爱群　孙成武
党组书记　朱　虹

教育局

局　长　卢立海
副局长　陈爱军　谭运举　丁成建
杜以坚　李云凌(女)
陈景山
党委书记　卢立海
副书记　陈爱军　谭运举

文化广电新闻出版局

局　长　郑西溪
副局长　李凡修　郝建梅(女)
耿　敏(女)　王兰峰
沈丽萍(女,3月任职)
张建华
党委书记　张景智(1月离任)
郑西溪(1月任职)
副书记　郑西溪(1月离任)

文化市场管理执法局

局　长　房利娜(女)
副局长　张洪学　徐　明　刘柏青
伦　波(10月任职)
党组书记　房利娜(女)

临沂市广播电视台

台　长　周鲁超
总编辑　刘相仕
副台长　孙建国　朱景涛
副总编辑　陈鸿林　王言启
党委书记　周鲁超
副书记　刘相仕

临沂日报报业集团

董事长　冯华昕
总经理　张建军(5月离任)
刘卫东(10月任职)
副总经理　陈学善　张贺春(8月任职)
文茂欣(8月任职)
王家晋(10月离任)
侯　钧
总编辑　崔广宏
副总编辑　张贺春(8月离任)
王永刚
王守诚(10月离任)
党委书记　冯华昕
副书记　张建军(5月离任)
刘卫东(10月任职)　崔广宏
陈学善(8月任职)

档案局(馆)

局(馆)长　胡爱军
副局(馆)长　刘书法　刘思通　王吉祥
党组书记　胡爱军

卫生局

局　长　卢廷祥(6月离任)
吕　富(7月任职)
副局长　刘建广　孙承建(1月离任)
程　杰　王传恒(1月任职)
张艳丽(女)
卞耀臣(1月任职)
党委书记　卢廷祥(6月离任)
吕　富(7月任职)
副书记　刘建广　程　杰(1月任职)

体育局

局　长　王建国(1月离任)
朱孔泉(1月任职)
副局长　李　宏　李春刚　赵爱国
刘　梅(女)
党组书记　王建国(1月离任)

朱孔泉(1月任职)

民政局

局　　长　姜新利
副 局 长　吴晓玲(女)　姜良安
　　　　　王　彦(女)
　　　　　朱步君(10月离任)
　　　　　乔守金(10月任职)
党组书记　姜新利
副 书 记　吴晓玲(女)

劳动和社会保障局(至2010年1月)

局　　长　丛　军
副 局 长　杨景林　于相永　李宗鲁
　　　　　徐法英(女)
党组书记　丛　军
副 书 记　杨景林

人口和计划生育委员会

主　　任　朱孔泉(1月离任)
　　　　　王建国(1月任职)
副 主 任　王金明(1月离任)
　　　　　任兴业
　　　　　刘桂民(1月任职)
　　　　　张西仁　王金礼
党组书记　朱孔泉(1月离任)
　　　　　王建国(1月任职)
副 书 记　王金明(1月离任)
　　　　　刘桂民(1月任职)

民族宗教事务局

局　　长　段胜浩
副 局 长　刘　明
　　　　　张秀丽(女,回族)
　　　　　吴清杰
党组书记　段胜浩
副 书 记　刘　明

老龄委员会办公室

主　　任　聂成新
副 主 任　杨一凡　朱孟良

政党·政务

中国共产党临沂市委员会

综　述

2010年,中共临沂市委深入贯彻科学发展观,坚决落实中央和省委、省政府一系列决策部署,按照"三个确保"的目标要求,求真务实,扎实工作,全力推进以转方式调结构为重点的各项任务,全市经济保持了平稳较快发展,各项社会事业取得了新的成绩,社会大局保持和谐稳定,"十一五"规划主要目标任务顺利完成。

思想政治建设不断强化。坚持把学习贯彻中共十七大和十七届四中、五中全全精神作为重大政治任务,并与学习贯彻省委九届十次、十一次全会精神相结合,与深入学习中央和省领导对临沂的重要指示和要求相结合,与总结"十一五"成绩和规划"十二五"发展相结合,切实贯彻中央和省委部署要求,统一思想认识,凝聚力量抓落实。紧紧围绕加快发展方式转变主线,结合临沂实际,确立了"确保经济增速高于全省平均水平、质量和效益好于历史最好水平、优势产业保持全省领先水平"的目标要求;制定下发了加快经济发展方式转变的实施意见,确立了坚持4个"两手抓"的工作思路,从11个方面提出了49条具体措施,进一步明确了转方式、调结构的方向目标。同时,以"转观念、调思路、增效能、促发展"为主题,在全市组织开展了第八次解放思想大讨论,进一步推动了广大干部群众的思想解放、观念更新。

经济保持平稳较快发展。坚持把发展作为第一要务,不断完善和落实扩内需、保增长的一系列措施,着力推进经济平稳较快增长,主要经济指标好于预期,高于全省平均水平。全年实现生产总值2400亿元,同比增长12.9%;完成地方财政收入115.5亿元,增长26.2%。投资结构不断优化,规模以上固定资产投资完成1408亿元,增长22.7%,其中高新技术产业、服务业、装备制造业投资分别增长98%、26.9%和70.7%。消费需求进一步扩大,实现社会消费品零售总额1157亿元,增长19%。对外开放迈上新台阶,实现进出口总额47.7亿美元,增长39.4%;招商引资项目实际到位资金252亿元,增长23.5%。

加快转变发展方式实现较大突破。坚持把转方式调结构作为重大而紧迫的战略任务,做到在发展中促转变、在转变中谋发展,有力地促进了经济的转型升级。三次产业结构调整为11∶50.3∶38.7,税收占地方财政收入的比重、财政收入占生产总值的比重分别达76.2%和4.81%。工业产业素质和整体实力明显提升。深入开展"加快工业发展年"活动,规模以上工业实现增加值1093.5亿元,增长16.4%。新兴产业得到快速发展,以高端装备制造、生物及新医药、新能源等为主体的七大产业实现产值占规模以上工业比重达12%，高新技术产业产值占规模以上工业比重达31.2%。传统产业改造升级步伐加快，完成工业技改投资480亿元，增长30%。服务业继续保持全省领先态势。服务业增加值占GDP的比重居全省第三位。成功举办了全国首届综合性大型市场贸易博览会，被确定为全国流通领域现代物流示范城市和农产品现代流通试点城市。城区批发市场交易额达1100亿元，其中临沂商城实现交易额720亿元。金融机构存贷款余额分别增长20.3%和20.4%，引进股份制银行累计达6家。节能减排任务圆满完成。以开展“两型”社会建设试点为契机，严格落实目标责任制，严格考核奖惩，“十一五”节能减排目标任务全面完成。代表山东省迎接淮河流域水污染防治考核获得了第一名，顺利通过了国家环保模范城的复核验收。

统筹城乡发展取得积极成效。坚持农业现代化、工业化和城镇化有机结合，统筹谋划，协调推进，城乡一体化新格局逐步形成。始终把“三农”工作作为重中之重，以加快发展现代农业为重点，不断巩固提升农业基础地位。各级财政投入“三农”资金达120.2亿元，增长22.3%。粮食生产连续7年喜获丰收，总产达468.8万吨、亩产420公斤，分别比上年增加12.6万吨和3.2公斤，被评为全国粮食生产先进市。优质农产品基地和品牌建设成效显著，基地累计达28万公顷，品牌认证达657个。以水利为重点的农村基础设施建设扎实推进，完成了32座大中型病险水库除险加固主体工程和819座小型病险水库除险加固任务，省政府以贺信的形式通报表彰。始终把推进城镇化作为主导战略，以中心城市建设为龙头，推动中心城市、县城和镇村协调发展，城乡面貌发生显著变化。全市城镇化率达48%，获得了“中国城乡建设范例城市”称号。中心城市规模和档次不断提升，北城新区二期工程陆续启动，汤头温泉旅游区和义堂新区开发建设稳步推进，城市框架进一步拉开。涑河片区、滨河景区等重点工程扎实开展，城区8条内河综合整治工程基本完成。中心城区人口达160万，面积达162平方公里。城镇建设步伐不断加快，县城综合承载力进一步增强，一批特色镇、明星镇被打造成新的亮点。农村住房建设和危房改造数量居全省前列，乡村环境综合整治持续开展，生态文明村镇、社区创建活动取得明显成效，蒙阴县生态文明村建设的做法，得到了省委、省政府的充分肯定。

民生状况进一步改善。坚持把保障和改善民生作为工作的出发点和落脚点，优先满足民生支出需要，认真落实各项惠民政策，广大人民群众得到了更多实惠。各级财政用于民生方面的支出达138亿元，增长23.2%，占全市财政支出的58.4%；城镇居民人均可支配收入达18644元，增长12.5%；农民人均纯收入达6761元，增长14.9%。各项民生工程得到较好落实。就业持续扩大，新增城镇就业再就业12.9万人，转移农村劳动力26.1万人。社会保障水平不断提高，5项保险参保人数大幅增加，新型农村养老保险扩大到3个县，新农合参合率达99.8%，城乡低收入家庭实现应保尽保，各项保障和补助标准均达到国家要求。保障性住房建设力度进一步加大，全年开工建设经济适用房、廉租房1.24万套，超额完成了省里下达的任务指标。用群众工作统揽信访工作创出了品牌。积极探索改进群众工作的方式方法，着力建立健全联系群众、服务群众的各项制度，特别是在用群众工作统揽信访工作方面，创造了好经验。5月，国务委员马凯来临沂市调研，充分肯定了临沂市的做法。11月，全省群众工作会议、全国用群众工作统揽信访工作现场会，相继在临沂市召开，总结推广经验做法。平安临沂建设扎实推进。认真落实稳定是硬任务、是第一责任的要求，深入推进社会矛盾化解、社会管理创新、公正廉洁执法“三项重点工作”，有效解决了影响社会稳定的源头性、根本性、基础性问题，群众的安全感和满意度明显增强。全面加强安全生产监管工作，4项指标全面下降，安全生产形势总体上保持平稳。临沂市荣获“2010中国全面小康最具安全感城市”称号。

各项社会事业繁荣发展。坚持把经济社会协调发展作为贯彻落实科学发展观的基本要求，着力推进社会事业与经济发展相适应。优先发展教育。不断健全完善义务教育经费保障机制，实行公用经费城乡统筹、统一标准，全年落实义务教育保障资金6.72亿元。以中小学校舍建设和改造为重点，加快改善办学条件，北城新区13所中、小学建成使用。大力加强职业教育和高等教育，全市职业学校招生4万余人，临沂大学成功获批，实现了沂蒙老区人民多年的夙愿。深化医药卫生体制改革。制定下发了深化医药卫生体制改革实施意见，医疗卫生5项重点改革取得积极进展。基本药物制度改革稳步推进，公共卫生服务体系不断完善，社区卫生服务机构进一步健全，居民15分钟健康生活服务圈基本形成。深入推进文化改革发展。不断健全公共文化服务体系，广播电视发射塔等一批文化设施建成使用，乡村少年宫建设打造了全国品牌，中央文明办总结推广了临沂市的经验。积极推动文化体制改革，临沂报业集团和大众报业集团实现战略合作，成功组建了市广播电视网络公司。加快发展文化产业，一批影视基地集中建设，一批新的文艺精品加紧制作和拍摄，一批文化产业园区和企业快速发展，文化产业实现增加值占GDP的比重有了明显提高。深入开展群众性精神文明创建活动，临沂市在全国城市公共文明指数测评中总分居地级市第一名。

党建工作全面加强。坚持以党的执政能力建设和先进性建设为主线，以开展深入学习实践科学发展观活动和创先争优活动为抓手，全面加强党的建设，各级党组织领导科学发展的能力和水平进一步提高。不断深化干部人事制度改革，大力加强领导班子和干部队伍建设。加大竞争性选拔干部力度，共竞争性选拔县级干部70人。注重在基层一线培养锻炼选拔干部，选派95名市直机关干部帮扶50个工业重点项目，从全市选派964名干部到信访一线、乡镇、农村挂职任职。进一步健全完善促进科学发展的干部考核评价体系，结合政府机构改革和年度考核，调整优化了县区和市直部门单位领导班子。认真组织开展创先争优活动，不断提高基层党组织创造力凝聚力战斗力。部署开展了创先争优活动，分9个层面制定了基层党组织和党员创先争优标准，重点围绕加快工业发展、建设现代商贸物流强市等6个方面创先争优，取得了明显成效。制定实施了加强农村基层组织建设的意见和配套措施，600个村的“四民主一考核”规范化运行试点进展顺利。抓好县乡改任非领导职务干部集中帮扶中心村建设，共选派804名干部对318个中心村进行集中帮扶。扎实做好高校毕业生到村任职工作，从大学生“村官”中考选100名村党组织书记和副书记，中组部部长李源潮对此批示予以肯定。严格落实党风廉政建设责任制，坚持不懈地抓好党风廉政建设。积极开展廉政教育和廉政文化建设，在全省率先建立了预防职务犯罪警示教育基地，加强对党员干部的警示教育。深入开展示范乡镇、示范站所、示范村居“三基联创”活动，农村党风廉政建设得到持续加强，在全国农村党风廉政建设工作会议上，肯定和推广了临沂市的经验。大力加强惩防体系建设，积极推进运用现代科技手段预防腐败工作，市和7个县建立了公共资源交易中心。深入开展纠风治乱和优化发展环境活动，重点开展了工程建设领域突出问题专项治理，查出并督促整改问题2600余个。严肃查处违法违纪案件，全年共立查案件973件次，给予党纪政纪处分1011人，挽回经济损失3800多万元。

（上官磊子）

组织工作

【思想政治建设】 继续做好全市第三批学习实践科学发展观活动的组织指导工作。开展“执政为民、发展为民，问政于民、问计于民”活动，公开征集意见建议2088条，各级向社会承诺整改事项5055个。3月，召开总结大会，对巩固和扩大活动成果作了安排部署。各级各部门按照市委部署要求认真开展“回头看”活动，切实兑现向群众作出的承诺，努力形成贯彻落实科学发展观的长效机制。全市学习实践活动总体满意率达99.93%。

开展创先争优活动。按照中央和省委统一要求，下发《实施意见》，4月26日，召开动员大会，部署开展了以“争做沂蒙先锋、建设大美临沂”为实践载体的创先争优活动。根据各领域工作特点和实际，分别制定了乡、村、社区、非公有制企业等9个层面的争创标准和考核办法。在市直机关窗口服务单位党组织和党员中开展了“带头承诺树标杆、服务发展当先锋”主题实践活动。中组部《组工信息》刊发了临沂市以创先争优推动城乡市场建设的做法。苍山县驻沪流动党员党委被中组部、中央创先争优活动领导小组授予“上海世博会创先争优先进基层党组织”称号，是全省唯一受表彰的基层党组织。

【领导班子和干部队伍建设】 做好市人代会、政协会选举工作。做好市十七届人大三次会议和市政协十三届三次会议的相关筹备工作，就市人大代表、常委和市政协中共委员、常委的补选提出初步建议，精心安排组织大会选举等各项工作，市人民检察院检察长等候选人全票或高票当选。

加大干部培训力度。在市委党校举办各类主体班次19个，培训干部555人次，其中调训县级干部178人次。推行“经费跟着项目走、跟着干部走，实施项目化运作”的专题培训模式，组织全市34名经济强乡镇党委书记到浙江大学举办“新农村建设能力提升”培训班。组织315名学员赴浙江大学、复旦大学、绍兴党校异地培训。在2个县区和5个市直部门开展干部在线学习试点工作。开展"名师送教"活动,建立了由80人组成的全市干部教育培训师资库,协调省委组织部向各县区送教14次,组织市级名师向县区送教169次,培训各级各类干部12万人次。完成了5期新疆喀什地区干部培训考察活动接待工作,得到省委组织部的肯定。

领导班子和领导干部年度考核工作。年初,采取民主测评、民意调查、个别谈话等方法,对县区、市直部门和企事业单位领导班子和领导干部进行2009年度考核,强化了考核结果的反馈和运用。按照省委组织部部署要求,结合年度考核,对县级后备干部进行了集中推荐考察。全市共确定县级后备干部735名,其中县级正职后备干部242名、副职后备干部493名。积极配合中组部、省委组织部考察组做好相关考察考核工作。

严格按标准和程序开展部分县区和市直部门领导班子调整充实工作。按照市政府机构改革的总体部署要求,对19个部门的班子配备、107名干部的调整使用做了通盘考虑、妥善安排。落实政策,做好8名师团职军转干部的安置工作。8名乡镇党委书记经民主推荐和考察被提拔为副县级干部。

加强对干部的实践锻炼。在做好第一批考核表彰的基础上,选派95名市直机关干部帮扶50个工业重点项目,全年完成投资71.5亿元,14个项目投产运营。选派12名县级后备干部到县区挂任信访局副局长。从市直综合部门选调15名县级后备干部挂任乡镇党委副书记。从市直机关事业单位抽调161名机关干部到社区任职。

加强对干部的综合管理服务。按照省委组织部部署,做好从优秀乡镇(街道)党政正职公开选拔省直部门副处长工作,有6人考选到省直部门任副处长;从优秀村(社区)党组织书记、乡镇机关中层正职和事业站所主要负责人、规模以上企业主要负责人中,公开选拔了11名乡镇党政领导班子成员和7名公务员。做好省委组织部考选8名挂职干部期满考察和安排工作。继续坚持事前沟通、事后备案制度,加强对县区和市直部门干部选拔任用工作的宏观管理。认真做好选调生选拔培养使用工作,录用选调生104名,其中大学生村官74名。坚持通过公开考选方式,为市直机关和事业单位调配补充工作人员。从严把关做好出国(境)人员审批工作。坚持干部任前档案审核制度,做好新进市管干部档案审核工作。

深化干部人事制度改革。先后对1名市直部门正职和8名县区党政正职人选,通过市委全委扩大会议进行差额初始提名推荐。探索采取"民主推荐、差额遴选、全程监督"的方式,严格按标准和程序,产生任职建议人选,提交市委常委会研究。先后2批从市直党政机关和县级事业单位差额选拔县级干部62名,其中正县级干部13名、副县级干部49名。完善和拓展"两公开四差额"选任办法,选拔县区直部门正职和乡镇(街道)党政正职干部221人。制定《干部考察资格认证试行办法》,明确了干部考察人员的资格条件、考察组组长及成员的职责、权利等,对取消干部考察资格的5种情形作出界定,加强对干部考察工作的规范和监督。

加大干部监督工作力度,健全落实干部选拔任用工作监督制度。通过多种方式开展四项监督制度的学习宣传,分工落实43项任务,经验做法被省委组织部推广。对34个县区、单位、高校、企业选人用人情况进行了检查,反馈整改问题75个。开展"科学规范和有效监督县区委书记用人行为"工作,做到了县区全覆盖。在全省率先开展干部考察对象报告个人有关事项工作,被中组部《领导参阅》刊发。市县两级全面实行全程记实制度,开展了"买官卖官"问题重点整治工作。加强干部选拔任用全过程监督的做法在全省视频会议上作了发言,被评为山东组工创新奖提名奖。加强领导班子和领导干部日常监督。制定实施"从严管理干部行动计划",预防为主、关口前移,对34名县级干部谈话,对4名县级干部进行了函询,组织1890名市管干部集中报告了个人有关事项。委托审计部门对56名市管干部进行了经济责任审计,实现了离任审计应审必审,对发现问题的进行了集体谈话。认真做好群众举报工作。实行部长办公会成员抓举报工作责任制,建立季度通报、年度考核、重点管理、专项督导制度,层层落实责任。市、县两级在全省率先开通举报网站,县区开通举报电话。建立健全登记、受理、查处、反馈、整改、督办、处结、复核8项制度。全年受理举报308件,查核269件,做到应查必查、查实必究。

认真落实老干部政治待遇,深入开展"五个好"离退休干部党支部创建活动,各级共培训离退休干部党员4580余人次,组织老干部参观视察160余次。离休干部"三个机制"有效运转,全市共向161名离休干部及遗属发放救助金77.25万元,离休人员的津贴补贴水平不断提高，各县区全部为离休干部发放了取暖补贴，把市直276名新享受副司局级医疗待遇的离休干部纳入一类保健对象。市老年大学建立远程老年教育网站，市老干部活动中心(老年大学)正在加紧建设中。

【人才队伍建设】 认真实施重点建设项目人才引进工程。筛选97个重点项目进行备案管理。编制年度急需紧缺人才需求目录，并广泛发布。组织开展重点建设项目人才引进工程“海内外博士沂蒙行”活动，达成对接科技项目76项，与清华、北大等19所著名高校签订了战略合作协议。组织33家重点项目单位外出引进人才，已累计引进3766人。

引进高层次创业人才。积极参与中央、省组织的高层次人才专项活动。组团参加了第六届海洽会，招聘海外博士5人。通过留学生创业园建立融智融资平台，先后与美国、日本等10余个国家和地区近1000名留学人员建立联系。全市新增院士工作站6家，博士后工作站6家。与临沂大学互设教授工作室54家。组建了全国第一家地市级医院院士工作室。新建了3家技师工作站。常林集团总裁钟默通过省“万人计划”初评。

加强人才队伍整体建设。重视企业经营管理人才队伍建设，组织164名企业家到清华大学、新加坡南洋理工大学等学习培训。重视技能人才队伍建设，全市选拔了10名有突出贡献的中青年专家和29名首席技师，3人新入选山东省首席技师，举办了全市“劳动之星”职业技能系列竞赛活动，实施了“金蓝领”培训工程。重视农村实用人才队伍建设，评选了50名首届“沂蒙乡村之星”，启动了全市“115农村实用人才选拔培养工程”。临沂市有12人当选“山东省乡村之星”。

加强人才队伍管理服务工作。召开了全市人才工作会议，编制起草了《临沂市中长期人才发展规划纲要(2010－2020年)》，研究制定实行人才工作目标责任制考核、引进和培育高层次创新创业人才“十百千”工程等文件。争取市级财政预算2000万元作为高层次人才专项引进资金。举办了第二届沂蒙博士联谊会，开办“沂蒙博士论坛”。全市首家人才工作培训基地在苍山县成立。筹建了330人参加的全市农村创业人才联谊会。汇编出版了《沂蒙英才》和《临沂市人才工作状况与对策》。“沂蒙英才风采”专栏获山东省人才工作好新闻奖一等奖。

【党的基层组织建设】 加强农村基层治理机制建设。为推动落实市委市政府制定的《党领导的村级民主自治暂行规定》，3月，从县、科级后备干部中选派60名机关干部到15个不同类型的乡镇挂职1年。全市共举办各类培训班420多期次，培训乡村党员干部42.8万人次；改选、补选村级班子146个，决策村级重要事项2.53万个；全市农村信访量同比下降31%。积极做好“难点村”治理工作，全市共排查村“两委”换届选举“难点村”173个，选派工作组168个，确定联系帮扶的县级领导136名。做好第二轮村级组织活动场所建设，在中央、省补助的基础上，全市各级配套资金2800万元，其中市财政配套560.21万元。严把场所选址关、招标投标关、质量监理关和考核验收关。517处新建村级组织活动场所已全部建成。

构建城乡统筹的基层党建新格局。积极推动社区规范化建设，4月份从市县选派902名机关干部到413个农村社区任职，着力抓好规划布局、组织设置调整、领导班子和党员队伍建设、民主自治机制建设和社区服务体系建设，发挥示范引领作用。任职社区全部编制了发展规划和功能布局规划，226个社区初步完成了党组织调整设置工作，任职干部共整合社区建设资金2.4亿元，实施基础设施建设项目439个。为推动中心村建设，6月份从县区选派804名到龄改任非领导职务的科级干部组成工作组，对318个中心村进行为期2年的集中帮扶，取得良好成效。

推进“两新”组织和社区党建工作。分别依托市工商联、市民政局成立了市非公有制经济组织党工委和社会组织党工委，明确了两个党工委的主要职责、人员组成、工作运行等。加强社会组织行业党的建设，指导成立了律师行业党委和会计师行业党委。按照“四覆盖一增强”的目标要求，以推进党组织设置、党员教育管理、资源配置、党建服务体系网格化为主要内容，积极推进城市社区党建网格化建设。

做好组织指导工作。指导开好领导班子民主生活会。及时做好部分党组织隶属关系调整工作。全年共调整设置隶属市委管理的党委7个、党组25个，隶属市委市直机关工委管理的党委1个，隶属市公路局党委管理的党委1个。认真做好党员群众来信来访处理工作，涉及基层组织建设方面的123件(次)来信来访全部及时办理。

做好选聘高校毕业生到村任职工作。推进第二轮帮扶农户科技致富工程,共确定8656个帮扶户、8554个致富项目,协调农信社发放贷款1.5亿元。组织了2010年度考核工作,表彰了101名大学生村官优秀个人、10个先进班集体和10名优秀帮带干部。开展以"比学习看能力、比工作看实绩、比奉献看干部群众满意度"为主要内容的"三比三看三争创"活动,遴选6名大学生村官先进典型作巡回报告。分4期对全市在岗大学生村官进行了专题轮训。协调有关部门落实加分、定向招考等优惠政策,在市县部分事业单位公开考聘工作人员中拿出105个名额面向大学生村官定向考录。扶持117名大学生村官新上创业项目40个,实现收益36.7万元。选聘1633名大学生村官兼任"三农"服务信息员。在大学生村官中发展党员332人,公开考选了70名村党组织书记、副书记。临沂市从大学生村官中公开选拔村党组织书记、副书记的做法被中组部《组工信息》、《组工通讯》刊发,中央组织部部长李源潮对此作出重要批示。

强化基层党建工作责任制。认真组织开展县委书记基层党建工作项目创新活动。代市委起草了《关于对县区委书记抓基层党建工作情况实行述职考核的意见》和《县区委书记抓基层党建工作述职考核办法》。

【党员发展、教育和管理工作】 加强党员队伍建设。严格标准程序,全年发展党员13023名,各项结构比例均符合上级要求。在试点的基础上,推行农村入党积极分子集中公推制度,实现发展党员工作关口前移,确保新发展党员质量。全市共公开推荐入党积极分子1.8万多人。认真做好老党员生活补贴发放工作,全市共分两次发放老党员生活补助资金2861.8万元。

规范远教站点管理和学习收看工作。开展规范站点创建活动,命名表彰了110个市级规范站点。全市培训基层站点管理员12300多人次。组织开展了"百佳站点管理员"评选表彰活动。充分发挥网上站点监控管理系统作用,保证了学习时间和效果。中组部《组工信息》刊发了临沂市发挥远程教育网络功能推进学习型党组织建设的做法。临沂市代表队在全省农村党员干部深入学习实践科学发展观知识竞赛中获一等奖。

远程教育综合服务。组织开展了市级远程教育专家服务团集中下乡服务活动。对18个市级"党员干部现代远程教育'双富'培训示范基地"进行检查验收并挂牌。评选表彰了300名"新型农民'双富'培训致富带富能手"。对市远程教育综合服务平台进行改造升级。各县区通过服务平台为基层办理各类事项2800余次。对各县区年度创新工作实行项目化管理,17项创新项目全部验收达标。积极开展远程教育服务创先争优活动,中组部《组工信息》刊发了临沂市做法,全省远程教育中心主任座谈会在临沂召开。完成59集的"六大系列"课件制作任务,出版发行了10集系列片《沂蒙记忆》。根据省委组织部的安排,制作了电视宣传片《干部四项监督制度学习解读》。《沂蒙全蝎野外养殖技术》等2部作品获2010首届中国农业电视节目评选专题类一等奖。

【组织部门自身建设】 开展部机关创先争优活动。研究制定实施意见,在全市组织系统推进以"讲党性、重品行、作表率"为主题的创先争优活动。贯彻省委组织部"强服务、破难题、求实效"的要求,深入开展"组织部长下基层"活动和"四联四帮"活动,市、县两级组织部门共走访群众510户,建立帮扶联系点140个,结对联系困难党员128户,帮扶资金折款6万余元。认真组织做好部机关中层干部竞争上岗和考录人员工作。

组工宣传和调研信息工作。建立全市组织部门宣传工作联席会议制度,制定《临沂市党委组织部门新闻发布实施办法(试行)》,召开了2次新闻发布会,市县两级组织部门共设立15名新闻发言人。抓好"临沂党建网站"管理维护工作,已上传各类材料9000余篇,日均访问量2900余人次,发挥了宣传主渠道作用。围绕党建和组织工作的重点难点问题开展调查研究,完成了省委组织部下达的重点调研课题,撰写的《科学探索,生动实践,谱写党领导的村级民主自治机制新篇章——临沂市实行"四民主一考核"完善农村基层治理机制问题研究》课题被省委组织部评为优秀调研成果一等奖。全年共在上级组织部门内部刊物发稿120余篇,居全省第4位,被评为全省信息工作先进单位。编发《临沂组工通讯》6期、《临沂组工信息》112期。

机关日常管理工作。规范信访工作程序,全年共登记受理群众来信219件次。加强机关信息化建设,在全国率先通过中组部抽查,年底整体接入"大组工网”。做好安全保密工作,被评为全省保密工作先进单位。党内统计连续12年、干部统计连续5年被省委组织部评为全优报表单位。部机关连续8年被评为省级文明机关。

(朱祥法　李秀芝)

宣传工作

【理论武装工作】　坚持把学习型党组织建设放在首位,制定下发实施意见,成立领导机构,组织开展了“领导干部、领导班子带头学习、带动学习,争创学习型党组织”主题学习活动,开展了企业学习型党组织创建活动。加强领导干部理论学习工作,制定下发了党委中心组理论学习意见,邀请龙永图、李肇星、刘德龙等专家学者,举办了学术报告会。围绕宣传贯彻中共十七届四中、五中全会精神,成立宣讲团,深入开展《七个“怎么看”》、《划清“四个重大界限”》学习教育和理论下基层活动,推动马克思主义最新理论成果的宣传普及。围绕经济社会发展的重大理论和实践问题,制定下发了社会科学研究课题指南,组织开展应用性、对策性研究,举办了谷牧改革开放思想研讨会、临沂传统文化研讨会,推出了一批优秀社科理论成果。以“转观念、调思路、增效能、促发展”为主题,组织开展解放思想大讨论,推动干部群众的思想解放、观念更新。

【新闻舆论宣传】　围绕实施经济文化强市战略,重点开展转方式调结构、工业发展年、“两型”社会、城镇化建设、城乡环境综合整治、文明城市创建、卫生城市创建等宣传活动,特别是以“回顾十一五、展望十二五”为重点,开辟专栏,设立专题,集中展现临沂的发展变化和时代风貌。坚持上大报、上头条,健全报道机制,拓宽发稿渠道,在中央、省新闻媒体刊登了一批重头稿件。《人民日报》头版刊登《山东省临沂市以城镇化推进科学发展》,新华社和新华网分别刊登《蒙山沂水谱写大美临沂》、《大美临沂:临沂速度演绎沂蒙新传奇》,中央电视台焦点访谈报道了《解民困聚民心》,《大众日报》连续在头版刊登《“大美”铸就城市名片》等4篇重头稿件和评论,山东人民广播电台、山东电视台播发了《大美临沂》等4篇重头报道。全年在省级以上新闻媒体发稿达2.6万余篇。市广播电视台在省广播电台发稿总数连续8年居全省第一位;在省电视台“山东新闻”头条发稿数量居全省第一名。临沂电视台在《山东新闻联播》用稿实现“十连冠”,在中央电视台《新闻联播》发稿数量在全省继续保持领先地位,舆情信息工作连续两年居全省第一名。改进外宣方式,创新“走出去”模式,广泛开展文化交流。充分利用F1世界摩托艇锦标赛、世博会山东活动周、省文博会、《再飞齐鲁》拍摄等重大活动,强化新闻联动宣传,全方位、多视角展示临沂形象。同时,加强新闻宏观调控和互联网建设管理,强化网络舆情监控,搞好舆情研判引导和信息传报,及时化解负面报道,维护临沂的良好形象。

【文化建设工作】　在完成文化宏观管理体制改革的基础上,深化文化事业单位转企改制。整合广电网络资源,组建了市广播电视网络公司。整合文化资产,引进战略投资者,与大众报业集团联合组建了山东沂蒙晚报传媒有限公司、山东鲁南商报传媒有限公司,完成了非时政类报纸的改革任务。临沂市被评为全省文化体制改革先进市。坚持文化惠民、政府主导与市场运作相结合,加大文化设施建设力度。市图书馆、文化艺术中心、博物馆新馆、兵学博物馆等标志性文化服务设施相继建成或投入使用。基层五大文化惠民工程继续推进,实现了县有图书馆、文化馆的目标,建成了乡镇综合文化站180处,社区文化活动中心150个,农家书屋3688个,农村文化大院4219个,标准化建设达80%,广播电视村村通入户率达75%,基本形成了覆盖城乡的公共文化服务体系。制定了文艺创作规划,组织了第七届文艺精品评选,推动文艺精品繁荣发展。电影《沂蒙六姐妹》获泰山文艺奖一等奖、长春电影节最佳编剧奖,电视连续剧《沂蒙》获泰山文艺奖荣誉奖、中国电视金鹰奖优秀电视剧奖。电视连续剧《大商城》已完成拍摄。积极开展群众文化活动,举办了第八届书圣文化节、第十届广场文化艺术节、第十届民间秧歌会、第五届民间工艺品暨非物质文化遗产展、“三下乡”等文化活动,承办了中央文明办组织的“激情广场——爱国歌曲大家唱”临沂专场文艺演出,丰富了群众的精神文化生活。加强对文化市场的综合监管,开展“扫黄打非”工作,净化城乡文化环境。实施文旅商一体化发展战略,制定了文化产业振兴规划,完善落实相关政策,推动了文化产业的发展壮大。组织参加了第三届省文博会、第六届中国杭州国际动漫节和深圳文博会,宣传推介文化产业项目,签约好莱坞水上影视基地、屠苏岛等产业项目,投资达140亿元,临沂市获省文博会优秀组织奖和优秀展示奖。培育大集团大项目,带动了文化产业规模化、集约化发展。临沂日报报业集团实现经营总收入1.6亿元,同比增长10%;广播电视完成经营创收1.07亿元,增长10%;临沂新华书店实现销售收入4.3亿元,增长6%;电影集团实现经营收入1267万元,增长19%;新华集团实现销售收入2.08亿元,增长91%。新华印刷物流集团、蒙山沂水演艺集团被评为全省文化体制改革和文化产业发展先进单位,新华印刷物流集团被评为山东省文化企业前十强。至年底,全市文化企业发展到7000多家,投资过千万元的文化产业项目51个,其中过亿元的20多个。全市文化产业实现增加值达108亿元,增长20%,文化产业增加值占GDP的比重达4.5%,成为重要的支柱产业。

【核心价值体系建设】 发挥革命老区政治优势,组织开展了"弘扬沂蒙精神、建设大美临沂"主题教育活动,举办了红色歌曲大家唱和"红色中国行·革命老区红歌会"展演活动,唱响共产党好、社会主义好、伟大祖国好的主旋律。推出了李晓钰、魏永等一批先进典型,在中央、省级新闻媒体进行了集中宣传报道。举办了沂蒙红色文化进山东大学、山东师范大学、山东女子学院等省内高校系列活动,扩大了沂蒙精神的影响。实施"四德"工程,推进公民道德教育,组织了"道德模范巡讲"、"道德模范基层巡讲网上行"和"临沂市道德模范访谈录",开展"我推荐、我评议身边好人"、"做一个有道德的人"活动。在"中国好人榜"评选活动中,临沂市有30人入选,入选人数居全省第一位。命名表彰了临沂供电公司等16个单位为全市"四德工程"建设示范基地,兰山区白沙埠镇等12个乡镇(街道)为全市"四德工程"建设示范乡镇(街道)。9月,中央文明办在临沂市举办了"道德传承——全国道德模范与身边好人现场交流活动"。加强企业文化建设,推出了一批先进典型,组织开展了全省企业"双十佳"和"五优"评选推荐工作,有11人和10个单位受到表彰。

【文明城市创建】 以创建全国文明城市为目标,以迎接城市公共文明指数测评为切入点,强化组织领导,完善创城机制,加强督导检查,全民动员、全员参与,攻坚克难,取得了显著成效。深入开展了文明单位、文明行业、文明机关、文明社区、"百城万店无假货"等创建活动,组织了县区城市公共文明指数测评,开展创建全国文明城市电视知识竞赛、"做一个文明临沂人"、"我参与、我奉献、创建文明城市我行动"等主题实践活动。中央文明办组织了"名博解读临沂"活动,以"民间视角"捕捉展示了临沂市创城的特色和亮点。在全国城市公共文明指数测评中,取得了全国地级市第一名的优异成绩,被中宣部列为全国五大典型,《人民日报》、新华社等11家中央媒体进行了集中采访、重点宣传。结合城乡环境综合整治,组织开展了文明农户、生态文明乡镇创建和全市农民读书活动,提升农民文明素质,改善了农村生态环境。全市有国家级各类文明单位7个,省级各类文明单位464个,市级各类文明单位1099个。推进未成年人思想道德建设,组织开展了新一轮为未成年人办18件实事活动,开展"诵读经典、爱我中华"、"热爱祖国、唱响和谐"读书教育、"放飞梦想——绿色手机文化创作传播活动"。推进"乡村少年宫"建设,全市已建成乡村少年宫1000多个,实现了年底全覆盖的目标。5月,全国推进"乡村少年宫"建设座谈会在临沂市召开,总结推广了临沂市的经验做法。在全国未成年人思想道德建设工作测评中,临沂市获全国地级市第七名。开展多种形式的城乡志愿服务活动,组织了"百万空巢老人关爱志愿服务行动",为高龄空巢老人提供生活照料、心理抚慰、应急救助、健康保健、法律援助等服务。5月、10月中央文明办在临沂市分别举办了"老吾老以及人之老——临沂市关爱空巢老人志愿服务行动"和"大义临沂——敬老爱老志愿服务活动"启动仪式,中央、省文明办给予充分肯定。

【自身建设】 重点围绕经济文化一体化战略、新兴媒体管理、学习型党组织建设、提高基层宣传思想文化工作科学化水平等课题,深入开展调查研究,探索新形势下宣传思想文化工作的特点和规律。结合创先争优活动,开展文明机关、学习型机关创建活动。按照省委宣传部的部署要求,开展了基层宣传文化干部培训,在新闻战线开展了"三项学习教育"活动,提高了干部队伍的思想政治素质和业务水平。全年共举办培训班12期,有2000多人次参加培训。按照"三个体系"的要求,将全年宣传文化工作11个方面79项重点活动和重点任务,分解落实到市、县区宣传文化部门单位,明确工作责任,加强督导检查。深入贯彻落实中纪委第五次、省纪委第六次和市纪委第六次全会精神,认真履行反腐倡廉的领导职责,成立了建立健全惩治和预防腐败体系领导小组,制定实施了部机关反腐倡廉教育年度工作计划,修订完善了部机关会议、接待、用车等方面的规章制度,利用爱国主义教育基地进行党的优良传统和作风教育,通过个案进行警示教育,强化机关人员的廉洁从政意识。利用报纸、广播电视、互联网等新闻媒体,开辟专栏、设立专题,宣传各级加强党风廉政建设的好经验、好做法,总结推出了一批先进典型。

(胡慕翔)

精神文明建设

【文明城市创建工作】 2010年是全国第二次城市公共文明指数测评年,组织召开了迎接全国城市公共文明指数测动员大会,制定下发了《临沂市全国文明城市创建工作实施方案》和《临沂市迎接全国城市公共文明指数测评实施方案》,健全了创城工作调度制度,实行检查督办、定期调度,市级领导参加的协调会、调度会、现场会达90多次。制定了《临沂市全国文明城市创建工作问责办法(试行)》,启动了创城效能督查机制。市人大、政协3次联合专项视察创城工作。下发督办单5000余份,解决创城中发现的问题8000余件。组织了两轮、共8次"电话问政、当面问政"社情民意大调查活动,调查访问居民5600多人次,解决市民提出的意见和建议300多条。启动了"做一个文明临沂人"主题实践活动,组织开展了"文明环境我建设"、"文明秩序我遵守"、"文明礼仪我先行"、"志愿服务我参与"、"文明少年我争当"等5项实践活动,下发张贴画2万份,《致市民的一封信》、《创建文明城市倡议书》、《文明城市创建知识问答》、《公民基本道德40则》各20万余份,编写了《临沂市民公共文明手册》5万册,向市民免费发放。编发创城简报136期,整理档案70余卷。开展了对各县区城市公共文明指数测评工作,对5区进行了6次公共文明指数测评,对9县进行了2次测评,在全国117个城市公共文明指数测评中,临沂市获得地级市第一名。中央文明办组织国内知名博主就文明城市创建在"中国文明网"头条集中发表博文17篇,20余家网站转载专题。《大众日报》、省电视台等省内主流媒体2次集中宣传报道临沂市文明城市创建工作的做法和经验。11月26~28日,《人民日报》、新华社等11家中央主要新闻媒体对临沂市文明城市创建工作进行集中采访重点集中宣传,发表各类重头稿件15篇。各地20多个考察团、400余人来临沂市学习取经。

【公民思想道德建设】 加强社会主义核心价值体系建设。组织开展了第八次解放思想大讨论,组织实施了"红色文化、红色歌曲进校园"活动以三大文艺精品《蒙山沂水》、电视连续剧《沂蒙》、电影《沂蒙六姐妹》作为主要教育内容,在全市组织开展了弘扬沂蒙精神主题实践活动。实施"四德工程"建设,召开了全市"四德工程"建设专题会议,确立了一批示范单位,推出了一批先进典型。开展以"八荣八耻"为主要内容的社会主义荣辱观教育。开展道德模范学习宣传活动。成立了全市道德模范宣讲团,深入军营、社区、企业、学校,全市开展道德模范巡讲活动100余场。举办了全市孝老爱亲报告会。组织开展《道德模范基层巡讲网上行》和《临沂市道德模范访谈录》与中国文明网链接。在2010年中国文明网"中国好人榜"评选活动中,临沂市有22人入选"中国好人榜"。9月25日,中央文明办在临沂市组织举办了"道德的传承——全国道德模范与身边好人现场交流活动",省文明办在临沂市举行了"道德模范基层巡讲"专场报告会。组织编写了《临沂市第二届道德模范风采录》。开展"我们的节日"主题活动。制定下发了《关于在2010年深入开展"我们的节日"主题活动的通知》。举办了新春联欢晚会、元旦联欢晚会、新年音乐会和元宵节秧歌会等活动。开展了祭奠革命先烈活动和"网上祭英烈"活动,组织开展了清明经典诗歌朗诵会等活动,举办了广场赏月晚会、诗歌朗诵会等活动。春节期间,组织开展了慰问道德模范和"身边好人"活动,对困难道德模范进行帮扶。重阳节,市里组织开展了义诊、座谈会、茶话会等活动,中央文明办在兰山区举办了"大义临沂——敬老爱老志愿服务活动启动仪式"。组织开展"诵读经典、爱我中华"活动。制定下发了《关于在全市开展"诵读经典、爱我中华"活动的通知》,开展了临沂市"十大书香人家"、"百佳书香人家"评选活动,开展"感恩教育、中华诗文背诵和才艺比赛"3项活动,开展清明节颂诗会、"迎新年、树师德、铸师魂"诗文朗诵比赛等诵读活动。由郯城县代表临沂市参赛的陈毅诗《孟良崮战役》和《我骄傲:我是中国人》分别荣获全省"诵读经典爱我中华”活动比赛一等奖和二等奖。开展“爱国歌曲大家唱”群众性歌咏活动，11 月 15 日，中央文明办在临沂市组织开展了“激情广场——爱国歌曲大家唱”。

【群众性精神文明创建活动】 开展文明行业、文明单位、文明机关创建活动。全市共评选出全国文明单位 3 个，全国文明先进单位 4 个；省级文明单位 203 个、省级文明机关 90 个；市级文明单位 585 个，市级文明机关 124 个；命名表彰了“十大文明服务窗口”和“十大文明服务示范岗”。举办了第三届社区邻居节和全市文化志愿服务进社区活动，组织开展了“社区故事”文艺比赛活动。组织开展省、市级文明社区评先推荐表彰活动，建成省级文明社区 69 个，市级文明社区 110 个。组织开展了“创城先进社区”创建活动，评选出了 15 个先进社区并进行奖励。开展农村文明创建活动。制定下发了《关于加强农村生态文明建设的意见》和《关于在全市深入开展生态文明乡镇、村、社区创建活动的意见》。加强农村公共文化服务体系建设，开展广播电视村村通、社区和乡镇综合文化站建设、文化信息资源共享、农村电影放映、农家书屋“五大工程”建设。组织召开全市生态文明乡村建设现场推进会，总结推广了蒙阴县生态文明乡村创建经验。全市建成省级文明村镇 102 个，市级生态文明村镇 280 个，各级文明生态村达 900 多个。加强农村精神文明建设宣传，印制“生态文明村”宣传挂画 20 余万套，免费赠送全市各村镇广泛张贴。《大众日报》、省广播电台、省电视台、《临沂日报》等 10 多家省、市主要媒体对临沂市生态文明村的创建工作进行了宣传。开展“联村共建”、“十星级文明户”、文明家庭、“美在农家”、“好媳妇、好婆婆”等评选活动。下发了《关于在农村广泛开展创建文明集市活动的实施方案》和《临沂市文明诚信平安市场（集市）评选标准及办法》，评选表彰了“十大文明市场”、“十大文明集市”、“文明诚信平安市场”和“临沂市文明市场”。

【未成年人思想道德建设】 未成年人活动场所建设。制定了《关于加快推进乡村少年宫建设的实施意见》。4 月，召开了全市乡村少年宫建设现场会，观摩了兰山、罗庄、河东等乡村少年宫建设现场。已建成乡村少年宫 1000 多个，基本实现了年底全覆盖的目标。5 月 22 日，中央文明办在临沂市召开了“在全国推进乡村少年宫建设经验交流现场会”，参观了兰山、河东乡村少年宫建设现场，总结推广了临沂市的经验做法。开展未成年人思想道德主题实践活动。在全市中小学中组织开展了弘扬和培育民族精神月活动、“小手拉大手，共创文明城”活动，启动了以“做一个有道德的人”为主题的“知荣辱、树新风、我行动”道德实践活动。集中开展网吧市场监管、校园周边等净化社会文化环境整治行动。成立了青少年临沂市心理健康咨询中心，继续开展“文明办网、文明上网”活动。开展了“放飞梦想”绿色手机文化传播活动，共发送绿色手机短信 20 万余条。此次活动中，临沂市分获动漫一等奖、短剧优秀奖、优秀组织工作奖。组织开展童谣传唱活动。广泛开展网上签名寄语、宣传展播、校园传唱、暑期传唱、节目展演等优秀童谣传唱活动。成立了未成年人思想道德建设工作和未成年人社会文化环境工作专项督导组，推进未成年人思想道德建设工作。在全国未成年人思想道德建设工作测评中，临沂市取得了全国地级市第 7 名的优异成绩。

【志愿服务工作】 市文明办牵头，组织成立了志愿服务工作协调小组，制定了《关于在全市深入开展志愿服务活动的实施意见》、《临沂市志愿服务工作联席会议制度》和《关于深入开展志愿服务活动的任务分工》，已注册的各类志愿者达 30 余万人。制定下发了《关于在全市组织开展“迎世博、迎亚运、讲文明、树新风”主题活动的实施方案》。举行了“迎世博、迎亚运”志愿者誓师大会暨青年文明号志愿服务行动启动仪式，组织开展了“做一个文明临沂人”志愿服务活动，按照“文明交通行动计划”活动要求，开展了“让座日”、“排队日”、“文明排队月”等“文明出行”志愿服务活动，开展了“文化志愿服务行动”、文明城市志愿绘画活动、“我为创城添把力”志愿服务活动。制定下发了《深入开展社区志愿者服务活动实施方案》，在社区成立了社区志愿服务站，建立了工作台账。组织召开了全市社会公益行动暨志愿者培训大会。召开了 2010 年度临沂市志愿服务工作表彰大会，对 2010 年度志愿服务工作中涌现出的先进集体和先进个人进行表彰。5 月 8 日，中央文明办在兰山区举办了“关爱空巢老人志愿服务活动启动仪式”。在临沂经济开发区举行了“红红火火过大年”志愿服务活动启动仪式。

（姜廉州）

统战工作

【概况】 2010年,全市各级统战部门贯彻党的统一战线方针政策,组织和推动统一战线成员围绕中心、服务大局、发挥优势、开拓创新,各项工作取得了较好成绩,为促进全市经济社会平稳较快发展和社会和谐稳定做出了积极贡献。在全省统战部长会议上,临沂市有5个县区和5个镇街道被评为全省"双基建设"基层统战工作基础建设先进单位,有4个县区被评为全省统战信息工作先进单位,市委统战部被评为全省统战理论调研宣传先进单位、全省统战理论调研宣传"四新工程"先进单位和全省统战信息工作一等奖。市委统战部被省文明办命名为省级文明机关,被市直机关工委授予"市直机关党的基层组织工作规范化建设先进单位"和"学习型机关"称号。统战系统创建的"求同存异,凝心聚力"服务品牌,被市直机关工委评为群众满意服务品牌。

【"双基建设"工作】 加强完善制度建设。各县区普遍建立、完善了县区委常委会定期研究统战工作制度、统战工作联席会议制度、统战工作考核制度。统战系统内部各项工作,包括民族宗教、工商联工作,从组织机构、主要职责、工作规程,到学习培训、工作例会等,均健全了制度并规范公开。加强队伍建设。全市调整充实乡镇街道统战委员(干事)192名、工作人员405名,在县区直部门、社区、村居、企业配备统战工作联络员6000余人,建立各级统战成员信息库(信息档案)6231个,为53219名统战干部和统战成员建立了信息档案。阵地建设不断规范。全市建立"双基建设"示范点559个,180个乡镇(街道)全部按"四规范"、"六统一"标准建立或调换统战工作办公室,配备必要的办公设施。有6200多个县区直重点部门和村居(社区)建立了统战工作室,经济条件较好的村居(社区)建立了统战成员活动室和电子阅览室,基本做到办公有场所、活动有阵地。2010年,全市各县区、乡镇(街道)、村居(社区)和县区直部门用于"双基建设"的经费达540余万元。开展载体建设创新。围绕深化县区统战工作,不断创新工作载体,丰富"双基建设"的内容。在全市总结推广沂水县在党外知识分子中开展"双创一培养"和"双联双帮"活动的经验,沂南县在县乡村三级建立统战人才工作站的经验,郯城县民族宗教工作规范化、制度化、经常化的经验,苍山县创新"回报社会感恩行动"的经验。

【为经济建设服务工作】 加大服务非公有制经济发展力度。与北京大学联合开办"工商管理总裁班",200名民营企业家参加了培训。市、县区都成立了非公有制经济组织党工委;市、县区委统战部、工商联先后举办"银企见面会"21次,协调民生、招商、华夏等7家银行与市工商联22个直属商会和25个县区商会、300家会员企业签订合作协议。其中,仅民生银行1家就为各行业商会授信20亿元。主动与政府有关部门联系、沟通,协助237家非公企业解决了项目审批、土地使用和质量监督等方面遇到的困难和问题。联合市政协、市纪委深入到12个县区和3个开发区进行专题调研。深入开展"民营企业招聘周"活动,全市入场招聘企业近2000家,提供就业岗位2.3万个。加强招商引资工作。2010年全市统战系统引进市外资金72亿元。其中,兰山区委统战部引进总投资达18亿元的"浙商商贸城"和"UV数字印刷基地"两大项目。罗庄区引资4亿多元,蒙阴、平邑、莒南各引资2亿多元,统一战线服务经济建设的优势得到很好发挥。开展"回报社会感恩行动"。全市1960名非公有制经济人士与"三老"人员结成帮扶对子。成立青年创业促进会,筹集扶持资金1060万元,把"三老"人员后代列为重点帮扶对象。青海省玉树地震发生后,广大非公有制经济人士捐款捐物达4000余万元。

【协助各民主党派履行职能】 组织、指导民主党派开展"社会主义核心价值体系学与行"活动,使统一战线共同的思想政治基础更加牢固。协助各民主党派对28个基层组织进行调整,充实基层组织人员115名;对65名基层组织负责人进行为期1周的集中培训,配齐6个党派市委会驻会人员,为党派换届奠定基础;指导各民主党派抓骨干成员和新成员的培训,举办各民主党派工商联负责人暑休研讨会;协商制定了《关于协助我市民主党派搞好2010年度述职和民主评议工作的意见》,指导协助7个党派完成了述职和民主评议。认真贯彻中办发【2010】7号文件精神,研究制定了《关于加强多党合作和政治协商制度的实施意见》,进一步加强多党合作和政治协商的制度化、规范化、程序化建设。建立落实领导班子谈心、述职和民主评议制度,促进民主党派、工商联自身建设。健全参政议政工作机制,组织协助各民主党派围绕“转方式调结构”集中开展调研,形成多项重点课题调研报告。支持协助民主党派履行职能、发挥作用。2010年全国、省、市和县区两会上,各民主党派、工商联组织及个人提交议案、提案363件。其中,省级以上9件、市级168件;在市政协十三届三次会议上,各民主党派共提交集体提案42件。民革市委开展的“高效生态农业富民工程”得到民革中央和省委的充分肯定。民革省委在沂南县召开现场会推广,全国人大常委会副委员长、民革中央主席周铁农出席会议并讲话。九三学社市委开展的“亮康工程”已确定为九三学社中央的特色服务品牌。

【民族宗教工作】 加强重点村居整治工作。市委安排由统战部牵头,对全省第一大回民村——罗庄区花埠圈村进行综合整治。在深入调研的基础上,从班子建设、基础设施改造,到村民法制教育,提出了一套具体实施方案,得到市委充分肯定。特别是经过周密安排,对该村带有黑社会性质的犯罪团伙依法进行了严厉打击,稳定了社会秩序。深入开展“和谐宗教活动场所”创建。联合举办“和谐宗教活动场所”培训班30多期,培训2200多人次。全市有200个“和谐宗教活动场所”受到国家、省、市表彰。开展典型培育。罗庄区基督教两会对宗教活动场所财务实行“双代管”的经验得到省民宗局的充分肯定。郯城县规范管理宗教活动场所的做法被国家宗教事务局《宗教工作通讯》刊发推广。加强宗教政策落实。协调相关部门解决市基督教两会的房产、土地过户问题,北城新区宗教活动场所的还建问题,费县宗教房产问题得到较好的落实。

【党外代表人士工作】 加强代表人士的培养和推荐。临沂市推荐的两名宗教界代表人士顺利当选省和国家宗教团体负责人。市基督教协会总干事、罗庄区基督教“三自”爱委会主任张建顺当选为省基督教协会副会长。天主教临沂教区主教房兴耀当选为中国天主教爱国会主席和中国天主教主教团第一副主席。加大教育培训力度。全年举办各类党外人士培训班6次,培训党外干部500余人。各县区举办各类培训班60余班次,培训6000余人次。加强少数民族干部配备。全市少数民族人口5000人以上有5个县区,1000人以上有12乡镇,已在3个县区、7个乡镇班子中配备少数民族干部,在市民宗局、司法局、行政执法局班子中配备了少数民族干部。推动党外干部实职安排。在全市一次公开考选市科技局、监察局、司法局、文广新局等4名非中共副局长。政府部门班子中党外干部配备达33.3%。从副县级非中共干部中推荐提拔4名正县级干部,其中有2名安排为实职正县。同时,有17名无党派人士被省委统战部纳入全省无党派代表人士人才库。

【统战理论调研、宣传和信息工作】 理论调研宣传工作。制定下发全市统战理论调研课题计划,制定了《统战信息理论调研宣传考评表彰办法》。先后荣获“全省统战理论调研宣传先进单位”、“全省统战理论调研宣传‘四新工程’先进单位”等称号。在2010年度全省统战理论调研宣传工作评比中,市委书记连承敏《要倍加珍惜 用心呵护 充分用好统一战线这个法宝》理论调研文章被评为特别奖。统战信息工作。至11月底被中央统战部采用17篇(条)、省委统战部采用35篇(条),市委统战部获“全省统战信息工作一等奖”荣誉称号,兰山、沂南、沂水、费县被评为全省统战信息工作先进单位。

(王　妍)

市直机关党建工作

【概况】 2010年,市直机关工委围绕全市工作大局,把握“服务中心、建设队伍”两大核心任务,以加强党的先进性建设和执政能力建设为主线,广泛开展创先争优活动和“学习型机关”创建活动,持续推进机关党的基层组织工作规范化建设,深化群众满意服务品牌创建,机关党的思想、组织、作风、制度和反腐倡廉建设得到全面加强,先后被评为全省机关党建工作先进单位、市“平安临沂”建设先进单位、市信访工作先进单位、市履行计划生育分工职责先进单位、市防范和处理邪教工作先进单位、市纪检监察信访工作先进单位、市清产核资工作先进单位和全市城市公共文明指数测评工作先进单位。

【理论学习】 广泛开展创建“学习型机关”活动,制定下发了实施《意见》,组织开展了“三学三比”活动,进行了集中检查考核。中共十七届五中全会闭幕后,专门拨出党费30余万元,为所属党组织14000多名党员统一配发了《辅导读本》,为广大党员深入学习提供了方便。年内全市各级机关党组织共举办专题辅导报告500余场次，读书会270多次，上党课350多次，撰写理论学习文章和学习心得15000多篇，理论学习成效明显。

【基层党组织建设】 指导和督促市直机关各基层党组织开展创先争优活动，充分发挥了基层党组织推动发展、服务群众、凝聚人心、促进和谐的作用。牵头负责市直窗口服务单位“公开承诺树标杆、服务发展当先锋”主题实践活动，定期调度情况，加强具体指导。继续推行市直机关党的基层组织工作规范化建设，结合庆祝建党89周年活动，对49个先进单位进行了表彰。积极进行委员候选人提名、选举新方式的探索，组织开展了基层党组织领导班子“公推直选”试点工作。指导新建、换届改选直属机关党组织18个，考察配备专职党务工作者14名，充实调整机关党委、机关纪委班子成员111名，机关基层党组织领导班子结构更加优化、合理。坚持标准，严格条件，全年共发展新党员256名。利用重大节假日走访慰问生活困难党员和老党员，配套发放慰问金83900元。发挥党建研究会的平台作用，开展机关党建调研活动，形成了一批具有参考价值和指导意义的理论调研成果。

【机关作风建设】 把开展“群众满意服务品牌”创建活动作为加强机关作风建设的首要载体，指导各部门、单位立足实际，通过召开动员会、推进会等方式，广泛宣传推介品牌创建目标、创建理念和创建措施，引导干部职工增强品牌创建意识，积极参与品牌创建。积极宣传和交流各部门、单位品牌创建情况，提高了品牌的知名度、美誉度。对尚未提出品牌、新创建品牌和品牌相对成熟的单位进行分类指导，引导各部门、单位把保障和改善民生作为深化创建活动的着力点，开展主动服务、承诺服务、限时办结、结对帮扶和“送温暖、献爱心”等活动，认真解决群众关注的热点、难点问题，评选出一批群众满意机关、群众满意科室和群众满意窗口。

【反腐倡廉建设】 按照市委要求，组建了新的市直机关纪工委，调整理顺了市直机关纪工委工作体制。深入学习贯彻《廉政准则》，组织开展了“六个一”廉政主题教育活动、警示教育现场会和市直机关“增强制度意识、争做执行表率”廉政主题演讲比赛。认真落实党风廉政建设责任制，扎实做好廉政风险防范管理工作，初步形成了覆盖各个领域的廉政风险防范管理网络。组织开展了中层干部廉政宣誓活动和中层干部、重点岗位人员廉政谈话，市直机关共计5000余人参加了活动。督导指导21个部门、单位落实惩治和预防腐败体系建设工作，顺利完成了32项分工任务。认真做好案件查处和审理工作，对市直机关3名违纪党员给予党纪处分。

【精神文明建设】 举办了以“大美临沂、激情超越”为主题的市直机关第三届职工运动会，比赛共分5大类62个项目，来自市直机关72个单位的1650名运动员参加了比赛。举行了以“灿烂阳光、大美临沂”为主题、以大合唱为主要形式的市直机关庆祝建党89周年大型演唱会。组织开展了以“庆祖国华诞、抒沂蒙情怀”为主题、以毛笔(篆刻)和硬笔书法为主要艺术形式的“浦发银行杯”全市机关庆祝新中国成立61周年书法大赛，组织巡回展览，编辑印发了《作品集》，展示了全市机关文化建设成果。命名表彰市直文明单位20个、文明机关1个；新增省级文明单位7个、文明机关4个，市级文明单位9个、文明机关3个。组织市直机关党员干部分批参观沂蒙精神展览，提高了市直机关干部的文明素质。开展“我推荐、我评议身边的好人”、“做一个文明有礼的中国人”网上签名寄语等活动，培育文明道德新风尚。

市直机关第三届运动会

【群团工作】 广泛开展“工人先锋号”创建活动，评比表彰“工人先锋号”40个、工会工作先进单位40个、优秀工会工作者45名。部署开展了“文明临沂、志愿先锋”、“真情助困进万家”、“建设生态文明城、低碳生活我先行”等主题实践活动，改建团组织7个，发展团员360名，“推优入党”65名，提升了共青团组织的活力。继续深化“巾帼建功”活动，深入开展了“节能低碳进家庭”、“同心牵手”情感关爱行动等活动，组织举办了《知心姐姐》杂志社心理健康专家讲座，隆重纪念“三八”国际劳动妇女节100周年，表彰“三八红旗集体”27个、“三八红旗手”100名、“妇女工作先进集体”30个和“优秀妇女工作者”56名。

【服务中心工作】 教育引导广大党员干部认清形势、明确任务，把思想统一到中央和省、市委的决策部署上来。组织发动市直机关广大党员干部，积极做好“一创六建”等全市重点工作。特别是在城市公共文明指数测评迎查工作中，市直机关全员发动、全力以赴，强化督导、狠抓落实，形成了领导高度重视、上下左右联动、全民参与支持的良好工作机制，为临沂市取得全国城市公共指数测评工作地级市第一名的好成绩做出了积极贡献。得到了市委、市政府领导的充分肯定。协调配合省、市“猎鼠行动”，清理非法宣传品、印刷设备、通讯工具等2万余件，为F1世界摩托艇大赛、中国(临沂)市场贸易博览会等各项赛会的成功举办做出了积极贡献，认真做好市直涉军人员解困稳定工作，年内共为困难企业军转干部解决医疗保险95万余元，为涉军人员发放生活补助、困难补助等共计240余万元，确保了市直涉军人员稳定。

(苏娟娟)

党校工作

【教学工作】 全年共开设15类23个主体班次，累计培训干部达1628人。其中举办县级、科级、青干等培训、进修班12个班次，培训学员674人；举办民主党派、党外干部等培训班8个班次，培训学员510人；举办全市公务员面试考官、转业军官、公务员培训班3期，培训人员444人。举办继续教育培训班38期，培训各类专业技术人员15670人次；举办各种资格考试、业务培训等短期培训班38个，培训人员8685人次；现代远程教育录取521人，研究生教育招生77人，新开设MPA学历学位双证班，首次举办临床医学博士班，全校共有MPA、医学、护理3个专业、6个班次的学员；在职干部研究生班实际报名142人，注册128人，分别是计划数197%和213%；全市本科续读班招生802人。深入开展“大美临沂”宣讲，认真开展“领导专题讲座”，举办专题报告42场次，新开案例式专题7个，开展非传统教学41次，与济宁、威海2市党校开展干部双向异地教学，承接了四川、山西、陕西等8个外省党校和9个省内兄弟党校学习考察培训，组织5个班次进行拓展培训，安排6个班次到复旦、浙江、南开等大学进行高端培训，开展以“科学发展观在临沂的实践”、“转方式调结构”、“生态农业”、“红色革命传统教育”等为主题的现场教学21次。

【科研工作】 按照市委“拿出大成果、办出高水平”的要求，与中央党校学习时报社共同举办了全国革命老区(临沂)跨越式发展理论研讨会。北京、济南和陕西延安、福建龙岩、贵州遵义、广西百色、河北西柏坡等6个革命老区的领导、专家、学者以及中央、省、市级各家新闻媒体共130多人参加了会议。3个调研组以及中央、省有关部门的18位领导和知名专家，围绕革命老区(临沂)跨越发展的主题，对临沂改革开放30多年特别是近几年来，临沂经济社会发展发展基本规律、大美临沂建设的基本经验以及未来发展对策路径，分别从不同角度进行了解读归纳，提出了针对性较强、决策服务价值较高的建议和对策。《中央党校学习时报》发表了《大力传承弘扬沂蒙精神 书写革命老区新的辉煌》、《新时期中国革命老区发展的可贵探索》3期3个专栏的会议报道和研究成果，《中国企业报》在头版分3期刊登了新华社山东分社《“四大发展模式”看临沂》调研成果，《光明日报》作了专题报道，《山东省委党校报》和《临沂日报》以及中央、省和市各级媒体和36家网站作了大量报道，形成了4个调研报告和10万多字的成果汇编。同时，以筹办这次理论研讨会为契机，按照科研“四个服务”的要求，加强对策性课题的研究，承担全省、全市党校系统课题和市社科课题32项，承担市委组织部、宣传部、统战部调研课题各1项，在中央、省级刊物发表论文44篇，获得优秀科研成果奖27篇，编辑《沂蒙论坛》6期，并获全省党校系统第四届科研工作组织奖。

【教学设施建设】 学员公寓楼和教职工宿舍楼建设工作稳步推进，各类班次多媒体教学、案例教学、远程教学保障得到加强，市委党校在线继续教育网开通使用，党校网站发布各类信息200余条。在做好文献期刊规范化管理的同时，制定完善了《图书馆数字化建设方案》，为党委政府编发《信息参考》27期。

【业务指导工作】 督促县区党校制定了创优方案，建立完善了定期会商、规范办学、教学激励和后勤服务技能提升的4项制度；组织召开优秀教学案例表彰会议、优秀课堂教学观摩竞赛、特色专题和党校信息化建设检查评比评议活动，建立了包含30多位教师的市情县情讲解专家库和32个教学科研基地，成立全市党校系统信息化建设理事会和信息化技术顾问组。12个县区委党校培训干部346期、33684人，培训公务员29期、4030人，短期业务培训280个班、4万多人次；兰山、沂水、莒南3所县区党校获全省党校系统第四届科研工作组织奖。

【队伍建设】 加强领导班子思想作风建设，认真贯彻执行中纪委和省、市委关于党风廉政建设的各项规定，加强惩防体系建设，筑牢拒腐防变的思想道德防线。加强党员干部和教职队伍建设，认真开展创建学习型机关、学习型党组织、创先争优和《四项监督制度》学习活动和党员廉政警示教育活动，认真做好全校文明处室评选和全市优秀、先进集体或个人的评选推荐工作，认真落实挂职、调研、进修和教学质量测评考核和职级晋升等制度，选派6名干部到基层任职锻炼，集中调研活动11次，安排38名教师到上级党校和高等院校参加学习培训。

（刘　超）

调查研究

【围绕市委、市政府中心工作开展调研】 围绕“加快工业发展年”、乡村“五化”工程建设、农村社区“三上”工程、“两型社会”建设综合配套改革、文明生态村创建等方面开展了10多次调研活动，适时提出了供市委、市政府决策的发展思路和对策措施。先后调研形成了《关于当前全市经济社会发展情况的调研报告》、《关于加快经济发展方式转变和经济结构调整的调研报告》、《关于临沂工业发展情况的调研报告》、《关于临沂工业化进程中的科技支撑若干问题的调研报告》、《关于临沂与江苏的历史渊源和经济联系调查》、《关于建立沂蒙干部学院的建议》等20多篇调研材料。特别是为配合全市转方式、调结构和“加快工业发展年”活动，根据市委主要领导指示精神，市委政策研究室牵头，抽调市政府研究室、市发改委、市经信委、市科技局、市商务局、市中小企业办、市招商局、市统计局、临沂报业集团等相关单位人员组成综合调研宣传组，围绕全市工业发展进行系列专题调研。在《临沂日报》开辟了《“加快工业发展年”调研行》专栏，刊发了7个方面的经验总结，形成了10篇调研报告，并编辑出版了《临沂工作》“加快工业发展年”专刊。

【围绕热点难点问题开展调研】 针对事关人民群众切身利益、事关经济社会发展的热点难点问题，主动深入基层，有针对性地开展调研活动，先后形成了《后危机时代宏观经济形势与政策分析》、《关于进一步加强临沂市互联网信息内容监管的调研报告》、《关于用群众工作理念统领信访工作情况的调查》、《关于对临沂市保障和改善民生情况的调查》、《关于市属困难国有工业企业职工解困工作调查》、《发扬优良传统全力做好新形势下的群众工作》等一批具有前瞻性的调研报告。

【围绕典型经验开展调研】 深入基层和工作一线，广泛开展调研活动，掌握第一手资料，及时发现基层好经验、好做法，并进行提炼总结。围绕企业改制、农村土地流转等方面开展调查研究，形成了《实施城镇化主导和中心城市带动战略加快推进“大美临沂”建设》、《关于老军工企业鲁光化工有限公司转型发展的调查》、《关于兰山区农村住房建设的调查》等调研成果。为扩大典型经验的宣传面和影响力，将会同市两型办、科技局等市直有关部门及县区调研形成的综合性重要材料，在省级和国家级报刊上发表。《抓住“两型社会”建设试点机遇实现临沂新一轮跨越发展》在省委刊物《山东通讯》上刊发，《关于临沂市实行科技兴工战略的调查》、《加快推进临沂民政工作转型的实践与启示》在省委政策研究室《调查与研究》上刊发。

【调研成果转化】 将调研成果更多、更快、更好地转化为领导决策，使其成为指导实践的政策措施。调研成果转化呈现出层次高、数量多、方式多样的特点。在省级以上刊物，以市委、市政府领导、市委以及室领导名义发表文章8篇，其中《发挥后发达地区优势，实现临沂城市跨越式发展》被中央政策研究室主办的《学习与研究》刊发，《沂蒙老区领导干部团结实干谱科学发展新篇》被新华社《山东内参》采用，《搞好城乡环境综合整治推进科学发展和谐发展》、《以转方式调结构为主攻方向努力保持经济平稳较快发展》、《深化文化体制改革推动文化大发展大繁荣》、《发扬优良传统全力做好新形势下群众工作》等文稿发表在省委刊物《山东通讯》上。“两会”期间，政策研究室负责人在调研的基础上，作为提案，形成了若干意见建议。关于《深入实施科技兴工战略，推进全市工业跨越发展》的提案，市政协主席孟宪海带领市政协负责人进行了带案视察，并获得了市政协优秀提案奖；《关于建设生态市的建议》，市委副书记张务锋批示刊发在省委刊物《调查与研究》上；《关于加快发展一批特色小城镇的建议》被市委、市政府吸收到建设重点镇的意见中。

【调研网络建设】 注重在调研理念和思路上推陈出新，建立健全调研网络。充分发挥沟通上下、联系左右、协调各方的作用，认真组织做好全市性调研，指导各县（市、区）切实抓好调研工作，积极配合省委政策研究室等上级部门开展重大调研活动。全年全市共有23篇文稿被评为全省党委系统优秀调研成果，比上年增加5篇。其中《生态村：山区新农村建设的成功实践》、《关于开展深入学习实践科学发展观活动的调查报告》、《关于拓展临沂经济发展空间的思考》、《五个一引领临沂经济文化一体化发展》等4篇文稿获一等奖，《创新体制机制加快推进农村社区建设》等6篇文稿获得二等奖，《积极探索农民专业合作组织发展的新形式》等13篇文稿获三等奖。注重协调发挥和整合市直部门的调研力量，集中各方面智慧和力量，共同承担重大调研任务。注重加强多方联系与交流。认真完成省委政研室安排的转方式调结构、文明生态村建设、大学生下基层、职业教育、新形势下的宗教工作等方面的调研任务，报送的调研报告和材料，得到了上级政研部门的好评和省委、省政府主要领导的批示肯定。加强与省内外政研部门的交流和合作，了解先进地区好的发展经验，妥善接待由政研部门牵头的外市考察团20多批次，全方位宣传介绍临沂市经济社会发展的成就，扩大了对外知名度。调动县区调研积极性。注重加强全市党委政研系统的纵向联系，充分发挥县区、乡镇基层的调研积极性和创造性。组织各县区政研部门负责人参加省委政策研究室主办的“转方式调结构”研讨班，并赴贵州省贵阳市、遵义市实地考察，收到良好的效果。

【全省市委政研室主任座谈会在临沂市召开】 7月30日至8月1日，全省市委政研室主任座谈会暨2009年度全省党委政研系统优秀调研成果评审会议在临沂市召开。会议交流了全省党委政研系统工作经验，就进一步做好新形势下的政策研究工作、不断提升服务党委决策的能力和水平进行研讨和部署。与会人员还考察了城市建设、社区建设、文化事业建设、临沂商城建设情况和市规划展览馆、凤凰阁、书法苑等。

省委常委、秘书长王敏，省委副秘书长、政策研究室主任孙建功，省委政策研究室巡视员孙建生，副主任谭晓备、朱建和、苏建华、王侠，市委书记、市人大常委会主任连承敏，市委副书记、市长张少军，市委副书记张务锋，市委常委、秘书长李峰等出席会议。

（王继业）

党史资料征集

【党史资料征编】 加强民主革命时期、社会主义建设时期和改革开放时期党史的征编、研究工作。编辑出版了《中国共产党山东省临沂市组织史资料》（1998~2008），详细记述了1998年至2008年10年间临沂市市直单位在单位名称、单位职能和单位主要领导等方面的变更，是一部详细、具体、有案可查的中共临沂市组织史资料；完成《中共临沂地方史》（第二卷）初稿；编纂出版了《一座城市的崛起——临沂市城乡建设工作纪实》一书，该书详述了2004年以来临沂市“一创六建”活动的组织、开展、成果以及展望等，是对临沂市创城活动的综合性总结，具有重要的现实价值和历史意义。完成中共中央党史研究室、省委党史研究室交办的革命遗址调查工作，并将调查成果上报至省委党史研究室；部分完成《临沂党派史》的征编工作。启动《中共临沂党史人物文学作品选》、《中共临沂党史人物书画作品选》、《中共临沂党史人物故事作品选》和《沂蒙党旗红》等书的征编工作。

【党史宣传教育】 积极发挥党史窗口、阵地作用，以书刊、报纸、广播电视等形式开展党史宣传教育。先后参与组办了“临沂城解放六十五周年研讨会”、“纪念山东省战时工作推行委员会成立70周年书画展”等活动，积极参与115师司令部、山东省政府、山东分局陈列展览和组建山东革命根据地纪念馆等活动。

【党史指导工作】 加强对县区党史部门的业务指导。召开全市党史研究室主任会议，深入各县区督促党史研究工作。帮助审查出版了县区的中共地方史、组织史、年鉴、军事志和党史人物等专著。

（徐　浩）

老干部工作

【落实离休干部政治待遇】 深化“五个好”离退休干部党支部创建工作。各级离退休干部党支部按照“五个好”标准，加强思想政治建设、组织建设和制度建设，组织引导离退休干部党员发挥作用，涌现出一批“五个好”离退休干部党支部和优秀离退休干部党员。“七一”前夕，召开全市离退休干部党支部建设暨思想政治建设现场经验交流会，总结推广了6个先进集体、先进个人典型。市委组织部、市委老干部局对89个“五个好”离退休干部党支部和130名优秀离退休干部党员予以通报表彰。2010年全市新建党支部8个，党小组21个。坚持对离退休干部党支部书记、党员进行集中培训，全年共举办培训班51期，培训离退休干部党员4580余人次。各级进一步完善落实离退休干部阅读文件、听报告、参加重要会议和重大活动、走访慰问、参观视察等基本政治待遇。春节、“七一”前夕，各级普遍向老干部通报情况，开展走访慰问。全年全市共组织老干部就地就近参观、视察160余次，5070余人参加。

【落实离休干部生活待遇】 省拨付临沂市离休干部专项转移支付资金743万元，市财政配套资金295万元，保障了“三个机制”有效运转。对2010年度市直困难企业进行动态认定，新认定了5家企业的10名离休干部，市财政及时拨付了医药费统筹金9.2万元。为7个自收自支事业单位15名离休干部发放住房补贴12万元。完善医药费统筹金正常增长机制，新增加4个县区将医药费统筹金标准提高到1万元以上。市、县区不断加大离休干部特殊困难帮扶救助工作力度，向市直48名离休干部及遗属发放救助金29.45万元，各县区向113名离休干部及遗属发放救助金47.8万元。统一调整了全市离休干部遗属生活困难补助标准。市直及8个县区离休人员的津贴补贴项目统一归并为离休人员补贴，津贴补贴水平占同级政府同职级在职人员津贴补贴水平的比例均高于90%。离休干部住房补贴标准相应提高。市直及3个县区、高新区、经济开发区执行基本离休费的35%，8个县区、临港经济开发区执行基本离休费的30%。对全市军休干部及遗属情况进行调查摸底，调整了军休干部遗属、1955年前后复员女兵生活补助费标准。根据鲁民[2010]12号文件，为全市19名军休干部发放了服装费。各级进一步完善离休干部高龄养老服务措施，建立应急机制，积极开展“办实事、解难题、送温暖”主题活动，努力适应和满足离退休干部多元化需求。建立健全老干部服务工作网络和社区医疗卫生保健服务体系，充分发挥社区资源优势，有针对性地开展居家养老、医疗保健、精神慰藉、困难帮扶、紧急救助等服务。坚持健康查体制度，将市直276名新享受副司局级医疗待遇的离休干部纳入一类保健对象。

【老年体育工作】 各级老年体协进一步完善组织网络，推进老年体育活动场地和设施建设，广泛开展老年体育健身活动，全年共举办老年人运动会、各类体育赛事等110余场次，4620余人参加。召开全市老年体育工作会议，表彰了近年来老年体育工作先进集体、先进个人。承办了全省第二届老年人运动会太极拳剑比赛，临沂市代表队分别获得太极拳、剑团体比赛金奖和体育道德风尚奖，3人获个人项目金奖。市、县区老年体协组织全部成立旅游工作委员会，将健身与旅游相结合，有效拓宽了老年体育健身活动渠道。

【老年教育工作】 各级老年大学（学校）积极探索新思路、新方法，开设了1575个教学班，科学设置32门专业课程，取得了较好的教学成果。结合教学，开展送文化下乡等各类社会实践活动，丰富了离退休干部的晚年生活。建立远程老年教育网站，指导各级开展远程老年教育工作。参加了全省离退休干部“纪念抗日战争胜利六十五周年”摄影图片展、“地矿杯”全省老年大学优秀文艺节目汇演等活动并取得优异成绩。市老年大学课外教学点“松鹤苑京剧社”在中国传统文化促进会主办的“和谐社会，振兴京剧”优秀社团评选活动中被评为“弘扬民族文化、振兴京剧艺术”先进单位。

【干休所（服务室）工作】 各级干休所（服务室）创

新服务管理模式，加大资金投入，提升服务功能。市干休所投资10余万元新添室内外活动设施，为住所老干部学习活动营造良好环境；编印《临沂市市直机关干部休养所工作服务手册》，提升了服务管理工作制度化、规范化、科学化水平。结合创建全国文明城市工作，市干休所、启阳路服务室积极美化、亮化场所环境，让老干部共享创建成果。部分县干休所旧房改造工作正积极稳妥进行。

【老干部活动中心工作】 各级老干部活动中心（室），不断加大投入，新建、改建、扩建活动场所，更新活动设施，提高服务质量，开展各类比赛活动。全市每天有离退休干部19860余人（次）参加活动。市老干部活动中心（老年大学）建设工程正在施工建设中。4个县新规划建设老干部活动中心（老年大学），其中2个县进入内部装修阶段；2个县分别进入筹建、开工建设阶段。

【调查研究工作】 围绕重点课题，进行深入调研，形成了调研报告22篇，其中6篇在全省分别获一、二、三等奖。市委老干部局被评为全省老干部工作部门调研信息工作先进单位，1人被评为全省老干部工作部门调研信息工作先进工作者。培养、总结和推广了7个离退休干部先进典型。充分利用报刊、广播电视、网络等，宣传离退休干部工作的方针政策、决策部署和工作经验，以及离退休干部的先进事迹。认真做好2010年度离退休干部信息统计工作。有1人被评为全省离退休干部统计工作先进工作者。

信访工作

【概况】 2010年，全市信访工作坚持以解决群众实际问题为根本，认真实施《信访条例》，积极推进群众工作体制机制制度创新，改进群众工作方式方法，切实维护群众合法权益，努力促进社会和谐，为全市改革、发展、稳定作出了积极贡献，得到了中央和省委、市委的充分肯定。共受理群众来信3285件，同比下降19.4%。接待群众来访1581起、16222人次，起数下降14.8%、人次上升18.7%。其中，集体上访507起、14049人次，起数下降2.9%、人次上升27.4%。去省上访516起、1846人次，分别下降27.6%、53.1%。其中，集体上访95起、1090人次，分别下降23.4%、62.4%。进京上访168起、281人次，分别下降55.6%、60.5%。“去省进京”信访总量大幅下降，大量的信访问题吸附在市级以下，信访秩序持续明显好转。5月19～20日，国务委员、国务院秘书长马凯率中央联席会议调研组来临沂市专题调研；11月19～20日，全省群众工作会议在临沂市召开；11月22～23日，全国用群众工作统揽信访工作经验交流会在临沂市召开，周永康、马凯、王学军等到会讲话，推广了临沂市的经验。

【基层信访工作】 依托四级群众工作网络，县区、乡镇、村级加强了阵地建设、制度建设。继续培育完善基层群众工作“五个一”模式、人民建议征集、信访听证、“四监管一扎口”、信访风险评估、民情联络员、信访帮扶协会、视频接访、网上信访等好的制度和做法，把典型经验转化为长效机制，把大量信访问题吸附在县区之内。健全完善矛盾纠纷排查化解、领导定期公开接访、“四调联动”化解矛盾、一站式解决群众诉求等工作机制，坚持实行“把集体访拆开当作个体访处理”、信访救助等办法，有效实现了信访工作由事后“灭火”向超前“防火”转变，由稳控群众向服务群众转变。

【健全工作机制体制】 市、县区全部成立了群众工作部，乡镇、街道全面设立了群众工作办公室，建立群众服务中心（大厅）；社区、村居、企业普遍设立了群众工作室，配备信息员、调解员和陪访员“三员”队伍。全市共设立群众工作部16个、群众工作办公室180个、群众工作室7179个，构筑了上下联动、左右协调、运转高效的群众工作网络。适应群众工作新体制的需要，市、县区群工部采取考试选拔、调任骨干等方式，增加编制补充了工作人员51名。同时，在乡镇、街道和村居、社区，强化群众工作力量。乡镇专职工作人员达1239人，最多的乡镇达7人，村居、社区、企业群众工作联络员、信息员、调解员、陪访员队伍达 1.47 万人。

【确立群众工作理念】 积极探索新形势下信访工作的特点和规律,坚持把信访工作融入到群众工作的大格局中去谋划和推动,"用群众工作统揽信访工作"的理念在信访干部队伍中、在市县乡领导中、在全社会逐步形成了共识,得到了国家信访局、省信访局的高度关注和推广。全市各级普遍认识到,群众工作是做好信访工作的政治优势和战略支撑,信访工作是送上门来的群众工作,是新形势下群众工作的现实着力点,"用群众工作统揽信访工作"是破解信访难题的根本出路。

【化解复杂疑难问题】 在 2009 年"积案化解年"活动取得良好成效的基础上,2010 年继续加大信访积案化解力度。共排查交办信访积案 261 件,通过加强日常督导、召开调度会督办、落实领导包案、实施信访救助等措施,一批信访积案得到有效化解。全市共筹集资金 229 万元,其中中央拨付 56 万元,省拨付 31 万元,市、县自筹资金 142 万元,化解积案 87 件。落实信访事项三级终结制度,全市共答复、复查、复核信访事项 310 起,结服率为 68%;市政府信访事项复查复核办公室共处理有关信访事项 87 起,其中进入复查复核程序的信访事项 42 起,办结 37 起,结服 28 起,结服率为 76%。

(石念坤)

临沂市人民代表大会常务委员会

【概况】 2010 年,市人大常委会坚持以科学发展观为统领,以推进依法治市为主线,以强化监督工作为重点,以发挥代表作用为基础,忠实履行宪法和法律赋予的职权。全年共召开了 6 次常委会会议、7 次主任会议,听取审议了"一府两院"10 项工作报告,依法作出了 24 项决议、决定和审议意见,依法任免了 120 名国家机关工作人员,为推进全市民主法制建设和经济社会发展作出了积极贡献。

【市十七届人民代表大会第三次会议】 1 月 19 ~ 22 日在临沂市举行。1 月 18 日下午举行预备会议。市人大常委会副主任于中华主持。预备会议选举大会主席团成员 61 人,选举于中华为大会秘书长(兼),通过了会议议程。同日,大会主席团第一次会议推定连承敏、朱绍阳、张务锋、于中华、杜甲普、祖卫东、田友梅(女)、冯安(女)、王其东为主席团常务主席,通过了会议主席团执行主席名单,决定王其东、解万青、沈孝生、李廷友、徐学文、崔照通、赵建民、孙树忠、刘广阔、刘建全为大会副秘书长。

1 月 19 日上午举行第一次全体会议,连承敏主持。会议听取了市长张少军作的市人民政府工作报告,市发展和改革委员会主任刘纪民作的关于市 2009 年国民经济和社会发展计划执行情况与 2010 年计划(草案)的报告,市财政局长李民作的关于市 2009 年财政预算执行情况和 2010 年财政预算(草案)的报告。

1 月 20 日下午举行第二次全体会议,于中华主持。会议听取了市人大常委会第一副主任朱绍阳作的市人大常委会工作报告,市中级人民法院院长李方民作的市中级人民法院工作报告,市人民检察院代检察长吕盛昌作的市人民检察院工作报告,表决通过了大会选举办法(草案)。

1 月 22 日上午举行第三次全体会议。会议表决通过了总监票人、监票人名单草案。会议选举付强、李旭东、张爱民、张景智、姜宁、高明为市第十七届人民代表大会常务委员会委员;吕盛昌为临沂市人民检察院检察长。会议表决通过了关于政府工作报告的决议、关于临沂市 2009 年国民经济和社会发展计划执行情况与 2010 年国民经济和社会发展计划决议、关于临沂市 2009 年财政预算执行情况和 2010 年财政预算的决议、关于市人大常委会工作报告的决议、关于市中级人民法院工作报告的决议、关于市人民检察院工作报告的决议。

【市人大常委会会议】 市十七届人大常委会第十四次会议。1月14日在市会议中心常委会议厅召开,会期半天。市人大常委会党组书记、第一副主任朱绍阳主持会议。出席会议的常委会组成人员应到45人,因事请假7人,出席会议的38人。会议听取审议了市人大常委会代表资格审查委员会关于个别代表的代表资格审查的报告;听取了关于市十七届人大三次会议筹备工作情况的汇报;听取审议了市政府关于命名沂州海棠为临沂市市花的报告,并作出决议;审议了市人大常委会工作报告稿,决定提请市十七届人大三次会议审议;审议了市十七届人大三次会议议程(草案),决定提请市十七届人大三次会议预备会议通过;审议了市十七届人大三次会议主席团和秘书长名单(草案),决定提请市十七届人大三次会议预备会议选举;审议决定了市十七届人大三次会议列席人员范围;审议了市政府关于临沂城30万吨/日供水项目使用浦发银行贷款的报告,并作出决定;审议表决了关于许可对1名市人大代表采取刑事拘留措施的决定(草案);表决通过了人事任免事项。

市十七届人大常委会第十五次会议。4月12日在市会议中心常委会议厅召开,会期1天。市人大常委会党组书记、第一副主任朱绍阳主持会议。出席会议的常委会组成人员应到51人,因事请假7人,出席会议的44人。会议听取审议了市政府关于资源节约型和环境友好型社会建设改革试点工作进展情况的报告;听取审议了市人大常委会执法检查组关于市政府贯彻实施《中华人民共和国矿产资源法》情况的报告;听取审议了市人大常委会执法检查组关于市政府贯彻实施国务院《宗教事务条例》和《山东省宗教事务管理条例》情况的报告;书面提交了十一届全国人大三次会议精神传达提纲;审议了市政府关于临沂临港产业区农村公路改造项目建设资金有关问题的报告,并作出决定;审议表决了关于许可对1名市人大代表采取刑事拘留措施的决定草案;表决通过了人事任免案;省民族事务委员会主任马文艺作了《关于当前宗教工作形势》的专题讲座。

市十七届人大常委会第十六次会议。6月8日在市会议中心常委会议厅召开,会期1天。市人大常委会副主任于中华主持会议。出席会议的常委会组成人员应到51人,因事请假6人,出席会议的45人。会议听取审议了市政府关于临港产业区开发建设情况的报告;听取审议了市中级人民法院关于全市法院执行工作情况的报告;听取了市人大常委会关于创建国家卫生城市工作的视察报告;听取了市人大常委会关于全市主要污染物减排工作的视察报告。

市十七届人大常委会第十七次会议。8月2日在市会议中心常委会议厅召开,会期1天。市人大常委会副主任杜甲普主持会议。出席会议的常委会组成人员应到51人,因事请假7人,出席会议的44人。会议听取审议了市政府关于临沂市2010年上半年国民经济和社会发展计划执行情况的报告;听取审议了市政府关于临沂市2009年财政决算和2010年上半年预算执行情况及市级预算调整方案的报告,审查了2009年市级财政决算和2010年市级预算调整方案,并分别作出决议;听取审议了市政府关于临沂市2009年度市级预算执行和其他财政收支情况的审计工作报告;听取了市人大财经委关于临沂市2009年市级财政决算和2010年市级预算调整方案的审查报告;听取审议了市人大常委会执法检查组关于检查临沂市人大常委会“五五”普法和依法治市规划两个决议实施情况的报告;表决通过了人事任免事项;书面印发了高新亭在全省人大工作会议上的讲话。

市十七届人大常委会第十八次会议。10月15日在市会议中心常委会议厅召开,会期1天。市人大常委会副主任祖卫东主持会议。出席会议的常委会组成人员应到51人,因事请假9人,出席会议的42人。会议听取审议了市政府关于全市职业教育工作情况的报告;审议了市政府关于提请授予皮特·斯伯利德“荣誉市民”称号的议案,并作出决定;听取审议了市人大常委会视察组关于视察沂河两岸规划开发建设情况的报告;听取审议了市人大常委会视察组关于视察饮用水水源地保护工作情况的报告;听取审议了市人大常委会关于全市侨资企业发展情况的调研报告;审议表决了关于许可对2名市人大代表采取刑事拘留措施的决定(草案);表决通过了人事任免事项。

市十七届人大常委会第十九次会议。12月28~29日在市会议中心常委会议厅召开,会期1天半。市人大常委会副主任田友梅主持会议。出席会议的常委会组成人员应到51人,因事请假5人,出席会议的46人。会议审议了市人大常委会主任会议关于提请审议《临沂市人民代表大会常务委员会关于召开临沂市第十七届人民代表大会第四次会议的决定(草案)》的议案;听取了市政府关于《临沂市国民经济和社会发展第十二个五年规划纲要(草案)》的说明,审查“十二五”规划纲要(草案);听取审议了市人大常委会视察组关于视察全市计划生育工作情况的报告;审议了《临沂市人民代表大会常务委员会关于奖励和保护见义勇为公民的意见(草案)》;审议了市人大常委会主任会议关于提请审议《临沂市人民代表大会常务委员会关于追授陈洪杰等 11 人、授予孟昭焱等 16 人“临沂市见义勇为英雄”荣誉称号的决定(草案)》的议案;听取了市政府关于市政府系统办理市十七届人大三次会议代表议案和建议、批评、意见情况的报告;听取审议了市公安局关于办理人大交办督办信访案件工作情况的报告;审议了市政府关于 2009 年度市级预算执行和其他财政收支审计查出问题整改情况的报告;表决通过了人事任免事项;书面提交了市政府关于今年以来市人大常委会决议、决定和审议意见办理落实情况的报告;书面提交了市“法检”两院副职述职报告。

【市人大常委会主任会议】 市十七届人大常委会第十九次主任会议。1 月 12 日在市人大常委会 1138 会议室召开。市人大常委会党组书记、第一副主任朱绍阳主持会议,副主任于中华、杜甲普、祖卫东、冯安,顾问李宝智,秘书长王其东出席会议。市人大各专门委员会主任委员、常委会驻会委员,常委会副秘书长、机关各委室负责人列席会议。会议听取讨论了市人大常委会秘书长王其东关于市十七届人大常委会第十四次会议建议议程及日程安排意见的汇报;听取了城环资委关于命名沂州海棠为临沂市市花议程准备情况的汇报;听取了人事代表工作室关于代表变动和人事任免、代表许可议程准备情况的汇报;讨论了市人大常委会工作报告稿;听取了优秀市人大代表表彰会筹备情况的汇报;书面提交了关于市十七届人大三次会议筹备工作情况的汇报,市十七届人大三次会议议程(草案),市十七届人大三次会议主席团和秘书长名单(草案),列席市十七届人大三次会议人员范围(草案),市政府关于临沂城 30 万吨/日供水项目使用浦发银行贷款的报告及决定(草案)。会议决定市十七届人大常委会第十四次会议于 1 月 14 日在市会议中心常委会议厅召开。

市十七届人大常委会第二十次主任会议。2 月 4 日在市人大常委会 1138 会议室召开。市人大常委会党组书记、第一副主任朱绍阳主持会议。副主任于中华、杜甲普、冯安,秘书长王其东出席会议。市人大各专门委员会主任委员,市人大常委会驻会委员、副秘书长以及机关各委室主要负责人列席会议。会上,朱绍阳传达学习了省十一届人大三次会议精神和市政府机构改革动员大会精神;审议通过了市人大常委会 2010 年工作要点,书面提交了市政府关于临沂临港产业区农村公路改造项目建设资金有关问题的报告及决定(草案),听取了常委会机关人事任免及有关工作情况的汇报。

市十七届人大常委会第二十一次主任会议。4 月 9 日在市人大常委会 1138 会议室召开。市人大常委会党组书记、第一副主任朱绍阳主持会议,副主任于中华、杜甲普、祖卫东、田友梅,秘书长王其东出席会议。市人大各专门委员会主任委员、常委会驻会委员,常委会副秘书长、机关各委室负责人列席会议。会议听取讨论了市人大常委会秘书长王其东关于市十七届人大常委会第十五次会议建议议程及日程安排意见的汇报,并先后听取了有关委室关于市十七届人大常委会第十五次会议相关议程准备情况的汇报。会议决定市十七届人大常委会第十五次会议于 4 月 12 日在市会议中心常委会议厅召开。

市十七届人大常委会第二十二次主任会议。6 月 2 日在市人大常委会 1138 会议室召开。市人大常委会党组书记、第一副主任朱绍阳主持会议,副主任于中华、杜甲普、冯安,秘书长王其东出席会议。市人大各专门委员会主任委员、常委会驻会委员,市人大常委会副秘书长、机关各委室负责人列席会议。会议听取讨论了市人大常委会秘书长王其东所作的关于市十七届人大常委会第十六次会议建议议程及日程安排意见的汇报;听取了有关委室关于市十七届人大常委会第十六次会议相关议程准备情况的汇报;书面提交了全省人大民侨外工作座谈会精神汇报提纲。会议决定市十七届人大常委会第十六次会议于 6 月 8 日在市会议中心常委会议厅召开。

市十七届人大常委会第二十三次主任会议。7 月 29 日在市人大常委会 1138 会议室召开。市人大常委会党组书记、第一副主任朱绍阳主持会议,副主任于中华、杜甲普、祖卫东、田友梅,秘书长王其东出席会议。市人大各专门委员会主任委员、常委会驻会委员,常委会副秘书长、机关各委室负责人列席会议。会议听取讨论了市人大常委会秘书长王其东关于市十七届人大常委会第十七次会议建议议程及日程安排意见的汇报;听取了有关委室关于市十七届人大常委会第十七次会议相关议程准备情况的汇报;书面提交了全国二十九市(地、州)人大常委会联席会议第十七次会议精神汇报提纲、全省人大科教文卫工作座谈会精神汇报提纲、全省人大城环资工作座谈会精神汇报提纲。会议决定市十七届人大常委会第十七次会议于8月2日在市会议中心常委会议厅召开。

市十七届人大常委会第二十四次主任会议。10月8日在市人大常委会1138会议室召开。市人大常委会党组书记、第一副主任朱绍阳主持会议,副主任于中华、杜甲普、祖卫东、田友梅、冯安,秘书长王其东出席会议。市人大各专门委员会主任委员、常委会驻会委员,常委会副秘书长、机关各委室负责人列席会议。会议听取讨论了市人大常委会秘书长王其东关于市十七届人大常委会第十八次会议建议议程及日程安排意见的汇报;听取了有关委室关于市十七届人大常委会第十八次会议相关议程准备情况的汇报;书面提交了全省人大报刊宣传工作座谈会汇报提纲、市人大机关老干部外出考察报告。会议决定市十七届人大常委会第十八次会议于10月15日在市会议中心常委会议厅举行。

市十七届人大常委会第二十五次主任会议。12月21日在市人大常委会1138会议室召开。市人大常委会党组书记、第一副主任朱绍阳主持会议,副主任于中华、杜甲普、祖卫东、田友梅、冯安,秘书长王其东出席会议。市人大各专门委员会主任委员、常委会驻会委员,常委会副秘书长、机关各委室负责人列席会议。会议听取讨论了市人大常委会秘书长王其东关于市十七届人大常委会第十九次会议建议议程及日程安排意见的汇报;听取了有关委室关于市十七届人大常委会第十九次会议相关议程准备情况的汇报;讨论了市人大常委会办公室关于做好规范性文件备案审查工作的意见(草案)及说明;书面提交了市人大常委会关于召开临沂市第十七届人民代表大会第四次会议的决定(草案)、全国三十一市(地、州)人大常委会联席会第十八次会议精神汇报提纲、全省人大干部培训班暨人事代表工作系统会议精神汇报提纲。会议决定市十七届人大常委会第十九次会议于12月28日至29日在市会议中心常委会议厅召开。

【全市2009年度人大宣传工作总结表彰会议】 3月23日在市人大常委会1138会议室召开。市人大常委会副主任于中华出席会议并讲话,秘书长王其东主持会议。会议总结了2009年度人大宣传工作情况,传达了全省人大研究和宣传工作会议精神,表彰奖励了9个先进单位和33名先进个人,交流了人大宣传工作的经验和做法,研究部署了今后人大宣传工作的任务。会上还颁发了2009年宣传人民代表大会制度好新闻奖。

【全市人大信访工作会议】 4月7日在兰山区召开。市人大常委会副主任杜甲普出席会议并讲话,秘书长王其东主持会议。市人大信访工作领导小组全体成员,各县区人大常委会、市信访局、市中级人民法院、市人民检察院、市公安局的负责人参加了会议。会议交流了2009年全市人大信访工作情况。杜甲普在讲话中对上年临沂市各级人大信访工作给予充分肯定,对今后工作提出了要求。

【市县(区)人大工作座谈会】 8月30日~9月1日在平邑县召开。市人大常委会党组书记、第一副主任朱绍阳,副主任于中华、祖卫东、田友梅、冯安,秘书长王其东出席会议。会议主要内容是集中学习全省人大工作会议精神和中央、省、市委领导近期重要讲话,围绕各级加快经济发展方式转变的重大决策部署,在全面总结工作成绩和经验的基础上,深入探讨交流做好新形势下人大工作的思路和措施,不断提高依法履行职责的能力和水平,努力推动全市人大工作创新发展。会议学习了宪法、监督法、行政许可法等有关法律知识,听取了市经信委主任朱承增关于全市工业经济运行情况报告,参观了平邑县经济社会发展情况,交流探讨了人大工作,并对下半年的人大常委会工作作了安排部署。市人大各专门委员会主任委员、专职委员,市人大常委会副秘书长、各工作部门负责人,各县区大常委会主要负责人出席会议。朱绍阳作了讲话。

【人事任免】 全年常委会共依法任免国家机关工作人员120名。其中,任命和批准任命76名,免职33名,接受或批准辞职11名。

在市十七届人大常委会第十四次会议上,根据市长张少军的提请,决定任命张少波为市审计局局长;决定免去王恒旭的市审计局局长职务。根据市人民检察院代理检察长吕盛昌的提请，任命凌自力为市人民检察院副检察长。

在市十七届人大常委会第十五次会议上，根据市人大常委会主任会议的提请，任命张爱民为临沂市人民代表大会财政经济委员会委员；付强为临沂市人民代表大会教育科学文化卫生委员会委员；姜宁为临沂市人民代表大会城乡建设与环境资源保护委员会委员；张景智为临沂市人民代表大会农业与农村委员会委员；李旭东、高明为临沂市人民代表大会民族侨务外事委员会委员。根据市人大常委会主任会议的提请，决定任命张爱民为市人大常委会财政经济工作委员会主任。决定免去李廷友的市人大常委会副秘书长、财政经济工作委员会主任职务和周忠友的市人大常委会农业与农村工作委员会主任职务。根据市长张少军的提请，决定任命朱承增为市经济和信息化委员会主任；丛军为市人力资源和社会保障局局长；李作良为市住房和城乡建设委员会主任；彭林东为市城市管理局局长；王君师为市交通运输局局长；武玉学为市农业委员会主任；祖旭东为市商务局局长；房利娜为市文化市场管理执法局局长；王建国为市人口和计划生育委员会主任；朱孔泉为市体育局局长；王东升为市政府国有资产监督管理委员会主任；于彦明为市人民防空办公室主任；崔增久为市食品药品监督管理局局长；惠东波为市政府法制办公室主任；王兴助为市金融工作办公室主任。决定免去朱孔泉的市人口和计划生育委员会主任职务；王建国的市体育局局长职务。根据市中级人民法院院长李方民的提请，任命吴清林为市中级人民法院审判委员会委员、审判员；郭洪岱、郭俊华为市中级人民法院审判员；孙家栋为市中级人民法院民事审判第一庭庭长；姚军为市中级人民法院行政审判庭庭长；朱坤为市中级人民法院执行局执行一庭庭长、审判员；王冠龙为市中级人民法院执行局执行二庭庭长。免去姚军的市中级人民法院民事审判第一庭庭长职务；孙家栋的市中级人民法院行政审判庭庭长职务；宋思伟的市中级人民法院执行局执行一庭庭长、审判员职务；王胜的市中级人民法院执行局执行二庭庭长、审判员职务；尤恕堂、刘建国、陈亚丽的市中级人民法院审判员职务。根据市人民检察院检察长吕盛昌的提请，批准任命王正海为兰山区人民检察院检察长；张玉新为罗庄区人民检察院检察长；苏波为莒南县人民检察院检察长；朱广胜为沂水县人民检察院检察长；曹卫军为平邑县人民检察院检察长；高文韶为蒙阴县人民检察院检察长；张宗涛为郯城县人民检察院检察长；王纪起为苍山县人民检察院检察长。批准谭长志辞去兰山区人民检察院检察长职务；史效斌辞去罗庄区人民检察院检察长职务；张殿龙辞去莒南县人民检察院检察长职务；王卫东辞去沂水县人民检察院检察长职务；王正海辞去平邑县人民检察院检察长职务；曹卫军辞去蒙阴县人民检察院检察长职务；贾卫国辞去郯城县人民检察院检察长职务；张玉新辞去苍山县人民检察院检察长职务。任命岳德传为市人民检察院检察委员会委员；贾卫国为市人民检察院检察委员会委员、检察员；王卫东为市人民检察院检察委员会委员、检察员；谭长志为市人民检察院检察委员会委员、检察员；汲广虎、孙德茜、薛炜为市人民检察院检察委员会委员；张殿龙、史效斌、李政国、张玉成、王峰、姚晓东、陈玉伟、崔玉琴、单姗、高峰、刘青、孙懈玲、王云、钱剑波为市人民检察院检察员。免去朱广胜、苏波、左星宇、王宁、刘思伟、卢言海、徐子光、刘元启、刘秋厚的市人民检察院检察员职务。

在市十七届人大常委会第十七次会议上，根据市长张少军的提请，决定任命张春义为市公安局局长；吕富为市卫生局局长。决定免去卢廷祥的市卫生局局长职务。根据市人民检察院检察长吕盛昌的提请，任命曹广强、陈筝为市人民检察院检察员。免去臧得勇、赵作富的市人民检察院检察员职务。批准李大军辞去沂南县人民检察院检察长职务。

在市十七届人大常委会第十八会议上，根据市长张少军的提请，决定任命宋培杰为市政府副市长。根据市人民检察院检察长吕盛昌的提请，任命李大军为市人民检察院检察员。免去庄伟、刘新萍、朱庆云的市人民检察院检察员职务。

在市十七届人大常委会第十九会议上，根据市人大常委会主任会议的提请，决定免去徐学文的市人大常委会副秘书长、教育科学文化卫生工作委员会主任职务。根据市长张少军的提请，决定任命马崑为市政府副市长。根据市中级人民法院院长李方民的提请，任命亓宗宝为市中级人民法院副院长、审判委员会委员。免去祖因太、潘廷习、高波、胡振国、张洪太的市中级人民法院审判员职务。决定接受李方民辞去市中级人民法院院长职务的请求，报临沂市第十七届人民代表大会第四次会议备案。根据临沂市人大常委会主任会议的提请，决定亓宗宝为市中级人民法院代理院长。根据市人民检察院检察长吕盛昌的提请，任命张振忠为市人民检察院副检察长、检察委员会委员；徐学明、林宇、刘伟、胡阳、马艳飞为市人民检察院检察员。决定接受吕盛昌辞去市人民检察院检察长职务的请求，由市人民检察院报经省人民检察院检察长提请省人大常委会批准。根据市人大常委会主任会议的提请，决定张振忠为市人民检察院代理检察长，报省人大常委会、省人民检察院备案。

【决议决定】 年内，常委会共作出 13 项决议决定。在市十七届人大常委会第十四次会议上，作出了关于命名沂州海棠为临沂市市花的决议；关于临沂城 30 万吨/日供水项目使用浦发银行贷款的决定；关于许可对市十七届人大代表王开学采取刑事拘留措施的决定。

在市十七届人大常委会第十五次会议上，作出了关于大力推进资源节约型和环境友好型社会建设改革试点工作的决议；关于临沂临港产业区农村公路改造项目使用中国农业发展银行贷款的决定；关于许可对市十七届人大代表李效琦采取刑事拘留措施的决定。

在市十七届人大常委会第十七次会议上，作出了关于批准临沂市 2009 年市级财政决算的决议；关于批准临沂市 2010 年市级预算调整方案的决议。

在市十七届人大常委会第十八次会议上，作出了关于授予皮特·斯伯利德“临沂市荣誉市民”称号的决定；关于许可对市十七届人大代表李兴祥采取刑事拘留措施的决定；关于许可对市十七届人大代表李秀杰采取刑事拘留措施的决定。

在市十七届人大常委会第十九次会议上，作出了关于召开临沂市第十七届人民代表大会第四次会议的决定；关于追授陈洪杰等 11 人、授予孟昭焱等 16 人“临沂市见义勇为英雄”荣誉称号的决定。

【视察检查】 市人大常委会及各专门委员会先后对《临沂市妇女发展纲要》、《临沂市儿童发展纲要》(2001－2010 年)贯彻实施情况；国家卫生城市创建工作情况；临沂大学筹建工作情况；临沂城 30 万吨饮水工程建设情况；主要污染物减排工作情况；节能减排工作情况；供电工作情况；蒙山旅游区工作情况；移动信息化工作情况；迎接全国城市公共文明指数测评工作情况；饮用水水源地保护工作情况；全市保险业工作情况；沂河两岸规划开发建设情况；全市“加快工业发展年”工作情况；全市检察机关反渎职侵权工作情况；全市计划生育工作情况；全市民营企业参加社会保险和劳动合同管理工作情况；全市干线公路建设工作情况；全市质量技术监督工作情况；工商行政管理工作情况；城市管理工作情况；全市交通运输工作情况；高新技术产业区开发工作情况；全市供销社工作情况；全市地税工作情况进行了视察。先后对国务院《宗教事务条例》、《山东省宗教事务管理条例》、《矿产资源法》和市人大常委会关于“五五”普法和依法治市规划两个决议的贯彻落实情况进行了执法检查。配合上级人大对《科学技术进步法》、《山东省南水北调工程沿线区域水污染防治条例》、《食品安全法》、《台湾同胞投资保护法》等法律法规贯彻实施情况进行了检查。

【调查研究】 市人大常委会及各专门委员会先后对全市法院执行工作情况；临港产业区开发建设情况；全市乡镇财政情况；全市职业教育工作情况；全市侨资企业发展情况等方面的工作开展了调查研究。组织驻临沂市的部分全国人大代表赴平邑县九间棚村对农村生态旅游开发建设情况开展了调研，对县区人大常委会人事代表工作人员配备以及乡镇人大工作开展情况进行了专题调研，配合上级人大对供销社改革发展和服务“三农”情况进行了调研。同时，配合上级人大对《山东省未成年人保护条例(修订草案)》、《山东省旅游条例(修订草案)》、《山东省文物保护条例(草案)》、《山东省防震减灾条例(草案)》、《山东省建设工程勘察设计管理条例(修订草案)》、《刑法修正案八(草案)》、《代表法修正案(草案)》、《山东省道路运输条例(草案)》、《山东省电力设施和电能保护条例(草案)》、《选举法修正案》(草案)、《山东省农产品质量安全条例(草案)》开展了立法调研或征求意见建议工作。

【代表工作】 提高代表建议办理质量。市十七届人大三次会议上，代表共提出 188 件建议，闭会期间收到代表建议 15 件，共 203 件。常委会有关办事机构及时对建议进行了归纳、梳理和分类，在《临沂日报》刊登了代表建议目录，并会同市政府及时召开了代表建议交办会，将代表建议办理任务分解落实到了各承办单位。借鉴参考外市地经验做法，从代表建议中筛选了 7 件建议进行重点督办，增强了办理工作的实效性。

提高代表小组建设水平。年初，向各县区代表小组印发了年度活动计划的建议，对活动的内容、方式、组织形式进行了部署，明确提出每个代表小组活动每年不少于3次，每次活动提出建议不少于3件。下半年，组织力量对县区人大代表小组规范化建设以及开展情况进行了专项检查，督促各县区人大常委会抓好这项工作。各县区代表小组建设基本达到了“六有”、“八有”（有代表活动场所，有活动制度，有活动计划，有代表活动档案，有代表公开电话，有微机电视，有代表小组网站，有征求意见箱）标准，代表小组活动不断制度化、规范化。

落实代表履职保障措施。通过向代表寄发常委会《公报》、《临沂人大工作》专刊、定期或不定期向各级人大代表通报情况、征求意见等方式，拓宽了代表知情知政的渠道。向代表发放了《社会主义民主法治建设的成功实践》、《民贵泰山》等书籍。5月，组织驻临沂市的全国、省、市人大代表进行了健康查体。继续坚持邀请代表参加有关会议或活动，制定印发了《关于邀请人大代表参加有关会议活动的办法》，促进了代表作用的发挥。年内，共有15名人大代表列席了常委会会议，76名代表参加了“一府两院”召开的城市道路命名、检察工作开放日、反腐倡廉教育巡展等活动。市十七届人大四次会议召开前夕，组织驻临沂的全国、省、市人大代表分赴12个县区进行了会前集中视察，为在人代会上提出高质量议案建议、审议好各项报告和议案打下了基础。

【宣传工作】 认真参加和组织好新闻和优秀调研论文评选活动。组织参加了全省2009年度宣传人民代表大会制度好新闻评选活动，获三等奖2件；组织参加了全省人大优秀调研论文评选，获得一等奖1件、三等奖2件、优秀奖2件；开展了全市宣传人民代表大会制度好新闻评选活动。加强了宣传机构队伍建设。督促有关县区人大常委会成立了宣传工作机构，配备了专兼职工作人员，在此基础上，于6月份在沂水县成功举办了全市人大通讯员首届培训班，培训人大通讯员156名。共组织协调常委会各类会议和视察、调研、执法检查等活动的宣传报道57次；编辑《临沂人大工作》6期、网站信息图片400多篇幅、《临沂日报》人大视窗栏目12期；恢复编发了《临沂人大信息》，全年编发信息21期。9月，策划撰写了反映市人大助推经济社会发展的4篇文章，在《临沂日报》、《人民权利报》重要版面以及《临沂人大工作》进行了系列报道，宣传了临沂市民主法制建设取得的新成绩，在社会上引起较大反响，得到了省、市人大领导的高度评价。年内，全市人大系统在市级以上报刊发表稿件2772篇，其中在国家级报刊发表稿件23篇，实现了全市人大宣传稿件数量和质量的大幅度提升。成功举办了机关庆祝建党89周年歌咏会活动、机关廉政演讲比赛；完成了《中共临沂党史人物文学作品选》、《中共临沂市党史人物书画作品选》的征集报送等工作。

【信访工作】 常委会坚持把信访工作作为密切联系人民群众的主渠道，通过律师参与人大信访工作，听取司法部门办理人大交办、督办信访案件汇报等形式，努力提高信访工作水平。全年共接待群众来访596起、838人次，办理群众来信359件，办理上级人大督办、交办及领导批示信访案件51件，编发《临沂人大信访》8期，充分发挥了人大信访的桥梁纽带、参谋助手作用。

【常委会及机关自身建设】 常委会按照中央和省、市委的统一部署，以“服务中心、建设队伍、改进作风、提高效能”为主题，深入开展了“创先争优”活动，通过举办培训班、法制讲座等形式，认真学习党的十七大和十七届五中全会精神，学习中央和省、市委一系列重大决策部署，努力创建学习型、服务型、创新型地方国家权力机关，围绕中心、服务大局、依法履职的能力和水平进一步提高。开展了机关学习制度月活动，召开了常委会及机关工作创新座谈会，围绕制度执行、完善和工作创新等方面，提出整改措施40条，提出创新工作项目44项。机关按照“工作要细、标准要高、要求要严、做事要实、服务要优、效果要好”的工作标准，认真履行参谋助手和服务保障职责，为市人代会、常委会会议、主任会议、主任办公会议、秘书长会议、市县区人大工作座谈会等309次会议提供了会务保障服务，接传领导活动804次，全面落实老干部政治、生活待遇。常委会及机关坚持为贫困孤儿捐资助学，踊跃为灾区捐款捐物，不断加大对机关干部任职社区、帮扶企业的扶持力度，招商引资额突破1亿元，连续6年被评为省级文明机关。

（吴建树）

临沂市人民政府

综　述

2010年，在市委的正确领导下，市政府坚持以科学发展观为统领，认真贯彻落实党中央、国务院和省委、省政府一系列方针政策，加快转方式、调结构，全面推进经济社会科学发展、和谐发展、率先发展，圆满完成了“十一五”规划确定的目标任务。临沂已经成为山东和全国革命老区的一张名片。

经济综合实力跃上新台阶。2010年，全市实现生产总值2400亿元，增长12.9%；人均生产总值达3552美元，比2005年翻了一番。完成地方财政收入115.5亿元，增长26.2%，总量是2005年的2.4倍；税收占地方财政收入比重、财政收入占生产总值比重，分别达72.6%和4.8%。城镇居民人均可支配收入、农民人均纯收入达18644元、6761元，分别增长12.5%和14.9%。完成规模以上固定资产投资1408.3亿元，增长22.7%；社会消费品零售总额1157.2亿元，增长19%。

转变发展方式取得新成效。三次产业比例调整到11∶50.3∶38.7。现代农业加快发展，主要农产品产量增加、品质提升。粮食生产连续7年增收、总产达到468.8万吨；优质农产品基地发展到28万公顷，市级以上农业龙头企业389家，累计完成无公害、绿色、有机“三品”认证801个。工业整体实力不断增强，完成技改投入422.1亿元。食品、木业、复合肥等传统产业在全国形成竞争优势，战略性新兴产业发展势头良好。规模以上工业增加值增长16.4%，利税过千万元、过亿元企业分别增加178家和10家，高新技术产业产值占规模以上工业的比重比年初提高2.3个百分点，总量比2005年增长近5倍。服务业继续走在全省前列，增加值增长15.1%，占生产总值比重居全省第三位。累计新建改建城区市场60处，发展物流企业5000多家，临沂商城年交易额达到720亿元；成功举办了首届中国（临沂）市场贸易博览会等大型会展；文化产业增加值、旅游总收入占生产总值的比重分别达4.5%和9.9%；金融机构人民币存贷款余额为2115.1亿元和1538.2亿元，分别比年初增加352.8亿元和250.8亿元；保险业保费收入76.3亿元；房地产开发保持理性增长。非公有制经济快速发展，民营经济增加值占生产总值的比重达到76.5%，提高1个百分点。园区和集群经济发展较快，基本形成20个区域性产业集群，共有13个园区被批准为省级经济开发区，临沂经济技术开发区升格为国家级开发区。

城乡基础设施建设实现新突破。中心城市龙头带动作用增强。北城新区一期工程基本完成，滨河景区和涑河片区开发进展顺利；城中村改造、城市管理成效明显；“南工、中商、北文”的功能布局日益完善。滨水生态特色鲜明，城市面貌日新月异。县城和中心镇建设加快，城镇化率达48%。农村基础设施不断完善，99%的行政村通了硬化公路，684.6万群众吃上自来水，20户以上的自然村全部通上有线电视，水库除险加固、农村沼气建设走在全省前列。交通、水利、电力保障能力进一步提高，东平铁路、临沂飞机场一期改造提升等重大基础设施建成并投入使用。全市农村公路里程达到22316公里，国内航线达到15条，全年公路和航空客运量分别达到2.55亿和57.3万人次；固定和移动电话发展到890万户；沂河、沭河骨干河道防洪能力提高到50年一遇；电网建设提前一年完成五年规划目标。临沂市获得“国家园林城市”、“中国城乡建设范例城市”等称号。

生态文明建设成为新亮点。“十一五”节能减排任务全面完成；重点河流提前一年达到省政府“稳定恢复鱼类生长”要求；城市人均公共绿地面积15.8平方米；污水集中处理率、生活垃圾无害化处理率分别为90%和70%。城乡环境综合整治深入推进。65%的行政村完成硬化、净化、绿化、美化、亮化“五化”达标任务；3100公里路域环境不断优化，省与省、市与市、县与县、乡与乡、城与乡“5个结合部”得到有效整治；1100个村居（社区）实行物业化管理，240个农村社区完成气上楼、水治污、环卫保洁市场化物业化“三上工程”;“户集、村收、乡镇运、市(县)处理”的垃圾处理机制、“有钱办事、有人干事、有人管事”的环卫保洁长效机制逐步健全。临沂市代表山东省接受国家淮河流域水污染防治考核获得第一名,顺利通过了国家环保模范城市复核验收。

改革开放迈出新步伐。企业改革不断深化,一批特困企业通过破产、资产重组走出困境。国有资产实现保值增值,监管体系进一步完善。农村综合配套改革稳步实施,土地承包经营权流转依法推进,集体林权制度改革试点任务圆满完成。多元化投融资体制逐步形成。新增境内外上市企业2家、累计达24家;通过市场化运作建成临沂城30万吨供水工程,政银企合作、动产抵押等举措较好地解决了企业融资难问题。事业单位改革扎实推进,临沂报业集团和大众报业集团实现战略合作。节约集约用地制度进一步完善,城乡用地增减挂钩规模和成效居全省前列。财税、价格、户籍、劳动人事等方面改革进展顺利。对外开放向纵深发展。进出口总额达47.7亿美元,增长39.4%;实际利用外资3.27亿美元,增长7%;对外交流合作进一步扩大,已与7个国家的9个城市建立了友好合作关系;境外投资居全省前列;对口支援北川县灾后重建任务圆满完成。

民生质量达到新水平。就业形势持续稳定,新增城镇就业再就业12.9万人,转移农村劳动力26.1万人,180个乡镇全部建立劳动保障平台。社会保障水平稳步提高,低收入家庭实现应保尽保,企业基本养老保险、机关事业单位养老保险、农村养老保险、医疗保险参保人数分别达到63万人、22.5万人、224.4万人和191.8万人,新型农村合作医疗参合率达99.8%;企业退休人员基本养老金提高到每月人均1228元,取暖补贴提高到每人每年1100元。公共卫生“两个体系”不断完善,一批重大卫生项目建成使用,改造乡镇卫生院117个、村卫生室2827个,60%的政府办基层医疗卫生机构实施国家基本药物制度,甲型流感等突发性疫情得到有效防控。居民住房条件改善,开工建设经济适用住房60万平方米、廉租住房12.1万平方米,建设公共租赁住房180套,棚户区改造面积39.67万平方米,新建农村住房15万户、改造农村危房2.1万户,城市、乡村人均住房使用面积分别达到27平方米和32平方米。住房公积金个贷率和资金收益率居全省首位。

社会事业呈现新局面。基础教育进一步巩固,规划新建校舍56万平方米;义务教育适龄儿童入学率保持100%,高中段教育普及率达90%;职业院校基础能力显著增强,在校生9万多人;临沂大学获批挂牌。科技创新步伐加快,获得省级以上科学技术奖16项。“人才强市”战略顺利实施,专业技术人才和高技能人才总量分别达到38万人、7.3万人。文化事业繁荣活跃,市图书馆、博物馆新馆建成,广播电视发射塔投入使用;电影《沂蒙六姐妹》、电视剧《沂蒙》、大型水上实景演出《蒙山沂水》等文艺作品异彩纷呈。群众性精神文明创建活动深入开展,沂蒙精神享誉全国。“五五普法”和依法治理工作取得明显成效。人口和计划生育工作扎实推进,低生育水平保持稳定。全民健身和体育比赛设施进一步健全,组织和承办了F1摩托艇世锦赛中国临沂大奖赛、中国首届红色运动会等重大体育赛事。妇女儿童、慈善、残疾人和老龄事业持续发展。安全生产、社会治安和信访工作形势平稳。临沂市在全国城市公共文明指数测评中居地级市第一名,获得“中国全面小康最具安全感城市”称号,全国用群众工作统揽信访工作经验交流会在临沂市召开。

政府自身树立新形象。市、县政府机构改革基本完成,行政审批事项缩减至257项,总减幅达76.4%。行政效能明显提高,市政务大厅审批速度比法定时限提速88%以上,公共资源交易中心投入运行。依法行政深入推进,自觉接受人大、政协、各民主党派、工商联、无党派人士、社会各界和广大人民群众的监督,如期全部办结了市人大代表建议、议案和政协委员提案,行风热线栏目、行风万人评活动成为全国政务公开和纠风工作品牌。统计工作及时准确,国防动员、民兵预备役建设和“双拥”工作不断进步,民族、宗教、外事、侨务、应急管理、档案、保密、史志、人民防空、防震减灾、红十字会、气象、盐务等各项工作都取得了新成绩。监察、审计职能有效发挥,惩治和预防腐败体系不断健全,廉政建设全面加强,树立了政府良好形象。

【市政府常务会议】 第69次常务会议。1月4日召开。会议听取了市中小企业办关于全省中小企业工作会议精神及贯彻落实意见的汇报,市外经贸局、市流通业发展局关于全省商务工作会议精神的汇报,市外侨办关于全省友城工作会议精神的汇报,市教育局关于全市职业教育发展有关问题的汇报,市劳动和社会保障局关于全市劳动和社会保障工作有关情况的汇报,市卫生局关于创建国家卫生城市工作情况的汇报,市环保局关于淮河流域水污染防治工作情况的汇报。张少军主持会议,杜德昌、刘晓、林祥余、慕增利、刘彦祥、王晓嫚、左沛廷、李富山、李兴军、宋法亮、钱迎伟出席会议。

第70次常务会议。1月11日召开。会议听取了临港产业区关于空间发展规划编制情况的汇报,市政府办公室关于2009年全市为民工程完成情况的汇报,市质监局关于首届省长质量奖颁奖大会及全省质量技术监督工作会议精神的汇报,市林业局关于全省林业改革与发展工作会议精神的汇报,市建设局关于全省建设工作会议精神的汇报。张少军主持会议,杜德昌、刘晓、林祥余、刘彦祥、王晓嫚、姜和良、李富山、李兴军、宋法亮、钱迎伟出席会议。

第71次常务会议。1月22日召开。会议听取了市民政局关于全省双拥社会化工作和全省民政工作会议精神的汇报,市人事局关于全省人民满意公务员表彰暨人力资源社会保障工作会议精神的汇报,市安监局关于全市安全生产工作情况的汇报。张少军主持会议,杜德昌、刘晓、林祥余、慕增利、刘彦祥、王晓嫚、李兴军、宋法亮、钱迎伟出席会议。

第72次常务会议。2月1日召开。会议听取了市农业局关于全省农村工作会议精神的汇报,市经贸委、市中小企业办关于县区工业经济目标年度考核情况和民营经济先进单位表彰情况的汇报,市外经贸局、市招商局关于全市外经贸、招商引资工作总结表彰大会筹备情况的汇报,市发改委关于《加快全市新能源产业发展的实施意见》及全市服务业和重点项目管理先进单位表彰情况的汇报,市建设局关于全市中心城市道路建设情况的汇报。张少军主持会议,杜德昌、刘晓、林祥余、慕增利、刘彦祥、左沛廷、李富山、郭训成、宋法亮、钱迎伟出席会议。

第73次常务会议。2月11日召开。会议听取了市卫生局关于全省卫生工作会议精神和卫生部张茅书记来临沂视察情况的汇报,市国土资源局关于第十次土地卫片执法检查和土地违法违规问题专项整治有关情况的汇报,市环保局关于全省环保工作会议精神和副省长李兆前调研迎淮工作情况的汇报,市政府办公室关于2010年全市为民工程初步意见的汇报,市水务集团筹建处关于组建水务集团有关问题的汇报,市住房和城乡建设委员会关于全市城镇化工作及创建国家园林城市表彰大会筹备情况的汇报。张少军主持会议,杜德昌、刘晓、林祥余、刘彦祥、王晓嫚、左沛廷、李兴军、宋法亮、钱迎伟出席会议。

第74次常务会议。2月28日召开。会议听取了市住建委关于全市农村住房建设与危房改造工作情况的汇报,市教育局关于全省推进义务教育均衡发展会议精神的汇报,市人力资源和社会保障局关于全市就业工作情况的汇报,市科技局关于全省科技奖励及技术创新工程推进大会和全省科技工作会议情况的汇报,市粮食局关于全省粮食工作会议精神的汇报,市金融办关于全省金融工作会议精神的汇报;研究了市政府有关领导分工问题。张少军主持会议,杜德昌、刘晓、林祥余、刘彦祥、王晓嫚、左沛廷、姜和良、李兴军、宋法亮、钱迎伟出席会议。

第75次常务会议。3月16日召开。会议听取了关于全省国土资源工作会议精神的汇报,关于全省棚户区改造和住房保障会议精神及贯彻意见的汇报,关于全省统计工作会议精神及贯彻落实情况的汇报,临沂市城市建设投资开发有限公司关于拟发行10年期10亿元企业债券定价情况的汇报,关于建议评选表彰临沂市劳动模范和召开临沂市劳动模范表彰大会的汇报;罗庄区、郯城县和临沭县就有关企业超标问题作出检查。张少军主持会议,杜德昌、刘晓、林祥余、王晓嫚、左沛廷、钱迎伟出席会议。

第76次常务会议。3月23日召开。会议听取了市发改委关于重点项目建设情况的汇报,市招商局关于全市招商引资工作情况的汇报,市政务大厅关于行政审批工作情况的汇报,市民航局关于全省民航安全工作会议精神的汇报,市国资委关于全省国有资产监督管理工作会议精神的汇报。张少军主持会议,杜德昌、刘晓、林祥余、慕增利、姜和良、宋法亮、钱迎伟出席会议。

第77次常务会议。3月30日召开。会议听取了市经济和信息化委员会关于进一步加快工业发展的意见的汇报,市政府办公室关于调整临沂城区段有关水利工程管理体制意见的汇报，市人防办关于全省人防民防工作会议暨省军政联席会议第二次会议精神及贯彻意见的汇报，市编办关于全省机构编制工作会议精神的汇报。张少军主持会议，刘晓、林祥余、刘彦祥、左沛廷、李富山、宋法亮、钱迎伟出席会议。

第 78 次常务会议。4 月 7 日召开。会议听取了市发改委、市统计局关于一季度经济社会发展形势及对策建议的汇报，市卫生局关于全市手足口病防控工作情况的汇报、关于成立市人民医院集团意见的汇报，市住建委关于全市数字化城市管理工作情况、关于全市中心镇建设工作情况的汇报，关于市城投公司职能等有关问题汇报。张少军主持会议，林祥余、王晓嫚、左沛廷、李富山、宋法亮、钱迎伟出席会议。

第 79 次常务会议。4 月 17 日召开。会议听取了市财政局关于进一步加强社会综合治税工作意见的汇报、关于临沂市城市基础设施配套费征收标准情况的汇报，市水利局关于全市大中型病险水库除险加固情况的汇报，市国土资源局关于全省土地卫片执法工作会议精神的汇报，市史志办关于全省史志工作会议精神的汇报，市环保局关于全国全省环保专项行动电视电话会议和全省重点河流暨流域环保安全管理现场会议精神的汇报。张少军主持会议，慕增利、刘彦祥、王晓嫚、左沛廷、宋法亮、钱迎伟出席会议。

第 80 次常务会议。4 月 30 日召开。会议听取了市纠风办关于全国全省纠风工作电视电话会议精神的汇报，市住建委关于全省农村住房建设与危房改造现场会会议精神的汇报，市安监局关于一季度全市安全生产情况的汇报，市体育局关于全省体育工作会议精神及贯彻落实意见的汇报，临沂商城管委会关于中国（临沂）市场贸易博览会筹备方案的汇报。张少军主持会议，杜德昌、刘晓、林祥余、慕增利、宋法亮、钱迎伟出席会议。

第 81 次常务会议。5 月 8 日召开。会议听取了市人力资源和社会保障局关于全市人力资源和社会保障有关工作的汇报，市财政局关于设立市级创业投资引导基金工作情况的汇报，市商务局关于全省一季度商务形势分析会和第三次全省出口农产品质量安全示范区建设现场会议精神的汇报，市节能办关于全市节能有关工作情况的汇报。张少军主持会议，杜德昌、慕增利、刘彦祥、左沛廷、宋法亮、钱迎伟出席会议。

第 82 次常务会议。6 月 2 日召开。会议听取了市规划局关于全省规划工作会议精神的汇报，市金融办关于全市金融工作有关情况的汇报，市国土资源局关于全市地热资源勘查开发工作和 2010 年度土地利用计划安排以及中心城区 2010 年基准地价更新情况的汇报，市房产局关于全市房地产市场情况的汇报，市国资委关于山东工程机械钢圈厂改制情况的汇报。张少军主持会议，杜德昌、刘晓、林祥余、王晓嫚、左沛廷、宋法亮、钱迎伟出席会议。

第 83 次常务会议。6 月 14 日召开。会议听取了市财政局关于全省财政税务工作会议精神的汇报，市人口计生委关于全省人口和计划生育工作会议精神的汇报，市发改委关于黄河三角洲高效生态经济区建设工作会议精神的汇报，市旅游局关于进一步加快临沂市旅游业发展建议的汇报。张少军主持会议，刘晓、慕增利、刘彦祥、王晓嫚、左沛廷、姜和良、宋法亮、钱迎伟出席会议。

第 84 次常务会议。6 月 28 日召开。会议听取了市经信委关于全省淘汰落后产能工作会议精神的汇报，赵富军副秘书长关于省大宗商品交易市场整顿规范联席会议第一次会议精神的汇报，市农委关于全市金银花生产情况的汇报，市民政局关于全省城乡社区建设工作会议及全省慈善奖颁奖大会精神的汇报。张少军主持会议，刘晓、林祥余、慕增利、刘彦祥、左沛廷、姜和良、宋法亮、钱迎伟出席会议。

第 85 次常务会议。7 月 5 日召开。会议听取了市发改委关于上半年全市经济形势的汇报，市环保局关于全市迎淮考核总结表彰暨创建国家环保模范城市再动员大会情况的汇报，市体育局关于市体校搬迁有关工作的汇报，市编办关于市种子公司改革实施意见审理建议的汇报，市公路局关于临沂市干线公路网“十二五“建设规划的汇报。张少军主持会议，杜德昌、刘晓、林祥余、慕增利、刘彦祥、王晓嫚、姜和良、李富山、钱迎伟出席会议。

第 86 次常务会议。7 月 19 日召开。会议听取了市畜牧局关于全省现代畜牧业发展工作会议精神的汇报，市环保局关于全市大气污染防治工作情况的汇报，市经信委关于上半年全市工业经济形势分析情况的汇报，市法制办关于临沂市人民政府开展行政复议委员会暨相对集中行政复议权试点工作情况的汇报。张少军主持会议，杜德昌、刘晓、慕增利、刘彦祥、左沛廷、姜和良、钱迎伟出席会议。

第87次常务会议。7月27日召开。会议听取了市政府督查室关于全市为民工程上半年进展情况的汇报,市发改委关于全省服务业发展工作会议精神的汇报,市财政局关于进一步加快推进二、三产业分离的意见的汇报,市发改委、市医改办关于全省深化医药卫生体制改革工作会议精神的汇报,市商务局关于全省上半年商务工作形势分析会议精神的汇报,市节能办关于全省节能考核奖励电视会议精神的汇报,市经信委关于全省经信工作座谈会精神的汇报,市环保局关于全省生态省建设工作会议精神的汇报。张少军主持会议,杜德昌、林祥余、慕增利、王晓嫚、钱迎伟出席会议。

第88次常务会议。8月3日召开。会议听取了市住建委关于全市农房检查情况的汇报、关于与中石油合作进展情况的汇报,市房产局关于全省公共租赁住房工作会议精神的汇报,市发改委关于当前全市重点项目建设情况的汇报。张少军主持会议,杜德昌、刘晓、林祥余、刘彦祥、王晓嫚、姜和良、宋法亮、钱迎伟出席会议。

第89次常务会议。8月9日召开。会议听取了市体育局关于市民健身中心建设情况的汇报,市城市管理局关于山东富祥集团在临沂投资建设生物垃圾处理厂项目情况的汇报,市人社局关于全省人才工作和引智工作会议精神的汇报,市质监局关于全省创建优质产品生产基地现场会议精神的汇报,市公路局关于全省公路综合整治工作现场会议精神的汇报,市林业局关于全市美国白蛾发生防控情况及下步防控建议的汇报。张少军主持会议,杜德昌、刘晓、林祥余、刘彦祥、王晓嫚、左沛廷、钱迎伟出席会议。

第90次常务会议。8月23日召开。会议听取了市安监局关于全市安全生产情况的汇报,市财政局关于加快推进经济发展方式转变进一步加强财源建设意见的汇报,市节能办关于全市节能工作情况的汇报,市工商局关于全省促进民营经济发展大会精神的汇报,市教育局关于全省校舍安全工程工作会议精神的汇报,市编办关于全省乡镇机构改革工作会议精神的汇报。张少军主持会议,杜德昌、刘晓、慕增利、刘彦祥、王晓嫚、左沛廷、姜和良、宋法亮、钱迎伟出席会议。

第91次常务会议。8月30日召开。会议听取了市民政局关于全国双拥办主任会议和全省退役士兵安置工作会议精神的汇报,市人社局关于2010年全市军队转业干部安置工作情况的汇报,市环保局关于全省创建国家环保模范城市电视电话会议精神的汇报,市卫生局关于创建国家卫生城市工作进展情况的汇报。张少军主持会议,杜德昌、刘晓、林祥余、王晓嫚、左沛廷、宋法亮、钱迎伟出席会议。

第92次常务会议。9月21日召开。会议听取了市住建委关于全市农村住房建设工作情况的汇报,市商务局关于设立临沂市驻美国、欧洲招商联络处有关情况的汇报,市科技局关于全市科技工作情况的汇报,市国资委关于临沂临工振兴机械有限公司改制情况的汇报,市节能办关于全市节能工作情况的汇报。张少军主持会议,杜德昌、林祥余、刘彦祥、王晓嫚、左沛廷、宋培杰、宋法亮、钱迎伟出席会议。

第93次常务会议。9月30日召开。会议听取了市住建委、市房产和住房保障局关于全省农村住房与城市保障性安居工程建设调度会议精神的汇报,市经信委关于前三季度全市工业经济运行情况的汇报,市扶贫办关于全市扶贫开发工作情况的汇报。张少军主持会议,杜德昌、刘晓、张宏亮、刘彦祥、王晓嫚、左沛廷、宋培杰、宋法亮、钱迎伟出席会议。

第94次常务会议。10月16日召开。会议分析研究了全市前三季度经济形势及对策建议;听取了临沂市地方铁路局关于全市铁路项目工作进展情况的汇报,市城管局关于全省城市管理工作会议精神的汇报。张少军主持会议,杜德昌、刘晓、慕增利、左沛廷、宋培杰、宋法亮、钱迎伟出席会议。

第95次常务会议。10月24日召开。会议听取了市委农工办关于全省持续增加农民收入工作会议精神的汇报,市民政局关于临沂市城市地名规划工作的汇报,市政府法制办关于有关法制工作情况的汇报,市水务集团筹建处关于临沂城30万吨供水项目合作经营有关问题的汇报,市国资委关于山东兰陵美酒股份有限公司国有股权转让情况的汇报。张少军主持会议,杜德昌、慕增利、刘彦祥、王晓嫚、左沛廷、宋培杰、宋法亮、钱迎伟出席会议。

第96次常务会议。11月8日召开。会议听取了市发改委关于全市国民经济和社会发展第十二个五年规划纲要(征求意见稿)的汇报,市人防办关于全国人防工作会议精神的汇报,市体育局关于临沂市体校建设筹备情况的汇报。张少军主持会议,杜德昌、王晓嫚、左沛廷、宋培杰、宋法亮、钱迎伟出席会议。

第97次常务会议。11月24日召开。会议听取了市商务局关于全省打击侵犯知识产权和制售假冒伪劣商品专项行动领导小组扩大会议精神的汇报,市水利局关于临沂城饮用水水源地岸堤水库保护规划的汇报,市林业局关于全省集体林权制度改革工作现场会、全省森林防火暨森林公安工作会议精神的汇报,市委组织部关于首届沂蒙乡村之星评选工作情况的汇报,临沂商城管委会关于临沂商城会展中心扩建情况的汇报,市文化广电新闻出版局关于临沂市图书馆建设等相关情况的汇报。张少军主持会议,慕增利、刘彦祥、左沛廷、姜和良、宋法亮、钱迎伟出席会议。

第98次常务会议。12月4日召开。会议听取了市环保局关于创建国家环保模范城市复核验收情况的汇报,市发改委关于全省扶贫协作重庆工作会议精神及临沂市下一步工作建议的汇报,市国资委关于新华印刷厂物流集团国有资产划转有关情况的汇报,市人社局关于全省新型农村社会养老保险试点工作会议精神的汇报,市行政服务大厅管理办公室关于市公共资源交易中心筹建工作情况的汇报。张少军主持会议,杜德昌、刘晓、张宏亮、慕增利、刘彦祥、左沛廷、宋培杰、钱迎伟出席会议。

第99次常务会议。12月11日召开。会议听取了市发改委关于2011年省重点建设项目筛选提报工作情况的汇报,市国土资源局关于全省农村土地综合整治示范区建设工作会议精神的汇报,市医改办关于全省深化医药卫生体制改革座谈会贯彻落实情况的汇报。张少军主持会议,杜德昌、刘晓、王晓嫚、宋培杰、姜和良、钱迎伟出席会议。

第100次常务会议。12月18日召开。会议听取了市交通运输局关于临沂市环城快速公路建设方案的汇报,市房产和住房保障局关于临沂军分区土地置换和搬迁有关事宜、关于落实2011年全市住房保障计划有关情况的汇报,市安监局关于全市安全生产情况的汇报。张少军主持会议,杜德昌、刘晓、张宏亮、慕增利、王晓嫚、左沛廷、宋培杰、姜和良、宋法亮、张凌霄、钱迎伟出席会议。

【市政府工作会议】 1月8日　召开全市工商行政管理工作会议

1月12日　召开全市职业教育工作会议

1月13日　组织收看全省企校合作培养人才工作电视会议

1月14日　召开临沂蔬菜、果品、养殖业产销合作社联合社创立大会

1月16日　召开全市迎淮工作调度会议

1月18日　组织收看全国全省安全生产电视会议

1月21日　召开全市食品药品安全工作电视会议

1月26日　召开全市外经贸工作会议

▲　组织收听收看2010年全国全省春运电视电话会议

▲　召开2009年全市经济社会发展情况新闻发布会

1月27日　召开全市灭鼠工作电视电话会议

1月29日　召开全市招商引资工作会议

1月30日　组织收听收看全国全省食品安全整顿紧急视频会议

2月1日　召开全市交通工作会议

2月2日　召开全市森林防火工作会议

2月3日　召开市政府机构改革“三定”工作会议

2月4日　召开全市新能源工作会议

2月8日　组织收看全国全省2009年度土地卫片执法检查工作部署电视电话会议

2月21日　组织收看全省安全生产工作电视会议

2月22日　召开“奋战五个月,加快建设迎国检”动员会议

▲　组织收看全省工业经济运行电视会议

2月23日　召开全市民政工作会议

▲　召开全市第六次全国人口普查领导小组(扩大)会议

2月24日　召开全市民族宗教工作会议

▲　召开全市文化广电新闻出版工作会议

2月25日　召开全市人口基础信息核查工作会议

2月26日　召开全市卫生工作会议

2月27日　召开全市供销社工作会议

3月1日　组织收看全省“观世博、游山东”活动电视动员会议

▲　组织收看全国森林草原防火和全省春季森林防火工作电视会议

3月3日　召开全市推进义务教育均衡发展现

场会议

3月5日　召开全市粮食工作会议

▲　召开全市农田水利建设规划工作会议

3月10日　召开全市国土资源工作会议

▲　召开全市政府法制工作会议

▲　召开全市违法违规用地专项整治暨2009年度土地卫片执法检查工作调度会议

3月11日　召开全市统计工作会议暨第二次全国经济普查表彰会

▲　召开赴港台经贸活动筹备暨当前外资工作进展情况调度会

3月12日　召开全市中小企业工作会议

▲　召开全市科技工作会议

▲　召开全市工业信贷资金供需对接座谈会

3月17日　召开全市"三押一推"融资座谈会

3月18日　召开全市国土资源工作会议

3月19日　召开全市外事侨务工作会议

▲　召开全市打击走私综合治理暨口岸工作会议

▲　组织收听收看全省对外贸易转方式调结构电视报告会

3月22日　召开全市住房保障和城乡建设工作会议

3月24日　召开全市"加快工业发展年"活动调度会议

3月25日　召开全市手足口病防控工作会议

3月26日　召开全市渔业工作会议

3月31日　召开国家住房和城乡建设部临沂数字化城市管理工作验收会议

▲　召开市人大代表建议和政协提案交办会议

4月1日　召开全市审计工作会议

▲　召开全市金融工作会议

4月6日　组织收听收看2010年全国整治违法排污企业保障群众健康环保专项行动电视电话会议

4月8日　组织收看全省安全生产电视会议

▲　召开国家土地督察济南局违法违规用地专项整治和土地卫片执法检查督导座谈会

4月9日　组织收听收看第一次全国污染源普查总结表彰电视电话会议

4月13日　召开全市国有资产监督管理工作会议

▲　组织收看全省加强和规范驻京办事机构管理工作电视会议

4月14日　召开全市一季度经济和社会发展形势分析会议

4月16日　召开"9·2"事故处置通报暨全市安全生产工作会议

▲　召开全市政务信息工作座谈会

4月15日　召开全市百万农村劳动力转移培训工程暨职业培训工作会议

4月19日　组织收看全国全省食品安全工作电视电话会议

4月21日　召开全市行政服务大厅工作会议

4月22日　组织收看全国全省切实做好当前农业生产工作紧急电视电话会议

4月23日　召开全市城市管理工作现场会

4月24日　召开全市一季度工业经济运行分析会议

4月25日　召开全市加快推进病险水库除险加固工作会议

4月26日　召开全市预防道路交通事故工作会议

5月5日　召开全市体育工作会议

▲　组织收听收看2010年全省高校毕业生就业工作暨三支一扶计划实施工作电视电话会议

▲　组织收听收看全国全省节能减排工作电视电话会议

5月6日　召开全市农村住房建设与危房改造工作会议

5月8日　召开全市2010年普通高校招生考试工作会议

5月9日　召开全市土地卫片执法检查和城乡建设用地增减挂钩工作调度会

5月12日　召开全市两型社会建设示范区和示范项目工作调度会

5月13日　召开全市节能形势分析会议

5月14日　召开城市社区物业管理工作会议

5月18日　召开全市扩大失业保险基金支出范围试点暨援企稳岗工作座谈会议和2010年考录公务员面试工作会议

5月19日　召开青临高速公路临沂段工程建设推进会议

5月25日　组织收看全省防汛抗旱工作会议暨省政府防汛抗旱指挥部全体(扩大)会议

5月26日　召开临沂西部城区环境集中整治

大会战动员大会

5月27日　组织收听收看全省“小金库”治理工作电视会议

5月31日　召开全市节能工作调度会议

6月3日、4日　召开全市节能和淘汰落后产能工作调度会议

6月4日　组织收听收看全省第六次人口普查电视会议

6月7日　召开全市规划工作会议

6月12日　组织收听收看全省财政税务工作电视会议

6月13日　召开全市迎接国家环境保护模范城市复核验收工作动员会议

6月17日　召开临沂城防汛工作会议

6月22日　召开全市商务形势分析会议

6月23日　召开全市农村住房建设和中心镇建设工作调度会议

6月24日　组织收听收看山东省跨境贸易人民币结算试点工作启动仪式暨动员电视电话会议

▲　组织收听收看全国全省减轻企业负担专项治理工作电视电话会议

6月25日　组织收看全省服务贸易及服务外包发展电视报告会

▲　组织收听收看全省强农惠农资金专项清理和检查工作电视电话会议

6月29日　组织收看全省安全生产电视会议

7月1日　召开全市构筑社会消防安全“防火墙”工程现场会

7月2日　召开全市驰名(著名)商标、省守合同重信用企业、省消费者满意单位授牌表彰大会

▲　召开全市防汛工作会议

7月16日　组织收听收看第六次全国人口普查工作电视电话会议

7月18日　召开上半年全市工业经济形势分析会议

7月19日　召开全市防汛工作紧急电视电话会议

7月21日　组织收看全省服务业发展工作电视会议

7月22日　组织收看全省节能考核奖励电视会议

7月23日　组织收听收看全省生态省建设工作电视会议

7月29日　召开全市社会综合治税工作现场会

8月3日　召开全市人力资源和社会保障工作会议

▲　召开全市节能预警调控工作调度会议

8月4日　召开全市企业二三产业分离工作会议

▲　召开临博会筹备工作会议

8月5日　召开全市重点建设项目政银企合作推进会

▲　组织收看全省工业企业开拓市场电视会议

8月8日　组织收看全省促进民营经济发展大会

▲　召开全市农村住房建设与危房改造工作推进会暨公共租赁住房工作会议

8月11日　召开全市美国白蛾防控工作紧急会议

8月12日　召开全市融资性担保机构规范整顿工作会议

8月13日　召开全市深化医药卫生体制改革工作会议

8月16日　召开全市城乡建设用地增减挂钩工作调度会

8月19日　召开全市现代畜牧业发展工作会议

8月20日　召开全市农机购置补贴工作会议

▲　召开全市服务业发展大会

▲　召开全市引进国外智力工作会议

8月28日　召开全市财政税务工作会议

8月30日　召开全市中小学校舍安全工程推进工作会议

▲　召开全市节能工作电视会议

8月31日　召开全市既有居住建筑供热计量及节能改造工作会议

9月6日　召开全市创建国家环保模范城市现场调度暨生态市建设推进工作会议

9月15日　召开全市城乡户外广告管理工作会议

9月20日　召开全市质量工作会议

▲　召开全市强化畜禽屠宰监管确保肉制品质量安全专项整治现场会

9月21日　组织收看全省安全生产电视会议

9月26日　召开全市集体林权制度改革工作

会议

9月28日　召开全市节能工作调度会议

9月29日　召开沂河两岸规划开发建设领导协调小组会议

9月30日　召开全市创建国家环保模范城市工作调度会议

10月7日　召开全市农村住房与城市保障性安居工程建设工作会议

10月8日　召开全市工业经济运行调度会议

10月14日　召开全市落实中央扩大内需政策工作会议

10月15日　召开全市第六次人口普查有关工作会议

10月17日　召开全市创建国家环保模范城市工作调度会议

10月19日　召开全国无障碍建设城市迎查动员会

▲　召开第四届临沂仲裁委员会第一次会议

10月20日　召开创建国家环保模范城市预评估汇报会议

10月22日　召开全市“两型”社会建设推进工作会议

▲　召开临沂市第三届劳动之星职业技能竞赛总结表彰会议

▲　召开临沂市创建国家卫生城市工作会议

▲　召开创建国家环保模范城市预评估反馈会议

10月25日　组织收听收看全省文物普查工作电视会议

10月26日　召开全市渔业基本情况调查暨养殖发证登记工作动员部署会议

10月29日　召开全市无偿献血表彰大会

11月2日　组织收看全国全省煤矿瓦斯防治工作电视电话会议

11月4日　召开全市畜牧兽医管理体制改革工作调度会议

11月5日　组织收看全国全省知识产权保护与执法工作电视电话会议

11月8日　召开2010年F1摩托艇世界锦标赛中国临沂大奖赛总结表彰会议

11月9日　召开全市第二十届“119”消防宣传启动仪式暨冬季防火工作会议

▲　召开全市和谐城乡建设行动工作会议

11月11日　召开全市大气污染防治工作调度会议

▲　组织收看全国全省冬春农田水利基本建设电视电话会议

11月12日　召开全市打击侵犯知识产权和制售假冒伪劣商品专项行动领导小组扩大会议

▲　组织参加临沂市旅游重点项目招商推介会

11月13日　召开全市节能工作调度会议

11月18日　组织收看全省预防火灾和道路交通事故工作电视会议

11月22日　召开全市中小学校舍安全工程现场会议

▲　召开全市抗旱保麦电视会议

11月23日　召开全市优秀复员退伍军人表彰暨退役士兵安置工作会议

11月25日　召开全市迎接国家环保模范城市复核验收动员会议

12月1日　组织收看全国全省学前教育工作电视电话会议

12月3日　召开全市森林防火暨森林公安工作会议

12月7日　召开全市食用菌产业发展现场推进工作会议

12月8日　组织收看全省“2011年好客山东贺年会”电视动员会议

12月9日　召开创建全国无障碍建设城市全面验收汇报会

12月10日　召开全市抗旱工作现场会议

12月17日　召开全市烤烟生产工作会议

12月20日　召开全市农村土地综合整治示范区建设工作会议

12月21日　召开市行政服务大厅成立五周年座谈会

12月22日　组织收看全省安全生产电视会议

12月28日　组织收听收看第二届山东省省长质量奖颁奖大会

▲　召开全市水资源管理暨水利普查工作会议

12月29日　组织收看全省依法行政工作会议

12月30日　组织收听收看全国全省加强孤儿保障工作电视电话会议

12月31日　组织收听收看全省2009年度土地卫片执法检查暨2010年度违法违规用地专项整治行动电视电话会议

【市政府主要文件选目】 2月3日 临政发〔2010〕第2号《关于加快全市新能源产业发展的实施意见》

2月26日 临政发〔2010〕第3号《关于印发临沂市城市机动车停车场管理暂行办法的通知》

3月3日 临政发〔2010〕第1号《关于下达临沂市2010年国民经济和社会发展计划的通知》

▲ 临政发〔2010〕第4号《关于进一步发挥市场优势加快地产品加工制造业发展的意见》

3月26日 临政发〔2010〕第5号《关于建立集约高效行政许可(审批)管理运行机制的意见》

4月28日 临政发〔2010〕第6号《关于进一步加强社会综合治税工作的意见》

▲ 临政发〔2010〕第7号《关于加快产业集群发展的意见》

4月29日 临政发〔2010〕第8号《关于加强红十字会工作的意见》

▲ 临政发〔2010〕第9号《关于贯彻鲁政发〔2010〕26号文件认真开展安全生产基层基础年活动的通知》

▲ 临政发〔2010〕第10号《关于表彰临沂市劳动模范和临沂市模范集体的决定》

4月30日 临政发〔2010〕第11号《关于加强地方史志工作的意见》

5月17日 临政发〔2010〕第12号《关于贯彻国发〔2009〕36号文件、鲁政发〔2009〕127号文件进一步促进中小企业发展的实施意见》

6月21日 临政发〔2010〕第13号《关于进一步加强农村中小学教师队伍建设的通知》

▲ 临政发〔2010〕第14号《关于进一步加强出口农产品质量安全示范区建设的意见》

7月5日 临政发〔2010〕第15号《关于深度治理大气污染改善空气质量的实施意见》

7月19日 临政发〔2010〕第16号《关于加快实施棚户区改造的意见》

7月23日 临政发〔2010〕第17号《关于加快发展现代畜牧业的意见》

7月26日 临政发〔2010〕第18号《关于深化农村住房建设与危房改造工作的意见》

8月3日 临政发〔2010〕第19号《关于印发〈关于开展行政复议委员会试点暨推行相对集中行政复议权工作的实施方案〉的通知》

8月27日 临政发〔2010〕第20号《关于印发临沂市吸引高层次创业人才若干政策规定的通知》

8月29日 临政发〔2010〕第21号《关于进一步加强政府非税收入管理工作的意见》

8月31日 临政发〔2010〕第22号《关于加快推进经济发展方式转变进一步加强财源建设的意见》

▲ 临政发〔2010〕第23号《关于进一步落实"五五"普法和依法治市规划的意见》

9月1日 临政发〔2010〕第24号《印发关于加快服务业跨越发展的若干政策的通知》

9月13日 临政发〔2010〕第25号《关于发展现代粮食流通产业切实保障粮食安全的意见》

9月28日 临政发〔2010〕第26号《关于进一步加强和规范市政府驻北京联络处管理工作的意见》

9月29日 临政发〔2010〕第27号《关于做好2009年冬季退役士兵接收安置工作的通知》

9月30日 临政发〔2010〕第28号《关于贯彻落实鲁政发〔2010〕77号文件进一步加强企业安全生产工作的意见》

10月8日 临政发〔2010〕第29号《关于进一步加强城乡建设用地增减挂钩工作的意见》

10月20日 临政发〔2010〕第30号《关于加快建设统一规范的天然气市场的通知》

11月4日 临政发〔2010〕第31号《关于进一步规范社会抚养费征收管理和使用工作的通知》

▲ 临政发〔2010〕第32号《关于全面推进供销合作社改革发展的意见》

11月5日 临政发〔2010〕第33号《关于公布市级行政许可(审批)项目的通知》

▲ 临政发〔2010〕第34号《关于贯彻落实国务院关于加强市县政府依法行政的决定的实施意见》

▲ 临政发〔2010〕第35号《关于公布市政府规范性文件清理结果的通知》

11月8日 临政发〔2010〕第36号《临沂市人民政府临沂军分区关于进一步做好士兵优待安置工作的通知》

12月6日 临政发〔2010〕第37号《关于加快食用菌产业发展的意见》

11月29日 临政发〔2010〕第38号《关于稳定消费价格总水平保障群众基本生活的实施意见》

12月17日 临政发〔2010〕第39号《关于公布

临沂市城区土地级别调整与基准地价更新成果的通知》

12 月 30 日　临政发〔2010〕第 40 号《关于进一步繁荣发展少数民族文化事业的实施意见》

【市政府办公室主要文件选目】　1 月 5 日　临政办发〔2010〕第 1 号《关于印发临沂市生态环境监察试行办法的通知》

▲　临政办发〔2010〕第 2 号《关于印发临沂市矿山生态环境保护管理试行办法的通知》

▲　临政办发〔2010〕第 3 号《关于印发临沂市生态环境违法案件移送处理试行办法的通知》

1 月 6 日　临政办发〔2010〕第 4 号《关于印发临沂市创建省级节水型城市实施方案的通知》

1 月 8 日　临政办发〔2010〕第 5 号《关于推行小麦秸秆切碎还田技术的通知》

1 月 14 日　临政办发〔2010〕第 6 号《关于印发沂蒙乡村之星选拔管理办法的通知》

1 月 22 日　临政办发〔2010〕第 7 号《关于评选全市政务信息工作先进集体和先进个人的通知》

1 月 25 日　临政办发〔2010〕第 8 号《关于下达 2010 年度外经贸任务目标的通知》

▲　临政办发〔2010〕第 9 号《关于印发 2010 年临沂市外经贸工作要点的通知》

▲　临政办发〔2010〕第 10 号《关于印发 2010 年全市境内外招商引资外经合作和外贸展洽活动计划的通知》

1 月 28 日　临政办发〔2010〕第 11 号《关于进一步加强文物保护工作的通知》

2 月 11 日　临政办发〔2010〕第 12 号《关于进一步推进矿产资源开发整合工作的通知》

2 月 26 日　临政办发〔2010〕第 13 号《关于印发〈临沂市公路综合整治年活动实施方案〉的通知》

3 月 2 日　临政办发〔2010〕第 14 号《关于表彰全市政务信息工作先进集体和先进个人的通报》

3 月 8 日　临政办发〔2010〕第 15 号《关于印发二〇一〇年市政府规范性文件制定计划的通知》

▲　临政办发〔2010〕第 16 号《关于印发〈关于进一步做好 2010 年度政府法制工作的意见〉的通知》

3 月 19 日　临政办发〔2010〕第 17 号《关于进一步推进集体林权制度改革的指导意见》

3 月 23 日　临政办发〔2010〕第 18 号《关于印发山东农产品及食品深圳展示订货会临沂筹展工作方案的通知》

3 月 29 日　临政办发〔2010〕第 19 号《关于印发申报可再生能源建筑应用城市示范实施方案的通知》

▲　临政办发〔2010〕第 20 号《关于印发临沂市数字化城市管理实施办法的通知》

▲　临政办发〔2010〕第 21 号《关于印发临沂市数字化城市管理考核考评办法的通知》

3 月 30 日　临政办发〔2010〕第 22 号《关于认真办理人大代表建议和政协提案的通知》

4 月 1 日　临政办发〔2010〕第 23 号《关于转发临沂市爱卫会 2010 年爱国卫生月活动实施方案的通知》

4 月 7 日　临政办发〔2010〕第 24 号《关于南坊片区青年路以北至北外环以南区域旧村改造房屋拆迁补偿和还建安置若干问题的指导意见》

4 月 20 日　临政办发〔2010〕第 25 号《关于印发临沂市推行国家基本药物制度的实施意见的通知》

4 月 21 日　临政办发〔2010〕第 26 号《关于调整城市基础设施配套费征收标准等有关问题的通知》

4 月 28 日　临政办发〔2010〕第 27 号《关于印发临沂市市直单位综合治税工作考核奖惩办法的通知》

4 月 29 日　临政办发〔2010〕第 28 号《关于转发金融支持临沂市高新技术产业发展的指导意见的通知》

5 月 5 日　临政办发〔2010〕第 29 号《关于印发临沂市 2010 年主要污染物总量减排计划的通知》

5 月 6 日　临政办发〔2010〕第 30 号《关于做好 2010 年全市普通高等学校和中等学校招生考试工作的通知》

5 月 10 日　临政办发〔2010〕第 31 号《关于印发〈临沂市深化矿产资源整合实施方案〉的通知》

▲　临政办发〔2010〕第 32 号《关于印发临沂市科学技术局主要职责内设机构和人员编制规定的通知》

▲　临政办发〔2010〕第 33 号《关于印发临沂市民政局主要职责内设机构和人员编制规定的通知》

▲　临政办发〔2010〕第 34 号《关于印发临沂

市文化广电新闻出版局(临沂市文物局)主要职责内设机构和人员编制规定的通知》

▲ 临政办发〔2010〕第35号《关于印发临沂市文化市场管理执法局主要职责内设机构和人员编制规定的通知》

▲ 临政办发〔2010〕第36号《关于印发临沂市环境保护局主要职责内设机构和人员编制规定的通知》

▲ 临政办发〔2010〕第37号《关于印发临沂市民族宗教事务局主要职责内设机构和人员编制规定的通知》

▲ 临政办发〔2010〕第38号《关于印发临沂市体育局主要职责内设机构和人员编制规定的通知》

▲ 临政办发〔2010〕第39号《关于印发临沂市安全生产监督管理局主要职责内设机构和人员编制规定的通知》

▲ 临政办发〔2010〕第40号《关于印发临沂市人民防空办公室主要职责内设机构和人员编制规定的通知》

▲ 临政办发〔2010〕第41号《关于印发临沂市人民政府法制办公室主要职责内设机构和人员编制规定的通知》

▲ 临政办发〔2010〕第42号《关于印发临沂市金融工作办公室主要职责内设机构和人员编制规定的通知》

▲ 临政办发〔2010〕第43号《关于印发临沂市物价局主要职责内设机构和人员编制规定的通知》

▲ 临政办发〔2010〕第44号《关于印发临沂市畜牧局主要职责内设机构和人员编制规定的通知》

▲ 临政办发〔2010〕第45号《关于印发临沂市地震局(临沂市地震监测中心台)主要职责内设机构和人员编制规定的通知》

▲ 临政办发〔2010〕第46号《关于印发临沂市人民政府研究室主要职责内设机构和人员编制规定的通知》

5月11日 临政办发〔2010〕第47号《关于转发市发展和改革委员会等部门临沂市市级创业投资引导基金设立方案的通知》

5月13日 临政办发〔2010〕第48号《关于印发〈临沂市2010年重点传染病防控工作考核方案〉的通知》

▲ 临政办发〔2010〕第49号《转发市质量技术监督局关于制定实施联盟标准加快产业集群发展的意见的通知》

5月18日 临政办发〔2010〕第50号《关于印发临沂市部门统计工作考核办法的通知》

5月21日 临政办发〔2010〕第51号《关于印发临沂市城镇容貌和环境卫生管理办法的通知》

▲ 临政办发〔2010〕第52号《关于印发临沂市城市建筑垃圾管理办法的通知》

▲ 临政办发〔2010〕第53号《关于印发临沂市2010年美国白蛾防控方案的通知》

5月25日 临政办发〔2010〕第54号《关于印发临沂西部城区环境集中整治大会战实施方案的通知》

5月27日 临政办发〔2010〕第55号《关于印发临沂市民用建筑节能与可再生能源建筑一体化应用管理办法的通知》

▲ 临政办发〔2010〕第56号《关于印发临沂市既有建筑节能改造及供热计量改革实施方案的通知》

6月3日 临政办发〔2010〕第57号《关于印发〈临沂市优质农产品基地建设和管理办法〉的通知》

6月13日 临政办发〔2010〕第58号《关于印发临沂市2010年地质灾害防治方案的通知》

6月16日 临政办发〔2010〕第59号《关于印发2010年全市食品安全整顿工作实施方案的通知》

6月21日 临政办发〔2010〕第60号《关于印发临沂市重点项目建设管理考核办法(试行)的通知》

▲ 临政办发〔2010〕第61号《关于印发临沂市农业委员会主要职责内设机构和人员编制规定的通知》

▲ 临政办发〔2010〕第62号《关于印发临沂市水利局主要职责内设机构和人员编制规定的通知》

▲ 临政办发〔2010〕第63号《关于印发临沂市中小企业办公室主要职责内设机构和人员编制规定的通知》

▲ 临政办发〔2010〕第64号《关于印发临沂市人民政府国有资产监督管理委员会主要职责内设机构和人员编制规定的通知》

▲ 临政办发〔2010〕第65号《关于印发临沂市国土资源局主要职责内设机构和人员编制规定的通知》

▲ 临政办发〔2010〕第66号《关于印发临沂市审计局主要职责内设机构和人员编制规定的通知》

▲ 临政办发〔2010〕第67号《关于印发临沂市司法局主要职责内设机构和人员编制规定的通知》

▲ 临政办发〔2010〕第68号《关于印发临沂市发展和改革委员会主要职责内设机构和人员编制规定的通知》

▲ 临政办发〔2010〕第69号《关于印发临沂市教育局主要职责内设机构和人员编制规定的通知》

▲ 临政办发〔2010〕第70号《关于印发临沂市旅游局主要职责内设机构和人员编制规定的通知》

▲ 临政办发〔2010〕第71号《关于印发临沂市渔业局主要职责内设机构和人员编制规定的通知》

▲ 临政办发〔2010〕第72号《关于印发临沂市人民政府外事与侨务办公室主要职责内设机构和人员编制规定的通知》

▲ 临政办发〔2010〕第73号《关于印发临沂市林业局主要职责内设机构和人员编制规定的通知》

▲ 临政办发〔2010〕第74号《关于印发临沂市人口和计划生育委员会主要职责内设机构和人员编制规定的通知》

▲ 临政办发〔2010〕第75号《关于印发临沂市卫生局(临沂市中医药管理局)主要职责内设机构和人员编制规定的通知》

▲ 临政办发〔2010〕第76号《关于印发临沂市食品药品监督管理局主要职责内设机构和人员编制规定的通知》

▲ 临政办发〔2010〕第77号《关于印发临沂市市直机关事务管理局主要职责内设机构和人员编制规定的通知》

▲ 临政办发〔2010〕第78号《关于印发临沂市粮食局主要职责内设机构和人员编制规定的通知》

▲ 临政办发〔2010〕第79号《关于印发临沂市交通运输局主要职责内设机构和人员编制规定的通知》

▲ 临政办发〔2010〕第80号《关于印发临沂市地方史志办公室主要职责内设机构和人员编制规定的通知》

6月22日 临政办发〔2010〕第81号《转发市公安局关于构筑社会消防安全"防火墙"工程的实施意见的通知》

6月24日 临政办发〔2010〕第82号《关于印发临沂市参加山东省第二十二届运动会奖励办法的通知》

7月1日 临政办发〔2010〕第83号《关于加强临沂市出口花生质量安全控制措施的通知》

7月5日 临政办发〔2010〕第84号《关于印发临沂市城市管理责任区考核办法(暂行)的通知》

▲ 临政办发〔2010〕第85号《关于转发〈临沂市财税库银税收收入电子缴库横向网工作实施方案〉的通知》

▲ 临政办发〔2010〕第86号《关于印发临沂市2010年市区城中村改造计划的通知》

7月6日 临政办发〔2010〕第87号《关于印发临沂市建设创新型企业实施方案的通知》

7月14日 临政办发〔2010〕第88号《关于开展全市水资源管理专项整治行动的通知》

▲ 临政办发〔2010〕第89号《关于改进和加强部门服务业统计工作的通知》

▲ 临政办发〔2010〕第90号《关于印发临沂市规范性文件清理工作方案的通知》

7月16日 临政办发〔2010〕第91号《关于印发临沂市人力资源市场建设提升年活动实施方案的通知》

7月21日 临政办发〔2010〕第92号《关于印发临沂市经济和信息化委员会主要职责内设机构和人员编制规定的通知》

▲ 临政办发〔2010〕第93号《关于印发临沂市农业机械局主要职责内设机构和人员编制规定的通知》

▲ 临政办发〔2010〕第94号《关于印发临沂市扶贫开发办公室主要职责内设机构和人员编制规定的通知》

▲ 临政办发〔2010〕第95号《关于印发临沂市商务局主要职责内设机构和人员编制规定的通知》

▲ 临政办发〔2010〕第96号《关于印发临沂市统计局主要职责内设机构和人员编制规定的通知》

▲ 临政办发〔2010〕第97号《关于印发临沂市人力资源和社会保障局(临沂市外国专家局)主要职责内设机构和人员编制通知》

7月22日 临政办发〔2010〕第98号《关于印发临沂市财政局主要职责内设机构和人员编制规定的通知》

▲ 临政办发〔2010〕第99号《关于印发临沂市人民政府办公室主要职责内设机构和人员编制规定的通知》

▲ 临政办发〔2010〕第100号《关于印发临沂市政府节约能源工作办公室(市煤炭工业办公室)主要职责内设机构和人员编制规定的通知》

▲ 临政办发〔2010〕第101号《关于印发临沂市农业综合开发办公室主要职责内设机构和人员编制规定的通知》

▲ 临政办发〔2010〕第102号《关丁印发临沂市行业协会管理办公室主要职责内设机构和人员编制规定的通知》

▲ 临政办发〔2010〕第103号《关于转发临沂市高技能人才评选奖励办法的通知》

7月28日 临政办发〔2010〕第104号《关于印发临沂市国有资产运营机构管理监督暂行办法的通知》

8月4日 临政办发〔2010〕第105号《关于印发〈临沂市事业单位对外投资管理办法〉的通知》

8月5日 临政办发〔2010〕第106号《关于印发健康临沂行动方案的通知》

8月9日 临政办发〔2010〕第107号《转发市经济和信息化委员会市财政局关于加快软件产业发展的意见的通知》

8月13日 临政办发〔2010〕第108号《关于印发临沂市农村公共供水管理办法的通知》

8月17日 临政办发〔2010〕第109号《关于印发临沂市环境空气质量责任制考核奖惩办法的通知》

8月19日 临政办发〔2010〕第110号《关于印发临沂市服务业发展目标考核办法(试行)的通知》

8月27日 临政办发〔2010〕第111号《关于印发临沂市政府非税收入缓减免管理暂行办法的通知》

▲ 临政办发〔2010〕第112号《关于印发临沂市城市基础设施配套费使用管理暂行办法的通知》

▲ 临政办发〔2010〕第113号《关于印发临沂市罚没财物和追缴赃款赃物管理暂行办法的通知》

▲ 临政办发〔2010〕第114号《关于印发临沂市以政府名义接受的捐赠收入管理暂行办法的通知》

▲ 临政办发〔2010〕第115号《关于印发临沂市国有土地使用权出让收支预算管理暂行办法的通知》

8月30日 临政办发〔2010〕第116号《关于印发临沂市城市管理局主要职责内设机构和人员编制规定的通知》

▲ 临政办发〔2010〕第117号《关于印发临沂市规划局主要职责内设机构和人员编制规定的通知》

8月31日 临政办发〔2010〕第118号《关于印发临沂市园林局(临沂市滨河景区管理委员会办公室)主要职责内设机构和人员编制规定的通知》

▲ 临政办发〔2010〕第119号《转发市财政局监察局审计局物价局关于开展全市政府非税收入征管情况专项检查的实施方案的通知》

9月1日 临政办发〔2010〕第120号《关于转发临沂市城乡建设用地增减挂钩项目市级周转资金管理办法的通知》

9月6日 临政办发〔2010〕第121号《关于印发〈数字临沂地理空间框架建设与管理办法〉的通知》

9月9日 临政办发〔2010〕第122号《关于印发临沂市美国白蛾防控工作责任追究办法的通知》

9月13日 临政办发〔2010〕第123号《关于印发临沂市城市机动车停车场管理暂行办法实施细则的通知》

9月20日 临政办发〔2010〕第124号《关于印发临沂市创建优质产品生产基地实施办法的通知》

▲ 临政办发〔2010〕第125号《关于印发〈临沂市城市机动车停放服务收费管理试行办法〉的通知》

9月25日 临政办发〔2010〕第126号《关于印发临沂市住房和城乡建设委员会主要职责内设机构和人员编制规定的通知》

▲ 临政办发〔2010〕第127号《关于印发临沂市房产和住房保障局主要职责内设机构和人员编制规定的通知》

10月6日 临政办发〔2010〕第128号《关于全市畜牧兽医管理体制改革工作督导情况的通报》

10月15日 临政办发〔2010〕第129号《关于印发和谐城乡建设行动实施方案的通知》

11月1日　临政办发〔2010〕第130号《关于印发临沂市城乡建设用地增减挂钩周转指标调剂管理办法的通知》

11月2日　临政办发〔2010〕第131号《关于印发临沂市生猪定点屠宰证书项目变更管理办法的通知》

11月3日　临政办发〔2010〕第132号《关于印发临沂市国有建设用地批后监管暂行办法的通知》

▲　临政办发〔2010〕第133号《关于印发临沂市公安局主要职责内设机构和人员编制规定的通知》

11月4日　临政办发〔2010〕第134号《关于印发〈临沂市实心粘土砖厂治理整顿工作实施方案〉的通知》

11月5日　临政办发〔2010〕第135号《关于进一步加强机动车排气污染防治工作的通知》

11月12日　临政办发〔2010〕第136号《关于印发临沂市金融生态环境建设量化考核办法的通知》

▲　临政办发〔2010〕第137号《关于印发临沂市城市节约用水管理办法的通知》

11月19日　临政办发〔2010〕第138号《关于印发临沂市打击侵犯知识产权和制售假冒伪劣商品专项行动实施方案的通知》

12月1日　临政办发〔2010〕第139号《关于印发临沂市生猪定点屠宰厂(场)设置规划的通知》

12月10日　临政办发〔2010〕第140号《关于印发临沂市社会保险市级统筹实施意见的通知》

12月14日　临政办发〔2010〕第141号《关于临沂临港产业区管理委员会更名为临沂临港经济开发区管理委员会的通知》

12月17日　临政办发〔2010〕第142号《关于印发好客山东亲情沂蒙贺年会工作方案的通知》

12月22日　临政办发〔2010〕第143号《关于印发临沂市学生校外就餐休息场所卫生安全监督管理办法的通知》

(王洛志)

行政审批

【政务大厅项目运行管理】　2010年,市行政服务大厅以提高效率和优化服务为重点,以"最短的流程、最少的环节、最低的成本、最高的效率、最优的服务"推进行政审批工作,优化经济发展环境。年内大厅共受理行政审批和政务服务事项8万余件,所有办件全部按时办结,实现了零投诉、零诉讼。大厅被市文明委授予"十大文明示范窗口",被省文明委授予"省级文明单位"。在创建全国文明城市工作中,被市委、市政府表彰为先进集体。

【行政审批制度改革】　根据市政府《关于建立集约高效行政许可(审批)管理运行机制的意见》要求和市政府76次常务会的工作部署,在本轮政府机构改革过程中,结合部门新"三定"方案的编制,在相关行政审批职能部门中推进以归并行政审批事项为主的行政审批制度改革。促进部门审批事项向1个科室集中,并进厅到位,授权充分。1个部门已设立了行政许可服务科,8个部门在相关科室加挂了行政许可服务科的牌子,其他部门对其审批事项也在相关科室职能中作了表述。

【提高行政效能】　市行政服务大厅始终把项目审批代办服务工作作为提升大厅服务水平的重点来抓,努力打造行政审批代办服务品牌,改进行政服务方式,变被动服务为主动服务、变坐等服务为上门服务。年内为133家企业代办审批事项157个,涉及注册资本10.02亿元,投资金额约130亿元,进行代办咨询及领办服务860余次。

【规范专业服务机构管理】　市行政服务大厅继续做好专业服务机构的管理工作,制定了规范管理的工作制度,规定了各专业服务机构工作提速标准,向社会公开服务时限和办事程序,对外实行承诺服务,对内加强效能管理,确保在承诺期限内完成各项工作;向社会公开收费依据和标准,规范收费行为。有8家与并联审批关联度高的服务机构进驻大厅,统一管理、统一监督、统一考核。

【大厅发展】　为进一步拓展行政服务大厅的服务功能,提升行政服务大厅窗口形象,营造更好的行政服务环境,市委、市政府决定在北城新区新建行政服务大厅,新大厅开工建设奠基仪式于11月7日举行。按照全省科技防腐工作的统一部署,2010年下半年筹建市公共资源交易中心,于12月21日正式挂牌运行,国有土地招拍挂、政府采购、工程招投标、国有企业股权转让等政府公共资源交易事项统一纳入“中心”运作。12 月中下旬，为庆祝大厅建成运行 5 周年，大厅组织了丰富多彩的庆典活动，召开建厅 5 周年座谈会，举办庆祝晚会，多渠道宣传报道了大厅的发展。

（武元山）

人事管理

【概况】 2010 年，全市人力资源围绕“民生为本、人才优先”的主线，深入推进人事制度改革，大力加强公务员队伍建设，稳慎做好工资收入分配工作，大力引进海外人才智力，各项工作取得新进展。引进国外智力工作，在全国会议上作了典型经验介绍。

【机构编制改革】 1 月 31 日，根据《中共临沂市委、临沂市人民政府关于临沂市人民政府机构改革的实施意见》，组建市人力资源和社会保障局，为市政府工作部门，挂市外国专家局牌子。将市人事局、市劳动和社会保障局的职责，整合划入市人力资源和社会保障局，原与市人事局合署的市机构编制委员会办公室单独设置，列入党委机构序列。不再保留市人事局、市劳动和社会保障局。

撤销市劳动和社会保障局所属的市机关事业单位社会保险事业处、市社会劳动保险事业处、市医疗保险事业处、市企业退休职工活动中心 4 个事业单位以及市劳动服务公司失业保险科，组建市社会保险事业管理处，为正县级事业单位，隶属市人力资源和社会保障局管理。将市人事局的人才交流服务中心和市劳动和社会保障局的劳动服务公司（再就业服务中心、劳动就业办公室）、职业技术教育处、劳务输出办公室等机构进行整合，组建市人力资源开发服务管理办公室，为正县级事业单位，隶属市人力资源和社会保障局管理。

【人事管理】 加强公务员队伍管理。为进一步加强公务员管理，更好地发挥作用，在全省率先制定下发了《关于加强公务员队伍建设的意见》，市委组织部、人社局、监察局联合下发了《关于加强和改进公务员考核工作的通知》，健全完善了公务员考核奖惩及退出机制，激发了干事创业的热情。规范事业单位人员管理。根据上级规定和省市政府机构改革“三定”方案的职能界定，经市委、市政府领导同意，市委组织部、市人社局联合下发了《关于市直机关事业单位人员考录、考聘、调配相关人事手续办理程序的通知》，进一步明确了相关人事手续办理程序，提高了工作效能。首次采取市、县区联动，统一考试的方式，组织事业单位新进人员公开考聘，社会反映良好。深化收入分配制度改革，完善公务员工资制度，积极推进事业单位收入分配制度和义务教育学校、公共卫生与基层医疗卫生事业单位实施绩效工资改革有序推进。健全扩大就业增加劳动收入的发展环境和制度条件，完善职工工资正常增长机制和支付保障机制，促进企业职工工资特别是一线职工工资合理增长，逐步提高劳动报酬在初次分配中的比重，促进了机会公平。加强各类人事考试工作监督管理。共完成各类人事考试报名 46 种 9.9 万人，组织实施人事考试 16 种 9.4 万人。各类考试组织严密，井然有序。

【人才工作】 完善吸引高层次创新创业型人才优惠政策。制定下发了《临沂市吸引高层次创业人才若干政策规定》，市政府设立了 2000 万元的人才专项基金和优秀人才贡献奖，实现了招才引智优惠政策的新突破。着力引进高层次人才和国外智力。成功举办了首届“海内外博士后沂蒙行”活动，共签订合同、协议及意向 76 项。市人社局与北京大学等 11 所国内著名高校和科研机构的博士后管理机构负责人签订了高端人才交流合作协议。通过实施“百名外国专家兴沂蒙工程”，聘请外国专家 128 人次，帮助解决农业、工业等领域技术难题 276 项，开发新产品、引进新工艺和新品种 56 项，引进外国专家数量和项目执行数量居全国同级市前列。全市共建立自然养猪法示范推广基地等 27 处国家省市引智成果示范推广基地。专业技术人才队伍进一步加强。深化事业单位人事制度改革，进一步加强专业技术人才队伍建设，核准 5540 个事业单位的岗位设置管理方案，2592 个事业完成了竞聘及备案，新增专业技术人才 2.5 万人，总量达 40.6 万人。新设博士后科研工作站6家，总数达12家。不断创新技能人才队伍建设。通过“金蓝领”培训、职业技能竞赛、首席技师和有突出贡献的技师评选、绝技绝活代际传承、企业技师工作站建设等措施，新增高技能人才15957人，其中“金蓝领”培训2072人，技能人才总量达27.5万人。第三届“劳动之星”职业技能竞赛涉及30个行业65个职业工种，参赛人数超过20万人，在人社部召开的全国职业技能竞赛工作会上作了典型经验介绍。

（赵胜利 杨 青）

外事侨务

【对外交流】 加强高层互访。市级领导先后11次带队出访北美、欧洲、日韩、东南亚、港澳等国家和地区，促进了友城交流，促成了一批重点项目的合作。全年共邀请和接待来自美国、澳大利亚、瑞典、挪威、日本、比利时、墨西哥等国家的重要外宾52批390多人次。加大友城结好力度。与比利时罗莫尔市签订了友好城市关系协议书，与韩国军浦市签订了友好交流协议，与美国蒂夫顿市签订了友好城市关系意向书，与美国哈蒂斯堡市、墨西哥阿巴索罗市建立了友好合作城市关系。积极推进民间外交的有序开展。全市对外缔结友好学校、友好医院100多对，引进、聘用外国专家进行科技、生产、医疗、教学合作的单位达90多家。2010年，全市共有45000多人赴境外开展经贸、科技、文教、卫生、观光旅游等活动，有6000多名外国友人来临沂市访问，引进外国专家120多人次。

【外事管理】 加强因公出国管理工作，全市共审批因公出访团组120批376人次，其中经贸团组69批286人次，自组团68批306人次。开展制止党政干部公款出国(境)旅游专项工作，市直7部门联合开展了治理公款出国旅游专项治理工作，建立了长效监督机制。发挥联席会议机制优势，对境外媒体关注的敏感问题坚持正面引导、重点监控，共同做好外国记者管理工作，合理处置外国记者对敏感焦点人物采访要求。妥善处理多起领事案件和领事保护事件，H1N1流感流行期间，协助有关部门做好防控工作，及时与外籍患者的家属及使馆联络、沟通，使病人既放心治疗，又控制了疾病蔓延。加强荣誉公民的授予工作，授予美国人马克和德国专家皮特“临沂市荣誉市民”称号。推荐沃尔沃建筑设备高级副总裁艾力士、日本梦信共荣事业协同组合理事长田中周造参加省政府组织的“山东省荣誉公民”评选活动。

【服务招商引资】 积极邀请外商、侨商开展投资考察。先后邀请多家国际知名企业来临沂市开展投资考察和经贸洽谈，促成了中国华安国际与马来西亚安裕资源公司的合作，促成了日本伊纳克斯株式会社与远通集团、华太电池、沂星电动车等公司在锂电池组生产、销售等领域的合作。邀请海外宗亲侨领开展回乡省亲、经贸考察活动，引进的匈牙利侨商詹丽弘在莒南县投资2.8亿元建设的“万和玫瑰园”项目一期已完成投资1.4亿元，怡海置业在河东投资7.9亿元的开发项目已奠基。全年共为社会各界办理来华邀请函220人次，办理出访团组130多批810多人次。先后组织临沂市企业12批赴欧美、日韩等国家和地区参展参会、经贸洽谈、商务考察，为市内10家企业的53名员工办理了APEC商务旅行卡。

【侨务工作】 依法护侨，推进侨务法制化建设。开展侨法宣传角建设，兰山、沂南、临沭、费县、莒南等5个县区设立了侨法宣传角。做好侨情普查。走访调研了重点侨资企业36家，对全市286家侨资企业进行了登记；指导沂南县成立侨商协会，推荐临沂市7家企业加入省侨商会，6家民营企业加入省海外交流协会。积极争取海外捐赠工作。争取甬港联谊会副会长江兴浩、美籍华人孟广瑞向临沂市捐资40多万元用于农村教学设施改造。加强对外宣传、华文教育和青少年交流。先后在《山东侨报》等华文媒体发表宣传临沂市经济社会的专题文章5篇，向海外寄发外宣光盘材料1100余册，定期向海外重点侨胞发送反映全市经济社会发展的电子邮件800多封。向外派出华文教师1名，申报并确定临沂王羲之故居为山东省海外华裔青少年中华文化传承基地。实施“侨爱工程”、“关爱工程”，争取市财政资金10万元用于救助贫困归侨侨眷。

（刘 璐）

对台工作

【概况】 2010年，全市各级台办认真贯彻执行党的对台方针政策，把握两岸关系和平发展的主题，以临台交流合作为着力点，以对台经贸合作为重点，以台胞台企服务为主线，围绕中心、服务大局，开展了一系列富有成效的活动，全市对台工作取得较好成绩。被市委、市政府授予“全市商务工作先进单位”、“全市招商引资服务先进单位”等称号。

【组织领导】 市委、市政府十分重视对台工作，主要领导、分管领导亲自参加重要涉台会议和重大活动，协调解决工作中的困难和问题。市政府聘请台湾农产品经纪人协会理事长林瑞民为临沂市政府荣誉顾问，副理事长林宇晨、秘书长张玉成、副秘书长刘华蓉为临沂市政府经济顾问，并授予台胞刘竹承“临沂市荣誉市民”称号。5月6日，市委组织召开了全市对台工作会议，对贯彻省委对台工作会议精神、推动全市对台工作发展提出了明确的任务要求。全市对台工作领导小组成员单位认真履行职责，社会各界积极支持参与，形成整体合力。

【临台经贸合作】 围绕“转方式、调结构”中心任务，在引进现代农业、高技术项目和大项目等方面取得突破。全年全市新批台资项目12个，实际利用台资9250万美元，同比增长20.2%，居全省第7位。台资中大项目、高科技项目增多，12个项目中总投资过千万美元的有6个，占50%。临台贸易额2943万美元，增长5.9%。至年底，全市累计注册台资企业205家，利用台资7.12亿美元。台资企业成为全市经济发展新亮点和增长点。台办自身招商实际到位资金1亿元，完成分配任务的667%。

【临台交往交流和涉台宣传教育】 围绕省台办开展的“活动入岛年”活动，发挥优势，打造品牌，策划了一批体现临沂特色的对台交流项目，开展对台交流活动。全年来临台胞3516人次，同比增长14%，来临交流团组82批550人次；应邀赴台交流43批292人次，赴台团组数量及人数分别增长115%和317%，其中赴台交流市级领导6人。深入开展对台宣传和涉台教育工作，取得良好成效。先后在国家省级媒体“华厦经纬”、“中国台湾网”、“你好台湾网”和省级媒体《海峡时空》上发表涉台信息近30篇。在2010年全省涉台宣传教育工作会议上，市台办和兰山、罗庄、河东、沂水、平邑5个县区被省台办评为全省涉台宣传调研先进单位。

【上联、台属及上层联络工作】 围绕台湾“五都”选举等重要节点，积极开展上层联络工作，先后邀请、接待了中国台湾致公党主席王瑞升、台湾原“陆军总司令”退役上将李桢林、台湾原“法务部长”萧天瓒、原国民党中将曹幕廷等人士来临参访，圆满完成了各项对台工作联络任务。专报工作取得新的成果，2010年共完成专报7件，为上级对台工作决策做出了贡献。台属工作取得新的进展。兰山区台属联谊会被省台办评为全省优秀台属联谊会，台属朱自信、吴学平被授予“山东省模范台属”称号。8月13日，临沂市台协会召开第二届会员大会，省台办副主任张志强、全国台企联常务副会长韩家宸及50多位全国各地的友会代表到会祝贺，张少军、张务锋、刘晓等市领导到会指导，连战、吴伯雄等国民党高层发来贺电、贺函。会上选举产生了以许绍凰为会长的新一届领导班子。

【台胞台企服务】 以贯彻市政府《关于优化发展环境维护台胞利益促进临台经贸合作的意见》为主题，以推广“台胞台企服务年”成功经验为重点，创新形式、强化措施，切实保障“台胞台企服务年”活动的常态化发展，为台胞台企台属办实事、办好事112件，调处各类涉台纠纷30余起，为在临台胞台企挽回经济损失近1000万元，营造了有利于台资企业发展的优越环境，临沂市继续保持“台胞台企零投诉”记录。

（张　锋）

招商引资

【概况】 2010年，全市招商系统认真贯彻落实市委、市政府部署要求，以转方式、调结构和加快工业发展年活动为契机，以产业招商和承接产业转移重点，招商引资工作取得新进展。全市累计引进市外500万元以上固定资产招商项目736个，到位外资251.9亿元，完成全年确保任务的121.1%，同比增长23.5%。重点招商项目建设加快，联系国内外大企业，着力引进国内外的先进制造业、高新技术产业、资源精深加工业，新开工了一批投资规模大、科技含量高，产业结构好、能源消耗低的项目。全市在建5000万元（境外600万美元）以上招商项目达484个，实际到位212.1亿元，在全市引资总量中的占比达84.2%。其中，新建401个，续建83个，分别到位外资166.8亿元、47.3亿元；在建过亿元以上招商项目达274个，实际到位151.9亿元。其中，新建216个，续建58个，分别到位外资113.8亿元、38.1亿元。工业项目招商取得新突破，到位资金占比明显提高，累计到位资金188.2亿元，占全市引进市外资金的74.7%。商贸服务项目稳步上升，累计到位资金积累36.8亿元，占全市引进市外资金的14.6%。作为转方式、调结构的重点，高科技项目占比稳步上升，累计到位资金为48.2亿元，占全市引进工业项目市外资金的9.2%。从境内项目看，重点区域到位资金增势明显，全市在建内资项目696个，到位市外资金232.7亿元，增长23.8%，"长三角"、"珠三角"、胶东半岛、京津唐和济南及周边地区等五个重点地区投资达162.8亿元，在全市引进内资总量中的比重达79.5%，分别为28.4%、9.3%、19.4%、11.8%、10.6%，特别是"长三角"、胶东半岛两个重点区域在临沂市投资快速增长。市招商局机关被市委、市政府表彰为全市行风建设先进单位、工业重点项目帮扶先进单位，连续3年被市委、市政府表彰为全市信访工作先进集体。在全市"干部四项监督制度知识测试"中，市招商局班子平均成绩97.67分，在全市97个部门(单位)中居第4位。

【招商推介】 全市招商部门充分利用临沂市南接长三角、北邻半岛蓝色经济区的区位优势，坚持"面向江南、重点突破"，突出"长三角"、"珠三角"和胶东半岛地区等重点区域招商，以承接产业转移为主攻方向，制定专门计划和实施方案，有的放矢地组织开展小分队专业招商、产业招商、委托招商、企业招商等招商活动，年内由市招商局牵头组织了7次大的招商推介活动，4月初，在重庆山东周期间，共推介招商项目100多个，签约招商引资项目4个，签约金额14.4亿元；4月20日在宁波召开的山东(临沂)招商引资洽谈会，共签约项目65个，签约金额124.9亿元，其中，合同项目42个，合同利用市外资金81.6亿元；5月7日，市政府在上海国际会议中心举行2010年F1摩托艇世界锦标赛中国临沂大奖赛新闻发布暨招商旅游推介会发布会，共向客商推介招商项目500多个，签约招商项目25个，签约金额65.2亿元；6月，市政府主要领导带队赴珠三角的广州、佛山开展小分队招商工作，接触联系了新加坡南方包装公司(上市企业)、广东德冠新材料集团等包装行业龙头企业及海天调味品公司、大自然家居公司等世界知名品牌航母企业和众多有影响的知名客商，达成了明确的投资意向；8月10日，市政府主要领导参加，举办了山东临沂(上海)承接产业转移暨投资合作恳谈会；9月17日，临博会招商引资推介会，洽谈对接项目近300个，达成了大批合作意向，会议共签约合同项目71个，合同利用市外资金136亿元。11月9日，举办了山东临沂温州商会招商引资推介会。通过不同形式的推介活动，达成了大批的投资意向，接触联系了众多有影响的知名客商，相继签订了一大批有发展前景的合同项目，取得了"联系一批、在谈一批、储备一批、建设一批"的良好效果。

【项目落地】 坚持一手抓项目推介，一手抓项目落地，认真落实"四个一"领导包扶推进和分级负责、现场督导推进制度，全市重点招商项目推进顺利。对2010年重点签约项目进行跟踪督导，特别是宁波、上海等招商会上签定的招商引资项目逐一落实包扶领导，明确科室责任，细化分工，加强调度，合力推进。突出上海、广东两个联络处的作用，发挥北城新区、涑河商贸开发等重点项目的平台作用，选派精干人员，落实项目，协调服务。为促进项目落实，强化重点招商项目协调督促机制，实行重点项目、重点协调、重点突破，简化办事程序，提高办事效率，取得良好成效。发挥市政府重点项目协调办公室的作用，通过不同形式的重点招商引资重点项目协调会议，协调解决全市重点招商项目建设过程中的困难，有效加快了重点招商项目的推进。

【目标管理与考核】 围绕完成目标任务，全市早安排、早行动，自上而下层层分解任务，制定落实推进政策和保障措施。市、县区各级普遍加强领导，主要领导带头落实项目，分管领导加强督导。推行各级政府主要领导负总责，领导成员分头抓落实的协调推进机制。定期对分管领域的招商引资工作进行调度落实，以形成抓招商的整体合力。加大调度考核和奖惩力度，注意学习外地经验，实施"重激励、严考核、硬约束"。强化激励机制，把招商引资作为部门单位年度综合考评的重要内容和干部考察使用的重要依据之一。

【优化招商环境】 市委、市政府坚持把改善环境作为促进招商引资和全市经济发展的关键性措施，加强城市环境和项目载体建设，投资环境日益改善。各级各部门牢固树立抓招商求发展的观念，加大对外来投资项目的扶持力度，充分考虑外商的需求，寻求合作的切入点。优化服务环境。切实改进和加强招商项目审批服务,简化审批程序,提高服务质量,抓好政务大厅的运行管理,对招商项目审批工作实行集中管理与服务,实行招商引资项目交办责任制、首办代理制、部门联络员制,推行"一站式"审批服务,形成市县区两级联动审批服务机制,上下贯通,提高效率。优化法制环境。强化社会治安综合治理,为外商提供安全的社会环境,使他们来得安心,干得放心,生活舒心,着力打造临沂"创业环境最宽松、社会环境最文明、人居环境最安全"的亲商、安商、富商、稳商环境。

(王公茂　潘　文)

政府法制

【规范性文件监督管理工作】　2010年,市政府法制办共审查市政府文件草案126件,其中规范性文件28件,其他文件89件,合同9件,办理国务院法制办、省人大、省政府法制办立法征求意见7件,参加省、市政府或有关部门法律论证会、协调会22次。加强规范性文件备案管理。经市政府同意,市法制办设立了备案科,强化规范性文件的备案管理,市政府制定的规范性文件都及时向省政府和市人大常委会进行备案。加大政府规范性文件清理力度,对市政府2006年以来发布的规范性文件进行了集中清理,决定继续有效的规范性文件165件,决定废止20件,修改28件,并以市政府文件公布了清理结果,对继续有效的市政府规范性文件进行了汇编,下发各县区政府和执法部门执行。

【行政(许可)审批清理工作】　在2010年市、县两级政府新一轮机构改革中,积极做好执法部门执法职能调整和执法主体资格的审核、协调、理顺工作,保证了政府机构执法主体的合法性和行政执法职权的有效衔接和连续性。机构改革完成后,对市级行政许可(审批)项目进行了全面清理,决定继续实施并进行统一编码的市级行政许可(审批)项目257项,总量上减幅44.85%。其中市政府部门(机构)217项,中央和省垂直部门(机构)40项;行政许可项目229项,非行政许可审批项目28项;收费项目38项,非收费项目219项。清理结果经市政府常务会议研究后,以市政府文件公布执行。推进并规范相对集中处罚权工作,完成了费县城管执法集中处罚权工作向全县16个乡镇、沂水县城市管理相对集中处罚权整体向18个建制镇的延伸工作,推进相对集中行政处罚权从城市管理领域向文化市场管理领域的拓展。

【行政复议应诉工作】　按照国务院法制办安排,经省政府批准同意,临沂市被省政府列为全省行政复议委员会4个地级试点市之一。市政府常务会议研究批准了试点方案,确定成立市政府行政复议委员会,与市政府法制办合署办公。市政府法制办制定了开展行政复议委员会和相对集中行政复议权试点方案,探索行政复议体制和工作机制改革,行政复议委员会和相对集中行政复议权试点基础性工作基本完成。2010年,市政府共受理、审理行政复议案件103件,其中,县区政府作为被申请人的56件,市直部门作为被申请人的47件。已审结行政复议案件91件,其中,维持50件,调解31件,撤销7件,告知处理3件,行政复议实际纠错率为42%。2010年代市政府出庭应诉行政诉讼案件15起,参加省政府受理的以市政府作为被申请人的行政复议案件2件。

【推行行政执法责任制】　创新行政执法监督方式,把案卷评查作为规范和监督执法行为的主要手段,开展了行政执法案卷评查工作,完善依法行政评议考核机制。2010年底市政府再次组织了全市的行政执法案卷评查,采取随机调卷的方式,共抽调市及县区86个行政执法部门行政处罚案卷300本进行封闭式集中评查,共评查出不合格卷宗13本、各类问题809项。评查出的问题汇总整理后,分别通报各县区政府主要领导及行政执法部门主要负责人,同时,对各县区执法部门评查存在的问题通报上级行政主管部门,加大系统内督促整改力度。通过开展行政执法案卷评查,对督促行政执法机关纠正不当的行政执法行为,促进行政执法整体质量的提高发挥了积极作用。

【执法人员培训管理】　组织了全市政府系统领导干部集体学法活动,邀请国务院法制办法制协调司司长司青锋做了《关于依法行政的若干问题》的专题讲座。严格落实执法人员资格管理制度,新领行政执法证件人员必须经培训考核和考试合格方能取得行政执法资格,上岗执法。全年共分13期培训新领行政执法证件人员2479名,有2187人经考试合格取得执法资格，培训考试合格率为90.4%。全市共完成11868人年审培训和考试，合格率到98%以上。结合年度依法行政考核，从全市随机抽取856名持证行政执法人员进行法律知识测试，测试成绩纳入县区政府和部门年度依法行政考核成绩，并通报所在县区和执法部门主要领导。国务院法制办副司长江陵来临沂调研时，对临沂市执法人员培训管理和法律素质测试的做法给予高度评价，并将这一做法在全国多省市推广。

【仲裁工作】 完成了临沂仲裁委的换届工作，提出了打造苏北鲁南乃至更大区域仲裁中心的总体目标。全年共受理各类经济纠纷案件533件，同比增长9.89%，标的额26558万元。

（赵　东）

史志工作

【概况】 2010年，全市史志工作进展顺利，志书编修、年鉴工作、网站建设等工作取得较好成绩。6月，市史志办与市委组织部联合下发了《关于征集临沂在外地高层次人才信息资料的通知》。积极开展资料征集工作，编纂任务已完成过半。12月，临沂市望族文化研究会顺利进行了换届选举，产生了新的领导班子，同时，成立了临沂市地方志学会，促进了全市地方史志工作的开展，在政府与地方史志研究机构及专家学者之间架起联络沟通的桥梁和纽带。协助省史志办与中央电视台完成了电视片《方志中国》中关于郯城大地震片断的拍摄。完成了《历史地图集》社会、自然、经济、文化4个分册的考订、修改、补充和完善工作。开展了十运志临沂部分的编纂工作，完成了资料征集和大部分的志稿编纂工作。

【修志工作】 市志编修工作扎实推进。4月，召开了全市史志工作会议，将市志编修工作任务向各县区、市直各有关部门单位作了明确分工。为搞好第二轮修志工作，提高承编单位修志人员的业务水平，编印了《〈临沂市志〉编纂业务手册》。8月，举办了《临沂市志》编写业务培训班，对县区及市直有关部门单位的市志编修人员进行了培训，系统地讲解了方志基础知识、资料收集及运用方法、各个部类的编写方法等，并现场解答了编修人员提出的有关问题。为提高第二轮志书的供稿质量奠定了良好的基础。为加强业务指导，市史志办在内部实行责任制，将市志篇目涉及的部门单位分配到每个业务人员，要求业务人员加强督促和指导。积极做好对县区志编纂的业务指导和审查、验收工作。先后召开了《沂水县志（1991～2008）》、《莒南县志》（1993～2007）志稿评审会。组织全市史志业务人员对两部志稿进行了认真审读，并邀请省史志办和部分市史志办专家到会指导，与会人员提出了书面的修改意见和建议，为下一步志书的修改指明了方向。对续修《临沭县志》的工作进行了靠前指导，将一些错误尽量消除在初稿形成阶段，收到了较好的效果。经过多次精心指导，《临沂市国土资源志》顺利出版发行。

【年鉴工作】 完成了《临沂年鉴》2009年卷的发行工作。《临沂年鉴》2010年卷在框架设计、组稿、编辑和出版印刷方面做了精心策划。为加快《临沂年鉴》编纂出版进度，年初，制订了详细的年鉴工作计划，实行了严格的编辑工作责任制。加强对年鉴编辑人员的业务培训，通过组织业务理论学习、召开业务工作研讨会、撰写业务论文等形式，提高编辑人员的理论水平和业务能力。1月，通过市委、市政府两办下发组稿方案，积极联系部门撰稿人，确定撰写条目，3月基本完成了组稿任务，6月，年鉴文稿编纂工作基本完成，7月，送印刷厂排版。本卷年鉴成书72万字，为适应临沂经济社会发展，在篇目设置和内容选取上，作了进一步完善和改进。框架设计门类科学齐全，具有时代特征和地方特色；内容上加强了对全市经济发展的记述，突出反映全市经济建设的亮点，地域特点更加鲜明、突出；随文插入相关图片，信息密度大，质量高；封面构图新颖、特色鲜明。11月，完成本卷年鉴的出版。同时，为了适应社会信息化的发展要求，制作了音像年鉴光盘，进一步宣传了大临沂、新临沂的形象。

完成了《山东年鉴》2010年卷中临沂部分的撰稿和代组稿任务。其中，完成临沂市部分共3500余字的撰稿任务和全市各县区近4万字的代组稿任务，稿件质量较往年有所提高。

【贯彻落实两个条例】 4月，经市政府第79次常务会议同意，制定下发了《临沂市人民政府关于加强史志工作的意见》，进一步明确了市、县区在志书编修、年鉴出版、地情网站和方志馆建设等方面的目标、任务，并在史志工作机构、人员、编制、经费保障等方面提出了具体要求。各县区积极开展制定史志工作地方规范性文件的工作。9月，临沭县制定了《临沭县地方志工作管理暂行办法》，在全省史志办主任会议上受到省史志办的表扬。莒南、沂水两县也制定了地方志规范性文件，有5个县区已完成了规范性文件的起草工作，临沂市贯彻落实条例工作走在了全省前列。积极开展史志督查。市政府办公室对全市县区史志工作进行了督查，兰山区主要负责人现场办公，解决了方志馆馆舍问题，多数县区都加强了对史志工作的领导与支持。市史志办公室制定了《关于加强读志用志工作的若干规定》、《关于加快方志馆建设的实施意见》、《临沂市地情网站管理办法》、《临沂市年鉴编纂业务管理办法》、《临沂市地方志书质量规定》等业务规范，对全市志、鉴、库、馆和读志用志工作提出了明确目标与要求。

【信息化建设】 进一步完善网站管理机制，不断优化栏目结构，增强信息资料的真实性、时效性，提高网站的实用性和吸引力，临沂市情网获全省史志系统2009年度“八个一”优秀奖。5月，省史志办在平邑召开了鲁南5市史志系统信息化建设经验交流会，临沂市史志办就市情网建设做了典型发言，获得了与会人员的普遍赞誉，省史志办领导对临沂市情网给予了高度评价。为提高工作效率与网上办事能力，积极推行政务公开工作，在市情网的显著位置设置“政务公开”栏目标识与入口链接，专栏下设立了“目录”、“指南”、“机构职能”、“人事信息”、“主任信箱”、“表格下载”6个二级栏目，及时向社会公开信息。网站累计点击量已超过114万人次。

【方志馆建设】 按照省史志编委会《关于加强方志馆建设的若干意见》，市史志办公室积极争取市政府的支持，经市政府第79次常务会议同意，拟在政府部门搬迁后腾空的办公用房中，按照不低于1000平方米的标准解决。县区方志馆建设取得了较好的成绩。沂水县方志馆与县图书馆合作，在图书馆内开辟了方志专馆，整合方志馆和图书馆的馆藏资源，共享图书馆的信息化借阅服务平台，库房面积达70平方米，收藏地情资料、方志、古籍资料、年鉴、族谱、历史典籍等2万余册，方志阅览室200平方米。兰山区增加方志馆馆舍用房20余平方米。罗庄区政府拨给区史志办方志馆、办公用房等500余平方米，资金5万元。

【《当代临沂概览》出版发行】 5月，《当代临沂概览》由中国国际文化出版社正式出版发行。全书设市情概况、城市建设、交通运输、经济建设等11个栏目，注重凸显地域特色和时代特征，概括记述了临沂市改革开放30年取得的丰硕成果和经验，重点展示了临沂的悠久历史、灿烂文化、优美生态环境以及发展的巨大潜力和美好前景，有较强的资料性、知识性和可读性，该书40余万字，近400幅图片。获2010年度临沂市社会科学成果三等奖。

【创办《沂蒙史志》杂志】 为了研究沂蒙史志资料，弘扬沂蒙历史文化，服务沂蒙经济社会，推进沂蒙现代文明，市史志办创办了《沂蒙史志》杂志，为省内部刊物。栏目设置包括峥嵘岁月、史海撷萃、文化掇英、蒙山沂水、琅琊风物、古城旧事、探索发现、诗画赏析、文史论坛、沂蒙乡亲、百家渊流、史志动态等。积极邀请专家为杂志撰稿，保证了供稿质量，聘请有经验的编辑人员进行编辑，保证了刊物的整体质量。

【开展学习优秀志书和优秀论文竞赛活动】 制定下发了《全市史志系统学习优秀志书活动实施方案》，要求各县区史志办确定1部优秀志书进行学习，写出评介文章，并在此基础上推荐出优秀者参加省史志办组织的比赛活动。全市史志系统确定了3名参赛的选手，制作的课件先后在兰山区、郯城县和河东区进行试讲演示。并参加了10月底在青岛赛区举办的比赛，取得较好的成绩。下发了《关于在全市史志系统开展撰写优秀论文竞赛活动的通知》，根据评选试行办法，由全市14名领导和专家组成的评委，对收到的23篇论文进行了认真的评分，分别评出一等奖5篇，二等奖7篇，三等奖9篇。并将优秀论文结集印刷成册，全书共12万字，发至县区史志办和市直部门进行交流学习。

（肖功江）

市直机关事务管理

【重点工程建设】 推进三和里社区建设。建设二处和兴冠房地产公司积极督促130余家参建单位加快施工进度，搞好各项服务保障工作。社区206座单体楼的主体工程已基本竣工，内部装饰和配套工程建设进展顺利。其中，楼房外墙保温完成总量的96%，涂料施工完成总量的80%；地下车库封顶率超过50%;管网、绿化、会所等配套工程进入实施阶段。事管局7座干部职工住宅楼已完成主体工程和地下车库工程。E1区工程建设成效显著。事管局协调开发的E1区干部住宅楼28座,建筑总面积为5.9万平方米,楼房主体工程及车库、管网等配套工程已经竣工,内部装修、绿化、景观、会所等配套建设基本完成,基本达到了入住条件。兵城还建楼建设进展顺利。住宅发展中心着力加强兵城还建楼建设的现场监理和服务保障,及时解决工程建设中出现的困难和问题。两座17层还建楼已完成了主体工程、楼房内饰和管网配套建设,基本达到入住条件。北老地委还迁开发取得进展。克服时间跨度大、历史遗留问题多等客观困难,积极配合市委工作组,稳妥解决还迁老干部回迁问题。补办国有土地使用证,完善水电暖等物业服务,为落实房产政策、搞好开发改造提供保障。幼儿园还建工作全面启动。南坊开发建设指挥部确定在北城新区H区还建一处建筑面积为8000平方米、占地1.6公顷、总投资2234万元的机关幼儿园。市财政批复的2234万元建设资金落实到位,幼儿园规划设计方案基本完成。

【机关财务、财产管理】 强化公务车辆管理。认真做好公务车辆核编审批工作,共审批车辆552台,价值5305万元;不予审批车辆12台,价值359万元。起草了《进一步加强市直机关公务用车定编配备和使用管理的规定》,并报送市政府审批。强化政府集中采购工作。完善工作制度,对《临沂市政府采购监督管理办法》提出修改意见,起草了《临沂市市直机关政府集中采购实施办法》。推行阳光采购,组织招标采购活动30次,项目预算金额1209万元,节支率达16.37%。政府采购中心累计组织采购预算总额已达7768万元,节约财政资金1272万元。强化机关内部管理与服务。筹备各类会议60余次,接待上级领导和来宾830多人次。特别是市事管局承接的全省公共机构节能观摩交流会,规模大、规格高、会议筹备得力,得到省市领导的充分肯定。撰写各类材料和公文129份,收发文1356份,在市级以上报刊杂志发表文章9篇,市政府政务信息采用3篇。严格保密、档案和计生管理,建立公务车辆油耗奖罚和按月通报制度,加强驾驶员安全教育。强化财务工作管理,认真搞好部门预算执行,加强与市财政部门的协调沟通,各项财务支出得到严格控制。积极开展下属企业单位审计,财务规范化工作扎实推进。加强财务人员专业培训,提升了财务人员业务素质。

【天元商务大厦及国有房地产管理】 创建“管理到位、保障到家、服务到人”工作品牌,推进天元商务大厦科学运营管理。提高物业服务质量。探索“服务社会化”的方向,继续对保安、保洁、餐饮等服务实行社会化委托运作,通过加强日常监管,使服务达到标准化的要求。引入市场竞争机制,通讯、邮政、金融等服务体系不断完善,提高了服务的精细化。聘请高资质的专业机构参与重要设备维护,确保了服务的专业化。完善运营管理手段。建立健全岗位职责和管理预案,通过采取督导带班、“一键式”电话服务、一查三对、严格操作规程、随机抽访、绩效奖罚等措施,实现了对大厦的科学管理和高效服务。着力提升安全保卫工作。从大厦出入、车辆停放、信访秩序、消防安全等方面入手,协调武警、公安、保安、信访、消防等单位,加强人防、物防和技防等多个层面的安全体系建设,形成了安全保卫工作整体合力。全年协助接访520起,劝解和疏导上访群众9000余人次,有力维护了市级机关的信访秩序。

加快解决历史遗留的房产政策问题。市事管局管辖的机关干部职工住房中,有476户尚未确权办证,事管局采取有力措施,努力加快房产政策落实。对管理的干部职工住房逐一入户登记调查,托清了未确权住房的底子。根据调查摸底的情况,进行分类统计、归纳梳理、科学分析,理清住房未确权的各种原因。有针对性地提出了解决历史遗留房产政策问题的具体措施和办法,已报市政府审批解决。开展市直机关新建办公用房摸底排查工作。会同市财政局等有关部门,采取电话询问、填写调查表、调取原始资料等方式,对28家市直机关新建办公用房情况进行了调查摸底,并对7座新建办公楼进行了实地勘察测算。掌握了市直机关现有办公房产资源、房屋分配和人员编制情况,并向市政府提报了调剂分配市直机关办公房产的意见和建议。加强市委老大院北区开发改造的服务工作。协助市房产局拆迁办,对市委老大院北区12栋宿舍楼321户住户,逐一征求住户对拆迁改造的建议和意见,为北区开发改造工作及时提供资料。采取图纸测算、实场勘察和现场测量等方式,对兵城博物馆附近26座宿舍楼326套房产进行了调查,为启动兵城博物馆配套开发工程提供可靠依据。同时,认真做好厅级领导周转房的调配、管理和服务。

【公共机构节能】 认真履行全市公共机构节能的领导、组织和协调职责,公共机构节能工作在全省处于领先地位。深化宣传动员。组织编印、发放《节能常识手册》5万余份,张贴节能提示1000余张,在报纸、杂志上发表节能文章8篇,在临沂广播电台作了节能专访。开展节能宣传周、绿色出行日、能源紧缺体验日等主题活动,增强广大干部职工的节能意识。完善工作机制。经市编办批准,市事管局增设了公共机构节能科。各县区局也明确了专人负责公共机构节能工作,15个县区(含高新区、开发区、临港区)均建立了节能联系员制度。加强节能制度建设。从目标责任、节能运行、能源分析、考核评价等环节入手,研究制定《临沂市公共机构节能管理办法》的相关配套文件,先后制定规章制度18项,并起草了全市"十二五"期间公共机构节能规划。提高日常节能水平。突出抓好天元商务大厦节能工作,以节水、节电、节气、节油工作为重点,加快用能设备节能改造,广泛推广节能新产品、新技术,市级机关日常节能取得显著成果。7月,在全省公共机构节能检查活动中,省政府检查组给予高度评价:"临沂市工作有序、办事有法、措施有力、效果有成、后续有劲,走出了行政职能与节能工作相结合的新路子。"11月11日,全省公共机构节能观摩交流会在临沂市召开,市事管局在会议上作典型发言。

【机关服务保障】 加强水电暖服务。与热电厂、南坛居委等单位协商,顺利完成大院暖气改造和二宿舍区供暖"汽改水"工程,解决了群众反响较大的历史遗留问题。定期检修水电暖设施设备,认真开展地下供水管理测漏检查,共检测漏水点40余处,年节水19余万方。加强各类供电设备的安全检查,消除安全隐患7处。严格水电暖费用清缴工作,完成收费任务830余万元,做到了应收尽收。搞好房屋修缮服务。工程处严守24小时值班制度,完成各类紧急抢修任务30余项,承接零星维修任务600多项,为厅级老干部搞好服务,有力改善了市级机关正常办公和干部职工居住条件。会议中心根据实际需要,对会议室硬件设施进行改造提升,积极建设视频网络会议平台,完善各项服务功能,完成各类会议接待任务262场;其中,市级一类会议26场。三和物业公司认真做好大厦13个会议室的管理,提高使用效率,规范服务标准,共接待会议1722场,得到了市领导的肯定。机关幼儿园在筹备北城新区新园建设的同时,切实做好当前机关幼教工作。积极开拓思路,细化管理,强化考核,优化环境,在幼儿教育教研、家园和谐共育等方面取得了优异成绩,先后有9名教师获省、市级荣誉。沂河花园管委会实行物业服务承诺制,入户维修服务1000多次,满意率达100%。

【内部管理】 加强对各县区的业务指导和工作督促。在重点工程建设方面,兰山区事管局顺利完成南坊公务员社区建设任务,投资140余万元将原机关小礼堂改造成会议中心;苍山县事管局投资280多万元新建1200多平方米的群众服务中心;沂水县对部分县直单位搬迁后的办公区域进行综合开发,实现收益8000万元。在公共机构节能方面,平邑县累计安装绿色照明灯1260盏,年推广新型节能墙材3亿块砖;兰山区投资200万元,购买太阳能光伏发电路灯350盏;罗庄区创新节能巡查监督机制,着力将行政大楼建设成节能示范楼宇;临沭县着力深化"七个一"活动,机关各项能耗同比平均下降15%以上。在保障党政机关运行方面,河东区以"四个规范"为着力点,做好行政中心各项服务工作,收到良好效果;蒙阴县以"人防、物防、技防"相结合,推动党政大院安全保卫工作上水平。加强干部职工队伍建设。开展创建学习型机关活动、创先争优活动、"奉献在岗位、勤廉促发展"主题教育活动,开展政治理论、科学理论和业务知识学习,提高了干部职工干事创业的能力。住宅发展中心陈楠以优异成绩考入中共中央直属管理局,为中央机关输送了优秀人才。扎实开展到社区任职工作,在充分调研的基础上,以旧村改造工作为重点,拆迁房屋300多户,新建居民楼10座。抓好荒山绿化工作,投资3万元,种植苗木2万余株,完成4公顷的荒山绿化任务。积极开展向玉树地震灾区献爱心活动,共捐款1.2万元。认真完成上级分配的第六次人口普查工作任务,累计入户3000余次,登记居民8000余人,受到市领导和属地社区的好评。

(王　伟)

中国人民政治协商会议临沂市委员会

【政协第十三届临沂市委员会第三次会议】 1月18～21日,政协第十三届临沂市委员会第三次会议在临沂举行。18日上午,大会在天元商务大厦会议中心隆重开幕。会议应到市政协委员500名,16名委员因事因病请假,484名委员出席会议。受十三届市政协常务委员会的委托,市政协主席孟宪海作常务委员会工作报告,副主席仇景阳作关于市政协十三届二次会议以来提案工作情况的报告。市政协副主席颜廷瑞主持开幕大会。18日下午,委员们分组讨论了两个报告。19日上午,委员们列席了市十七届人大三次会议,听取了市长张少军所作的《政府工作报告》以及其他报告。19日下午,连承敏、张少军、张务锋等市委、市政府领导分别参加有关界别小组讨论。20日上午,市政协十三届三次会议举行大会发言。市委书记、市人大常委会主任连承敏,市政协主席孟宪海,市委副书记张务锋,市委常委、常务副市长杜德昌,市政府副市长王晓嫚、左沛廷,市政协副主席仇景阳、王秀君、王启成、颜廷瑞、赵爱华、丁成建、杨爱华、杨荣三,顾问胡家利,秘书长陈相珍出席会议。市政协副主席杨爱华主持会议。刘纪民、许德福等9位委员作了大会发言,李红婷、冯增田等36位委员作了书面发言。发言大会结束后,接着举行了表彰大会。会议对马荣等50名“优秀市政协委员”,民革临沂市委提交的《关于举全力,抢机遇,巧应对,克时艰,保持临沂市经济快速发展和实现结构优化升级的建议》等25件优秀提案和市政府办公室等12个承办提案先进单位进行了表彰。20日下午,委员们听取并讨论了法检两院报告。21日上午,举行选举、闭幕大会。市政协主席孟宪海主持选举、闭幕大会。会议应到市政协委员500名,实到420名。会议同意于家珍因工作调整辞去十三届市政协常务委员职务;会议通过投票选举,增补张少波、刘文和、祖洪涛、张强、史亮峰、赵建峰6人为十三届市政协常务委员;会议审议通过了市政协十三届三次会议决议和关于市政协十三届三次会议提案审查情况的报告。会议号召全市各级政协组织和广大政协委员要自觉坚持市委领导,全力支持政府工作,积极维护市委、市政府政令畅通,努力促进各项决策落实;要突出工作重点,着力在推进转变方式、调整结构上下功夫;要坚持履职为民,关注改善民生,着力在构建和谐、维护稳定上办实事;要推进改革创新,强化自身建设,着力在健全机制、激发活力上求突破,为建设富强美丽的“大临沂、新临沂”做出新的更大的贡献。

【政协第十三届临沂市委员会常务委员会会议】 年内共召开了5次常委会议。

市政协十三届九次常委会议。1月11日在天元商务大厦会议中心第一会议室举行。市政协主席孟宪海主持会议。市委副书记张务锋到会就有关人事事项作说明。市政协副主席仇景阳、王秀君、王启成、赵爱华、丁成建、杨爱华、杨荣三,秘书长陈相珍出席会议。会议通过了关于召开市政协十三届三次会议的决定;审议通过了市政协十三届三次会议的建议议程、日程(草案);审议通过了市政协常委会工作报告,并推举孟宪海代表常务委员会作工作报告;审议通过了市政协常委会关于市政协十三届二次会议以来提案工作情况的报告,并推举仇景阳代表常务委员会作提案工作情况的报告;通过了市政协十三届三次会议秘书长、副秘书长名单,常委轮值名单,各组召集人名单,列席人员(单位)名单;审议通过了有关人事事项。市政协副秘书长和各委室负责人列席会议。

市政协十三届十次常委会议。1月21日在天元商务大厦会议中心第一会议室举行。市政协主席孟宪海主持会议,副主席仇景阳、王秀君、王启成、赵爱华、丁成建、杨爱华、杨荣三,秘书长陈相珍出席会议。会议听取了各组召集人关于讨论情况的汇报;审议通过了提交大会的有关人事选举事项;审议通过了市政协十三届三次会议决议(草案);审议通过了市政协常务委员会关于市政协十三届三次会议提案审查情况的报告(草案)。

市政协十三届十一次常委会议。3月25日在天元商务大厦会议中心第一会议室举行。市政协主席孟宪海出席会议并讲话。副主席仇景阳、王秀君、王启成、颜廷瑞、赵爱华、杨爱华、杨荣三,秘书长陈相珍出席会议。会议传达学习了十一届全国人大三次会议和全国政协十一届三次会议精神;围绕贯彻落实全国全省"两会"精神,研究做好市政协2010年工作。会议还邀请全国政协文史和学习委员会副主任卞晋平就履行委员权利和义务作了专题辅导报告。各县区政协主席、秘书长、委员活动工作室主任,市直市政协委员学习活动小组组长、副组长、联络员和市政协机关全体人员列席常委会议并听取报告。

市政协十三届十二次常委会议。7月20日在天元商务大厦会议中心第一会议室举行。市政协主席孟宪海出席会议并讲话。副主席仇景阳、王秀君、王启成、颜廷瑞、赵爱华、杨爱华、杨荣三,秘书长陈相珍出席会议。会议传达学习了省政协十届十四次常委会议和中共临沂市委十一届十六次全体(扩大)会议精神;听取了市委常委、常务副市长杜德昌关于全市上半年经济社会发展情况的通报;围绕深入推进"两型"社会建设试点工作进行了专题议政,审议通过了《关于广泛开展"两型"单位创建活动加快推进临沂科学发展的建议案》。各县区政协主席,市政协副秘书长和各委室负责人列席会议。

市政协十三届十三次常委会议。12月31日在天元商务大厦会议中心第一会议室举行。市政协主席孟宪海出席会议并讲话。市政协副主席仇景阳、王秀君、王启成、颜廷瑞、赵爱华、丁成建、杨爱华、杨荣三,秘书长陈相珍出席会议。会议听取了市政府副市长慕增利关于临沂市国民经济和社会发展第十二个五年规划纲要(草案)的说明;审议通过了关于召开中国人民政治协商会议第十三届临沂市委员会第四次会议的决定;审议通过了关于拓宽融资渠道破解中小企业资金瓶颈的建议。各县区政协主席,市政协副秘书长和各委室负责人列席会议。

【政协第十三届临沂市委员会主席会议】 年内共召开8次主席会议。

市政协十三届十三次主席会议。1月7日上午在天元商务大厦1202会议室召开。市政协主席孟宪海主持会议。副主席仇景阳、王秀君、王启成、颜廷瑞、赵爱华、丁成建、杨爱华、杨荣三,秘书长陈相珍出席会议。会议审议通过了市政协十三届九次常委会议议程、日程;审议通过了政协第十三届临沂市委员会第三次会议的建议议程、日程(草案);审议通过了政协第十三届临沂市委员会第三次会议秘书长、副秘书长名单(草案),常委轮值名单(草案),各组召集人名单(草案);审议通过了有关人事事项。市委统战部负责人、市政协副秘书长和各委室负责人列席会议。

市政协十三届十四次主席会议。1月21日下午在孟宪海主席办公室召开。市政协主席孟宪海主持会议。副主席仇景阳、王秀君、王启成、颜廷瑞、杨爱华、杨荣三,秘书长陈相珍出席会议。会议研究了有关人事事项。

市政协十三届十五次主席会议。3月19日在天元商务大厦1202会议室召开。市政协主席孟宪海主持会议。副主席仇景阳、王秀君、王启成、颜廷瑞、赵爱华、丁成建、杨爱华、杨荣三,秘书长陈相珍出席会议。会议审议通过了关于增补政协第十三届临沂市委员会部分专门委员会委员的决定;审议通过了市政协十三届十一次常委会议议程和日程;审议通过了政协临沂市委员会2010年工作要点;研究了有关人事事项。市政协副秘书长列席会议。

市政协十三届十六次主席会议。7月16日在天元商务大厦1202会议室召开。市政协主席孟宪海主持会议。副主席仇景阳、王秀君、王启成、颜廷瑞、赵爱华、丁成建、杨爱华,秘书长陈相珍出席会议。会议审议通过了市政协十三届十二次常委会议议程和日程;审议通过了《关于广泛开展"两型"单位创建活动加快推进临沂科学发展的建议案(草案)》。市政协副秘书长和各委室负责人列席会议。

市政协十三届十七次主席会议。7月20日在天元商务大厦会议中心多功能厅召开。市政协主席孟宪海主持会议。副主席仇景阳、王秀君、王启成、颜廷瑞、赵爱华、杨爱华、杨荣三,秘书长陈相珍出席会议。会议听取了各组召集人关于讨论《关于广泛开展"两型"单位创建活动加快推进临沂科学发展的建议案(草案)》情况的汇报。市政协副秘书长列席会议。

市政协十三届十八次主席会议。8月12日在天元商务大厦1202会议室召开。市政协主席孟宪海主持会议。副主席仇景阳、王秀君、王启成、赵爱华、丁成建、杨爱华、杨荣三,秘书长陈相珍出席会议。会议审议通过了《关于加快汤泉旅游区开发建设的建议》和有关人事事项。市政协副秘书长和各委室负责人列席会议。

市政协十三届十九次主席会议。12 月 28 日在天元商务大厦 1202 会议室召开。市政协主席孟宪海主持会议。副主席仇景阳、王启成、颜廷瑞、赵爱华、丁成建、杨爱华、杨荣三,秘书长陈相珍出席会议。会议审议通过了市政协十三届十三次常委会议议程和日程,决定于 12 月 31 日召开市政协十三届十三次常委会议;审议通过了关于召开中国人民政治协商会议第十三届临沂市委员会第四次会议的决定(草案);审议通过了关于拓宽融资渠道破解中小企业资金瓶颈的建议(草案)。市政协副秘书长和各委室负责人列席会议。

市政协十三届二十次主席会议。12 月 31 日在天元商务大厦会议中心多功能厅召开。市政协主席孟宪海主持会议。副主席仇景阳、王秀君、王启成、颜廷瑞、赵爱华、丁成建、杨爱华、杨荣三,秘书长陈相珍出席会议。会议听取了市政协十三届十三次常委会议各组分组讨论情况的汇报。市政协副秘书长列席会议。

【省政协理论学习中心组读书会】 8 月 2 ~ 10 日,省政协理论学习中心组读书会在临沂举行。省委副书记、省政协主席刘伟,副主席乔延春、齐乃贵、王志民、赵玉兰、张传林、李德强、栗甲、王新陆、王乃静,秘书长毕泗生,副秘书长及各专门委员会主任、副主任,省政协机关在职厅级干部及各市政协主席参加读书会。市领导连承敏、张少军、孟宪海、张务锋、徐涛、杜德昌、李洪海、丁凤云、陈留泉、李峰、尹长友、李桂祥、刘彦祥、王晓嫚、左沛廷、仇景阳、王秀君、王启成、颜廷瑞、赵爱华、杨爱华、杨荣三,市政协秘书长陈相珍陪同并出席有关活动。3 日,省政协副主席、党组副书记乔延春就读书会有关问题作说明,会后,与会人员到市区进行了参观;4 日下午,市委书记、市人大常委会主任连承敏介绍临沂市经济社会发展情况,省委副书记、省政协主席刘伟作重要讲话;5 日,召开各市政协主席座谈会,交流贯彻落实中央 5 号文件和省市政协工作会议精神,履行职能、加强自身建设、推进政协事业发展情况;6 日下午,省政协副主席赵玉兰主持会议,中国人民政协理论研究会秘书长原冬平就提高政协工作科学化水平作辅导报告;8 日,与会人员赴费县、平邑县、沂水县考察经济社会发展情况;10 日上午,省政协副主席齐乃贵主持全体会议,省政协副主席、党组副书记乔延春作总结讲话。

【市政协理论学习中心组读书会】 8 月 19 ~ 21 日,市政协理论学习中心组读书会在沂南县举行。市政协主席孟宪海,副主席仇景阳、王秀君、王启成、颜廷瑞、赵爱华、丁成建、杨爱华、杨荣三,秘书长陈相珍出席会议。19 日,市政协副主席仇景阳作动员讲话,沂南县领导汇报沂南县经济社会发展情况;20 日上午,与会领导考察了沂南县经济社会发展情况;20 日下午,市政协主席孟宪海主持召开了县区政协主席座谈会,各县区政协交流贯彻落实中央 5 号文件和省市政协工作会议精神,履行职能、加强自身建设、推进政协事业发展情况;21 日上午,举行全体会议,市政协主席孟宪海作了总结讲话。各县区政协主席、市政协副秘书长和各委室负责人参加读书会。

【调研、视察、考察活动】 2010 年,市政协先后围绕“两型社会”建设、园区经济发展、民营经济和中小企业发展、新型农村养老保险试点、国家基本药物制度改革试点、保障性住房建设、职业教育、服务业发展、土地增减挂钩、城市管理、临沂大学筹建、创建国家卫生城市、“五五”普法依法治理、“科技兴工”、外资利用等课题搞好调研视察。全年共开展调研视察活动 29 次,带课题外出考察学习 8 次,形成建议案 3 个、调研视察报告 15 个。市委、市政府主要领导和有关领导对 7 个调研视察成果作了签批,其中许多意见建议得到采纳落实。

【参与一线工作】 按照市委统一安排,市政协主席、副主席分别参与北城新区开发建设、涑河综合治理、“两型社会”建设改革试点、迎淮检查、城乡环境综合整治、大型综合性农贸市场建设等一线,具体做好指挥、协调、督导工作。特别是围绕创建全国文明城市、国家环保模范城市、国家卫生城市等“一创六建”重点工作、急难任务,包区、包片、包线,指挥协调,真抓实干,许多常委、委员和市政协机关人员积极参与,为“创城”发挥了重要作用。

【提案工作】 政协第十三届临沂市委员会第三次会议以来,共收到提案 481 件,审查立案 446 件。通过采取重要提案呈送市政府领导阅批、市政协领导督办重点提案和带案视察等方式，加大了办复落实力度。至11月，立案提案办复444件，有2件因条件不成熟未予办理。其中，提案所提问题已经落实或正在落实的323件，占72.4％；已列入计划逐步落实的99件，占22.2%；留作参考的24件，占5.4%，委员对提案办理满意率达99%。

【文史宣传工作】 开展了《山东区域文化通览·临沂卷》一书的编辑工作，编纂提纲和样稿已经省政协审查通过。继续开展了《临沂老照片选辑》、《中国兰陵萧氏》的征稿完善提升工作。成立了市政协新闻宣传中心，对全市政协系统新闻宣传工作进行总协调、总调度。加大对外宣传的工作力度，在《联合日报》、《临沂日报》发稿数量明显上升。抓住省政协理论学习中心组读书会在临沂市召开和贯彻落实中央5号文件大检查的契机，围绕发挥专委会基础作用、委员岗位建功、落实中央5号文件的主题，集中开展了3次连续宣传报道，扩大了政协的社会影响。全年共编发《临沂政协》6期、《政协信息》35期、《大事记》9期。

【反映社情民意信息工作】 全年共编发社情民意信息13期，其中，对委员们反映的规范零散工市场、尽快拆迁中石化临沂分公司11号加油站、非法收养的“黑孩子”落户问题等3期《社情民意》信息，市委、市政府领导作了重要批示，相关部门高度重视，认真解决所反映的问题，取得了较好的社会效果。

【理论研究工作】 积极组织“人民政协的政治定位与协商民主的制度设计”、“人民政协工作的创新实践与思考”等研讨征稿活动，在《临沂政协》开辟了主席笔谈等理论研讨栏目，形成了一批较有深度、有分量的研究成果。

【委员联络与管理工作】 切实加强委员管理办法的落实，完善委员管理和日常考核机制，加大对委员平时履职情况的考核力度。强化委员学习、培训、考核和服务，落实发挥界别作用和开展委员小组活动的意见，加强组织协调，搞好综合服务，政协委员主体作用进一步突出。加大对委员宣传报道的力度，利用广播、电视、报刊等媒体，广泛宣传委员在各自岗位上的显著成绩和突出贡献。按照《省政协办公厅关于开展政协委员岗位建功集中采访报道活动工作的通知》要求，经过初审，向省政协推荐了7位委员的典型事迹，较好地宣传了临沂市政协委员在各自岗位上建功立业的先进事迹。

【联谊交友活动】 积极参加全省政协秘书长工作会议、苏鲁豫皖接壤地区21城市政协工作联系会以及周边政协、友好市区政协组织开展的联谊活动。年内共接待外地政协的客人72批、1010余人次，扩大了对外宣传，加强了交流，增进了友谊，进一步提高了临沂的知名度。

【自身建设】 注重发挥各民主党派和无党派人士的重要作用，畅通提案办理、社情民意信息报送、会议发言、民主评议、执法检查等渠道。坚持以专委会联系界别和委员活动小组，鼓励引导各界别委员开展学习研讨、调研视察、扶贫帮困、联谊交流等活动。注重加强对县区政协工作的指导，加强市、县区政协的联动，配合市委对各县区贯彻落实中央《意见》情况进行了检查。注重加强政协机关建设，积极探索做好提案、宣传、文史、理论研究、联谊交友等工作的新途径、新方法。健全完善政协例会制度，改进会议开法，提高会议质量和效率。在学习型、服务型、和谐型、廉洁型机关建设方面取得新进展，机关服务保障水平进一步提高。市政协机关先后被市委、市政府评为城乡环境综合整治工作、全市招商引资服务工作、基层党组织规范化建设工作、公共文明指数测评工作、驻村帮扶工作先进单位等，连续4年保持“省级文明机关”称号。

（杜广福）

中共临沂市纪律检查委员会

【监督检查工作】 加强对中央和省、市“扩大内需促进经济增长”政策贯彻落实情况的监督检查，督促整改存在问题的项目52个。围绕转变经济发展方式、调整经济结构，加强对城镇化战略实施、工业经济提升、县域经济发展、保障改善民生等重大决策落实情况的监督检查。组织开展国有土地使用权出让、土地卫片执法检查问题整改、整治违法排污企业、中小型水库除险加固、农村住房建设和危房改造等专项执法监察，共纠正违法违规问题897个。加强对迎淮检查考核和创建国家卫生城市、全国城市公共文明指数迎评、创建国家环保模范城等工作的效能督查，组织检查120余次，督促整改问题500余个。加大了行政问责力度，对50个单位、71名行政人员进行了行政问责。

【廉政教育和党内监督工作】 组织开展学习宣传《廉政准则》系列教育活动，举办电视知识竞赛，19万余名党员干部参加了知识考试。开展廉政宣誓工作，市、县区直部门1.7万余名中层以上干部进行了廉政宣誓。加强了对党员干部的警示教育，组织市直1600余名副县级以上干部和重点岗位人员，分批到临沂监狱参观接受教育。广泛开展廉政文化“六创建”活动，命名表彰廉政文化“六创建”先进单位299个。积极开展“四项监督制度”学习贯彻活动，认真抓好述职述廉、诫勉谈话、廉政谈话、函询等党内监督制度的落实，将廉政谈话向部门中层和重点岗位人员延伸，对67个市直部门的2100名中层干部和重点岗位人员进行了廉政谈话。积极推进政务、厂务、村务公开及公共企事业单位办事公开，对12个县区和70个市直部门政务公开工作进行了检查考核。

【查处违纪违法案件】 年内全市纪检监察机关共受理信访举报2515件次，立查案件973件，其中大要案277件，涉及县处级干部9人，乡科级干部72人，给予党纪政纪处分1011人，挽回经济损失3800余万元。扎实推进治理商业贿赂专项工作，查办商业贿赂案件97件，涉案金额600余万元。坚持依纪依法、安全文明办案，信访举报、案件审理和案件监督管理工作得到加强，办案质量和水平进一步提高。

【专项治理工作】 认真落实和完善党员领导干部报告个人有关事项制度，全市有3500余名领导干部报告了个人有关事项。加强对公款出国(境)团组、人数和费用的管理，严格审批把关，严格总量控制。加强公务用车管理，规范和改革公务接待制度。深入开展工程建设领域突出问题专项治理工作，查出并督促整改问题2600余个。深入开展“小金库”专项治理工作，查出“小金库”29个，金额346万元。认真落实中央《关于党的基层组织实行党务公开的意见》，党务公开工作稳步推进。深入开展纠风治乱工作，对2007～2009年度各级财政“三农”资金安排使用情况进行了专项检查，查处截留、挪用、克扣强农惠农补贴资金199.4万元。对85个党政机关庆典、研讨会、论坛活动进行了清理。查处学校乱收费金额48.25万元。

【纠风政风行风建设】 在全市部署开展“企业服务年”活动，制定了一批提高行政效能、减轻企业负担、提升服务水平的措施，加强了行政服务大厅管理。扎实推进行政审批制度改革，市级行政许可(审批)项目由466项减少到257项，减幅达45%。组织开展涉企服务专项督导检查，帮助企业解决了一批实际困难和问题。设立全市统一的8960123“马上就办”服务电话，105个市直部门和12个县区的117部“马上就办”电话实现一号接通，进一步畅通了企业和群众的诉求渠道。开展“千家企业评部门”活动，对83家市直部门单位和4386个基层站所行风情况进行了评议，促进了部门服务水平和行政效能提高。不断提升“行风热线”工作水平，市、县“行风热线”全部与报纸、电视、网络等媒体实现互动。严肃查处影响、干扰、破坏发展环境的行为，受理涉及发展环境方面的投诉举报106件，对69人作出了相应处理。纠正医药购销和医疗服务中的不正之风问题46件，集中采购药品价格下降7.65%。查处各类乱检查、乱罚款、乱摊派等损害群众利益案件159件，51人受到纪律处分或组织处理。查处哄抬农资价格、制售假劣农资坑农行为428件。

【制度建设和预防腐败工作】 不断健全完善惩治和预防腐败体系，市委《工作方案》和《工作任务分工》中部署的130项工作任务，已基本完成119项，初步形成了较为完善的、具有临沂特色的惩防体系总体框架。扎实开展“制度创新年”活动，突出重点领域、重点部门、重点环节，健全完善制度3600余项。深入推进科技防腐工作，市和7个县建立了公共资源交易中心。积极开展廉政风险防范管理工作，围绕制约和规范权力运行，按照岗位、科室、单位3个层面，逐一排查廉政风险，制定防控措施，及时有效地解决了一批廉政风险问题。不断加强农村基层党风廉政建设，深入开展了示范乡镇、示范站所、示范村居“三基联创”活动，全市共命名表彰示范乡镇27个、示范站所186个、示范村居365个。临沂市在全国农村党风廉政建设工作座谈会上作了典型发言。积极探索落实党风廉政建设责任制的有效办法，费县在全国学习贯彻《关于实行党风廉政建设责任制的规定》座谈会上作了典型发言。

【纪检监察机关自身建设】 认真贯彻中纪发【2009】9 号、10 号和鲁纪发【2009】32 号文件精神，12 个县区全部制定了加强县级纪检监察机关建设的意见、对派驻机构实行统一管理的意见和加强基层纪检监察体制改革的意见，县区纪检监察机关领导班子得到调整和优化。积极探索派驻机构统一管理后的运行机制，健全制度，规范程序，理顺关系，创造性地开展工作。广泛开展创先争优活动，积极推进学习型纪检监察机关建设。在全市纪检监察机关实行了工作日午间禁酒制度。利用中纪委和省纪委培训基地，集中培训市、县纪检监察机关领导干部 10 期 115 人。

（刘　珂）

民主党派·工商联

【中国国民党革命委员会临沂市委员会】 思想建设。组织全体党员学习科学发展观、和谐社会建设等马列主义的最新理论成果，深入学习中共十七大和三中、四中、五中全会精神。认真学习贯彻民革中央主席周铁农来临沂时的指示精神，广泛开展学习和践行社会主义核心价值体系活动，制定实施方案，印发了学习材料。向全体党员传达学习了民革中央主席在接见临沂民革党员时的重要讲话，并按照讲话要求，掀起学习和践行社会主义核心价值体系活动新高潮。市委荣获民革中央“学习和践行社会主义核心价值体系先进集体”，全省仅有 3 个市委受此表彰。兰山支部获得民革山东省委“学习和践行活动先进集体”，王启成、夏昭凤、李桂荣、刘颖被评为先进个人。市委组织参加了民革省委为庆祝民革省级组织成立 60 周年的书画摄影展，并荣获优秀组织奖。市委于 12 月 24 日举办了新党员培训班，11 名新党员参加了培训，副主委王学斌、李绿沂作了专题辅导报告。继续做好《团结报》征订工作。2010 年度民革临沂市委《团结报》的征订率居全省第一位，成为 3 个受省委表彰的市委之一。

组织建设。党员中全国人大代表 1 名，市政协委员 15 名（其中市政协副主席 1 名，市政协常委 3 名），区政协委员 14 名（其中区政协副主席 1 名，区政协常委 4 名），区人大代表 1 名。年内共发展新党员 11 名，平均年龄 37. 8 岁，本科以上 10 人，占 91%，研究生 3 人，高中级以上职称 8 人，公务员 2 人，其中副县级领导干部 1 人。临沂民革党员发展至 110 人，分布在政府机关、文化科技、教育卫生、经济交通、企业等界别。

继续开展基层组织建设“规范化创建”活动，加强和巩固基层组织建设成果，创新性的提出了围绕“党员素质显著提高、规章制度比较健全、档案管理规范有序、活动场所配套齐全、凝聚力与活力明显增强、团结和谐而积极向上”6 个目标抓创建，使支部规范化建设上了一个新台阶，为全国、全省基层组织建设提供了经验。3 月 25 日，民革中央主席周铁农、副主席何丕洁视察了师院支部、罗庄支部办公活动场所，对市委在基层组织建设方面做出的成绩、取得的突破给予充分肯定。11 月，罗庄支部被评为民革全国先进基层组织，师院支部主委李桂荣被评为民革全国基层工作先进个人。《团结报》于 7 月 10 日的头版刊登了罗庄支部的经验做法。开展创建活动以来，支部的会议、活动质量和水平有了较大的提高，党员参与活动的积极性也更加踊跃，党员赵桂秋代表民革承办了全市各界人士仲秋联谊会的节目演出，受到了与会领导的好评。赵桂秋、李光彩、王建芹被评为民革山东省优秀女党员。王志伟、马晓春、于康平、刘颖、夏昭凤、赵桂秋、刘田义、李光彩、刘东利、隽立峰被评为民革山东省委优秀党员。

参政议政。围绕中共临沂市委、市政府工作中心，把事关经济社会发展的重大问题作为参政议政重点，取得了丰厚成果。在市政协十三届三次会议上，向市政协会议提交集体提案 10 个，个人提案 30 个，所提提案均被立案。其中市委集体提案《关于争取把临沂东部县区全部纳入半岛蓝色经济区的建议》再次被大会评为一号提案。民革市委已连续 4 年获市政协一号提案。按照民革省委的部署，在民革全体党员中开展了“参政能力建设年”活动，组织开展了多项社会调研。8 月，参加了民革省委“关于加快推进我省小城镇建设”的调研。9 月，市委组成调研组先后到胶南、邹城、宿迁、沂水、莒南、平邑、费县及市直 6 个职能部门进行深入调研，形成了《山东省县域经济‘转方式、调结构、促发展’的建议》，被民革省委选中，在省政协会议上作了大会发言。在此材料的基础上，结合临沂市实际情况形成了《关于大力推进县域经济“转方式、调结构、快发展”的建议》，由副主委王学斌在市政协十三届四次会议上代表民革市委作大会发言。向中共临沂市委提交的《“十二五”规划和2011年政府工作应强化县域经济发展扶持政策和工作措施的建议》，得到了中共临沂市委的充分肯定，批示给市委办公室全文转发。12月，先后到沂水、莒南、临沭和市直有关部门，开展了临沂市农村新能源开发利用情况调研，形成了《加快临沂市新能源开发利用》的调研报告，得到了市领导的高度评价并签批办理。各支部也根据各自情况开展了一系列调研活动，科技支部赴九间棚调研，对旅游区建设开展了技术咨询、规划指导和设计服务，提出了《关于九间棚旅游项目开发建议》的建议。

社会服务。市委把“高效生态农业富民工程”作为社会服务活动的品牌工程。3月24日，承办了民革省委“高效生态农业富民工程”沂南县现场会。全国人大常委会副委员长、民革中央主席周铁农，全国政协常委、民革中央副主席何丕洁，省人大常委会副主任温孚江，省政协副主席、民革省委主委李德强及农业部、国务院扶贫办、科技部，中共山东省委统战部、民革山东省委常委、中共临沂市委、市人大、市政府，沂南县委、县政府等300多人出席会议。周铁农对民革市委会在“秸秆生物反应堆技术”推广方面的工作给予了充分肯定，认为民革临沂市委以推广“秸秆生物反应堆技术”为切入点，实施“高效生态农业富民工程”，取得了很大成绩，总结出一些新的思路和做法，值得研究和推广。周铁农、何丕洁、李德强、麦康森等领导分别为“沂南县有机蔬菜示范基地”和“罗庄区册山有机草莓示范基地”授牌。会后，民革菏泽市委、德州市宁津县均派考察团来临沂市实地考察学习。“秸秆生物反应堆技术”的基地建设有了新发展。年内，社会服务委员会组织有关县、区农业蔬菜部门和示范企业，赴济南现场观摩，请专家来临沂现场培训1000余人次。在沂南、罗庄、费县新增7个示范基地，并为罗庄、费县、河东争取到省财政支持资金60万元。各支部和广大党员发挥专业优势，在帮扶弱势群体、开展科技文化卫生“三下乡”等方面开展了多项活动。师院支部、市直二支部发挥教师较多的优势，积极开展教育下乡活动；罗庄支部、兰山支部认真做好联系村的帮扶工作；科技支部为平邑县九间棚村生态旅游开发和新农村建设提供多次技术服务；市直二支部在重阳佳节前夕到南坊柳青苑社区开展“九九重阳 相约健康”的大型义诊活动，为社区老人免费查体，建立了健康档案；市直支部组织律师到兰山区宋王庄社区开展了法律咨询活动；市直支部、市直二支部分别于4月24日、25日赴沂水天上王城、蒙山考察了临沂市旅游资源开发情况。11月中旬市委及时向蒙阴县的“中山希望小学”送去取暖煤，连续第11年为“中山希望小学”献出爱心。

建功立业。主委王启成被评为山东省建筑设计大师，副主委王学斌被评为中青年学术骨干、山东省优秀青年知识分子，支部主委贾庆东获“山东省优秀注册结构工程师”称号，冯尚彩被评为沂蒙首席专家，常连春援川工程荣获绵阳杯优质工程奖，并获临沂市援川办嘉奖，李琳发现世界首报染色体异常核型6例，并被评为中国优生协会医学遗传学专业委员会副主任委员。招商引资工作有了新进展，党员刘东利引资的青岛利方电子精密模具厂，总投资1.2亿元，预计实现年销售收入1.1亿元，已竣工投产。王志伟成功引入了北京客商投资2.6亿元建设的罗庄区食用菌工厂化生产基地和投资1.2亿元的罗庄区玻璃深加工厂，为区域经济发展贡献了力量。

（刘　静）

【中国民主同盟临沂市委员会】 思想建设。采取多种形式组织盟员认真学习邓小平理论、“三个代表”重要思想，深入贯彻落实科学发展观，认真学习中共十七大、十七届五中全会、民盟十大精神。2010年，盟市委共召开主委会议20次、全委及全委扩大会议9次，各基层组织开展各种形式的学习会议和考察活动30余次，举办入盟积极分子培训班3次、新盟员座谈会1次、盟的领导骨干培训班1次等，组织盟员学习盟章、盟史。年初，响应民盟中央的号召，组织全体盟员观看电视剧《民主之澜》，重温民盟的光荣历史和优良传统，以及民盟同中国共产党肝胆相照、荣辱与共的奋斗历程。切实转变思想，转变盟务工作方式，把开展树立和践行社会主义核心价值体系活动与贯彻落实民盟山东省委八届十七次全委（扩大）会议精神相结合，组织盟员学习社会主义核心价值体系相关理论文件和主委温孚江讲话精神，盟务工作呈现崭新局面。

组织建设。落实盟中央“人才兴盟、人才强盟”战略,努力做好组织发展工作。盟市委对基层组织进行了重新设置,按照同一区划、同一系统、同一单位、同一类型等对基层组织的盟员进行了重新划分和调整。全市有兰山区、罗庄区两个基层委员会,文化艺术、教育、卫生、大学4个总支部,河东区、经济一、经济二、科技4个直属支部和学习与宣传、基层组织、参政议政、老龄、经济与社会联络5个工作委员会,盟员318人。盟员中有省政协委员1人;市人大常委1人、代表2人,市政协常委5人、委员31人;县区人大代表5人,政协副主席2人、常委6人、委员13人;副县级以上领导干部8人,科级干部23人。盟员分布在全市文化、教育、科技、卫生及经济等行业的70多个单位,中级以上专业技术人员255人,平均年龄47.3岁。

参政议政。紧围绕中共临沂市委、市政府中心工作,围绕经济建设和社会发展中的重点、热点和难点问题,发挥盟组织整体作用,调动盟员积极性,深入调查研究,提出了许多有见地、有价值的意见和建议。盟市委负责人先后参加了中共市委、市政府、市委统战部召开的民主协商会、座谈会、情况通报会,就经济运行情况、政府工作报告、重大问题决策等有关问题提出意见和建议,很多被采纳。在市政协十三届三次会议上,盟市委共提出集体提案3件,盟员委员个人提案39件,内容涉及经济工作、文化教育、城市规划、市政建设、环境保护、社会治安、廉政建设等多个方面。其中《关于发展动漫科技产业,促进临沂市经济发展的建议》被列为2号提案,送市文化广播新闻出版局承办,被市政协评为优秀提案。在市人大第十七届三次会议上,盟员代表撰写了《尽快筹建临沂大学科技研发园区的建议》、《发挥大学科技优势,服务临沂市经济发展的建议》和《关于加快信息化建设,预防网络犯罪,提高信息安全的建议》,均被市政府列入承办计划并收到了办理反馈意见。三区支部在年初召开的三区政协会议上,提出集体提案8件,个人提案22件。把开展调查研究作为工作重点,要求各支部、每位市政协委员都要开展1项调研工作,2010年重点开展了关于在全市建设动漫产业园区促进临沂市动漫产业发展的调研和沂蒙民间音乐研究的调研。

社会服务。民盟临沂市委各基层组织和盟员采取各种方式进行社会服务、捐资助学。年初会同市政协、市科协,赴河东区汤河镇西洽沟社区开展送“文化、科技、卫生”三下乡活动,就育种栽培、植物保护、疾病预防、科技知识等方面的问题开展咨询服务,盟内10余位医疗卫生专家为当地300多名群众进行了免费诊断,盟员企业康源医药集团捐赠了价值10万余元的药品。在开展关于鲁南弦子戏调研以及临沂市民间音乐调研的基础上,联系其他党派和相关单位,成立临沂市沂蒙民间音乐研究会,主委刘继双担任名誉会长,多名文艺界盟员担任骨干。3月,发挥盟员从事书画艺术人才众多的优势,成立同盟书画院,以书画院为平台开展大量卓有成效的社会服务活动。年内分别在新波浪动漫科技有限公司和大伟园艺有限公司开展送文化下企业活动,受到企业员工欢迎。书画院女画家积极参加了市妇联组织的纪念“三八国际劳动妇女节”一百周年书画笔会和书画展,扩大了影响。书画家们响应市委、市政府号召,参加为青海玉树灾区和舟曲灾区献爱心行动,积极踊跃捐献书画作品。关注教育事业及弱势群体。在临沭蛟龙镇新华小学捐建“民盟书屋”,为盟市委建立的第2所“民盟书屋”。为构建“民盟书屋”,共出资10万余元,购置图书5000余册,与新华小学建立了长效合作机制。“爱心助残日”期间,带领河东区支部全体盟员到市聋哑学校慰问残疾儿童,送去价值几千元的图书、教学设施、体育用品等。加强与周边地市盟市委交流合作,宣传大美临沂。9月25~28日,举办了民盟苏鲁豫皖十四城市机关工作暨秘书长联席会议。会议期间带领与会人员参观考察,宣传“大美临沂”,展示了沂蒙老区盟组织在组织发展、参政议政、社会服务等各方面的成果。

(刘　蕴)

【中国民主建国会临沂市委员会】 思想建设。2010年,民建临沂市委开展加强自身建设、“弘扬民建优良传统,努力践行社会主义核心价值体系”和“追思、学习孙起孟”等系列学习活动。组织会员认真学习中共十六大、十七大和本会九大精神,学习中共的路线方针政策和国家法律法规,学习时事政治、统一战线和多党合作理论、会章会史,研读《社会主义核心价值体系学习读本》《六个“为什么”——对几个重大理论问题的回答》等书目,增进会员理论认知水平,提高参政议政能力。

组织建设。全年新发展会员9人,至年末共有会员132人,平均年龄42岁。其中大专学历43人,本科学历80人,研究生8人,本科以上学历占67%;中级以上职称88人,占67%;市人大代表1人,各级政协委员44人。启动争创省级"规范化支部活动室"活动。根据工作需要调整了市直一支部、兰山支部负责人。举办重阳节座谈会和新会员培训班。选派7名支部负责人参加全市各民主党派基层组织负责人培训班;推荐3名会员到中共市委党校第13期党外干部培训班学习。结合庆祝中国民主建国会成立65周年,民建中央、省、市分别表彰了一批优秀会员和先进基层组织,张剑群获"全国优秀会员"称号;杨国荣、鲁凤霞、赵峰、张继胜获"全省优秀会员"称号,罗庄支部获"全省先进基层组织"称号;王坤等24名会员获"全市优秀会员"称号,市直二支部等2个支部获"全市先进基层组织"称号。

参政议政。工作中充分调动会内人大代表、政协委员参与调研的积极性,围绕临沂市经济建设和群众关心的热点、政府工作的重点、社会存在的难点等问题,围绕"转方式、调结构、惠民生、保稳定"主线,积极开展调查研究,认真反映社情民意。在市政协十三届三次会议上,共向大会提交提案35件,其中党派提案6件,个人(含联合)提案29件,《关于创建北城新区最佳人居环境,促进人与自然和谐发展的建议》的党派提案被评为市政协优秀提案。社情民意信息《路口擦车好危险 强行服务谁来管》受到市政府领导重视,发表在临沂市政协《社情民意》第13期上。

社会服务。庆祝中国民主建国会成立65周年,举办了"沂州集团杯兰亭集萃"书法邀请展。民建山东省委主委郭爱玲,秘书长李旭茂,副市长王晓媛,政协副主席、民建市委主委丁成建,中共临沂市委统战部部长李发智,常务副部长李海宁等出席。举办"魅力北城 激情盛夏,《唱响乡村——走进北城新区》暨天汇学校建校十周年大型红歌会",丰富市民文化生活。组织会员为西南旱区及玉树地震灾区捐款82万余元。罗庄支部中秋节到罗庄区花埠圈村走访慰问老革命。河东支部聘请农业专家到河东区汤头街道田间地头为大棚种植户传授蔬菜种植技术。全年民建市委组织捐款捐物、扶贫捐助35次115.465万元;科技、文化、法律、医疗等支援"三农"25次,农民参加人数达6687人;发动会员企业安置就业人员4904人。

机关建设。2010年,结合工作实际,创办《临沂民建》信息,及时向广大会员传达民建中央、省委和市委各项决议及会议精神。向民建山东网、《山东民建》、《临沂统战信息》报送各类宣传稿件37件,其中《临沂日报》刊发1篇,民建山东网及《山东民建》刊发9篇,《临沂统战信息》刊发3篇。5月,接待民建省委主委郭爱玲、秘书长李旭茂来临沂市调研;7月,接待民建省委社会服务部部长周昌荣、宣传部部长谷莎丽来临沂市采访。

(耿珊珊)

【中国民主促进会临沂市委员会】 思想建设。认真贯彻学习中共十七届五中全会、中共山东省委、民进山东省委和中共临沂市委的会议精神,学习中共中央《关于进一步加强中国共产党领导的多党合作和政治协商制度的意见》和《关于加强人民政协工作的意见》。民进市委主要负责人参加了中共临沂市委及统战部组织的学习。以民进成立65周年为契机,开展树立和践行社会主义核心价值体系活动,努力建设学习型参政党市级组织;以争创先进地方组织、基层组织和加强机关建设为抓手,积极履行职能,加强自身建设,各项工作取得新进展。

组织建设。市委会下设3个总支、16个基层支部、1个书画委员会,现有会员270人。其中副厅级领导干部2人,县级领导干部7人(包括学校3人),科级领导干部20人(包括学校等7人);省政协委员1人;市人大代表3人,市政协委员22人;区政协委员26人,区人大代表4人;县政协委员2人,县人大代表1人,会员涉及社会各行各业。

参政议政。在山东省政协第十届四次会议上,副主委李红婷提交提案3篇,其中,提案《关于推进山东基础教育均衡发展的建议》、《中小学教育资源向社区开放的建议》等被山东电视台进行了新闻报道,并在《山东法制报》刊登。"两会"期间,临沂民进会员共提交议案、提案99件,其中市级议案3件,市级提案41件(集体提案9件),区级议案7件,区级提案48件,均较好的采纳和落实。民进市委提案《关于继续提升城市管理水平的建议》、《关于建设和谐美丽家园,依法促进城市小区内业主委员会成立的建议》等得到各级和各有关部门的好评;民进市委提案《关于大力推进临沂市义务教育均衡发展的建议》、会员葛希玲撰写的提案《加快推进和完善社区养老保障机制的建议》、会员金秋撰写的提案《关于进一步改善临沂市旅游环境的建议》获优秀提案奖。年内民进临沂市委组织了《我省实施素质教育的体制性障碍与政策性建议》和《农村水污染

现状堪忧 综合治理机制亟待加强》2 个专题调研课题,课题已完成前期调研工作,拟形成调研材料报相关部门及领导。市委会负责人多次参加中共临沂市委、市政府、市委统战部等部门举办的协商会、通报会、座谈会,就市政府工作报告、市有关领导人选等问题参与协商。许多意见和建议得到中共市委及有关部门的好评和采纳。会员中的各级人大代表、政协委员以及各类特邀人员,积极参加人大、政府和政协等部门组织的视察、检查、调研和座谈活动等,就"转方式、调结构"、节能减排等问题进行调研和视察督导,促进了相关问题的解决,发挥了参政议政、民主监督的作用。

社会服务。积极开展帮困助学活动。民进市委组织人员参加了连续多年在沂南县孙祖镇开展的"爱心助学"活动,结对资助 1 名贫困生供其完成 9 年义务教育;民进会员、神墨集团董事长李绵军在贵州向安龙县学校捐助了一批价值 1.5 万元的助学物资;兰山总支组织、会员吴云鹏资助购买了肉、油、米、面等食品走访枣沟头敬老院;临沂国际天使特教学校校长、会员王军微多次组织服务社会爱心助教活动,捐款捐物折合人民币 6 万余元;市委会副秘书长葛沂静及民进会员、远大职业学校校长胡发伟等代表民进市委和远大职业学校将两车火腿肠、牛奶、大米送到费县薛庄镇敬老院 200 多位孤寡老人手中,对敬老院的各项设施进行现场察看;民进会员、正元石蜡有限公司董事长李福席继续资助胡阳镇 10 户贫困孤寡老人和镇中学 11 位贫困学生。青海玉树地震期间,民进市委会员积极组织募捐活动,捐款捐物 4 万多元。继续关注"留守儿童成长工程"。会员王勇基以其创办的山东郯城县大唐学府为基地,立足县城、面向农村、关注留守儿童,学府创办以来,得到了社会广泛关注和良好评价。会员王军微以在河东区创办的天使国际特教学校为基地,现接纳智障、脑瘫、孤独症等各类残疾儿童 1000 余名,大大减轻了全国各地残疾儿童带给家庭和社会的负担。民进市委还开展了其他的社会服务活动,如教师节、重阳节、三八节考察活动,基层总支、支部送文化下乡活动,书画委员会多次到基层乡镇献爱心活动。

建功立业。至年底,民进会员分别在国家级、省级等刊物上发表论文 60 余篇,获得国家级荣誉奖项 5 次,获得省市级荣誉奖项 40 余次。民进师院总支承担国家社会科学基金项目 1 项,教育部研究项目 2 项,省级研究项目 5 项,市级研究项目 9 项,学校课程与学术创新项目 20 项。

(葛沂静　李增芳)

【中国农工民主党临沂市委员会】 思想建设。农工党市委把思想建设作为活动重点,积极开展"树立和践行社会主义核心价值体系"的专题学习教育活动,组织全体党员认真学习邓小平理论、"三个代表"重要思想及科学发展观,深入学习十七届五中全会精神,对中共中央国务院重大会议、重要精神,市委会共召开 3 次市委扩大会进行传达、学习,增强了全体党员自觉接受中国共产党领导的自觉性。以建党 80 周年为契机,组织市委、各支部系列庆祝活动及纪念大会的相关事宜,回顾了中国农工民主党 80 年发展的光辉历程,总结了各项工作取得的成绩,创刊第一期《沂蒙前进》杂志,制作了《伟业映千秋》农工党临沂市委成立 15 周年纪念光盘。组织党员开展党史、党章的学习教育,在三八妇女节、五一劳动节、九九重阳节、国际劳动节等组织了爱国教育活动。

组织建设。农工党临沂市委现下设 1 个总支,11 个支部,共有党员 276 人,其中大学以上文化程度的 172 人,占 62%。中高级技术职称的 242 人,占 88%,医药卫生界人士 137 人,占 50%,年内新发展党员 19 人,其中大学以上学历者 12 人,中高级技术职称者 5 人,医药卫生界人士 6 人。为加强对入党积极分子、新党员的培养教育,5 月底举办了 2010 年新党员培训班,11 月组织新党员参观考察了上海世博会。建立健全各项制度,积极实施《农工党临沂市委基层组织考核标准》,使基层组织建设更加制度化、规范化。4 月,兰山总支一、二、三支部分别进行了换届,选举产生了新一届支部班子,为基层支部班子充实了新鲜血液,增强了班子的活力。党员在各自的工作岗位上做出了积极的贡献。许多党员被评为教学能手和科技拔尖人才。有 2 个支部被农工党省委评为先进集体、13 名党员被农工党省委评为先进个人,2 名党员被农工中央评为先进个人。

参政议政。农工党员在十三届三次市政协会上,共提交提案 56 件,其中集体提案 7 件,个人提案 49 件,市委会提案《关于依托商城发展工业 提高市场地产品占有率的建议》被列为前十号提案。提交的社情民意信息《关于在全市推行"禁酒令"的建议》、《非法收养"黑孩子"落户问题应引起重视》受到了中共临沂市委、市政府领导重视。

社会服务。推动新农村建设,支持农村医卫发展。3月9日,农工党市委为河东区刘店子乡树沂村建立村级卫生室并捐赠1万元现金用于购置医疗器械和药品,为解决刘店子乡树沂村村民看病难、看病贵、看病不出村,提高全村百姓健康水平做出了贡献。扶残助残。5月15日,组织医药卫生界30多名专家到临沂天使学校、特教中心为免费学校近600名残疾儿童,建立健康档案进行健康查体,并和师生们进行了交流互动。农工党市委已连续10次组织此项活动,并把此项活动列入今后每年固定的工作计划。六一儿童节献爱心。6月1日,为配合"中国环境与健康宣传周活动"开展,农工党临沂市委来到郯城县马头镇中心小学宣传环境与健康方面知识,并向学校捐赠了价值1万余元的学习和书籍。关爱夕阳红系列义诊活动。重阳节来临之际,市委会分别和兰山总支、河东支部及部分党员到敬老院进行走访慰问,针对偏远乡村农民存在看病难看病贵问题,10月10日,市委组织医务专家来到郯城县马头镇开展送医下乡活动。参加义诊的30余名农工党员中包括内科、外科、妇产科等专家,为群众开展了包括量血压、心电图、B超等内容的体检,以及常见病预防,耐心解答村民的病情询问,并给患者提出治疗方案,让农民科学治病、规范治病。专家们还当场提出相关就诊意见,开出治病处方,免费发放2000多元的药品,深受当地农民群众欢迎。第二十二届中国"国际与科学和平周"义诊活动。11月6日,配合中国"国际科学和平周"活动二十二周年"绿色、低碳、健康、和谐"的主题,组织市区各医院内科、外科、妇科、皮肤科、法律咨询、农业科技等13位专家带着血压计、心电图机、B超机等仪器到沂水县杨庄镇西孟母村为村民免费义诊、发放药品,共免费义诊600余人,发放价值2000多元药品30余种,发放宣传册600余份,并组织党员为该社区幼儿园的每个孩子赠送了书包、文具盒、彩色笔等学习用品。各基层组织也分别按照市委会的要求开展下乡扶贫、义诊、医疗宣传讲座等,国际科学和平周活动丰富多彩,受到了农工党省委好评。

【九三学社临沂市委员会】 思想建设。2010年,社市委按照社中央工作精神和市委统战部以及社省委工作部署,以树立和践行社会主义核心价值体系,深化坚持走中国特色社会主义道路学习教育为主题,认真贯彻落实中共十七届五中全会精神,加强自身建设,积极履行职能,各项工作取得新进展。以提高社员队伍素质为切入点,加强思想建设。确立了建设"特色九三、品位九三"的目标定位,深入开展社会主义核心价值体系的学习教育活动,进一步统一了社员思想认识,提升了思想政治水平。认真做好理论调研宣传和信息工作。从建立健全理论调研宣传和信息工作机制入手,建立了信息联络员队伍,初步形成了调研宣传信息工作的有序运作机制。社市委获全市统战信息工作三等奖。

组织建设。巩固社组织建设的基础地位,增强组织的活力与凝聚力,全年共发展社员9名。全市共有社员110名,其中高级专业技术职称者占80%,社员结构不断优化。市委会健全组织生活制度,丰富组织生活。坚持每月至少组织1次社市委领导班子学习、每季度至少组织1次支社负责人学习。丰富组织文化生活,先后举办文体比赛,参观市科技馆、上海世博园,为社员查体,坚持重大节日走访慰问老社员等大型活动。加强机关思想、作风、制度建设,提高整体素质和办事效率。以提高机关办事效率和服务水平为切入点,新推出了"及时请示汇报,及时上传下达,及时服务实施,及时联络沟通"的机关人员工作四准则。

参政议政。围绕中心、服务大局,进一步提高履行职能的水平。积极参与政治协商,围绕重大问题建言献策。围绕市委、市政府工作重心,提高提案质量。"两会"期间,社员中的政协委员、人大代表积极建言献策,共向大会提交提案36件、议案4件。其中,以社市委名义向大会提交提案4件。充分发挥社内人大代表、政协委员、政府任职成员和特邀人员的作用,积极参加各类专题研讨座谈会、情况通报会,围绕"大临沂、新临沂"的建设,提出了许多建设性的意见和建议。

社会服务工作。"助贫复明、光明沂蒙"活动深入开展。先后在河东、郯城、平邑、莒南、沂南等5个县区开展了义诊活动,共为16790名眼疾患者免费义诊,为610名白内障患者、936名眼病患者实施了免费手术,支出扶贫资金370多万元。圆满完成了九三学社中央"亮康行动"在全国的实施工作。由鲁南眼科医院专家组成的医疗队先后赴贵州威宁、内蒙古锡林郭勒盟太旗,共为664例白内障患者免费实施复明手术。社市委被社省委授予"2007～2010年度社会服务工作先进集体"称号,社员高富军受到了社中央表彰。罗庄支社被九三学社中央授予"优秀基层组织"称号,罗庄支社主委武玉芹被社省委授予“社会服务先进个人”称号。“百名专家企业行”活动成功启动，副省长、九三学社省委主委王随莲出席启动仪式。

（郑茗月）

【致公党临沂市支部委员会】 2010年，中国致公党临沂市支部委员会共有党员36名，平均年龄36岁。具有侨海关系的22人，占总人数的61%。支部党员中任各级人大代表、政协委员有8人，其中省政协委员1名，市人大代表1人，市政协委员5人（常委2人），县区政协委员2人。担任临沂市各有关部门监察员、监督员、行风评议员4人。

组织建设。定期开展党员组织生活制度。支部坚持每月开展一次组织生活，到会率不低于90%，定期组织专题学习会，党小组学习会，个人自学活动，组织讨论会等多种学习活动。制订年度工作计划和做好年度工作总结制度，并把计划和总结及时上报省委会和中共市委统战部。做好组织发展工作。根据《中国致公党章程》有关规定，全年度共发展党员3人，平均年龄33岁，均具有大学本科及以上学历。创新组织活动形式，支部于10月底举办了全体党员参加的趣味运动会，丰富了党员业余生活、增强了党组织活力。

参政议政。积极参与政治协商，建言献策，加强提案工作。致公党临沂支部组织人员多次参加中共临沂市委、市政府召开的协商会、征求意见会、情况通报会，就政府工作报告、涉及经济社会发展的重大问题进行协商讨论，提出意见建议。担任各级特约监督员和行风监察员的党员，在行风评议、党风廉政建设、效能检查督查、价格听证等工作中，提出了合理的意见建议。在“两会”期间，利用人才优势，精心组织，向市政协十三届三次会议提交了《关于发展低碳经济、倡导低碳生活，在临沂尽快建设一条太阳能路灯示范街的建议》、《关于以临沂历史名人命名小涑河桥梁的建议》、《关于加强临沂市涉侨部门联系，促进侨务工作发展的建议》等3件集体提案，党员中的人大代表和政协委员提交了《关于在三河口修建大桥的建议》、《关于解决临沂市中小企业融资难问题的建议》、《关于加大农村教育投入，实现城乡教育均衡发展的建议》、《关于发展有机农业食品，推进临沂市农业产业化进程的建议》、《关于进一步推进临沂市分户供暖的建议》、《关于加快临沂市新型农村合作医疗制度的建议》、《关于切实加强学校周围小食品管理的建议》、《关于发展临沂市婚庆市场的建议》、《关于临沂大学科技研发园区建设的建议》、《关于充分发挥大学科技研发优势，服务临沂市经济发展的建议》等提案10件，均得到了承办单位的重视及认真办理。其中《关于发展低碳经济、倡导低碳生活，在临沂尽快建设一条太阳能路灯示范街的建议》被列为重点提案，市长张少军作了重要批示，市住建委根据所提建议，在新华一路和算圣巷两条街道安装了200余盏太阳能路灯，提案得到较好落实。作为省政协委员，主委薛平在省政协十届三次会议上提出了在《全省范围推广使用太阳能路灯的建议》受到有关部门的关注和落实。

社会服务活动。积极开展社会服务和为侨服务工作。捐资助学，扶贫帮困。6月22日，致公党临沂支部爱心图书室在费县胡阳镇格田光彩小学举行了揭牌仪式。市委统战部部长李发智，致公党临沂支部主委薛平，费县县委副书记高振凯，县政协副主席、县委统战部部长刘吉利出席揭牌仪式。共捐赠图书3000余册，价值5万余元。8月20日，支部在香港建明集团的支持下捐资3万元，对临港经济开发区的10名优秀贫困大学生进行了资助。发挥“侨”、“海”特色，积极开展海外联谊工作。6月，台湾致公党有关负责人来临沂市，就有关投资意向到兰山区、经济开发区等地进行了参观考察，促进了临沂市的招商引资工作，加强了两岸致公组织和党员之间的联系与沟通。支部号召全体党员发挥专业特长，积极开展社会服务工作。医务人员深入社区开展医疗咨询服务和送医送药活动，教育界党员结合自身专业举办各类教学讲座，法律工作者积极开展法律咨询等社会服务活动。有亲友在海外的党员充分利用电话、贺卡、视频聊天等多种形式向海外亲戚朋友宣传中国共产党的方针政策和中国致公党的纲领，联络爱国及乡情，做好招商引资工作。

（张星卫）

【临沂市工商业联合会】 以“转方式调结构”、“实现三个更大作为”作为年度思想政治工作主题，研究制定了学习制度和学习计划，通过召开执常委会议、座谈会、主席办公会等形式，组织学习活动。教育引导与扩大宣传相结合。在机关刊物《临沂工商界》、临沂商会网站开辟了“专题报道”、“企业家专访”等专栏，对非公人士进行宣传推介；与《山东经济导报》联合，对市县乡三级工商联、直属商会和

100家重点民营企业进行宣传报道。教育引导与培树典型相结合。"三八"节期间,开展了"巾帼创业之星"、"市工商联主席(会长)贤内助"评选表彰活动,对30名女企业家以及100名会长贤内助进行了表彰奖励。把教育引导与光彩事业相结合。开展"感恩行动、回报社会"活动,积极与"三老"(老党员、老战士、老模范)结对子,通过贷款、捐物等方式,帮助解决"三老"家庭和生活方面的困难。在市工商联直属商会庆"七一"文艺晚会上,开展了商会会员慈心一日捐活动,募集捐款40余万元,建立了商会光彩基金。12月14日,市委、市政府依托市工商联成立了临沂市创业促进会暨YBC临沂创业办公室,全市18家民营企业捐出扶持创业资金860万元,得到社会各界的充分肯定。广大会员企业为甘肃舟曲、玉树地震灾区捐款捐物近4000万元,潮汕商会常务副会长陈伟强捐资40万元,在费县、莒南各建光彩学校1所。

组织建设。加强县乡工商联建设,4个县区为工商联改善了办公场所,3个县区增加了办公经费;在全市推广罗庄区各乡镇商会之间建立资源共享、信息互通、优势互补、困难互助、活动互邀、典型互学、经验互享、联谊互动的8项工作机制。加强行业商会建设。在全市工商联系统开展"行业商会建设年"活动,新成立了市工商联鞋业商会、家具商会、临沂温州商会、糖酒商会郯城分会,市工商联直属商会(协会)达22个。新成立行业商会达12个。市县乡三级工商联共有行业(异地)商会、协会131个,其中市工商联所属22个。加强会员队伍建设。全市新发展会员1371个,其中企业会员1357个,个人会员12个,集体会员2个。搭建部门合作平台。先后与市质监、工商、公安、民航、城管执法等部门组织召开了"促进民营经济健康发展"联席会议,为近100家民营企业解决了前置审批、治安环境、质量监督等具体问题。搭建资金融通平台。市工商银行、民生银行、农村合作银行、华夏银行等分别以市工商联直属商会为平台,下达授信额度,每个商会各获额度2~3亿元。其中民生银行计划为各行业商会授信20亿元,全年完成10亿元。搭建教育培训平台。联系、协调10所高校、科研院所分别与16家民营企业签订了技术、产品和管理创新合作协议,先后与山东立人管理培训学校、北京大学工商管理总裁班联合举办了"电子商务知识专题讲座"、"品牌策划与产品创新"专题培训班。与北京大学联合开办了"MBA硕士研究生班",全年完成了2批次、200名民营企业家的教育培训。搭建交流合作平台。组织民营企业130余人赴上海参观了世博会,到浙江等地进行了商务考察,参加了在安徽阜阳举行的第四届淮海经济区20城市工商联协作联席会议;与南通、阜阳两市工商联建立了友好商会;接待了浙江省工商联、内蒙古锡盟总商会率民营企业家的来访。完成了首届中国(临沂)市场博览会的招商招展任务,完成招商招展摊位300余个。搭建招商引资的平台。帮助直属会员企业东都经贸有限公司引进福建绿潮集团投资5000万元建成了3万多平方米的食品加工基地项目;帮助翔宇集团与上海文汇集团促成汽车合作项目,文汇集团投资5亿元成功收购翔宇集团汽车股份。

非公党建工作。6月,市委依托市工商联成立了市非公经济组织党工委。党工委成立后,整合原直属机关党委资源,强化工作指导。市工商联作为牵头单位,协调市经信委、国地税、工商局、台办等各委员单位,对全市非公经济组织党建情况进行了调查摸底,掌握了非公经济组织党组织建设以及归属关系等基本情况。对上规模非公企业做到党组织全覆盖,规模以下非公企业做到应建必建;仅有个别党员或党员分散、流动性大的商贸流通企业,按照就近、就地、就便的原则,把党员联合在一起组建支部。市非公经济组织党工委直接管理非公企业党组织21个,党员164名。以"推动加快经济发展方式转变,促进企业实现科学发展"为主题,围绕"组织创先进、党员争优秀、企业有发展、职工得实惠"的目标,在非公经济组织党组织中开展创先争优活动。组织各县区非公经济组织党工委赴潍坊市青州市、东营市河口区等进行了考察学习。11月,山东电视台、临沂电视台分别派出记者对临沂市非公经济组织党工委进行了采访,并在"新闻联播"节目中以"开展创先争优、促进非公经济发展"为标题予以报道。

群众团体

临沂市总工会

【概况】 2010年,全市共建立工会组织9939个、发展会员973128人,专兼职工会干部33314名,其中基层以上2300名。各级工会围绕市委、市政府中心工作，把推动经济发展方式转变和经济结构调整作为首要任务，注重依法维护职工合法权益、巩固发展和谐劳动关系，不断提高工会组织的工作能力和服务水平。临沂市工会主动作为、努力推进转方式调结构工作的经验做法，被山东省总工会以正式文件予以转发推广，《中国工运》《山东工运研究》《临沂日报》等新闻媒体也先后进行了报道。临沂市被评为全国推进厂务公开工作先进市、全国工会财务工作先进市、全国工会系统五五普法先进单位。

【建功立业】 加强社会主义核心价值体系和形势政策宣传教育，以“转方式、调结构、促发展、做贡献”为主题，倡导职工牢固树立主人翁责任感，正确对待经济利益关系调整，积极主动地推动转方式、调结构工作。开展“创建学习型组织、争做知识型职工”活动、女职工“素质提升”“岗位建功”行动，加强“职工书屋”建设，搭建职工自学成才平台，引导帮助广大职工不断提高科学文化素质和技术技能水平。至12月，全市已建成全国职工书屋示范点6家，其中1家被评为全国优秀职工书屋示范点，带动基层建成“职工书屋”1600多家，90%以上的建会职工参加了职工读书自学成才活动。以服务产业转型、服务企业提效、服务重点工程为主要内容，以“六比一创促发展”（比技术、比创新、比服务、比节能、比环保、比质量，争创工人先锋号）主题竞赛为有效载体，动员组织广大职工为推动自主创新、培育战略性新兴产业、改造提升传统产业多做贡献。全市共有6400家企业的67万名职工开展（参与）竞赛活动，分别占80%和77%。

【劳动关系和谐创建】 通过集中宣传、知识答卷、联合执法等方式，督促企业严格执行劳动合同制度，为职工及时足额缴纳各种社会保险。认真落实职代会各项职能，切实维护广大职工的参与权、知情权、监督权。采取召开职工代表恳谈会、对话会和利用局域网、意见箱等形式，完善厂务公开民主管理制度，推动建立企业与职工风险共担、效益共创、利益共享机制。推进基层工会劳动争议调解组织建设，全市15个县（区）总工会和2900家企业建立了劳动争议调解委员会。畅通12351职工维权热线，认真受理、及时查处职工信访案件。2010年全市各级工会共接待职工来电来访1018件次，办结率达98%以上。以“稳员增效、协商薪酬”为重点，继续开展“共同约定”行动，推进集体合同制度建设，重点抓好行业性（区域性）集体合同、工资专项集体合同和女职工权益保护专项集体合同的签订和扩面工作，提高职工的经济收入水平。12月底，全市有5259家企业开展了“共同约定行动”，涉及职工54.32万人，签订“共同约定协议书”或“承诺书”4762份；签订集体合同5104份，覆盖企业6374家、职工63万人，工资专项集体合同3217份，覆盖企业3449家、职工29.4万人，女职工专项集体合同2651份，覆盖企业4627家、职工28.7万人。加强和谐文化建设，在市级以上劳动关系和谐企业中开展了“责任、感恩、受人尊敬”征文活动。至年底，全市共有7992家企业的77万名职工参加了创建活动，有3221家企业（工业园区）被各级工会命名为劳动关系和谐企业（工业园区），其中国家级3家、省级16家、市级220家。

【困难职工帮扶救助】 开展以“助困、助学、助技、助岗、助医、助法”为主要内容的六助行动，努力帮助困难职工解决在生活、就业、培训、就医、子女教育等方面存在的实际问题。组织市直120家单位对120户特困职工家庭进行了帮扶，投入财物折价20多万元。各级女职工组织广泛开展“帮扶送教育”活动，共筹措资金45.7万元，帮助807名特困、单亲女职工、女农民工子女完成九年义务教育；先后与临沂市妇幼保健院、临沂中西医结合医院联合开展了“关爱困难女职工健康免费查体”活动，为市直3000名单亲困难女职工、女农民工免费查体。深化“五送五扶”（送政策、送技术、送信息、送资金、送岗位；思想上扶志、就业上扶技、经营上扶智、项目上扶资、生活上扶困）活动，努力帮助下岗职工、困难职工实现就业再就业。至年底，全市各级工会通过联合开展、自主组织等形式，共举办培训班697期，培训职工11万余人，安置就业9.3万余人；其中“千万农民工援助行动”培训农民工90200人，累计安置76670名农民工就业；经培训资助创业6284人，带动18257人就业；对农民工进行帮扶和维权服务6098人次，发放资金527.38万元。

【召开“五一”国际劳动节暨表彰大会】 4月30日，市劳动模范表彰大会在北城新区会议中心隆重召开。市委书记、市人大常委会主任连承敏出席会议并讲话。市委副书记、市长张少军主持会议。孟宪海、朱绍阳、徐涛、杜德昌、李洪海、陈留泉、林祥余、李峰、李桂祥出席会议。会上,市委常委、常务副市长杜德昌宣读了市政府《关于表彰临沂市劳动模范和临沂市模范集体的决定》,张淑琴等200人被授予"临沂市劳动模范"称号,临沂市国土资源局兰山分局李官所等50个集体被授予"临沂市模范集体"称号。全国劳动模范代表、临沂矿业集团有限公司党委书记、董事长李义文汇报了全国劳模表彰大会盛况和主要精神。受表彰的先进个人、先进集体和市直有关部门、单位负责人1000余人参加了会议。

【"金秋助学"活动】 7~8月,全市各级工会立足本职,发挥优势,积极组织开展"金秋助学"活动,共筹措发放救助金238.12万元,资助困难职工和困难农民工子女1010人(其中农民工子女390人,发放资助金83.07万元),为高校毕业生提供就业服务668人。临沂市总工会联合市民政局、慈善总会等9部门,在临沂电视台演播大厅举办了"兰陵王杯"2010年慈善助学金发放仪式,向220名品学兼优的高考特困新生发放资助金88万元;举办了山东九州商业集团2010年资助特困高考新生颁发助学金仪式,对70名困难家庭高考新生发放助学金28万元。加大对困难企业中特困职工子女的资助,资助困难企业中特困职工子女占全部资助对象的90%以上,其中农民工子女占38%,临沂市总工会将山东省总工会下拨的3万元金秋助学专项资金,全部用于救助10名老国有企业、破产企业特困职工子女上学。通过安排实习岗位、协调助学贷款等方式,开展跟踪助学活动。临沂市总工会对4名往届特困职工家庭大学生每人发放助学金4000元。

【抗震救灾】 4月22日,临沂市总工会下发通知,要求各级工会组织认真贯彻落实党中央、国务院关于抗震救灾决策部署,组织动员全市各级工会和广大职工坚定信心、振奋精神、团结一致,积极投入到青海玉树抗震救灾工作中,充分发挥工人阶级和工会组织应有的作用。临沂市总工会在机关及其直属企业开展了向玉树"4·14"地震灾区捐助活动,全体干部职工捐款2万元。

(惠　锋)

共青团临沂市委员会

【概况】 2010年,在中共临沂市委和团省委的正确领导下,团市委围绕经济社会发展战略部署,立足服务党政中心工作大局,充分履行4项职能,不断整合社会资源,创先争优,扎实做好新形势下的青年群众工作,推进共青团事业科学发展。团市委被团省委表彰为红旗团委,被市委、市政府表彰为全国城市公共文明指数测评工作先进单位、未成年人思想道德建设先进单位、计划生育工作先进单位,2010F1摩托艇世界锦标赛中国临沂大奖赛优秀组织单位。兰山区兰山街道西关社区团委获"全国五四红旗团委"称号,王伟获"全国第八届中国青年志愿者优秀个人奖",汪昭华获"全国百名优秀志愿者"称号,孙莎莎获"全国优秀共青团员"称号,郁有宁获"全国农村青年致富带头人"称号,于孝燕获"山东省五四青年奖章"。

【基层组织建设】 县乡团委集中换届圆满完成。争取各级党委支持,市、县、乡三级分别成立由党委主要领导或分领导任组长,纪委、组织、团委等部门负责人为成员的县乡团委换届工作领导小组。市、县先后召开专题工作会议部署安排。实行团市委班子成员、常委、驻点干部分级负责制,对全市应换届的县乡团委实行备案销号管理,相关经验做法在团省委十二届四次全委(扩大)会上做典型交流。坚持市县联动,以两新组织和农业合作组织为重点,开展团建工作的整体联动,实施拉网式团建措施,组建了大学生两新组织团建服务团进驻重点县乡开展工作,实现了团建工作的点上突破和面上覆盖。全市共有528家非公有制经济组织、147家新社会组织和454家农业合作社新建了团组织。同时,争取组织、人社、统计、公安、工会等部门的支持,部署开展了外出务工青年团建工作,在青岛等4市开展驻外团工委建设工作,新兴领域的团建工作进一步加强。认真总结基层团建统筹工程试点工作经验,开展团建示范点建设。坚持因地制宜、分类指导,先后在农村、社区、两新组织等领域建立市级示范点40余个,提升基层团建整体水平。打造临沂青年社区——"青春在线"青年网上交流服务平台,增强团属互联网平台对青年的吸引凝聚。

【引导青少年投身文明建设】 服务文明城市创建成绩显著。引导青少年开展各类创建文明城市志愿服务活动,先后举办了两次创城千人培训大会,开展了“创建文明城市——青年文明号先行”、“青年文明号进社区”、“文明出行志愿服务”、“让座日、排队日志愿服务”、“做城市小主人·当创城小先锋”主题队会等系列活动,共组织2000余名志愿者开展志愿服务宣传招募活动,1500名交通志愿者开展文明交通志愿服务活动,300名志愿者参加了创建文明城市街画比赛活动,30多个青年文明号集体走进社区开展系列服务活动,流动青少年宫4次进社区举办志愿服务专场文艺演出。《中国青年报》对临沂市围绕文明城市创建开展的青年志愿服务工作进行了专题报道。

服务大美临沂建设扎实有效。高质量、高标准地完成了首届“中国(临沂)市场贸易博览会”、2010年F1摩托艇世界锦标赛临沂大奖赛、全国乡村少年宫现场经验交流会、激情广场大家唱等大型赛事和活动的志愿服务工作,积极参与城乡环境综合整治,开展了“清洁家园我争先”活动和“保护母亲河·青春染绿沂蒙山”行动,共建立市级青少年绿化基地5处、“青年林”12处。兰山区李官镇梨杭大小土山绿化基地顺利通过省级青少年绿化基地验收,成为全市第6处省级青少年绿化基地。

青少年思想道德教育活动丰富多彩。注重加强未成年人思想道德建设。引导少先队员争做“四好少年”,努力打造“沂蒙雏鹰好少年”品牌。开展了“百所学校爱心结对”活动,以学生互访、爱心捐零、送教下乡、红领巾书屋等形式为希望小学的孩子们送温暖、献爱心。发挥五老作用,开展了“感恩教育、中华诗文诵读和才艺培养”3项活动,于“六·一”前夕举办了汇报演出。举行了“飘扬的红领巾”城乡少年宫“手拉手”文艺演出,受到乡村孩子的普遍欢迎。加强了中学团校的建设,利用网络资源开展了“网上祭英烈·传承沂蒙魂”活动、“立志修身创造崭新未来·奋发成才担负民族重任”为主题的成人仪式教育,激发中学生树立自尊、自强、自立意识。加强大中专学生思想教育工作。举办了第六届大中学生科技文化艺术节,设计“五四”红歌演唱会、职业生涯设计大赛、辩论赛等系列活动。加强大中专学生社会实践队和志愿者服务队两支队伍建设,组织百支大中专院校学生社会实践队参与暑期社会实践和“三下乡”活动,与30余支外省市学生暑期社会实践队伍进行接洽与交流。

分类引导青年工作效果明显。按照团省委统一部署,选取临沂师范学院、天元集团、兰山区奥博纺织公司和费县探沂镇4个试点,开展团员青年分类引导工作,举办了4次专题座谈会、与200多名团员青年面对面谈心,举行专家报告会3场,深刻剖析涉及团员青年切身利益的问题,增强了工作的针对性、适应性、普遍性,推动各级团组织在社会冲突和利益调整中更好地代表和维护青少年合法权益。

【青年就业创业指导工作】 完善青年就业创业综合服务平台。加强青年就业创业技能培训工作。挖掘县区和创业导师的资源,与临沂市助飞培训学校、临沂市天汇职业学校等市级民办职业院校建立合作关系,帮助青年提高就业创业技能。深化青年就业创业见习工作。加大共青团青年就业创业见习基地建设,全市新增见习基地120处,为青年提供新增见习岗位1500个;积极探索见习基地运作新模式,形成高校、企业和团组织联动机制,切实提高见习对接有效性。搭建就业招聘平台,常年开展青年就业招聘会,面向大中专毕业生发放免费就业卡2万多张,举办了2010年临沂市春季大型青年就业招聘会、“弘扬五四精神、争做创业先锋”2010年大型青年就业创业交流会等80余场,接待省内外招聘单位1万多家,2万余名青年在活动中达成就业意向,9800余名青年实现就业。建设了临沂市青年就业创业网,为青年就业创业提供了获取信息资源和网络交流的平台。在全省群众工作会议现场参观中,兰山区市场团建促进青年就业创业工作得到了省领导的好评。

加大青年就业创业资金扶持力度。充分整合社会资源,联合相关部门,召开全市青年创业小额贷款工作座谈会,共同探索农村青年创业融资新举措。实施农村青年诚信创业计划,开展“送金融知识下乡”、“农村青年信用户创建”等活动。下发《关于在全市全面开展农村青年创业小额贷款活动的通知》,为农村青年创业贷款提供了良好的引导机制和政策环境。逐步推广沂水农业银行青年创业小额贷款试点经验,加大与涉农金融机构的支持力度,将农村青年创业小额贷款项目向深层次拓展。联合金融机构共为青年创业提供小额贷款4076.5万元,扶持800名青年进行创业,带动3460人实现就业。作为全省青年创业就业基金会“星星之火工程”的7个试点城市之一,有10名创业青年获得省基金会扶持资金共71万元。临沂市青农工作经验在2010年全国农村共青团工作会议上进行了交流。

【维护青少年合法权益】 推进维权重点工作。以“互联网与青少年健康成长”为主题,组织开展“共青团与人大代表、政协委员面对面”活动,反映青少年利益诉求,在市“两会”上产生积极反响,提交的议案被评为市政协优秀提案。召开全市预防青少年违法犯罪会议暨全市优秀青少年维权岗座谈会。在全市县、乡、村综治政法维稳工作培训班上就预防青少年违法犯罪,维护青少年合法权益作了专题辅导报告2场。做好12355推介宣传工作,依托学校和企业,组织开展青少年模拟法庭、新生代农民工座谈会等12355四进活动,切实发挥12355青少年服务台的舆情预警优势。部署开展了“青春助力——临沂共青团关爱农民工子女志愿服务行动”,重点围绕学业辅导、亲情陪伴、感受城市、自护教育、爱心捐赠、就业创业等6项工作开展系列工作。深化希望工程助学行动。开展“纪念临沂市实施希望工程20周年”系列活动。联合网络、媒体,完成了“希望工程20年大型寻访活动”。设计制作了希望工程20年明信片、助学卡和图片册,开展“希望之星走进世博会”活动,召开了临沂市纪念希望工程实施20年表彰大会,对临沂市希望工程20年希望之星、模范希望小学、优秀希望小学教师、杰出贡献者、杰出贡献单位、杰出建设者进行了表彰。加大希望工程筹资力度,争取96万元专项助学基金,新立项、建设希望小学10所,结对资助500余名青少年学生继续学业。开展圆梦行动,与《沂蒙晚报》联合,开展了“携手寒门学子,共赴美好前程”2010寒门学子寻访活动,募集圆梦助学金80余万元,资助146名寒门学子。

【团的自身建设】 以“争做沂蒙先锋,建设大美临沂”为主题,制定下发了《关于在全市基层团组织和团员中深入开展创先争优的意见》。“以创建五四红旗团组织,争当优秀团员”为主要内容,在全市广大团干部中开展了“四抓四提升”活动,建立了县级以上专职团干部团建联系点制度,列入年度目标责任制考核指标,努力将创先争优活动推向基层前沿。把团干部作为党校教育培训的主要对象之一,纳入全市干部教育培训规划和党校主体班次教育,先后分两批将换届后的120名乡镇团委书记进行了轮训。圆满完成第三、四批驻点工作,提高了驻点干部的能力,2名驻点干部在全省驻点工作会议上作典型发言。建立了团市委常委基层联系点制度,健全目标考核机制,把工作向基层倾斜。重视和加强青联、青年社团工作,完成了临沂市青年摄影家协会的换届工作,组织各类青年社团年初到沂南县马牧池乡开展文化、科技、卫生“三下乡”服务活动。举办了“中韩青年书画艺术交流展”,庆“七一”“水榭华庭”杯全市书画摄影大赛。组织市青企协部分会员赴威海进行参观、考察。市青企协捐资60万元建设的临沂市第100所希望小学——沂南县青驼希望小学正式奠基。规范整合了青年学生社团,175个学生社团运转良好,学联工作进一步活跃。加强全团带队工作,召开了市少工委四届四次会议,注重了少先队辅导员队伍建设,以全国、全省少代会召开为契机,开展了“争做四好少年”、“少代会我们共同关注”、“红领巾提案发布”等少先队主题队会。加强学习型机关建设,筹建了机关图书室,组织机关人员进行矿区体验和素质拓展活动,加强廉政建设,做好机关廉政风险防范管理工作。顺利完成团市委机关党支部换届工作,选举出新一届团市委机关党支部委员。加强信息调研和宣传工作,编发《临沂共青团》,改版临沂共青团网站,组建调研员和信息员队伍,成立了中国青少年研究中心临沂研究基地,团的基础工作水平不断提升。

(郭静静)

临沂市妇女联合会

【概况】 2010年,全市各级妇联认真贯彻落实中共中央总书记胡锦涛在纪念“三八”妇女节100周年大会上的讲话精神,以建设“坚强阵地”和“温暖之家”为目标,以党群共建创先争优活动为动力,围绕市委、市政府工作重心,实施巾帼素质提升、权益维护、家庭创建行动,组织动员广大妇女积极参与各项建设,妇联工作实现新发展。临沂市被评为全国创建学习型家庭示范城市,市妇联被评为全国维护妇女儿童权益先进集体、全国妇女舆论宣传阵地建设先进单位。

【参与经济建设】 围绕转方式调结构，以资金扶持为重点，促进城乡妇女创业增收。推进妇女小额担保贴息贷款工作，市妇联协调市财政局、人力资源和社会保障局、人民银行，在全省率先制定了《临沂市促进妇女创业就业小额担保贷款实施办法》，将妇联组织纳入小额担保贷款工作体系，为城乡妇女创业直接提供信贷服务。争取市政府召开了落实小额担保贷款工作协调会，明确了相关部门职责，推动实施办法的落实。联合市人民银行召开了全市金融助力妇女创业就业推进会，确定了承办银行及办事人员，为妇女小额担保贷款开辟绿色通道。临沭县、河东区妇联协调推动财政、人社、金融等部门制定下发了实施细则，落实妇女小额担保贷款财政贴息政策，临沭县首批为110名农村妇女发放贴息贷款510万元，河东区为13名妇女发放贴息贷款65万元。费县妇联联合农合行开展信贷援巾帼致富活动，为1528名妇女提供小额贷款7181.6万元。蒙阴县妇联协调有关部门加强银企合作，为8家妇女创办的企业贷款1555万元。市妇联着力打造沂蒙红嫂、沂蒙六姐妹等红色产业品牌，帮助贷款480万元，争取省巾帼创业行动专项资金的支持，为兰山、沂水、沂南5名妇女创办的企业贴息18.7万元。2010年，全市各级妇联组织多措并举，直接帮助妇女贷款1.35亿元。发挥农村妇女专业合作组织、巾帼创业示范基地和创业导师的作用，通过举办巾帼创业事迹报告会、评选巾帼创业标兵、组织女企业家参加高层次培训等措施，带动城乡妇女创业致富。开展“岗位建功创优、争做巾帼先锋”活动，以“岗村共建生态文明村”活动为载体，动员巾帼文明岗为农村妇女提供科技、项目、信息、资金等服务，全市169个巾帼文明岗与村居、社区共建，共帮扶资金、物资折款39万元。

【参与精神文明建设】 开展“美在农家”活动，实施第二轮“百村万户示范创建行动”，各级通过组织“美在农家”和谐家园宣讲团进村入户宣传、开展节能低碳家庭实践、创建“文明卫生健康家庭”等活动，发动广大妇女和家庭积极参与乡村环境综合整治。发挥巾帼志愿者队伍作用，开展家庭文明创建、关爱空巢老人活动，组织广大妇女参与文明城市创建。坚持把“平安家庭”创建活动与“双美”活动同步推进，建立“流动妇女平安之家”、“留守流动儿童活动站”，发挥4927支“巾帼调解队”的作用，及时调解纠纷、化解矛盾，以家庭平安促进社会和谐稳定。加强宣传教育，各级以纪念“三八”节100周年为契机，广泛宣传男女平等基本国策及促进妇女发展的法律法规和政策，宣传妇女先进典型，激发妇女干事创业热情。实施母亲教育工程，全市录制家教讲座12期，被省妇联作为全省农村父母课堂教材，组织开展了亲子读书演讲、“知心姐姐”报告团巡回讲座等活动。

【维权工作】 推进妇女儿童新规划（2011～2015年）编制和“两纲”（2001～2010年）任务目标落实。争取市、县两级全部将妇女儿童发展重要目标纳入“十二五”发展总体规划，并单列妇女儿童2个专题规划，为推动妇女儿童事业与经济社会协调发展提供保障。争取市人大对全市实施妇女儿童发展纲要情况进行视察，认真搞好实施“两纲”年度考核和终期监测评估，推动解决女干部配备、女性进村“两委”、妇女儿童活动阵地和妇儿办建设等重点难点问题。继续落实免费婚检政策，争取将婚检经费列入全市财政预算，全市婚检率达92%，比上年提高66%。广泛开展“三八”妇女维权周活动，加强基层妇女维权服务示范站建设，市及各县区全部开通12338妇女维权公益服务热线，40名妇联干部通过首期心理咨询师培训获得资格证书，新推选20名妇联干部担任人民陪审员，发挥各级社会化维权网络的作用，为妇女儿童提供法律服务和帮助，全市妇联系统共接待处理信访案件768件次。做好宫颈癌检查项目试点工作，为56552名农村妇女进行了宫颈癌检查。实施“母亲健康快车”项目，宣传妇幼保健知识，开展妇女健康查体和贫困母亲救助。争取全国“三八”绿色工程示范基地项目资金10万元，支持妇女绿化荒山。争取中国儿童少年基金会资金30万元，建春蕾小学1处。全市妇联系统共募集“春蕾计划”、“千名孤儿救助”资金101.67万元，救助贫困儿童2896人。协调减免费用53.6万元，对1838名大龄女童进行实用技术培训。市直及3区妇联组织家庭志愿者参与“同心牵手”情感关爱行动，对北川县通口镇的100个家庭在心理和物资上进行帮扶援助。

【自身建设】 加强基层组织建设。各级妇联组织推动女性进村“两委”工作，广泛宣传《村民委员会组织法》、《妇女发展纲要》中有关规定，向党委组织部门提出建议,争取政策支持,同时开展调查摸底,普遍对基层女干部进行了培训。兰山区妇联争取将“妇女委员专职专选”的要求写入区委、区政府加强“两纲”实施的意见中,平邑县对村级女干部全部托清底子,向各乡镇党委提出建议名单。加强妇女之家规范化建设,坚持因地制宜、分类建家,推动妇女之家统一挂牌。各级妇联注重在规模大、妇女集中的企业、合作组织以及党政机关、事业单位建立健全妇女组织,扩大组织覆盖和工作覆盖。加强妇女干部的教育培训,市妇联组织各级妇女干部、巾帼文明岗负责人等到浙江大学学习,联合有关部门举办了全市第12期科级女干部培训班。加强作风建设。以“争做沂蒙先锋,打造温馨娘家”为载体,开展创先争优活动,推进学习型、创新型、服务型妇联组织建设,完善妇女工作创新奖评选,开展特色妇女工作成效奖评选,促进各级妇联干部转变作风、注重实效。加强信息网络建设。搞好临沂女性网的管理和使用,指导督促7个县区建立妇联网站,加强妇女工作的对外宣传与交流,市妇联编发信息宣传稿件699条(篇),全国妇联等媒体采用99篇,《中国妇女报》刊登5篇。

(徐亚莉)

临沂市科学技术协会

【概况】 2010年,临沂市科协围绕市委、市政府中心工作,以搭建智力化服务经济社会发展的平台、社会化科普工作的平台、品牌化学术交流的平台、体系化科技工作者之家的平台为重点,着力打造“百名专家兴百业”、“全民科学素质提升工程”、“沂蒙科技论坛”、“十百千科技人才成长服务工程”等重点品牌,努力为转方式调结构服务、为提高公众科学素质服务、为科技创新服务、为科技工作者服务。在全省科协工作综合考核中,连续第二年获全省市级科协工作优秀奖,“百名专家兴百业”活动、“临沂市科协系统科技专家人才库”被授予“2010年度全省市级科协工作创新奖”。

【服务经济社会发展】 深化“百名专家兴百业”活动。与市委组织部等9个部门联合下发《关于组织开展临沂市“百名专家兴百业”活动的通知》,成立了领导小组和办公室,该项工作得到市委、市政府、市人才工作领导小组和省科协的重视与支持,被列入全市人才工作项目。11月7日,山东省“百名专家企业行”活动在临沂市启动,副省长、九三学社山东省委主委王随莲,省科协、市委、市政府主要领导出席活动。联合市委组织部等部门举办了企业家总裁班,80多名企业家参加培训。先后举办了第二届沂蒙工商企业发展论坛、企业创新方法培训班等,邀请专家做了“后危机时代的经营战略”等培训讲座。联合有关部门成立了台湾健峰企管集团临沂培训中心。参与实施了“百名博士山东临沂革命老区行”活动。实施“科普惠农兴村计划”和“科普惠农示范工程”等。有16个科普惠农项目、4名科普惠农先进个人、1个科普村村通百强镇、1个AAA科普教育基地获国家、省奖励,获奖补资金290万元。54个项目入选《山东省科普惠农项目库》。积极参与全市发展食用菌产业领导小组的工作,开展食用菌产业专题调研、技术培训和示范推广等。开展“讲、比”活动和“金桥工程”。62家企业的近万名工程技术人员参加“讲、比”活动,实施“讲、比”项目193个。山东宏艺科技公司科协获全国“讲、比”活动先进集体,1家企业科协被评为山东省首届十佳企业科协。实施“金桥工程”5项,其中临沂市恒源热力有限公司科协实施的《供热系统资源优化及汽改水节能研究应用》被推荐列入国家“金桥工程”项目。中国科协海智计划专家与临沂市达成共建药用植物研究所和开发基地协议。蒙阴县建立了20处科普惠农服务站。平邑县以培育发展产业协会为突破口,将农技协培育成引导农民科技致富的传播站。各级科协组织开展实用技术培训97万人次。市级各学会结合学会主题活动年,建立学会服务站33处。到2010年底,全市已有140余名专家与130多个企业、乡镇村居建立了不同形式的合作关系。“百名专家兴百业”活动被省科协评为全省科协系统优秀创新奖。

【科技创新】 围绕市委、市政府实施“科技兴工”战略和“加快工业发展年”活动,与科技局、经信委、临沂大学等联合举办临沂市“科技兴工、科学发展”第三届沂蒙科技论坛,征集《临沂市加快推进科技兴工战略的政策性研究》等论文117篇,被列入2010年山东省学术年会系列活动。以评选表彰“十佳”学术活动、“十佳”咨询决策建议引领学会和基层科协的学术活动。重点实施了40项决策咨询课题和20项学术活动。市农学会、市水产学会、市工艺美术学会、市珠算协会等完成了一系列相关课题研究。市医学会举办了第二届鲁南传染病论坛暨学术交流会,市护理学会举办了护理质量持续改进与提升研讨会,市药学会举办了实施2010年版药典学术研讨会,市防痨学会完成了第五届全国结核病流行学临沂抽样调查点的调查工作。2010年全市举办学术交流活动73次、对外科技交流300多人次、决策咨询活动80项、形成建议48篇。评选表彰了全市科协系统2010年度"十佳学术交流活动"和"十佳咨询决策建议"。开展了临沂市第十一届自然科学优秀学术成果评选,评出优秀学术成果268项。

【科普资源开发与利用】 加强设施和组织建设,推进科普资源共建共享。6月1日,临沂市科技馆建成开馆。成为山东省第一个功能完备的市级科技馆。开馆以来,先后接待中纪委、全国文明办、省政协读书会等省内外参观团280多个,接待观众35万人次,被授予"全省科技场馆协会先进集体","市级十大文明服务窗口"、"工人先锋号"、"市直文明单位"等称号,顺利通过了国家AAA旅游景点验收。围绕迎接全国城市公共文明指数测评,加强基层科普设施和组织建设,编印"节能减排与低碳生活"科普挂图2000套免费发放社区。争取中国科技馆50万元展品扶持建设了沂南科技馆。全市建设全国科普教育基地4个、省市级基地36个,建设科普活动站3613个、科普宣传栏8277个。与市委组织部等部门联合举办了大学生村官科普员培训班,培训大学生村官科普员4期980多名。苍山县创造了"1+1"大学生村官科普员导师制和"1+10"帮扶办法。费县完成了乡镇科协换届。郯城县建设农家科普书屋35个。临沭县将远教站点与科普工作站点"二站合一"、远程教学基地与科普示范基地"双基合一"、远教管理员与农村科普员"二员合一",打造农村现代科普新平台。创设活动品牌,推动社会化科普活动。开展了临沂市社区科普益民行动暨沂蒙名医万家健康社区行、"远离邪教、构建和谐"巡展等活动,依托科普志愿者协会开办了"沂蒙科普大舞台"。市科协和沂水县联合举办了"临沂市全国科普日"启动仪式和主题活动。各级科协组织举办科普讲座331次,科普展览170次,受众56万多人次。《科普大篷车》电视科普栏目播出104期。市科协和河东区联合启动了"2010年临沂市科普车科普电影放映周"活动。高新区在临沂电视台开辟"科技兴工,引领高新技术制高点"栏目。市心理卫生协会在临沂电视台开办了青少年心理健康教育讲座。市中医药学会参与承办了"中医中药中国行文化科普宣传周"。与市教育局联合举办了"万名沂蒙学子科普之旅"和"流动科技馆农村百校行"活动。组织了临沂市青少年科技创新大赛、临沂市青少年信息学奥赛、沂蒙青少年英特尔求知项目培训等活动。与市委宣传部、市文明办等联合举办了第二届全国航模邀请赛,来自省内外航模爱好者70多人参赛。兰山区组织开展校园低碳行动。罗庄区举办中小学生科技节。莒南县在全县中小学开展了"科普主题教育月"活动。2010年全市举办青少年科技竞赛44次、科技活动262次,获得省级以上科技竞赛奖励91个,其中获得全国创新大赛二等奖1个。

【服务科技工作者】 大力举荐表彰人才,选拔推荐陈权荣获全国优秀科技工作者,先后推荐26人荣获第九届山东省青年科技奖、山东省第二届优秀工程师、全省农村科普工作先进个人、首届山东省青少年科技教育"春晖奖"和淮海科技英才奖等。推荐18个农技协和18个基地荣获"全省农村科普工作先进单位"称号,10件作品获山东省科技新闻奖和科普宣传专项奖。联合市委组织部、市委宣传部等部门开展了临沂市第四届青年科技奖、第三届沂蒙大众科普奖、首届科技新闻奖、首届青少年科普教育春晖奖、优秀科普志愿者等评选,表彰科技工作者182名。积极推进临沂市科技人才库建设,第一期入库专家1569名,被省科协评为全省科协系统优秀创新项目奖。通过各种形式密切联系科技工作者。开展专业技术人员继续教育培训12118人次。各级科协组织反映科技工作者的建议175条。

【自身建设】 开展学会主题年活动。组织了学会调研,举办了学会工作培训班,编印了《学会工作文件汇编》,制定实施了《临沂市科协星级学会评选考核办法(试行)》。市中西医结合学会等8个市级学会完成了改选换届,新成立19个专业委员会,25个学会建立了临时党支部。市科协机关组织开展了创建文明机关、学习型机关、学习型党组织、创先争优等活动。积极参与和完成创建全国文明城市、全国卫生城市等中心工作。深入开展廉政风险防范管理工作,市纪委派驻工作组召开现场推进会,推广市科协经验做法。市科协被授予市级文明单位、学习型机关、市直机关党的基层组织工作规范化建设先进单位等称号。市科协工作得到了各级媒体的关注,《大众日报》、山东新闻联播、《临沂日报》、临沂新闻等主流媒体10余次宣传报道全市科协工作。全年市级以上新闻媒体编发新闻112条。市委、市政府编发信息10篇,中国科协、省科协编发信息260余条。

(李 晓)

临沂市社会科学界联合会

【学术活动与课题研究】 积极发挥职能,开展了"临沂道德教育研究会"、"临沂公共关系协会"的组建工作;围绕文化建设、城市建设、新农村建设、旅游经济等,组织开展了"临沂市传统文化文化专题研讨会",组织参与了"谷牧同志在滨海研讨会"等研讨活动。与有关部门联合,结合全市发展实际,制定了《临沂市2010年社会科学研究课题指南》;组织开展2009年度立项课题的结题鉴定,结题84项;开展2010年度课题申报立项工作,立项310项课题。

【社会科学知识普及】 开展第七届社会科学普及周活动,与省社科联联合在山东大学、山东师范大学、山东女子学院举办了"沂蒙红色文化进校园"系列宣讲活动;组织开展了《图说沂蒙红色文化》和《沂蒙民俗风情》2套科普图书的撰写工作。

【社会科学优秀成果评选】 召开临沂市第十六次社会科学优秀成果奖评选会议,组织优秀成果奖评选委员会委员对参评成果进行了认真评选,共评出90项优秀成果,其中一等奖9项,二等奖20项,三等奖61项。

临沂市第十六次社会科学优秀成果奖获奖名单

作者姓名	论文或专著题目	类别	奖项
韩延明	强化大学文化育人功能	论文	一等奖
朱建成	沂蒙商业文化探析	著作	一等奖
高华中	沂沭河流域龙山文化兴衰的环境考古研究	论文	一等奖
市委党史委	中共临沂地方史	著作	一等奖
徐玉如	也谈地域文学史学的架构基础和范畴界定	论文	一等奖
王厚香	中华颜氏家族迁移史	著作	一等奖
庄纪旭	沂蒙文化特点与临沂经济社会发展	课题	一等奖
郭有宏	阶级起源新视点暨剩余产品新论	著作	一等奖
李 波	高校课程质量评价体系构建探析	论文	一等奖
李宗保	临沂市城乡一体化问题研究	论文	二等奖
张洪涛 刘善言	山东体育史	著作	二等奖
陈怀峰	刚性与柔性的契合之美——一个基于民意的司法关照	论文	二等奖
王有鹏	新型教学方式的运用艺术研究	论文	二等奖
马 静	临沂民俗与涉外礼仪	著作	二等奖

续表

作者姓名	论文或专著题目	类别	奖项
吴作凤	中国税收	著作	二等奖
伏广存	近现代国际关系史论纲	著作	二等奖
左桂秋	明代通鉴学研究	著作	二等奖
曹首娟	关于拓展农业内部就业潜力实现农村劳动力充分就业的调研分析与建议课题	课题	二等奖
伏圣东	关于全市农民增收情况的调研报告	论文	二等奖
李鹏程	疫情肆虐下的奋争——中国近代防疫史论	著作	二等奖
魏洪秀	论政治和谐的伦理支撑	论文	二等奖
周忠元	20 世纪中国俗文学学科建设的反思	论文	二等奖
申纪刚	阳都文史纵横	著作	二等奖
刘金侠	网络教学环境中英语专业学生自主学习的探索	论文	二等奖
刘艳琴	明代徽商与官府、客地居民和乡邻的关系	论文	二等奖
王家亭	兰山区宋家王庄志	著作	二等奖
祖洪涛	民营企业境外上市中的羊群效应:临沂案例	论文	二等奖
黄秀海	临沂市在淮海经济区率先发展的研究	课题	二等奖
孔繁金	农村阶层分化后农民诉求表达的新变化及对策分析	论文	二等奖

（朱西武）

临沂市文学艺术界联合会

【概况】 2010 年,市文联围绕塑造“大临沂、新临沂”形象,建设经济文化强市的要求,开展了一系列重大文艺活动。承办了第八届中国·临沂书圣文化节主题活动。文化节期间,举办了首届中国王羲之书法艺术(行草)大展、“大美临沂”美术作品展、“南潮北风”2010 南北书坛精英联展、中国馆藏古代书画珍品还原展、洗砚池雅集笔会、“羲之书法教育基地”挂牌仪式、倡议设立“中国书法日”万人签名等重要活动,其中首届中国王羲之书法艺术(行草)在济南进行了展览。围绕中心工作,积极开展文艺活动。先后举办“和谐家园”中国画展、纪念国际妇女解放运动 100 周年暨市女书画家作品展、全市行草书临帖大展、纪念战工会成立 70 周年书画展、临沂市第十届摄影艺术展、F1 摩托艇大赛“精彩瞬间”摄影展、涑河变迁摄影大赛等书画摄影展览比赛。主办了中国临沂首届葫芦丝邀请赛。参与组织了春节电视文艺晚会、大型水上实景演出《蒙山沂水》、第十届广场文化节、第十届民间秧歌会、全省舞蹈创作研讨会等重大活动。参与了中央文明办组织的“名博解读文明城市”采风活动。组织文艺精品创作。年初确定的重点创作图书《临沂“七孝”新编》已出版发行,报告文学《天下菜园》完成创作交付出版。在第三届“泰山文艺奖”评选中,长篇电视剧《沂蒙》获荣誉奖,电影《沂蒙六姐妹》获一等奖,篆刻《情系沂蒙》、风光摄影《早晨的阳光》、电影文学剧本《欢乐追逃》分获三等奖。电影《王富贵的心事》获山东牡丹奖一等奖，并在央视电影频道播出。柳琴戏《凤落梧桐》、《闹洞房》在全国第四届中国滨州博兴小戏节上获奖。女生合唱《谁不说俺家乡好》获“黄河杯”大奖。大型柳琴戏《前河湾》成功上演，反响强烈。组织开展了市文联所属文艺家协会的换届工作。按照协会章程规定，在广泛征求意见、充分酝酿的基础上，先后组织了市书法家协会、市美术家协会、市曲艺家协会、市民间文艺家协会的换届工作，选举产生了协会新一届领导班子。深入开展文化下乡、文艺采风、文化交流和文艺文化服务活动。组织文艺工作者参加“三下乡”活动。各艺术家协会也根据自身特点到农村、厂矿、校园、社区等基层开展文艺惠民活动。市作协先后组织了6次采风活动，组织会员到县区采风创作。市书协、市美协组织艺术家深入沂水、河东、莒南、罗庄等地文化下乡，为群众创作书画作品上千幅，组织书法家到临沂三中举办书法进校园等活动。市摄协组织会员为基层老党员、孤寡老人拍照送照。市舞协、市剧协、市音协、市曲协等组织艺术家到费县、莒南、蒙阴、平邑、苍山、兰山等县区开展文艺演出演出上百场次。市民协积极指导协调蒙阴、苍山县申报中国民间文化之乡，蒙阴县被命名为“中国算圣文化之乡”。开展对外文化交流活动。先后组织县区文联、文艺骨干分批到福建厦门、云南丽江、上海、江西景德镇等地学习考察，找差距，学经验。

【书法】 组织承办了第八届书圣文化节书法类活动。市书协承担并完成了文化节组委会交给的多项书法展事活动，承办了首届中国王羲之书法艺术（行草）大展、“南潮北风”2010南北书坛精英联展、洗砚池雅集笔会、“羲之书法教育基地”挂牌仪式、倡议设立“中国书法日”万人签名等重要活动。配合临沂市纪委举办全市廉政书法展，并出版作品集。召开了临沂市书法家协会第四次会员代表大会，举行了协会换届，龙岩连任主席。举办韩国著名书法家金仁奎书法作品展，在王羲之故居展出作品100余幅。承办中国邮政总公司在临沂书法广场举办的中国首枚宣纸邮票的大型发行仪式和千人书法笔会，并举行了全市行书临帖大展。组织书法家到临沂三中举行书法进校园活动，辅导书法班同学并进行点评，为学校创作书法作品。与市民政局联合举办临沂知名书法家向沂蒙精神纪念馆捐赠书法作品仪式和笔会，为该馆捐赠书法作品50余幅。配合临沂监狱举办第六届艺术节书法展，组织书法家走进监狱为服刑人员进行书法辅导和讲座。在济南市山东省美术馆举办中国王羲之书法艺术（行草）大展展览。参加中国书法名城（之乡）联谊会组织开展的各项活动。

【美术】 在第八届书圣文化节期间成功举办了“大美临沂美术作品展”，参展作品600余件，获得广泛赞誉。积极推荐临沂市美术作品参加第三届山东国际大众艺术节活动。做好推荐美代会代表、推荐省会员申报等各项工作。开展送文化下乡活动，组织市美协30多人先后赴沂水、河东等地开展送文化下乡活动，创作作品60多件。组织美术家30多人赴蒙山写生创作，创作美术作品200多件。组织临沂市美术家创作青花瓷作品100余件，并举办中国画名家青花瓷艺术展。组织举办市美协会员举办个展、联展8个。加强美协内部的管理及规章制度的完善，推陈出新，吸收美术人才，力求创作精品。

【摄影】 举办了“兰陵王杯”第十届摄影艺术展、“天马岛”国际旅游摄影大奖赛颁奖暨展览、“美在临沂”全市职工创建国家卫生城市摄影大赛、“2010年F1摩托艇世界锦标赛精彩瞬间”摄影展等摄影展赛活动。开展了系列采风创作活动，多次组织会员到上海、浙江、江西等地进行创作，到平邑县、费县、莒南县、沂水县、郯城县、蒙阴县等山村进行采风创作动。与中国摄协、省摄协联合开展了“送欢乐下基层、送和谐树新风”等活动，为基层老党员、孤寡老人拍照送照。积极开展摄影培训和交流活动，邀请著名摄影家崔新华、杨恩璞、石广智、谷永威等人举办摄影技巧讲座，组织临沂市摄影家多次为基层摄影爱好者举办专题讲座。2010年，临沂市摄影作品获全国奖、入选近200幅，省奖290余幅，在省以上展览入选、发表3000余幅。先后编辑出版了《2010年F1摩托艇世界锦标赛精彩瞬间摄影展览作品集》、《鲁南风情》摄影集。

【戏剧】 组织开展了一系列戏剧活动，活跃了群众文化生活。在柳琴剧团小剧场演出柳琴戏、京剧优秀剧目50余场，到场观看的观众上万人。市戏剧家协会组织有关人员积极创作，其中薛岩创作的柳琴戏《闹洞房》《凤落梧桐》参加全国第四届中国滨洲博兴小戏节，《闹洞房》获得优秀剧目奖；《凤落梧桐》获得最佳推荐剧目奖;最佳编剧奖、最佳音乐设计奖和3个最佳演员奖。《凤落梧桐》并与11月初被选调杭州参加了全国小戏比赛的复赛,并进入2011年在江苏张家港举行的国家类小戏最高奖“中国戏剧奖.小戏小品奖”的决赛。组织各票社团体积极参加创建文明城市活动,在各小区发挥积极作用,市票工委组织各票社举办了社区京剧演唱会。参与市文联主办的各类大型节庆晚会。协会主要负责人直接参与了2010年临沂市春节晚会等节目的编创和导演工作,组织部分会员参加了演出。组织市区京剧、柳琴、豫剧票友举办戏曲演唱活动。票友工作委员会组织京剧票友利用晚上和节假日时间在广场举办演唱活动,传播京剧知识。

【舞蹈】 组织会员积极创作,参与临沂市2010年春节电视晚会的创作演出,协助举办了费县、莒南、蒙阴、平邑、苍山等县区的春节电视文艺晚会及市公安局举办的电视文艺晚会。积极参与全市重大文艺活动。参与大型水上实景演出《蒙山沂水》的创作演出,第十届广场文化艺术节的演出。组织举办了全省舞蹈创作研讨会。协助市艺术馆、各县区文化馆,组织送文化下乡活动,积极发展协会会员骨干力量,对各社区各乡镇的文化工作加强辅导。2010年市舞蹈家协会广大会员,借助社区文化活动场所与县文化馆、站联合举办了多种舞蹈培训班70余次,取得良好的社会效果。

【音乐】 参与了2010年临沂市春节电视文艺晚会的策划组织、音乐创作等工作,创作演唱了一系列具有浓郁乡土风情的优秀歌曲。参与大型水上实景演出《蒙山沂水》的筹备、改版、演员选拔等工作。主办了中国临沂首届葫芦丝邀请赛,来自重庆、江苏、河南、黑龙江等10多个省市的200多名选手参加比赛。参与组织开展了庆祝建党89周年大型合唱比赛活动。组织临沂市5名创作骨干参加全省音乐创作短训班。组织选手参加在重庆举办的“红歌邀请赛”,获得“黄河杯”大奖。参与中央电视台激情广场在临沂北城新区的演出活动。市音乐家协会组织广大会员,积极参加了第十届广场文化艺术节等大型文化活动,取得了良好的社会效果。

【电影电视】 2010年,临沂市电影电视艺术事业取得新进展。由杨国栋、陈乾伦拍摄的电影《王富贵的心事》获山东牡丹奖一等奖,并在央视电影频道播出,全国院线发行。杨国栋担任导演拍摄了《荞麦花开》、《盲灯》等电影。王亚平编写的电影文学剧本《欢乐追逃》获第三届“泰山文艺奖”三等奖。市影视家协会会员在2010年拍摄了民间小调电视片约80集,并由山东文化音像出版社出版发行。协会理事来喜、徐晓文、时光、宋维芝、孙萍等在电影《风声》、《精武风云》、电视剧《洪湖赤卫队》、《伴侣》等影视剧中出演有关角色。市影视家协会一批会员参加了临沂电视台《沂蒙庄户戏》的拍摄。

【民间文艺】 市民协积极指导协调蒙阴、苍山两县申报中国民间文化之乡,蒙阴县被命名为中国算圣文化之乡。组织民间工艺品展览,组织人员参加济南全国非物质文化展览,陪同有关专家考察农村文化产业展览项目。组织开展市民间文艺家协会换届工作。组织临沂市几十位民间艺人先后到北京、长沙、济南、青岛等地参加展演活动,扩大了临沂市民间文艺的影响力。组织广大民间文艺家积极创新,创作了一批民间文艺精品。

(李卫华)

临沂市残疾人联合会

【概况】 2010年,市残联以残疾人“两个体系”建设为重点,扎实推进各项业务工作。全面启动残疾人“两个体系”建设,临沂市被省残工委确定为省级残疾人“两个体系”建设先行推进市,沂水县被确定为省级残疾人“两个体系”建设重点联系县。12月29日,省残工委举行了“两个体系”建设先行推进市《共建备忘录》签字仪式,副市长左沛廷代表临沂市签字。全国残疾人会议在临沂市召开,“临沂经验”和“临沂模式”在全国推广,共有13个省、直辖市、自治区,77个市、县区近2189人次前来临沂市参观考察残疾人工作。打造富脑送技“沂蒙阳光”技师团队品牌,残疾人就业创业和技能培训形成特色和亮点。开展“整村赶平均”工程,为农村残疾人扶贫开发工作做出了有益探索,受到主席张海迪和《农村残疾人扶贫开发计划(2001-2010年)》中央检查评估组的充分肯定。

【组联工作】 加强乡镇残联专职理事长配备工作,全市有143个乡镇配备了专职理事长,占全市乡镇总数的79.4%。对全市180名残疾人专职干事发放全年工资补助共84.972万元,残疾人专职干事最低工资超过860元。继续加强基层残疾人工作者培训,共开展乡镇残联理事长、专职干事、专职委员各类培训班85期,培训4250人次。开展二代证办理工作,共办理247258件,办证数量居全省第一位,办证率居全省第二位。

【康复工作】 全年共争取康复项目18项,争取康复经费及辅助用品用具价值1020万元,较上年增长80%;向中国残联争取残疾人辅助器具流动服务车1辆,价值60多万元;全市投入康复经费2110多万元,较上年增长31%。全市4万余名残疾人得到不同程度的康复和服务,直接或间接受益近15万人。社区康复工作取得新突破,临沭县、平邑县分别被授予全国、全省"残疾人社区康复示范县"。承办了全省康复业务培训班。组织实施各项重点康复救助工程,对430名贫困残疾儿童进行抢救性康复训练,其中智残儿童220名,脑瘫儿童150名,孤独症儿童40名;国家人工耳蜗、助听器项目分别救助贫困儿童3名和12名;为310名贫困聋儿免费配戴助听器;100名贫困残疾儿童得到矫治手术补助;800名贫困精神病患者获得免费服药,120名特困精神病患者得到免费住院治疗。

【维权工作】 积极开展残疾人家庭无障碍建设工作,共争取建设资金52.5万元,为447户残疾人家庭进行无障碍改造。推进残疾人驾驶汽车工作。已有2所驾校开展了残疾人驾驶汽车培训,报名参加培训的残疾人50余人。开展全国无障碍建设城市创建工作,共累计投入无障碍城市建设资金1亿多元,并顺利通过省和国家"创建全国无障碍建设城市"检查组的检查验收。

【教育就业扶贫和社会保障】 2010年共争取优秀示范基地扶持资金、危房改造资金、康复扶贫贷款、交通银行助学、"温馨安居"、自主创业扶持、盲人按摩师培训补助、残疾人托养、低保重度残疾人生活补贴等10个项目,争取资金1419.5万元,增长206.3%。打造"沂蒙阳光"技师队伍,促进残疾人就业创业,全市共举办富脑送技"沂蒙阳光"技师培训班54期,培训学员3024人,新就业创业2570人,就业创业率达85%,受训残疾人家庭人均收入增加600多元。征收保障金4246.18万元,其中市本级826.14万元,分别比上年同期增长16.9%、29.8%。按比例安排残疾人就业570名,比上年增加74人,增长14.9%。全面启动残疾人托养工作,全市有需要托养的残疾人(智力、精神和重度肢体残疾)4.5万人,2010年全市发放"阳光家园计划"居家托养资金117.6万元,救助残疾人1152名;机构托养资金102.8万元,托养残疾人514名。做好低保重度残疾人生活补助发放工作,现已发放资金323.08万元,受益残疾人8077人。

【助残宣传与残疾人文体工作】 "助残日"期间,全市千余名干部走访慰问残疾人2700户,发放慰问品及慰问金共计280余万元。发放宣传单(册)10万余份,出动宣传车16辆,悬挂宣传标语600余条,通过媒体播(刊)发稿件162件,营造了扶残助残的良好社会氛围。举办沂蒙老区残疾人书画作品晋京汇报展和"牵手春天 共书和谐 山东临沂——北京东城残疾人书画工艺品联展"活动。残疾人体育工作取得突破。坐式排球男女队代表山东省,在全国残疾人坐式排球锦标赛暨全国八运会坐式排球预赛中双双进入全国八强,取得了参加全国第八届残运会的入场券。在山东省第八届残运会比赛中,临沂市共派出运动员147名,参加了17个大项、67个小项的比赛,获得金牌56枚,银牌27枚,铜牌17枚,取得金牌榜第二、奖牌榜和总分榜第三名的佳绩,并获"体育道德风尚奖"。市委书记连承敏,市长张少军,市委副书记张务锋,副市长、市残工委主任左沛廷分别作出批示,对残疾人体育工作给予充分肯定。

(徐继青)

临沂市归国华侨联合会

【招商引资】 按照市委、市政府的工作部署,市侨联充分挖掘侨力资源,将大力开展招商引资工作作为侨联工作的重点。签定外资合同12个,合同金额42亿元,项目落地5个。由香港豪德集团投资的香港豪德贸易广场项目,占地147公顷,三期工程总投资30亿元。占地31公顷,投资6亿元的一期工程——陶瓷批发城已建成并投入使用。该项目是临沂市由外商投资建设规模最大、档次最高的市场项目,对临沂市物流城建设、提升和改造起到积极的引领和推动作用;由侨眷刘爱丽投资1.5亿元建设的温泉度假村项目,已经完成征地工作,进入开工准备阶段,为利用外资开发建设地热城起到了带头作用;由中国五矿集团投资2亿元的轴承钢加工项目,已进入土地征用阶段;中德集团、贝亿集团等一批城建项目,均在建设中。10月13日,市政协主席孟宪海率全市政协常委在市委常委、副市长刘晓陪同下视察了全市3个重要涉外项目,其中包括市侨联引进的香港豪德贸易广场项目,市领导对侨联的招商引资工作给予好评。

【对外联谊】 临沂市历史上曾出现过许多名门望族,其后裔散落世界各地,尤以东南亚为众。市侨联十分重视侨乡、侨联组织和侨界社团的联系和交流,牢固树立"大侨务"思想。扎实推进与重点侨乡的联谊工作,利用各种渠道和形式,加强与重点侨乡侨联组织和侨界社团的联系和交流,组织人员参加粤闽6地市重点侨乡联谊会,创造条件加强与海外重点侨界社团组织的联系,夯实海外招商的基础;利用好外省市的侨力资源,搭建临沂市招商引资的推介平台。

【为侨服务工作】 搭建为侨服务工作平台,完善为侨服务工作机制。专门安排1名工作人员负责信访工作,妥善处理涉侨信访案件,全年未发生越级上访现象。重视并加强"为侨服务"和"维护侨益"工作,取得了明显成绩。建成侨心小学两处。由平邑籍加拿大归侨、新大洲体育用品有限公司董事长刘克成投资30万元在平邑县资邱乡兴建的侨心小学、由中国华侨经济文化基金会投资25万元在费县梁邱乡兴建的侨心小学已建成并投入使用;为广大侨商在临沂市投资兴业提供优质服务。市侨联组织人员到侨资企业,了解情况,出主意、想办法,帮助其解决困难和问题。开展扶危济困工作,让广大困难归侨、侨眷感受到党和政府的温暖。积极为在临沂市投资兴业的海内外客商服务,帮助客商在项目审批、土地拍卖、工商注册等环节节省时间精力,受到广泛好评。

【参政议政】 发挥桥梁纽带作用,配合侨界人大代表和政协委员做好提案工作。市侨联发挥广泛联系侨界群众的优势,积极组织侨界的人大代表、政协委员深入基层了解社情民意,积极参政议政,就应对金融危机、拓宽招商引资和对外联谊渠道、下岗归侨侨眷再就业等问题积极展开调研,取得显著成效,为临沂市经济和各项社会事业的全面发展贡献力量。

军事·政法

地方军事

【思想政治建设】 2010年，临沂军分区坚持用中国特色社会主义理论体系武装头脑，深入贯彻落实科学发展观，认真执行上级决策指示，积极改革创新，将工作落到实处。落实完善党委中心组理论学习制度，举办干部理论读书班，巩固了全区官兵思想政治基础。扎实开展各项工作，国防教育、新闻报道、计划生育、维权工作、军事志编纂等均取得新成效。顺利完成了军分区领导班子和9个团级单位主官的调整交接工作，新老成员积极适应角色调整变化，保持了工作的连续性。研究下发了《推进学习型党委机关建设措施》，搭建了"学习工作化、工作学习化"的平台。召开军分区第六次党代表大会，总结14年来的工作经验，理清了思路，凝聚了力量，激发了动力。开展"三廉"和"坚强党性、大兴四风"教育，结合召开党委常委民主生活会，查找解决能力建设和作风建设存在的突出问题，树立良好的领导作风、工作作风和生活作风。年内，军分区政治部被军区表彰为先进政治机关。

【战备训练】 贯彻落实军区军事斗争准备《三年规划》，完善了军分区、人武部两级战备计划、方案和处置突发事件预案。做好首长机关训练工作，组织进行军事理论集训，加强对民兵军事训练的检查督导，推进了全区按纲施训。加强使命课题研练，组织军分区首长机关、人武部带民兵应急分队共1580余人进行全市防汛应急实兵演练，增强了快速反应能力。完善配套战备设施建设，完成了军分区教导队的搬迁进驻。注重提升基层专武干部能力素质，对全市242名基层武装部长进行理论和军事考核，并参加了省军区比武竞赛，军分区获单位总分第二名。开展8种专业、9支分队成建制成系统动员试点演练。

【兵役工作】 做好征兵工作，全面分析征兵工作形势，查找薄弱环节，在研究制定保证新兵质量的具体措施和办法的基础上，做到严把进站关、体检关、文化关、政审关和定兵关。分区常委对各县区征兵体检展开情况进行了检查督导，市体检中心组采取分片包干的办法到相关县区指导。为确保征兵工作健康顺利进行，分区纪委下发了《关于加强廉洁征兵工作检查的通知》，重申了征兵工作纪律规定，统一编号印发了廉洁征兵监督卡，对廉洁征兵情况进行专项督查。针对"当兵冷、征兵难"的问题，研究制定《关于进一步做好征兵工作的意见》和《临沂市关于进一步做好士兵优待安置工作的通知》。年内，顺利完成了2010年新兵征集任务。

【民兵预备役基层建设】 加大民兵组织整顿力度，调整优化编组布局，夯实了民兵组织建设基础。按照分类规范、分类指导、分类建设的思路，分两批对167个基层武装部和446个民兵连正规化建设进行检查验收，提升了全区基层建设整体水平，做法被省军区转发。开展创先争优活动，按照"讲学习、严管理、抓落实、出品牌"的思路，指导15个团级单位确立20项"品牌"工作，推动了全区建设创新发展。总结推广临沭县人武部全面建设先进经验，联合市委、市政府召开了现场观摩会，省军区党委和临沂市委、市政府、军分区分别作出向其学习的决定，营造了建功基层、争先创优的浓厚氛围。临沭县人武部被军区表彰为抓基层先进“一线指挥部”。

【国防建设】 围绕“三个确保”时代课题和“三个紧贴”要求，积极探索新形势下弘扬沂蒙精神与加强思想政治建设深化融合的有效途径。在全区开展“用沂蒙精神培育当代革命军人核心价值观”教育实践活动，编印1.5万本《弘扬沂蒙精神学习教育读本》，发至全区官兵、基层民兵连和基干民兵排，向全军1.9万余名临沂籍官兵寄发弘扬沂蒙精神的公开信，在全市预征对象中开展“带着沂蒙精神进军营”活动，给全市新兵发放弘扬沂蒙精神倡议书。通过弘扬沂蒙精神，为推进全区建设发展提供了精神动力，该做法被《解放军报内参》刊发，并在《解放军报》头版头条作了重点报道，解放军总政治部主任李继耐和军区首长分别作了重要批示，给予充分肯定。认真学习贯彻新修订《政工条例》，增强了思想政治教育实效。

【安全管理和稳定工作】 贯彻全军“开封会议”和军区“确山会议”精神，以学习新颁《共同条令》为重点，开展“学法规、用法规、守法规”活动。注重正规机关办公秩序，对每日小交班、周一大交班、每月办公会的程序和内容进行规范，加强了部队正规化建设。开展“五项整治”和“崇尚军人荣誉、维护军队形象”专题教育整顿，清理拆除违规安装警报器22部，警灯、暴闪装置18具，查扣假冒军车7辆，收缴销毁假冒军车号牌10套，维护了军队形象。圆满完成费县民兵武器搬运合库、民兵报废弹药调运上交和废旧雷管就地销毁任务。坚持依法从严执纪，对发生违纪问题的人员进行严肃处理，起到了很好的警示作用。突出人、车、枪、弹、财、密等安全防范重点，坚持用GPS定位系统对日常用车进行监管。开展军地平安共建活动，全区保持了安全稳定的局面。

【双拥工作】 发挥军分区系统双重领导优势，积极参与地方中心工作，协助地方维护社会稳定、完成急难险重任务。全力支持临沂市争创全国双拥模范城“三连冠”，牵头召开驻临部队联席会议，向全体官兵发出了倡议书，团以上领导分别结对帮助1名驻地困难学生。每个县区人武部主官都担任当地重点项目负责人，承担地方党委政府赋予的急难险重任务，为地方经济社会建设发展作出了贡献。圆满完成了国防大学省部级领导干部国防研究班、军区师旅以上领导干部读书班来临沂参观考察和26集团军、驻济南铁水路军代处冬季野营拉练、步兵第127师演习途经临沂的各项保障任务。军区《前卫报》在头版头条，先后以《感悟沂蒙精神，激发奋进斗志》和《“红色土地”新传奇》为题，对双拥共建工作进行报道，在鲁豫两省产生了广泛影响。

【后勤保障工作】 修订完善后勤各项规章制度，严格落实党委理财规定和军政主官理财目标责任制，规范“一支笔”审签、主官双签和联审会签制度。开展创建节约型军营活动，注重开源节流、增收节支，加大财务审计监督和检查力度，提高了经费使用和管理效能。开展信息化条件下后勤专业岗位练兵比武竞赛活动，强化了后勤专业队伍素质。加强军分区机关营区迁建、民兵训练中心和民兵武器装备仓库的建设，做好医疗卫生、出租房清理等工作，提高了基础设施和服务保障。认真贯彻两级军区老干部工作会议精神，加快“三个中心”建设，营造安全和谐的休养环境。在工作人员中开展“爱所、爱老、爱岗”教育，不断强化服务意识。开展争创“三先”活动，调动了工休人员的积极性、创造性。在老干部中持续开展“讲党性、保本色，讲和谐、保健康”活动，坚持每月1次集中学习，增强了老干部坚定信念、保持革命晚节的自觉性。

（刘洪连　任建华）

武装警察

【概况】 2010年，支队深入贯彻落实科学发展观，坚持抓班子带队伍、抓能力保中心、抓基层打基础、抓安全保稳定、抓风气促建设，圆满完成了年度各项工作任务，部队建设呈现出持续稳步发展的良好态势。支队被总队表彰为“连续13年预防事故案件先进单位”。

【党委机关工作】 开展“建设学习型党委机关，争做学习型领导干部”学习教育活动，严格落实理论学习制度，紧贴形势任务开展课题研究，学习主动性强，学用结合明显，理性思维水平和领导能力有了明显提高。结合“三新”大讨论活动，总结形成了“四个转变”工作思路。严格落实蹲点、调研、帮建制度,提高了党支部“三个能力”。认真学习贯彻民主集中制,注重专家论证,听取官兵意见,坚持集体研究决定重大问题,确保了党委科学民主、依法决策的质量。开展“遵纪守法、廉洁奉公”勤政廉政教育,注重加强民主监督,坚持公开公平公正。全年选拔使用干部49名、选改晋级士官71名、保送入学战士1名,发展党员56名,选送技术学兵5名。

【军事工作】 坚持“十六字”执勤思路,落实“三员一兵一组”组勤模式,发挥“三个载体”作用,提高了执勤工作水平。严密组织勤务检查鉴定,加强治理执勤隐患,推进执勤目标“四防一体化”和AB门建设。协调目标单位,完成了蒙阴、莒南、平邑中队搬迁和临沭县看守所、临沂监狱AB门改建任务。坚持按纲施训,先后组织10次军事考核、4次军事会操,检验了部队训练效果。3次组织“中队长日”活动,规范“五小练兵”组织程序和方法,统一登记统计,细化精细化管理方法。坚持科技创新,研制革新了监墙射击应用靶、劫持人质靶等训练器材。加强组织反恐分队集训,投入540万元,购置各类反恐装备器材1590件,加强人装结合训练,提高了反恐处突能力。坚持靠前指挥,严密组织,出动兵力3150人次,完成临时性押解、押运勤务410起,圆满完成“11·22”一级警卫、F1摩托艇世界锦标赛等重大警卫和安全保卫任务13起,成功处置“7·27”、“8·04”劫持人质事件,2人荣立二等功,1人荣立三等功。

【政治工作】 紧紧围绕“三个确保”时代课题,开展“培育当代革命军人核心价值观”主题教育,推动当代革命军人核心价值观培育岗位化、具体化,官兵争做党和人民忠诚卫士的政治信念更加坚定。开展创先争优活动,党员模范带头作用显著提高,“一诺三评”活动得到积极响应,学模范看榜样的氛围日益浓厚。先后4次组织基层干部“四会”授课比赛,就当前官兵思想、社会形势等焦点问题进行讨论和辅导交流,提高基层干部授课能力,夯实官兵奉献使命的意识。认真贯彻总队加强改进思想和文化工作的意见,规范“三互”、“双四一”等载体运用,注重搞好思想教育、心理疏导和舆论引导,排查帮教转化个别人17名,保证了官兵思想高度稳定和部队集中统一。加强警营文化建设,举办“军歌嘹亮颂祖国”歌咏比赛和第三届军事体育运动会,活跃了官兵文化生活。“庆国庆”文艺汇演获得总队三等奖,动漫比赛获得武警部队一等奖。

【后勤工作】 积极协调地方政府和用兵单位投入2000余万元,完成了蒙阴、莒南、平邑中队新建搬迁任务。投入20万元,为警勤中队、一中队更换营具,基层“四项设施”建设逐步配套规范。坚持党委理财,建立健全监督制约机制,严格落实双主官联审联签和公务卡结算制度,增强了经费开支的透明度和可控性。投资7万元为基层食堂安装监控系统,加大伙食管理力度,落实分餐制。积极开展“三管”活动,落实蒙阴中队“一清二扫三干四保”卫生清理法。严格落实“五位一体”车辆联管责任制,有效督导“五同”、“五控”、“二人双锁”等制度落实,确保了车辆和枪弹管理安全。积极开展岗位练兵、专业比武、应急拉动等课目训练,提高后勤队伍能力素质。后勤处被总队表彰为“先进后勤处”。

【正规化建设】 认真贯彻总部、总队依法从严治警会议精神,坚持部门以上领导每日巡查制度,采取电话查、网络查、实地查等形式,突出人员管理、车辆管控、枪弹安全、对外交往等重点。把科技创安与加强管理有机结合,充分发挥GPS车载终端、电脑干扰仪和远程门禁指纹控制系统作用。对排查出的问题跟踪问效,抓好整改。年初以来,共组织开展12次安全大检查、420余次巡查,发现和整改安全隐患40余处,对待问题不遮丑、不护短、敢较真、严追究,及时消除各类安全隐患,确保了部队安全稳定。

【基层建设】 组织基层大中队主官进行《纲要》培训,深入开展“学《纲要》、知《纲要》、用《纲要》”活动,提高按纲指导和抓建的能力。持续开展大练基本功活动,采取“过三日”、“末位锻炼”等办法,激励干部提升素质能力,坚持凡培训必考核,凡学习必抽点,以考促学、以考促训,培养了按纲抓建的明白人。强化“四个基本”、“四项经常”落实质量和《纲要》信息化平台使用,促进了经常性基础性工作落实。在蒙阴、平邑中队召开现场会,围绕落实条令条例和《基层正规化管理规定》抓规范,提高了基层正规化水平。把创先争优活动与“双争”活动结合起来,营造了浓厚的争先氛围。莒南中队被总队表彰为“基层建设标兵中队”,荣立集体三等功;郯城、平邑、三中队被总队表彰为"基层建设先进单位"。

（李　会）

人 民 防 空

【概况】 2010 年，市人防系统围绕全市工作大局，以建立统一高效的组织指挥体系、布局合理的防护工程体系、灵敏可靠的通信警报体系、精干过硬的专业队伍体系、保障得力的人口疏散体系、现代化的科研和人才培育体系为目标，突出提高城市的整体抗毁能力、快速反应能力、应急救援能力和自我发展能力，着力构建了"平时作为大、战时能力强"的现代人民防空体系。年内，临沂市人民防空办公室被国家人民防空办公室评为全国人民防空先进单位，市人防办党组书记、主任于彦明获得"全国人民防空先进个人"称号。

【组织指挥建设】 市防空救灾指挥中心投入使用，配备就绪了移动指挥系统，建成了市级领导机关疏散基地作为备份指挥所，初步实现了地上指挥所、地下指挥所、机动指挥所和备份指挥所"四位一体"。建成无线短波通信二级网，实现人防信息化专网、人防数据库、电子地理信息系统、指挥决策辅助系统全省联网；加强空情预警自动化网的使用管理，规范空情接收、传递等运行机制，形成了集指挥控制、情报预警、信息传输为一体的综合网络系统。加快战时人员疏散基地建设，与临沂军分区在民兵训练中心联合共建的市级领导机关疏散基地投入使用，完成了市直人员物资掩蔽工程提升改造，郯城县马陵山人防办应急疏散地域建设进展顺利。加强警报器的安装、维护、布局调整和社会化管理工作，实现灾害预警和人防警报的有效融合，成功组织实施了"9·18"人防警报试鸣活动，市区警报音响覆盖率实现 100%。

【人防工程建设】 《临沂市地下空间开发利用规划》和《临沂市城市人民防空规划》通过市政府批准实施。加强人防自建工程建设，市防空救灾指挥中心于 11 月 15 日正式投入使用，完成了通达路地下商业街人防工程主体建设。依法落实结合民用建筑修建防空地下室工作，建设完成了工程面积 3.4 万平方米的银雀山公园城邦中央广场地下人防工程，开工建设了恒基购物中心、银座商城等社会结建人防工程，完成了 1.5 万平方米的沂河花园东地下人防工程的论证和设计工作。发挥人防资源优势，优化投资环境，积极培育和引进多元化投资主体，广泛吸纳社会资金，加快人防工程建设步伐。年内，临沂市地方财政投入人防工程建设资金 2500 万元，社会融资建设人防工程达 8850 万元，全市新增人防工程 11.85 万平方米。

【依法行政】 加强人防工程质量监督，对应建防空地下室的项目及时提出设计要求，根据人防工程规范进行施工图设计文件审查，在施工过程中严格进行质量跟踪监督检查，工程竣工后按规定进行竣工备案，保证了工程的安全使用和战时防护效能。牢固树立"以建为主、应建尽建、应收尽收、以收促建"的原则，严格按照规定的范围和标准征收民用建筑地下室易地建设费。严格财务资产管理，完成人防国有资产管理与统计，做好人防工程建设费、防空地下室易地建设费及人防工程使用费等行政事业性收费及时征缴入库工作，并纳入财政预算管理，确保专款专用。

【平战结合】 加大人防体制改革力度，明晰人防产权，按照人防国有战备资产管理办法，建立完善人防工程产权登记程序和制度。围绕人防建设与城市建设、经济发展的相关点，经营开发好现有人防工程，挖掘开发潜力，健全使用功能，建成地下购物中心、文化娱乐场所、饮食服务场所等商业网点，服务全市商品经济市场；修建地下停车场，积极改善交通拥堵、停车难等问题；开展"让洞于民，避暑纳凉"工作，根据早期人防工程点多面广的特点，探索开放了符合条件的多处人防工程，作为社会群众的夏季纳凉点，取得了良好的社会效应。"十一五"期间，人防工程开发利用率达 75% 以上，实现人防工程平战结合产值累计达 14 亿元，上缴国家税收近 1 亿元，安排就业人员1.67万人,人防工程战备、社会、经济三大效益得到了充分发挥。

【人防宣传教育】 加强基础性人防宣传教育,推进人防知识进学校、进机关、进企业、进社区、进家庭、进网络"六进"工作。争取各级领导部门支持,市政府召开第77次、第96次常务会议研究协调人防发展工作。加强宣传教育基地建设,依托网络、电台、新闻媒体、学校、党校等建立了人防民防远程教育网络宣传教育基地、党校教育基地、国防教育基地、初级中学生拓展训练基地、社区宣传教育基地等6个教育基地。为庆祝中国人民防空工作创立60周年,在市人民广场举办了人防建设大型图片展,拍摄了临沂人防专题纪录片,被省人民防空办公室评为全省"607"活动特别贡献单位,专题片获省人防办"人防发展与成就"电视专题片评审一等奖。年内,临沂城区和各县城初级中学开设防空教育课程普及率达100%,全市受教育人数达48.02万人次。

【组织机构建设】 结合政府机构改革,加强了市、县人防机构建设。召开市人民防空工作军政联席会议,构建军政指挥协同体系,建立了《临沂市人民防空工作军政联席会议工作制度》等管理机制。组织召开了全市基层人防组织建设工作会议,结合乡镇、街道实际制定了人防民防工作计划,依托民兵组织组建防空防灾专业队伍,编制区域防空防灾和应对突发事件预案。全市180个乡镇(街道)武装部全部加挂了人民防空办公室的牌子。

(齐炳辉)

政法综述

【概况】 2010年,全市政法综治部门以推进社会矛盾化解、社会管理创新、公正廉洁执法3项重点工作为载体,履行服务保障发展、打击违法犯罪、整治治安乱点、提升防控水平、推进依法治理各项职能,形成了组织保障、严打整治、疏导控制、治安防范、治安管理和典型带动"六大体系",保持了社会稳定、政治安定、经济快速发展的局面。全国用群众工作统揽信访工作经验交流会议、全省群众工作会议在临沂市召开;在第五届中国全面小康论坛上,临沂市被评为2010中国全面小康最具安全感城市。

【服务和保障经济建设工作】 开展了"服务发展大讨论"、"政法干警下基层、服务发展惠百姓"、"双十佳"评选3项活动,动员政法干警到基层化解矛盾、整顿秩序、解决难题。全市共联系帮扶企业600余家、落后村居400余个、困难群众5000余户,帮助解决各类问题2839个,调处化解矛盾纠纷1800个,提出合理化建议2994条。加大依法调节、打击和保障的力度。法院机关依法调节经济社会关系,依法审判各类民事案件48342件,商事案件32245件;检察机关依法批捕严重破坏市场经济秩序的犯罪嫌疑人260人,起诉3686人,查办商业贿赂犯罪案件66件;公安机关侦破各类经济犯罪案件1460件,挽回直接经济损失3343万元;司法行政机关办理公证事项42024件,办理各类法律事务9.8万余件,办理法律援助案件3060件。开展对经济领域不稳定因素的排查化解工作,共排查经济领域重大问题和隐患1522条,化解1489条,妥善处理有影响的大要案31件。

【严打整治工作】 加大反渗透、反颠覆、反破坏和反恐怖的工作力度,严密防范、严厉打击暴力恐怖犯罪,及时处置了各类不稳定事端,保持了社会大局总体稳定。针对刑事案件高发的问题,召开了全市打黑除恶动员大会,开展了"社会治安严打整治冬季'百日会战'"、治爆缉枪、扫黄打非等集中行动和专项斗争,严厉打击各类影响群众安全感的违法犯罪活动。全年全市摧毁涉黑犯罪团伙2个,打掉恶势力团伙14个,破获了以马绿家为首的黑社会性质犯罪组织。针对重点领域的治安突出问题,持续开展了社会治安重点地区排查整治活动、城乡道路交通秩序集中综合整治活动、校园及周边秩序整治活动、火险隐患排查整改活动、铁路治安秩序集中整治活动。针对重大活动多、重要会议多的实际,按照"大事不出、小事也不出"的目标要求,做好上海世博会和广州亚运会期间的安保维稳工作、2010年F1摩托艇世界锦标赛中国临沂大奖赛、全省群众工作会议和全国用群众工作统揽信访工作经验交流会期间的安保工作。

【社会矛盾化解工作】 加强调解组织网络,完善巩固以县、乡两级综治维稳工作中心为主体,以村居

(社区)调委会为基础的三级调解组织体系,积极推广临沭等地的经验做法。会同公安、信访、维稳、综治等部门,建立涉法涉诉、医患纠纷、拆迁安置等重大矛盾调解组织,实行集中办公,一站式服务,完善人民调解、行政调解、司法调解对接机制,形成党委政府总揽、各部门协同配合、人民群众积极参与的大调解工作格局,提高了化解矛盾纠纷的能力。全市各级共排查调处矛盾纠纷21489件,调处成功20891件,调处成功率达97.2%。

【社会管理创新工作】 开展"四无创建"活动,完善管人、管事、管网络的新办法、新机制。坚持"以证管人、以房管人、以业管人",全市95%以上的暂住人口纳入管理。创新安置帮教衔接机制,刑释解教人员安置帮教率达96.3%,重新犯罪率均低于0.5‰。加强社会闲散青少年、容易肇事肇祸精神病人等特殊人群众的管理,加强易燃易爆等危险物品管理,加大重点部位的管控力度,消除了社会稳定的隐患。成立见义勇为基金会,首期募捐基金达1500余万元,举办了见义勇为表彰晚会,隆重表彰英雄、树立正气、鼓舞群众。

【基层基础工作】 完善以机构网络化、职责具体化等"八化"为主要内容的综治基层基础规范化建设和以机构设置、队伍管理、工作制度、办事程序、基础设施为主要内容的政法基层基础规范化建设,全面提升了基层基础工作的制度化、规范化、信息化水平。巩固、拓展、深化各个层面、各个行业领域的基层平安创建成果,构建了条块结合、立体推进、全面覆盖的平安建设机制。全市99%以上的行业单位常年不发生刑事治安案件、信访案件和生产安全责任事故;95%以上的村居实现了无刑事案件、无生产安全事故和治安灾害事故、无群体性上访的"三无"目标;50%以上的村居达"平安示范村"标准;98%以上的家庭达"平安家庭"标准。加大了教育、管理、监督力度,举办了基层综治领导干部培训班,开展对基层一线执法执勤干警全员培训,提高了整体素质和战斗力。推进政法网络设施共建和信息资源共享工作,在全国率先应用了涉法涉诉、网上办公和辅助决策系统,提升了全市政法机关信息化建设水平,受到了中央政法委和省委政法委的肯定。

(黄 伟)

公　安

【概况】 市公安局以"干在实处、干出实效、走在前列"为目标,围绕社会矛盾化解、社会管理创新、公正廉洁执法"三项重点工作",推进基层基础、公安信息化、执法规范化、和谐警民关系"四大建设",落实维护稳定、打击犯罪、管理社会治安、服务经济社会发展的各项工作措施,确保了全市社会政治稳定和治安大局平稳。年内,市公安局被国家体育总局授予"全民健身活动优秀组织奖",荣获"省级文明单位"称号,被省公安厅评为全省公安机关打击防范"两抢一盗"犯罪大会战优秀等次公安局,被市委、市政府授予"平安临沂建设先进单位"、"全市信访工作先进集体"、"全市依法行政工作先进集体"、"2010年F1摩托艇世界锦标赛中国临沂大奖赛筹办工作先进单位"、"全市打击走私综合治理工作先进单位"称号。

市公安局兰山分局成功破获"1·15"抢劫杀人案

【"四大建设"工作】 坚持"强基固本"的原则,全年向基层所队下沉警力216名,选拔基层所队长51名。全市新建看守所、拘留所7个,更新增配警务用车580台,投资8000余万元新建的市车管所、市公安局出入境管理服务大厅投入使用。统筹实施城乡社区警务战略,全市建成规范化、标准化警务室493个。推进"六大平台"建设,投资1120万元,完成警务信息综合应用、情报信息及图像综合应用平台市级建设任务。警用地理信息系统作为"数字临沂"建设的成果,通过国家级考核验收。加强执法制度建设,印制《公安刑事、行政规范卷宗制作指南》、《公安机关执法办案规范》7000套,一线执法民警每人1套。完善网上执法办案系统,网上审核案件5万余起,实现了执法办案网上全程监督，全年无行政诉讼案件败诉或复议案件被撤销。开展大走访活动，通过警民联系QQ群、群众满意度短信回访、行风热线、警营开放等平台，加强与群众的沟通交流。群众对公安机关满意率达93.8%，比上年提高1.6个百分点。

市公安举办警营开放日活动

【维护政治稳定】 坚持情报先行，强化信息预警，围绕上海世博会、广州亚运会及全国用群众工作统揽信访工作经验交流会、全省群众工作会议等重要活动，落实维护稳定工作措施，确保了社会政治大局平稳。积极排查调处矛盾纠纷，开展重点疑难信访案件专项治理，年内全市涉警信访同比下降8%。强化互联网监管，维护了“虚拟社会”的平安稳定。加强重大活动安保工作，圆满完成周永康等中央领导视察临沂及全国用群众工作统揽信访工作经验交流会、F1摩托艇世界锦标赛中国（临沂）大奖赛等警卫、保卫任务，共230余批次。

【打击刑事犯罪】 牢固树立“零容忍”理念，严厉打击各类违法犯罪活动。年内，全市公安机关破获刑事案件4.9万余起，查处违反治安管理案件7.2万余起，抓获违法犯罪嫌疑人4.6万余名，破获刑事案件、抓获嫌疑人、逮捕、行政拘留数均居全省前三位。严厉打击“黑恶”犯罪，摧毁涉黑犯罪集团2个，恶势力团伙14个，抓获涉案成员109名，劳教各类霸痞分子420名。坚持“命案必破”原则，成功侦破了经济开发区“10·1”故意杀人案、兰山“11·13”抢劫银行提款人案件等重大恶性案件。开展打击防范“两抢一盗”犯罪大会战，破获“两抢一盗”案件3.2万余起，抓获处理违法犯罪嫌疑人8500余名，有力震慑了犯罪，增强了群众的安全感。

【强化治安防范】 全面推进以“天网”工程为主体的社会治安动态防控体系建设，年内，全市新增电子监控报警系统25315套，各县（区）公安（分）局、所有城区派出所、90%以上的乡镇街道派出所建成视频监控中心，实现了市、县、乡3级平台联网。“天网”工程建设作为全国用群众工作统揽信访工作经验交流会的亮点之一，得到了周永康等领导的充分肯定。优化警力配置，实施“警灯闪烁、全时警务”，组建便衣行动队和武装巡逻队，最大限度屯警街面，打击现行，震慑犯罪，遏制发案，城区街面“两抢”案件下降15.3%。推进农村警务战略，多渠道、多形式地开展农村治安防范，增强了群众安全感。开展社会治安整治行动，排查整治治安乱点，解决突出治安问题，全市治安大局持续平稳。

【服务经济发展】 强化治安安全管理，严格爆炸、危险物品监管，组织开展治爆缉枪专项行动，整改消除各类治安安全隐患，营造安全稳定的社会发展环境。整治市场经济秩序，开展打击制贩假币、假发票、银行卡犯罪等专项行动，侦破各类经济犯罪案件1460起，挽回直接经济损失3343万元，成功侦破全省第一例利用木马病毒盗用他人证券账户侵财犯罪案件。开展第六次人口普查户口整顿工作，集中整纠户口登记差错。开辟公安行政审批“绿色通道”，推进窗口单位热情服务、微笑服务，优化“一站式”服务措施。市车管所和12个县区分所业务大厅统一标准，全部实现集“低柜台、开放式、评警仪”于一体的“一站式、一条龙”服务。依托互联网开通“临沂公安服务在线”，将95项公安业务纳入网上咨询办理，进一步提升服务水平。

【交通管理工作】 改革交警勤务模式，组建3个直属交警大队，将警力最大限度地投入一线工作。加大对交通违法行为的查纠力度，开展了大型机动车辆闯行禁区、无牌无证、酒后驾驶、超限超载，以及客运车辆、校车、低速汽车、三轮车、拖拉机超员超载、违法载人等交通违法行为专项整治，年内，查处交通违法行为46万余起，拘留4624人，吊扣驾驶证853本，防范和遏制了重大事故发生。全市道路交通事故起数、死亡人数、受伤人数和财产损失同比分别下降4.44%、5.8%、11.66%和8.89%。投资3000余万元，完成城区200套固定卡口式高清电子警察，51套高清监控，16套城区大货车禁行抓拍以及14套环临沂周边高清卡口的道路交通智能管理系统建设工作。排查整改事故多发重点路段500余处，安装中间隔离设施道路 57 公里。将全市 461 辆危化品运输车、621 辆校车、2892 辆客运车辆和 4581 名重点驾驶人纳入“户籍化”管理，安装了 1.3 万余套汽车行驶记录仪、GPS 等监管设备。市车管所连续 3 年被公安部评为全国一等车辆管理所。

【消防工作】 开展消防安全“防火墙”工程建设，把防火及火灾隐患排查整治工作纳入部门年度综合考核，对消防工作实行“一票否决”。组织开展了批发市场、大型物流企业、人员密集“九小场所”、易燃易爆单位、高层建筑、地下工程、寄宿制学校等单位场所消防安全专项整治行动，督促整改各类火灾隐患 1.9 万余项，查处消防违法案件 1061 起。将农村消防建设纳入政府政务督察或乡镇社会治安综合治理考核内容，实现目标、任务、措施、责任“四落实”，夯实了农村、社区火灾防控基础。全年接处火警及紧急险警 4210 起，成功扑救火灾事故 1903 起，完成应急救援任务 2300 余次，抢救被困群众 569 人，抢救和保护财产价值近 3 亿元。全市火灾起数和直接财产损失分别下降 11.24% 和 16.48%，未发生群死群伤的恶性火灾事故。

【典型案例】 “1·05”制造贩卖毒品案。1 月 5 日，市公安局兰山分局摧毁位于沂南县砖埠镇临河村的制毒窝点，抓获付安礼（男，26 岁，沂南县砖埠镇人）、张伟（男，30 岁，河北省廊坊市人）等 17 名制造贩卖毒品犯罪嫌疑人，缴获冰毒 4 公斤、液态冰毒 19 公斤、赃款 60 余万元及制毒设备、原材料 1 宗。

周自学犯罪集团购买、出售假币案。4 月 27 日，费县公安局破获 1 宗购买、出售假币案，抓获周自学（男，56 岁，苍山县三合乡人）、王付安（男，47 岁，苍山县三合乡人）等 7 名集团成员，缴获假人民币 58 万元。该集团自 2009 年以来，多次从安徽、河南等地购入假币，在临沂市、日照市以及江苏省连云港市等地出售，涉案假币面值 100 余万元。

马绿家组织、领导、参加黑社会性质组织案。6 月 1 日，莒南县公安局成功处置马绿家（男，42 岁，回族，临沂市罗庄区盛庄办事处花埠圈村人）等人聚众冲击国家机关案件，查明马绿家涉嫌组织、领导、参加黑社会性质组织罪，先后抓获犯罪集团成员 27 名。该犯罪集团自 2006 年以来在临沂市兰山区、罗庄区、河东区、莒南县和日照市莒县等地寻衅滋事、敲诈勒索、故意伤害、抢劫、非法拘禁、保险诈骗、聚众冲击国家机关、聚众扰乱社会秩序，作案 36 起。12 月 29 日，莒南县人民法院作出一审判决，首犯马绿家以组织、领导黑社会性质组织罪、聚众冲击国家机关罪等 6 项罪名，被判处有期徒刑 20 年，王克轩等 14 名骨干成员分别判处 2～16 年不等有期徒刑。

赵洪军犯罪集团系列诈骗案。8 月 10 日，临沂市公安机关破获 1 宗利用封建迷信实施诈骗案，抓获赵洪军（男，34 岁）、李成军（男，34 岁，均系罗庄区西高都办事处人）等 5 名集团成员。该集团自 2008 年以来，流窜于费县、兰山、临沭、郯城、沂南、莒南、平邑等地，打着破难消灾的幌子，诈骗作案 300 余起，骗取现金 60 余万元及手机、金银首饰等物品 1 宗，涉案总价值 80 余万元。

经济开发区“10·1”杀人案。9 月 30 日 23 时许，临沂市经济开发区梅家埠街道办事处兰宅子居委张效德一家 4 口被杀死在家中。接报后，市政府党组成员、市公安局局长张春义亲临现场指挥，抽调精干警力开展侦破工作，迅速锁定并抓获犯罪嫌疑人李大波（男，41 岁，江苏省赣榆县城头镇人）。经审讯，李大波对与张效德家人发生纠纷并杀害其一家 4 口的犯罪事实供认不讳。

于得水犯罪集团抢劫案。10 月 17 日，苍山县公安局破获 1 宗集团抢劫案，抓获成员于得水（男，19 岁，苍山县贾庄乡人）、邢士夫（男，33 岁，苍山县大仲村镇人）等 5 人。该集团自 8 月以来，交叉结伙，持砍刀、匕首、棍棒等作案工具，流窜于 206 国道、蒙台公路、沂邳公路和岚济公路部分路段抢劫作案 60 余起，涉案总价值 70 余万元。

吉联殴祟犯罪集团拐卖儿童案。11 月 8 日，蒙阴县公安局经过 1 个多月的缜密侦查，破获了 1 宗拐卖儿童案，抓获犯罪嫌疑人吉联殴祟（男，24 岁）、阿古会拉（男，24 岁，2 人均系四川省布拖县人，彝族）等 24 名犯罪嫌疑人，解救被拐卖儿童 25 名。2009 年以来，该集团以出卖、营利为目的，从四川拐卖儿童 30 余名，卖到蒙阴、沂水、平邑等地。

（季善杰）

检　察

【严厉打击严重刑事犯罪活动】 与公安、法院等部门配合,做好平安临沂建设工作,开展打黑除恶专项斗争,对严重影响社会安定和人民群众安全感的黑恶势力犯罪、严重暴力犯罪、多发性侵财犯罪等,坚决依法快捕快诉,严厉打击。全年共批捕各类刑事犯罪嫌疑人6104人,起诉8608人,批捕涉黑涉恶犯罪嫌疑人108人,起诉81人,配合打掉了一批黑恶势力犯罪团伙,保持了严打声势。

市检察院举办首次新闻发布会

【查办和预防职务犯罪】 贯彻中央和省、市委反腐倡廉的决策部署,突出查办职务犯罪,全年共立查各类职务犯罪案件216件240人,通过办案为国家挽回经济损失7900余万元。其中,贪污贿赂案170件177人,渎职侵权案46件63人;大案要案213件,占98.6%,过百万的贪污贿赂案件16件;涉案的县处级干部9人,科级干部63人。严肃查办在企业改制、项目审批、税收征管等环节,向企业索贿受贿的国家机关工作人员15人。围绕保障政府投资安全,开展工程建设领域突出问题专项治理,依法查办土地出让、规划审批、招标投标等环节的职务犯罪案件44件,保障了政府重大投资安全,优化了发展环境。牢固树立惩治腐败是政绩、预防犯罪更是政绩的观念,先后在临枣高速等27项重大工程建设项目中开展同步预防,提供预防咨询2301次、行贿档案查询3887次;建设预防职务犯罪警示教育基地,采取以案说法等形式,对国家工作人员进行警示教育10万余人次;开通职务犯罪预防网站,与48个部门建立预防协作机制,从源头上防范腐败现象的发生,减少了对经济发展的干扰。

【诉讼监督】 加强刑事立案和侦查监督,共监督立案139人,监督撤案120件,追捕追诉539人。加强审判监督,共提出刑事抗诉31件,法院已改判、发回重审17件;提出民事行政抗诉129件,法院已改变原裁判90件,采纳再审检察建议205件。加强刑罚执行监督,依法监督纠正不当减刑、假释、保外就医等56件。加大惩治执法和司法不公背后的腐败犯罪力度,严肃查处行政执法人员失职渎职、索贿受贿等职务犯罪68人;查办司法人员贪赃枉法、徇私舞弊等职务犯罪26人,维护了社会正义和法律尊严。

【服务和保障经济社会发展】 强化专项打击和治理,解决影响"转方式、调结构"的突出问题。围绕"加快工业发展",开展了"企业服务年"活动,依法批捕针对企业及投资者的暴力讨债、盗抢企业生产资料等犯罪案件150件,起诉271件;围绕环境友好型、资源节约型社会建设,依法批捕重大环境污染事故、非法采矿等破坏环境资源保护的犯罪嫌疑人36人,起诉131人。围绕维护市场经济秩序,参加整顿和规范市场经济秩序工作,依法批捕非法集资、非法买卖土地、非法经营等严重经济犯罪嫌疑人259人,起诉397人。改进执法办案方式,最大化追求服务效果。到276家企业和经济管理部门,广泛开展调研服务月活动,在重点企业建立实践基地或联系点72个,定期走访座谈,主动了解企业经营发展状况,研究制定《认真贯彻落实转方式、调结构等重大决策部署,保障和促进企业健康发展的实施意见》,既依法办案,惩治犯罪,又充分考虑对当地经济建设和社会发展的影响,实现了法律效果与政治效果、社会效果的有机统一。针对亿鑫化工特大污染案件暴露出的问题,协助当地党委政府做好后续工作,对存在污染隐患的100余家企业进行专项治理,组织开展警示教育,杜绝了污染事故的再次发生,并通过提起附带民事诉讼,及时追回因污染造成的经济损失1790万元。开展向人民群众"问需、问计、问效"和"检察干警下基层,服务发展惠百姓"活动,先后到1000余家企业、村居、街道调研。完善民生检察服务热线,建立了与法院、公安、信访等部门的联动协作机制,秉承"有限职责、无限服务"的理念,对群众诉求作有理推定、对群众反映的问题作有解推定,管辖范围内的,依法办理,及时妥善解决;管辖范围外的,耐心倾听、开导化解,积极帮助寻找解决的渠道和办法,全年为求助群众解决涉法问题和实际困难596个,化解矛盾纠纷335起。进一步延伸服务触角,创新便民利民举措,先后在相关部门和基层乡镇聘任民生检察联络员521名,建立民生检察联络室、群众工作服务中心等169个,积极为人民群众排忧解难。

【基层基础工作】 加强思想政治建设。制定了《加强和改进检察机关党的建设的意见》,开展"恪守检察职业道德、促进公正廉洁执法"主题实践活动和"反特权思想、反霸道作风"专项教育和"创先争优、争做齐鲁先锋"活动,用先进思想和理念武装检察人员头脑。全年共有21个单位、37名检察人员受到省级以上表彰;2个单位、5名检察人员分别被市委市政府表彰为"十佳基层政法单位"、"十佳政法干警";市检察院连续6年被省院记功表彰。开展"创建学习型检察院、争当学习型检察官"活动,完善"培训—练兵—考核"层进式训练机制,开展领导素能、专项业务、专门技能培训20期,以案析理、公文写作等岗位练兵活动9期,参训3600余人次;组织开展"检察官教检察官"活动28场次,党组成员、部门负责人轮流授课,全员参与。发挥检察文化的教化和引领作用,打造和弘扬"崇法、厚德、创新、奉献"的沂蒙检察精神,促进了执法境界和文化素养的提升。建立业务人才管理办法,实行重点培养、动态管理,在高检院、省院组织的比武竞赛和评比中,有38人获奖。强化内部监督制约机制建设。开展规范化建设"回头看"和案件评查活动,集中检查案件1.8万余件,查摆整改各类问题243个,建立完善制度352条。研发廉洁从检监督网,对22种违法违纪苗头性问题,实行网上申报和举报。制定《执法办案内部监督实施细则》,建立电子执法档案,重点加强对执法办案和遵纪守法情况的监督。推进案件集中管理工作,两级院全部正式建立了案管机构,实行"网上受理,统一管理",纠正瑕疵案件135件,实现了对办案全过程的动态管理和实时监控。加强人民监督员工作,21件"三类案件"全部进入监督程序。落实检察开放日和新闻发布会制度,建立阳光检务查询室,在全省率先开通"阳光鉴定咨询网",邀请人大代表、政协委员视察工作、旁听庭审58次,促进了公正廉洁执法。全年全市检察人员无一违纪违法,执法办案质量明显提升,批捕、起诉准确率和职务犯罪案件起诉率、有罪判决率均保持100%,职务犯罪实刑判决率达61%。

(袁　飞)

审　　判

【概况】 2010年,全市法院紧紧围绕"为大局服务、为人民司法"工作主题,认真履行宪法法律赋予的职责,推进"社会矛盾化解、社会管理创新、公正廉洁执法"3项重点工作,维护了社会公平正义。全年共审判、执结各类案件115532件,占全省的12.7%,标的额109亿元,为全市经济社会科学发展提供了司法保障和服务。审判管理、知识产权、诉调对接、执行"两分法"等经验,分别被最高法院、省法院推广。市中级人民法院获"全国妇女维权先进集体"、"全国法院思想宣传先进集体"、"全省社会治安综合治理工作先进单位"等称号。

【刑事审判】 坚决贯彻"严打"方针,全年审判各类刑事案件6681件9778人,依法审判了在全市有重大影响的马绿家等24名被告人"涉黑"犯罪等大要案,打击了犯罪分子的嚣张气焰。依法审判金融诈骗、非法吸收公众存款等经济犯罪案件243件,判处罪犯371人,维护了市场经济秩序。对社会影响较大的网络诈骗、集资诈骗等涉众性犯罪案件,既坚持依法惩处,又加大追缴财产力度,摧毁犯罪者的经济基础。依法审判贪污、贿赂等职务犯罪案件238件,判处罪犯267人。依法审判了省盐务局原副局长杨福增受贿、巨额财产来源不明等犯罪案件,维护了国家工作人员职务的廉洁性。认真落实罪刑法定原则,当宽则宽,该严则严,罚当其罪。对严重危害国家安全、公共安全的犯罪,对具有黑社会性质的犯罪,对屡教不改的惯犯、累犯,坚决依法从严惩治。对入户抢劫致3人死亡的被告人方远等依法判处死刑,并报请最高人民法院核准执行。对初犯、偶犯、未成年犯等犯罪,实行教育、改造、挽救的方针,依法从宽处理。注重审判职能延伸,先后对判处缓刑、管制及免予刑事处罚的人员进行回访帮教3300人次,巩固了审判成果。做好刑事附带民事诉讼调解工作,在审判金兰物流爆燃事故案件中,既依法追究被告人的刑事责任,又多方做好调解工作,全力为受害人挽回经济损失。建立了减刑、假释听证制度,严格非监禁刑及减刑、假释的适用,提高了刑罚执行的社会效果。改革少年审判工作,设立专门审判法庭,使未成年犯罪得到有效矫治。密切关注各类犯罪的趋势与特点,及时提出司法建议,营造稳定和谐的社会环境。

【民事审判】 围绕保障民生,促进社会和谐,认真贯彻"调解优先、调判结合"的原则,加强民事审判工作。依法审判婚姻家庭、相邻关系、损害赔偿、劳动争议等民事案件35043件,同比上升16%。全市法院民商事案件调解、撤诉率达63.6%，同比提高6个百分点。落实惠民政策，依法审判商品房销售、产品质量、交通事故、劳动报酬等纠纷8885件，保障了人民群众安居乐业；依法审判土地承包等纠纷4414件，维护了农村土地承包关系的稳定性；依法审判涉军案件，维护军人军属合法权益。对涉及农民工、下岗职工、残疾人员及妇女、儿童、老人的案件，实行立案、审判、执行“三优先”，维护了弱势群体的合法权益。

【商事审判】 围绕“转方式、调结构”等重大部署，制定了服务经济平稳较快发展的文件，坚持适用法律与执行政策的协调统一。积极调节、规范市场交易行为，依法审判买卖、租赁、承揽等合同纠纷9145件，标的额7.6亿元。依法审判了“奔驰4S店”经营协议纠纷等商事案件，营造了公平竞争的市场环境。化解金融风险，依法审判借款、票据、保险等金融纠纷22996件，标的额26.6亿元，防止了国有资产流失，保障了金融安全。配合国家产业结构调整，依法审判企业破产、公司清算、股权纠纷102件，促进了经济发展方式转变。依法审判了罗湖房地产开发公司破产重组案，盘活企业存量资产4亿元，解决了833户居民教育储备金问题。依法审判涉外商事案件，彰显了国家司法主权，营造了稳定公平的外商投资环境。

【知识产权审判】 依法审判著作权、商标权等知识产权案件248件，制裁侵权行为，保护创新成果。依法审判了“益膳房”商标专用权、“姜湖贡米”商标所有权、平邑金银花植物新品种、罗欣药业技术合同等纠纷案件，支持了科技进步，提升了企业核心竞争力。通过召开新闻发布会等方式，开展法制宣传，增强企业的知识产权保护意识，营造了自主创新的法治环境。

【行政审判】 发挥司法审查职能，依法审判土地、城建、治安、工商等行政诉讼案件2103件，审查执行非诉讼行政案件3414件，既支持监督行政机关依法行政，又维护了相对人的合法权益。完善行政诉讼协调机制，为小涑河治理、北城新区开发等重点工程提供法律服务，依法及时化解城市化进程中的矛盾纠纷。全年全市法院行政诉讼案件协调撤诉率达69.8%。建立与行政执法部门联席会议等制度，促进了法治政府建设。认真执行《国家赔偿法》，依法办理国家赔偿案件，维护了赔偿请求人的合法权益。

【执行工作】 全年共执结各类案件26736件，标的额49.3亿元，实际执行率达68.3%，同比提高9.9个百分点。发挥执行联动、执行网络等机制的作用，探索实行了执行快速反应、执行“两分法”等做法，加大查封扣押、拍卖变卖等措施，对有能力而拒不执行生效裁判的当事人，依法采取搜查、拘传、拘留等强制措施3584人次。集中开展清理执行积案活动，对拖欠农民工工资、建筑工程款等7类案件进行专项治理。蒙阴县法院被表彰为全国集中清理执行积案活动先进单位。

【审判监督和涉诉信访工作】 加强审判监督工作，全年审判各类二审案件5469件、再审案件404件，为当事人提供了充分的司法救济。规范立案审查工作，既依法保障诉权，又引导当事人正确行使权利。利用法定立案审查期限，依法及时在诉前化解了涉及金正大集团的矛盾纠纷，确保了金正大股份的顺利上市。坚持用群众工作统揽涉诉信访工作，落实好院长接访、带案下访、信访听证和信访终结等制度，依法解决当事人合法诉求。全年中院接待群众来信来访4312人次，处结了中央政法委交办的21件重点涉诉上访案件。

【审判管理和监督】 健全审判评价体系，完善审判质效评估办法，定期进行考核通报。制定了诉讼保全、缓刑适用、减刑假释、罚金量刑等指导性意见，推进量刑规范化改革，指导法官正确行使裁量权。全年全市法院一、二审服判息诉率分别达93.4%和99.5%，呈现出结案率、调撤率、服判率上升和上诉率、申诉率、涉诉上访率下降的良好态势。坚持重要部署、重点工作及时向党委报告，自觉接受人大及其常委会的监督。加强与人大代表、政协委员的联络，听取意见、建议，广泛接受监督。加强与政府、政协及社会各界的沟通协调，争取对法院工作的理解支持。全市法院邀请人大代表、政协委员视察工作52次，旁听庭审85次，召开特邀监督员座谈会32次；办理各级人大督办案件166件，办复率为100%。认真贯彻全国人大常委会《关于完善人民陪审员制度的决定》，做好人民陪审员换届工作。新选任陪审员496名，具有更广泛的代表性。全年全市人民陪审员参与审判案件13868件，占普通程序案件的52.5%，有力地弘扬了司法民主，保障了人民群众对司法工作的有效监督。

【基层基础工作】 开展“人民法官为人民”、“服务保障经济社会发展”及创先争优等主题实践活动，通过专题报告、任职宣誓、主题征文等方式，引导法官牢固树立社会主义法治理念，坚定“公正、廉洁、为民”的司法核心价值观。围绕提升法官司法能力和水平，组织356名法官参加任职、续职培训，开展了“法官教法官”、庭审观摩、法律文书展评等活动，办好《沂蒙司法前沿》，使其成为全省乃至全国法院的知名品牌。组织开展办案竞赛活动，评选表彰办案能手100名，其中，兰山区法院半程法庭庭长王永涛被表彰为“全国优秀法官”，蒙阴县法院执行局副局长兼执一庭庭长于刚被表彰为“全国法院办案标兵”。围绕加强党风廉政建设，严格执行《党员领导干部廉洁从政若干准则》、最高人民法院“五个严禁”等有关规定，认真落实党风廉政建设责任制，建立了诫勉谈话、廉政监察员等制度，通过司法作风大检查、回访当事人等措施，严肃查处违法违纪问题。开展“零投诉、零错案、零上访”竞赛活动，表彰“三零”竞赛优秀单位25个、优秀法官100人。推动多元纠纷解决机制，探索建立人民调解、行政调解、司法调解“三位一体”的格局。完善诉调对接机制，对人民调解、行政调解等组织主持达成的调解协议，经当事人申请、法院确认后，赋予其强制执行力，使大量矛盾纠纷化解在初始状态。全年全市法院指导人民调解组织调处民间纠纷23232件。普遍建立便民诉讼中心，加强立案、信访两个文明窗口建设，实行诉讼引导、查询咨询等“一站式”服务，让当事人参与诉讼更便捷。推进司法公开，实行新闻发言人制度，推行裁判文书上网，打造“阳光司法”。建立刑事被害人、特困申请人和涉诉信访救助机制，为生活困难的当事人提供救助资金76.5万元。

（李国栋　杜春萌）

司法行政

【普法依法治理工作】 推进提升“法律五进”工作。围绕党委政府中心工作，加强宪法和与经济社会发展、群众生产生活、维护社会稳定等相关法律法规宣传，开展“加强法制宣传教育，促进社会矛盾化解”主题宣传活动，编印了《临沂市“法律五进”典型材料汇编》，从不同角度介绍了“法律五进”的做法，推动“法律五进”工作实现常态化、规范化。开展法治城市创建活动。4月15日，召开了临沂市“五五”普法检查验收暨深化法治临沂建设动员会议，安排部署“五五”普法检查验收和深化法治临沂建设的任务。市委、市政府制定了《深化法治临沂建设的意见》，省普法办给予充分肯定。6月3日，召开了市直单位深化法治机关建设现场会议，研究部署深化法治机关建设工作。开展首批全省“法治县(区)创建活动先进单位”申报推荐工作，市委主要领导对此做出专门批示。开展各个层面的法治创建活动。全市的法治创建工作成效显著，特点明显，形成了以法治临沂建设为统领，以法治县区、法治机关创建为支撑，以法治社区、法治学校、法治村居、法治企业为基础的具有临沂特色的法治创建格局。兰山区、平邑县被表彰为全国法治县区创建工作先进县区。做好“五五”普法检查验收工作。印发“五五”普法检查验收工作的通知，部署检查验收工作，明确检查验收重点、严格检查验收标准。市人大、市政协分别对全市“五五”普法和依法治市规划贯彻实施情况进行检查视察。全市组成6个检查组，对县区及部分市直单位的“五五”普法依法治理工作进行检查验收。11月，省检察院检察长、省全民普法依法治理工作领导小组副组长国家森率领检查组来临沂市检查验收“五五”普法依法治理工作，省检查组对于临沂市的普法依法治理工作给予高度评价。

【法律服务工作】 全系统贯彻落实市司法局《关于充分发挥司法行政职能作用、为努力推动全市经济平稳较快发展搞好服务的意见》，为“转方式、调结构、惠民生、保稳定”提供优质法律服务。在全市律师队伍中开展“中国特色社会主义法律工作者”主题教育实践活动，开展了警示教育活动，举办了全市律师管理干部及律师培训班，共400余人次参加了培训。律师积极参与到企业的经营决策之中，全市律师共参与重大项目法律可行性论证156项次，起草或审查重大项目法律文书308件次。注重发挥律师疏导和解决社会矛盾的作用，维护社会稳定。发挥“12355”青少年维权服务专线电话作用，选派律师到信访部门轮流值班接访，疏导化解涉法信访案件。年内，新设立事务所14家，律师执业机构达76家，执业律师共有676人。共担任各类法律顾问1375家，办理各类法律事务16618件，实现律师业务收费5086万元。健全完善公证工作的各项管理制度,加强公证质量和规范化建设,开展了“公证翻译一体化”试点工作,编写了《公证规范性文件汇编》。举办了全市公证员、公证员助理参加的培训班,引导各公证处围绕经济社会发展大局提供服务,全年共办理各类公证事项42024件,其中国内经济类就达31371件。组织全市各司法鉴定机构参加能力验证活动,全部取得“满意”以上成绩。对15类司法鉴定材料文本格式进行了统一规范。共完成鉴定案件9800余件,业务收费达390万元,开展鉴定援助140件。恢复设立了部分乡镇法律服务所,由127增至160家,对新考核录用的119名法律服务工作者进行了岗前培训,全市160家法律服务所和831名法律服务工作者共担任法律顾问3506家,办理各类法律事务9.8万余件,避免和挽回经济损失9363万元。强化法律服务行业协会建设。成立了全市司法鉴定协会,实现了司法鉴定行政管理与行业管理相结合的管理机制;召开了第二次律师代表大会,选举产生了首次全部由执业律师组成的律协第二届理事会;公证协会、基层法律服务者协会顺利完成换届选举。加强行政管理与行业管理相结合的管理体制。在9月底举办的第八届华东律师论坛暨山东律师服务“蓝、黄”战略论坛上,全市共有7篇论文获奖,获奖论文数量居全省第三位。市律师协会被省律师协会授予2010山东律师优秀论文评选组织奖。公证协会向省厅报送信息、案例及论文数量居全省第三位。

【其他法律保障工作】 开展“法律援助便民服务”活动,全市印制了26万余张法律援助绿卡和14万余份便民服务手册,发至每个低保人员和行政村。大力开展规范化建设活动,全市12个县区援助中心已经全部达到了县区机构规范化建设的要求。设立了“临沂市维护国防利益和军人军属合法权益法律援助工作站”。加强“法律援助信息管理系统”使用工作,使用率达到了100%。全市共受理法律援助案件3060件,解答咨询29万余人次。年内,全市共有2049人报名参加司法考试,275人达到合格分数线。做好文电处理工作,全年共收发各类文电1600余份,编发司法信息34期,70篇,被市级以上采用20余篇,撰写理论调研文章38篇。做好机关文件材料收集、整理、立卷、归档、管理工作,加强了档案管理规范化。加强保密工作,开展了保密工作知识竞赛,坚持机要文件登记、专人管理制度,在机要保密工作和公文处理中未发生泄密和文件丢失问题。制定了调研信息宣传工作考核办法,加大新闻工作的对外宣传力度。市局被评为全省司法行政系统先进集体。被市委、市政府评为平安临沂建设先进单位、全市信访工作先进集体、全市计划生育工作先进单位,市级文明机关连续4年通过复审。

【基层基础工作】 充分发挥司法所、乡镇调解中心和人民调解委员会职能作用,先后开展了“人民调解化解矛盾纠纷专项攻坚活动”、“学校幼儿园及周边环境矛盾纠纷排查化解活动”、“矛盾纠纷集中排查调处专项活动”和学习宣传贯彻《人民调解法》活动,召开了全市学习、宣传贯彻《人民调解法》座谈会。在巩固完善人民调解组织网络的基础上,重点推进企事业单位、区域性、行业性等人民调解组织的建立、拓展和完善,人民调解员协会顺利完成换届选举。继续推广“三调联动、多调对接”工作机制建设,落实人民调解工作经费保障机制。全市共排查调处矛盾纠纷23965件,调处成功23232件,调处成功率达97%以上。基层基础规范化建设进一步夯实。开展“司法行政基层基础建设年”活动,加强基层组织、队伍、业务、保障建设。转发了《关于进一步理顺全省司法所管理体制的通知》,12个县区全部实现了司法所收编管理。积极协调,为基层司法所招录了82名工作人员。推进安置帮教和社区矫正工作。落实“首要标准”要求,积极创新帮教内容和方式方法,完善刑释解教人员危险性评估体系,组织开展了服刑在教人员基本信息核查活动,提前做好衔接准备。在全市全面启用了安置帮教工作管理软件,提高了安置帮教工作信息化水平。制定了《关于在全市试行社区矫正工作的实施意见》,及时调整充实了社区矫正工作领导小组。总结推广了接收衔接无缝化、监督管理规范化、教育矫正人性化、帮困扶助社会化的经验做法。全市累计接受社区矫正对象6053人,解除矫正1635人,现有在册矫正对象4418人。

(于德民)

经济管理

发展和改革

【十二五规划和年度计划编制】 根据省发改委和市委、市政府部署，开展"十二五"规划编制工作。规划纲要草案按照"充分发扬民主、广泛集中民意、科学论证决策"的原则进行编制，经过课题研究、完善思路、调研考察、编制起草、征求意见、修改完善等阶段，形成了《临沂市国民经济和社会发展第十二个五年规划纲要（草案）》，先后提报市政府常务会议、市委常委会、市人大常委会、市政协常委会进行审议。开展"我为十二五规划建言献策"活动。做好重点专项规划和县区规划编制的督促衔接工作。编制临沂市"十二五"服务业发展规划纲要初稿，油料、蔬菜、渔业、畜牧、果茶、苗木花卉、中药材、食用菌等农业八大特色产业振兴规划初稿。在与"十二五"规划充分衔接、与部门充分沟通的基础上，组织编制了2011年国民经济和社会发展计划（草案），对主要经济指标提出了安排建议。

【经济形势分析和重大调研】 坚持月总结、季分析制度，定期召开市直部门联席会议，对全市经济运行总体情况，分析特点、查找问题、提出对策，先后4次形成经济形势分析专题报告向市委常委会和市政府常务会议进行汇报。组织开展了"转方式调结构重点课题调研月"活动，形成了《率先发展的关键是率先转变经济发展方式》等调研报告，其中《关于临沂市企业用工情况的调查报告》《关于全市家庭服务业发展情况的汇报》等调研材料得到市领导的重要批示。承担重大文稿起草工作，代市委、市政府起草了《关于加快转变经济发展方式的实施意见》《关于编制"十二五"规划的建议》《加快临沂市新能源产业发展的实施意见》等文件。发挥综合经济部门信息主渠道作用，及时为各级领导提供发展改革信息，共被市委办公室、市政府办公室采用信息122篇，编发《发展改革动态》31期、《经济信息与预测》18期。

【项目资金和政策争取】 围绕国家产业政策、投资方向，积极争取项目资金和政策扶持。全年共争取项目370个、资金14.2亿元，项目数、资金数均居全省前列。其中，国家无偿资金7.2亿元、省无偿资金1.4亿元、国家开行贷款4.9亿元、国际金融组织贷款7420万元。按行业分，农业项目201个、资金4.4亿元，工业能交项目19个、资金1.4亿元，城建环保项目96个、资金7亿元，社会事业项目37个、资金8929万元，高技术项目6个、资金1660万元，服务业项目11个、资金3110万元。企业直接融资工作取得突破性进展，城投公司10亿元企业债券获准发行。加强与国家开发银行金融规划合作，山东常林集团10亿元贷款纳入开行项目库，发放生源地助学贷款1亿余元。经过积极争取，国家继续把沂蒙革命老区列入中西部农村初中校舍改造工程政策扶持范围，玉平沂河大桥及连接线工程得到省发改委核准，山西中南部通道设立莒南文疃站、沂沭铁路梅埠车站设货场得到铁道部同意，宏艺科技被认定为国家级企业技术中心，新时代药业系列化学创新药物产业化项目被列为全省首批战略性新兴产业重点项目。

【重点项目管理】 做好投资项目管理，增强重点项目带动作用。前6批571个中央投资项目，计划投资60.64亿元，开工建设561个，开工率达98.2%；实际完成投资42.8亿元，投资完成率达70.7%。

配合做好中央、省、市扩大内需项目检查,中央检查组对临沂市扩内需项目工作给予高度评价。全市200个市级重点建设项目,开工建设197个,开工率98.5%,完成投资349.1亿元,占年度计划投资的95.9%。8个省重点建设项目全部开工,完成投资23.2亿元,超额完成年度投资计划。完善重点项目建设工作机制,制定了《临沂市重点建设项目管理考核办法(试行)》。研发了重点建设项目动态管理平台,在全省率先实现了项目管理网络化。组织举办了全市重点建设项目政银企合作推进会,意向贷款金额60.5亿元。审批、核准、备案各类项目134个,总投资368.96亿元,项目办理提速缩时率90%以上,实现了零投诉。

【服务业发展和对外开放】 按照全市服务业发展大会确定的目标任务和工作部署,以商贸物流、文化旅游、金融保险、房地产、科技信息服务、家庭服务等六大产业为重点,突出服务业载体建设,巩固和扩大服务业发展新优势。115师司令部与新四军旧址景区建设项目列入全国红色经典景区名录。新增省重点服务业城区2个、服务业园区5个、服务业企业1个、服务业项目7个,临沂市省级服务业载体达28个,总量居全省首位。制定了《临沂市服务业发展目标考核办法(试行)》《关于加快服务业跨越发展的若干政策》等。临沂市被评为全省服务业发展先进市、全省重点服务业城区先进单位。

推进对外开放工作,全年有3个项目列入国家外国政府贷款备选项目规划,天喜食品境外投资增资建设铅锑矿项目获得省发改委核准,争取重要农产品进口关税配额7.99万吨,临沂经济开发区升级为国家级经济技术开发区、临港经济开发区获省政府正式批复。

【地方铁路建设】 全年新建铁路76公里,电气化改造187公里,铁路建设总投资23亿元。菏兖日铁路电气化改造工程全线竣工,该项目临沂市境内约187公里,投资约9亿元。东平铁路临沂段建成通车,该项目临沂市境内约16公里,投资约3亿元,线路等级为国铁II级,单线。枣临铁路建设进入铺轨阶段,该项目临沂市境内约59.7公里,投资约23.6亿元。胶新铁路电气化改造工程协调推进,沂沭铁路项目初步设计已批复,山西中南部铁路通道(临沂段)正式启动,东都——蒙阴——沂水西铁路完成预可研报告。坪岚铁路复线工程完成可行性研究,朐沂铁路正在开展前期工作,临港铁路支线项目积极推进。

【医药卫生体制改革】 推进5项重点改革。基本医疗保障制度日益完善,城镇职工参保91.8万人,城镇居民参保93.4万人,参保率达94.8%,新农合参保农民837.5万人,参合率达99.78%。基本医疗保险实现了市级统筹和住院报销费用的即时结算。国家基本药物制度实施情况良好,临沭、蒙阴第一批实施国家基本药物制度县,平均配备国家基本药物品种235个,使用率达76.5%。健全基层医疗卫生服务体系,加强基层卫生硬件建设和人才队伍建设。提升公共卫生服务均等化,启动9项基本公共卫生服务项目和6项重大公共卫生服务项目。实施了公立医院改革,在市、县两级医院开展了预约诊疗、绩效工资改革、全成本核算等改革试点。

【经济合作和对口支援】 组织参加了"鲁渝相互支援·经济合作展"、"喀交会"、"西洽会"等经贸洽谈活动,组织筹备了临沂市与双鸭山市产业合作洽谈会,开展了上海世博会和西部农交会的参会配合工作。组织召开了淮海经济区第22届顾问会议。圆满完成援川任务,临沂市被评为全省援建工作先进单位。完成省下达临沂市对口支援重庆忠县150万元资金筹集任务,市政府与重庆市城口县签订了东西扶贫协作框架协议。

【两型社会建设】 围绕全市经济社会建设工作重点,推进两型社会建设改革试点工作。4月12日,市人大常委会审议通过了报告,并作出了《关于大力推进两型社会建设改革试点工作的决议》,从制度方面为两型社会建设改革试点提供了保障。根据两型社会建设改革试点《总体方案》和《三年实施方案》,选取了与两型社会建设紧密相关的"再生资源产业化发展、生态城镇建设、高科技新兴产业、罗庄循环经济示范区建设、现代服务业发展、土地节约集约利用”6个方面，作为近期全市两型社会建设先行突破的重点改革任务，制定了《临沂市近期两型社会建设部分重点工作责任分工方案》，以市委办公室、市政府办公室文件下发，对6项重点工作分解成503个具体项目，并将责任分解到各县区、市直有关部门。

全市先后召开了两型社会建设改革试点工作专项推进组工作调度会、两型社会建设重点改革任务调度会、示范区和示范项目建设调度会、市与厅(局)司合作共建两型社会工作经验交流会、两型社会建设推进工作现场会5次会议，调度全市两型社会建设进展情况，推动试点工作。在改革试点中为争取省直部门支持，推动市直有关部门与其上级主管部门的沟通衔接工作，搭建了市政府与省直部门合作共建两型社会平台。市政府与省国土资源厅、省林业局、省质监局、省财政厅、中石油、人民银行济南分行等签订了关于创新机制全面推进两型社会改革试点合作协议，与省科学院签订了合作共建山东省科学院临沂分院协议，与省交通、水利、建设等部门达成合作共建意向。

发挥参谋作用，开展调查研究。形成了《关于建设城市“公共自行车交通系统”的考察报告》《关于对金锣污水处理设备、沂星电动客车和义信大型机械装备及其高成长性3家企业进行重点培育扶持的报告》《关于在全市大力推广合同能源管理的建议》等，市委、市政府主要领导都作了批示。加大宣传力度，在临沂电视台先后开设了“坚持科学发展、建设两型社会”“转方式调结构、建设两型社会”专栏；在《临沂日报》上不间断地刊发有关“两型社会”建设方面的文章。全年共编发《临沂两型社会改革试点简报》43期，撰写《参阅件》17期。“两型社会建设”网站正式运行，上传文字近200万字，及时展现了临沂市两型社会建设改革新成就。举办了由12个县区、3个开发区和36个市直部门近百人参加的临沂市两型社会建设改革培训会。12月29日，联合市委宣传部、市委研究室、市委党校、临沂师范学院、市政府研究室举办了“临沂市两型社会建设研讨会暨临沂首届两型论坛”。与临沂师范学院合作成立了“临沂市两型社会研究所”，加强对两型社会建设改革试点工作的研究与指导。

（高　强）

国土资源管理

【土地资源管理】 严格耕地保护。圆满完成省政府下达的耕地保有量84.23万公顷和基本农田74.47万公顷的目标任务，通过了省政府2009年度耕地保护责任目标履行情况的检查。土地开发整理复垦面积1.276万公顷，其中新增耕地1726.67公顷，耕地总量继续保持动态平衡。

全力提供用地保障。全市上报建设用地总面积2933.33公顷，其中争取新增建设用地指标1631.27公顷，是省政府年初下达500公顷用地计划的3倍。制定年度用地计划，配置有限的用地指标，有保有压，先急后缓，保障全市发展合理用地需求。推进节约集约用地，盘活存量土地1310.87公顷、闲置土地47.53公顷，2007～2009年度批次供地率达80%，国土资源部副部长王世元、鹿心社先后来临沂市视察节约集约用地工作。

稳步推进农村土地整治。开展城乡建设用地增减挂钩和农村建设用地整治挖潜，总规模3782公顷，复垦耕地1071.8公顷；争取省政府批复增减挂钩规模1853.87公顷、挂钩周转指标1391.2公顷，启动实施6个土地综合整治示范项目，总规模2.06万公顷，预增耕地1646.67公顷，面积居全省第一位。农村土地综合整治在缓解用地压力、促进城乡统筹方面发挥了作用。

加强土地市场建设。公开出让土地1075宗、3097.67公顷，成交价款134.36亿元，实现政府收益56.83亿元，增长50%，创历史新高。地租征收入库1.27亿元，增长81%，首次突破亿元关口。强化地价管理，完善土地估价报告备案制度，共评估土地870宗、2663.2公顷，评估土地资产194亿元。

加快土地利用总体规划修编,市级土地利用总体规划上报国务院审批,12 个县级土地规划全部获得省政府批复,编制完成 178 个乡镇规划。第二次土地调查到收尾阶段,完成了农村土地调查、城镇地籍调查和基本农田上图工作,调查标准时点成果通过省国土资源厅验收。规范地籍管理,土地确权登记发证提速缩时 75%,市本级办理土地登记 417 宗,分割登记 30 宗,抵押登记 622 宗,抵押金额 44 亿元,为企业发展搭建了融资平台。

【矿产资源管理】 以建设矿业强市为目标,实行"探、采、治"一体化,提升了矿产资源开发效益。加快地质找矿,投入资金 8500 万元,新增铁、白云岩等资源储量 9.3 亿吨;苍山兰陵铁矿勘查完成钻探进尺 8.9 万米,3 亿吨详查中间报告通过省级专家评审,开发利用前景广阔。地热勘查投入资金 1794 万元,施工地热井 4 眼,钻井进尺 9942 米,新增可采量 144 万吨,汤头、松山、铜井、许家湖四大温泉基地基本建设完成。8 月,中日地热学术研讨会在临沂市召开。整顿规范矿业开发秩序,在全市推广应用远程监控系统,对矿山企业井下超层越界采矿行为、现场生产情况及产量进行实时监控;加大矿山整合力度,全市矿山数量 548 个,较 2005 年压减 51.72%,大中型矿山所占比例由 2005 年的 5.86% 提高到 24.7%。加强矿业权市场建设,在全省率先实行探矿权网上公开出让,实现矿产资源价款收益 1.23 亿元,入库矿产资源补偿费 2134 万元。

【测绘管理】 推进基础测绘和地理信息推广应用,增强测绘对经济社会发展的服务保障能力。健全测绘管理体制,成立了全国第一个市级测绘与地理信息局,9 个县相继挂牌成立副科级测绘与地理信息局(办公室),被国家测绘局称为"测绘管理体制创新的范本"。加快数字城市建设,"数字临沂"试点通过国家测绘局验收,开通了全省第一个地理信息公共平台,临沂市被授予"全国数字城市建设示范市"称号,中组部举办、国家测绘局承办的全国数字城市建设专题研究班在临沂举行,《人民日报》、新华社、中央电视台、中央人民广播电台等 13 家新闻媒体参加的"数字城市中国行"大型宣传报道活动在临沂启动。加强基础测绘,扩大城镇大比例尺地形图覆盖面,丰富基础地理信息资源,完成市区周边 107 平方公里 1:1000 地形图和城镇 1:500、1:1000 地形图测绘。加强测绘监管,开展地理信息市场秩序专项整治,规范测绘市场秩序。积极提供测绘服务,施测土地 4207 宗,面积 1.47 万公顷,分别增长 61%、49%,市国土测绘院继获得测绘甲级资质后,又获得互联网地图服务甲级测绘资质。7 月和 12 月,市国土资源局作为唯一的地级市测绘管理部门,两次在全国测绘局长会议上作了发言。9 月,国土资源部副部长、国家测绘局局长徐德明视察临沂市测绘工作并给予充分肯定。

【改善地质生态环境】 做好可视范围内破损山体治理工作,年内投入资金 2300 万元。平邑归来庄金矿、兴盛矿业杨庄铁矿通过国土资源部"绿色矿山"评审。平邑归来庄金矿成功申报国家矿山公园,山东沂蒙钻石国家矿山公园揭碑开园,临沂市成为全国唯一同时拥有 2 个国家矿山公园和 1 个国家地质公园的城市。防治地质灾害,在全省率先建立地质灾害气象预警预报机制,12 个县区均达到地质灾害群测群防"十有县"建设标准,全年发生地质灾害 6 起,没有造成重大财产损失,连续 8 年保持零死亡,有 2 名群测群防员被国土资源部表彰为全国特级优秀群测群防员,10 名群测群防员被表彰为全国优秀群测群防员,蒙阴县作为全省唯一代表在全国汛期地质灾害防治工作会议上作了交流发言。

【执法监察】 完善数字执法信息系统,打造数字执法监管平台,健全"五位一体"(发现、报告、制止、查处、问责)长效机制。开展 2009 年度土地卫片执法检查、土地违法违规问题专项整治行动,严肃查处土地违法违规行为,土地违法占用耕地比例降至 6.7%,全市实现了部省零问责、零约谈、零通报。年内,通过第十次卫片执法检查验收。做好国土资源信访工作,信访总量同比下降 26%,信访问题处结率达 95% 以上。在全国保增长保红线成效座谈会上市国土资源局作了交流发言,获"保发展保红线工程 2010 年行动成效显著单位"称号,市国土资源执法监察机构被评为全国执法监察先进集体。

【基层基础工作】 加强信息化建设,"临沂数字国土"在全国市级国土资源部门政务信息网上公开情况检查中,连续两年排名居第一位。推进依法行政,开展大规模国土资源法律法规宣传活动,在中小学校设立普法教育基地,开展保护国土资源青年志愿者活动；制定了11个规范性文件，依法办理行政复议、行政诉讼案件7起，受理人大政协提案14件，协助司法执行506项；国土资源部2010年“全国法制宣传日”活动在临沂市举办，国家土地副总督察甘藏春视察临沂市依法行政工作并给予充分肯定。强化效能建设，提高办事效率，政务大厅服务窗口接件3330件，实现行政审批零超期、零投诉、零差错；成立财务中心，实行统一集中结算，规范资金收支行为。加强精神文明建设，市国土资源局“珍爱国土、情系民生”服务品牌被命名为全市群众满意服务品牌，出版发行《临沂市国土资源志》，成功举办全市国土资源系统首届运动会，市国土资源局档案管理通过省特级考核验收。年内，市国土资源局获“全国国土资源系统推进依法行政先进单位”、“全国国土资源政务信息网上公开示范单位”、“省级文明机关”、“全省国土资源系统行风建设先进单位”、“全省地理信息市场专项整治工作先进集体”等称号。

（沈庆国　李　涛）

物价管理

【价格宏观调控】 2010年，全市价格系统以“促转型、促增长、促和谐”为工作主线，提升综合调控能力。县区物价部门完成更名工作，其中部分县区机构明确为行政机构。7月份以来农副食品价格大幅上涨，市物价局会同统计、经信、粮食等部门召开价格联席会议，加强价格形势分析，及时向市政府专题汇报价格形势，提出对策建议，及时启动实时价格应急监测系统试点运行工作，加强对粮食、食用油、蔬菜等重要农副产品和居民生活必需品价格监测预警，密切跟踪煤炭、柴油、石油液化气、化肥等重要生产、生活资料的市场供应和价格变化。

【价格管理】 对国家公布的307种、省增补的216种基本药物品种上报临沂市各药物品种最高采购限价，使基本药物价格平均降低20%左右。联合市水利局制定并公布《市管理价格的水利工程目录》，调整目录内的水利工程供水价格。结合市区供热计量改造的实际情况，制定了供热计量价格（试行）。适时调整天然气价格，落实脱硫电价政策，制定鼓励余热余压发电上网和价格政策，压缩高耗能、高排放企业用电，取消对高耗能企业实行的电价优惠政策，对电解铝、铁合金、钢铁、电石、烧碱、水泥、黄磷、锌冶炼等高耗能行业中属于产业结构调整指导目标限制类、淘汰类范围的，严格执行惩罚电价、差别电价政策。

【收费管理】 规范有线电视服务收费行为，保留收费项目3项，降低收费标准1项，取消收费项目1项，切实减轻了有线电视用户的负担。取消机动车综合性能检测收费，仅市区就减轻群众负担几百万元。对行政事业性和政府定价的经营性收费单位进行全面审验，做到“证文一致”。收费统计分析报告得到市委、市政府主要领导的充分肯定。对4170项医疗服务项目拟订了《临沂市医疗服务价格改革初审方案》（征求意见稿）。制定《临沂市城市机动车停放服务收费管理试行办法》，会同教育部门制定了《关于进一步规范民办幼儿园收费行为的意见》，提出市区住宅小区建设项目规划红线内供水配套初步方案，理顺小区内长期存在的供水价费矛盾问题。

【价格监督检查】 全市各级价格监督检查机构年查处各类价格违法案件253件，实施经济制裁347.49万元。通过“行风热线”、“12358”价格举报电话，解决了涉及群众切身利益的价格和收费问题，向反映人清退多收价款或乱收费金额60万余元。

【价格监测和成本监审】 服务“三农”整合优化成本调查功能，及时反映农村热点、重点、难点问题，调整农业生产结构，服务农民增产增收。对全市医药、燃气、医疗、水务、余热发电等19家单位进行成本监审，核减不合理费用9481.26万元。

【价格认证工作】 强化价格认证工作的地位和作用，坚持以“涉案物品价格鉴证”为基础，以“刑事案件价格鉴定”为重点，以“服务价格事务”为根本，以“发展价格认证”为方向的工作思路，至11月底，全市共办理各类鉴证案件7531件，实现鉴定标的金额69688余万元。

（王　凤）

国有资产监督管理

【概况】 2010年,市国资委以"国资监管规范化建设年"为主线,做好全市国有资产普查、国资监管信息化建设和国有资产收益集中清缴"三项集中活动",推进资本运营集群建设、市管企业财务预算管理、重点国企改革改制、国资监管基层基础建设、国企法人治理结构建设和国有企业党的建设"六项重点工作",全市国资监管工作取得成效。至年底,全市国有企业资产总额379.66亿元。其中,市管企业资产总额达233.98亿元,增幅为24.28%;所有者权益107.47亿元,增幅为18.20%;累计实现收入15.03亿元,增长28.40%;实现利润1.84亿元,增长270.96%。资本保值增值率达103%。年内,市国资委先后被授予"全省产权管理工作先进单位"、"全市群众工作"、"信访工作先进集体"、"全市城乡环境综合整治工作先进单位"和"平安临沂建设先进单位"等称号。

【"三项"集中活动】 重点开展"三项"(国有资产普查、国资监管信息化建设、国有资产收益集中清缴)集中活动。通过普查掌握了全市企业国有资产存量及分布状况,研究提出了加快国有资产监管的总体思路和具体建议。通过国资监管信息化建设,设计开通了委机关对外门户网站,搭建了对外宣传的平台。做好国有资产收益集中清缴工作,累计清缴国有资产收益1539.8万元。

【国有资产监管】 统计评价与财务监督工作,完成了2009年度全市企业国有资产统计。严格财务决算,提高财务监管水平。通过分类管理,完善了财务快报体系,初步建立了全市国有企业财务数据库;完善财务预算制度,转变财务监管方式。参与企业改制资产审计审核,共审计审核资产27.81亿元,核销资产损失411.40万元。做好产权管理工作,通过严把产权日常登记关、开展年度检查、建立部门联动机制,规范了产权登记管理,全年共为20余户企业办理了占有、变动和注销等产权登记手续,理顺了企业产权关系。加强资产评估管理,通过事前跟踪督导、事中严格审核、事后监督检查,共核准和备案资产评估项目10个,涉及资产总额18.58亿元,审增净资产2192万元,维护了国家权益。严把进场交易关,对转让产权全部实行了进场挂牌交易,共组织完成企业国有产权转让项目7个,成交价格1.35亿元。重组整合优势国有资产资源,划转资产涉及5个县区、近20家国有企业。做好考核分配工作,与8户市管企业负责人签订了2010年度经营业绩考核责任书,与5户市管企业负责人签订了2010~2012年任期经营业绩责任书;依法对4户市管企业负责人2009年度经营业绩进行了考核,并按照法定程序确定了考核结果,兑现了薪酬;对沂水机床厂等6户市属企业负责人2009年度经营业绩考核结果进行了把关审核。加强全市国有企业工资总额管理,指导企业深化内部分配制度改革,清算了43户市管企业及部门管理的市属企业2009年度工资总额,核定了2010年度工效挂钩基数及工资总额计划。积极争取"援企稳岗"专项政策补贴380.2万元,对关闭破产国有企业退休人员参加医疗保险中央财政补助资金结算数额予以确定,共申请结算补助9003万元。规划发展工作,拟订起草了国资监管和国企发展"十二五"规划,提高了对国有经济宏观发展的规划能力。加强对企业重大事项的管理,对新华集团设立房地产开发公司、运输公司分站搬迁、投资公司认购国泰君安君享基金等40余项企业请示事项进行研究批复,规范了企业发展。做好了安全生产与法律事务工作,提高了企业的安全生产意识和法律风险防范水平。

【国企改革改制】 贯彻落实全国、全省国有资产监督管理暨国有企业改革工作会议精神,制定了企业改革的政策规定,坚持"因企制宜、分类指导"的原则,规范企业改制程序,加快企业改制步伐。山东工程机械钢圈厂、临沂临工振兴机械有限公司、山东兰陵美酒股份公司、山东华苑市场开发有限公司和山东华强市场发展有限公司、山东百草药业有限公司5户企业完成改制任务,山东环宇集团有限公司、临沂羲之企业(集团)公司2户企业正在按程序进行改制工作。通过改制,盘活了存量国有资产、优化了国有经济的布局和结构,维护了国有资产安全、保障了职工群众的合法权益。

【资本运营】 加强投融资平台建设。制定印发了《临沂市国有资产运营机构管理监督暂行办法》,对投融资类企业的设置、职能、发展和管理进行了规范。通过转持参股企业股份、资产无偿划转、资产或股权收购等方式，增加了投资发展公司、蒙山旅游集团、城市建设投资公司、城基投资公司、临港产业资产运营公司、商城资产管理公司、易兴交通公司等企业资本金，提高了融资能力。加快新型投融资企业的组建。按照“两型社会”试点部署，成功组建了市国有资产管理公司，吸纳整合企业不良资产处置业务，统一接收、管理和运营事改企资产和国有经营性资产，提高国有资产运营质量和效益。该公司资产由228万元快速增加到9300万元，全年处置不良资产及核销损失478万元，实现营业收入230万元。加大水务集团筹建力度，完成了水务企事业单位资产划拨和业务整合，初步构建了以产权为纽带的母子公司管理体制，实现了城市输水、供水、中水、污水处理一体化经营模式。创新资本运营机制。利用招商引资、增资扩股、发行企业债券、认购基金、信用贷款、盘活存量吸引增量等运作手段，提高投融资公司运营效率。市管企业共实现招商引资项目3项，实际到位资金6300余万元。

【企业领导干部管理和党建工作】 加强企业领导班子建设。按照德才兼备、以德为先和国有企业“四好”领导班子要求，选好配强企业领导班子。会同市委组织部、市纪委对9户市管企业领导班子和领导干部进行了2009年度考察。及时调整充实了市投资公司、市国有资产运营公司、临港产业资产运营公司、交通运输有限公司、临沂医药集团有限公司领导班子，健全完善了企业法人治理结构，为市管企业发展提供了重要组织保证。开展“创先争优”活动。建立健全国有企业党组织和党员先进性建设的长效机制，发挥党建工作在企业发展、国资监管和建设和谐企业中的政治优势。加强廉政风险惩防体系建设。在恒源热力公司建立党风廉政建设实践教育联系点，指导投资公司、新华集团等5家监管企业做好廉政风险防范管理工作。在临沂客运总站召开了廉政风险防范管理工作现场会。加强对企业领导人员特别是主要负责人的监督，促进企业领导人员廉洁从业。组织机关全体人员和14户市管企业领导班子成员、重要岗位人员116人到临沂监狱进行了警示教育。做好信访稳定工作。制定《临沂市国资委信访稳定工作应急预案》，健全完善了信访稳定工作应急管理机制。落实市委、市政府和市综治委关于社会治安综合治理暨平安建设工作的安排部署，重点加强了上海世博会、广州亚运会、国庆节和“两会”期间的安全保卫工作，受到了市委、市政府和企业职工的充分肯定。

（李　腾）

工商行政管理

【市场监管与行政执法工作】 全市工商系统开展“行政执法规范建设年”，加强对职业风险防范研究成果的应用，对内坚持从基础、从难点、从行为、从内部管理、从建立长效机制5个方面做起，提高依法行政水平。对外切实规范各类市场秩序。开展“流通环节食品安全放心社区（乡镇）”创建活动，创建率达50%。巩固流通环节食品安全监管“四项制度”，落实食品经营者自律“三条线”标准，开展工商所食品安全追溯应用系统考评活动，提高了基层食品安全监管能力。在美容服务行业推行了服务“一卡通”等5项制度。加大公平交易执法力度，开展公共服务行业商业贿赂专项治理，共查处公平交易案件956件，不正当竞争案件130件，其中商业贿赂案件62件，巩固“无传销社区（村）”创建成果，将打击传销纳入社会治安综合治理考评范围，保持了打击传销的高压态势。第二届苏鲁豫皖周边地区打击传销规范直销执法协作会议在临沂市召开。组织开展企业登记代理违法违规行为专项整治，查处违法代理机构11家，吊销营业执照1家；查处“三虚一逃”违法行为94起，向司法部门移送案件8起。开展“红盾护农行动”，查处农资违法案件643起。强化了对品牌汽车销售的监管。全市工商系统共查办各类案件3.67万件，维护了市场秩序稳定。按照“五五”普法规划，开展普法宣传教育，被评为2006～2010年全国工商系统法制宣传教育先进集体。严格落实行政指导、合理裁量、统一掌控、案后回访等制度，慎用吊销营业执照处罚方式。

在企业年检中,要求网格责任人逐户上门提醒年检,实地调查未检原因,并延长1个月的年检时限,受到企业普遍好评。

【企业登记注册】 年初,开展了"应对金融危机、帮企业渡难关"大型调研和"助企解困大回访"活动,找准助企解困突破口,市场主体总量实现新突破。开展"大回访"活动,摸清后金融危机时期市场主体的运行特点,向市委、市政府和省工商行政管理局提交调查报告,服务宏观决策,采取针对性措施,促进市场主体增加总量、扩大规模。全年全市市场主体总量达26.94万户、注册资本(金)总额1286亿元,增长5.49%、21.26%。以限制"两高一资"、培育新兴产业为重点,引导变更或注销产能过剩企业456家,促进了经济结构调整。推进企业内部二三产业分离。帮助243家企业进行了二、三产业分离,吸纳就业人员1.1万人,增加地方财政收入1.6亿元。以"临沂市经纪人协会"成立为契机,加快发展农民专业合作社、农村经纪人,使之相互促进,相互补充,全市登记农民专业合作社6147户、农村经纪人8903户,总数分别居全省第一位和第四位。加快推进"订单农业"发展,指导签订农业订单1万余份,促进农业结构调整和农民增收。

【"三押一推"助企融资】 推进股权质押、动产抵押、商标专用权质押"三押一推"工作。市政府召开"三押一推"融资座谈会。市个体私营企业协会与邮储银行开展"联手助企促发展"活动,共帮助中小企业融资241.52亿元,同比增长116%,居全省第一位,其中创出了费县国电动产抵押融资20亿元、金锣集团商标专用权质押融资10亿元两个全省"第一单"。"三押一推"缓解了企业融资难问题,得到市委、市政府主要领导人的充分肯定,受到企业欢迎。

【商标广告工作和企业信用体系建设】 全市新增注册商标5095件,注册商标总量达2.17万件,两项指标均居全省第三位。有4件商标被国家工商总局认定为中国驰名商标,28件商标被认定为山东省著名商标,总数分别达18件、127件。全市驰(著)名商标数量跃居全省第六位。推动农村经济发展。"沂南黄瓜"、"莒南板栗"、"临沭柳编"、"蒙阴蜜桃"、"武台黄桃"5件商标被认定为中国地理标志商标,总数达8件,"沂州海棠"进入初审公告期。10月,国家工商总局在临沂市召开地理标志工作经验交流会,充分肯定了临沂经验。加强广告监测工作,指导规范广告发布行为,严查广告违法行为。组织开展打击侵犯知识产权和制售假冒伪劣商品专项行动,查处制售假冒伪劣商品案件251件,商标违法案件393起。打击虚假违法广告,查处广告违法案件260起。推进企业诚信和社会责任体系建设,新认定市级"守合同重信用"企业119家,全市国家和省、市级"守合同重信用"企业分别达18家、239家、422家。指导帮助6家全省社会责任试点企业建立起完整的履行社会责任机制。

【消费维权工作与12315网络建设】 加强"四个平台"建设,完善12315行政执法体系。全年12315申诉举报指挥中心共受理各类咨询申诉举报7.5万件,同比增长7.18%,处结率、满意率达99.49%。各级消协围绕"消费与服务"年主题,开展消费知识宣传、行业消费调查、"霸王条款"点评等活动,成功调解消费者投诉1961件。全年全市工商系统、各级消协共为消费者挽回损失666万余元。

【参与筹办"临博会"和第六届中国(临沂)商品市场峰会】 9月16~18日,参与筹办的2010年中国(临沂)市场贸易博览会(简称临博会)暨第六届中国(临沂)商品市场峰会在临沂市举行。国家工商总局副局长刘凡、副省长才利民、中国市场研究院常务副院长徐志祥、总局市场司副司长杨洪丰、研究中心副主任兰士勇、省工商局局长李华理、副局长李学法、阿里巴巴集团董事局主席兼首席执行官马云以及17个省、市、自治区的领导、专家,省工商局各业务处室负责人、全省17地市工商局主要负责人、48个全国知名市场的负责人参会,来自美国、法国、澳大利亚、韩国、日本等五大洲近20个国家和地区的驻华大使、商务参赞、政府官员60余人参与临博会。本次展会参展企业3257家,展位4717个;浙江义乌小商品城、余姚中国塑料城、绍兴轻纺城、沈阳五爱、武汉汉正街、河北白沟和临沂、青岛等全国48家知名品牌市场以特装的形式参加了市场成果展示。展览成交额达47亿元人民币。

峰会期间,发布了中国市场研究院、中国市场理事会联合评选的“中国最具品牌价值商品市场50强”、“中国最具发展潜力市场”、“中国商品市场最佳投资城市”名单。会议表彰了由中国市场研究院、临沂市工商行政管理局、临沂市场协会联合评选的“临沂市十大功勋市场”、“临沂市十大先锋市场”、“临沂市市场发展十大功勋单位”、“临沂市市场发展十大功勋人物”、“临沂市市场发展十大领军人物”名单。临沂市工商局批发城分局、兰山分局被评为临沂市市场发展十大功勋单位。阿里巴巴集团与临沂市工商局、临沂部分市场、临商网和中国市场研究院共同签署了临沂专业市场电子商务合作发展计划框架协议书,并举行了中国市场研究院临沂分院揭牌仪式。

【规范物流业与服务创城工作】 对物流业发展进行调研,向市政府提交了专题调研报告,市政府在市工商局设立了“规范发展商贸物流业领导小组办公室”,牵头开展全市物流业规范整治。开展农贸市场综合整治工作,市区39处农贸市场、13处集贸市场整治前模拟检查无一达标,整治后全部通过验收。开展城乡环境综合整治,发挥了市场秩序整治“主力军”的作用。开展查处取缔无照经营、整治户外广告等工作。推动将无照经营治理纳入了社会治安综合治理考评范围。市区及各县城区重点街道、重点市场业户持照亮照率达98%以上。

【基层基础建设】 推行工商所分类管理,实施《工商所“一制通”考核办法》,从静态和动态两个方面抓起。静态规范,按照总局《工商行政管理系统标识规范方案》,对工商所进行由内而外、由表及里的全面规范,统一形象标识,规范内部管理,明确岗位设置;动态规范,重点是按照"网中有格、格中有责、责任到人、职能到位"的要求,落实网格化监管,规范基层人员的监管、执法、服务等行为。至年底,工商所80%以上的工作都在网格内完成。全市工商系统累计投入1676万元,改善基层办公环境和执法装备条件。其中,为工商所装备“流动执法服务车”和1000台电动巡查车,将省工商局统一采购的54辆执法车全部配备到工商所。加快抓形象提升速度,通过推进基层规范化建设,全市有113个工商所达到一类所标准,占总数的84.3%。强化队伍教育培训,举办各类培训班365个班次,培训人员2.2万人次,人均参训5次以上。加强信息化应用,推进“数字工商”建设,改造升级12315、财务管理系统,新开发应用网络安全管理、工商所报账管理等系统,加强数据质量建设,实现信息资源共享和“一点通”。用好网络教育平台,开展“每周一案”、“每月一法”学法活动,在总局举办的网络培训中取得了优异成绩。顺应“两费”停征后财政保障体制的新变化,强化预算管理,采取各种方法化解历史债务1179万元,保障全市工商系统财务正规化运作。加大纪检监察办案力度,与市检察院共同开展预防职务犯罪教育活动。加强档案、统计规范化建设,年内,被认定为全省档案管理考核先进系统,有6个县分局被认定为省级部门统计工作规范化单位。

(高洪方)

质量技术监督

【概况】 2010年,市质监局履行工作职责,开展质量提升活动,加强基层基础建设,促进了全市经济社会平稳较快发展。市委、市政府主要领导先后12次对质监工作作出批示,给予充分肯定。市委、市政府8期简报专刊、《中国质量报》、《临沂日报》3个头版头条对质监工作进行宣传。市质监局被省文明办评为省级文明机关,被省政府安委会评为2010年度全省安全生产先进单位,被省质监局评为2010年度目标管理绩效考核先进单位,考核成绩居全省17市局第二名。被评为全市2010年度行风建设先进单位、平安临沂建设先进集体、创建“学习型机关”活动先进单位等。

【签署全面加强战略合作备忘录】 9月20日，省质量技术监督局与市政府签订《关于全面加强战略合作推进“两型”社会建设备忘录》，省质监局党组书记、局长丛大鸣、副局长张健，市领导连承敏、张少军、林祥余出席。此次战略合作备忘录的签署，是省质监局与市政府围绕贯彻落实中央经济工作会议精神，推动“两型”社会建设改革试点工作签署的重要合作协议。省质监局将在质量振兴、检验检测、节能减排、结构调整等方面全面加强合作，加大支持和指导力度，提升临沂质量总体水平，标志着省质监局和临沂市政府在质量工作方面进入了全面合作的新时期。

【质量兴市工作】 全市共获得25个山东名牌产品，新增数量居全省第五位，获得3个山东省服务名牌。天元建设集团荣获第二届省长质量奖，成为全省获此殊荣的10家企业之一。9月20日，市政府召开了全市质量工作会议，特别是省质监局和市政府主要领导所阐述的质量理念，对质量工作的要求，推动了质量工作的开展。在全省率先开展了创建市级优质产品生产基地工作，加强了创建省优质产品生产基地基础。推动经济开发区工程机械及配件、莒南植物油、兰山水表等3个区域性产业参评省优质产品生产基地，是推荐参评数量最多的地市之一。至年底，全市拥有中国名牌产品7个；山东名牌产品109个、山东省服务名牌12个。有14家企业、6人获得市长质量奖，5家企业、3人获得市长质量奖提名奖。创建3个国家级优质产品生产基地和2个省级优质产品生产基地。

【质量安全监管】 市政府在全省率先与各县区政府、乡镇及规模以上企业层层签订了《产品质量安全目标责任书》，将质量工作纳入各级政府考核体系，12个县区政府全部召开了落实企业主体责任现场会，在全省率先开发了食品安全信息管理系统，率先制定实施了食品生产者质量信用不良记录制度，推动了企业主体责任的落实。市政府将食品抽检经费纳入财政预算，全年市县政府共拨付到位资金648万元，保证了监管工作需要。全市完成食品抽检3073批次，食品实物质量合格率同比提高4%。全市工业产品、食品抽检合格率分别达90.5%、88.6%，同比分别提高1.5和4个百分点，均高于全省平均水平。贯彻实施《山东省特种设备使用安全管理工作规范》，提高了工作水平，省质监局在临沂召开现场会，推广了临沂市全面落实企业安全主体责任的做法。发挥流动检测车作用，到企业现场检验，推动了“四率”落实。全市特种设备注册登记率动态保持100%，定检率动态保持98%以上，重要设备检验率动态保持100%，重大安全隐患整改率100%，为全市安全生产提供了支持。

【质量基础工作】 提升标准化水平，参与制订国家标准22项、行业标准18项；牵头制订省地方标准5项，参与制订省地方标准10项，全市工业企业标准覆盖率达98%，质量标准体系日益完善。加快推进联盟标准工作，全市成立了16个企业标准联盟，制定发布23项联盟标准，分别占全省的40%和50%以上，促进了产业集群提档升级。推动能源计量工作，全市能源计量器具配备率和检定率分别比年初提高了13%和17.7%，共查处非法生产地条钢案件30起，查处无证生产水泥案件2起，查处违法生产玻璃钢制品案件3起，累计取缔了年耗近1亿千瓦时的落后产能，避免了大量能源浪费。对全市133家重点用能企业进行跟踪服务，指导创建了7家“示范企业”。帮助山东红日阿康化工股份有限公司年节约标准煤3410吨，节约用电1641.6万度，节约水20万吨。使山东新银麦啤酒有限公司每千升啤酒能耗由125千克标准煤降到66千克标准煤，帮助史丹利化肥有限公司的产品吨煤耗从每吨30千克降到了每吨22.5千克，引导沂州集团有限公司每年仅投入20万元的计量器具检定、修理及人员培训费用，就能取得2000万元的节能效益。开展技术服务，全年共提供3万余批次的产品检验服务和20余万批次的计量校准检测服务，公检棉花3.2万吨。

【检验检测能力建设】 围绕全市支柱产业的提升和发展，以临沂综合检测中心为龙头，加快技术服务平台建设步伐，全年共投入700万元用于仪器设备采购，先后建设和争取了人造板、食品、化肥、农副产品、电动车检测中心等5个省级检测中心和重点实验室。9月20日，国家化肥质检中心和临沂综合检测中心开工奠基，计划投资9746万元，规划占地2公顷，新建检验检测用房2.9万平方米，预计2011年年底全面竣工，2012年5月1日前投入使用。苍山县、沂水县、平邑县、临沭县均完成实验室改造提升，郯城县综合检测中心开工奠基，沂南县的省电动车检测中心和莒南县综合检测中心完成立项，是全省质监系统同时开工项目最多、能力提升最快的地市。

【行政执法和行政许可工作】 在全省率先举办了模拟听证比赛，成立了全省系统首个法制研究会，探索了7个疑难执法案件。将阳光案审经常化，促进了执法公信力的提高。组织基层执法人员到市局稽查局挂职轮训，提高了业务素质和执法能力，促进了行政执法工作的规范和提升。开展"双打"专项行动，把假劣农资、无证食品、加油机作弊、黑心棉等作为执法重点，严厉打击违法行为，共立案查处各类违法案件758起，涉案货值1350余万元，为群众挽回经济损失约6000余万元。规范了市场经济秩序，为全市"一创六建"工作提供了支持。共配合上级审查发放生产许可证144个，争取省质监局在临沂市布点14家机动车安检机构，对全市形成汽车销售大市提供了强力支持。严格食品许可标准，及时学习传达市场准入政策，组织审查员培训，坚持网上审批、严格流程、严格时限、信息公开，保证了全市925家食品企业生产资质。

（马兴伟）

食品药品监督管理

【食品安全综合监管】 2010年，按照地方政府负总责、监管部门各负其责、企业是第一责任人的食品安全责任体系，力促市、县、乡三级政府和监管部门层层签订食品安全责任书，监管部门与食品生产企业全部签订了食品安全承诺书，将食品安全责任层层分解细化、落到实处。加大组织协调力度，完善联合执法机制，开展食品安全专项整顿，强化了农产品种植养殖、食品生产加工、市场流通、餐饮消费等环节监管。全市共出动执法车辆680余台次，执法人员2800余人次，检查食品生产经营企业2700余家，查处违法行为16起，责令整改48余家，取缔30家。积极配合国家卫生城创建工作，在职能调整未到位的情况下，承担了小餐饮摊点群的整治任务，摸清了临沂市小餐饮摊点群基本情况，召开了13次会议、23次现场督导和126次监督检查，完成了30处小餐饮摊点群的综合整治任务，通过了国家爱卫办组织的暗访检查，得到了市委、市政府领导的高度评价。10月份，省政府督查组对临沂市食品安全整顿工作情况进行了督导检查，并给予了充分肯定和高度评价。

【药械市场专项整治】 组织开展了城区药品市场、物流配送药品、高风险药械、非药品冒充药品等10项整治行动。全市出动执法人员14413人次，查处违法案件2443件，受理投诉举报171件，依法查处了10余起案值大、有影响的大要案，捣毁制假窝点3处，移交司法机关处理案件15起，刑拘6人；移送工商部门违法广告2001条。其中，城区药品市场整治成为全省的典型样板，物流配送药品整治开创了全省乃至全国的先河，得到省食品药品监管局主要负责人的充分肯定。在省食品药品监督管理局组织的两次暗访检查中，临沂市均取得了地级市局第一名的优异成绩。

【药械日常监管】 加大了对药品注射剂、血液制品、疫苗、特殊药品等高风险药械产品的监管力度。完成了市内6家（次）药品生产企业16个新品种的药品研制（生产）现场核查任务，完成了5家（次）药品生产企业6个品种的药品注册生产现场检查及首批产品抽样任务。配合省食品药品监管局对7家企业的5个车间、14个剂型进行了GMP认证检查，对2家企业进行了跟踪检查。历时1个半月对全市28家生产企业、8家医疗机构制剂室的《药品生产许可证》和《医疗机构制剂许可证》进行了现场检查，换证工作居全省前列。坚持"标准不降低、程序不减少、时间要加快"的原则，开展GSP认证工作。全年共发放《药品经营许可证》95个、换发192个、注销28个、变更106个、认证206个。联合卫生部门，加快推进药品使用质量规范化进程，全市完成确认单位5507家，确认率100%。

【药品技术监督】 全市完成药品抽验任务1979批

次,完成计划的102%,各项指标连续6年居全省第一位。市药品检验所通过了6大类、409项参数的实验室资质认定换证及扩项评审工作,被省财政厅和省食品药品监管局列为全省3个中心药检所之一,增强了技术支撑能力。完善药械安全性监测体系,全年共上报药品不良反应病例报告23344例,增长58.3%,新的、严重的病例报告5841例,连续5年居全省首位;上报医疗器械不良事件报告6749例,增长153.8%,报告总数居全省首位。在全省系统先进集体和先进个人表彰大会上,市药检所、平邑县局被表彰为先进集体,有5人被表彰为先进个人,其中2人荣立二等功、3人荣立三等功。

【基本药物制度】 强化基本药物质量监管,层层签订监管责任书和质量承诺书。对列入国家基本药物目录的药品生产企业开展了生产工艺和处方核查,对承担配送任务的药品批发企业进行了资质审查和监督检查,完成了300余个药品批准文号的现场核查任务,督促35家药品批发企业全部建立了配送和监管档案。推行基本药物电子监管,至年底,全市有12家药品生产企业、36家药品批发企业实现了监管入网。加强基本药物不良反应监测,实施了对基本药物的全品种、全覆盖监督抽验,确保了基本药物质量安全。蒙阴、临沭等试点县基本药物制度推行良好。

【促进食品和医药产业发展】 开展加快工业发展年、企业服务年活动,制定了《关于进一步促进全市食品和医药经济发展的意见》,提出了加快医药项目引进、培植医药龙头企业等五大战略任务,通过注册审批、技术服务、政策引导等手段,大力支持新产品研发,鼓励企业并购重组,推动产业结构优化升级,促进了医药产业又好又快发展。全市新增药品批准文号21个,连续5年居全省第一位。其中,鲁南制药、罗欣药业工业总产值分别达39.6亿元、25亿元,均进入全省制药工业十强、全国制药工业百强,近2年获授权专利数量居全国前列。临沂医药集团、仁和堂连锁公司分别与国药控股、国大药房连锁公司实现了强强联合,成立了国药控股临沂有限公司、国大仁和堂大药房连锁公司。年内,全市有各类餐饮服务单位21514家,药品、医疗器械生产经营使用单位1.1万余家,保健食品生产经营企业411家,化妆品生产经营企业3787家。化学原料药、中药材种植加工、药品物流配送、医疗器械工业园四大基地建设初具规模,医药产业成为临沂市重要的新兴支柱产业之一。

【食品药品监管机构职能调整】 按照国办发[2008]123号、鲁政办发[2009]58号文件的要求,市委、市政府高度重视,推进市级食品药品监管机构改革。制定了市食品药品监督管理局三定方案,增设了政策法规科、保健食品监管科、化妆品监管科,成立了副处级规格的食品药品稽查支队。11月18日,市政府召开职能调整和人员编制划转工作会议,市食品药品监督管理局增加了餐饮服务食品安全和保健食品、化妆品卫生监督职能,增加人员编制18名。

（杨景平）

统　　计

【统计服务】 加强对经济运行的预警监测,密切关注国际、国内经济形势,及时准确反映经济社会发展的变化趋势。加大对"加快工业发展年"、"两型社会"、城乡环境综合整治、节能减排、民生、物价等重点领域监测分析力度,提出合理化建议。实施统计分析"精品战略",全年开展专题调研20余项,编发统计分析112篇。

参与政府工作报告起草、年度发展目标测算和"十二五"规划调研编制。为市"两会"、市委读书会等会议整理参阅材料。为"一创六建"和复核工作提供信息和调查支持。

加强宣传、引导和服务社会能力。加强统计新闻宣传。开展"中国统计开放日"、"世界统计日"活动。按季度召开新闻发布会,开展"十一五"辉煌成就统计宣传,与税务部门共同整理发布全市纳税百强企业,增强统计宣传的社会正面效应。全年被市委、市政府两办采用信息量列市直部门前列;被省统计局采用统计分析、信息连续第七年居首位,被评为全省宣传工作先进单位。正确行使评价发展职能。参与县区科学发展考核的指标设计、数据提供、汇总审核、群众满意度调查等工作,引导各级把精力集中到科学发展上。开展节能降耗、工业运行、城镇化进程、自主创新等领域的监测评价,保证考核评价结果的公正性。拓宽服务领域,以公众需求为导向,搞好统计年鉴、统计月报等资料编发。扩大统计信息公开范围和内容，为企业和公众了解市情、谋求发展、改善生活、参政议政提供优质服务。

【人口普查】 临沂市是全国4个人口过千万的地级市之一，人口普查任务繁重，情况复杂。市委、市政府高度重视，把人口普查列为市委、市政府督导事项，写入政府工作报告，市政府3次发文予以部署。成立第六次人口普查领导小组，常务副市长杜德昌任组长。市统计局把人口普查作为2010年重点统计工作，完成了普查前期准备、入户登记、数据录入、质量验收等工作。

做好前期准备工作。把握人口普查各环节的工作规律，制定制度标准，规范工作流程，加强统筹协调。在统计系统内部率先成立人口普查筹备工作领导小组，在全省第一个发文部署人口普查工作。市政府对“两员”补贴经费明确由市、县、乡按1∶1∶1分别负担。建立人口普查工作制度，考核办法、登记日报告等10余项工作制度。建立由“市－县－乡－村居－普查小区－普查员”构成的普查责任体系，逐级签订人口普查目标责任书，明确人口普查领导小组成员单位工作职责，实行工作包片制。加强督查督导，开展集中督查督导活动4次。在全省电视电话会议上临沂市作典型发言。把好选调、培训和管理3个环节，切实建设一支责任心强、素质过硬的6万余名普查员队伍。采取下延一级的培训模式，分3期对全市180个乡镇街道近700名普查员进行集中培训。各县区根据实际，采取集中、分级、分片、巡回等方式，举办培训班260余次。加强舆论宣传，成立人口普查宣传工作小组，开展普查宣传月活动，制作发放宣传品近千万份，出动宣传车260余辆，制作户外宣传牌近万块，悬挂条幅、粉刷宣传广告2万余幅，发表电视讲话、普查公告、答记者问等，为完成入户登记营造氛围。在罗庄区双月湖办事处开展省级综合试点，试点达到预期效果，省人普办在临沂市召开试点工作现场会，临沂市作为试点在会上介绍了经验，国务院人普办专门来临沂市调研。做好基础工作，全市划分普查小区4.2万个，准备普查物资30余种。加强部门协调，人口普查领导小组及办公室与部门联合下发文件16个。

11月1日入户登记开始，常务副市长杜德昌亲自入户视察登记工作。在清查摸底和入户登记阶段，市人普办分别派出15个和4个督查组赴县区进行检查，针对存在的问题督促改进。入户登记期间，实行24小时值班制度，加强调度督查。把入户作为一项纪律来要求，将其作为评先树优、数据审核、经费下拨的重要依据，督促县区做好普查员入户工作，临沂市普查入户率在全省电话调查中居第一位。全市6万余名普查员完成清查摸底、入户登记等调查任务。坚持以数据质量为中心，严谨细致做好质量抽查，数据评估分析，清查摸底和入户登记阶段，召开数据分析评估会议6次，发出7道紧急通知，保证登记数据质量。人口普查初步汇总数据客观反映了临沂市人口发展实际，得到国家、省检查组的充分肯定，并在全省统计工作会议上作典型发言。

【统计调查】 年内，完成了常规报表任务，做好第二次R&D资源清查，开展县域经济社会调查。高新区、经济开发区、临港区统计机构克服困难，开展各项统计调查。加强服务业统计。严格执行服务业统计制度，做好服务业“三大载体”统计，完善服务业核算基础资料，建立部门服务业统计工作责任制，开展服务业统计工作，省统计局在临沂市召开服务业统计工作现场会，观摩了服务业发展和统计工作，市统计局在会上做典型发言。强化对工业和节能的监测预警。改进工业统计监测方式，围绕转变经济发展方式、调整优化产业结构、提高自主创新能力、促进区域经济协调发展等重点，开展监测分析；联合市节能办等单位制定《节能预测预警调控意见》，对重点用能企业进行专项考核督查，为“十一五”节能降耗工作盘好点、算好帐、把好关。市统计局被市政府授予“节能工作先进单位”称号。加强投资统计工作。巩固和完善投资新开工项目档案管理和部门信息抄送制度，实行重点项目进度跟踪统计，搞好亿元以上投资大项目监测。严格贸易统计工作。执行新的城乡划分标准，推行法人单位在地统计，加大对限额以上批零住餐企业的清查力度。做好农业和农村统计工作，加强农业效益统计、居民收入调查，开展城乡环境综合整治统计评价工作。推进城市经济社会调查工作。完善城镇住户、生产投资价格、居民消费价格等调查,加强对辅助调查员、记账户的培训指导,跟踪监测价格变动。

开展社情民意调查。完成市委、市政府交办的“电话问计、当面问政”、“科学发展综合考核群众满意度”、“十大文明窗口”、“干部选拔任用四项监督制度知晓率”、“双拥模范城优抚对象满意度”等调查任务;与市行政服务大厅、公安局联合开展“服务窗口评议”、“群众安全感和满意度”等调查,梳理出群众意见和建议1870余条。《新闻联播》、《山东新闻联播》连续报道市统计局社情民意调查工作。

【统计改革】 及时向市政府汇报国家统计局关于GDP统一核算等改革举措,提前研究临沂市核算工作改革思路。市政府常务会议专门听取了GDP核算方法改革和服务业统计工作的汇报,下发了加强部门服务业统计和开展工作考核等文件。做好经济普查年度GDP数据修订和历史数据调整工作,完善各专业数据质量控制标准。建立重点用能企业旬报和网上月报制度。全面实施贸易统计抽样调查新方案,实施物流统计调查。加强对高新技术产业、服务业、重点项目投资监测,建立了文化产业、高新技术产业和5000万元以上新开工投资项目统计通报制度。完成城乡住户样本单位的轮换工作,确保抽样调查的精度和质量。

【统计数据质量】 贯彻执行国家统计制度和统计标准,规范工作程序,提高统计数据质量。强化质量意识,完善数据审核方法。对统计数据实行“下管一级”,工业、投资、贸易、能源、核算等专业定期召开统计数据联审会议,加大对基层数据的审核力度。坚持月度经济形势分析会议制度,对指标进行审核和对比验证。加强对基层统计工作的调研、指导和培训力度,提高源头数据质量。加强数据审核评估。建立完善各专业数据质量审核体系和关键指标会审、数据质量回访等制度,重点关注宏观经济主要指标间的匹配性。推进联网直报工作。大中型工业企业、批零住餐重点企业、房地产重点企业等联网直报上报率均为100%,从技术手段上减少了中间环节干扰,保证了数据质量。在国家统计局数据质量抽查中,市统计局代表全省接受了抽查,统计数据质量得到上级业务部门认可。

【统计信息化建设】 制定统计信息化建设“十二五”发展规划、年度工作要点、考核办法和统计网站评比标准等,确保信息化建设有序开展。对市县两级统计网站进行升级改版,建立以“临沂市统计信息网”为主站,各县区统计网站为子站,统一规范网站体系。积极筹措资金建设全市统计视频网络系统。做好保密设备登记和检查,形成较完备的保密管理体制。

【法制建设】 宣传新《统计法》和《统计违法违纪行为处分规定》,将其列入全市副科级以上干部学法考试内容和市委党校培训内容。开展经常性统计执法检查,全年共抽查单位2244个,立案处理45件。开展统计“五五”普法考核验收工作。

【基层基础建设】 以开展执法大检查为契机,对12个县区、3个开发区、75个乡镇街道的统计机构、信息化、档案管理等进行检查。与市商务局联合发文加强经济开发区统计工作。通报表彰新增10个全省统计规范化建设单位,并给予奖励。连续下发关于进一步加强工业、贸易外经、投资、服务业统计等文件。加强档案管理,与市档案局联合下发《临沂市统计档案管理办法》,被授予“山东省档案管理考核特级档案室”及“全省档案管理先进单位”称号。开展统计上岗培训和学历教育,强化现代信息技术和统计调查技能的培训,努力培训高素质人才。加强统计文化建设。开展“三个提高”贯彻落实年活动,在系统内大力弘扬求实、创新、严谨、奉献的统计行风。组织开展为青海玉树地震灾区捐款、与汶川通口镇贫困母亲“同心牵手”情感关爱、走访慰问企业特困职工等社会公益活动。开展文明创建活动,年内,费县统计局被授予“省级文明机关”称号,12个县区局中有11个进入省级文明机关行列。

【开展向魏永学习活动】 市统计局人口社会科技统计科干部、市人口普查办公室综合业务组业务骨干魏永于11月14日在市第六次人口普查办公室工作岗位上突发疾病,经抢救无效,因公殉职。全市统计系统开展了“向魏永同志学习”活动,宣传他忠于统计、爱岗敬业、扎实工作、淡泊名利的先进事迹。国家统计局局长马建堂、常务副省长王仁元、省统计局局长刘俭朴、市长张少军、常务副市长杜德昌对魏永先进事迹做了批示,要求开展学习魏永先进事迹活动。国家统计局、省统计局和市委相继下发通知号召全国统计系统、全省统计系统和全市各级各部门向魏永学习，追授魏永“全市优秀共产党员”称号。中宣部新闻局组织了中央电视台、《人民日报》、《中国信息报》等7家国家级主要媒体，省宣传部专门制定了宣传方案，组织了省电视台、《大众日报》、《齐鲁晚报》等16家省级媒体，市委、市政府组织了临沂电视台、《临沂日报》等媒体对魏永先进事迹进行了宣传报道，新浪网、人民网、搜狐网等媒体也都刊发转载了魏永的先进事迹。

（李文升）

【国家统计调查】 2010年，国家统计局临沂调查队坚持“以调查质量立队、以团结实干兴队、以优质服务强队”的理念，加强基层基础建设，提高源头数据质量。全队在实际工作中主动改变“层层布置、坐等报表、逐级上报”的传统工作模式，坚持“独立调查、独立上报”，每项调查业务要由调查队员到一线，直接与被调查者面对面的座谈情况，了解信息，确保调查数据和调查情况原始真实，调查结果据实上报，为国家局和总队提供第一手最真实的调查资料。加强统计调查执法检查，对农村住户、农产量、规模以下工业、企业景气、旅游等调查基础工作进行经常性的检查，加大数据的审核监控力度，针对发现的问题及时整改，规范了基层基础工作，保证了源头数据质量。

做好统计调查服务工作。开展了公众对城市环境保护满意率、资源性产品价格变动对居民生活影响、城市物业管理、中小学春季收费、城市机动车停车场管理、经济社会发展、农产品质量安全、企业职工收入、城乡建设用地增减挂钩情况等76项专题调查，有24篇调查报告、33篇次被市级以上领导批示，充分发挥了统计调查的职能作用，赢得了领导的信任。

加强统计调查法制建设。健全完善了各项规章制度，坚持“以人为本、制度为准”，形成用制度管人，靠制度管事的工作格局。制订并签定了2010年调查队计划生育、党风廉政、行政执法目标责任书。组织本单位职工和辅助调查员、调查户以及相关调查对象学习贯彻《统计违法违纪行为处分规定》和新《统计法》。开展统计执法大检查活动，共检查99个单位，发现违法行为数4起，立案4起。加强法制基础建设，参加市政府法制组织的行政执法证培训考试，有21人持有总队统一办理的统计执法检查证，15人持有山东省人民政府办理的行政执法证。

年内，临沂调查队被山东省委保密委员会授予“全省保密系统先进集体”称号。全队所有专业均被总队评为先进，临沂调查队被评为山东调查队系统先进单位。被市直机关工委评为市直机关党的基层组织工作规范化建设先进单位。

（杨翠民）

审　计

【概况】 2010年，全市共审计项目和单位909个，查处问题资金196亿元，促进增收节支10.2亿元，其中增加财政收入2.2亿元，减少财政拨款和归还原渠道资金8亿元，在保障宏观政策落实、维护民生和经济安全、推进反腐倡廉和深化改革等方面发挥了作用。市审计局先后获“全国优秀审计项目”、“全国审计宣传先进单位”、“省级文明单位”、“省级文明机关”、“全市职业道德建设‘十佳’单位”、“行风建设先进单位”等市级以上荣誉34项。

跟踪审计

【本级预算执行审计】 加强财政审计，审计一级预算执行部门169个，查出问题资金47亿元，增加财政收入9647万元，为政府加强财政管理、人大监督预算执行提供了可靠依据。市人大常委会评价审计工作报告敢于曝光，有高度、有深度、有力度。审计县区、乡镇财政决算63个，查出问题资金6.3亿元，增加财政收入3343万元，规范了财经秩序。

【领导干部任期经济责任审计】 全市共对442个部门单位主要负责人开展了经济责任审计，认定领导干部负主管、直接责任的问题资金15亿元。市审计局对16个重组、撤消、划转的部门单位进行了资产清理审计,认定资产4亿元,确保了政府机构改革的顺利进行。市经济责任审计工作联席会议通报了57名县级领导干部履行经济责任情况,并对部分审计对象进行了集体谈话,促使领导干部守法、守纪、守规、尽责。

【重点建设项目审计】 年内,对21个市级政府投资建设项目进行跟踪审计和派驻审计,涉及单体工程1657个,避免损失浪费7350万元。对501个单体工程的决算审计,审减造价4.81亿元,审减率22%,推动了城镇化带动战略的实施。对16个援建通口镇项目进行决算审计和跟踪审计,节约援建资金372万元,为实现"三年援建任务两年基本完成"的目标做出了贡献。

【专项审计和调查】 专项审计和调查农村住房建设与危房改造、拆迁资金、住房公积金、残疾人保障金、高职教育等22个民生项目,涉及单位586个,查处问题资金36亿元,纠正侵害人民群众利益问题资金2.7亿元,确保了各项惠民政策的落实。对59栋2882套经济适用房的决算审计,审减2914万元,维护了人民群众的权益。跟踪审计青海玉树地震抗震救灾资金和物资的实施,确保了救灾资金和物资规范管理和安全使用。

【宏观调控政策执行情况审计】 在各专业审计中,关注宏观调控政策的执行情况和实施效果,重点对571个中央新增投资、环境保护等项目进行了跟踪监督,确保了各项政策措施的科学有效。对26家发电供热企业节能减排情况的专项审计调查,推动了节能减排政策的落实。围绕"企业服务年"活动,审计和调查地方金融机构、政府融资平台和国有及国有控股企业,查纠问题资金106亿元,保证了促进经济发展政策的贯彻执行。

【绩效审计】 制定了《深入开展绩效审计工作的意见》,将绩效审计融入各专业审计之中,贯穿于审计工作全过程,共完成绩效审计项目731个,占总审计项目和单位的80%,查出损失浪费金额1.4亿元,潜在损失问题金额15亿元,提出审计建议1929条,促进增收节支4.5亿元,促使有关部门提高了行政效能和公共资源配置使用绩效。

玉树抗震救灾审计

【审计成果开发利用】 建立审计要情专报制度,提交审计报告和审计信息1116篇,被各级采用723篇。市委、市政府主要领导先后10次对审计报告和审计要情作出批示,要求有关部门单位做好整改工作,从机制、体制上纠正和预防问题的发生。加大审计宣传力度,被市级以上新闻媒体采用稿件324篇,其中,中国审计报采用66篇,国家审计署门户网站采用54篇,省厅门户网站采用125篇。

【基层基础建设】 理顺体制机制,制订完善了33项规章制度,建立起用制度管权、按制度办事、靠制度管人的运行机制,提高了机关运转的规范化程度。加强效能考核,制定了《局内部考核暂行办法》,把考核结果与奖惩、评先树优、干部提拔使用挂钩,调动了干部职工的积极性。强化学习培训,制定了干部教育培训计划,举办培训班13个,培训人员831人次,重点培训了政策理论、业务知识、法律法规、计算机审计等内容。加强机关廉政建设,把党风廉政建设纳入审计工作整体规划之中,全面落实"一岗双责"制度,加强对审计组和审计现场的廉政建设,防止了不廉洁现象发生,在社会上树立了审计机关公正执法、文明审计、廉洁勤政的良好形象。

(孟凡春)

安全生产监督管理

【概况】 2010年,市安全生产监督管理局认真履行安全生产监管职责,各项工作均取得新突破。全市共发生事故749起、死亡354人、受伤488人,经济损失 305.6 万元，同比分别下降 5.1%、9.2%、12.2%和25.4%。道路交通行业发生 2 起较大事故，其他行业领域均杜绝了较大事故的发生。未突破省政府安委会下达临沂市的安全生产控制指标。临沂市安全生产工作获全省年度考核第二名，市政府被省政府评为 2010 年度安全生产工作先进市。市安监局连续 2 年荣获市级“行风建设先进单位”，被市政府评为依法行政工作先进集体。国务院安委会督查组先后 2 次、省委、省政府督查组先后 3 次来临沂市视察、指导安全生产工作，全省执法工作会议在临沂市召开，各级领导对临沂市安全生产监管工作给予充分肯定。

【安全生产责任制】 市政府召开 8 次会议，专题研究安全生产工作。制定下发了《临沂市人民政府关于贯彻落实鲁政发〔2010〕77 号文件进一步加强企业安全生产工作的意见》。制订了具体措施，贯彻落实国务院《关于进一步加强企业安全生产工作的通知》(国发〔2010〕23 号)文件。市级领导带头到现场进行督促检查、调查研究、指导安全生产工作。加大安全生产的资金投入力度。市政府常务会确定以后每年按照不低于 GDP 万分之零点二的标准设立市级安全生产专项资金，并逐年增加。市安监局办公经费从 2008 年的 237 万元增长到 2010 年 508 万元，安全生产专项资金为 200 万元。完善安全生产责任制体系，明确、落实“一岗双责”安全生产责任制。年初，市安委会将安全生产事故控制指标分解下达给县区和市直各有关部门，签订了安全生产《目标责任书》和《承诺书》，督促各级做好职责范围内的安全生产工作。下半年，市委办公室、市政府办公室联合下发《关于调整充实临沂市安全生产委员会组成人员的通知》，由市长担任安委会主任，所有副市长担任安委会副主任，成立 13 个专业安委会，分管副市长任各专业安委会主任，专业安委会下设办公室，各部门主要负责人任安委会成员，各专业安委会办公室明确了联络员具体负责沟通联系，明确了“一岗双责” 安全生产责任制，完善了安委会工作制度，形成了“齐抓共管”的安全生产工作格局。河东、郯城、苍山、沂水、沂南、平邑、临沭 7 县区调整了安委会，由县区长担任安委会主任、领导班子成员任副主任。

【危险化学品安全生产监管】 实行安全许可分类管理汇报制度，全年共进行安全条件分类 144 家，其中因安全前置条件不达标否决新建项目 21 个。从严进行“三同时”审查，共进行设立安全审查 78 家，安全设施设计审查 12 家，进行试生产方案备案 48 家，竣工验收 41 家。全市现有危化品从业单位 4910 家，其中生产企业 227 家、经营企业 4683 家，针对“许可证换发证数量多、时间紧”等问题，继续执行“工作预警、临界跟踪、许可证注销、行政处罚”4 项制度，共对 38 家生产企业、232 家加油站和 400 家乙种经营单位进行预警，对 12 家生产企业、69 家加油站进行临界跟踪，注销生产企业 45 家、加油站 117 家、乙种经营单位 805 家。其中因设计单位资质、专篇质量等原因不予通过审查 6 家。发放易制毒化学品备案证明 9 家，进行危化品登记 98 家。推进技术改造。共确定自动控制改造企业 59 家，累计投入改造资金 6470 余万元，安装 DCS 自控系统 92 套、PLC 智能仪表 231 套，新上可燃(有毒)气体检测仪、液位报警仪、紧急切断阀、自动控制阀和自动停车装置等设备 1546 台。全市甲醛生产企业在全省率先完成自动化控制与紧急停车系统改造。完成了对 16 家安全距离达不到规范的加油站实施 HAN 阻隔防爆技术改造。加强安全标准化工作。全市共有 27 家危化品生产企业申请二级标准化，74 家企业申请三级标准化，其中，8 家危化品生产企业通过了二级标准化验收，55 家生产企业和 309 家经营企业通过了三级标准化验收。截至年底，全市化工行业共有一级标准化企业 1 家、二级标准化企业 11 家、三级标准化生产企业 115 家、三级标准化经营单位 676 家。代省安监局为省政府起草了《山东省危险化学品集中交易市场安全生产监督管理暂行办法》，提出了“集中交易、统一管理、指定储存、专业配送”的安全管理模式。指导鲁南化工市场进行提升改造，开展仓储区总平面布局、安全设施配置及运营管理工作。至年底，鲁南化工市场建设库房 100 余间，液体仓储罐 80 个。在全省率先制定了试生产现场审查要点，从 11 个方面对企业的现场、资料进行把关，提高了建设项目试车工作的安全性、规范性、严密性。在全省率先开展了示范加油站创建、星级班组创建和安全承诺“三项活动”。全市共有 27 家加油站被评为临沂市示范加油站，26 个基层班组被授予临沂市“星级安全班组”称号。

【烟花爆竹安全生产监管】 加强重点时段安全监

管。加大了节日前后监管、“打非”督导力度。夏季高温高湿季节所有有药工序全部停产度汛。开展烟花爆竹百日安全专项整治行动，共检查生产经营企业59家(次)，下达整改指令书20份，整改各类事故隐患110条。加强日常抽查，共排查治理烟花爆竹生产、经营企业和零售网点890家(次)，排查隐患139项，全部整改完毕。落实烟花爆竹产品流向登记制度，严格执行烟花爆竹驻厂安全督导员重要时期每天以手机短信形式向省、市安监局报告工作。开展礼花弹专项治理，严肃查处违规采购销售含氯酸钾烟花爆竹产品行为，对国家总局烟花爆竹药物检测组检测出2家企业的不合格产品均全部销毁。严格烟花爆竹生产经营企业建设项目安全设施“三同时”标准。共受理新建批发企业4家，易地新建批发企业1家，生产企业转经营企业1家、生产经营企业改、扩建、变更等项目32家，均严格按建设项目“三同时”标准规范进行审查、验收、报批、备案。加大督促企业投入力度，提高机械化生产程度，改善了安全生产条件。莒南县坚持堵疏结合，引导岭泉镇淇岔河村民建设蔬菜大棚400个，远离非法制作烟花爆竹。

【非煤矿山安全生产监管】 开展全市地下基建矿山、尾矿库、地下生产矿山、石膏矿山、提升运输系统安全专项检查，有步骤、分阶段地解决了非煤矿山企业存在的安全问题和隐患。严把安全生产许可证和“三同时”审查关，全年共发放非煤矿山安全生产许可证52家，其中新办41家，延期11家，对17家新建、改建、扩建非煤矿山建设项目安全设施设计进行了“三同时”审查批复。地下矿山施工外包队伍备案制度在全省率先实行，被省安监局转发在全省推广。全年共备案外来承包施工队伍21家。对3家不具备资质的外来承包队伍进行处理。在全省率先制定了《非煤矿山企业灾害性天气安全生产规定》，共下达大暴雨天气停产撤人命令9次，突击检查5次，实现了平安度汛。加强石膏矿山采空区监控治理。全部安装了监控并与县安监局联网，苍山县石膏矿山企业投入70万元在危险采空区安装了13个顶底板位移报警仪进行连续观测，并与县安监局联网，实现报警信息随时监控观测。平邑县9家石膏矿山利用岩音仪、人工观测相结合的办法进行监控观测。在全省率先论证制定了石膏矿山采空区治理方案。至年底，全市共有石膏矿山采空区781万平方米，崩落放顶30.6万平方米，有6家矿山投入400余万元用于采空区密闭封堵隔离。加强矿山提升运输系统安全监管，对68家企业进行了检查，下达责令改正指令书60份，整改事故隐患512条，对31家企业的提升系统检测检验报告进行了备案，不备案的立即停止使用，提升了地下矿山提升运输系统的安全可靠性。推进矿山新装备、新技术应用，在沂南金矿开展了数字化矿山试点，提升了全市矿山技术装备水平。做好安全标准化工作，年内，有3家企业在全国非煤矿山强基固本“五个一百”示范单位创建活动中受到国家安监总局表彰，确定了中钢山东矿业有限公司等3家企业为标准化新标准试点企业。

【职业安全健康监管】 开展了职业危害普查，共排查出存在职业危害的企业1725家，接触职业危害因素的96933人，初步掌握了职业危害分布信息，建立了市、区两级职业危害企业基础数据库。开展木质家具制造企业高毒物质危害治理和石英砂加工企业专项整治，共排查出石英砂开采及加工企业72家，并进行了诊断式检查，对不符合要求的企业下达整改指令，关闭不符合职业安全健康条件的小企业38家。开展作业场所职业危害申报工作，全市共有199家企业进行了作业场所职业病危害申报，其中完成备案112家。

【安全生产专项整治】 全年共开展专项整治执法行动13697起，查处无证或证照不全从事建设、生产、经营行为7621起，打击关闭取缔后又擅自建设、生产、经营行为40起，查处私采乱挖、越层越界开采、尾矿库违规排放7起，查处违反建设项目安全设施“三同时”规定行为19起，查处重大隐患隐瞒不报或不按规定期限整治的164起，查处不按规定进行培训或无证上岗行为311起，打击拒不执行安全监管监察指令、抗拒安全执法行为180起，查处其他非法建设、生产、经营的1033起。加强隐患排查治理。制定了4次集中行动工作方案，开展“打非、治违、抓责任”。重大节日、重要活动期间落实了市直部门包县区督查制度，开展了20余次检查，确保了安全稳定。落实隐患排查治理“一月一排查，一月一上报”制度、重大隐患台帐管理和重大隐患挂牌督办等制度，对重大隐患治理不到位的，实行严格问责制度。全年全市共排查各类生产经营单位36577

家次，排查事故隐患 49663 项，整改 48425 项，整改率 97.5%。

【安全生产综合监管】 发挥安委会办公室的组织、协调、综合监管作用，配合安委会各成员单位做好道路交通、消防、危化品、烟花爆竹、矿山、建筑施工、地质灾害、商贸物流、特种设备、学校、病险水库除险加固、林业、旅游、电力、农机等安全专项整治，做了大量细致的工作，消除了部分事故隐患。组织多部门联合检查，确保了 F1 摩托艇世锦赛、蒙山沂水室外版演出、市体育场大型文艺演出、市科技馆开馆、临博会等全市重大活动的安全顺利开展。开展冶金、机械等行业调查摸底、“三同时”专项检查。

【安全生产宣传教育和培训】 加大安全生产宣传力度，年内，市安监局宣传教育资金投入达 150 万元。配备专职工作人员 3 名，负责宣传教育及《临沂安全生产》杂志的编辑。加强与主流媒体的合作。与中国安全生产报社、临沂日报社、临沂广播电视台等媒体建立了战略合作关系。年底订阅下年度《中国安全生产报》3079 份。在《中国安全生产报》、《临沂日报》等报纸头版头条、重要版面发表稿件百余篇；在临沂电视台、临沂广播电台黄金时段播放“安全之声”、“行风热线”、“安全生产公益广告”等 200 余次。《临沂安全生产》杂志自 2009 年创办以来，为安全生产工作营造了宣传的氛围，赢得了社会各界和广大企业的好评。开展安全生产月活动，市安监局连续 2 年被中共中央宣传部、国家安监总局等中央六部委表彰为“全国安全生产月活动先进单位”。加强市安监局网站建设，在市直部门网站维护更新考核评比中，市安监局获得总分第一名。开展安全培训。全年全市共培训考核特种作业人员 9126 人，各类企业负责人和安全管理人员 37221 人，分别完成全年计划的 101.4%、127.69%。加强中介机构管理，完善安全生产协会工作机构和工作制度。督促企业严格落实安全生产费用提取和使用相关政策，全市高危行业企业提取安全费用 2.5 亿元，使用 2.1 亿元。推进安全生产责任保险试点，全市共投保企业 670 家，收取保费 476.05 万元，保额 52748.7 万元，赔付数额 326100 元。

【安全生产执法监督】 市安监局以执法监察为主线，宣传教育、应急救援、机关党建和后勤保障支持配合，为执法工作提供法律、行政和后勤保障。制定《安全生产监管执法工作协调制度》，明确了执法与许可互相配合，互通信息，加强联动的工作协调机制。严厉打击了安全生产非法违法行为。全市共查处非法违法案件 429 起，罚款到位 1495.6 万元，占全省三分之一。其中市局共立案查处重大安全生产违法案件 24 起，罚款到位 1008.602 万元。加强执法监督，对 8 起重大违法案件进行案审前审查。开展行政执法考核评议，对 12 个县区的 36 份案卷进行了评查，共查出问题 503 条，认真督促整改，促进了执法规范化。针对 1 起处罚案件，举行了建局以来首次听证会。临沂市安全生产依法行政工作获全省考核第一名，并在全省依法行政工作会议上作了典型发言。在全省安全生产行政执法文书点评活动中，市安全生产监察支队获全省第一名，市安监局获综合得分第一名。在全省安全生产执法监察队伍岗位练兵竞赛活动中，市安监局组队参赛并获团体二等奖。《中国安全生产报》头版头条刊发了临沂市加强执法的做法。

【安全生产“双基”工作】 5 月，市安全生产科技开发咨询服务大楼开工建设，该工程占地 2.67 公顷，总建筑面积 4 万余平方米，投资 8000 万元，具有应急救援指挥和保障、事故风险预警预报、安全科技开发和技术咨询、安全评价和风险评估等功能。组织开发市安全生产“六位一体”综合监管信息平台暨办公自动化软件。将安全生产应急指挥、日常监管、行政执法、综合监管、行政许可、队伍建设 6 方面工作开发成 6 套软件，利用联通公司 3G 技术形成共享平台，实现了网上监管、网上办公。该软件获得国家专利。年内，安全生产“双基”工作获全省第一名、“全国先进工作单位”称号。

（罗民光）

商 城 管 理

【概况】 2010 年，临沂商城以打造“商贸名城、物流之都”为目标，抢抓机遇，团结实干，商城呈现出较快发展的态势，市场交易额突破 720 亿元。年内，接待中央、省、市领导 20 余批次，参观考察团 600 余批次。为全省转方式调结构现场观摩会、全国群众工作会议、中国商业联合会年会等省级、国家级会议提供现场。在现场会上,与会领导对商城管理工作给予了充分肯定和高度评价。

【市场项目建设】 2010年是商城项目集中建设最多,建设投入最大的一年。重点加快推进了21个市场项目,完成投资21亿元,新增市场建设面积145万平方米。华丰国际商贸城、中国教育用品采购基地、天源国际物流城二期、怡景丽佳家居饰品城、区供销物流配送中心、阜阳临沂商城一期6个市场建设竣工营业;兰华国际家俱材料城、万泰商贸城、华强建材市场二期、岳蒙建材仓储中心、临沂商城会展商务采购配送中心、临沂商城会展商务仓储物流中心、临沂商城会展商务配套服务中心、华丰国际服装城、凯歌文化城二期、香江二期10个市场正在建设中;天源国际物流城三期、永兴物流整体搬迁项目、临沂商城网上交易中心二期、华苑农贸批发市场、临沂商城会展中心展馆改造提升项目5个市场完成了规划选址。完成了前十商城会展配送中心、前十商城会展配套服务项目、砚太商品物流配送项目、永兴物流市场、鑫岭物流市场、鑫岭商住社区项目、林丰钢材市场7个市场和临西九路南段与临西九路、水田路至解放路段2条道路的拆迁工作,完成拆迁面积16.7万平方米。加快临沂商城地产品加工园项目一期建设,完成投资16亿元,建设标准厂房100万平方米。完善了商城道路等基础设施配套。

【市场化转型】 把市场转型作为推动商城工作的重要动力,规范治理结构,依法实施商城公司化改革。按照"以四大集团为主体、集中优质市场资源、引进战略合作伙伴、政府实施优惠政策、资产整合组建集团、积极稳妥推进上市"的工作思路,确定了采取"切块、打包、周转、滚动"的办法,明确了土地出让工作思路,推进居企分离,做好上市准备工作。居企分离工作已基本完成。分离后的企业建立了法人治理结构,前园和宋王庄社区选举产生了新的居民委员会、集体资产管理委员会,建立了企业和社区党组织。加快商城集团组建和争取上市工作。与上海铭源集团签订了商城集团重组上市合作协议,研究制定了资产重组、争取上市初步方案,为商城集团重组和争取上市工作奠定了基础。

【会展业服务】 加大发展会展业力度,支持各代理商积极举办展销会、订货会。成功举办了2010中国(临沂)市场贸易博览会、中国板材贸易博览会、中国(临沂)汽车用品博览会、中国(临沂)太阳能博览会、中国(临沂)塑料产品工业博览会、中国(临沂)国际食品产业博览会等10个大型博览会。高度重视临博会的筹办工作,利用市场化运作模式,投资4200万元改造提升商城会展中心;加大招商招展力度,有来自23个国家和地区及全国28个省份的3257家企业参展,展览成交额达47亿元,得到了省政府、中国商业联合会、国家工商总局等领导的肯定和表扬。

【市场经营】 创新市场经营模式,电子商务等新型业态初见规模。加快临沂商城网上电子交易中心建设,打造与有形市场相配套的网上临沂商城。临商网注册会员5万家,信息平台收录商城信息40万条,金兰、天源物流等市场均开通了电子商务信息平台。实施走出去办市场战略。阜阳·临沂商城项目一期开盘,该工程占地200公顷、总投资30亿元,完成投资9亿元,建设面积55万平方米。阜阳·临沂商城仓储物流中心项目正式签约,总投资3亿元。实施品牌市场、亮点市场战略,小商品城二期项目被国家教育部、山东旅游厅授予"中国教育用品采购基地"、"中国教学仪器设备进出口基地"和"山东省旅游购物市场"称号。

【市场管理】 围绕打造"文明市场、诚信市场、平安市场、和谐市场",协调发挥工商、税务、公安、质检、交通、市场等部门的职能作用,加强市场治安、卫生、交通及经营秩序管理,严厉打击违法经营行为,维护良好的经营秩序。对物流市场继续开展规范提升工作,通过促进合法物流市场的建设,督促场外经营业户进场经营统一管理。通过完善从业手续,推行联保责任制,防范物流风险。建立税费公开长效机制,做到公平竞争、公平税负。积极为市场、业户排忧解难、规范各种收费,减轻市场、业户负担,营造公平、健康的经营环境。加强市场经营形势的分析,建立市场经营情况及税费缴纳情况月报表制度,及时调度市场经营情况,认真分析市场态势,研究制定解决问题的对策,促进了市场持续健康发展。

【市场消防】 加大消防安全排查整治力度。按照老市场抓整改、重监管,新市场抓配套、重规范的消防安全思路,开展了“市场平安建设年”和“安全生产基础年”活动。成立了临沂商城消防安全工作联席会议领导小组,每月定期召开会议。开展调查摸底,严格审查各项证照,并进行重新登记,建立了安全监管重点市场及业户信息档案。开展专项整治,检查发现各类隐患 1097 处,现场整改 807 处,下达隐患整改指令书 400 余份。针对存在的消防隐患,开展了隐患整改“回头看”活动,以简报的形式对 400 个问题进行汇总通报。对隐患较大,拒不整改的,立即启动执法程序。开展以值班巡逻、人员拉动、消防演练为重点的夜查活动,先后组织 10 余次大规模的夜查活动,检查市场 60 余个,组织培训人员 3000 余名,开展各类消防演练 50 余次,4000 余人参加了演练和观摩活动,增强了主办单位和从业人员的消防安全意识。

【市场宣传】 加大宣传推介力度,提高现代化商城的知名度。组织开展商城“五个一”宣传工程。在《齐鲁晚报》、《临沂日报》、《鲁南商报》等报刊上共发表稿件 170 篇,在中央、省、市、区电视台播发商城新闻 110 余条,接待 20 余家新闻媒体 100 余批次,编辑制作了《临沂商城》宣传片,筹资 800 万元在中央电视台开播了临沂商城形象广告,完成电视连续剧《大商城》外景拍摄,继续开播《魅力商城》电视栏目。

(朱反击)

经 济 研 究

【工作研究】 准确把握市委、市政府的重大决策部署,围绕全市中心工作,开展决策性调研活动,提交了大量具有参考价值的调研报告,为领导科学决策提供参考和依据。在市政府调查研究室与市委组织部、市人社局共同完成的“临沂市中长期人才发展战略研究”基础上,起草了《临沂市中长期人才发展规划(纲要)(2010—2020 年)》,参与了市委、市政府《关于“十二五”期间加快实施“人才强市”战略,引领和支撑经济社会转型发展的意见》的起草、修改等工作,参与了《河东区中长期人才发展规划(纲要)》的修改工作。会同市委政策研究室、市经信委、统计局、中小企业办、临沂日报社等部门和单位,开展了全市产业集群发展情况调研,形成的《关于全市产业聚集和产业集群发展情况的调研报告》报市委,并在杂志、报纸等新闻媒体上进行了宣传报道。为了贯彻落实市委、市政府加快全市新兴产业发展的要求,市政府调查研究室对全市新兴产业发展情况进行了调研,形成调研报告报市委、市政府,引起了领导的高度重视,市科技局、经信委等部门采纳了该调研成果。

围绕发展大局,开展重大问题调研。坚持把市委、市政府统一部署以及事关全市经济社会发展的热点、难点问题作为重点,组织开展调查研究,提交了许多富有创新性、建设性的调研报告,市委、市政府主要领导作出批示,并批转有关部门借鉴落实。开展的“关于临沂商城经济社会效益分析的调研”,第一次托清了临沂商城的直接经济效益和社会带动效益底子,为市委、市政府科学决策提供了参考和依据。

积极做好政务服务工作,参与重要文件、领导讲话以及会议材料的起草工作。承担了全市大型会议的筹备和材料的起草工作。起草了市委、市政府制定的《关于进一步增加农民收入的意见》等文件,抽调骨干力量参加了市政府工作报告的起草工作。多次撰写了市委、市政府主要领导的讲话稿以及署名文章。

【经济研究】 为领导决策提供服务的同时,进行了综合性、战略性重大课题的研究。为了扩大区域联系,考虑全省的发展需要,市政府调查研究室开展了“关于临沂市对接大上海、融入长三角”的专题研究;为了推进全市乃至全省城镇化进程,根据市政府主要领导的指示,完成了“关于城镇化进程中的政策性障碍及对策建议的调研”。

做好《决策参考》、《临沂经济研究》编辑出版工作,发挥了加强工作联系与合作的纽带作用,同时为对外宣传临沂、交流发展经验开辟了新的渠道。《临沂经济研究》全年出版 6 期,共发表文章 120 余篇。被省新闻出版局连续评为第二、第三届“山东省优秀内部资料连续出版物”。

(杜宇功)

农 业

综 述

【农业生产】 2010年,全市农业实现增加值264亿元、增长3.5%。粮食播种面积74.41万公顷,增加1.43万公顷;粮食总产468.8万吨,增加12.6万吨,单产、总产均创历史新高,实现连续7年增产,继续保持了全省粮食生产先进市。新造林2.55万公顷,其中速生丰产林5200公顷,经济林5866.67公顷,防护林1.44万公顷,森林覆盖率提高到30.7%。肉蛋奶总产106.7万吨,其中,肉类总产量68.8万吨,禽蛋产量28.5万吨,奶类产量9.4万吨。水产品产量12.3万吨;蔬菜种植面积12.87万公顷,总产576.6万吨;花生面积17.4万公顷,总产80.8万吨;棉花1万公顷,总产1.3万吨;烤烟1.2万公顷,总产3.3万吨;果品面积7.93万公顷,总产182.9万吨。

【农业产业化和标准化生产】 继续强化"生态沂蒙山,绿色农产品"主题,切实把"沂蒙优质农产品"概念做好、规模做大、品质做优、特色做亮、品牌做响、市场做广,实现农业增效、农民增收。新建种植业优质农产品基地5.69万公顷,累计达28万公顷。新增规模化养殖小区358处,累计达2855个;新增"临沂市标准化畜禽养殖示范小区(场)"134处,累计614处;生物环保养猪场达1960家,生物环保养猪养禽数量占全省总量的40%以上,在技术创新、推广数量、推广机制等方面继续处于全国领先水平。存出栏生猪分别为377.8万头、548.65万头。上海世博会组委会指定临沂蔬菜(农产品)生产供应基地49个,占全省的50%。新认证绿色食品176个、无公害农产品56个、有机食品103个,累计"三品"认证达801个。新增农产品注册商标164个,累计注册2521个。新认证国家地理标志商标和农业部地理标志农产品14个,累计达26个。新获"中国板材之都"称号,该类地域性特色农业品牌累计达29个。新增省级农业产业化龙头企业27家,市级以上龙头企业累计达389家,其中,国家级3家,省级54家,市级332家。新增农机动力534964千瓦,农业机械总动力达8635517千瓦,80%以上的农业劳动量由机械承担。

【基础设施建设】 全市农村固定资产总投入412.9亿元,增长34.8%。新增农村公路里程1.5万公里,99%的行政村通了硬化公路。提前半年完成了列入规划的32座大中型和819座小型病险水库除险加固任务,实现了"三年任务两年半完成"的目标。累计建设各类水利工程3777处,扩大灌溉面积1.97万公顷,改善恢复灌溉面积3.67万公顷,有效灌溉面积达37.23万公顷。发展节水灌溉面积2.54万公顷。流失治理面积261平方公里。建成集中供水工程110处,新增农村自来水受益人口42万人。新建户用沼气41790户,累计建设沼气池39.88万户、大中小型沼气工程(包括秸秆气化站)132处。全市年产沼气总量1.9亿立方米。总户数和产气量居全省第一位。

【强农惠农政策】 年内,发放粮食直补、农资综合、良种、农机具购置4项补贴6.7亿元,兑付家电和汽车摩托车下乡补贴4.6亿元;全市共培训农村劳动力29.9万人,发放职业资格证书9.9万份,新增农村劳动力转移就业26.1万人。农民人均纯收入6761元,增长14.9%;农民人均生活消费性支出

3935元，增长9.7%。加强对农业、教育、卫生等方面的财政支出，农、林、水事务支出28.56亿元，增长19.9%；教育支出51.91亿元，增长24.5%；医疗卫生支出21.14亿元，增长34.1%。农村住房投资122亿元，开工建设农村住房12.7万户，累计建设农村住房45万户，实施危房改造2.7万户，数量居全省第一位。新农合参合率达99.8%以上，覆盖全市行政村，筹资水平由人均100元增加到140元。实施平邑县新农保试点，参保人数达45.6万人，适龄参保率达90.8%，养老金发放率达100%。全市农村低保标准提高到1200元。安排资金11.8亿元，完成5312个农村卫生室的改造建设工作。

【农村综合改革】 年内，沂水县、费县分别被批准为国家和省新农保试点县。在完成林改省级试点的基础上，全面启动林权改革，全年集体林改面积达28.62万公顷。推进农村经营体制机制创新，经工商注册的农民专业合作社达6006个，各类农民专业合作社(协会)累计达11299个，居全省第一位。在河东区成立了首家村镇银行齐商村镇银行，13家小额贷款公司在10个县区累计发放贷款22.8亿元。推进农村产权确权颁证工作，农村承包经营权确权颁证175万份，占73.1%，农民宅基地使用权登记确权颁证219.5万本，占80.4%，农村集体建设用地登记确权颁证21.7万本，占67.6%，民营水利工程确权颁证3011处，占4%。组织实施全国基层农技推广体系改革与建设示范县项目，有7个县区完成了基层农技推广体系改革与建设任务。做好农村土地承包经营权流转服务体系和信息网络平台建设，农村土地承包经营权流转总面积6.71万公顷，占耕地总面积的11%。

(徐同慧)

种 植 业

【概况】 2010年，全市各级农业部门认真贯彻落实中央、省、市委市政府决策部署，加强优质农产品基地品牌建设，围绕“保供给、促增收、强基础、惠民生”的要求，实施“一创两保四打造”工程，农业农村经济工作取得新成就。全市农林牧渔业总产值477.9亿元，增长4.92%。第一产业增加值264亿元；农民人均纯收入6761元，增长14.9%。

全年播种粮食74.41万公顷，总产468.76万吨，粮食总产同比增加12.6万吨，增长2.8%；其中夏粮总产211.3万吨，增长4.6%。粮食产量实现“七连增”，成为全年农业农村经济发展的突出亮点，继续保持了全省粮食生产先进市地位。花生总产80.84万吨，增长0.8%；水果总产182.86万吨，增长2.5%；蔬菜总产576.6万吨，增长1.4%。加快新兴产业发展。金银花总产3360万公斤，年实现收入20余亿元；食用菌总产23.86万吨，年实现收入11.1亿元，逐步成为优势特色产业，成为当地农村经济发展的重要支柱产业。

全市共发放良种补贴1.31亿元，比上年增加2538万余元。全市共核实小麦面积41.5万公顷，比上年增加9733.33公顷，发放小麦补贴款达5.18亿元。落实花生良种和花生良种繁育补贴2350万元。实施粮食高产创建示范面积1.53万公顷，示范带动面积达5.33万余公顷，经省、市组织实打测产，全市7个小麦高产创建县，6个玉米高产创建县，2个水稻高产创建县，“十亩”高产攻关田平均亩产分别达696公斤、881公斤和709公斤。实施花生高产创建示范面积4000公顷，其中“十亩”高产攻关田平均亩产达626公斤。1个马铃薯高产创建示范县，万亩示范点片平均亩产量2789.3公斤。

【农业产业化经营】 实施龙头企业、合作组织、基地品牌联动战略。新争取27家省级龙头企业，增量居全省第一位。累计市级以上龙头企业达389家，其中，国家级3家，省级54家，市级332家。各类产业化组织发展达1777家，规模以上龙头企业发展达923家。全市市级以上龙头企业数量居全省第二位，农业产业化总体水平列全省前三位，农业产业化经营已成为发展现代农业的主要经济模式。开展“农民专业合作示范社”建设行动，规范提升农民专业合作社。全市各类农民专业合作社(协会)达11299家，在工商部门登记注册的农民专业合作社已达6147家，居全省第一位。推进优质农产品基地、品牌建设。年内成立基地品牌正式工作机构，召开了推进农产品“三化”现场会、优质农产品基地品牌建设现场观摩会、优质高效农业现场会和食用菌产业发展现场推进工作会议4次专题会议。加强基地品牌工作。全年评选表彰了首届沂蒙优质农产品十佳品牌和30个知名品牌，制作了沂蒙优质农产品电视形象宣传广告片，并于12月1日在山东卫视黄金时间播出，正式出版发行沂蒙优质农产品专辑。组织开展了“沂蒙春”杯第六届临沂市名优茶暨大宗茶评比活动，评出名优茶、大宗茶金奖各10个，银奖20个，优质奖50个。全市新建优质农产品基地5.69万公顷；新增农产品品牌43个；新增注册商标164个，新建现代农业示范园区、生态农业观光园区和乡村旅游特色村85个。5月，全省高效特色农业现场会议在临沂市召开，会议期间参观了临沂市优质农产品基地，会上临沂市就发展高效特色农业情况作了典型发言。

【农产品质量安全】　年内，参加制定山东省绿色食品标准3个，累计制定并推广地方技术标准26项。开展蔬菜农残例行监测、农产品（韭菜、豆角）质量安全专项监测和无公害农产品质量安全产地环境监测，推进农业面源污染检测和市场监测，检验样品2200余个，获取检测数据5.2万余项。开展“三品一标”的产品认证工作。新认证“三品”335个，其中无公害农产品56个、绿色食品176个、有机食品103个。全市“三品”认证产品累计801个。新增农业部农产品地理标志保护登记产品12个，累计达15个。上海世博会组委会指定临沂蔬菜（农产品）生产供应基地49个，占全省的50%。全市供上海世博会农产品5478.3吨，没出现质量安全事件。

【生态农业建设和科技服务】　加强农村新能源建设。新建户用沼气41790户，其中完成“一池三改”9941户、“一池两改”21859户，新发展“猪－沼－果（菜）”等模式4390处。全市户用沼气总数达39.88万户，占适宜户数的29.43%。新建大中型沼气工程（包括秸秆气化站）132处。全市年产沼气总量1.9亿立方米，可替代标煤13.57万吨。沼气总户数和产气量均居全省第一位。全市太阳能利用面积达107万平方米，年替代标煤10万吨。沼气等农村可再生能源的利用相当于每年节约23.57万吨标煤，加上沼液、沼渣的综合利用，年可为农民群众增收节支2.5亿元以上。全市秸秆利用率达75%以上。新选育的临豆10号、临旱1号于2010年9月通过国家品种评审委员会审定命名。履行植物新品种保护和农业转基因生物安全监管工作的新职能，临麦2号、临麦4号等10个新品种获得新品种保护权，市农科院品种权年收入达86.5万元。组织推广十大农业技术，推广农业新品种80余个，良种覆盖率达98%以上。免费向农民发放《测土配方施肥建议卡》121.7万份；组织供应配方专用肥7.61万吨、缓释控释肥料2000余吨；累计推广测土配方施肥51.33万公顷次，总节本增效8.87亿元以上。实施了“三大农民培训工程”（新型农民科技培训、农村劳动力转移培训、新型农民创业培训），培训骨干农民54872人。加强农民教育培训基地建设，首批认定了30个“临沂市农民教育培训基地”。集中开展新型农民十大主体示范培训，培训农民6150人，培训到村任职高校毕业生1180名。累计为21.6万农民免费提供了实用技术培训服务。

【落实农村政策法规】　认真落实减负政策，实行减负一票否决量化考核，对末位乡镇实行“重点管理”和“工作警告”，强化了减轻农民负担工作，顺利通过2009年省委省政府减负“一票否决”工作检查考核。纠正涉农乱收费、乱罚款和各种集资摊派行为41起，减轻农民负担239.15万元。整改完成有土地承包问题的村157个，占44.5%；农村承包经营权确权颁证174.97万份，占73.1%；推动土地承包经营权合理流转，县区、乡镇、村居3级农村土地承包经营权流转服务体系基本形成。成立县区土地流转服务中心12个、乡镇土地流转服务中心和交易大厅163个，配备电子显示屏113块，发布土地流转供求信息10.93万条。全市农村土地承包经营权流转总面积达6.71万公顷。推进农村财务规范化建设，共监管村级账据10万册，监管集体资金5.21亿元。加强农业执法，年内为农民挽回损失568万余元。

（杨洪国）

林　果　业

【概况】　2010年，全市林业系统全面展开集体林权制度改革，强化国有林场苗圃改革和生态林场建设；加强基础设施建设和林业应急处置能力，提高森林防火、林业有害生物防控能力；加大资金投入力度，提升林政管理和执法水平，全市林业建设保持了良好发展态势。年内，市林业局被评为2009～2010年度全省森林防火工作先进单位，先后荣获市级文明机关、城乡环境综合整治、廉政文化“六创建”、廉洁勤政好机关、基层组织工作规范化建设、安全生产和平安临沂建设等先进单位，被人社部和国家林业局评为全国绿化先进集体。市森林公安局被国家林业局森林公安局记集体二等功。

全年全市完成新造林2.55万公顷，有林地面积达43.7万公顷，林木覆盖率达30.7%；林业产业快速发展，总产值由173.8亿元提高到367.1亿元，增长112.2%；

【生态建设】 按照高起点规划、高标准建设、高效能管理的要求，继续实施造林绿化行动，加强荒山造林、城市造林、水系造林和干线公路绿化等林业生态建设工程，全市呈现出了企业大户承包造林、领导干部捐款造林、土地流转绿化造林等新特点。各项林业工作做到规划早制定、任务早分解、政策早落实、苗木早准备、整地早实施，确保了整体绿化水平、生态环境有了大的改善。研究制定配套实施政策开展生态建设。全省水系生态建设意见下发后，在通过调查研究、充分论证的基础上，市林业局针对全市实际，认真研究编制了《关于加强全市水系生态建设的实施意见》，市政府相继制定了加快生态建设的文件，调动了全社会造林的积极性。围绕"两型"社会试点加快生态建设。按照市政府与省林业局签订的《关于共建资源节约型和环境友好型社会发展现代林业战略合作协议》内容，省林业局从资金和政策上给予支持，国家、省、市在生态建设和森林资源保护等方面扶持资金9813余万元，为各项林业任务的全面完成提供了资金保障。依托生态林场规划生态建设。根据全市荒山实际，科学编制实施了63处生态林场，围绕沂河、沭河、祊河水系3河6岸编制了全市水系生态建设规划，各县区也根据实际情况，以辖区内主要河流、干渠、水库为重点进行了水系生态建设规划，形成"两条林带、一片水面、城在林中、水在城中"的沂蒙新景观蓝图。落实绿化责任制推动生态建设。全市共有119个市直部门包城乡绿化1300公顷，市委、市人大、市政府、市政协、军分区、市纪委等市级领导班子牵头召开了包绿化对接会议，各县区也实施了县级领导班子包县区绿化责任制，推动了生态建设步伐。

【林业产业】 全市按照生态建设产业化、产业建设生态化的现代林业发展理念，围绕促进农民增收就业，加快结构调整，优化布局，培植主导产业，实行集约化经营，形成了临沂的林业知名品牌，培植了具有带动作用的林业龙头企业和林业产业集群，为全市创造180余万个就业岗位，林业产业总产值突破360亿元，使农民依靠林业平均增收20%以上。加强经济林基地品牌建设。年内，评选表彰了全市首届"五个十"经济林产业，命名173处市级林业标准化生产基地，建立林业专业合作组织1200余个。板材等林产品加工业取得突破性进展。成功争创"中国板材之都"，成立了临沂市林产工业协会，培养了7个省级林业产业发展先进典型和2个林下经济发展典型。种苗花卉产业成为经济新亮点。先后成功举办了市第二届沂州海棠节，市第二届鲜切花展览、插花艺术交流会，首届中国北方桂花节，桂花盆景展和"劳动之星"林业系统职业技能竞赛等，全市累计花卉种植面积8000公顷，花卉业年产值8亿元，从业人员10万余人。鲜切花基地600公顷，占全省的60%，成为全省花卉产业的新亮点。

【林业体制机制改革】 加强生态林场建设。全市新批设了6处国有林场总场，研究配备了5处总场场长和书记，按照市政府办公室下发的《临沂市生态林场检查验收办法》，委托山东省林业监测规划院对各县区上报的生态林场进行了复查验收。在13处国有林场实施了国有林场危旧房改造工程，解决了平邑、郯城等县国有林场职工工资、保险等方面的改革。推进集体林权制度改革。全市集体林权制度改革坚持依靠基层群众，加强分类指导和依法规范操作。在蒙阴县、费县完成好林改试点工作的基础上，其他县区严格按照市里确定的方法步骤和时间安排。省委、省政府督导组对临沂市林改工作给予了高度评价。

【森林资源保护】 年内，全市实现了林木采伐、木材运输证和森林植物检疫证的网上统一签发，在木材检查（检疫）站点安装了视频监控系统，提高了全市林业依法行政能力和科技防腐水平。通过行风热线和"马上就办"直通车，进行宣传林业，对群众举报和反映的问题全部及时进行调查落实、反馈。全市共发放《林木采伐许可证》1.6万余份，批采林木蓄积37.2万立方米，核发木材运输证12.6万余份。推进森林公安工作。配齐配强了市森林公安局领导班子，及时补充有专业知识的人员进入森林公安队伍。先后组织开展了以打击破坏森林和野生动植物资源违法犯罪为主的“冬季行动”、“春季行动”、“严厉打击破坏野生动物资源违法犯罪专项行动”等。全市森林公安共查处各类涉林案件873起,打掉犯罪团伙5个,逮捕6人,刑事拘留、取保候审103人,行政处罚1002人次。加强森林防火工作。全市认真贯彻“预防为主,积极消灭”的森林防火工作方针,落实森林防火各项预防和扑救措施,森林防火组织体系建设、专业消防队伍建设、预警预测工作均居全省前列,受到省森林防火指挥部和省林业局的表彰。严格防控林业有害生物。市政府常务会议专题听取美国白蛾防控情况汇报,制订了《临沂市美国白蛾防控工作责任追究办法》,在防治关键时期市政府和市林业局5次召开会议部署,林业有害生物防控指挥部成员和局领导班子成员成立督察组,实行美国白蛾防控工作包县区责任制,采取明察暗访先后6次进行督导检查。全市各级共投入资金3316万元,释放周氏啮小蜂10.8亿头,人工剪除网幕195.3万个,防治面积1.95万公顷,防治作业面积17.86万公顷次,费县飞机防治4.19万公顷次,实现了美国白蛾等林业有害生物防控目标。

【林业科技】 年内,全市立项实施了有关荒山造林、林木良种繁育、商品林丰产栽培、生态公益林体系建设、森林病虫害防治、林产品加工利用等方面的林业科技推广项目,申报省林业科技成果奖7项,市自然科学优秀成果奖20项;申报市级课题9项。研究制定了《临沂市林业局加快林业科技发展的意见》,确定了林业科技发展的重点任务。加快科技推广工作。在郯城县举行了科技下乡活动。成立了全市林业专家委员会和百名专家服务团,实施了银杏种质资源库项目,研究制定了黑松侧柏等5个市乡土绿化树种和香樟、银杏、广玉兰等8个常用城市绿化树种造林技术。成立了“临沂市精准经济林工程技术研究中心”,完成了临沂市地方标准——“绿色食品日本栗生产技术规程”的起草制定工作。

(袁春令)

水 利

【概况】 2010年,全市水利建设总投入15.62亿元,其中,争取省以上资金8.18亿元,完成了计划内重点水利工作。完成列入规划的病险水库除险加固工程、治淮沂沭河洪水东调续建工程。大型灌区续建配套与节水改造、小农水重点县建设和农村饮水安全工程建设总投资4.5亿元,均完成年度工作任务目标。抗旱减灾、水土保持、水行政管理、水利规划及前期工作进展顺利。年内,市水利局获得“全国水利系统先进集体”、“全省防汛抗洪先进集体”、“全省水利系统工会工作先进单位”等称号。

刘家道口水利枢纽建成运行

【重点工程】 病险水库除险加固工程。该工程于2008年开工,至2010年6月16日,完成了列入规划的32座大中型和819座小型病险水库除险加固任务,实现了“三年任务两年半完成”的目标。副省长贾万志作了重要批示,对临沂市圆满完成水库除险加固任务给予了高度评价。省政府给市政府发来贺信。除险加固工程完成后,恢复增加兴利库容近5亿立方米,恢复改善灌溉面积4.58万公顷。

治淮沂沭河洪水东调续建工程建设。年内,完成了沂河、沭河、新沭河、邳苍分洪道和分沂入沭培堤治理工程建设任务,共计投资11亿元,沂沭河中下游防洪标准由20年一遇提高到50年一遇。其中刘家道口枢纽工程,总投资5.9亿元,于4月24日通过了水利部和省政府的联合验收,正式投入运行。

大型灌区续建配套与节水改造工程建设。年内,完成了列入第四批扩内需项目的葛沟、龙窝灌区渠首拦河闸改建项目,共计投资7900万元。跋山、会宝岭、龙窝、葛沟、小埠东等5处大型灌区下达年度投资计划1.886亿元,年内,完成投资1.829亿元,占年度计划的97%。

【农村水利建设】 农村公共供水工程建设管理。年内,建设供水工程110处,新增农村自来水受益人口42万余人,完成投资1.595亿元。市政府制定了

《临沂市农村公共供水管理办法》,各县区制定了实施细则,成立了专管机构,设立了县级维修基金,并编制了供水应急预案。

小型农田水利重点县年度建设工作。年内,临沭、苍山、沂南、郯城4个小型农田水利重点县,完成年度投资计划1.3246亿元,治理总面积3.2万公顷,建设末级渠系130公里,新打配套机井487眼,发展高效灌溉面积5496.66公顷。

农田水利基本建设。全市累计建设各类水利工程3777处,完成土石方4647万立方米,投入工日1727万个,投入资金11.5亿元,扩大灌溉面积1.97万公顷,改善恢复灌溉面积3.67万公顷,发展节水灌溉面积2.54万公顷,改造中低产田3.21万公顷,小流域治理面积173平方公里,治理河道502.1公里。

大中型水库库区移民后期扶持工作。全市发放移民直补资金1.7514亿元。实施2009年度移民后期扶持结余资金项目263个,总投资4552.75万元;申报中央项目272个,申请结余资金4879万元;申报省批复项目26个,总投资375万元。全年接待库区移民来信、来访7批17人次。

【防汛抗旱】 雨情。全市平均降水量711毫米,较常年偏少14.1%,6~9月份,全市平均降水量539.1毫米,较常年偏少10.8%。9月11日~12月31日,全市连续110余天无有效降雨,平均降雨量为6.6毫米,较历年同期偏少94%,为自1952年有降水资料以来的最小值,重现期为160年一遇。

水情。沂河临沂水文站7月18日8时实测最大流量每秒640立方米,刘家道口节制闸7月18日7时30分最大下泄流量每秒626立方米;沂河临沂水文站实测径流量8.67亿立方米,较常年偏少54.4%。全市共有6座大中型水库、293座小型水库溢洪。全市37座大中型水库年末净增蓄水量1.88亿立方米(汛期净增5.345亿立方米)。

防汛工作。组织专家对全市37座大中型水库的洪水调度方案及抢险应急预案进行了审查和批复。4次组织召开防汛会议,根据汛情发展,下发了47个指导性文件。指导180个乡镇、9个园区率先在全省成立了乡镇一级防汛指挥机构。组织技术人员对通讯、供电、水文等286处设施进行检修。对沂沭河流域雨水情监测系统88个站点进行了维护。按照中央、省的统一部署,9月份启动了山丘区山洪灾害防治工作,年内,完成了7个山洪灾害防治重点县防治规划编制工作,其中蒙阴、苍山2县完成了山洪灾害防治威胁区普查和非工程措施实施方案的编制和验收。全年共争取防汛资金300万元。

抗旱工作。9月中旬以后,临沂市发生了百年不遇的干旱,全市有88条中小河道断流,22座小型水库干涸。已播种的36.53万公顷小麦,有33.87万公顷受旱。果树受旱面积达6.87万公顷。部分山丘区群众和大牲畜发生了临时性饮水困难。市政府先后3次下发紧急通知,召开了市、县、乡、村四级抗旱保麦电视会议、全市抗旱工作会议、全市抗旱动员会议、抗旱工作现场会议、抗旱应急水源工程建设会议等,5次召开旱情调度会商会议,具体部署安排抗旱双保工作。11月22日,启动了抗旱Ⅱ级应急响应。抽调人员组成12个抗旱检查指导组,到12个县区指导督促抗旱工作。抗旱高峰期,日抗旱投劳最高达115.57万人,投入抗旱设备15.27万台套、机井2.4143万眼。修建应急水源工程1547处,调度抗旱应急用水2.53亿立方米。全市累计投入抗旱资金1.0047亿元,累计浇灌农作物31.33万公顷,其中有8万公顷小麦浇灌了2遍。解决了5.042万人、1.847万头大牲畜的临时性饮水困难。

【水土保持】 年内,市、县共制定下发规范性文件4个,全市完成治理水土流失面积261平方公里,完成土石方3010万方,投工1340万个,投资7400万元,其中,国家资金970万元,省补助资金145万元。

【水行政管理】 年内,临沂市被山东省列为实施最严格水资源管理制度试点市。为保障最严格水资源管理制度的实施,继续开展水利综合执法,全年共查处各类水事案件285起,扣押非法采砂设备197台套,罚没收入60.93万元;全年共征收河道工程维护费1553.5万元,水资源费5000万元;查处水土保持违法案件38起,征收水保"两费"1020万元,其中市级征收52万元;编制完成了《临沂市严格水资源管理制度工作方案》。在3月22日"世界水日"、"中国水周"来临之际,围绕"严格水资源管理,保障可持续发展"的宣传主题,全市共发表各类署名文章15篇,设立15个宣传站,出动宣传车30余台次,发放宣传材料2万余份,发送手机短信3万余条。

【水利建设前期工作】 小型农田水利重点县建设。

按照“资金整合、集中投入、连片改造、整体推进”的思路，对4个小农水重点县规划片区进行规模化治理，推广农田水利新技术。

大型灌区续建配套与节水改造。完成跋山、会宝岭、葛沟、龙窝、小埠东5处大型灌区后续建设工作，确保3月底前实现资金100%到位、工程100%完成、质量100%合格。编制2011年度实施方案，争取纳入上级年度投资计划。编制完成6处大型灌区“十二五”规划，计划总投资3.9342亿元。

中小河流治理。完成东汶河蒙阴工业园区段综合治理工程、临沭县苍源河、平邑县西皋河、费县温凉河治理、蒙阴坦埠西河治理工程，提高防洪除涝能力。

贯彻《山东省用水总量控制管理办法》，强化“三条红线”约束作用，加强水资源监测，确保用水总量小于控制指标、用水效率高于控制指标、水功能区水质达标率达到控制指标。加大控制指标考核力度，促进水资源的优化配置和高效利用。

【水利经济与多种经营】 年内，全市水利系统完成总产值8.36亿元，实现利税8153万元。市水利勘测设计院在做好临沂市项目的基础上，开拓市外市场，完成市外项目产值1000万余元；水利工程总公司承建的工程达40余处，全年完成产值6.76亿元，实现利税4653万元；水利工程处全年中标13个，完成产值1.2亿元。

【第一次全国水利普查工作】 市、县两级全部成立了水利普查领导和办事机构，落实专职普查工作人员290人。市级财政预算2年列入普查工作经费450万元。制定印发了《临沂市水利普查工作实施方案》，召开了市级动员大会。指导各县区完成县级普查培训工作，建立动态指标台账，全面开展普查对象清查工作。重点完成土壤侵蚀野外调查和河湖、水闸、泵站、堤防等情况的填报、审核、录入和上报。

（唐桂密　朱瑞锋）

畜 牧 业

【概况】 2010年，全市畜牧系统围绕市委市政府关于“转方式、调结构”的部署要求，以建设优质畜产品基地大市和打造沂蒙健康养殖品牌为目标，加大措施，强化服务，在疫情形势严峻、畜禽市场价格波动较大等不利因素并存的情况下，全市畜牧生产和各项工作取得了成绩。至年底，全市生猪存出栏量分别达377.8万头和548.7万头，比2005年增长78.78%和76.05%，其中能繁母猪存栏73.44万头。家禽存出栏1.64亿只和6083.9万亿只，比十五末的2005年增长105.77%和192.41%。牛存出栏44.85万头和29.89万头，比上年分别增长1.94%和1.06%，其中奶牛存栏4.46万头。羊存出栏250.78万只和279.7万只，分别比上年增长3.69%和5.42%。家兔存出栏1187.29万只和1708.45万只，分别增长13.22%和6.03%。全市肉蛋奶总产194.83万吨，比上年增长10.04%。全市畜牧业产值达229亿元。年内，市畜牧局先后被国务院污染源普查领导小组办公室评为全国污染源普查先进集体，被农业部授予“全国无公害农产品标志推广与监管示范市”称号，被省防控重大动物疫病指挥部评为全省重大动物疫病防控工作先进市，被省畜牧兽医局评为全省畜牧工作先进单位，被市政府评为全市迎准考核工作先进单位、全市政务信息工作先进单位、全市环境综合整治工作先进单位，被市直机关工委评为市直机关文明单位。农业部召开的全国畜牧技术推广体系建设高级研讨会议、中国兔业规模高效创新发展论坛暨兔产品交易会、省畜牧兽医局召开的全省饲料管理和全省兽药管理等高规格现场会议先后在临沂市举行。

【畜牧业标准化生产】 市政府颁发了《关于加快发展现代畜牧业的意见》，8月，召开了全市现代畜牧业发展工作会议，对今后5年全市现代畜牧业发展作了部署。加快推进向规模化标准化生产方式的转变。至年底，全市规模化养殖场（小区）达2855处，其中新增358处。被市政府命名的“临沂市标准化畜禽养殖示范小区（场）”达614处，其中新增134处。成功创建了15处国家级畜禽养殖标准化示范场、22处省级畜禽养殖标准化示范场。争取生猪、奶牛标准化建设项目等15个方面省以上资金9767.2万元。标准化建设各项指标均居全省前列。在全省畜禽养殖标准化创建现场会议上临沂市作了典型发言。加快推进向畜牧业品牌创建方式的转变。全市养殖加工企业通过ISO9000质量管理体系认证的 17 家、HACCP 体系认证的 8 家、GAP 及 GMP 认证的 1 家、ISO22000 食品安全管理体系认证的 5 家、ISO14000 系列环保体系认证的 2 家、OHSAS18001－1999 职业健康安全管理体系认证的 1 家，其中有 1 家和 4 家企业的商标分别被评为中国驰名商标和山东省著名商标。全市共有 54 家养殖加工企业的 95 个畜产品获得了无公害、绿色、有机认证，其中，有 2 家畜产品加工企业的产品被评为中国名牌产品和知名出口品牌，1 家畜牧企业荣获临沂市十佳农产品品牌、8 家企业的畜产品荣获临沂市知名农产品品牌称号。加快推进向产业化经营方式转变。全市畜牧加工龙头企业达 380 家，年加工能力 180 万吨，年产值达 140 亿元以上。饲料生产厂达 152 家，其中新增 26 家，生产加工各类饲料 387.4 万吨，同比增长 25.6%，饲料工业产值 96.6 亿元，同比增长 23%。畜牧合作经济组织达 2650 家，其中畜牧合作社 2402 家，新增 743 家，注册的 1584 家，发展社员 12 万，全行业安置就业人员达 80 余万。蒙阴县文友家禽养殖专业合作社社长刘文友被国务院授予“全国劳动模范”称号，平邑县铜石镇兽医站创办的畜牧养殖合作社、沂南县畜牧局的生猪良种繁育中心和农丰食品有限公司等得到了农业部全国畜牧总站领导的高度评价，并召开现场会议在全国进行推广。加快推进向环境友好型和资源节约型方式转变。制定了《临沂市迎接淮河流域水污染防治工作畜禽养殖场检查考核标准》，在重要区域率先推行了畜禽粪便综合利用、种养结合、农牧生态循环等模式，受到了市委市政府的表彰奖励。开展了畜牧业污染源普查工作，完成了上级业务部门下达的工作任务，受到国务院污染源普查领导小组办公室的表彰奖励。

【兽药认证和兽用生物制品管理】 开展了“兽药 GSP 认证和兽用生物制品规范化管理年”活动。制定了《临沂市兽药 GSP 认证和兽用生物制品规范化管理年活动实施方案》。在莒南县举行了《兽药 GSP 认证和兽用生物制品规范化管理年活动》启动仪式，举办了培训班。在沂水县召开了全市兽药 GSP 认证和兽用生物制品规范化管理工作现场经验交流会。至年底，全市有 444 个兽药经营单位通过了省兽药 GSP 认证，部分兽药经营单位参入了加盟连锁经营，并签订了销售协议，实行统一标识，逐级供应，层层监督。沂水、平邑、蒙阴、费县、郯城、河东等县区推广的以县兽医站为龙头的兽药加盟联锁供应服务，实现了区内兽药经营秩序、兽药销售价格、兽药经营监督机制“三个规范”和县乡兽医站、加盟经营户和养殖场户“三个共赢”，保障了畜产品质量安全。

【生物环保养殖】 将环保养殖这一新模式大面积应用到肉鸭肉鸡的饲养中。发酵垫料生产向企业化、专业化转变，推动了环保养殖发展。科学调制发酵垫料，提高了发酵垫料的质量。至年底，全市建生物环保猪场户 1960 处，发酵床面积 137.99 万平方米，存栏生猪 93.24 万头，出栏生猪 430 万头。环保养禽场 1238 处，发酵床面积 157.35 万平方米，存栏家禽 1018.36 万只，出栏家禽 5658.27 万只。全市生物环保养猪养禽数量占全省总量的 40% 以上，先后获得市科技进步奖一等奖 1 项、国家专利 10 项，在技术创新、推广数量、推广机制等方面继续处于全国领先水平。

【重大动物疫病防控】 做好强制免疫工作。全市全年共用高致病性禽流感疫苗免疫家禽 27454.1 万只次，用口蹄疫疫苗免疫牛羊 740.75 万头只次、生猪 734.63 万头次，用高致病性蓝耳病疫苗免疫生猪 736.32 万头次，用猪瘟疫苗免疫生猪 735.76 万头次，完成了省下达的免疫任务，通过抗体水平检测，均符合农业部规定要求。开展了狂犬病免疫注射工作，全市共免疫注射家犬 44.73 万只，免疫密度达 55.22%。加强疫情的内查外堵工作。对内，加强产地检疫、屠宰检疫和市场检疫，使其检疫率始终保持在 100%。对外，以全市 9 处省级道路检查站为依托，加大了对运载畜禽及其产品的检查力度，全年共检查运载畜禽及其产品车辆 25859 车次，检查生猪 96.7 万头，家禽 1536 万羽，动物产品 81238 吨，查处病死动物及其产品 47.1 吨，均按有关规定作了无害化处理，杜绝了外疫传入。健全了重大动物疫情应急机制。全市全年共落实防控资金 2055.77 万元，其中市级 1252.64 万元，储备疫苗 200 万毫升、消毒药品 50 吨、防护服等物资 5 万余台套。加大督导检查工作力度。落实了局领导成员分县区督导责任制，全年先后 6 次由局领导成员带队到基层督导检查了重大动物疫病防控工作。全市统一实行了日报告、周通报制度和集中防疫结束后考核检查验收 3 项制度，促进了全市防控工作的有序进行。市畜牧局和罗庄区、沂水县畜牧分局先后代表全市接受省里的检查验收，受到省检查组的充分肯定和认可。

【科技信息服务】 采取网络、专业报刊、面对面授课等形式，共举办各类培训班70期，受训人数达到5万余人次，提高了畜牧兽医从业人员的政治业务素质。莒南县畜牧局把每月16日定为免费科技培训固定日，全年共举办13期，受训人员1.5万余人次，深受广大养殖场户的欢迎。利用《临沂畜牧工作简报》、市畜牧局网站、临沂动物卫生监督网、临沂—杭州联防网络等平台，坚持畜禽及其产品价格信息周发布制度，为广大养殖企业提供了及时的市场预测预警和典型引导服务。动员全市畜牧系统人员加入了“科技信息”双通工程中的“畜牧通”。2月1～2日，市畜牧局率团赴上海再次进行生猪产销对接，市生猪产销协会与上海爱森肉食品有限公司成功的签约了供应上海世博会20万头生猪合同，使临沂市成为全省最早与世博会签约供应生猪的地市。加强良种推广服务。年内新增临沭、蒙阴、费县3个县猪人工授精站，全市累计有8个县建立生猪人工授精站，基本形成了“系统建站、网络健全、配送高效、产需结合”的生猪良种繁育服务体系。全市全年猪人工授精配种达60万头次，人工授精覆盖面达50%以上。盛能种公牛站成功引进了9头澳大利亚种公牛，并通过了农业部专家组的检查验收。

【畜牧执法】 围绕养殖加工，严把“三个关口”（养殖关、产地检疫关、动物屠宰加工关）。5月份和9月份分别集中开展了为期1周的畜牧联合执法大检查活动，共检查养殖、加工和饲料兽药生产经营等单位283个，下达整改通知书23份，查扣饲料添加剂15袋，没收并销毁过期兽用生物制品1宗，震慑了生产加工环节中的违规违法行为。强化了畜产品加工企业特别是入沪企业的畜产品安全监管。从全市近60家入沪企业中重新筛选了32家养殖、加工企业，作为入沪供应世博会的指定厂家，签订了安全承诺书，与相关县区、乡镇层层签订了安全监管责任书，确保不出问题。加强了对全市49处奶站的监管，促进了“经营单位和有关监管人员三个职责”、“质量安全和卫生管理两个制度”的落实，保障了生鲜乳的安全。

【基层基础建设】 开展县乡畜牧兽医体制改革工作。至年底，全市有河东、郯城、平邑、沂水、沂南、临沭、费县7个县区完成了改革任务，苍山县召开会议研究通过，其他县区正在筹备之中。积极争取项目资金，加强基层防疫体系仪器设备配套建设。全年共争取上级业务部门无偿为全市12个县区配备低温冷库和恒温库各1套，为全市74个乡镇畜牧兽医站配备摩托车和恒温箱148套、冰箱冰柜388套，为全市120个养殖专业村配备冰箱、冰柜120套。在平邑县建设社区（村）标准化动物卫生室工作获得成功，并在全市进行推广。组织了全国首次执业兽医考试工作，经阅卷审核，全市获得执业兽医师资格94人，获得执业助理兽医师114人。加强了投诉、受理力度和政务公开力度，全年共上线6次，接听热线电话48个，其中当场解答15个，下线调查落实33个，会同《马上就办》栏目组记者一起调查落实11个，均达到了投诉人满意。完成了畜牧项目的行政执法审批工作38件，通过局网站、简报、广播、电视、报纸等形式加大了政务公开力度。

（刘文春）

渔　业

【概况】 2010年，全市渔业系统按照“抓重点求作为，抓亮点求突破，抓项目争资金”的工作思路，以渔业增效、渔民增收和渔业可持续发展为核心，推进沂蒙优质水产品基地和品牌建设；做好优质水产品产地产品认证，打造沂蒙渔业品牌；加强水产品质量安全监管，提升水产品市场竞争能力，拓展国际国内两个市场，全市渔业经济保持了平稳、较快发展。全市水产养殖面积3.12万公顷，水产品产量12.3万吨，水产品产值11.6亿元，渔业经济总产值达26.5亿元，渔业人均纯收入9300元，产量、产值和效益分别比“十五”末增长了18.8%、62.2%和52.2%，居全省内陆地市前列。

【渔业基地品牌建设】 贯彻落实市委、市政府《关于加快建设沂蒙优质农产品基地大力发展高效品牌农业的意见》，制定了《临沂市优质水产品基地建设标准》，先后召开了全市水产品基地品牌建设座谈会和现场会。年内，全市建有省级鳜鱼良种场、大银鱼繁育场、鲟鱼繁育场各1处,市级水产苗种场4处,自繁自育和二级苗种培育点286处,年生产优质鱼种9000余吨、繁育各类鱼苗6亿余尾。优质水产品生产基地45处,总面积1.37万公顷,占总养殖面积的44%。其中,无公害水产品产地41处,有机水产品产地4处。认证无公害水产品71个、有机水产品12个,认证产品年产量4万余吨,占水产品养殖总产量的38%。建设农业部标准化水产健康养殖示范场9处,省级渔业标准化示范基地2处、水产健康养殖示范区10处,省级水产良种场2处,省级休闲渔业示范园区4处,市级优质水产品基地40处。全市发展出口水生动物注册备案养殖场6处,养殖面积1200公顷。全年共出口韩国、日本鲜活水产品2400吨、4300余万元。市水产养殖场泥鳅出口基地年出口韩国优质泥鳅400吨,成为全省最大的泥鳅繁育、生产、出口基地。召开了全市水产品质量安全专项整治会议,印发了水产品质量安全专项整治工作实施方案,开展了整顿活动,先后出动2732人次,检查了50余个苗种生产场点、基地、场区等。农业部、省海洋与渔业厅多次来临沂市抽取30余个样品,企业自检130余个样品,水产品药物残留检测全部合格。全市有"明湖源"、"老渔翁"、"睿农"、"沂蒙浔"和"辣哥哥"5个渔业品牌。其中蒙阴云蒙湖渔业有限公司"明湖源"牌有机鲢鳙鱼产品,年向北京、上海、杭州等市场销售鲜活有机水产品1万余吨,销售额达1.3亿元,供京销量占北京市场鲢、鳙鱼总量的70%,成为全国最大的鲜活有机鱼进京供应公司。在临沂市首届沂蒙优质农产品十佳品牌和知名品牌评选活动中,"明湖源"牌有机鱼荣获"十佳品牌","老渔翁"牌干煸鱼鲊荣获"知名品牌"。

【渔业资源修复】 实施渔业资源修复计划,加大资源修复力度,科学开发渔业水域,实现渔业开发与环境保护协调发展,渔业增长方式向质量效益型转变,促进农民增收。全年全市水产养殖场、郯城县水产良种场、沂水县淡水养殖试验场被省海洋与渔业厅列为省级鱼类资源增殖放流站,争取农业部、省、市渔业资源修复资金225万元,对临沂城区饮用水源地岸堤水库以及跋山水库实施净水鱼类增殖放流,累计放流鲢鱼、鳙鱼、草鱼等大规格鱼种1800万尾;为治理沂河水体富营养化,防止蓝藻爆发污染水质,市渔业局联合滨河景区管委会在沂河城区段水域增殖放流300余万尾花鲢、白鲢大规格鱼种。全市净水鱼类增殖放流面积达6666.67公顷。大规模渔业资源修复促进了渔业生态效益、经济效益和社会效益提高。

【休闲观光渔业】 全市发展各类休闲观光渔业点310余处,面积4466.67公顷,年产值近亿元,直接从业人员2000余人。观赏鱼养殖面积发展到66.67公顷,年产量达到4000余万尾,产品销往徐州、天津等观赏鱼批发市场,经济效益显著。省级休闲渔业示范点发展到4处(临沂滨河景区、莒南县天马岛旅游度假区、沂水县沂河公园、苍山县银湖湾)。部分县区水库从事养鱼的同时,发展垂钓业务,办起了"渔业度假村",年营业额达60余万元。

【渔业合作组织建设】 实施渔业专业合作组织和龙头企业带动战略,培植年产值过1000万元的水产品出口、加工、有机鱼生产企业4家;年产值过500万元的特色养殖企业5家。其中经工商局注册的渔业合作社28家,社员1293人,带动农户2459户,开展内部信用合作资金总量达2389万元。利用国家扶持政策,加大对合作组织扶持力度。全市有100余家年产值过50万元的养殖、运销、出口、加工等典型企业,直接带动了成千上万个农户增收致富。全市渔民人均纯收入同比增长10%以上。

【科技兴渔】 通过实施科技入户工程和开展"临沂市百日渔业科技服务行动",培育了360个科技入户示范户、辐射带动3600个养殖户;举办各类健康养殖技术培训班36期,培训渔业技术骨干1850余人。成功承办了全国第五届水产养殖规范用药技术培训班。加强疫病测报与防治工作,降低发病面积,减少病害损失。

【渔政管理】 市渔业局与各县区签订了年度渔业安全目标量化责任书,下达了安全控制指标,确保了渔业安全"零事故"、"零死亡";制定了《临沂市渔业安全生产应急预案》。年内,对全市1256艘机动渔船进行建档立卡和规范化管理;组织举办了全市渔政执法人员培训班,添置渔政执法车1辆,改善了执法条件;按时足额将520万元燃油补贴发放到每位渔民手中,保证了国家支渔惠渔政策的贯彻实施。共处理渔业案件196起,其中渔业污染案件17起,药物残留案件1起,电鱼、毒鱼等违法案件178起。

【渔情调查】　按照《山东省人民政府办公厅关于开展全省渔业基本情况调查的通知》(鲁政办字[2010]173号)和市政府召开的全市渔业基本情况调查工作动员部署会议要求,市渔业局健全工作机构,加大宣传力度,做好“三个落实”和“四个到位”(抓好人员落实、调查摸底落实和经费落实,做到精力到位、宣传到位、督导到位和考核到位),指导县区搞好培训,完成了全市渔情调查工作,受到省渔情调查协调小组办公室充分肯定,并总结为“临沂模式”在全省范围内推广。

(李　晓)

蚕　桑　业

【蚕茧生产】　蚕茧总产量下降,质量稳中有升。全市桑园面积3733.33公顷,共放养蚕种89636张,收购蚕茧313.72万公斤,平均每公斤36.5元。由于受晚秋病毒害和大旱等不利因素影响,蚕茧产量比上年下降达20%以上。随着新品种新技术推广、产业化的推进和生产布局的优化,蚕茧质量明显提高。各地培育上茧率达90%以上、解舒率达65%以上、鲜茧出丝率达15%以上的优质蚕茧乡镇、专业村,为丝绸工业提供了优质原料。优化蚕桑产业布局。随着产业化经营的发展和推广,蚕茧生产向大县、重点乡镇和养蚕大户集中,出现了承包0.67公顷桑园以上的养蚕专业户,提高了蚕桑产业的规模化和集约化程度。临沂市桑园主要分布在莒南、沂水、临沭、郯城、沂南等县,其他县区有零星分布。其中莒南县是全国蚕茧生产基地县,产茧量多年保持全省第一名。沂水、临沭、郯城3个县区是全省蚕茧生产重点县。价格增长幅度大,增加蚕农收入。2009年秋茧开始后蚕茧价格一路上扬,2010年蚕茧价格一直保持在高位运行,晚秋茧最高达每公斤40元,同比增长30%以上。价格的增长调动了蚕农植桑养蚕的积极性,年内主产县均新建了新桑园。推广科技兴蚕战略。推广了三季蚕、小蚕联户育、桑树摘芯、截枝留芽、统一消毒、方格蔟的标准化使用、添加剂使用、省力化养蚕、大棚养蚕等新技术,提高了桑蚕生产中的科技含量以及鲜茧的各项质量指标,获得了较好的经济效益。

【抗灾救灾】　9月20日以后,兰山、费县、沂南、沂水、莒南、临港产业区等县区相继出现了秋蚕大面积中毒现象,中毒面积广、发病时间集中,很多养蚕户颗粒无收,蚕农损失巨大,秋季蚕茧生产受到毁灭性打击。经专家诊断确认,为个别县开展的飞机喷洒药物防治美国白蛾作业时,通过空气流通造成桑叶污染,导致蚕食用了被污染的桑叶后中毒死亡。中毒事件发生后,各级丝绸公司组织广大干部职工到田间农户指导奋力自救,通过对受灾蚕农无偿发放石灰水洗叶喂蚕,桑园喷洒石灰水、舔食阿托品等补救措施,减少损失,稳定了蚕农的情绪,受到了蚕农、村干部和市县乡各级领导的好评。

【蚕茧市场管理】　国家商务部、工商总局下发《关于做好2010年蚕茧生产与收购管理工作的通知》,要求做好2010年蚕茧生产与收购管理工作。按照山东省经济和信息化委员会、山东省工商行政管理局统一安排部署。全市各主产县均召开了蚕茧收购工作会议,安排部署鲜茧收购和市场管理工作。收购中,上级主管部门和地方政府领导到收购一线,检查督导收购。工商、公安、物价、技术监督、交通、财政等部门,分赴重点乡镇,按照《茧丝流通办法》和《山东省鲜茧收购经营资格认定实施细则》等法规,严厉打击非法收购,维护蚕茧市场秩序。全年蚕茧收购市场稳定,秩序良好,主产县鲜茧收购率均达90%以上。

(田开栋)

农业机械

【概况】　2010年,全市新增农机动力50万千瓦,总动力达863.6万千瓦;农用拖拉机新增1.8万台,总计38.9万台;各类配套农机具55万台(套);新增联合收获机1502台,累计达8056台;全市农业机械总值达47亿元,经营总收入40亿元,其中,农机作业收入36亿元。全市81%的农业劳动量由机械承担。

【农机作业】　“三夏”农业生产期间,全市小麦机械收获面积33.53万公顷。共组织6500余台联合收割机开展跨区作业,完成作业面积21.33万公顷。

引进3200余台联合收割机来临沂市作业,加快了麦收进度,确保丰收的小麦颗粒归仓。

"三秋"农业生产期间,全市继续将玉米机收、水稻机收、小麦机械化免耕播种、机械化秸秆粉碎还田作为重点,组织农业机械投入"三秋"作业,提高重点作物和关键环节的农机作业水平。全市共上阵各类农机具29万台(套),完成麦田机耕32.87万公顷,占种麦面积的98%;机播32.53万公顷,占种麦面积的97%。水稻机收面积4.01万公顷,占总面积的80.7%;机收玉米14万公顷,机收率达71%;玉米秸秆综合利用和禁烧工作取得新进展,全市机械还田面积达3.73万公顷。

"三夏"、"三秋"农业生产期间,农业机械发挥减轻农民劳动强度、改善农民生产条件的作用,促进农业增效、农民增收。强化管理与技术服务,科学调度,保障机械作业顺利。提前做好麦收前的各项准备,检修机具20万台套,培训机手1.2万人,发放跨区作业证3000余份。开通24小时值班服务热线电话,及时向机手及农户提供作业市场信息、政策咨询、作业质量纠纷处理等服务。麦收期间,开辟两条小麦机收跨区作业绿色通道,设立47处接机服务站,做好机手接待、作业安排等配套服务工作。全市成立220个服务队,510名技术服务人员跟机或电话听班服务,做好上阵机械的技术维修、配件和油料供应、故障排除等服务。与公安部门紧密联合,成立110社会联动服务队,为收割机顺利转移创造良好的交通环境。与工商、质监配合,查处了倒卖和销假不法行为,保障了人民群众的合法权益。加强与石油部门的配合,保障农机作业用油的供应。与新闻媒体联合,全方位、多角度、深层次的对麦收情况进行了及时报道,营造"三夏"良好的舆论氛围。

【农机购置补贴】 继续将玉米联合收获机、小麦免耕播种机等先进适用农业机械作为补贴重点,按照购机补贴资金使用管理办法和《实施方案》的要求,严格执行省里制定的购机补贴21条规定和"八不准、四严禁"要求,各级农机纪检部门参与了农机购置补贴工作全过程,保障了购机补贴工作的顺利开展,共落实国家补贴资金共8384万元,其中,省以上补贴资金8060万元,比上年增加2750万元;市级资金324万元,比上年增加24万元。补贴农机具3.3万台。受益农户2.2万户,完成购机总额2.9亿元,带动农民直接投入2.1亿元。全市各类机械快速增长,优化农机装备结构,其中新增玉米联合收割机1021台,保有量达2030台。

【农机科技推广】 推进农机新技术的推广应用,加快小麦秸秆切碎还田机械化建设。争取财政资金400万元,对全市性能较好的3993台联合收割机免费安装了秸秆切碎还田机,对5200余名机手进行了技术培训。全市26.67万余公顷小麦实施了秸秆切碎还田,秸秆还田率接近80%。市领导多次对小麦秸秆切碎还田技术的推广应用作出批示。市政府办公室先后于1月8日、4月28日下发了《关于推行小麦秸秆切碎还田技术的通知》和《关于麦收期间加强环境整治禁止秸秆焚烧推动小麦秸秆切碎还田工作的通知》。全市12个县区结合本地实际制定了《工作实施方案》,做好小麦秸秆切碎还田机推广工作。发挥新闻媒体的舆论导向作用,宣传秸秆还田技术的好处,真正让社会各界和农民群众知其理、懂其义、明其利,提高了使用这项技术的自觉性。6月8日,全省小麦机收开机暨临沂市小麦机收、秸秆还田、玉米直播启动仪式在临沭县举行,省、市领导对推广小麦秸秆切碎还田技术给予了高度评价。中央电视台、大众日报、山东电视台、新华网等20余家新闻媒体进行了报道。麦收期间,全市组织了以维修、调试、排除故障为主要任务的28个技术服务队,全天候跟踪服务,确保安装秸秆切碎还田装置的小麦联合收割机正常作业,不误农时。市农机局根据区域划分南北两片,成立由2位副局长分别任组长的2个督导工作组,到县区进行巡回督导。各县区政府统一协调公安、环保、城管、交通、公路、农业等部门,成立了52个检查组到乡村检查小麦秸秆切碎还田工作的落实情况。市、县两级纵横检查的全面覆盖,推进了小麦秸秆切碎还田技术的推广和秸秆的禁烧工作。小麦秸秆切碎还田技术的推广应用,解决了大量剩余秸秆的问题,为禁止秸秆的焚烧提供了技术支撑,对全市城乡环境综合整治工作起到了促进作用。

【农机合作服务组织】 全市农机合作服务组织发展迅速,农机化作业服务组织、农机化中介服务组织、农机专业合作社达2016家。市农业机械局争取省级90万元的专项资金,采取"以奖代补"的方式,扶持了16家农机专业合作社基础设施建设。投入20万元,培育、发展了3家农机专业合作社,作为农机专业合作社建设示范点。奖励农机专业合作社建设取突出成绩的县区23万元。培育发展了设施完备、功能齐全、特色明显、效益良好的专业合作社，推广成功经验，示范带动全市农机专业合作社发展。苍山县苍垦农机专业合作社把分散的20个农机大户联合起来，承包村土地533.33公顷，开展规模化经营、标准化服务，实现盈利200余万元，入社社员年纯收入达3万余元。以苍垦农机专业合作社为代表的全市农机合作社发展方向、思路、特点是:“连皮、连筋、连肉”(“连皮”就是把分散的农业机械集中起来，开展集约化经营，标准化生产;“连筋”就是作业期间，统一机具维修、统一作业价格、统一作业收费;。“连肉”就是合作社集中核算，利益共享，风险共担)3个方面。这种通过土地流转，实现规模化经营的运行模式，将是全市农机专业合作社发展的主要方向。注重规范化建设，严格按照“五有”规范化建设标准，在保证发展数量的基础上，提升运行质量。年底，全市农机专业合作社总数达456家，其中在工商部门注册的达291家。全市农机合作社入社成员近4000人，拥有配套农机具9000余台套，资产总额1.6亿元，服务范围覆盖农田作业、农产品加工、农机制造、农机销售、农机修理等项目。“三夏”农业生产期间，全市农机专业合作社完成小麦机收作业面积12.06万公顷，占小麦机收面积的36%。

【农机执法管理】 开展“平安农机”创建活动，做好农机安全生产，落实农机安全生产责任制，强化执法队伍岗前培训，推动农机安全“一十百千”示范创建活动的发展。全市创建省级示范县2个、示范乡51个、示范村186个、示范户8560个;组织开展了农机安全隐患排查治理年活动，整治违章行为6365起，检查违法机械5479台;严格农机年度检审，共核发号牌1.3万余副，检验拖拉机和联合收割机7.4万台，新办拖拉机驾驶证9454个。拖拉机和联合收割机挂牌率达80%以上，检验率、驾驶员持证率达90%以上;全市举办农机培训班135期，新、复训驾驶员3.7万余人，“阳光工程”技术培训6320人，完成县级农机化学校规范化建设情况的复查评估工作;开展了农机市场治理整顿活动。检查农机生产企业42家，维修经营网点1700余处，查扣假冒伪劣商品货值10余万元;规范农机修配市场秩序，创建星级文明农机维修网点429个，换发技术合格证1045个，对5100余名农机从业人员实施了鉴定;加大对投诉和鉴定工作的力度，对21家企业进行了通检、发证和验证，对8起案件进行了立案调查，挽回经济损失8万余元。

(李冰麒)

工　业

综　述

【概况】 2010年，全市规模以上工业企业达4154家，实现增加值1093.5亿元，同比增长16.4%；实现主营业务收入4919.9亿元，增长28.3%；利税409.9亿元，增长31.7%；利润280.8亿元，增长34.8%。主营业务收入过亿元企业达897户，其中过10亿元的53户，分别增加234户、11户。利税过千万元企业726户，其中过亿元企业39户，分别增加178户、10户。高新技术产业产值占规模以上工业比重达31.22%，比年初提高2.31个百分点。八大支柱产业完成增加值851.5亿元，增长16.9%，占规模以上工业比重为78%。机械、木业、冶金产业产值分别增长44.3%、34%、31.1%。

全省首座大型电动汽车充电站开工建设

【经济运行】 开展“加快工业发展年”活动，做好牵头组织工作，制定了活动实施方案，分阶段有重点的开展系列活动，并加强对县区活动开展情况的督促指导。强化经济运行监测分析，加强对主要经济指标及原材料、电力、价格变化情况的监测分析。加强电煤调度协调，强化电力需求的管理，做好运力供需衔接，抓好煤电油运保障工作。加强资金协调调度，开展银政企对接活动，引导各金融机构加强对企业的资金支持。发挥中小企业过桥贷款、风险补偿、绿色通道、担保中心、动产抵押、股权质押等方面的融资政策，多渠道解决企业资金问题。加强工业宣传，全年共印发活动简报80余期，在电视台、报纸等媒体作专题报导40余次，组织企业参加了制博会、食博会等市场开拓活动10余次。

【结构调整】 加快培植新兴产业，确定了新医药及生物、新能源及节能环保、新材料、新信息、高端装备制造“四新一高”五大战略性新兴产业，实施了山东临工中大型挖掘机、常林机械重大装备液压件、中文沂星电动客车、巨皇新能源光伏跟踪电站、浪潮集团LED照明等新兴产业项目。全市新兴产业产值达600余亿元，增长30%以上。推进淘汰落后产能，临沂市列入2010年度国家、省级淘汰计划的18个项目365.2万吨落后产能和列入2010年度市级淘汰计划的42个项目全部淘汰。

【技术改造】 确定全市百项重点技改项目，实施领导包扶责任制。向省工业调整振兴联席会议汇报重点技改项目，争取了62个项目列入省政府2010年工业转方式调结构1000个重点技术改造项目，获得省级专项资金支持。争取了6个项目列入中央重点产业振兴和技术改造专项资金支持计划，获得支持资金884万元。争取了143个工业技改项目列入了山东省2010年重点技术改造导向计划，享受全省信贷重点支持政策。争取了临沭县经济开发区的绿色复合肥产业示范基地和费县经济开发区的新医药产业示范基地列入山东省首批新型工业化产业示范基地。年内,全市工业技改投资完成422.1亿元,增长22.1%。实施投资过亿元技改项目243个,完成投资278亿元,增长89%。技改完工项目共1019个,其中过亿元完工项目59个。

【技术创新】 加强技术创新平台建设,全市新增省级技术中心6个,认定市级技术中心32家,国家级、省级、市级技术中心分别达4家、37家和122家。有152个项目列入山东省技术创新项目计划,其中有70个新产品、新技术通过省级鉴定。有2个项目列入全省创新能力建设项目计划,10个项目列入省新产品财政专项资金扶持项目,5个项目列入省工业设计优秀产品,2个项目列入省工业设计中心,共获得省支持资金700万元。有21个项目列入市重点技术中心建设项目和产业研发专项资金项目计划,获支持资金350万元。鲁南制药、鲁洲生物被评为全省产学研突出贡献奖企业。

【企业管理】 开展管理创新活动,组织20余家重点企业参加了全省精细化管理现场会和六西格玛管理现场会。年内,临矿集团等6家企业获得“山东省管理创新优秀企业”称号,获奖数居全省第一位。有32项企业管理创新成果获“第二十四届山东省企业管理现代化创新成果奖”,数量居全省第三位。加强企业培训,聘请郎咸平、韩宝江、冯军等经济专家来临沂做大型专题报告5次。举办各类培训班22个,培训经营管理人员4000余人次。加强企业实训基地建设,全市共建立了64家省级企业实训基地,金沂蒙等6家企业获得第二批“省级企业实训基地先进单位”称号。临沭、沂水2个县被评为山东省企校合作培养人才先进县。市教育局和经信委共同牵头组建了“临沂市现代制造业职业教育集团”。

【两化融合】 推进工业化和信息化融合,制定了促进“两化”融合的意见、加快软件产业发展的意见等政策文件,开展了“两化”融合示范企业认定活动,确认山东华盛中天机械集团有限公司等18家企业为第一批临沂市信息化示范企业。全市30%左右的规模以上工业企业使用电子商务手段进行交易,临沭复合肥产业集群电子商务平台上线应用,沂水食品产业集群、沂南电动车产业集群电子商务平台也即将开通运行。立晨物流投资1.7亿元成立了中国临沂商城电子交易中心。

(赵维龙)

2010年临沂市地理标志商标统计表

序号	商标	类别	核定使用商品	单位	时间
1	莒南板栗	31类	板栗	莒南县板栗产业发展中心	2010年10月21日
2	临沭柳编	31类	柳条制品、柳编强工艺品	临沭县柳编工艺品商会	2010年10月21日
3	沂南黄瓜	31类		沂南县孔明蔬菜标准化生产协会	2010年11月28日
4	蒙阴蜜桃	31类	桃	蒙阴县果业协会	2010年11月21日
5	塘崖贡米	31类	大米	临沂市罗庄区高都街道办事处农业综合服务中心	处在初审公告期
6	天宝山山楂	31类	山楂	平邑县地方镇水果种植协会	处在初审公告期

(马兴伟)

2010 年临沂市获中国驰名商标表

企业名称	所获称号	注册商标	备注
山东乐福记食品有限公司	中国驰名商标	乐福记及图	国家工商总局认定
山东红日阿康化工股份有限公司	中国驰名商标	艳阳天	国家工商总局认定
山东宏艺科技有限公司	中国驰名商标	宏艺及图	国家工商总局认定
山东鼎福食品有限公司	中国驰名商标	鼎福	国家工商总局认定
山东东岳建材机械有限公司	中国驰名商标	东岳 DONGYUE	国家工商总局认定
山东阜丰发酵有限公司	中国驰名商标	阜丰及图	国家工商总局认定
山东银凤股份有限公司	中国驰名商标	银凤 Silver phoenix 及图形	国家工商总局认定

2010 年临沂市获山东省著名商标表

企业名称	所获称号	注册商标	备注
临沂市友谊日化有限公司	山东省著名商标	圣枪及图	新认定
临沂市天马制衣有限公司	山东省著名商标	天马 TIANMA	新认定
临沂好姊妹时装有限公司	山东省著名商标	好姿魅及图	新认定
山东凯源木业有限公司	山东省著名商标	凯源 KAiyuan	新认定
山东圣威新能源有限公司	山东省著名商标	圣威及图	新认定
临沂蒙凌铸钢有限公司	山东省著名商标	蒙凌及图	新认定
临沂市联翔水表制造有限公司	山东省著名商标	联翔及图	新认定
临沂市三方食品有限公司	山东省著名商标	三方及图	新认定
山东力扬工贸有限公司	山东省著名商标	力扬及图	新认定
临沂伟业工具有限公司	山东省著名商标	玺及图	新认定
临沂宇华家纺有限公司	山东省著名商标	佳福来及图	新认定
临沂市韩宇东来木业有限公司	山东省著名商标	Hanyulai 及图	新认定
山东立晨物流股份有限公司	山东省著名商标	立晨及图	新认定
山东迈金农生态肥业有限公司	山东省著名商标	英宝及图	新认定
山东力士德机械有限公司	山东省著名商标	力士德及图	新认定
山东沂蒙老区酒业有限公司	山东省著名商标	贵人道	新认定
史丹利化肥股份有限公司	山东省著名商标	三安 SANAN	新认定
山东兴泉油脂有限公司	山东省著名商标	鲁泉及图	新认定
山东华纶化纤有限公司	山东省著名商标	中纶及图	新认定
山东省沂水县太阳鞋业有限责任公司	山东省著名商标	军鲁 JUNLU	新认定
山东银光化工集团有限公司	山东省著名商标	图　形	新认定

续表

企业名称	所获称号	注册商标	备注
临沂市清甜食品有限公司	山东省著名商标	蒙清及图	新认定
山东沂蒙人家有限公司	山东省著名商标	沂蒙人家及图	新认定
平邑县丰源有限责任公司	山东省著名商标	蒙山及图	新认定
山东玉泉食品有限公司	山东省著名商标	魁甜及图	新认定
山东英健特运动器材有限公司	山东省著名商标	英健特及图	新认定
蒙阴蒙山贺家食品有限公司	山东省著名商标	贺家及图	新认定
临沂顶顺饲料有限公司	山东省著名商标	顶顺及图	新认定
山东玉皇粮油食品有限公司	山东省著名商标	玉　皇	延展
山东吉祥装饰建材有限公司	山东省著名商标	中　名	延展
山东省费县沂蒙小调特色食品有限公司	山东省著名商标	沂蒙小调及图	延展
山东兰陵企业(集团)总公司	山东省著名商标	兰陵及图	延展
山东省舜天化工集团有限公司	山东省著名商标	舜天及图	延展
沂南县大庄烧鸡有限公司	山东省著名商标	大庄及图	延展
沂南县高来德烧鸡有限公司	山东省著名商标	高来德及图	延展
山东诸葛亮家酒业有限公司	山东省著名商标	诸葛亮家及图	延展
山东金湖水泥有限公司	山东省著名商标	金湖及图	延展
山东聚龙液压机械有限公司	山东省著名商标	孟良崮及图	延展
山东新银麦啤酒有限公司	山东省著名商标	银麦及图	延展
莒南县金胜粮油实业有限公司	山东省著名商标	金胜及图	延展
莒南县鸿润食品有限公司	山东省著名商标	绿润及图	延展
山东沂蒙山酒业有限公司	山东省著名商标	沂蒙山	延展

（高洪方）

煤 炭 工 业

【概况】 2010年,全市煤炭产量由“十五”末的45万吨提高到80万吨以上。“十一五”以来,累计生产原煤366万吨,实现工业总产值22亿元,实现利税9.8亿元,利润6.2亿元,全市煤矿实现了安全生产。市节能办被市政府授予“安全生产先进单位”称号。

【安全管理】 认真履行安全生产责任。通过开展“双基”创建和“标准化”建设,提高煤矿安全生产能力。加强安全生产责任制,年初与各级、各煤矿层层签订目标责任书,将安全责任落到实处。创新管理模式,全面推行数字化瓦斯远程监控,防止了重大瓦斯煤尘事故的发生。加强安全技改投入,各煤矿通过建立安全监控、无线通讯、人员定位和考勤、安全语音广播、泵房远程集控以及井下应急避险等六大系统,“十一五”期间累计技术改造投入达1.1亿元。强化煤矿井下现场管理,通过设立安全督察队伍，严格执行矿级领导干部8小时下井带班制度。开展了煤矿生产安全隐患的整改、矿井防治水和雨季“三防”工作，为实现全市煤矿安全生产提供了保障。全市8家煤矿有5家安全周期在10周年以上，其中宇光矿业实现了16周年连续安全生产。推进煤矿转型，非煤产业项目陆续投产运营，为实现企业可持续发展奠定了基础。

【煤炭经营监管】 加强煤炭经营监管，规范煤炭市场秩序，强化经济运行分析，通过对全市煤炭需求及流向的统计，及时掌握煤炭经营企业的购销经营量及能耗动态，加强经营监管、调整市场布局、做好经营市场预测和总量调控工作。年内，全市经营资格企业338家，“十一五”期间，累计购进原煤近7000万吨，为全市经济发展提供了可靠的能源保障。

【执法和监督检查】 建立日常监察和专项监察相结合的工作机制，组织开展煤炭行政执法活动。对工作进展、重要政策文件落实、煤炭安全指标完成情况等组织专项督查。加强关键环节执法，加大培训力度，提高执法水平，完善节煤炭违法案件投诉举报制度，使执法工作走向规范化、制度化。

（葛瑞松）

【临沂矿业集团有限责任公司】 临沂矿业集团公司遵循“激活力、惠员工、重责任”的工作原则，紧扣“二次创业”的主题，聚焦重点、创新突破，细化措施、狠抓落实，各项工作有序推进，企业继续保持了发展势头。全年煤炭产量完成819万吨，超计划46万吨，其中，精煤产量251万吨，同比增长19%；掘进进尺完成总进尺11.35万米，完成计划的107%；实现销售收入82亿元，完成计划的137%；实现利润总额17亿元，完成计划的177%；节能减排完成节能量3700吨，完成计划的137%；职工人均收入达5.86万元，同比提高46.5%。年内实现了安全生产。

提高安全保障能力。注重规范，强化责任，构建安全生产长效机制，对安全生产责任制度、安全评估制度、班组管理制度等90余项制度进行了规范。严格执行了领导干部下井带班制度，确保了安全管理责任的强化落实和安全压力的层级传递。注重检查，强化整改，消除现场不安全隐患，全年共组织各类安全大检查131次，查出安全隐患129条，整改率达100%。加强技术改造，强化装备，提高矿井安全保障能力，累计投入1.07亿元对矿井进行装备升级和技术改造，新上综合作业设备11套、语音广播系统8套、远程控制系统2套，淘汰落后设备179台件，对72项影响矿井安全生产的环节进行了改造，改善了作业环境。强化技能，提高职工操作水平，按岗位工种实行分批、分层次的全员脱产轮训，受训面达100%。参加了“兖矿杯”第三届全国煤炭行业职业技能大赛、“安康杯”竞赛，承办了临沂市第三届“劳动之星”技能大赛，获得6个第一名、11个第二名，6人获得市“劳动之星”称号。

优化生产秩序。调整生产组织，实现稳产增产，围绕全年产量目标，统筹考虑采场条件、设备状况和劳动组织等重点环节，完善生产辅助关系，提高了驾驭生产的能力。调整开拓布局，实现科学有序生产，以实现可持续发展为目标，突出抓了重点接续工程。调整施工工艺，实现集约高效生产，针对影响矿井生产的关键性难题，通过组织研究、借助“外脑”等形式进行了持续攻关，在田庄煤矿煤层薄、煤质硬的不利条件下试验成功了薄煤层综采工艺，实现了采煤机械化的重大突破。加强井田扩量，解放煤炭资源，对古城等4对矿井采取资源扩量措施，预计增加资源量1.7亿吨。

提高经济运行状况。实施“精煤”战略，加大精煤选洗力度，提高吨煤创效能力，累计生产精煤251万吨，增加效益1.3亿元。开展了“强化精细化管理、向区队和班组全面延伸”专题调研活动，重新修订和完善了全面预算管理考核办法，提高了预算管理的有效性和精细化管理水平。加强全面风险管理，调整和充实了内容涵盖5大类596个项目的风险信息库，提高了产业调整、资本运营等决策事项的风险防控能力。开拓外部市场业务，外购煤实现销售收入20亿元，利润1100万元。围绕降低筹资成本目标，拓宽融资渠道和方式，降低现金支付压力。坚持“高碳产业低碳发展”理念，重点实施了27项节能减排、环保设备的更新和新技术、新工艺的推广应用工程，组织召开了节能减排现场会议，完成了王楼煤矿矿井余热综合利用项目、古城煤矿电厂脱硫、邱集煤矿污水处理等重点工程。

推进项目建设。内蒙古矿区榆树井煤矿于7月1日顺利实现联合试运转，全年完成进尺8761.5米。完成矿建工程46项，安装工程41项，土建工程51项，认证47项。配套设施选煤厂一期、二期工程全部完成，铁路专用线11月上旬施工完成，具备了通车条件。新上海1号煤矿完成井巷工程进尺3500米,矿建主要完成了主井、副井、风井三大环形车场工程的大贯通,完成了主井箕斗硐室注浆加固及副井井筒加固工程。安装竣工了压风机房、35KV变电所、10KV变电所等工程。选煤厂所有单项工程全部开工。新上海2号矿在国土资源部进行了储量评审备案,煤电一体项目完成了可行性研究报告编制。内蒙矿区职工住宅区一、二期工程开工面积7.12万平方米,年底全部完成主体施工。苍山铁矿共完成掘进进尺9148米,主要进行了-60米、-130米、-340米、-430米等水平的施工,斜坡道工程完成1835米,溜破系统工程完成进尺595米,采切工程完成570米,东出风井、探矿工程分别完成进尺20米、150米。土建工程主要完成了主井井塔主体工程等工作任务。安装工程主要完成了-430米井下中央变电所、中央泵房设备、副井永久提升等系统的安装。手续办理获得突破性进展,10月底国家发改委核准了会宝岭铁矿采选项目,获得了正式立项。组织了"提高铁矿硬岩掘进效率"课题研究与技术攻关,西风井-340米中段工程月均进尺150米,独头掘进最高进尺达180米,创出了新纪录。加快3万吨池窑拉丝生产线建设,完成了联合车间池窑拉丝工房、制品工房以及窑炉、拉丝车间等工程建设。推进鲁北配煤项目坚持基础建设与业务同步开展,完成了项目选址、铁路专用线方案设计、项目环评基础工作,该项目已列为2011年度齐河县1号工程。全年共购销煤炭102万吨,实现销售收入8.4亿元、利润530万元。房产开发项目杏坛小区一期工程顺利交房,二期工程完成各项竣工验收。4月份古城小区四期多层住宅楼和田庄10号楼工程项目顺利交房。形成了集团公司棚户区改造工程初步方案,报罗庄区土地管理部门进行审批。

发展非煤产业。煤机集团加大了生产组织过程的宏观管理和协调力度,对重点合同和用户急需的产品重点监控,完成情况同分管领导及部室负责人收入挂钩,激发了工作潜能,全年累计实现销售收入5.7亿元。玻纤公司加大预算管理力度,强化了对生产过程和工艺的控制,玻纤产品单位成本每吨同比下降760元,度电和吨汽单位能耗同比均有所下降。煤机集团集中精力抓订单、抓销售、抓回款,全年实现订货额7亿元,同比增长16%;回收货款5.4亿元,同比增长22.7%。有2台立式压滤机出口刚果,实现了该产品出口零的突破。玻纤公司实行业务员分段提成制度,加大了产品结构力度,成品纱价格每吨同比上涨626元。沂水电厂利用余热供暖,新增供暖面积12万平方米,增效252万元。煤机集团共完成新产品开发、系列化改进、特殊设计52余项,申请专利13项,发明专利1项。玻纤公司成立了技术研发中心,市级研发中心申报获得批复,加大了产品研发力度,提高了产品科技含量。煤机集团与国内外两家企业达成了合作意向,共同致力于单轨吊及立体车库、粉煤灰及煤矸石综合利用,发挥双方的技术、管理、资金和市场的互补优势。

(王学兵)

电力工业

【概况】 2010年,全市社会用电量234.4亿千瓦时,同比增长10.67%;全市各电厂装机容量331.18万千瓦,完成发电量163.03亿千瓦时。临沂供电公司直属35千伏及以上变电站72座,主变容量937万千伏安,输电线路2306千米。9个县供电企业35千伏及以上变电站200座,主变容量535.9万千伏安,10千伏及以上输配电线路19798千米。

【电网建设】 实施10亿元追加项目,"十一五"期间累计投资41.4亿元用于各级电网建设,4年电网建设实现"双过百"。年内,投产220千伏天马新建、110千伏八湖扩建等12项大中型输变电工程,首次实现3座220千伏变电站当年开工、当年投产。与罗庄区进行2011年电网建设项目对接,形成了与县区政府合作建设电网的机制。投资3亿元建设改造直供配网417公里,在全网负荷13次创历史新高的情况下,直属10千伏及以上设备无过负荷现象。加快直供线损超10%、趸售超12%低压台区整治,新增轮换配变540台、1.5万千伏安。全市新增新农村电气化县1个,农网科技进步县1个。

【安全生产】 以确保不发生大面积停电事故、不发生人身死亡和恶性误操作事故、不发生重特大设备事故为重点,开展隐患排查整治,实施状态检修,经受住了负荷连创新高、基建集中投产的考验,确保了各级电网的安全可靠供电。落实电网稳控措施,风电、电铁实现平稳接入,宝沈、沈临线路改造等时期的电网运行稳定。开展电缆沟隧等专项核查、消防安全检查和业扩报装等低压作业领域违章排查。推广作业风险控制卡,形成了"两票一书一卡"的现场立体式风险防控体系。完成了市、县应急指挥中心建设。与各县供电企业签订输电线路属地防护合同,过境线路均未发生外力破坏事件。规范重大政治活动保电工作,完成了 F1 摩托艇世锦赛等保电任务。年内,公司获"全省安全生产先进单位"称号,连续 5 年被评为全市安全生产先进单位。

【优质服务】 按照临沂市确定的大项目实施上电计划,鑫海科技二期等 12 家新增大客户实现项目落地电力先通。有 8 家自备电厂按照公用模式上省网销售,售电量市场占有率同比提高 8.93 个百分点。提升营销服务现代化水平。推广银行代扣业务,居民客户非现金交费比例提升至 97.2%。推进计量装置 4 项改造,更换智能电表 21 万只,在全省率先完成 1 户 1 表和低压集抄改造年度目标。建立行风指数测评体系,开展"三指定"自查整改,规范停电公告的格式流程,公司获"山东省用户满意服务单位"称号,公司及各县区供电部门连续 10 年在地方行评中获免评资格或第一名。

【经营管理】 按照人、财、物集约化管理的统一要求,ERP 系统实现单轨运行,人、财、物等核心资源纳入山东电力集团公司和国家电网公司管控。坚持以信息化带动集约化,PMS 二期、应急管理、协同办公以及覆盖直供和趸售 450 万用户的营销业务系统建成投运,组织机构、管理流程实现同步调整。制定废旧物资"六同时"管控机制,从源头上遏制"小金库"等经营违章行为。加强科技创新和对标管理,有 5 项成果获得国家科技专利授权,公司获"山东电力集团公司综合管理标杆单位"称号。成立临港供电部,实现了行政区划和供电区划的统一。成立电力实业公司,搭建了集体资产收购和运作平台。有 8 个代管县供电企业资产无偿划转协议通过国资委审批,成为山东电力集团公司全资子公司。

【新能源发展】 加快坚强智能电网建设。促成山东电力集团公司在全省率先与市政府开展充电设施建设合作,投运全省首座、全国规模最大的焦庄电动汽车充电站。建成包括 4 座充电站、70 座充电桩在内的全国最大的充电网络,累计为电动汽车提供充换电服务 1115 辆次,充电 10.8 万千瓦时,为电动汽车投入商业化运营奠定了基础,电动汽车充电站建设运营的"临沂样本"成为全省低碳经济和绿色交通的亮点。服务新能源发电项目,沂安中广、平邑光伏发电项目成功并网。4 项电铁改造工程按期竣工,为新荷兖日电气化铁路全线贯通提供了坚强保障。

【精神文明建设】 开展"品牌传播年"活动,通过国网司徽佩戴、手机彩铃等,推进统一企业文化。通过"媒体看电网"等活动,在保电、节能、减排等方面保持正面引导。关注青年成长,成立全省电力系统首家青年联合会。以"劳动之星"技能竞赛为主线,提升培训普及技能,表彰了 10 个专业 42 名职工,彭静获"全国劳动模范"称号。公司颁发"龙门奖"、"金秋助学"等公益奖金 40 余万元,被评为全市希望工程 20 年杰出贡献单位。公司思想政治工作案例——"小郑热线"入选中宣部《群众思想政治工作案例》。

(王文辉　孙国栋)

机械电子工业

山东临工装载机生产流水线

【概况】 2010 年,机械行业共完成工业总产值 559.9 亿元,同比增长 44%,;完成销售收入 545 亿元,增长 46.9%;实现利税 48.1 亿元;实现利润总额 36.1 亿元;产品销售率 98.8%;完成出口交货值 23.3 亿元。山东临工工程机械有限公司、山东常林机械集团股份有限公司、山东华星工程机械有限公司、山东华星工程机械有限公司、山重建机有限公司、山东常林农业装备股份有限公司、山东华盛中天机械集团有限公司等企业年产值过10亿元。其中，山东临工工程生产装载机3.13万台，山东常林机械集团股份有限公司生产精密铸件6万吨、挖掘机2000台、手扶拖拉机30万台、柴油机30万台，山重建机有限公司生产液压挖掘机4200台，山东华盛中天机械集团有限公司生产汽油机77万台，园林机械81万台。

【项目建设】 年内，共实施技术改造项目121项，共完成投资额97.6亿元。重点项目有：临沭县山东常林机械集团股份有限公司年产60万套重大装备液压件项目、山重建机有限公司年产1万台中小型液压挖掘机、山东临工工程机械有限公司新一代装载机传动系统、临沂恒跃齿轮有限公司年产600万件硬齿高精齿轮制造基地工程项目、临沂艾克伦斯精密机械制造有限公司精密机械制造、临沂金利液压科技有限公司年产20万支液压油缸项目、莒南县义信重机有限公司KC5216－A～KC52200－A型数控立车项目、山东碧海机械有限公司无菌复合包装纸生产线、山东平杰精密铸造有限公司精密铸造及机械加工项目、郯城县李庄镇园林机械加工厂机械加工项目、临沭县山东金富菱重工机械有限公司年产1000台挖掘机及2000台装载机项目、山东沂星电动汽车有限公司电动城市客车、山东佑邦机械制造项目、山东临工工程机械有限公司年产6万台套新型变速箱和驱动桥项目、临沂中矿金鼎设备制造有限公司年产30万根新型单件液压支柱项目、兰山区临沂三禾永佳动力有限公司喷粉机及喷雾机项目、万国弘橡胶轮胎车轮胎生产项目、临沭县山东常林农业装备股份有限公司每年10万台ZH195A节能型柴油机项目、临沂开元轴承有限公司抗旱衰轴承研发、新泰矿山机械项目土建设备购置、新泰煤矿机械设备生产加工项目新泰煤矿机械设备生产加工项目、山东华盛中天工程机械有限公司汽油机扩产、临沂临工德鑫机械有限公司工程机械配件生产项目、临沂力奥机械有限公司小型建筑机械生产项目、临通专用汽车生产加工汽车生产加工项目、临沂中矿金鼎设备制造有限公司年产1.6万吨大型精密模铸件生产项目、山东临工工程机械有限公司年产5000台中挖项目（扩大中小型挖掘机项目）、临沂盖氏机械有限公司汽车盘式及鼓式刹车片项目、蒙阴县拖车厂有限公司专用汽车项目、蒙阴县俊源汽贸有限责任公司年产500辆拖车项目、蒙阴正和机械铸造有限公司机械铸造项目、临沂博胜机械有限公司博胜园林植保机械项目、兰山区山东众友工程机械有限公司履带式全压挖掘机提升制造能力和产品技术水平改造项目、沂南县三和汽车配件有限公司汽车配件、山东北方物流有限公司重型牵引车挂车及集装箱生产项目、新泰建筑机械制造项目土建设备购置、临沂市东诚包装制品有限公司汽车装具项目、临沂照华动力机械有限公司二期小型汽油缸体项目、临沂金正机械有限公司工程机械配件生产项目、临沭县山东力士德机械有限公司年产1000台挖掘机项目、临沭县山东力士德机械有限公司大型液压挖掘机及关键零部件技术改造项目、临沭县山东常林机械集团股份有限公司增氧助燃式燃气灶、兰山区临沂攀登电子科技有限公司电路旋转连接器的研发与装备、山东东岳建材机械有限公司制砖机扩产、山东金凯电力金具有限公司年产2万吨电磁钢帽、苍山工程机械配件厂海洋结构件制造项目、蒙阴蒙山锻造有限公司机械配件及车床加工项目、山东航宇汽车配件公司汽车无内胎钢圈生产项目、兰山山东华星工程机械有限公司三期项目、山东华盛农业药械股份有限公司燃气内燃机项目、临沂泰达机械有限公司农业机械、莒南县梁山飞龙挂车制造有限公司挂车加工制造生产线、莒南县凯迪捷专用车制造公司挂车制造生产线、上海铸造项目、济南液压元件及气动元件生产项目、山东高升建筑机械有限公司塔式起动机及施工电梯生产项目、临沂诚泰工贸有限公司电控VE泵项目、临沂三力新型材料有限公司扩建镁合金材料生产线、山东郯工液压件厂液压配件、山东郯工液压件厂液压配件、兰山山东中磁动力机械有限公司园林机械配件项目、山东三正机床有限公司新上加工数控车床生产线项目、临沂天信鼎钢结构有限公司天信钢架结构生产项目、苍山德隆机械有限公司矿友扒装机生产项目、豪王卫浴有限公司临沂钜鼎铸铁搪瓷浴缸生产项目、费县青松机械铸造有限公司新建钢铁铸件生产线、临沂宇通机械化工有限公司新建化工机械生产线、费县汪沟忠材铝业有限公司新建铝材加工生产线、梁山汽车挂生产车项目梁山汽车挂生产车项目、蒙阴常滢机械有限公司生产线改造、蒙阴远通车辆机械有限公司生产线改造、蒙阴银进装饰工程公司扩建、博士乐电子液压有限公司液压配件及车辆电控、临沂罗塔特汽车齿轮有限公司双中间轴后置变速箱开发研制、华龙铸业项目消失模铸造项目、临沭县临沂上业阀门制造有限公司年产40万件阀门制造项目、临沭县圣隆机械有限公司年产制管设备4套项目、临沂蒙山工程机械有限公司扩建、蒙阴森工机械有限公司新建费县和平土龙铸造厂铸造生产线改造、山东旭洋机械集团股份有限公司不锈钢加工项目、临沭县山东卡特重工有限公司掘进机生产线技术改造项目、莒南县鲁钰铸造有限公司二期扩建、临沂天华机械制造有限公司造纸机械配件及制浆机械设备生产、汇仁置业新建搅拌站项目、莒南县良鑫铸业有限公司齿轮毛坯精深加工项目、莒南县百特机械公司机械加工生产线、费县鑫运机械厂二期工程扩建机械设备生产线、艾沃五金工具项目、开元钢带项目钢带、山东鲁南轴承有限责任公司汽车变速箱新式精密轴承生产线改造、沂水力达农机制造厂油顶生产项目、临沭县钰丰机械有限公司年产3000台套农机及配件项目、苍山西德机械有限公司全自动剥蒜机生产项目、兰山临沂市金立机械有限公司金立机械二期项目、临沂亚新机械有限公司农业机械项目、沂水昊鑫机械配件有限公司新上环保及节能资源循环利用配套设备、莒南县三皇山机械有限公司机械设备加工制造生产线、莒南县树华农机有限公司机械加工生产线、临沭县东泰机械有限公司年产1.5万台装载机项目、临沭县东方红锅炉制造有限公司年产1800台环保锅炉项目、临沭县山东恒友机械制造有限公司年产50套化工设备生产线、蒙阴精诚玛钢有限公司扩建、临沂华旗瓷业有限公司锅炉一段式改两段式、临沭县临沂市金动机械有限公司年产柴油机4000台项目、费县瑞昊机械有限公司木工机械设备生产线改造、金博栅栏制造公司栅栏生产二期、临沂华源经贸有限公司农机具加工生产线改造、蒙阴浩盛锻造有限公司技改、顺发机械有限公司机械加工项目、临沭县迪奥工具制造有限公司五金工具加工项目、莒南县玉伟铸造公司铸件加工生产线、临沭县山东卡特重工有限公司挖掘机生产线技术改造项目、临沂金昌铝型材厂铝型材生产、沂南县鲁信机械机械配件有限公司机械配件生产。

黄金建材工业

【概况】 全市规模以上黄金建材工业实现工业总产值392.7亿元，增长21.5%，比2005年增长347.4%；实现产品销售收入391.4亿元，增长26.5%，比2005年增长369.6%；完成利税44.3亿元，其中利润25.5亿元，分别增长41.3%、21.1%，比2005年分别增长339.9%、322.2%。

【行业管理指导和服务工作】 主管部门结合年度考评，年初对上年度生产经营情况及经济指标完成情况进行分析，在认真总结经验的基础上，对下一年的生产经营计划及工作做出安排，明确年度行业管理重点和工作措施。加强行业管理和服务，定期到县区基层矿山进行调研，了解市场信息，为企业生产经营提供技术咨询。在职能不断弱化、行业调度越来越难的情况下，主动与省市有关部门联系，并通过各种渠道，及时了解和掌握行业信息及指标完成情况，定期进行汇总分析，及时反馈给基层，为矿山企业提供信息服务，为领导决策当好参谋。

【安全生产工作】 加强安全生产工作。全市部分非煤矿山属于黄金建材行业，配合上级安监部门对非煤矿山定期或不定期进行检查。全行业坚持“安全第一，预防为主，综合治理”的方针，提高职工安全意识和素质，推动企业落实安全生产责任，防范了各类安全事故。自2006年以来，全市黄金建材系统未发生任何重大安全事故，多次被评为全市安全生产先进单位。

【招商引资工作】 “十一五”期间，山东黄金集团成功控股平邑归来庄金矿，为山东黄金集团加大对市内黄金工业投入打下基础。山东沂州集团费县水泥基地、山水集团沂水水泥有限公司、中国联合水泥集团江元水泥有限公司和平邑中联水泥项目、归来庄大型地质公园、全省惟一一家钻石矿山公园——山东沂蒙钻石国家矿山公园相继建成投产或开园。全国板材基地、石材城申报成功。年内，由山东省黄金集团与平邑金信集团公司合资建设的平邑金信新型建材公司开发出的高强石膏粉，山东宏艺科技开发公司开发的复合添加剂等产品，成为省、市技术创新产品，并获省、市级节能奖。通过走出去、请进来的方法，多次与客商进行接触洽谈，扩大了临沂的知名度和临沂黄金建材的知晓率。临沂石材、石膏、墙体材料、人造板、金刚石等成为全省乃至全国的知名产品。在全市黄金建材行业，形成了黄金、水泥、石膏、石材,新型墙体材料五大产业体系和1个商贸中心。

【机关作风建设】 开展“加快工业发展年”活动和“创先争优”、“文明机关”、事业单位“五个好”领导班子创建活动,各项创建活动互相促进、互相提高。根据市纪委、市监察局的要求,签定了《领导干部廉政档案登记表》。“七·一”前后,组织机关和直属单位党员干部到孟良崮、省政府旧址、革命烈士纪念馆等地接受传统教育。针对系统内困难企业多,下岗职工多的情况,定期对特困职工走访慰问,解决他们的生活低保和子女上学问题,妥善解决涉军人员生活救助问题。

(刘 俭)

化学工业

【概况】 2010年,全行业规模以上企业228户,全年共完成工业总产值409.2亿元,工业增加值94.9亿元,实现主营业务收入421.5亿元,利税合计28.1亿元,利润22.8亿元,同比分别增长20.7%、12.6%、18.1%、47.7%和60%。出口交货值3.8亿元,增长124.8%。效益增长速度高于生产增长速度,化工行业“转方式、调结构”取得成效。年内,化工协会被评为临沂市迎淮工作先进单位,有1人被市政府记三等功,1人被评为山东省石油化学工业先进个人。

【节能减排】 配合市经信委等部门推进节能减排和淘汰落后产能工作,制定了节能减排目标任务,量化到企业,量化到生产管理中。年内,淘汰落后产能5万吨,“十一五”以来,累计淘汰落后产能16.68万吨。

【安全环保】 引导全行业开展清洁生产活动。化工协会作为市政府第五督导组具体负责督导苍山县企业环境风险评估和隐患排查整治工作。在工作中,认真排查,严格评估,确保了苍山县迎淮工作圆满完成,为临沂市迎接全国淮河流域水污染治理、创建国家环保模范城和“十一五”期间节能减排考核工作做出了贡献。全行业安全环保责任目标全面完成。

【企业管理】 加强行业内部管理。史丹利化肥股份有限公司、金沂蒙集团有限公司获临沂市2010年度市长质量奖,山东阳煤恒通化工股份有限公司获得提名奖。9月8日,山东金正大生态工程股份有限公司在深圳证券交易所正式挂牌上市,募集资金15亿元。这是国内缓控释肥上市第一家,也是临沂市化工行业第一家国内公开上市企业。

(李靖环)

轻 工 业

【概况】 2010年,临沂市轻工业系统内规模以上企业1779户。规模以上轻工企业实现工业总产值1914亿元,同比增长24%;实现销售收入1943亿元、增长28%;实现工业增加值446亿元,增长15%;实现利税160亿元,增长26% ;实现利润108亿元、增长24%;实现出口交货值137亿元,增长22%。

【展销活动】 组织相关企业参加省市组织的各类市场营销大会和市场营销高峰论坛等活动,引导企业抢抓机遇,力争占足市内市场,更多地占有市外市场,提高了临沂市轻工产品的知名度和市场占有份额。年内,在“山东省第二届工艺美术精品暨家居博览会”上,代表临沂市参展的25个工艺美术厂的产品,获大会金奖4个、银奖7个、优秀奖2个和特别奖1个,得到了各级领导和社会各界的一致好评,展示了临沂市工艺美术产业大市的风采。

【产业集群】 为发展和壮大产业集群,省、市相继制定了优惠政策,为产业集群的发展和壮大提供了保障。依据产业的区位、资源、技术市场和传统优势,协助地方政府发展和壮大特色产业集群,提高特色产业集群的社会知名度。6月,沂南县电动车产业集群被山东省轻工业协会授予“山东省轻工业特色产业集群建设先进单位”称号。

【企业形象】 组织全市轻工企业参与首届“山东省

轻工业诚信经营企业”创建活动,通过企业自愿申请和有关部门层层考核,临沂市山东兰陵美酒股份有限公司、山东景耀玻璃集团有限公司和“澳柯玛”(沂南)新能源电动车有限公司被山东省轻工业协会授予“山东省轻工业诚信经营企业”称号。

【惠民政策】 做好直属单位的管理和服务工作,采取“一企一策”的办法,掌握各企业的动态,提前解决潜在的问题。对符合底保条件的困难家庭做到应保尽保;对涉军人员的政策按时落实到位;向工会和劳动保障部门反映特困职工的家庭情况,争取给予救济,促进企业的和谐稳定。

(陈殿沛)

纺织工业

【概况】 全市现有规模以上纺织服装企业 291 家,其中服装生产加工企业 96 家,从业职工近 13 万人,有棉纺、印染、毛纺、麻纺织、针织、服装、家纺、化纤等 8 个行业和 4 个产业集群。其中,郯城县获“中国男装加工名城”称号,蒙阴被命名为“山东省纺织产业基地县”,平邑仲村被命名为“中国劳保手套加工名镇”。全市全年产棉纱 12.5 万吨,棉布 2.8 亿米,各类服装 5700 万件(套),家纺制品 750 万件(套),针织内衣 7000 万件,手套 16 亿副,印染能力 2.2 亿米。

【生产经营】 全年全市规模以上纺织服装企业完成销售收入 223.9 亿元,同比增长 19.1%;完成工业增加值 54.3 亿元,其中纺织 34.5 亿元,服装 19.8 亿元,分别增长 3.2% 和 31.1%;实现利税 16.8 亿元,其中利润 11.2 亿元,分别增长 19.5% 和 16.2%;完成技改投资 16.89 亿元,增长 83.79%;完成出口交货值 26 亿元,增加 127%。加强安全生产管理,开展各项安全生产检查、措施及隐患整改工作,保持了全市纺织工业安全生产的稳定形势,被省纺织工业协会评为安全生产先进单位。

【节能减排】 随着“两型”社会建设的逐步深入,纺织服装企业提高了对环境保护的认识,加大环保节能项目投资力度,部分企业在环保和节能项目上投入巨资进行改造。山东新光实业集团废水处理项目投资 7421 万元,年处理废水 455 万立方,能源系统节能改造项目总投资 7192 万元,年节能 2.25 万吨标准煤,年综合效益 1401 万元。

【技术改造】 全年全市纺织工业技术改造开工项目 71 个,计划总投资 27.12 亿元。年内完成投资 16.89 亿元,其中贷款 2.77 亿元,资本金 14.12 亿元,同比增长 83.79%。开工项目中,过亿元项目 9 个,过 5000 万元项目 11 个,过 3000 万元项目 9 个。大项目建设对提高规模效益,带动相关产业、增加就业有至关重要的作用。新开工服装项目 16 个,占项目总个数的 22.5%。其中国人西服有限公司投资 4000 万元,新增高档西服生产能力 1 万套。临沂晶鑫纺织印染有限公司投资 5000 万元,生产无纺布 8000 吨,年增加产值 3 亿元,填补了临沂市无纺布产品空白。山东新光实业集团从建厂开始就注重高起点、高质量、快发展。每年都有投入,每年都有项目,并以纺织为基础发展了光电、生物医药等科技项目,主要产品棉纱、毛毯、针织、牛仔服装、激光晶体材料、保健品等,远销国内外。全年进行了 5 个技术改造项目,计划总投资 4.93 亿元,完成投资 3.35 亿元,企业后劲、产品开发、节能环保、经济效益都有质和量的飞跃。

【产业集群建设】 平邑县仲村镇手套加工产业规模不断壮大。有手套加工户 500 余家,手套织机 1.6 万台,年产手套 18 亿副,年可实现销售收入 12 亿元,利税 1.5 亿元,从业人员 2.1 万人,形成了以仲村镇为中心,辐射 32 个行政村,38 平方公里的手套产业集群,这是继临沂市郯城“中国男装加工名城”之后,又一个国家级纺织产业基地。为扩大产业集群知名度,9 月下旬组织参加了中国(山东)服装家纺国际博览会。郯城县服装产业发展办公室、沂水县纺织服装产业提升办公室、山东新光实业集团有限公司、山东恒泰纺织有限公司、沂水华琪服装有限公司、慧阳制衣有限公司、银翔丝绸有限公司、郯城江镇丝绸有限公司、立泰时装有限公司、祯美服饰有限公司、玉明运动服有限公司、尚帅服饰有限公司 12 家服装、家纺企业和单位到会进行了产品展示和洽谈宣传,宣传了临沂市服装家纺及郯城“中国男装加工名城”的区域优势,展示了临沂市服装家纺产业的发展潜力，并为临沂服装家纺企业与各地知名服装企业对接搭建了平台，达到了预期的参展目的。

（初景山）

节约能源工作

【概况】 2010年，市节能办坚持节约资源基本国策，强化措施、狠抓落实，推进节能和煤炭工作，节能指标下降、煤矿生产安全好转，为“十二五”规划实施奠定了基础。市节能办被省政府节能办表彰为节能工作先进单位、循环经济先进单位和资源综合利用认定管理工作先进单位；被省煤炭工业局和市政府表彰为安全生产管理先进单位；被省煤炭工业局表彰为煤炭系统统计先进单位。

【工作机制】 完善工作机制。市委、市政府成立了建设节约型社会、发展循环经济、节能工作协调推进工作组等领导小组，成立了节能减排和淘汰落后工作指挥部，在全省率先成立了正处级节能工作办公室，理顺了执法机构，加强了执法队伍建设。至年底，全市有10个县区成立了节能工作办公室。制定下发了《节能减排综合性工作实施方案》、《节能降耗预警调控意见》等政策措施，建立了组织和政策保障体系。市节能办定期不定期召开党组、行政办公会研究有关情况，建立了定期召开季度调度会议、实行季度通报和年终考核的工作机制，每年年初下达节能目标任务，并层层签订目标责任书。年内，各县区政府向市政府签订了节能目标责任承诺书，确保各项措施落到实处。

【管理节能】 加强节能管理。加大执法问责力度，通过开展节能专项督查，联合有关部门开展对各县区政府和重点用能企业的考核，严格兑现奖惩，对年度节能先进单位、企业和节能成果进行表彰奖励，对未完成年度节能目标的企业进行强制性清洁生产审核。突出重点用能企业节能，引导全社会节能，特别是自二季度临沂市实施节能预警调控以来，坚持有保有压的原则，限电工作得到省政府和上级有关部门的充分肯定，年减少用能62.1万吨标准煤。开展能效对标活动，对14家超标准能耗的企业下达限期整改通知书。推进节能信息平台建设，年综合能耗5000吨标准煤以上重点用能企业全部实现了能耗信息网上直报。推广合同能源管理，与上海中际公司签订了合作框架协议，对全市20余家企业进行了能源管理定位诊断，签订合作意向项目4个，与临沭热电公司总投资4.1亿元合作项目奠基，可替代锅炉20余台，实现节能量30余万吨。

【结构节能】 推进结构节能。强化源头控制，严格控制新上“两高一资”项目，累计对19个项目进行节能评估和审查，否决高耗能项目10余个，减少用能增量100余万吨标准煤，引进和新上效益好、耗能低、污染小的重点项目136个。淘汰落后产能，“十一五”以来，全市累计淘汰落后产能生产线578条，年减少能耗148万吨标准煤；累计关停小火电18.33万千瓦，提前1年超额完成省下达的淘汰任务。组织实施国家“十大节能工程”、省政府3个“节能100项”及重大节能技术产业化项目，开展了浪潮LED照明生产项目、久泰化工二甲醚、临工集团智能装载机等节能项目。加大节能减排技改投资力度，累计申报国家节能奖励项目24个，下达补贴资金近2亿元，省太阳能集热系统财政补贴项目31个，推广使用节能灯74万只，培育高效照明推广示范村60个，年可实现节能量70余万吨标准煤。发展新兴产业和服务业，全年全市三次产业增加值占比为11∶50.3∶38.7，第三产业所占比重同比提高1.3个百分点。

【循环经济】 发展循环经济。通过实施5个县区、7个园区和50家企业的循环经济“575”试点工程，逐步形成了以企业为链接点、以产业为带动线和以区域为协调面的“点、线、面”发展模式，走在了全省前列。临沂市被山东省确定为“循环经济试点市”、“再生资源回收利用试点市”、“两型社会试点城市”。沂水、临沭两个县被评为省级循环经济示范县，培育国家级循环经济试点园区1处，省级循环经济试点园区2处，省级循环经济试点企业22家，省级循环经济示范企业8家，4家企业46台（套）设备被确认为环境保护设备。累计审核验收清洁生产企业22家，年可节约标准煤10万吨。认定资源综合利用企业34家，年可实现销售收入8.76亿元，利税8449万元，综合利用固体废物300余万吨，推动了循环经济工作开展。临沭县贯穿企业、园区和社会3个层面的循环经济发展模式,带动了区域循环经济的发展。

【执法和宣传】 强化执法和宣传。完成了全市百户重点用能企业的能源审计,累计认定热电联产机组33个,检验煤油、气样4200余个,开展各类专项监察100余次,涉及用能企业200余户,对20余户企业实行了惩罚性电价,推动了节能工作开展。对97家政府机关、事业单位、社会团体等公共机构以及公共建筑进行了节电管理情况专项检查,推动了公共机构节能工作。以节能宣传周为契机,开展"节能·低碳家庭社区在行动"和能源短缺体验日活动,组织市直有关部门和企业开展集中宣传日活动,累计发放宣传材料2万余份。编发《临沂节能》9期、《节能简报》76期、《指挥部简报》20期。市节能办连年被评为山东节能减排新技术新产品展洽会优秀组织奖,10余家企业被评为优秀展览奖。

(葛瑞松)

民营经济

【概况】 2010年,全市规模以上中小企业达4129家,同比增加520家;完成增加值947亿元、实现主营业务收入3681亿元、利税306亿元、利润205亿元、实交税金78亿元,分别增长16.23%、27.49%、30.23%、30.34%、26.05%。中小企业户数、增加值、主营业务收入、利润总额、利税总额、实交税金总额分别占全市规模以上工业的99.39%、73.73%、74.82%、72.95%、74.63%、66.67%。出口交货值163.4亿元,增长17.57%。

全市个体私营经济户数达25.2万户,其中,私营企业2.9万户,个体工商户22.3万户,个体私营经济人数99.8万人。注册资金759亿元,增长25.41%。个体私营经济实缴税金31.5亿元,增长49.48%。

【优化发展环境】 年内,市中小企业办成立了临沂市中小企业维权协会,协会是全省第一家专门为中小企业提供法律服务的组织,协会的成立,对于帮助和引导中小企业运用法律手段维护自身合法权益,优化中小企业发展环境将起到促进作用。召开民营经济表彰大会,表彰了12家功勋企业、100家百强企业、21个服务中小企业先进单位。召开全市中小企业工作会议,表彰了全市中小企业系统先进集体和先进个人,给第一批市级公共服务平台和小企业创业基地授牌。联合临沂电视台开辟了"临沂中小企业专栏",宣传政策,报道典型,共筛选60家中小企业,对其"转方式、调结构"进行报道,解析发展模式,展现"抓大扶小"成就,每周在临沂电视台3个频道反复播放,共制作28期节目。与临沂电视台联合举办了"以小搏大,伴你同行"临沂中小企业专场晚会。组织了加快工业发展年调研活动,《临沂日报》头版以中小企业的"工业路径"为题报道了市中小企业办开展的工作,提升了临沂市中小企业系统形象。

【推动产业集群发展】 提出"抓中小企业就要抓产业集群"工作思路,引导各县区加快服务平台建设,促进产业集群发展。组织各县区到江浙等产业集群发达省、市考察,学习借鉴先进地区经验,制定了《关于贯彻国发[2009]36号文件、鲁政发[2009]127号文件进一步促进中小企业发展的实施意见》、《关于加快产业集群发展的意见》、《关于加快产业集群公共服务平台建设的意见》,编制了《临沂市2010-2012年产业集群发展规划》,提出重点培育20个重点产业集群和建设30个公共技术服务平台。命名了临沂板材、沂南电动车、沂水食品3个产业集群为市级示范产业集群。首次将临沂工程机械、园林与植保机械、莒南花生加工3个产业集群纳入市重点产业集群发展规划。平邑县仲村镇、沂南县界湖镇、莒南县涝坡镇被认定为第三批山东省特色产业镇。临沂板材、沂南电动车产业集群被列入省重点支持的产业集群,争取资金1000万元。为山东赛博特农产品检测服务有限公司争取国家中小企业服务体系公共服务平台专项资金300万元。

【服务工作】 组织全市广大中小企业提报优选结构调整重点项目,通过筛选审核,有147个项目列入全省中小企业2010年实施四项计划推进结构调整重点项目。项目总投资79.7亿元,其中申请银行贷款32亿元,自筹资金38亿元。项目建成后可新增销售收入245亿元,利税27亿元,新增就业2.7万人。有39个项目获得2364万元国家、省中小企业专项资金扶持。市中小企业办和各县区对重点项目实行包扶责任制,督促按期竣工投产。郯城县新区建设发展有限公司被授予“山东省第五批小企业创业辅导基地”称号。在第七届“中博会”上,临沂市共设15个展位,23家企业参展,是全省展位最多、参展企业最多的市,也是临沂市历年来展位和参展企业最多的一届。展会上共签订投资意向4项,合同金额6165万元;签订合同82项,合同金额10.38亿元。市中小企业办被省中小企业办授予第七届中博会参展工作一等奖。与市邮政局合作开展直邮服务中小企业工作。共服务中小企业达838家,其中示范企业75户。组织近百家企业参加了中小企业直邮发展论坛,聘请山东大学胡正明教授做中小企业营销策划和直邮业务专题报告。

做好担保公司服务工作,为山东亿盛担保有限公司等5家公司争取国家、省中小企业专项资金530万元。山东亿盛担保有限公司获得“全省十佳信用担保公司”称号。加强与人民银行、银监局及各金融机构合作。会同市银监局召开了全市小企业贷款工作推进会,为各金融机构推荐符合条件的小企业客户,有50家企业参加推介会。主动为企业上市进行服务。与东兴证券公司进行交流,签订战略合作协议,达成合作意向。筛选了20余家拟上市备选企业,到鲁光化工等重点拟上市企业进行调研,掌握企业上市进展情况,帮助企业协调解决上市过程中的困难和问题。开展中小企业集合债券发行工作,与齐鲁证券合作,对各县区上报企业进行了实地调研,委托会计师事务所、律师事务所对上报企业进行审计,对6家企业审计评估,计划融资3亿元。

【培训工作】 制订了全市中小企业培训计划。举办了2期“全市中小企业管理层人员高效执行力”培训班,参加培训企业260余家,培训人员近400人。举办了全市产业集群电子商务培训班,引进清华大学EMBA经典课程——管理信息化沙盘模拟,对全市20个重点产业集群中200余家企业负责人进行系统培训。举办了“转方式、调结构”报告会,请中央党校韩宝江教授授课,有800余名企业负责人参加了培训。举办了2期“全市中小企业财务管理人员”培训班,培训人员400余人。在清华大学举办了临沂市中小企业两化融合与转型升级高级研修班。来自各县区的51名“功勋企业”、“百强企业”的主要负责人参加了培训。全市中小企业系统共培训企业管理者3000余人。

【企业管理】 组织开展基础管理咨询和精细化管理咨询活动,提升企业管理水平。对70余家中小企业进行了管理咨询义诊,帮助22家企业进行基础管理制度建设及完善工作。临沂业隆通用机械有限公司被认定为山东省中小企业精细化管理样板企业。培植节能减排自主创新示范企业。在全省中小企业节能减排现场会上,蒙阴县民营办做为全省典型推广了先进经验;临沂业隆通用机械有限公司、山东海孚石化有限公司2家企业被认定为山东省中小企业节能减排示范企业。

【电子商务】 联合用友软件公司建设了“中国化肥网”,有181家化肥企业上线运行,实现网上交易的企业达12家,网上交易额达11.87亿余元。全省产业集群电子商务经验交流会在临沭县召开,推广了临沂市产业集群电子商务做法。中国化肥网被中国电子商务协会评为百万企业全程电子商务推进工程示范单位。在清华学习期间,组织企业家们参观了用友软件园,市中小企业办与用友集团旗下北京伟库电子商务科技有限公司在北京用友软件园签署战略合作协议。开展全市中小企业移动信息化普及活动。与临沂移动公司签订了战略合作协议,制定了实施方案和全年任务指标,全市参与中小企业信息化体验的企业达7650户。

(袁俊国)

商业·旅游

流　通　业

【概况】　2010年,全市社会消费品零售总额达1157.2亿元,同比增长19%,总量居全省第5位,增幅居全省第1位。全国促进商圈融资发展交流会、全省"满意消费惠万家"活动现场会等高规格会议相继在临沂市召开。临沂市被商务部确定为全国流通领域现代物流示范城市、全国农产品现代流通综合试点市,在第六届中国市场峰会上被授予"中国商品市场最佳投资城市"称号。

【商贸流通】　"满意消费惠万家"系列活动扎实开展。先后组织2000多家企业和1万多家商户参加了"科技下乡服务月"、"诚信兴商宣传月"、"佳节购物月"等120余次规模较大的专题活动,开展了临沂市满意消费惠万家诚信经营"十佳企业"、"十佳企业家"和"先进企业"评选授牌活动,营造了诚信经营满意消费的浓厚氛围。全市家电下乡销售网点达到1454个,居全省第1位;销售家电下乡产品68.9万件,销售额16.1亿元,补贴金额2.1亿元,销售量和销售额均居全省第2位;累计回收旧家电10.2万件,销售家电以旧换新产品9.8万件,销售额3.9亿元;累计回收报废汽车3307辆,审核补贴车辆2947辆,发放补贴资金3500万元。全省"满意消费惠万家"活动现场会在临沂市召开,副省长才利民出席会议并作重要讲话,在全省推广了临沂市的做法,市委副书记、市长张少军作了典型发言。城乡市场网络进一步完善。组织实施了"万村千乡市场工程"、"双百市场工程"、"惠民早餐工程"、"社区商业示范工程"。全市农家店发展到1.4万个,农村配送中心达到42处,初步形成了以城区店为龙头、乡镇店为骨干、村级店为基础的现代农村商品流通网络。组织实施了全国农产品现代流通综合试点工作,12个试点项目完成投资3亿元,依托九州集团组织11户农产品产销龙头企业、农民专业合作社开展了"农超对接、区超对接"活动,在市区设立农产品销售专区(专柜)9处。积极推进家政服务工程建设,培训家政服务人员3083名,惠民早餐网点发展到272处,每天可为8万消费者提供早餐服务。积极创建社区商业示范社区,国家级和省级社区商业示范社区达到7个。临沂惟一斋酱园的"惟一斋"、山东兰陵美酒股份有限公司的"兰陵"两个品牌成功入选中华老字号,蒙阴县边家风味食品入选山东老字号,实现了临沂市创建国家级老字号零的突破。市场调控保障能力不断增强。在全市范围建成生活必需品、重要生产资料、重点流通企业和生猪屠宰监测系统,监测样本企业达到33家,形成了覆盖全市城乡的市场信息服务网络,开通了商务预报专栏,及时向社会发布重要生活必需品价格监测信息。深入开展了打击私屠滥宰、酒类流通专项整治活动以及打击侵犯知识产权和制售假冒伪劣商品专项行动,有效维护了市场经营秩序。定点屠宰企业全年累计屠宰生猪820万头,已对7231家酒类流通企业进行了备案登记,实施酒类流通随附单制度的企业达到582家。全市典当企业达到15家,拍卖企业10家,进一步拓宽了中小企业的融资渠道。临沂商城改造提升步伐不断加快。投资30多亿元新建改造了中国教育用品采购基地等22处专业市场。新批瑞东农产品市场等10多处市场,累计投资1.09亿元,顺利完成了市政府确定为"十大为民工程"之一的20处农贸市场新建改建任务,建成和改造营业面积14.2万平方米,受益市民超过20万人。全市各类商品市场发展到1087个,年交易额突破1100亿元,其中临沂商城交易额达到720亿元。扎实推进了地产品加工区建设,投资12亿元完成建筑面积75万平方米,已有50家商城业户入驻。商贸物流企业队伍进一步壮大。全市从事商贸物流的企业超过5000家,其中限额以上企业超过1600家,全市限额以上批发零售企业实现主营业务收入528.4亿元,同比增长38.9%。会展经济发展迅速。先后举办了中国(临沂)市场贸易博览会、中国(临沂)太阳能产业博览会等各类展会110个,累计交易额120亿元,带动相关产业收入达6亿元,其中2010中国(临沂)市场贸易博览会成交额47亿元,是临沂市规模最大、规格最高的展会。再生资源回收体系建设取得初步成效。在兰山区、河东区、罗庄区、临沭县、高新区和经济区开展了再生资源回收体系建设试点,投资14.7亿元建设完成了华东有色金属城、德力西再生资源集散市场、山东茂泉再生资源集散市场、中国临沂家电回收中心、山东中绿再生有限公司、中润再生资源集散市场和力源再生资源分拣中心、河东废有色金属等重点项目,回收网点、分拣中心、集散市场三位一体的回收网络初步形成。

(刘传军)

粮油供销

【粮食行政执法】 开展争创省级粮食规范化执法示范县活动。按照“以好促中带弱”的工作思路,采取“分类管理,整体推进”的创建方式,提高创建能力。罗庄、沂水、郯城3个县区被评为省级粮食规范化执法示范县,沂南、河东、费县3个县区被评为市级粮食规范化执法示范县。完善监督检查工作体系。12个县区均设立了粮食执法大队,11个县区配备了专用执法车、微机、照相机、摄像机等办案取证工具。落实专项执法经费68万元,罗庄、沂水、临沭等县区将粮食监督检查行政执法工作经费列入同级财政预算。累计有290人取得粮食监督检查行政执法资格。开展全国粮食库存检查等专项检查工作,全年累计出动执法人员5901人次,检查企业3096户次,立案132件,罚款16930元,暂停、取消粮食收购资格2例,移交其他部门处理14例,维护了粮食市场秩序。

【粮食储备管理】 推进以市级储备为龙头、县级储备为补充、社会储备为基础的地方粮食储备体系建设。市政府制定下发了《关于发展现代粮食流通产业切实保障粮食安全的意见》,下达了全年粮油储备计划。推进储粮基础设施建设,全市新增仓容1.6万吨。推行储备粮精细化管理,确保储备粮数量真实、品质良好。蒙阴、费县、临沭等县区完成了地方储备粮轮换工作。加快粮食市场体系建设。鲁南国际粮油物流城信息服务平台项目建成。莒南县国家绿色食品花生原料加工基地开工建设。

【粮食购销管理】 发展和规范多种市场主体从事粮食收购和经营活动,共批核粮食收购企业512家,其中国有企业93家,其他所有制主体419家。做好指导粮食收购工作,落实小麦最低收购价政策,发挥国有粮食购销企业主渠道作用,鼓励具备资质的市场主体入市收购,满足农民售粮需求。全年全市社会粮食总购进603.64万吨,增加178.26万吨,其中托市收购20.5万吨,总销售544.24万吨,增加145.12万吨,促进了粮食合理流通,提高了粮食资源的配置效率。落实军粮供应政策,严格执行军粮供应质量、标准、等级,实行定点采购和配送,保障了驻临沂部队的粮油供应。

【粮食产业化发展】 全市全年纳入统计范围内的120家粮油加工企业生产面粉36.1万吨、大米4.5万吨、饲料404.8万吨、油脂69.8万吨,其他102.2万吨,完成产值293.5亿元,实现利税5.1亿元。全市市级以上粮食龙头企业71家,省级以上粮油名牌产品61个,12家企业纳入国家粮食局、中国农业发展银行重点支持的粮油产业化龙头企业,增强龙头企业实力。粮食中介组织有序发展,河东、罗庄、临沭、平邑4个县区成立了粮食经纪人协会,吸纳会员510余人,粮食经纪人直接参与粮食经营活动,销售收入达4.7亿元,实现利税840万元,活跃了粮食市场,提高了粮食流通能力和效率。

【服务民生建设】 推进放心粮油进农村、进社区工作,发展国家级放心粮油示范企业3家,省级放心粮油产品11个,放心粮油累计销售14647吨,销售收入5030万元，利税371万元。全市放心粮油店(柜)发展到44家，放心粮油网络10个，从业人员3000余人。推进农户科学储粮试点工程，全市顺利完成1.1万户科学储粮试点工作。4月15～16日，省粮食局局长孟庆秀，市委书记、市人大常委会主任连承敏，市委副书记、市长张少军一行到费县考察了放心粮油示范店建设和农户科学储粮工作，对临沂市粮食工作取得的成绩给予了充分的肯定。强化粮食质量监管，共采集小麦样品79份、玉米样品55份送检，确保小麦、玉米质量标准的正确执行和粮食消费安全。

【粮食应急保障】 12个县区均建立粮食安全应急预案并分解细化部门责任，形成各负其责的联动机制。认定粮食应急储备企业16家、应急加工企业63家、应急供应企业127家，完备了《临沂市粮食应急供应工作实施意见》。6月初，市粮食应急工作指挥部与11家市级粮食应急承储、加工、供应企业签订了应急保障协议书，举行了定点企业授牌仪式。12月15日，组织开展了全市粮食安全应急演练，参加应急演练的各部门、各单位各负其责、紧密协作，提升了全市粮食应急工作水平。

（刘步磊）

供销合作

【概况】 2010年，全市供销社系统共实现销售收入171.09亿元，同比增长17.5%；上缴国家税费3.52亿元，增长86.9%；实现利税5.05亿元，增长62.8%，实现利润1.53亿元，增长25.5%。发展各类配送中心44个，发展日用品和农资直营店937个，发展乡镇以上超市日用品和农资655个，发展日用品和农资村级便民店14049个。发展农村社区服务中心193个。发展优质农产品生产基地176个。全年实现统筹统保费收入1360万元，增长152%。市供销社在全省供销社系统综合考核中居第一名，受到市委、市政府的通报表彰。

【农村现代流通服务体系】 通过县域龙头连锁配送、直营店带配送、股本重构等模式，推进日用品网络体系建设。全市供销社系统共发展日用品配送中心24个，发展直营店540个，发展乡镇以上超市371个，发展村级便民店7668个。

【农村社区服务中心】 坚持“党委政府引导、供销社主办、多方参与、市场化运作”的原则，按照“重质不求量”的工作思路，采取典型引路、示范带动的发展效应，推进农村社区服务中心建设。全市供销社系统累计发展农村社区服务中心193个，新增25个。临沭县北沟头农村社区服务中心、费县王家庄社区服务中心、莒南县板泉镇庞疃社区服务中心等成为全市的亮点工程。

【农村合作经济组织】 按照打造“自上而下健全的组织体系、上下贯通的以合作社为平台和纽带的合作体系、上下密切联系的以交易中心为龙头的农产品流通体系”的要求，以山东沂蒙优质农产品交易中心为平台，以临沂蔬菜、果品、养殖业3个产销合作社联合社为支撑，加强优质基地建设，启动了农产品经营服务体系建设。全市供销社系统共发展各类农村经济合作组织1160个，吸引带动农户28万户；发展优质农产品基地176个，占地8666.67公顷；注册供销社自有品牌46个；累计销售各类农产品14.34万吨，销售收入8.8亿元。

【农村融资服务】 推进农村金融体系改革。全市供销社系统共发展市级担保公司2个，县级担保公司7个；各类农村资金互助社126个，其中新增51个；资金调剂总额达6亿元。市政府批准成立了“资金互助监督管理办公室”，赋予市供销社在全市范围内整合资金互助社、规避金融风险的职能。

【新型农资经营】 以“市级联采、县域直供”营销模式为主导，采取“五统一”(统一采购、统一配送、统一价格、统一标识、统一服务)直供方式，联合12个县区供销社，启动农资联采直供。9月启动以来，共实现农资直供1.2万吨。至年底，全市供销社系统共发展农资配送中心20个，发展连锁配送网点4382个；发展农资直供网点985个，实现农资直供数量17.9万吨；发展农资直营店397个，发展乡镇以上超市农资超市284个，发展农资村级便民店6381个。

【再生资源回收利用】 加大培育龙头企业力度，建设再生资源分拣中心，加强再生资源网点建设，逐步建设有辐射带动力的、区域性再生资源市场。全市发展再生资源收购网点5664个。

（赵 方）

盐业经营与管理

【概况】 2010年，全市共销售各类盐产品20.4万吨，共实现销售收入4.47亿元，同比增长18.68%；利税4055.5万元，增长9.52%；利润1795.8万元，增长13.62%。市县两级公司和市属控股企业实现销售收入3.12亿元，增长17.64%；利税2977.4万元，增长11.64%；利润1165.2万元，增长19.6%。市公司完成销售9911万元，增长20.4%；利税488万元，增长17.9%；利润292万元，增长21.3%。非盐业务销售收入1.33亿元，利税1317.1万元。

【食盐专营和质量管理】 加强食盐专营，确保食盐安全。完善了目标责任制考核，将食盐“三率”和品种多样化作为主要考核内容，严格计划报批，加强食盐购、销、存环节的质量管理。强化了市县两级的食盐监测网络建设，完善质量管理制度，加强领导，落实责任。加强碘盐调运、储存、分装、配送、零售等环节的质量管理和控制，严格做到未经检验合格的食盐不入库，健全和完善了食盐购、销、存台帐，层层签订了食盐安全责任书，建立并严格落实食盐质量事故责任追究制度，完善食盐供应和安全预案，开通了“食盐绿色通道”，为十一运临沂赛场提供专用食盐，确保了全市食盐有序供应和食盐质量安全。注重加强食盐专营的基础建设和市场终端建设，完善零售网点的“四个一”管理服务。全市的碘盐合格率、碘盐覆盖率和合格碘盐食用率保持了较高的水平，提高了食盐专营水平。

【盐政执法及市场管理】 认真贯彻执行各项盐业法规，坚持依法行政，强化盐政公安打击涉盐犯罪联合办公室的职能作用，召开了全市盐政公安联合打击非法经营食盐违法犯罪工作会议。加强与相关职能部门的联系沟通，健全涉盐走私举报网络，完善了“政府领导、部门配合、群众参与”的市场管理机制。年内，全市盐政执法机构共查处各类盐业违法案件5768起，移送司法机关7起；没收非法盐产品1033吨，罚款及没收非法财物达259.5万元。刑拘2人，有2人被人民法院判处有期徒刑。通过开展集中整治专项行动，查堵私盐源头，清理重点区域，加强与相邻的外省市盐业部门的协调沟通，维护了全市的盐业边界市场。

【配送服务】 临沂盐业不断创新服务方式，完善服务内容，优化服务措施。根据市场化要求，加强客服体系建设，实施客户经理制，重新整合内部机构。市盐务局开发了“全市食盐销售终端客户软件系统”，通过终端客户管理平台的运行，联络食盐零售点和各类盐产品终端用户，变被动服务为主动服务，实现盐业由“做专营”向“做市场”的转变。加快推进食盐流通现代化，降低流通成本、提高流通效率，保证合格食盐普及供应。全市建立起了以市食盐配送中心为龙头，以县区公司（配送站）为主体，以连锁和特许加盟店为基础的食盐流通体系。规范和完善食盐销售终端网络，增强市场终端的控制力。

【盐务宣传】 开展“走千村、进万户”日常宣传活动，利用“3·15”保护消费者权益日和“5·15”防治碘缺乏危害宣传日开展集中宣传活动，以广播、电视、报纸、网站、展板、宣传单、咨询服务台等形式对食盐专营进行宣传，使专营政策及碘缺乏危害、科学用盐知识进入社会的各个层面，引导群众消费行为，提高广大人民群众自我保护意识，促进了持续防治碘缺乏病工作的健康发展。

（耿彩霞）

烟草专卖

【概况】 2010年，全市合同约定烤烟种植面积9246.67公顷；收购烟叶41.12万担。上等烟比例40.44%；收购均价每公斤14.07元，同比提高0.29元。实现烟农总收入33037万元，平均亩产值2381元，实现烟叶税6364万元，平均每亩458.8元。

销售卷烟33.2万箱，增加8186箱，增长

2.53%；实现单箱销售额14560.09元，增加2127.62元，增长17.11%。人均条数8.35条，增加0.21条，增长2.53%。其中，一二类卷烟分别同比增长48.43%和45.89%，五类卷烟下降16.07%。全年实现卷烟销售收入48.34亿元，增加8.08亿元，增长20.07%。

专卖查获各类涉烟违法案件6911起，查获各类非法卷烟7104万支，查获烟叶烟丝241.6吨，总涉案价值2523万余元。涉烟违法犯罪分子被拘留204人，逮捕77人，判刑82人；分别增加54人、33人、20人，判处实刑的人数达34人，增加7人，破获各类涉烟非法经营网络案件310个，其中符合公安部、国家局标准的网络案件7个。郯城县"10·19"网络案件被公安部、国家局列为部级督办案件。

全行业实现营业总收入50.13亿元，增长13.11%；实现全部利税9.59亿元，增长2.57%；实现利润总额3.50亿元，降低32.56%；上缴各项税金7.12亿元，增长20.47%，上缴税金总额继续位居全市纳税百强企业第一位。

【烟叶生产经营】 按照国家局严格控制规模的要求，将烟叶生产工作重点由重数量向重质量、重特色转变。在各级党委政府理解和支持下，加大布局调整力度，提高种植集中度和规模化水平，户均种植面积比上年增加0.17公顷。以生态村富民工程为载体，加快推进现代烟草农业建设，全市新建生态村90个，总数达390个，建设2009、2010年度烟叶生产基础设施项目6822个，共投入资金17516万元。推进基地建设，将烟区初步划分为14个基地单元，分别对接重点卷烟工业企业和重点卷烟品牌，蒙阴县成为全国首批整县推进现代烟草农业试点县之一，与浙江中烟建立了烟叶基地单元关系。按照市场化运作模式，培育综合性服务合作社和专业合作社，全市组建农机专业合作社26个。扩大优良品种栽培面积，推广膜下烟栽培技术，实施配方施肥和病虫害生物防治技术，严格落实成熟采收、科学烘烤技术措施和收购质量责任追究制，提高了烟叶质量，上等烟比上年提高了9.78个百分点，烟农户均收入3.3万元，比上年增加7635元，增幅30%。

【卷烟经营】 以"培育知名品牌，提升销售结构"为中心，不断提高卷烟营销质量及网络运行水平。采取"8+2"品牌培育方式，开展"开门红"、"品牌集中推介"和"百日会战"等活动，注重培育三类烟上线品牌，突出培育和发展"532"、"461"知名品牌，重点骨干品牌销量同比增长20.16%。推进"分类终端"建设，统筹规划实施终端建设"52512"工程，提升了终端建设水平。开展网上订货，发展手机订货客户8281户，PC订货客户539户，网上订货率达22.72%。加强与工商部门协同，实现了工商共育品牌。7月份以后，面对经营压力，全系统两次调高销售结构目标，通过发掘市场潜力，增加了高端品牌销量。为提高服务水平，开展"绿叶"营销团队建设活动并获得山东省第二十四届企业管理现代化创新及优秀应用成果特等奖。推进现代物流建设，完成了3区卷烟直送改革任务。

【专卖管理】 紧紧依靠市委、市政府领导，加强与各执法部门配合，先后开展了烟草市场秩序集中整治"利剑行动"、"霹雳行动"，加大货运站、高端市场、农村集贸市场等重点市场的整治力度，集中力量查办了一批大要案件，惩治了涉烟违法犯罪分子，提升了重点烟草市场净化水平。开展稽查卡点建设，召开全市"环鲁防控圈"公安、烟草联合执法工作站建设现场会，加大道路运输环节专项整治力度。部署开展清理整顿无证经营和非法渠道进货违法行为专项行动，规范零售终端经营秩序。召开全市加强基层联合执法机制建设现场会，推进专卖管理进村庄、进社区，延伸了专卖管理触角。沂水、苍山县局加强了在争取各级党委政府领导、强化打击涉烟犯罪联合工作机制方面的工作，调动了各部门、各乡镇支持和参与专卖管理工作的积极性。做好全市优秀县级局创建、星级专卖管理所评定工作，夯实专卖管理基层基础工作。推进专卖管理与控制体系建设各项基础工作，在郯城、临沭2个县开展运行试点工作，为全市专卖管理工作转方式、上水平奠定了基础。

【企业管理】 推进质量管理体系和职业健康安全管理体系建设，开展"整体规范提升年"活动，开展办事公开民主管理试点工作，实行县区局(分公司、营销部)财务科长、专卖内管副科长委派制，试行基层烟站负责人简易经济审计，发挥信息化对内部监管工作的支撑保障作用，提高了严格规范建设水平。加强内部专卖管理监督，加大内管案件查办力度，查处内管案件3起，对不规范行为起到了警示作用。

坚持经济运行定期通报和例会制度、建立相对完善的考核体系,强化预算管理和费用控制,严格投资项目审批与监督管理,对保障经济运行质量发挥了良好作用。加强多元化企业规范管理,改善了经济运行质量。开展基层创优活动,有2个县级局、3个营销部(分公司)、6个基层烟站通过省局(公司)验收。加强企业文化建设,打造"绿叶"服务品牌,结合基层创优活动,强化基层服务意识和服务质量,公开各项服务承诺和办事程序,提升了企业社会形象。

【科技创新和业务培训】 加强创新人才培养,设立创新专项奖,调动了全员创新积极性。安排试验示范项目17个,配套科研经费287.23万元。年内,有2个项目通过专家鉴定,全系统被国家知识产权局授权发明专利3项,受理发明专利2项,实用新型专利5项,计算机软件著作权1项。有2项成果在省局(公司)获奖,4项在省经信委获奖,1项在省国资委获奖,32项创新成果受到市局(公司)表彰奖励。推进"全员素质提升工程",全系统组织8学时以上业务培训8500人次,选派132人参加了省局(公司)第二轮8期干部培训班,组织副科级以上领导职务干部专项能力提升培训200余人次。

【公益事业】 参加社会公益活动,向市"见义勇为"基金会、百万空巢老人关爱志愿服务行动等捐款40万元。参加"送温暖、献爱心"社会捐助活动,市局(公司)机关捐款近2万元。开展精神文明创建活动,参与文明城市创建,市局(公司)继续保持"省级文明单位"称号,全市省级文明单位达9家,2家单位新晋升为市级文明单位。

(王晓龙)

石油供销

【概况】 2010年,市石油公司下设12个职能管理部门、9个县公司和2个经营片区,拥有油库1座、在营加油站172座,员工1461人,资产总额10.21亿元。全年购进成品油72.9万吨,销售成品油71.7万吨、润滑油1.5万吨、燃料油3.5万吨,实现考核利润12999万元,上缴税金3180万元。

【市场营销】 积极向省公司协调追加铁路、管输及汽运计划,严格按国家规定价格销售,保障供应,稳定价格。组建加油卡营销中心和客户经理队伍,围绕市场需求,调整经营策略,控制销售节奏,为经济和社会发展服务。发挥主渠道作用,投入"三夏"保供站84座,日均供应柴油783吨,履行了农业用油保供责任,受到农民群众的好评。在加油站全部开设"易捷"便利店,开展购物、餐饮等非油品业务,向消费者提供"一站式"综合服务,实现非油品销售收入4032万元,增长214.8%。

【企业管理】 开展"强化经营管理年"和"我要安全"主题活动,建立了制度化管理和经营风险防控及HSE管理体系,被省石油公司评为安全管理先进单位和深化"我要安全"活动先进油库。认真践行"每一滴油都是承诺"的社会责任,加强成品油和便利店商品进、销、存等环节的数质量管理,向消费者提供质优量足商品。借助信息系统完善资金、发票、费用监管办法,持续推进全员成本目标管理,降费增效效果明显,被省公司评为土地管理、清欠管理先进单位。新增2个托管公司,规范了小站委托管理。

【企业改革】 将县片区变更为县公司,将市片区分设为两个片区,在县公司设立客户部,在市公司设立了信访稳定办公室和加油卡营销中心。调整优化干部队伍结构,清理、规范劳动用工,健全奖惩激励机制,实行动态考核和责任追究,控制了用工总量,提升了工资水平。发票、资金、加油机检维修、射频铅封、远程监控管理系统上线应用,完善了管理手段。

【加油站建设】 全年改造加油站5座、新建3座、迁建2座、收购2座、租赁3座,完成投资8613万元。办理了10座新建、6座迁建加油站的前置审批手续。投入430万元对部分存在安全隐患、影响正常经营的加油站进行了大中维修。配合市政府有关部门搞好成品油市场专项整治活动,对侵权加油站点启动法律程序,规范了市场经营秩序。

【队伍建设】 对党工团组织进行了梳理优化,开展"比学赶帮超"、创先争优和争创"四强四优"活动,加强学习型组织建设、思想政治建设、民主集中制建设、基层组织建设和党员队伍建设,为企业中心工作的顺利开展提供了坚强的政治、思想和组织保障,对各项工作起到了积极的推动作用，获得地市级以上荣誉称号12个。强化惩治和预防腐败体系建设，层层签订党风廉政建设责任书，增强了党员干部廉洁从业的自觉性和坚定性。举办培训班31期，培训员工1760人次；有66人分获加油站操作员初、中、高级任职资格；94人参加了8个专业的职业技能竞赛和技术比武活动，取得中国石化总部决赛铜牌1枚和省公司复赛综合团体奖第二名的成绩。投入110万元为加油站员工购置夏季防暑、冬季取暖物品，落实矛盾纠纷排查化解、包案稳控、帮扶救助、企地联动等维稳工作机制，建立了文明、有序、理性、合法的信访秩序，实现了信访总量和来市、赴省、进京信访量的“四个”下降。充分发挥工会、共青团的桥梁纽带作用，组织开展文体娱乐和合理化建议征集活动，增强了员工言行更趋文明，敬业意识、团队意识。

（李志勇）

旅　　游

【概况】　年内，全市旅游工作以建设“旅游经济强市，红色旅游名市”为目标，加快旅游项目建设，完善旅游基础设施，强化旅游宣传推介，规范旅游行业管理，旅游产业实现了又好又快发展。全市共接待国内游客3037万人次，同比增长24.3%；实现国内旅游收入232.7亿元，增长30.2%；接待海外游客12.1万人次，增长42.3%；实现旅游创汇收入7716.7万美元，增长49.4%；实现旅游总收入237.8亿元，增长30.5%；旅游总收入占全市GDP的比重达9.9%；全市接待游客总量和旅游总收入分别居全省第4位和第6位。全市共有旅行社95家，其中具有出境组团资质的2家、全国百强旅行社1家、山东省5A级旅行社1家；拥有星级酒店61家，其中四星级酒店4家，按四星、五星级建设的酒店15家；拥有国家A级旅游区55家，其中4A级15家、3A级21家；国家级工农业旅游示范点8家，省级工农业旅游示范点21家；省级旅游强县4个，省级旅游强乡镇8个，省级旅游特色村9个。旅游产业队伍不断壮大，直接从业人员8.7万人，间接从业人员达40余万人。

沂河风光

【节日旅游】　春节黄金周，全市共接待游客92.76万人次，实现旅游总收入3.13亿元，分别较上年同期增长20.9%和27.5%。其中一日游游客占65.36%，省内游客占81.06%。节日期间游客人均花费336.96元。其中，一日游游客人均花费257.79元，过夜游客人均花费486.36元。蒙山旅游区（龟蒙景区和云蒙景区）、沂水天然地下画廊旅游区、河东汤头旅游区等3个旅游区列入全省24个假日信息预报监测点行列。蒙山旅游区累计接待游客8.78万人次，实现门票收入230.04万元；沂水天然地下画廊旅游区累计接待游客2万人次，实现门票收入130.5万元；河东汤头旅游区累计接待游客6.38万人次，实现门票收入423.75万元，分别增长372.73%、302.84%。在3个省级重点监测旅游区基础上，增加40个市级重点监测旅游区，全市43个监测旅游区接待游客人次和实现门票收入分别增长71.75%、96.79%。

“清明”假期，全市2A级（含）以上旅游景区共接待游客93.51万人次，增长25.7%，实现门票收入1790.3万元，增长32.78%。

“五一”黄金周，全市共接待海内外游客137.36万人次，旅游收入7.85亿元，同比分别增长24.1%和28.1%。其中：蒙山（龟蒙、云蒙）旅游区接待游客15.37万人次，实现门票收入461万元；天宇自然博物馆接待游客1.86万人次，实现门票收入46.9万元；孟良崮旅游区接待游客9.4万人次，实现门票收入229.8万元；天上王城旅游区接待游客3万人次，实现门票收入197.8万元；地下画廊旅游区接待游客5.19万人次，实现门票收入363.7万元；雪山彩虹谷旅游区接待游客8.3万人次，实现门票收入373.4万元；地下大峡谷旅游区接待游客10万人次，实现门票收入906.9万元。

“中秋节”假期，全市47个监测旅游区共接待游客52.08万人次，增长6.27%；实现门票收入

1240.7万元,增长10.7%。其中蒙山旅游区接待游客4.88万人次,实现门票收入241.25万元。全市新建旅游项目和温泉旅游成为中秋旅游的新亮点。其中沂南竹泉旅游区接待游客5.26万人次,实现门票收入157.9万元;莒南天马岛旅游区接待游客2.25万人次,实现门票收入87.8万元;沂南智圣汤泉旅游区接待游客1.35万人次,实现门票收入132.3万元。

“十一”黄金周,全市共接待国内游客273.37万人次,实现国内旅游总收入12.53亿元,分别比上年增长29.85%和35.27%。共接待省外游客118.97万人次,增长21.3%;过夜游客97.43万人次,增长22.7%。黄金周期间游客人均消费458.5元,其中,一日游游客人均消费252.2元,省内游客人均消费306.8元,省外游客人均消费655.3元,过夜游客人均消费831元。根据交通部门统计,全市公路运送旅客96.04万人次,增长16.44%;铁路运送旅客5.19万人次,增长2.77%;航空运送旅客1.28万人次,增长64.1%。蒙山旅游区(龟蒙景区和云蒙景区)、山东地下大峡谷旅游区、沂水雪山彩虹谷旅游区共3个旅游区列入全省38个假日信息预报监测点行列。蒙山(龟蒙、云蒙)旅游区接待游客21.89万人次,实现门票收入966.32万元;山东地下大峡谷旅游区接待游客7.62万人次,实现门票收入529.63万元;沂水雪山彩虹谷旅游区接待游客5.85万人次,实现门票收入246.83万元。

【红色旅游】 全市红色旅游共接待国内游客1465.8万人次,占全部旅游人数的48.07%,增长34.08%;实现红色旅游综合收入突破100亿元,增长52%。全市红色旅游规划开发建设项目8个,规划总投资17.76亿元,全年完成投资3.1亿元。平邑九间棚旅游区投资7600万元对景区进行改造升级;孟良崮旅游区投入3000万元进行景区整体提升;八路军115师司令部旧址暨省政府成立纪念地投资2800余万元完成八路军山东抗日根据地暨中共山东分局纪念馆、红嫂展馆的布展、山东省政府旧址实业厅展馆布展;沂南红嫂家乡旅游区暨沂蒙影视基地投资4600余万元进行改造,修建了李家大院、地主大院、戏台、关帝庙、炮楼、伪军司令部等景点;投资1800万元的临沭滨海红色园区一期工程已基本完成。先后举办了中国临沂“蒙山沂水”红色旅游推介展示会、全国红色旅游运动会等,提升了沂蒙红色之旅的影响力。

蒙山飞瀑

【温泉旅游】 沂水东方瑞海温泉度假村、沂南智圣汤泉旅游度假村、观唐温泉度假村成功创建国家4A级旅游景区。河东温泉开发规划投资10.4亿元,累计投资7.7亿元,建设观唐温泉、知春湖温泉、御汤苑温泉等温泉产品共8处,新修配套道路5.6公里,完成了汤河沿线防洪堤坝加固、滨河路建设工程、景区步游道、供水管网、二滩公园绿化、中国地热城标志性工程。与晋商集团就投资100亿元打造温泉旅游项目达成初步意向。随着以沂水东方瑞海、沂南智圣汤泉和河东古镇汤泉为骨架的温泉度假带初具规模,温泉旅游已成为临沂旅游的新亮点。

【乡村旅游】 以沂蒙山小调旅游区、竹泉村旅游区为代表的沂蒙乡村休闲旅游品牌蓬勃发展。全市新创建2个省级旅游强乡镇、4个旅游特色村和3个农业旅游示范点,新评定星级山东省好客人家农家乐20家。成立了沂南县铜井乡村旅游专业合作社、蒙山百泉乡村旅游专业合作社、沂水县姚店子镇唐家河乡村旅游专业合作社、沂水县院东头乡农家旅游专业合作社、沂水县泉庄乡三庄果品专业合作社、河东区三益庄园乡村旅游专业合作社等6家乡村旅游专业合作社,实行“统一标准、统一价格、统一接待、统一分配、统一宣传、统一培训”的管理模式,更好地辐射带动周边乡村旅游的发展。5月31日,在莒南县洙边镇沂蒙玉芽科技园举行了“旅游下乡工程”启动仪式,推出了首批7家“旅游下乡工程示范点”,并指定了7家重点旅行社作为组织实施“旅游下乡工程”的载体,组织旅行社推出市区景点至平邑、蒙阴、沂水、莒南4条一日游线路,采取开通旅游直通车的办法,全面启动市内乡村游市场。

【旅游规划】 组织了《罗庄区旅游产业发展总体规

划(修编)》、《罗庄区宝泉寺旅游区控制性详细规划》和《临沂市滨河景区旅游总体规划及重点项目规划》等规划的评审工作。组织了屠苏岛旅游项目专家论证研讨会。听取了武河湿地控制性详细规划、郯城县旅游发展总体策划、郯城马陵古战场控制性详细规划、莒南浔河旅游带控制性详细规划等规划中期汇报。做好《蒙山云蒙景区入口区详细规划》的审查和报批工作,做好《滨河旅游长廊控制性详细规划》和《蒙山龟蒙景区山前度假带提升规划》的策划工作,对资源现场进行了实地勘察,完成了策划方案。

【旅游重点项目建设】 全市共规划旅游项目61个,规划总投资602亿元,其中在建旅游项目50个,规划总投资434.78亿元,全年实际完成投资39.61亿元,增长122.03%。规划总投资100亿元的屠苏岛旅游开发项目,完成投资6亿元,正进行还建安置工作;规划总投资130亿元的河东滨河湿地公园项目,完成国际体育娱乐园项目规划设计和护坡工程施工;规划总投资13亿元的兵学博物馆项目,完成古代兵学博物馆、4D影院、汉街土建工程。临沭苍马山旅游区、蒙阴沂蒙钻石国家矿山公园、沂水蒙山龙雾茶博园等项目建成投入运营,加快了全市旅游产品从单一观光旅游向观光休闲度假旅游的转变。

【旅游景区建设】 年内,沂南智圣汤泉旅游度假村、沂南竹泉村旅游区、莒南天马岛旅游区、河东观唐温泉旅游度假村、沂水东方瑞海温泉旅游度假村5家旅游区成功创建成为国家4A级旅游区,临沂市科技馆、兰山沂蒙奇园、罗庄鲁南花卉城、沂水沂蒙山酒文化生态旅游园、沂水灵泉山旅游区、沂水沂蒙山根据地旅游区、临沭苍马山旅游区、临沭冠山旅游区、沂南沂蒙影视拍摄基地、沂南颐尚温泉旅游度假村10家旅游区成功创建成为国家3A级旅游区,沂水蒙山龙雾山茶文化园创建成为国家2A级旅游区。至年底,全市共有国家A级旅游区55家,其中4A级15家,3A级21家,2A级19家,国家A级旅游区总量和4A级旅游区数量均居全省第二位。制定印发了《临沂市旅游厕所引导奖励资金管理办法》,对全市38家星级厕所申报单位进行初步评定。召开了全市旅游景区环境综合整治会议,印发了《关于在全市重点旅游景区开展旅游环境综合整治活动的紧急通知》,建立了旅游景区环境综合整治管理长效机制,在全市A级旅游区开展了旅游景区环境综合整治活动,完善提升了旅游区景容景貌和游览环境氛围。

【旅游宣传促销】 按照"观世博游山东"活动安排部署,利用各种渠道和平台开发世博旅游市场。精心策划旅游产品。推出了以文化旅游、美食旅游、生态旅游和休闲旅游为重点的世博旅游产品,协调重点旅游企业联手对"观世博游山东"的旅游团队实行优惠让利。加大宣传力度。投资制作了临沂旅游形象宣传片,在中央电视台朝闻天下和山东卫视山东新闻栏目,投放了"山水沂蒙、商城临沂"城市旅游形象广告。参加"观世博游山东"联合推介宣传,在上海地铁、火车站电视屏幕墙投放临沂旅游整体形象广告,在上海电视台推出3个月的临沂旅游广告宣传,在《新闻晨报》推出12期临沂旅游广告宣传,配套制作了《临沂旅游计调手册》、《临沂旅游精品线路》等宣传材料。采取"走出去、请进来"的方式强化营销效果。制定了《2010年度临沂市旅游奖励办法》,刺激了当地接旅游市场拓展。走出去宣传。成立旅游营销小分队,赴40余个主要客源地城市,采取以投入广告、召开旅游推介会、与当地旅行社一对一洽谈合作、景区后期跟进宣传等方式开展宣传推介。请进来宣传。多次邀请旅游热线(上海)联盟、省内重点百强旅行社等省内外主要旅行商和《人民日报》、《中国旅游报》等主流媒体来临沂踏线采访。随着旅游宣传促销力度的加大,全市客源市场由最初以济南、青岛、连云港为核心的300公里客源圈市场为主扩大至以京津冀市场、长三角市场为代表的800公里客源圈市场。

【旅游行业管理】 开展旅游服务质量提升年活动,贯彻落实好客山东旅游服务标准,在全市旅游行业组织开展"共建诚信临沂旅游"和细微服务活动。不断提高从业人员素质。对旅游饭店、旅行社、导游人员制定了详细的培训计划,邀请省内外业内专家前来授课,重点对《好客山东旅游服务标准》、《细微服务标准》、服务礼仪、酒店经营管理、旅行社经营管理等内容进行了培训。举办各类服务技能大赛,举办了全市旅游饭店服务技能大赛、服务礼仪大赛和全市职业导游大赛,并荣获全省旅游饭店服务技能大赛团体总分第二名和全省旅游饭店节能减排知识竞赛团体总分第一名。组织旅游企业成立了"青年志愿者队伍”,参与了全省重点旅游项目建设现场会、创建文明城市志愿者服务等活动。规范市场秩序。加大对旅行社、景区、饭店和导游人员的检查力度,严厉打击“黑社”、“黑车”、“黑导”,保证了旅游市场秩序健康发展。加强旅游安全工作。与各县区、旅游企业签订了旅游安全责任书,建设旅游安全队伍,多次组织旅游安全检查,对存在的安全隐患限期整改。

【城市旅游目的地建设】 对照省创建中国优秀旅游城市目的地专家检查组检查反馈意见,市委、市政府召开了专门会议,印发了《创建中国优秀旅游城市目的地责任分工》,推动了城市旅游目的地建设。加强旅游交通体系建设。拆除了滨河大道的车辆限高设施,解决了滨河景区带旅游观光车辆通行难的问题。开展与上海春秋国旅的合作,于7月14日开通了上海——临沂往返旅游包机,相继开通了直飞海口、桂林、丽江旅游航班。提升改造了对通往旅游景区的道路,制作安装了32块国家4A级旅游区道路交通指示牌。提升旅游接待能力。年底,全市按四星、五星标准建设的酒店共15家,蓝海国际大饭店、澜泊湾大酒店、罗庄华盛江泉城等投入使用。净雅、如家、锦江之星、七天等品牌经济型连锁酒店在市区大规模扩张,全市初步形成以国际品牌饭店为龙头、星级酒店为主体、经济型酒店为补充的旅游接待服务体系。增强城市旅游购物功能。投资19亿元,以打造“鲁南首席高端商圈”和“鲁南中央休闲区”为目标,建设了临沂万兴都国际商业公园,创建了临沂小商品城和临沭步行街2个省级旅游休闲购物街区,培育了4家金牌旅游商品购物店,满足了游客旅游购物需求。莒南县高分通过省级旅游强县验收,全市旅游强县已经达4个,数量居全省第一位。

【首届好客山东亲情沂蒙贺年会】 按照省旅游局和市委、市政府的统一部署,举办了首届“好客山东亲情沂蒙贺年会”,从元月1日至元宵节,整合各类年节消费资源举办了区域性重大节事活动,开发了“贺年游、贺年礼、贺年宴、贺年乐”4个旅游系列产品,拉动了年节市场消费,激活了冬季旅游市场。

组织旅游企业参加首届贺年会各项评选活动。在贺年会之最评选活动中,鲁班沂州宾馆的“吉祥枣山”、荣华大酒店的“寿桃”和沂南县直径2010毫米、重2010斤的“鏊子”入选;在贺年会美陈大赛中,临沂蓝海国际大饭店荣获银奖、陶然居大酒店和临沂桃源购物有限公司荣获铜奖。组织好客山东服务“金、银、铜”奖评选,全市荣获金奖7名、银奖70名、铜奖700名。

【全省第三次旅游重点项目建设现场会暨重点旅游项目推介会】 8月26~27日,全省重点旅游项目建设现场会暨重点旅游项目推介会在临沂市召开。副省长才利民,市委书记、市人大常委会主任连承敏,省政府副秘书长王旭,省旅游局局长于冲,省商务厅厅长吕在模,市委常委、副市长刘晓参加相关活动。全省各市分管副市长、旅游局局长,省内外大型旅游企业负责人参加了会议。与会人员参观了沂南县智圣汤泉旅游度假村和竹泉旅游度假景区项目,听取了部分旅游企业集团的典型发言。会议还推介了全省重点旅游项目,并举行银旅合作签约仪式。

(齐永胜)

对外贸易及经济合作

综　　述

【概况】　2010年，全市外贸进出口额首次突破40亿美元，达到47.7亿美元，同比增长39.4%，其中，出口28.3亿美元，进口19.4亿美元，同比分别增长29.2%和57.6%；全市新批利用外资项目37个，合同外资3.23亿美元，实际到账外资3.26亿美元，同比分别增长5.7%、5.5%和6.8%，新批外资项目个数、合同外资额、实际到账外资额自2005年来首次实现全面正增长；全市新批境外投资项目38个，境外协议投资额2.6亿美元，分别增长26.7%和35.8%，分居全省第三位和第二位，境外协议投资额首次突破2亿美元；外经企业新签外经合作合同17份，合同额1.74亿美元，完成营业额1.7亿美元，外派劳务2070人次，分别增长13.3%、21.1%、29.9%和20.7%。临沂经济技术开发区被国务院批准升级为国家级经济技术开发区，临沂临港经济开发区被省政府批准为省级经济开发区。全省"走出去"工作会议等高规格会议相继在临沂市召开。

【对外贸易】　积极实施科技兴贸和品牌强贸战略，着力调整优化出口产品结构，大力开拓国际市场，出口规模进一步扩大。出口产品结构进一步优化。工程机械、园林机械、医药化工等高科技含量、高附加值产品出口比重进一步提高，累计出口3.5亿美元，净增1.1亿美元，占比提高1.4个百分点。扎实推进了出口农产品质量安全示范区建设，全市出口备案基地达到2.31万公顷，农产品出口额达6亿美元，占全市出口额的21.3%。鲁南制药被省商务厅、省科技厅确定为"山东省科技兴贸出口创新基地"，全市省级科技兴贸出口创新基地达到2家。市场多元化战略成效明显。组织500多家企业参加了广交会、日本大阪展等100多个境内外展洽活动，引导近1000家企业借助阿里巴巴等网站在线开拓国际市场。欧盟、美国、韩国、日本继续居临沂市出口前四位，分别实现出口5亿美元、4.6亿美元、2亿美元和1.9亿美元，累计占全市出口总额的48.1%；对新兴市场东盟、非洲、南美分别实现出口5.1亿美元、2.5亿美元和1.9亿美元，累计占全市出口总额的33.6%。外贸企业队伍进一步壮大。累计为200多家企业办理了进出口经营资质，全市有进出口经营资质的企业达到2600多家，有进出口实绩的企业达到1371家，其中年进出口过1000万美元的企业70家，过亿美元的6家。进口规模迅速扩大。全市进口规模同比净增7.1亿美元，增长57.6%，分别高于全国、全省平均增幅18.9个和14.5个百分点。其中大豆、塑料、木薯干、原木四大类产品分别实现进口9.5亿美元、1.5亿美元、1.3亿美元和1.1亿美元，累计占全市进口总额的69%。三维油脂、盛泉油脂分别实现进口5.6亿美元和3.9亿美元，累计占全市进口总额的49%，对全市进口支撑作用明显增强。服务贸易实现快速发展。全年服务贸易实现进出口9338万美元，其中出口2320万美元，进口7018万美元，分别增长68.7%、42.7%和79.6%。旅游、运输分别实现进出口3683万美元、1137万美元，分别占全市服务贸易进出口额的39.4%和12.2%。属地报关工作扎实推进。商务、海关、国税等部门加快推进了"属地报关、口岸验放"的通关模式，属地报关企业占比由56%提高到70%，海关代征增值税达到11.7亿元，增长79.1%，占全市国税的10.3%，占比提高3个百分点。

【利用外资】 积极适应招商引资的新形势和新变化,及时转变工作思路,创新方式,积极作为,在基金招商、委托招商、展会招商等方面实现了新突破。市委、市政府主要领导和分管领导对商务部门的招商引资工作分别作出了重要批示。委托招商实现新突破。注重依托商务系统驻外机构开展委托招商,特别是依托省政府驻德国经贸代表处洽谈推进了德国宝马和常林集团合作的铝铸件项目,该项目可行性研究报告已提交宝马集团董事会讨论。依托市政府驻欧洲和驻美国招商联络处,洽谈推进了西班牙客商投资的新型建材等一批项目。基金招商实现新突破。积极引导临沂市优势企业与国际私募投资基金合作发展,英属维尔京群岛基金并购鑫海科技股份有限公司项目,实际到账外资2001万美元。山东力士德工程机械股份有限公司与昆吾九鼎投资公司等4家投资机构签署了战略投资协议,成功引入基金投资1.68亿元。展会招商实现新突破。在积极组织好产品展销的同时,充分利用展会平台,将展洽与招商有机结合,安排招商人员采取多种方式进行招商推介,宣传临沂市投资环境等优势,实现了以展招商的新突破。借助广交会成功引进了加拿大客商投资300万美元设立的临沂达文新型材料有限公司。依托临博会成功实现招商引资136亿元,其中香港华润集团投资的风力发电项目已成功签约。对韩招商实现新突破。充分发挥专业人才的作用,进一步扩大了对韩国的招商引资,蒙阴县的临沂世原鞋业、沂南县的临沂甫林电子、沂水县的临沂马里服装、郯城县的临沂利河法食品、三进电子和荣鹏木业6个韩资项目成功落地,占全市新批外资项目总数的16.2%。境外上市实现新突破。始终把境外上市作为利用外资的重要方式之一来抓,推动了龙冈旅游在美国证券市场成功上市,成为全省首家旅游行业境外上市企业。全市境外上市企业达到20家,全年共调回资金6243万美元,占全市的19.1%,境外上市企业家数在全国地级市中居第1位。利用外资结构进一步优化。新批第三产业项目12个,合同外资12448万美元,实际到账外资4958万美元,分别增长33.3%、274%和61.4%,分别占全市的32.4%、38.6%和15.2%。增资项目合同外资、实际到账外资分别达到2.3亿美元和2.1亿美元,分别占全市的71.1%和63.6%。大项目支撑作用明显,临工机械增资项目到账外资8088万美元,占全市的24.8%。

【外经合作】 大力实施“走出去”战略,推动企业到境外投资设厂、开发能源资源,实现了多元化发展,境外投资项目个数和协议投资额分别位居全省第三位和第二位。境外能源资源合作开发取得新业绩。兴盛矿业通过境外上市募集资金1.1亿元,购买了澳大利亚32个矿产勘探权;与泰国长铁矿业联合投资2000万美元设立了长盛矿业开发有限公司,年开采铁矿石100万吨。伟峰矿业投资2000万美元在伊朗设立了库马矿业有限公司,年可进口200万吨铁矿石。全市企业累计拥有境外森林117万公顷,采矿权和探矿权40个,勘探面积2万多平方公里,超过了整个临沂市的区划面积。对台并购和农业“走出去”实现新突破。临沂澳美纺织以价值2635万美元的阻燃坯布参股台湾友良高科技纺织股份有限公司,占合资公司30%的股份,是全省第一个并购台湾企业的案例。天喜食品投资2083万美元在蒙古国建设了牛羊及生猪交易中心、动物皮毛交易中心、肉制品交易中心和检验检疫中心,其检验检疫标准被蒙古国确定为国家标准。沂水裕隆食品和莒南绿润食品分别设立了境外农场,全市境外农业企业达到5家,境外耕地达到6666.67公顷。对外承包工程大项目稳步推进。东方路桥承揽的合同额3000万美元的埃塞俄比亚公路工程项目、天元集团承揽的合同额5000万美元的赤道几内亚通讯铁塔土建基础制作和铁塔本体安装工程顺利完工,承建的总造价4.34亿美元的东帝汶机场项目正在洽谈推进;天元集团承建的赤道几内亚马拉博市警察局住宅楼项目,合同额2000万美元,可带动外派劳务350人,带动设备出口2000万美元。外派劳务业务有序发展。依托市高级技工学校成立了临沂市外派劳务培训中心,加强了对外派劳务人员的培训。临沂市被省商务厅确认的培训机构已达6家,全年外派劳务8493人,增长54.2%,年可增加劳务人员收入5亿元。

【开发区建设】 积极指导和推动开发区进一步加快基础设施建设,全力扩大招商引资,着力打造特色园区,开发区发展水平进一步提高。临沂经济技术开发区被国务院批准升级为国家级经济技术开发区,成为全省8家国家级经济开发区之一,临沂临港经济开发区被省政府批准为省级经济开发区,是2010年省政府批准设立的2家省级经济开发区之一,全市省级及省级以上经济开发区达13个。园林机械、工程机械、电动车、化肥、食品、板材等特色产业集群竞争优势进一步增强，临沭经济开发区的新能源产业园、郯城经济开发区的煤化工、盐化工基地项目、沂南经济开发区的绿源电动车项目、沂水经济开发区的地源热能工程项目、平邑经济开发区的巨皇太阳能综合利用项目、苍山经济开发区的太阳能冷暖空调生产项目等一批新兴产业项目相继落地开工，新兴产业成为开发区的突出亮点。全市经济开发区全年累计实现业务总收入2227亿元，财政收入39亿元；新批外资企业23家，实际到账外资2.2亿美元，分别占全市的62%和67.5%，占比分别提高20个和42个百分点；实现进出口19亿美元，其中出口11亿美元，分别占全市的39.8%和38.9%，占比分别提高12个和6个百分点，开发区对开放型经济的支撑作用进一步提高。

【政策服务】 针对国际市场变化情况和国家商务政策调整情况，进一步强化了对基层和企业的政策和业务培训，先后举办了2010进出口形势说明会、花生出口安全技术规程讲座、离岸业务培训会、人民币跨境结算业务培训会等30余次业务培训活动，受训人数达到4000余人次。全年累计争取国家和省各类扶持资6960万元。引进了中国信保山东分公司驻临沂业务处，为全市49家企业提供了出口信用保险服务，比2009年净增23家，累计达到82家，实现翻番增长，一般贸易承保额达到1.2亿美元，境外投资保险额达到1298万美元，对一般贸易的覆盖率由上年的3.41%增长为5.69%，带动银行向投保企业提供融资超过2亿元人民币。全国促进商圈融资发展交流会在临沂市召开，为全市市场商户融资拓宽了渠道。同时，会同市金融办、人民银行及浦发银行、深发展等银行和金融机构举办了6次银企对接会，累计为企业解决融资20多亿元。跨境贸易人民币结算试点扎实推进，共有中国银行等5家银行为11家企业办理跨境贸易人民币结算1.3亿美元，业务范围拓展到香港、澳大利亚、泰国、蒙古国等4个国家和地区。

2010年临沂市出口百强企业名单

排名	企业名称	出口金额（万美元）	同比（±%）
	全市合计	282583	29.2
1	山东临工工程机械有限公司	7054	128.7
2	山东华盛农业药械股份有限公司	6997	26.7
3	山东阜丰发酵有限公司	5381	3.6
4	山东新时代药业有限公司	5143	106.5
5	临沂蓝玫瑰华星钻石首饰有限公司	5082	-23.3
6	临沂标准纺织有限公司	5079	62.2
7	临沂山松生物制品有限公司	4672	21.4
8	山东新港企业集团有限公司	4192	30.1
9	临沂绿因工贸有限公司	4147	7
10	临沂华太电池有限公司	3952	15.6
11	临沂三禾永佳动力有限公司	3803	33

续表

排名	企业名称	出口金额（万美元）	同比（±%）
	全市合计	282583	29.2
12	临沂远东进出口有限公司	3715	54.6
13	临沂澳美纺织有限公司	3579	1.1
14	临沂新光毛毯有限公司	3421	106.3
15	山东银凤股份有限公司	3376	31.8
16	费县淇凯纺织有限公司	3196	13.9
17	蒙阴华润进出口有限公司	2746	-1.7
18	临沂市康发食品饮料有限公司	2581	0
19	临沂金沂蒙生物科技有限公司	2510	68.9
20	临沂顺亿高尔夫球制品有限公司	2222	231.6
21	山东华盛中天动力机械有限公司	2221	29.4
22	临沂奇伟罐头食品有限公司	2078	20
23	山东银光抽纱有限公司	2075	54
24	鲁洲生物科技（山东）有限公司	1901	-13
25	德维比斯保健设备山东有限公司	1838	-19.4
26	山东华宝钢管有限公司	1790	103.9
27	山东三兴食品有限公司	1741	214.8
28	山东东盛伊思德食品有限公司	1593	60.3
29	临沂市天和木业有限公司	1560	11.8
30	临沂康发食品饮料有限公司	1506	-43.1
31	临沂恒盛木业有限公司	1491	43.5
32	山东三禾玩具有限公司	1488	37.3
33	临沂圣福源木业有限公司	1473	40.7
34	平邑县富士纺织有限公司	1470	79.7
35	临沂中环工艺品有限公司	1468	28.8

续表

排名	企业名称	出口金额（万美元）	同比（±%）
	全市合计	282583	29.2
36	临沭县兴大食品集团有限公司	1414	74.8
37	山东丰盛食品有限公司	1398	6.1
38	临沂汇丽鞋帽有限公司	1315	92
39	临沂浩宇进出口有限公司	1310	39.5
40	吾卢拉莒南玩具有限公司	1275	7.1
41	山东立晨集团有限公司	1174	40.8
42	临沂安信木业有限公司	1165	-14
43	临沂佳和木业有限公司	1146	66.1
44	临沂市信立达纺织印染有限公司	1127	81.8
45	临沂驰跃进出口有限公司	1092	43.9
46	山东嘉世通粮油制品有限公司	1084	69.9
47	临沂大林食品股份有限公司	1055	27
48	山东忠诚家纺有限公司	1033	37
49	沂南百华鞋业有限公司	1003	46.2
50	山东神大食品有限公司	994	94.9
51	临沂市东方金信经贸有限公司	993	46.5
52	苍山利发食品有限公司	993	566.4
53	山东银河机械化工有限公司	969	151
54	费县阳光塑料包装制品有限公司	953	32.4
55	临沂市中庸贸易有限公司	952	24.3
56	临沂金利凯进出口有限公司	933	104.6
57	临沂先锋科技有限公司	892	20.9
58	莒南县鸿丰食品有限公司	882	-15.8
59	临沂万隆工艺品有限公司	866	4.5

续表

排名	企业名称	出口金额（万美元）	同比（±%）
	全市合计	282583	29.2
60	山东广成塑业有限公司	833	75.7
61	山东五矿沂水锻造有限责任公司	823	56.8
62	临沂华盈工艺品有限公司	813	-2.4
63	费县外贸畜产有限责任公司	813	196.7
64	山东青援食品集团有限公司	811	40.3
65	山东银光科技有限公司	795	1123.1
66	临沂海德建材有限公司	792	103.1
67	临沂春江鞋业有限公司	786	131.9
68	临沂宝泉实业公司	766	9.7
69	莒南县金手指家居有限公司	758	44.1
70	临沂土畜产进出口集团有限公司	735	3.8
71	山东迈金建材有限公司	711	77.3
72	莒南百谷塑料制品有限公司	704	43.7
73	临沂大华木业有限公司	701	-22.4
74	临沂市万德福食品有限公司	700	251.8
75	沂水兴荣制衣有限公司	698	1
76	莒南县绿谷食品有限公司	696	14.1
77	山东特恩思电子有限公司	694	-27.1
78	莒南茂有花生制品有限公司	689	9.9
79	临沭美艺工艺品有限公司	673	-38.4
80	临沭县荣华工艺品有限公司	668	5.7
81	山东绿地食品有限公司	662	69.7
82	山东华盛对外贸易有限公司	651	20.8
83	平邑县金牛木业有限公司	642	37.2

续表

排名	企业名称	出口金额（万美元）	同比（±%）
	全市合计	282583	29.2
84	临沂双宝塑编有限公司	627	40.3
85	山东省五金矿产进出口临沂有限公司	622	-1.9
86	临沂基源塑胶有限公司	613	273.8
87	临沂瑞恩工艺品有限公司	608	101.3
88	山东美德国际贸易有限公司	606	70.2
89	莒南玉佳花生食品有限公司	601	74.7
90	临沂金柳工艺品有限公司	599	-3.2
91	山东国盛食品有限公司	599	18.1
92	莒南县嘉世通进出口有限公司	599	82.1
93	山东银光家用纺织品有限公司	590	11.1
94	莒南县祥龙工艺品有限公司	588	308.3
95	临沂华美石膏建材有限公司	586	1.6
96	莒南县杜邦粮油食品有限公司	584	189.1
97	莒南县中盛粮油食品有限公司	566	37
98	山东青果食品有限公司	565	61.9
99	临沂市曙光铸造有限责任公司	565	39.2
100	临沂金湖彩涂铝业有限公司	564	41.4

2010 年临沂市各县区对外贸易情况表

金额:万美元

指标 / 单位	进出口总额		出口额		进口额	
	本年实绩	同比（±%）	本年实绩	同比（±%）	本年实绩	同比（±%）
合　计	476633	39.4	282583	29.2	194050	57.6
兰山区	127462	44.1	57822	33.7	69640	53.9
罗庄区	94660	60.3	26039	26.6	68621	78.3

续表

指标 单位	进出口总额		出口额		进口额	
	本年实绩	同比（±%）	本年实绩	同比（±%）	本年实绩	同比（±%）
河东区	28341	33.8	27503	31.8	838	165.2
沂南县	10072	50.6	9449	51.5	623	37.5
郯城县	11788	52.2	8296	44.2	3492	75.4
沂水县	29882	5.1	20469	5.7	9413	3.9
苍山县	8149	102.1	7104	87.1	1045	340.9
费　县	25715	33.3	24732	40.3	983	-41.2
平邑县	14063	21.4	12981	31.1	1082	-35.7
莒南县	42276	15.7	34108	11.1	8168	39.8
蒙阴县	5084	-8.3	4670	-9.5	414	8.9
临沭县	30030	34.4	18351	36.9	11679	30.8
高新区	16598	23.7	15489	22.5	1109	42.9
经济区	31806	82.6	14977	59.4	16829	109.7
临港区	707	270.2	593	240.8	114	570.6
市　直	0	——	0	——	0	——

2010年临沂市各县区利用外资情况表

金额:万美元

指标 单位	项目个数	同比（±%）	合同外资	同比（±%）	实际外资	同比（±%）
合　计	37	5.7	32256	5.5	32660	7.0
兰山区	3	50.0	-3436	-212.2	6010	-11.0
罗庄区	0	-100.0	0	-100.0	1497	-77.0
河东区	1	0.0	1556	565.0	1550	18.8
沂南县	3	——	3287	——	391	255.5
郯城县	4	0.0	3120	262.8	502	174.3
沂水县	3	200.0	1298	25.2	1303	159.6
苍山县	3	0.0	7245	184.6	1550	81.1
费　县	1	-50.0	158	-73.1	931	1.2

续表

指标 单位	项目个数	同比（±%）	合同外资	同比（±%）	实际外资	同比（±%）
平邑县	1	-50.0	835	-19.2	1116	99.6
莒南县	0	-100.0	338	-92.9	4018	248.5
蒙阴县	1	-75.0	150	-97.3	22	-73.5
临沭县	2	-50.0	566	-62.9	903	-11.3
高新区	3	50.0	1249	-38.0	1651	36.9
经济区	8	100.0	12455	327.4	11006	235.9
临港区	3	——	1535	7575.0	210	288.9
市　直	1	——	1900	——	0	-100.0

2010年临沂市各县区对外经济技术合作情况表

金额单位:万美元

单　位	外派人数	境外项目	对外投资额
合　计	8493	38	25997
兰山区	1000	8	6446
罗庄区	483	5	7080
河东区	510	4	3405
沂南县	1007	1	360
郯城县	504	2	540
沂水县	708	3	2160
苍山县	382	0	0
费　县	1017	2	500
平邑县	560	1	420
莒南县	360	3	540
蒙阴县	1351	2	105
临沭县	390	2	500
高新区	180	2	2401
经济区	41	0	0
临港区	0	0	0
市　直	0	3	1540

（刘传兵）

国际贸易促进工作

【概况】 2010年，中国国际贸易促进委员会临沂市委员会(中国国际商会临沂商会)(以下简称市贸促会)以转方式、调结构为主线，凝心聚力，开拓进取，全力推进招商引资、会展经济、市场开拓、涉外仲裁、会员服务等工作，取得了较好成绩，连续8年被省贸促会评为全省贸促工作先进单位。

【招商引资】 全市贸促系统共引进16个项目，合同金额1.2亿美元，实际到位资金9300万美元。市贸促会在继续服务好宇帆滨河高尔夫球场、九州通药业、金潮港置业、金正大战略投资等落地项目的同时，重点督促新项目的落实。全年实现到位资金10400万元。其中，九州通药业新到位资金400万元，澳门名嘉城市广场项目到位资金1亿元。从省财政为郯城县李庄镇争取110万元(市、县财政分别配套50万元、20万元)无偿资金，建设了1座秸秆气化站，管线无偿联通到户，使400余户近2000余名群众用上了清洁能源。促成了浦东归国留学人员联合会在临沂设立分会并在经济开发区建立留学生创业基地，为开展招商引资工作搭建了新的平台。

【境内外展览】 全市贸促系统共组织企业参加境内外展会99次，196家企业参加了境外展会，境外展出面积3528平方米，境外展合同成交额2.05亿美元。其中，市贸促会直接组织的有中东五金展、台湾食品展、俄联邦轻工纺织及设备展览会等7个境外展会，参展企业10家，境外展展出面积105平方米，境外展贸易成交合同金额271万美元；在境内展方面，全市贸促系统共举办31次展会，组织1360家企业参展，展出面积达60300平方米，其中，市贸促会联合所属会展协会会员企业，举办了7个展览会，并在办展模式上取得了较大的突破，组织203家企业参加了香港(济南)时尚购物展、中国物流服务业展览会、台湾名品博览会等，完成了“2010中国临沂市场贸易博览会”境外招展和布展任务，承办了“中国临沂首届食品产业博览会”，展会现场成交额8000万元，合同成交额2亿元。

【出证认证】 为了更好地服务企业，提高签证效率，举办了签证员培训班，重新制订了新的签证业务流程，强化了预约服务和节假日服务、日常咨询服务，实现了签证顺畅高效。全年共签发一般原产地证11144份，增长33%；商业单据认证395份；签发优惠产地证46份；新增签证注册企业114家；代办领事认证685份；代办商事证明书1253份；办理ATA单证册3份，为促进全市出口增长提供了支撑。

【法律服务】 做好企业法律咨询和宣传工作，帮助临沂市华派克物流公司通过涉外仲裁方式解决与新加坡一家公司的贸易纠纷，临沂市华派克物流公司获赔16万美元。全年为企业提供涉外法律咨询200余人次。

【商会建设和会员服务】 组织培训、考察、调研等活动。先后邀请了专家学者为400余家会员企业做了中小企业管理和融资方面的辅导报告。为了解会员企业特别是出口企业在当前经济企稳回升时期的经营状况，市贸促会专门编制了调查问卷，认真进行了调研，写出了《临沂国际商会会员企业在经济企稳回升时期经营发展状况的调研报告》，市委书记连承敏阅后作重要批示。组织了会员企业参观上海世博会、与上海浦东归国留学人员联合会交流联谊会及会员企业乒乓球友谊赛等活动，增强了商会的活力，提高了凝聚力和向心力。宣传会员企业，扩大其知名度，利用国家、省、市贸促会的网络平台优势和市贸促会的贸促信息，突出宣传会员企业产品与服务，将会员企业的重大活动等事项发布到总会和省会网站，全年共上传信息20余条。引导会员企业致力于社会公益事业，回馈社会，焙烤食品商会多次到沂南敬老院捐款捐物、奉献爱心，重阳节前夕又给老人们送去了1辆面包车，满足了敬老院购买生活用品和接送病人需要；冠蒙集团设立见义勇为基金，向学校、养老院等社会公益事业捐资达20余万元；南亚物业长期资助20余名贫困学生。加强与总会的联系，接待了总会机关党委副书记孟文惠率领的青年干部考察团来临沂市考察。考察团为兰山区李官镇一小学捐款捐物近2万元。

(朱秀梅)

临 沂 海 关

【概况】 2010 年，临沂海关扎实推进大监管体系建设和双强关建设，不断创新管理理念、优化通关环境，完成了各项工作任务。进出口报关单 6.14 万票，同比增长 27.6%；监管货运量 469.5 万吨，增长 82.9%；监管货值 30.5 亿美元，增长 63.3%；征税 14.3 亿元，增长 76.7%；加工贸易合同备案 534 份，备案总值 5.1 亿美元，出入保税仓库货物 1.6 万吨，出入库金额 5338 万美元。临沂海关被市委、市政府授予“2010 年度临沂市商务工作服务先进单位”、“2010 年度临沂市文明单位”等称号。

【税收征管】 落实综合治税各项要求，统筹税收工作各环节，开展税源调查，拓宽税源渠道，加强对税收征管工作的研究分析和协调督办，综合运用归类、审价、稽查、缉私等手段形成治税合力，提升了税收征管质量。全年税收入库 14.3 亿元，增长 76.7%，其中关税 2.53 亿元，增长 66.4%，增值税 11.7 亿元，增长 79.1%。推进属地报关纳税工作，拓宽辖区税源，针对辖区税源实际情况，以推进属地报关纳税工作为出发点，采取现场办公、课题研究和实地走访等形式为企业送政策上门，加大宣传推介力度，辖区外税源回流增加明显。属地报关纳税额已占临沂企业缴纳税款总规模的 65.3%，提高 8.5 个百分点。

【海关服务】 加大支持全市重点企业、重点项目、高新技术产业发展的力度，帮助企业用上用好用足国家税收优惠政策，缓解企业资金压力，提高企业应对各类风险的能力。全年共办理减免税业务 87 笔，减免税税额达 1620 万元。抢抓通关改革机遇，优化通关环境，将推广多点报关通关模式作为重点任务，主要领导亲自带队赶赴各个县区，到企业进行现场办公，详细宣传介绍“多点报关、口岸验放”通关模式，主动解答企业疑难问题，对尚未开展该模式通关的企业，进行逐户走访，耐心讲解该模式的通关便利性。全市有 20 余家代理报关公司，1200 余家企业采用了多点报关模式通关，提高了通关效率，节省了通关成本和通关时间。

【加工贸易工作】 加工贸易健康快速发展，转型升级工作成效突出。以风险管理为依托，对加工贸易企业和备案合同实施动态管理，加大前期验厂、中期核查和后期核销力度，严格合同备案、展期审批和单耗管理，全年备案加工贸易手册 534 份，实际进出口总值 5.1 亿美元，报核及时率、结案及时率均保持 100%，加大对保税仓库的监管力度，出入库货物 1.6 万吨，增长 464%，出入库金额 5338 万美元，增长 287%。

【企业监管】 优化企业监管模式，防控能力持续增强，推进企业分类管理，全年新增企业 262 家，新增 AA 类企业 1 家、A 类企业 25 家，全市进出口企业总数量达 3194 家，AA 类企业达 5 家，A 类企业达 96 家，以科学管理带动监管效能，提高了防控能力。以“三查合一”为契机，形成后续监管合力，根据“三查合一”会议精神和内外勤分离工作要求，将企业稽查、减免税核查和保税中后期核查统一归口稽查科，实现了职能优化、流程再造和资源整合，提升了后续监管的整体质量和效能。全年共稽查企业 20 家，发现问题率达 50%，移交缉私部门案件 9 起，稽查追补税 60 余万元。贯彻宽严相济执法理念，开展反走私工作，在风险分析的基础上，围绕重点商品、重点行业、重点企业，加大执法力度，全年共移交刑事案件 3 起，办理行政违法案件 12 起，其中走私行为案件 1 起，总案值 684.3 万元，涉税 120.3 万元，罚没收入 60.6 万元。

【海关建设】 建立健全各项规章制度，夯实基层海关管理基础。按照海关总署统一部署，制定了《临沂海关中长期发展规划》和《临沂海关三年行动计划》；结合领导班子调整实际情况，修订完善了《党组工作规则》、《党组加强自身建设的具体规定》、《党组中心组理论学习计划》等制度；以风险管理为导向，制定了《临沂海关风险管理工作制度》。以行风建设为突破口和关键点，打造阳光透明海关。将可以公开的信息全部纳入信息公开范围，实现与服务对象的良性沟通，保障了公民、法人和其他组织的知情权、参与权和监督权。依托科技平台，简化付税流程。推行网上付税，向企业介绍网上付税的便利性、网上付税流程及相关注意事项，临沂辖区进出口企业网上付税比例已逾 90%，简化了付税流程，提高了通关效率。坚持依法行政，明确岗位职责，理顺执法流程，规范执法程序，细化执法标准，做到依制度管理、按程序办事，将法制宣传教育纳入年度考核，加大了学习宣传力度。推行首问责任制、限时办结制等服务承诺制度，对涉农产品提供24小时无障碍通关服务。做好2010年F1摩托艇世界锦标赛中国临沂大奖赛、中国临沂市场贸易博览会和中国(临沂)国际食品产业博览会等展会人员、物资的通关监管工作，为全市经济发展提供推力。

临沂海关2010年主要业务指标情况表

项　目	分　类	单　位	数　量	同比±%
货运量	进口	万吨	330.1	113.3
	出口	万吨	139.4	36.8
	总量	万吨	469.5	82.9
货值	进口	万美元	130675.4	85.5
	出口	万美元	174334.8	49.9
	合计	万美元	305010.2	63.3
税收	关税	万元	25278.5	66.4
	增值税	万元	117429.4	79.1
	合计	万元	142707.9	76.7
报关单	进口	票	2241	47.1
	出口	票	59130	27
	合计	票	61371	27.6
企业注册	数量	家	262	-21.1
备案加工合同	份数	份	534	-2.7
	合同值	亿美元	22168.4	-7.1
审批减免税	份数	份	87	85.1
	减免额	万元	1620.8	-33.3
	对应货值	万美元	4109	165.5

备注：加工贸易结转等贸易方式不列入海关统计，在货运量、货值、报关单数量等指标上不体现。

(王新伟)

出入境检验检疫

【概况】 2010年，临沂出入境检验检疫局开展“质量提升年”、“廉政建设年”活动，促进地方产业结构调整，服务区域经济发展，为临沂经济社会发展做出了贡献。全市共完成检验检疫业务81359批、货值286532万美元，同比分别增长10.35%、38.05%。其中，出境80290批、275400万美元，分别增长10.27%和38.09%；入境1069批、11132万美元，分别增长16.96%和37.21%。共检出不合格进出口商品265批，涉及金额2785万美元；截获各类植物疫情501批次,545种次。继续保持“全国精神文明建设工作先进单位”,在全市“千家企业评机关”活动中获第六名,被评为全省系统“大培训、大练兵、大比武活动”优秀组织单位等。

【依法行政】 探索体系认证与执法监管的有机结合,利用日常检验监管、实验室检测信息,查找检验检疫监管和企业质量控制方面的薄弱环节,合理调整检验检疫监管的重点项目、关键环节及频次,实现了检验监管措施的科学动态调整。开展“双打”行动,查明违法出口企业7家,假熏蒸消毒证书62份。

【服务经济】 开展“三个一百”等活动,帮扶12家企业建立ISO9000质量管理体系,100%建立并完善了自检自控体系;在5家企业实行“无纸化报检”,自主研发“作废证单管理系统”;加大企业辅助拟稿的推广,在207家报检单位发送拟稿数据39019份,实现了审单、监管、放行多环节便利的联动机制,方便了出口企业。指导企业用足原产地证政策,先后为143家企业开展培训,办理1951家企业注册产地证。全年签发各类原产地证30117份、金额85764万美元,分别增长16.30%、30.95%。落实有关减免检验检疫费的政策,为企业减免费用772万元。帮扶河东区农产品质量安全示范区获国家质检总局首批重点推进出口农产品质量安全典型示范区之一,临沂大林食品有限公司生产的FD菠菜出口日本系2003年以来全国FD菠菜首次出口日本,临沂康发食品饮料有限公司顺利通过美国FDA检查,鲁洲生物科技有限公司和山东阜丰发酵有限公司生产的L－异亮氨基酸和L－缬氨酸出口德国,是山东口岸首次出口工业化生产的人体必须氨基酸。

【科技工作】 实施“科技兴检”战略,检测项目达427项,其中,有331个检测项目通过中国合格评定国家认可委员会(以下简称“CNAS”)认可,部分检测能力辐射鲁南地区。新开展植物线虫检查、昆虫鉴定、杂草鉴定等3个植检项目,泡菜中寄生虫卵检测通过了韩国食药厅和CNAS认可。先后通过CNAS组织的实验室认可与计量认证“二合一”复评审和扩项评审考核;通过国家认监委组织的专项监督检查。全年共检测15299批、38403项次,同比分别减少12.4%、2.04%。检出不合格样品343批,阳性结果率2.24%。有4个项目(2项为自筹资金项目)获山东检验检疫局科技立项,制(修)订标准1项。有1个科研项目通过市科技局鉴定,鉴定结果为“居同类项目的国内领先水平”,获得市科学技术进步二等奖。发表科研论文25篇(核心期刊10篇)。

【认证监管】 全年完成体系咨询22家。其中,ISO22000食品安全管理体系8家,ISO9001质量管理体系4家,HACCP食品安全管理体系2家,管理技术培训8家。体系咨询完成并通过认证企业13家,其中,ISO22000食品安全管理体系8家,HACCP食品安全管理体系1家,ISO9001质量管理体系4家。

(刘广信　刘清臣)

交通·邮电

交通综述

【概况】 2010年,全市公路通车总里程达22316.4公里,其中国省道2032.4公里(高速公路330.6公里)、农村公路20272.4公里、专用公路11.6公里,公路密度达每百平方公里130公里。行政村通硬化路率达99.1%,行政村通客车率达98.14%。全市营业性运输车辆达15.8万辆,客、货运输企业分别达20家、326家,其中大型物流企业、综合性货运站场、道路危险货物运输企业分别达35家、27家和25家。全年共完成公路运输客运量2.6亿人次、货运量2.7亿吨;完成水路运输客运量95万人次、客运周转量933.4万人公里。

【基础设施建设】 全年共完成交通建设投资53.39亿元。临枣、青临高速公路临沂段进展顺利,327国道临沭段、沂邳线青驼至探沂段、薛馆线马站至日照界段、沂新公路及蒙河大桥、文泗公路兰山段和平邑段等重点项目竣工通车。改造农村公路1016.3公里,桥梁52座3307延米,超额完成市政府"十大为民工程"之一的农村公路新改建任务目标。临沂交通"第一跨"——金锣大桥及连接线工程进展顺利,这是税费改革后全省地方道路中通过市场化运作建设进度最快、标准最高、投资最大的项目。开展公路环境综合整治,完成了市委、市政府确定的干线公路和县乡公路整治任务。

【沂新公路及文泗公路兰山段工程】 沂新公路北接沂南县城,南至北城新区,其中,兰山段全长8.5公里,投资9000余万元;沂南段全长21.2公里,投资1亿元,沂南县城以南19.7公里已建成通车。蒙河大桥作为沂新公路的重要控制性工程,工程总投资约3000万元。文泗公路兰山段东起汤头沂河大桥,西至半程镇与205国道相接,全长15.1公里,按照二级公路标准建设,路面宽9米,总投资约5000万元。沂新公路及文泗公路兰山段工程于11月6日竣工通车。

【运输行业管理】 完善道路运输市场体系,推进道路运输业向规模化、集约化方向发展。全市现代物流园区达10个,等级客运站182个,新客运总站建成投入使用。营运货车75432辆、载货机动车74862辆、营运客车3381辆、出租车2750辆、公交车1246辆。三类以上维修企业1067家。机动车综合性能检测站10家,年检测能力30.8万辆次。二类以上驾校43家,年培训能力15.8万人次。道路运输从业资格培训机构10家,年培训能力3.1万人次。水运企业10家,各类机动船舶72艘。全年公路运输客运量、货运量同比分别增长4.74%、7.50%。推行车辆便民检测新模式,荣庆机动车检测服务中心"三位一体"便民服务模式为全省是首创,体现了交通运输部门以人为本、服务群众的施政理念。加强组织协调,科学调配运力,完善应急预案，完成了抗冰雪、保春运和“五一”、“十一”、世博会、亚运会及重点物资运输任务。

【运输执法与行业监管】 推行“链条式”目标责任管理，全市道路运输管理工作获全省第一名，被省厅授予“全省运管工作先进单位”称号。提高依法行政能力，加大普法宣传力度，市交通运输局被交通运输部评为“五五”普法工作先进单位。坚持“公开透明、高效便民”原则，精简许可事项，简化许可程序，全年共办理道路运输证23504件、审验道路运输证24074件、各类从业资格证10082件，业务办理准确率达100%。做好行业集约化管理工作，推进了交通财力、交通执法、资产运营“三项资源整合”。加强客货运输、维修、驾培市场监管，开展道路运输市场专项整治活动，规范市场，净化环境，保障了道路运输市场健康有序发展。加强“双超”治理工作，在全省治理车辆超限超载目标责任考核中名列前位。全年共投入联合执法人员3.9万人次、执法车辆9360辆次，检查车辆21万辆次，查处超限违章车辆3.3万辆次，卸载货物2.4万余吨。推进公交国有化进程，国有线路、车辆达到32条、839台，分别占总量的60.4%和65.2%，形成了国有占主导的城市公共交通体系。

滨河路与通达路互通立交工程竣工通车

【绿色交通发展】 推广使用新能源公交车辆，推动了交通运输向低碳、节能、环保、舒适型方面发展。全年投入5.4亿元，新上100辆沂星纯电动公交车和300辆天然气公交车，新建4个公交停车场、3个加气站、4处充电站。临沂“绿色公交”的发展居全省第一位，走在了全国城市的前列，被省厅作为典型在全省范围内进行了推广。加强城市出租节能降耗，全市2750辆出租车有2700辆改装了天然气动力，实现了油、气双燃料动力自由转换，每车每月可节省燃料费用1100余元。临沂市交通运输节能减排工作，得到了省交通运输厅的肯定。

【行业文明建设】 开展“创先争优”活动，坚持向社会公开政务，全方位畅通诉求渠道，开通全市交通服务热线电话“96555”，在市局政务网站上设置局长信箱、信访投诉和留言簿专栏，在各窗口单位服务大厅设置“意见箱”，积极参与“行风热线”、“都市全接触”、“马上就办直通车”、“交通之声”等栏目，自觉接受群众监督，提升了交通行风建设水平。开展创建“阳光交通·和谐之旅”服务品牌活动，“阳光交通·和谐之旅”服务品牌成为全市乃至全省、全国具有重大影响的知名品牌。全行业获“全国文明单位”1个、“省级文明单位”21个、“市级文明单位”33个，被交通运输部授予“全国交通运输行业文明单位”称号。

（王秀峰　苑光彬　谢东升　黄　蕾　谷晓波）

公　　路

【概况】 2010年，全市公路系统完成公路建设总投资21.05亿元（含高速公路建设），327国道临沭段、临沂北外环西延及北延段等4个项目、91.8公里建成通车。年末全市干线公路通车里程达2032公里，其中，高速公路330.6公里、一级公路597.4公里、二级公路1085.3公里，二级以上公路占干线总里程的99%。

沂新公路暨文泗公路兰山段通车仪式

【重点工程建设】 全市公路系统加强组织协调，积极争取建设资金，保证了工程建设的发展。重点项目高速公路方面，长深高速公路临沂段路基、小桥涵基本完成，穆陵关隧道于11月21日贯通，全年完成合同计划11.6亿元；临（沂）岚（山）高速公路完成路线方案设计和工可报告编制；日兰高速沂南高里互通立交工程工可报告通过省交通主管部门审查；京沪高速公路临沂段扩容及应急出口设置正在勘察设计中。普通路网方面，全年完成投资4.8亿元，完成327国道临沭段（全长29.1公里，一级路，路面宽23米）、沂邳线青驼至探沂段（全长32公里，二级路，路面宽12米）、薛馆线马站至日照界段（全长23.7公里，二级路，路面宽10米）、临沂北外环西延及北延段（全长7公里，一级路，路面宽24米）4个项目，91.8公里建成通车；沂台线苍山向城至枣庄界路面翻修工程完成下面层；合格率达100%。立足服务于建设鲁南苏北特大型中心城市，制定了《临沂市干线公路网“十二五”发展规划》，7月5日，市政府常务会议研究通过。

【养护管理】 针对全市干线公路养护里程长、基础相对薄弱的实际，推行了预防性、精细化养护，全年投入养护资金4.65亿元，组织实施了大中修和危旧桥梁改造工程，干线公路通行条件显著提升。投入2.34亿元，完成205国道郯城东环段、327国道义堂至费县员外段等20项路网中修工程。投入6281余万元，完成京沪高速临沂段车辙处理、桥涵维修、护栏整修、隔离栅补设等17项专项工程。投资515万元，实施路面灌贴缝26.1万延米、挖补1.2万平方米。加快公路安全保障工程进度，投资598万元，增设、更换高速公路标志牌1315块、普通干线公路标志482块。组织开展公路绿化月活动，投资618.3万元新植行道树49公里，绿化提升568公里。新建205国道蒙阴至新泰段等文明样板路120公里，巩固保持1116公里，文明样板路总里程达1236公里。投入小修资金230余万元，维修桥梁106座；投资1298万元完成7座危桥改造工程。全市投入资金14.7亿元，分别采取“一清、二拆、三挡、四分、五绿、六硬化”等手段开展干线公路路域环境综合整治，共整治沿线乡镇驻地56个、村居348个，板厂、沙场等经营场所1824处，硬化被交生产路2825条，集中打造了205、206、327国道、岚济路、石兖线以及城市出入口等精品亮点线路，成为全省样板。市公路局被市委、市政府授予“全市城乡环境综合整治先进单位”称号。全国公路交通行业杂志《中国公路》以《临沂的力度》为题，重点推介临沂的经验做法。

【依法治路工作】 全年实施路政许可164件，依法拆除违章建筑2499.5平方米，清除非公路标志2931处，清除堆积物8720处；查处路政事案2730起，查案率、结案率、路产损失回收率均达到98%以上；出动宣传车1302台（次），发放宣传资料46万余份，悬挂、粉刷标语1373条，制作宣传短片72部，培训路政执法人员6466人次。加强涉路工程的审批管理，严把涉路工程设计方案审查和建设行政许可关，推行重大涉路工程联合审查制度，共许可涉路工程71起。开展高速公路交通秩序综合整治工作，加大超限运输许可证的办理审查力度，共办理超限运输许可证510起。加快应急处置中心建设，共配置吊车、清障车等大型设备16台套，远程指挥调度平台和京沪高速汪沟救援场地已投入使用，12月13日，在日东高速公路临沂段举行高速公路应急处置联合演练，提高了高速公路应急救援能力。注重发挥“执法监督服务电话”的综合效能，共接听、受理各类咨询、投诉电话300余个，全部给予答复。办理行政复议和涉路诉讼案件，参与或直接办理诉讼案件19起，无行政复议和行政诉讼败诉案件。

【规费征收】 推行以“手礼服务、微笑服务、规范服务、便民服务”为内容的4项服务，206国道沂河大桥收费处顺利开征，327国道临沭收费处及时复征，全市公路通行费征收保持了稳步增长。加快高速公路不停车收费系统建设，市公路局电子收费客服分中心以及京沪高速临沂站、临沂南站、苍山站、青兰高速杨庄站等4个收费站的8条ETC车道全部开通，建成9个客服网点，运行良好。抓好收费设施维修改造，投资400万元改造京沪高速公路鲁苏省界收费站计重设备，为6个普通路收费处增设边道收费监控设备、设置电子可变情报板、更新数字录像系统以及更换减速带，增强收费通行能力。加强与公安、交警等执法部门的协调配合，加大对收费秩序的整治力度，共查处偷逃费行为3380起，挽回通行费损失158万元。

【行业管理】 加强干部队伍建设，差额选拔了1名正县级、3名副县级领导干部。组织选拔任用了20名正科级、30名副科级干部，并组织了科级干部任前培训。推出以“抓重点、抓亮点、抓难点、抓薄弱点、抓具体、具体抓”为内容的“六抓工作法”，在全省公路系统大力推广。履行部门职责，服务文明城市创建工作，做好清河北路卫生环境整治和城区出入口公路环境综合整治,在高速公路出入口、跨路天桥设置30块大型公益广告宣传板。圆满完成全省转方式调结构现场观摩会、"临博会"、F1摩托艇世界锦标赛等全国、全省重要会议途经现场道路保障和路况提升任务。坚持勤俭节约,强化水电、燃油节约,从严控制公务接待,实行车辆统一派车加油维修等措施。开展"星级服务区"评定活动,全面提升高速公路服务区运营管理水平和服务质量,投资7000万元对服务区进行全面改造。积极引导广大干部职工进行技术攻关和管理创新,13项QC成果荣获省优,其中3项荣获国优。临沂公路网站点击量突破300万次。新华网等中央媒体刊发《喜看公路千姿态 临沂交通上层楼》等8幅临沂公路大美图片,《人民网》山东频道、《中国公路网》、《中国网》、市政府网站等网站相继转载,提高了临沂公路知名度。在全省公路系统"创建文明行业、构建和谐公路"竞赛活动中夺取工程优质杯、通行费管理杯、路政执法杯、高速公路管理杯、综合服务杯、计划管理杯、财务管理杯和安全管理杯8个单项奖杯,获综合评比铜奖。有34个局属单位获得"省市级文明单位"称号,市公路局获"全国文明单位"称号。

(王军涛)

铁　　路

【概况】 2010年,临沂车务段隶属济南铁路局,管辖兖石线西起阮家村站K14+989东至莒南站K240+786;管辖里程227.7公里15个车站。胶新线:北起五莲站K93+189南至红花站K297+230;管辖里程204公里16个车站。东平线:北起放城站K32+724南至平邑站K60+146;管辖里程27.4公里1个车站。总管辖里程459.1公里。根据济南铁路局电气化施工要求,1月8日、28日,分别封闭临沂段管内太来庄站和温水站;11月20日东平铁路(东都—平邑)具备开通条件,位于该线的放城站交付临沂车务段管辖。至年底,临沂车务段管辖32个车站;乘务室1个。其中,二等站1个;三等站6个;四等站25个。办理客、货运业务的车站8个(莒南、临沂、费县、平邑、泗水、曲阜、临沂北、莒县);办理货运业务的车站12个(莒南、沭埠岭、临沂、红埠寺、费县、地方、平邑、鲁舒、泗水、曲阜、临沂北、莒县);办理客运业务的车站12个(莒南、临沂、费县、平邑、泗水、曲阜、郯城、临沂北、沂南、沂水、莒县、五莲),办理接发列车作业的车站16个(红花、沙墩、临沂南、太平、汤头、杨家坡、青石岭、峤山、桑园、中至、郑旺、朱保、泉林、南陶洛、阮家村、放城)。固定资产净值30966万元。

【安全生产】 临沂车务段通过强化安全导向,做好问题整改,强力练标推标,安全生产日趋稳定。以兖石铁路电化施工及开通运营安全为重点,落实监控责任,加强培训考核,完善规章预案,把握季节特点和安全关键,确保了春运、暑运、黄金周、军运、专运、调图和世博会、亚运会期间的运输安全。完善安全管理逐级负责制考核和干部不作为问责追究制度,细化考核项点,强化责任追究,坚持从严考核,转变了干部工作作风。开展12项安全专项整治活动,开展标准化车站、班组创建,完善各项规章制度,定期公布有效规章目录,加强安全基础建设,提升了安全管理质量。

【铁路运输】 加大客运营销宣传力度,提高服务质量,抓好春运、暑运以及节假日旅客运输高峰期间客运组织,落实逐级经营责任和目标。全年共完成运输收入52914.8万元,为年计划的132.3%;旅客发送272.3万人,为年计划的103%;货物发送299.5万吨,为年计划的136%;停时19.8小时,比计划压缩0.4小时;中时8.8小时,比计划延长0.8小时。

【企业管理】 推行全面预算管理,加强过程考核、动态控制,完成了成本预算目标。落实工资基金使用审批程序,规范了工资列支渠道和劳资管理。按照"保重点、压一般"的财力配置原则,集中财力用于保安全、保工资、保生产。全年全段职工人均工资为50156元,比上年增长13.7%。

【行风建设】 坚持融入中心、服务大局,加强和改进党建思想政治工作,稳定思想、凝聚人心,发挥党组织政治核心作用和党员先锋模范作用。围绕安全重点,开展争创"青年安全放心岗"等活动,做好信访工作,完善稳定包保责任制,强化治安综合治理,确保了和谐的安全生产环境。年内临沂车务段获"省文明单位"称号。

(高志敏)

航　空

【概况】 临沂机场占地140公顷，飞行区技术等级4C级，跑道长2400米、宽45米，适用机型为B737、A320等中型客机及以下机型。站坪面积为1.8万平方米，按3架C类飞机自行滑进滑出的使用要求设计；候机楼面积5800平方米，按航空业务量28.4万人次，高峰小时旅客吞吐量170人次设计；航管楼面积1800平方米，具备全天候航管、导航、气象、通讯、灯光等配套设施。年内，临沂民航局被授予市级"文明单位、市十大文明服务窗口"、省级"巾帼文明岗、省春运先进单位"等称号。

【安全工作】 临沂民航坚持"安全第一，预防为主"的民航安全总方针，通过推行安全责任制，加大安全投入，完善规章制度，提高员工业务素质等手段，做好安全工作。为提高安全适航能力，临沂机场进行了改造提升工程，项目总概算2.3亿元，其中争取国家民航局专项补助资金5000万元，更新涉及安全的设施设备，提升了安全保障能力。一期机场改造提升工程主要新建航站楼1.3万平方米，增设登机廊桥3个；扩建停机坪1.85万平方米，停机位由3个增加到8个。年末，经民航华东管理局专家验收投入运行，各项设施设备运行良好。修订完善了《临沂机场航空安全保卫方案》、《临沂机场使用手册》等，理顺了工作程序。先后组织了航空保安培训、危险品运输管理等培训，严格新进人员岗前安全教育培训，全体员工安全意识得到强化。加强应急演练，成功组织了食物中毒应急救护、残损航空器搬移桌面演练，提高了应急处置水平。3月份顺利通过了华东局保安后续审计。圆满完成了周永康专机和两会、世博会安全保障任务。市民航局坚持为全市经济社会发展大局服务、为广大市民出行服务，开通了24小时服务热线、投诉热线，开展了无成人陪伴儿童、老人等温馨服务。

【运输生产】 年末共拥有17条航线，飞往北京、上海、丽江、海口等14个城市，其中新开通了成都、海口、桂林、丽江、长沙、上海浦东等航线。实施科学运营，灵活调整销售政策，加大宣传力度，圆满完成了年初制订的"旅客50万、货邮2000吨"的工作目标，全年共实现旅客吞吐量56.5万人次，同比增长80%，增幅在全国吞吐量50万人次以上机场中居第二位；货邮吞吐量2016吨，增长74%。

（韩　杰）

邮　政

【邮政服务】 市邮政局下辖9个县局3个区局，从业人员2819名，邮路44条，投递段道790条，邮路总长度4940公里。年内，共有邮政支局、所252处，其中80%以上分布在农村，全市所有行政村实现了村村通邮。邮政网络连接城乡，覆盖全国，具有物流、信息流、资金流"三流合一"的独特优势。主要经营函件、报刊发行、集邮、电子商务、包裹、特快专递、中邮物流、代理金融、电子汇兑等业务。全年全市完成邮政业务总量33760万元。全年累计处理机要邮件6.15万件，机要通信服务实现连续35年无质量差错。配合做好党报党刊收订工作，完成了《人民日报》、《大众日报》等党报党刊收订工作。累计投送各类邮件、报刊1.28亿件，妥投率达99%以上，邮政客户满意度和满意率均居全省第一位。

商函数据库服务。市邮政局设有专门的名址数据中心，拥有各行各业的名址数据700余万条，精确的数据名址，可帮助中小企业锁定目标客户、宣传产品、拓展市场。自2007年起，与市中小企业办联合开展"利用邮政资源实施中小企业市场拓展工程"活动。至年底，有768家中小企业提供直邮服务，寄发直邮信函350万件。7月，临沂直邮协会正式成立，为临沂邮政开展"直邮服务中小企业"活动打下基础。

邮政EMS物流服务。从临沂发往全国各地的全夜航EMS实现次日达，发往日、韩等国家的EMS实现次日达；发往省内的EMS实现次晨达；为满足企业发展需求，市局自主开发了当日达业务，提高了全市9县3区的邮件传递速度。广交会期间，将临沂柳编等产品及时寄送出去，为企业提供产品寄递服务。年内，临沂邮政物流实现出口业务总量29万余件。拥有制药、化工、服装等行业合作伙伴百余家，其中与国人西服、翔宇制药、罗欣药业、金正大集团、兰陵集团、温河集团、沂蒙老曲酒业等企业长期合作，为他们提供运输、仓储、配送等服务。兰陵集团、温河集团、沂蒙老曲酒业等企业的产品通过邮政物流在全省运作。国人西服、金正大集团被中国邮政集团公司确定为全国邮政统一配送项目。

代理金融服务。邮政遍布城乡的支局、所，可为中小企业提供快捷、便利的金融服务。全市邮储余额达百亿元，代理各类保险累计实现代理保费 6.28 亿元，推进了“新农保”试点金融服务工作。开办了代发工资、代收烟草款、代收电费等服务项目。年末，代收发户数达 45.5 万户。

“三农”服务网点建设。充分发挥邮政优势，履行邮政服务“三农”义务。全市各级邮政企业按照统一名称标识、统一经营、统一价格、统一渠道、统一服务和统一管理的原则，规范邮政“三农”服务网点建设。规范 202 处乡镇级物流配送中心，村级“三农”服务站 2790 处。利用全程全网的资源优势，精选优质产品，开办了化肥、农药、种子等 100 余个品种的农资产品配送服务。全年累计配送农资肥料 1.5 万吨、农药 200 万元，生物调节剂等其他农资产品 400 余万元，酒水及日用品 34.5 万箱。联合农业部门、生产厂家为农民进行农技知识培训，指导农民科学种田、正确选择、使用农资产品。全市邮政共聘请农业专家 50 人，成立邮政农业专家宣讲团，到田间地头开展送科技下乡活动。借助《山东邮电报·三农周刊》平台，推荐农资农需产品、发表农民使用中邮物流产品心得，促进信息交流和信息反馈。赠阅科技报刊、发放宣传单、明白纸 300 余万份指导农民科学种植。

地方文化建设服务。围绕地方经济，以邮政独有的邮资票品为载体，宣传推介全市文化产业和旅游业，提升临沂的知名度和美誉度。以《中国古代书法——行书》特种邮票首发式、第一届全国红色运动会、F1 摩托艇世界锦标赛等活动在临沂举行为契机，开发制作了《大美临沂》、《和美莒南》、《临沂·水之城》、《临沂大学》等极具地方特色的个性化邮品，全面宣传临沂的历史文化、书法文化、红色文化、商业文化、旅游文化。联合地方旅游部门开发蒙山沂水、临沭苍马山等景区智能明信片门禁系统，提升了景区旅游品牌档次。

【企业管理】 市邮政局以职工教育培训为重点，制定了全方位的学习培训计划，提升了队伍素质。全年组织各类培训 129 期，培训员工 3547 人次。对全市 269 名支局长进行综合培训，提升了支局长营销、管理水平。鼓励员工参加邮政职业技能鉴定、邮政生产员工技能考核，提升一线员工工作素质。坚持局务公开，对劳务工转招、退伍军人安置、大宗物品采购等做到公开透明，自觉接受职工群众监督。开展支局五小建设，改善农村支局员工生产生活环境，共建成标准职工小家 148 处，其中有 5 处被评为全国模范职工小家。做好人民来信来访、困难职工帮扶、职工健康查体等工作，全年为困难职工发放救助金 12.3 万元。组织全市邮政职工举办先模事迹报告会、户外拓展训练、健步跑比赛、羽毛球、乒乓球比赛等文体活动，丰富企业文化。全市 10 个单位中有 7 个被评为省级文明单位，3 个为市级文明单位。

（甄爱东）

信息产业

【软件产业】 2010 年，全市从事软件研发、计算机系统集成、动漫游戏及网络服务的企业百余家，主要集中在兰山区、高新区和经济开发区，全年通过“双软认证”的软件企业 16 家，计算机系统集成企业 4 家，主营业务收入 3.7 亿元，增长 130%。有 20 家企业的 60 件软件产品进行了著作权登记。临沂市拓普网络有限公司被评为山东省软件工程技术中心。山东成功信息技术有限公司开发的《民政优抚医疗信息综合管理系统》被民政部推广应用。临沂一漫动画有限公司创作的 26 集动画片《蒙山小游侠》，获广电总局电视节目技术质量奖（金帆奖）。山东机客公司获美国高通公司 2010QPrize 创新中国总冠军。贯彻国家、省市扶持软件产业发展政策，落实市委、市政府两办《关于加快推进信息化建设的意见》。6 月，市经信委、市财政局联合制定了《关于加快软件产业发展的意见》，细化了扶持软件产业发展的政策，扩大了市信息化专项资金的规模。

【电子产品制造业】 年内，全市规模以上电子信息制造企业共计 49 家，完成主营业务收入 49.75 亿元，同比增长 14.26%；利润 2.223 亿元，增长 8.17%；利税 4.0699 亿元，增长 9.3%。拥有计算机外部设备、电子测量仪器、电子器件、电子元件、机电、电子材料6个类别的产品。年内主要开工建设项目12个,总投资10.13亿元。

全市电子产品制造业主要产品、产量。半导体器件(普通二极管和片式二、三极管)10.66亿只,同比增长47.7%;电子元件(中高压陶瓷电容器、片式电感器)10.03亿只,增长4.7%;激光器件305万片,增长28.1%;磁性材料5020吨,增长98%;新成长起来的电连接器产量1000万套。

临沂高新技术开发区建立了省级电子信息产业园区。园区现有规模以上电子企业19家,全年销售收入31.33亿元,增长28.8%;实现利润1.262亿元,增长27.8%;实现利税1.76亿元,增长27.4%。园区内主要企业有沂光电子、新光量子、中瑞电子、正原电子、春光磁业、龙立电子等,主要产品有电子仪表、电子元器件、连接器、电子材料等。高新区电子信息产业园成为全市电子产品制造业的主要集聚地。

【无线电管理工作】 围绕管好频率、管好台站、维护空中电波秩序3项任务,坚持依法行政,做好频率审批。全年共办理行政许可事项90件,指配频率1份,办理无线电台执照1690份,换发电台执照434份。开展无线电干扰排查,全年共受理无线电干扰投诉36起,查处各类无线电干扰47起,开展多次清理卫星电视干扰器的专项执法行动,先后查封卫星干扰器6部,关闭4部,维护了电波秩序。支持3G建设,验收第一期3G基站1162座,审批上报基站站址879个。全年共完成了334部无线电发射设备的技术检测和3个预选站点的电磁环境测试工作。支持航空、水利等重点工程建设,开展无线电通信通道保护工作,受理了27个拟建高层建筑群的项目论证。完成两会期间和F1摩托艇世锦赛临沂大奖赛的无线电安全保障工作,配合有关部门做好全国普通高考、公务员招考等11次重大考试的无线电保障任务,主动发现非法作弊信号18个,其中查处利用无线电进行的考试作弊案件6起,压制作弊信号12个。开展技术创新,自主研制的"VHF/UHF射频信号监测测量系统"通过了科技成果鉴定。年内,被省无线电管理办公室评为全省无线电管理系统先进单位。

(赵维龙)

【中国联合网络通信有限公司临沂市分公司】 2010年,围绕促进全市经济发展和信息化建设进程,加强通信基础网络建设优化,提升服务能力和服务水平,经营发展、网络支撑、客户服务及内部管理等方面均保持了发展态势。移动、宽带、行业信息化等重点业务发展实现快速增长,主要指标居全省联通系统前列,多次在集团公司和省公司会议上作典型发言,并被评为山东省唯一、全国仅有8个市地公司入选的中国联通集团先进集体,先后有30余个通信行业的省市公司前来学习交流经验,展现大美临沂形象,提升了临沂在全国的知名度。

加快和优化网络建设。加快移动2G、3G及宽带网络建设优化进度,网络运维指标居全省前列。全面完成京沪高速2/3G信号覆盖,解决网络拥塞问题;3G覆盖面向各乡镇延伸,优质的3G网络得到社会认可。开展铁塔、天馈、基站传输网络"百日整治"活动、移动网络优化"全员寻盲"活动,增强了整体覆盖能力。创新解决难点覆盖问题,在全省率先解决2G、3G互操作、高层住宅楼信号覆盖及小区计费和边界漫游等问题,提升了移动网络质量。完成城域网扁平化改造,全市出口带宽增加到130G,市到县中继达到双10G。推动城市光纤到楼和农村光纤到户,城市光纤到楼率达71%,农村光纤到村率达100%,增强了基础网络支撑能力。

提升全市信息化应用水平。积极推进"智慧城市"、"智慧物流"、"物联网"、移动执法、移动办公、智慧旅游、智慧公交、智慧医疗等信息化建设,承建的临沂天网工程获得"2010年中国通信与信息化应用优秀成果奖"银奖。安全监管3G移动执法项目成为"金安工程"的重要组成部分,得到国家安监总局高度评价,被列为安监系统以信息化手段提高安全监管水平试点单位;利用3G技术建设天气预报和防灾减灾项目,被列为全省气象行业试点项目;针对校园安全问题,与教育部门共同开展平安校园监控系统建设,将校园门口治安状况引入到当地派出所进行监控,受到师生与家长的欢迎。基于联通先进3G技术和成熟互联网技术的移动办公、移动执法、视频监控、数字城管、远程抄表、综合VPN、办公自动化等行业信息化应用陆续推出,促进了全市各行业信息化水平。

通信保障与客户服务。坚持以服务为核心,对外提升客户感知,对内促进企业管理。创新服务模式,制定客户服务督办奖惩管理办法等制度,实行服务质量挂牌督办和考核奖惩,提高窗口人员的服务意识和服务水平;建立专业化维系体系,实行维系经理与客户的一对一沟通,及时为客户解决问题;成立

3G 客户俱乐部，搭建起为用户全方位服务的平台；完善服务流程及保障机制，改善服务短板，服务水平持续提升。主动推行宽带服务承诺，设立宽带专家座席，负责宽带客户的网络咨询答疑、障碍处理、在线新装等工作；推出宽带专家延伸服务，建立宽带专家网站，搭建新的服务平台；联手专业计算机公司拓宽服务渠道；推出 QQ 远程协助服务，在线帮助客户排除故障。宽带专家座席服务受到社会和用户好评，获全市十大文明示范岗称号，被评为全国用户满意电信服务明星班组；宽带整体修障服务价值和修障速度评价居全省第二名。

主动参与社会公益事业，履行社会责任，建成“联通阳光”信息无障碍网络工程，为全市数万视障群体提供优惠信息服务；为世界摩托艇大赛、全国信访会议等活动提供通信保障；发挥 3G 优势实现行风热线的移动视频化，为马上就办开通专用座席，提升政府部门形象；支持市文化体育事业，冠名蒙山沂水实景舞蹈演出、体育馆。年内，市联通公司先后荣获“全国安康杯竞赛优胜企业”、“全国用户满意电信服务明星班组”、“中国联通集团先进集体”、“中国联通集团学习型班组”等称号。

推行节能降耗。实施乡镇机房标准化改造工程，节电近 40%；开展交换网络整合及缩网，对交换机进行优化调整，下电固话交换设备 73 万线、DSLAM 设备 4 万余线，每年节约电费 260 万元；实施 DDN 退网工程和核心机房搬迁调整，利用资源并降低能耗；采用新技术、新设备替代耗能高的设备，完成核心机房超期服役的动力环境设备更换，对超期服役专用空调进行冷凝器改造，节电近 30%；在部分基站试点新风节能技术，每年可节约电费 5.3 万元；试点节能型分布式基站，功耗下降近 8%。

（任玉伟）

【中国电信股份有限公司临沂分公司】 中国电信临沂分公司下辖 9 县 4 区（含经济开发区）共 13 个分公司，市区设有 3 个营销中心，市公司本部设 11 个部门和 2 个中心。年内，公司先后获“山东省第八届消费者满意单位”、“临沂市劳动关系和谐企业”等称号，分公司党委被中国电信集团公司授予“中国电信先进基层党组织”称号。

加大网络投资力度，加快网络建设速度。公司全年共完成投资 2.2 亿元，新建移动基站 123 个，总数达 711 个，新建和升级 EVDO 基站 429 个，EV－DO基站总数达 711 个，移动网交换容量 60 万，新建软交换关口局 1 套，同时对移动网络进行全面升级改造；新增宽带端口 9 万个，宽带接入容量达到 23 万个，新增接入网、中继光缆长度为 3600 公里，总里程达 5800 公里。于 5 月率先将 3G 网络覆盖全市所有乡镇、街道、农村，实现了只要能打电话，就能高速上网目标，满足了广大居民的通信需求，推动了全市信息化水平。

推进行业信息化建设，提高全市信息化水平。加快推进行业信息化建设，与相关企业单位合作建成了信息化应用项目。与市环保局合作，建立全市环保信息化应用项目（环保 E 通），实现了对全市环保企业排污情况的可视化监控，提高了工作效率，保证了环保执法的及时性和准确性。在迎淮河流域环保检查工作中获得北方 4 省考评工作第一名。与市公路局合作，建立全市公路信息化应用项目（公路 E 通），实现了对全市高速公路、国道、省道、互通立交、隧道等重点路段的监控，保障了公路的安全通畅。与市烟草公司合作，搭建了全市烟草信息化应用项目（烟草 E 通），实现了由传统电话订货向手机网上订货方式的转变，提高了订货效率。与公交公司合作，建立城区公交信息化应用项目（公交 E 通），通过对临沂城区 300 辆公交车实行车辆定位、车内可视化监控和远程智能化调度，维护和保障了乘客人身财产安全，为“平安临沂”建设做出了贡献。

改进服务质量，提升窗口文明服务水平。认真执行《电信服务标准》，牢固遵循“用户至上、用心服务”的宗旨，优化业务处理流程，缩短服务时限，提高服务质量，开展了营业员服务规范培训和营业技能比赛，提高了营业服务水平。坚持做好宽带服务质量提升工作，推行宽带专家组巡制度，为用户提供了稳定高效的宽带网络。落实整改措施，制定明确的服务质量提升标准、时限，责任到人，强化服务基础管理工作，用户服务满意率不断提高；拓展服务渠道，在全市资源覆盖小区、街道、乡镇、村庄等建立代理店、小区代理点、空中充值点、便民联系点，实现了对全市 3 区 9 县 150 个乡镇覆盖。

按照“规范、精细、严格、创新”的管理理念，提升管理的精细化、规范化水平。实行对县区季度检查制度，明确了监督检查的范围。组织优秀员工外出旅游、“三八”节羽毛球赛、员工摄影比赛等，增进了员工之间的交流，营造了和谐团结的团队氛围，提升了公司的软实力。围绕“安全第一，预防为主”的指导思想，开展消防安全普查整改工作，加强安全生产责任制落实，强化工程施工、机房防火等安全管理措施，为确保公司业务快速发展提供了安全保障。

（张　凯）

【中国移动通信集团山东有限公司临沂分公司】 2010年，中国移动通信集团山东有限公司临沂分公司，客户总量达572万户，同比增长26.5%，居全省第三位。运营收入达29.16亿元，增幅7.36%，上缴国税和地税共计3.47亿元，其中国税2.35亿元，地税23529万元，居全市纳税百强企业第六位；公司创立的“满意100”服务品牌被评为山东省服务名牌。分公司先后获“全国精神文明建设工作先进单位”、“全国用户满意单位”、“全国模范职工之家”、“山东省价格诚信单位”、“山东省消费者满意单位”等称号。

网络建设。公司按照“超前规划、滚动建设”的原则，推进WLAN工程建设，提前1个月超额完成省公司第4季度竞赛指标。累计完成计划投资约5.35亿元，新增交换机18台，新建GSM基站689个，新增GSM载频6900块，新建TD基站439个，新增TD载频2948块，WLAN完成站点602个，AP 5113个，新建光缆资源4594皮长公里、94430芯公里。年末，公司拥有各式系统交换机120余台，基站近5000处，网络实现了99.9%的人口覆盖和地理覆盖。主要网络考核指标均居全省第三名。

客户服务。围绕客户感知，坚持开展“便捷服务、满意100”活动。通过加强营业厅现场管理、实施短板改善、开展星级评比、召开监督员座谈会等举措，促进了窗口服务水平的提升。在省公司营业厅暗访检查中，综合成绩达95.1分。坚持实施投诉处理“三部曲”，通过实施热点投诉限时督办、重复投诉案例分析、G3关怀计划，加强业务稽核把关等措施，确保了投诉率的下降。全年2次回访满意度达94.93%，全省排名第一位。加强了对大客户的服务，成立了全球通VIP俱乐部，提升了大客户满意度。

企业文化建设。坚持“标本兼治、综合治理、惩防并举、注重预防”的方针，组织关键岗位人员签订了廉政责任书，推进惩治和预防腐败体系建设。高度关注员工身心健康，实施了离退休人员关爱工程，组织全员进行健康查体。开展丰富多彩的文体活动，组织3批次“十佳”岗位员工进行世博游，调动了广大员工工作积极性。开展了职工小家建设，包括市公司网络部在内的全部县区都获得了省公司模范职工小家。坚持开展星级班组建设、劳动技能大赛、读书演讲及“十佳”岗位明星评选活动，推动了精神文明创建工作。市公司等12个单位获省第八届消费者满意单位。

信息化建设。服务地方经济建设，充分发挥信息化主力军作用，加大了政府信息化、行业信息化、企业信息化和农村信息化的推广力度，促进了地方经济建设，市人大等领导多次到公司进行视察。履行企业责任，向上级部门争取资金500万元，用于支持年内F1摩托艇世界锦标赛中国临沂大奖赛，提升了临沂城市品牌美誉度。

（刘　哲）

【中国铁通临沂分公司】 2010年，临沂铁通完成全年收入指标的103%。固话用户完成指标的186%，增长7%；互联网用户完成指标的107%，增长15%；增值业务完成指标的157%。分公司被省公司评为先进职工之家。贯彻“123”发展思路，深化体制改革，规范管理，突出宽带发展重点，加强语音维稳，扩大增值业务规模，优化经营结构，提升服务质量。落实宽带业务发展需求，优先配置宽带发展所需资源、人员、营销和维护力量。提高网络预覆盖，拓展营销渠道，加强宣传营销，确保新增上量。提高宽带服务质量，从网络质量到人工服务各个环节，严格按服务标准作业操作，确保用户的满意，维护用户稳定。分公司开展上门收费、预约缴费等特色服务。发展易套餐和无线固话业务为主线，维系语音市场的稳定。加强营销控制，掌控风险，组建综合V网，确保用户发展质量，提升了品牌宣传，稳系了在网客户。突出创收增效，加快新业务发展。与宽带业务、语音业务和移动业务捆绑销售，面向大客户开展全业务营销工作。针对既有的专线客户，做好VPN、智控眼等基于互联网的新业务开发，提高与客户业务合作的广度和深度，确保增值业务发展上规模。充分利用节假日组织开展现场营销服务活动，业务送上门，服务到户，受到用户的肯定。网络建设维护。开展网运集中整治活动，全年开展了网管集中化1处，标准化机房整治3处，互联网接入层线缆整治222处，设备整治28处，电缆整治132项，电池整治11处，完成了部分改造项目；完成对11个局点的互联网链路及配套传输网的扩容建设。通过系列的整治优化，网络质量得到显著提高。dslam达标率从92%提高到93.8%，异常掉线率从1.94%下降到1.2%。故障率同比窄带下降了25%，宽带故障率下降了20%。网络时延和丢包合格率均达100%。规范客服基础管理,重点加强故障处理过程控制,保证20分钟响应时限,发挥客服座席作用,加强全过程督办,确保各项服务、各个环节都有严格的流程、标准,确保用户投诉满意率、及时率均达100%。加强了"10050"客服热线管理,通过培训和"10050"内部制度的完善,实现接通率达98%以上。开展品牌质量提升工程,通过网络优化等方式,提高网络质量,增强用户感知度,严格落实用户故障申告管理闭环管控,提高了故障恢复及时率,全年无省公司定性责任投诉。全年根据四季不同安全形势,开展了春检春测、安全百日大检查、秋检秋鉴、冬防等工作,对安全工作进行监管,确保了线路、设备、交通、人身安全。在铁路春运、暑运等不同时期启动安全应急预案,领导干部24小时值班、安全技术人员二线到岗值班。建立互联网信息安全机制,及时监测,严格把关,杜绝了黄、赌、毒等各类违法犯罪信息的传播,打造绿色健康网络环境。围绕公司经营发展主题,组织了管理、技术、业务、安全、维护等方面的培训,全年共举办各类培训班58期,共计918人次,提高了员工综合素质。

(刘治翠)

城乡建设·环保

城乡规划

【概况】 市规划局按照年初确定的“实现一个率先,规范两个管理,突出三个重点,力争四个突破,强化五项措施”的总体工作思路,发挥城乡规划的引导和调控作用,依法加强规划编制和实施管理工作,研究城市特色、完善城市功能、提升城市形象、着力改善民生。年内,市规划局获“省级文明机关”、“市级文明单位”、“全省建设系统先进集体”、“全省城市规划工作先进集体”、“临沂市政务大厅‘红旗窗口’”、“山东省一级(优秀)机关文书档案室”称号;被评为全省建设行政执法责任制先进单位、全市承办政协提案先进单位、全市开展“争创廉洁勤政好机关,争做廉洁勤政好干部”活动先进单位、全市廉政文化“六创建”工作先进单位、全市“行风建设”先进单位;创建的“阳光、效率、民生”的服务品牌被命名为“全市群众满意服务品牌”。

【城乡规划编制】 加大编制力度,确保在全省率先实现规划全覆盖。新一轮城市总体规划10月28日通过了住房和城乡建设部部际联席会议审查。市属9县在总体规划的指导下,进行了新一轮城市总体规划修编。编制了综合交通、人民防空和地下空间开发利用等专项规划,完善了城市功能。完成了保障性住房、农贸市场等规划,提高了居民幸福指数。加快园区建设,完成了临港产业园区、温泉度假区等空间发展战略研究成果。加快改造旧城区,编制了兰山中心片区、义堂东北片区、东关社区等控制性详细规划。按照省委、省政府要求,完成了农村住房和危房改造等3类规划编制任务,根据各县区的资源优势,组织编制了以莒南大店和苍山兰陵为代表的文化古镇、以蒙阴垛庄、沂南青坨为代表的红色名镇、以河东汤头、兰山李官为代表的旅游名镇规划和特色村规划。编制了沂、沭河流域控制性规划、北城新区三河口区域城市设计以及陷泥河、李公河、南涑河等景观风貌规划,进一步彰显水城特色。加大对各县区的规划指导力度,发挥各县区资源优势,组织编制了规划成果,初步形成市域城镇规划体系。推进城镇,特别是中心镇、重点镇总体规划、控制性详细规划、中心村建设规划、农村集中连片建设详细规划等修编、完善工作。全市各县区中心镇规划覆盖率达100%,小城镇总体规划覆盖率达100%,镇驻地控规覆盖率达60%,完成了1130个中心村建设规划。

【规划审批与监管】 实施“阳光规划”、“效率规划”、“和谐规划”,在规划审批上形成了规范的工作制度和审批程序,保证了规划审批的快速高效、公正公开。年内,中心城区核发“一书三证”(建设项目选址意见书、建设工程规划许可证、建设用地规划许可证、乡村建设规划许可证)465份,核发建设工程竣工规划验收合格证81份;9县核发“一书三证”2881件,建设工程竣工规划验收合格证620件。对批后建设项目,实行分片包干责任制度和跟踪管理制度,从开工放验线到竣工验收,实行全过程跟踪管理。年内,9个县有7个县成立了规划局,另2个县也在筹建之中,规划监管网络逐步形成,使规划监管覆盖所有建设地区,覆盖所有建设项目,确保了良好的城乡建设秩序。园区规划。为加快经济发展,充分发挥规划的引导调控作用,加强对产业布局、园区建设的规划服务,突出以高新技术产业开发区、经济开发区、临港产业区和9县工业园区为重点的规划编制。为解决建设用地不足的问题,在园区规划中开展了空间发展战略研究,按照各区实际需求确定空间布局、发展方向和用地规模,为经济发展寻求更大的空间,推进建设项目尽快落地。通过这些园区规划,搭建产业增长平台,引领园区建设提档升级,吸引城市工业和优势产业向园区集聚。

【城市特色规划编制】 年内,编制了《沂沭河沿岸开发控制规划》,对沂河、沭河、祊河、浚河、汶河、蒙河全线的土地利用、空间管制、生态环境保护、产业发展、防洪水利、市政及公共服务设施、沿河风貌做出统一安排。在规划编制过程中,抽调22名专业技术骨干成立了规划编制指导小组,全过程跟踪指导,先后5次召开督导会议进行调度审查、评审论证,解决规划编制中出现的问题。7月中旬,组织全局中层以上干部30余人用2天时间对沂河流域进行了现场观摩、指导,与有关县区衔接,加快了规划编制进度。与农业、水利、林业、国土、环保、交通、建设、旅游等部门配合,保证了规划的科学性和可行性。编制了柳清河、陷泥河、李公河、南涑河4条河流的景观风貌规划,这些规划的实施,改善了水质,丰富了景观、整治了环境,提升了品位,彰显了"大水城"的城市特色。在《商业网点布局规划》的基础上,编制了《商城改造提升规划》,为拓展商城用地空间,把商城内的工业和居住用地逐步迁出,完善商城功能,提升商城档次,促进了商贸物流业的发展。统筹全市文化资源,完善了文化产业布局规划、红色旅游总体规划,编制了屠苏岛旅游区、温泉旅游度假区等概念规划,将商贸、文化、旅游融为一体,构筑吃、住、行、游览、购物、娱乐相配套的文化旅游产业体系,培植文盛旅兴的现代化城市。

【重点项目规划服务】 对重点项目实行跟踪服务,为北城新区、涑河片区、临沂大学、商城提升、城中村改造等项目编制相关规划,及时报批规划项目,保证了重点工程的顺利推进。服务北城新区开发建设。按照市委、市政府对北城新区提出的规划,在《南坊片区分区规划》和控制性详细规划的指导下,编制了北城新区城市设计,完成了雕塑公园、游艇码头、沂蒙路立交桥等规划设计任务,全年共上报规划方案32个,总规划面积120公顷,总建筑面积150万平方米。服务临沂大学规划建设。全年积极搞规划、报工程、协调各方关系,解决规划建设中的难题,保证了大学建设的顺利验收。服务涑河治理工程规划建设。按照市委、市政府把涑河打造成经济带、商业带、文化娱乐带的功能定位,完成了涑河片区控制性详细规划、景观风貌规划。年内,随着涑河河道治理工程的完成,涑河片区重点任务逐渐向城中村改造转移。在规划编制中,始终贯穿"不与民争利"的规划改造理念,提高居民搬迁的积极性,推动了拆迁改造的顺利进行。

【实施"阳光规划"、"效率规划"、"和谐规划"】 坚持实施"阳光规划"。严格按照《临沂市城市规划管理相关控制标准》、《建设项目规划报建、审批程序》、《建设项目设计方案技术审查暂行规定》等规范性文件,减少行政自由裁量权,为规划管理制定了一把标尺,实现了规划管理的规范化、程序化。公开规划职能、公开审批程序、公开办事依据、公开审批结果,对规划设计成果和规划行政许可进行批前批后公示。为不留遗憾,慎重对待每个建设项目,对所有报建项目都现场踏看,提交会议集体研究,增强规划的"透明度"。坚持实施"效率规划"。提高行政效能,加快规划审批速度,定期召开局长办公会,所有项目的申报、审查、批文发放实行限时服务、限时办理,对市、区、各有关单位重点项目、招商引资项目、市民关注的热点难点项目,实行上门服务、现场办公,开设绿色通道,按照"特事特办、急事快办、易事简办"和"马上就办"的原则,在最低时限内审批、发证,保证了规划工作的高效快捷。坚持实施"和谐规划"。开展了"和谐规划年"活动,在规划编制和实施过程中,发挥城乡规划的公共政策作用,保证公共利益,关注弱势群体,在促进经济社会发展的同时促进和谐建设。针对社会普遍关注的住房保障、人居环境、公共服务等民生问题,编制了医疗卫生、文化教育、环卫设施、农贸市场等民生规划;为解决主城区交通拥堵问题,编制了《中心城区交通改善规划》、《临沂市交通工程规划》，理顺内部交通，完善对外交通，构筑城乡一体的现代化交通体系。这些专项规划既能解决市民出行难、上学难、如厕难、就医难等问题，还为教育、医疗卫生等公益性设施预留了发展空间，让城乡规划成果惠及全体人民群众，实现了可持续发展、和谐发展。

【宣传工作】 1月1日，《城乡规划法》颁布施行2周年，市规划局组织各县区开展了《城乡规划法》宣传活动，在新闻媒体和《城乡规划通讯》、临沂规划网站上设立了专版、专栏，刊发纪念文章，在全市营造了自觉遵守规划法、共同维护城乡规划的良好氛围。规划展自2009年11月1日开馆以来，成功接待了全省城镇化工作会议等160余个大型会议，接待中央及外省、市参观团体6000余个，各界参观群众16万人，总参观人次达33万余人，赢得了各级领导、社会各界和广大市民的高度评价，吴官正、迟浩田、周铁农、马凯、曹建明、姜异康、姜大明、刘伟、王仁元、李群、郭兆信、杨焕彩等领导观看规划展后对临沂市城乡规划工作给予肯定。

【行风建设】 组织局中层以上干部分期分批到外地考察学习，参加了省城市规划协会举办的城市规划专题培训，学习了《城乡规划法》、《行政许可法》等相关业务知识。配合“创建文明城市活动”，在公共文明指数测评工作中，编制了《环境综合整治规划》、《农贸市场专项规划》、《街头绿地规划》，为创建文明城市活动做出了贡献。全年发出“行风热线”督办通知25份，督办事项31个。成立了“8960123马上就办”服务电话工作领导小组，制定了《实施方案》，全年共接听电话26个，落实反馈26个。在临沂电视台《马上就办直通车》栏目播出20期，办理来信来访28件，接待来访37期，群众举报反馈率100%，满意率100%。

（王甫亚）

住房和城乡建设

【概况】 2010年，全市建设系统大力实施城镇化主导战略，加大城乡统筹力度，加快城乡建设步伐，提高了城乡基础设施水平和生态环境水平。年内，全市完成城建投资60亿元。全市城镇化水平达48%。住房和城乡建设部将临沂城镇化的做法编入《村镇建设白皮书》。数字化城市管理工作通过了国家验收。创建全国无障碍城市通过验收。

【城镇化建设】 全年全市城镇人口达504万人，城镇建成区面积达683平方公里；中心城区建成区人口和面积分别达160万人、162平方公里。在全国率先制定了《临沂市生态城镇指标评价体系》和《临沂市生态城镇申报与评审办法》。中央电视台、山东电视台、新华网、《人民日报》、《大众日报》、《中国建设报》和《山东建设报》等媒体报道了全市的城镇化工作，临沂市获“中国城乡建设范例城市”称号。成功举办中国（临沂）“城镇化主导区域发展”论坛。

【城市基础设施建设】 全市完成市政工程建设投资17.4亿元。新增道路面积662.4万平方米、长度254.7公里，新铺设排水管道226.8公里、污水管道133.4公里，新安装路灯29101盏，新建和续建城市污水处理厂2座、规模每日5万吨。全面提升污水处理建设管理工作水平，城市生活污水处理厂全部执行一级A排放标准，污泥基本实现了无害化处置，污水处理工作实现了跨越式发展，为临沂市代表山东省接受国家淮河流域水污染防治工作考核获第一名做出贡献，市污水处理工作受到了国内知名专家的肯定，走在了全国的先进行列。以解决交通拥堵为突破口，加快了立体交通、道路工程建设速度，老临西八路拓宽改造工程、滨河路与通达路互通立交工程和解放路西桥头互通立交工程等竣工通车，西外环与双岭路立交桥工程完成总工程量的70%，完成了开罗大桥等工程开工筹备工作。

城市供气、供水、供热等公共服务项目。推进“气化临沂”建设，全市燃气行业完成投资7.9亿元，新增供气管线584公里、居民用户12万户。编制了《临沂市天然气高压管网发展规划》(2009－2020年)和《临沂市应对天然气"气荒"预案》。建设完成了城区次高压西环线、北环线工程,开工建设了中心城区到莒南县、沂南县的次高压管线,启动了临朐天然气分输站到中心城区、罗西分输站到临港经济开发区高压管线和罗西分输站改造工程的前期准备工作。开展了燃气行业安全检查,确保天然气安全运行。市政府与中国石油天然气股份有限公司签署了天然气发展利用合作协议,形成优势叠加、互惠共赢的天然气运作模式。全市供热行业完成投资2.7亿元,新增供热管线36公里、供热面积900万平方米;蓝天热力公司供热首站节能改造完成,新增供热面积150万平方米;恒源热力公司蒸汽管网改造完成,降低了供热能耗,保障了供热安全,新增供热面积120万平方米;华能临沂发电有限公司2台35兆瓦热电联产机组开工建设;对城区供热建筑进行调研,编制了供热计量改革方案,安装热计量表70万平方米,正在安装76万平方米。提高供水行业管理水平,全市完成投资近9.8亿元,新增供水管线近100公里;加强水质监测,确保水质安全,中心城区封停自备井133眼,如期完成临沂城30万吨供水工程建设任务。

市区城中村改造工作。全年新增启动改造的村居17个,拆除房屋建筑面积360万平方米,新建安置房屋建筑面积310万平方米,投入拆迁安置补偿资金39亿元,惠及居民2.5万户。

城市数字化管理工作。兰山区、罗庄区、河东区和临沭县的数字化城市管理系统实现试运行。年内,系统共发现各类城市问题48571个,有效立案42712个,结案数27637个,处结率64.7%,其中,建设系统内案件16886个,有效派遣14421个,结案数12406个,处结率86%。3月31日,顺利通过住房和城乡建设部"数字化城市管理试点城市"验收,临沂市成为鲁南经济带、淮海经济区和全国革命老区中第一个、山东省第三个实现数字化管理的城市。

【村镇建设】 加快农村住房建设和危房改造、中心镇和中心村建设,完善村镇基础设施和公共服务设施配套建设,改善农民群众的生产生活条件。年内,全市完成村镇建设投资99亿元,其中小城镇建设投资35亿元;新建住宅936万平方米,公共建筑187万平方米,生产建筑332万平方米;建设农村住房127506户,改造危房27038户,集中建设改造村庄769个。住房和城乡建设部在临沂市召开建材下乡(山东)现场会,推广了临沂市的经验和做法。

【建筑节能与科技培训】 加强对新型墙材与建筑节能产品的管理,全市新型墙材生产企业达80家,生产线84条;全年新型墙材应用量达29.6亿标砖,各类外墙体保温材料生产能力达43万立方米。严格执行新建建筑节能标准,市直新建建筑节能达标率达100%,各县区均达95%以上。"十一五"省下达临沂市既有居住建筑供热计量及节能改造任务50万平方米,完成既有居住建筑供热计量及节能改造80.68万平方米,完成省"十一五"期间分配给任务的161.4%。推广可再生能源建筑一体化应用,全年完成太阳能一体化应用面积120万平方米以上,超额完成省分配给临沂市的60万平方米任务。禁实工作。以治理粘土砖厂、非法页岩砖厂为主,从源头上开展治理工作。年内,有138家粘土砖厂全部停电停产,并基本拆除,有161家非法页岩砖厂绝大部分被停电停产。

科技创新和教育培训。协助天元集团申报了博士后工作站,向省里推荐QC成果6项、省级工法20项、省建筑业技术创新奖6项、山东省建筑业新技术应用示范工程7项。争取政府科研基金项目,推荐5个项目申报2010年科技发展计划。申报省、市科技项目,屋顶绿化、节约型园林和数字化城市3个科研项目申报了年度住房和城乡建设部华夏建设科技奖。推广农村生态节能房,完成了兰山区义堂镇小葛庄村7000平方米抗震节能生态农宅小区示范工程。提高关键岗位培训和技能培训的质量,培训关键岗位管理人员2427名。年内,全市建设系统有5名职工分别荣获"全国劳动模范"、"山东省有突出贡献技师"、"山东省首席技师"、"山东省工程勘察设计大师"、"山东省建设系统职业技术能手"称号。

【建筑业与房地产综合开发】 建筑业和装饰装修业。按照"做大做强临沂建筑业"的总体部署,促进行业结构优化调整和企业增长方式转变。年内,全市建筑业企业三级晋升二级17家,增项晋升二级6家,二级晋升一级3家,增项晋升一级2家,资质变更38家。全年完成建筑业总产值261亿元,增长31%;实现建筑业增加值70亿元,增长43%;外出承接施工任务85亿元,完成产值45亿元,劳务输出9万人次。装饰装修企业达126家,完成产值20亿元,增长31%。

房地产业稳定健康发展。年内,全市房地产开发企业达397家,直接从业人员2万余人;全年完成房地产开发投资141.48亿元,增长4.86%;开发项目施工面积达1673.19万平方米,其中新开工面积597.16万平方米,增长12.3%;竣工面积388.58万平方米,下降7%,销售面积384.48万平方米,增长4%。

【建筑市场与工程管理】 规范建筑市场秩序。年内,检查78家建设单位、122家建筑施工企业、6处旧村改造工程,共325个单体工程,总建筑面积450万平方米,总合同造价41亿元。依法下达《责令停止违法行为通知书》36份,《责令限期改正通知书》78份,对违法违规限期整改不到位的23家企业进行了处罚,年末,到位罚款75万元。建筑工地创卫工作。制定了《临沂市建筑工地创建国家卫生城市标准》,对630个建筑工地进行了详细的责任分工,对市区248个主要路段的工地围挡进行改造提升,发挥了精品工地的带头作用,落实了严格的责任目标奖惩机制。招投标管理工作。全市建设工程项目及拟招标登记共计276项,建设规模533.39万平方米,估算投资111.28亿元;中标通知书及合同备案442项,建筑规模385.93万平方米,中标及合同价75.06亿元。工程质量稳步提高。全市办理施工许可面积638.7万平方米,工程总造价65.6亿元;办理竣工验收备案面积434.4万平方米,工程总造价39.6亿元;组织了全市建设工业产品备案检查,共检查工程84个,下达责令限期整改通知书23份。开展建设领域突出问题专项治理工作,共重点抽查2008年以来立项、在建、竣工的规模以上工程项目128个。加强勘察设计市场管理,全年完成勘察设计项目2700余项、面积540万平方米,实现勘察设计收入6400万元。

【平安建设】 年内,全市共解决拖欠投诉221起,工资额650余万元,涉及农民工1400余人次;征收建筑企业养老保障金1.7亿元,完成全年省任务的280%、市任务的176%;市直全年共办理安全报监项目587个,建筑面积345.36万平方米;全年通过信访渠道接待受理来访27起次、100余人,办结率100%。加强规章制度建设,针对建设领域依法行政需要,研究制定了51件规范性文件,依据有关法规和上级要求,对71件规范性文件进行了梳理。开展"法律五进"和"平安临沂"建设宣传活动,加强执法人员队伍管理,增强学法守法意识。委驻政务大厅窗口,把群众满意作为第一工作标准,全年共受理办件2450件,实现了办件正确率、按时办结率和服务满意率3个100%,连续5年荣获大厅"年度红旗窗口"称号。参加"行风热线"节目,共接听电话94个,反映人满意率达100%;"马上就办"接到投诉电话64个,群众满意率达98%;"12319"服务热线共受理公众来电2.3万余例,其中咨询服务类1.38万例,投诉建议类874例,设施维护类3910例,表扬类270例,抢险抢修类2300例,协调类1846例,处结率达98%以上,回访客户满意率100%。

(高希江　韩　蕾　郇　蕾)

房产和住房保障管理

【概况】 2010年,市房产和住房保障局贯彻落实中央和省"转方式、调结构"的决策部署,把稳定房地产市场、保障和改善民生放在突出位置,以年初确定的10项工作为着力点,以优质服务为主线,开拓创新、积极作为,房产和住房保障事业实现了又好又快发展,为促进全市经济社会发展做出了贡献。市房产和住房保障局先后获"创建国家园林城市工作先进单位"、"全市人口和计划生育工作先进单位"、"全市城乡环境综合整治工作先进单位"、"全国城市公共文明指数测评工作先进单位"、"市直机关第三届运动会精神文明奖"、"'情系万家 满意房管'群众满意服务品牌"等称号。

【安康居住工程】 市委、市政府把保障性安居工程列为全市十大重要民心工程之一,市政府两次召开常务会议专题研究住房保障工作,与各县区签订了责任书,加强督导调度,推动了各项工作落实。全市完成保障性住房建设投资12.69亿元,开工建设保障性住房112.85万平方米,解决了2.1万户低收入家庭的住房困难,超额完成了省下达的任务指标。其中,开工建设经济适用住房60万平方米,廉租住房12.1万平方米,廉租住房补贴累计达2822户,建设公共租赁住房180套,棚户区改造39.67万平方米。争取中央和省奖补资金5560万元。加强了住房保障制度建设。编制了全市棚户区改造3年规划及年度计划,报市政府制定了《加快实施棚户区改造的意见》,草拟了住房建设规划和公共租赁住房建设管理的法规政策。8月份代表山东迎接了国务院检查组的检查,10月份又作为中央扩大内需投资项目的重要内容,接受了中纪委检查组的检查,受到了检查组领导的高度评价。

【房地产市场管理】 市政府府2次召开常务会议专题研究房地产市场管理工作,明确提出正确理解和贯彻落实中央和省调控政策精神,保持政策的稳定性和连续性,确保市场平稳运行,促进全市经济社会的稳定发展。落实房地产业发展牵头部门职责,把稳定市场作为房产工作的首要任务,加强市场调研和监测分析,创办了市场月度季度分析报告,对房地产业的发展建言献策。加强市场监管,对在建商品房项目进行了检查,对存在的问题进行查处和纠正,促进了市场的健康规范有序发展。全年全市房地产开发面积962.7万平方米,新增商品房预售面积748.2万平方米,商品房网上签约销售564万平方米,分别增长22.7%、25.2%、22.8%。其中,市区房地产开发面积652.5万平方米,新增商品房预售面积442.5万平方米,商品房网上签约销售379.2万平方米,分别增长23.3%、29.6%、25.2%。省房地产市场调控督导检查组对临沂市房地产市场平稳发展的现状及采取的政策和措施给予肯定。

【集体土地房屋确权和城乡房屋登记】 全市农村集体土地房屋确权发证工作处在全省前列。以配合推动农村住房建设和危房改造为重点,从市区向农村全面推进,拓展融资渠道。全年全市完成村镇集体土地房屋登记2.75万套,增长15.6%,房屋抵押贷款3.9亿元,推进了农房建设和危房改造,为促进农村经济发展开辟了新的融资途径。规范产权管理。全年完成登记发证36573个,其中集体土地房屋登记发证12136个,各类房屋共完成登记16万套。协助市财政局征收契税共计8986万元,增长69.5%;协助市地税局征收个人所得税、营业税共计2509万元,增长13.5%。

【城市房屋拆迁】 坚持把拆迁工作的重点放在新老城区重点建设项目上,特别是对小涑河治理改造、兵城片区、老汽车站片区、东风东关片区、体育馆搬迁、国棉八厂棚户区改造项目等,市委、市政府关心调度的重点拆迁项目,优先保证拆迁计划,做好政策法规服务,依法加大拆迁力度。集中做好重点项目的拆迁扫尾工作,加大调解力度,及时下达拆迁裁决,解决了沂州宾馆、涑河片区等项目的拆迁历史遗留问题。面对新的拆迁形势,做好调查研究,未出现因拆迁引起的大规模越级上访和群体事件。全市完成国有和集体土地房屋拆迁面积640万平方米,作出行政裁决23件,拆迁行政法律诉讼案件9起,下降57%。

【城市物业管理】 针对小区存在的大量历史遗留问题及物业管理体制机制不理顺造成的矛盾纠纷,全面推行社区物业管理。市政府召开了全市社区物业管理工作现场会议,重点推广北城新区社区物业管理经验,明晰小区内各相关经营单位的职责,从体制和机制上为物业管理的长远发展创造条件。加强物业企业管理培训,举办了规模较大、层次较高的物业企业培训班。全年新成立物业企业29家,资质升级28家,归集物业维修资金8082万元,累计达2.98亿元,批准支付使用186万元,物业管理开始步入规范化管理、有效服务的新阶段。

【创城工作】 2010年是创城集中年,涉及到住房保障工作、物业管理工作、窗口服务工作,共抽调100余人成立11个督导组,由副县级干部亲自带队,不分昼夜、节假日,到社区督导落实。“三城联创”期间,市区开发企业、物业企业投入2100万元,粉刷墙体,整修沿街楼房,新修整修沿街道路8840平方米,新植更换绿化86万平方米,市局投入360万元用于粉刷办公楼,改造东方红市场,整治苗庄、朝阳小区等,达到了市委、市政府提出的“各司其责、不丢一分”的要求。

【房屋安全管理和鉴定与直管公房经营管理】 安鉴中心在全市开展房屋安全大检查,保证了房屋的居住和使用安全,鉴定房屋面积125.5万平方米。公房租赁收入完成260万元,完成年计划的124.5%

（李金华）

城 市 管 理

【概况】 2月,根据市政府机构改革部署,组建成立了临沂市城市管理局。围绕创建国家卫生城市、全国城市公共文明指数测评、城乡环境综合整治等重点工作,确立了服务、管理、执法“三位一体”的工作理念,确定了“城管提升年、城市管理年、城管品牌年”3年发展目标,以强化城乡环境综合整治、打造良好人居环境为中心,组织实施城市环境集中整治。市城市管理局先后被评为全省依法行政先进单位、省级文明单位、全省建设行政执法责任制先进单位、省级工人先锋号、临沂市模范集体、全市依法行政先进集体等,被市文明委授予“全市文明行业”称号,“和谐城管”被评为群众满意服务品牌,并在全省城市管理工作会议上作了典型经验介绍,女子中队获“全国十佳巾帼文明岗”称号。

【城乡市容环境综合整治】 围绕创建国家卫生城市、迎接全国公共文明指数测评、全省“转方式、调结构”现场会和全国、全省群众工作会议等重点工作,实施了洁净、整洁、“穿衣戴帽”、美化、畅通、宁静、治污、清违“八大工程”和西部城区环境整治,主要街区、迎查路线、滨河景区整洁有序,西部城区面貌变化明显。共查处占道经营、店外经营7.68万处(次),清理落地灯箱2.33万个,清理“野广告”30余万处,查处、拆除违法建设164起,查处露天烧烤经营摊点412家,拆除“亭牌栏箱”1512处,清理河道非法捕鱼网具2000余处,查处非法采砂场10处,取缔马路市场22处,改造提升背街小巷52处,设置烧烤摊点疏导场所10余处。推进户外广告整治工作。召开了全市城乡户外广告管理现场会,开展了市区户外广告突击整治月活动,采取政府统一出资、统一拆除、统一设置的方式,打造了金雀山路等5条户外广告样板路。共审批户外广告2408处,整改广告牌匾1.51万块,拆除6531块,新增户外广告亮化1613块。开展了创建“城镇管理明星镇、城管执法示范街和广告管理样板路”、“三创”活动,并将其纳入市城乡环境综合整治重点工作,市政府对15个城镇管理明星镇进行了表彰奖励。

全面落实环卫管理体制改革,健全市、区、乡镇(街道)三级环卫管理机构,将城区环卫管理职能下划到区。组建了临沂环卫集团公司,实行市场化运作。加快推进半程生活垃圾填埋场和市粪便无害化处理厂建设、改造工程,推进乡镇生活垃圾定点处置,强化县乡环卫基础设施建设,推进了城乡一体化环卫保洁体系建设。提高路面清扫、垃圾清运、公厕保洁和环卫保洁作业机械化水平,城乡环境卫生面貌发生了质的变化。加快全市环卫基础设施建设。沂水县等5个县垃圾填埋场建成并投入使用,郯城县、苍山县填埋场正在建设,山东富翔集团生物技术垃圾处理厂建设项目顺利签约。全市共清运处置生活垃圾80.99万吨。其中,市区环卫保洁面积达2000万平方米,年清运生活垃圾28.1万吨,同比增长12.3%。开展了停车管理调研和问卷调查活动,召开了停车收费听证会,制定了《临沂市城市机动车停车场管理暂行办法》等文件。系统整合停车资源,施划临时停车泊位2.3万个。与交警、法院建立了协作配合机制,市区共抓拍违法停车5.5万辆,处罚1.24万辆。开展了市区非机动车停放秩序整治,劝导、清理乱停放非机动车2万余辆,施划自行车停车线1500余米,安装自行车停车栏120个。制定了《临沂市城市建筑垃圾管理办法》等规范性文件,成立了市建筑垃圾综合整治领导小组,召开了建筑工地管理现场会和建筑垃圾管理综合整治会议。实施建筑垃圾处置核准手续核查,共检查市区在建项目104处。加强建筑垃圾经营性运输许可审批管理,推进渣土运输车辆密闭改装,完善建筑工地出入口道路硬化和车辆清洗等基础设施,探索建立渣土运输管理“两点、一线、一覆盖”的管理模式。会同交警、交通、住建等部门开展了联合执法行动,共查处市区违规建筑工地58家,整改建筑工地出入口325家,查处违章渣土运输车287辆。

【执法队伍建设】 加强学习培训,提升业务技能。召开全市城管系统执法案件研讨会,以会代训,分类研讨办案模式,探讨执法技巧。加强案件审核,提高了执法效能。全年共查处各类违法案件3.91万件。其中,一般程序案件5035件,简易程序案件3.4万件。实施竞争上岗,优化干部队伍结构。坚持公开、平等、竞争、择优,进行公开选拔,选配、调整中层领导骨干45名。制定了《党风廉政建设和反腐败工作实施意见》,开展了廉政谈话、廉政宣誓等活动,做好行风热线和信访工作,严格落实工程建设招投标纪检监督规定。开展创先争优活动,提升为民服务水平。开展城市管理理念教育,开展创建"学习型机关"、创先争优、"企业服务年"、群众满意服务品牌创建等活动,加强优化广告审批、承诺服务和结对帮扶"三项服务",完善岗位责任、服务承诺、责任追究等制度,做好投诉举报工作,提升了为民服务水平。严格内部管理,塑造优良精神风貌。制定了案件查处、广告审批、市容管理等制度,完善了内部管理规定。制定了《禁酒令》,强化制度落实和日常监督考核。

将环境卫生管理和规划执法职能划入城市管理局,增设了商城大队、直属二大队、督察大队和市容环卫科等分局、大队和科室。全面推动市、县城市管理体制改革,全市7个县建立了"管罚一体"的城市管理体制。推进城管执法工作重心下移,在180个乡镇、街道设立了城管执法队伍,实现了城乡全覆盖。

【执法宣传】 开展了停车管理、户外广告管理、建筑垃圾管理等热点、难点问题专题调研,为领导决策服务。制定了8个规范性文件。建立了城市管理责任区考核制度,明确了各区城市管理责任,建立了考核奖惩机制。制定了《市容市貌和环境卫生日常考核管理办法(试行)》等制度,初步建立了内部网格化管理责任制。与市公安交警支队、市住建委建立了协作机制,与交警、交通等部门建立了联合执法机制。协调街道、乡镇和社区、村居,落实"属地管理"责任制,提高了环境整治效能。坚持"执法、宣传"两轮驱动,筹划主题宣传活动,在市级以上媒体刊发新闻稿件1650篇。

(刘云鹏　张　斌)

园林绿化和滨河景区管理

【概况】 2010年,依据《中共临沂市委临沂市人民政府关于临沂市人民政府机构改革的实施意见》(临发[2010]4号),将市住建委管理的市园林管理局与滨河景区管委会办公室合并,于2月成立临沂市园林局(滨河景区管委会办公室),为市政府直属正县级事业单位,是全市园林绿化行政主管部门。内设9个职能科室;下设市园林绿化管理处等1个副县级单位,13个正科级单位。主要负责全市园林绿化管理和滨河景区开发、建设和管理工作。全年滨河景区共完成投资4.25亿元,新增绿地面积570.2万平方米。在迎接全国公共文明指数测评工作中,圆满完成34项任务,总权重达19%;在创卫城市观摩会和无障碍设施城市创建期间,实施了苗木补植和基础设施修复工作。完成了F1摩托艇世锦赛临沂站西看台的建设任务;完成了直管绿地综合整治任务和书法城接待任务,指导完成武河湿地绿化建设,分别获得国家淮河流域水污染防治工作考核第一名。山东省第三届城市园林绿化博览会室外展奖和室内展优秀展区奖,第十届中国菊展单列6个奖项。临沂滨河景区被评为山东省十佳水利风景区。

【工程建设管理】 实施了市政工程、水利防洪工程、园林绿化工程、湿地绿化工程、景观设施绿化提升工程等民生工程,完善了工程监督机制。

市政提升工程。投资1100万元,完成滨河路与通达路、滨河路与解放路桥互通立交工程,缓解解放路与滨河路车辆拥堵问题。启动了平安路与滨河路交汇处地下防空工程。新增生态林荫停车场30余处,投资150万元改造市区通达路绿色停车场,完成绿化3万平方米。

水利防洪工程。投资2500余万元实施小埠东橡胶坝下游消能设施除险加固工程,完成了祊河护岸维修等工程。

园林绿化工程。实施了北城新区、书法城月季园等园林绿化工程。完善书法城一期和奇石园建设,完成了松竹梅园、十二生肖园、月季园、文化四合院等建设任务。实施北方植物大观园工程,共栽植各类苗木3万余株,宿根花卉1.1万余株,成活率达90%以上。

小埠东橡胶坝加固

湿地绿化建设。指导完成武河湿地生态岛绿化工程,实现了优美湿地景观,为临沂市代表山东接受国家淮河流域水污染防治工作考核获得第一名和创建国家环保模范城市复核过关做出了重要贡献。

景观提升工程。在创卫城市观摩会和无障碍设施城市创建期间,实施了苗木补植和基础设施修复工程,共补植乔木8000余株,模纹1万余平方米,球类植物2000余个,统一修整、更换人行道板和路沿石4万平方米,安放各类控烟标志220面,邮箱、阅报栏等便民设施12处,新增石凳座椅等设施100余处,增修盲道5200米,增设无障碍开口154处,修复或增设景观灯2900余套,修复线路3000余米。

【园林绿化管理】 完善了养护管理制度建设、考核监督,实行分工包片、责任到人管理模式,实施园林养护精细化管理。制定《临沂城区园林养护管理考核标准》,完善城区园林养护管理考核标准、养护标准、卫生保洁考核标准和养护技术规范。开展“秋冬集中养护月”行动,共出动机械2000余台次,养护人员6000余人次。完成《月季品种资源的收集、栽培、评价及推广应用》、《藤本植物的引进与推广应用》等10项科研课题,成功申报市科技发展计划引导项目立项课题2项。严格防控美国白蛾,制定了《2010年城市园林绿化美国白蛾防控方案》,印制宣传材料1.5万余份,组建40余人的专业防控队伍,培训防护专业人员210余人次,建立了警戒区、隔离区、保护区、防护网络,出动机械60余台次,施药6600公斤,成功实施了美国白蛾监控、防治工作。

【旅游资源】 全年滨河景区共接待游客300余万人次,其中,书法苑共接待国家、各省市级领导118批次,5000余人。合理开发,增加市民休闲场所。全年共审批经营项目5个、续签项目23个;规范滩地经营项目10处;举办、承办、协办滨河万人长跑、世博文化展览、儿童嘉年华等公益性、群众性场地活动8次。在凤凰广场招商引资开办了青岛啤酒扎啤花园,完善水之星、拉芳舍、网球场3项工程,利用滨河宽阔的水面,把以南湖心岛为中心的周边水域开发建设定位为水上体育运动中心,打造水上运动之城。成立了临沂滨河水上运动俱乐部,投入50余万元购置帆船、皮划艇、龙舟等水上运动器械。拓宽了旅游渠道,增加了服务功能。举办各类赛事。利用广场、滩地、体育健身区等空间资源,在书法城举办了全球首套宣纸邮票《中国古代书法——行书》发行仪式。在湖心岛举办蒙山沂水演出、在凤凰广场举办“2010安利纽崔莱健步行”、沂河冬泳俱乐部成立庆典等活动。在篮球广场建立了全国第五届木球锦标赛集训基地,在沂河水面成功举办的F1摩托艇世锦赛中接待游客量达209万人次。

【景区秩序管理】 加强景区秩序管理,整合公安、城管和管理所等部门力量,建立健全了“三位一体”综合执法工作制度和“挂牌”上岗制度。加大治安管理力度。设立“绿色投诉电话”,全年共接听投诉电话1980个,受理临时占用城市绿地审批36起,永久占用绿地9起,绿地改造49起。参与处理22起损毁苗木交通事故,解决各类问题1961个,结案率99%,坏绿毁绿现象同比减少了25%。加大景区水环境保护。会同市渔业局等8家单位联合发布了《关于清理滨河景区范围内机动渔船的通告》,共清理机动渔船171条,大型拦河网具86处,沿河看护棚15处,沿沂河、祊河、涑河岸边设置休渔警示牌80余块。报请市政府印发了《关于在滨河景区范围内实施休渔期的通告》,实施2个月的休渔期,促进鱼类产卵,保护渔业资源,改善生态环境。投放300万尾鲢鱼苗,抑制了水华暴发。加大湿地生态保护。加强了野外巡查管护工作,打击各类破坏、侵占湿地的行为,打击乱捕、盗猎野生物和滥挖湿地及破坏植被的行为,减少人为活动对湿地的破坏和越冬候鸟生存环境的影响。

【防汛工作】 为确保城区防汛安全,加强水利工程的管理,制定完善防汛应急预案,加强防汛检查督导,科学调度，合理控水，确保防汛工作万无一失。加强水利工程的管理。实施了小埠东橡胶坝下游消能设施除险加固工程。开展了水上救援和消防演练，在沙滩浴场等处加固水上安全网，修缮瞭望台，增强了抢险救援等处置突发事件的能力，提高了游客的安全系数。制定完善防汛应急预案。建成覆盖滨河景区范围应急预案体系，健全分类管理、分级负责、条块结合、属地为主、应急管理体系，落实领导责任制，加强应急管理机构和应急救援队伍建设，建立统一指挥、结构合理、反应灵敏、运转高效、保障有力的应急管理机制，完善滨河景区应急管理制度和法规，构建预警预报信息系统和专业化、社会化相结合的应急管理保障系统。形成党委主导、部门协调、全社会共同参与的应急管理工作格局，防汛应急管理综合能力显著提高。加强防汛检查督导，督导防汛责任制、防汛资金、防汛物资、防汛队伍、防汛预案、防汛预警预报、度汛措施的落实情况，加强汛期管理，做好防汛值班工作，严格执行 24 小时值班和领导带班制度，保持通讯联络畅通，确保各类信息及时上传下达。科学调度，合理控水。借助橡胶坝管理优势，做好蓄水、控水工作，抗旱防汛做到收放有度，合理调控。

【宣传工作】 全年在《中国建设报》、《中国花卉报》、《山东建设报》等刊发宣传稿件600 余篇；在中央新闻联播、山东新闻联播、临沂新闻等栏目播发信息100 余次，在临沂广播电台播报新闻40 余次。充分调动了社会各方面的力量积极参与城市绿化工作。

（韩继飞）

环 境 保 护

【概况】 2010 年，市环保局围绕确保环境安全、改善环境质量、服务科学发展的环保工作主线，做好流域污染防治，开展大气污染治理，强化主要污染物总量减排，持续推进创建国家环保模范城市工作，主要污染物减排、淮河流域治污迎查、创建国家环保模范城市三项重点工作，各项工作取得显著成效。"十一五"期间，全市 COD 排放量、SO_2 排放量累计削减率分别为 19.66%、9.03%，完成减排目标的 102.94%、103.83%。环境质量得到大幅改善，有 7 个国控出境考核断面达标率全部优于国家控制要求，平均达标率较"十一五"末年提高 50 个百分点，空气质量改善幅度居全省二类城市前列。落实了生态市建设阶段性指标，近 60% 的乡镇建成生态乡镇，超过 15% 的国土面积纳入生态功能保护范围。环境安全防控能力显著提高，分类整改 3000 余家环境风险企业，实行市、县环保部门和风险源单位 3 级 5 道预警防线定期监测。在国家重点流域水污染防治专项规划 2009 年度实施情况考核中，临沂市代表山东省取得了淮河流域第一名，省政府对此予以通报表彰，并召开专题会议总结推广临沂市流域治污工作经验。顺利通过环境保护部创建国家环保模范城市复核验收，成为全省第 2 个、全国第 9 个按照新指标通过复核验收的城市。

【总量减排】 坚持把主要污染物总量减排作为促进转方式、调结构的重要任务，完善减排监测体系、统计体系、考核体系，强化工程减排、结构减排、管理减排措施，加强重点企业深度治理、城市污水集中处理和燃煤电厂、钢铁烧结机脱硫工作，全市 330 项减排重点工程按期建成运行。严格执行污染减排督察制度、通报制度、考核制度，强化重点流域、重点区域、重点行业、重点企业的监管，全市 2 万吨规模以上的 18 家污水处理厂建成中控系统，燃煤电厂脱硫设施完成分布式控制系统（DCS 系统）安装，并对烟气旁路系统实施铅封，治污设施运行实现全程过程监管。

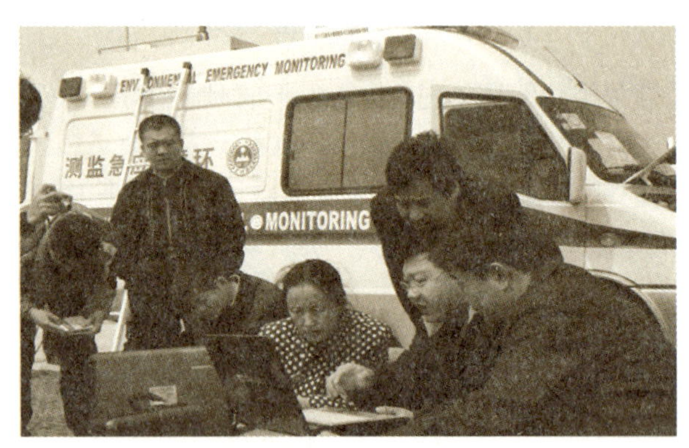

环境监测人员进行现场检测

【污染防治】 实施"治、用、保"的流域治污策略，提前 1 年建成运行《淮河流域水污染防治规划》63 个治污项目，增建 9 大类 128 个治污项目并实现正常运行，形成了"点源、污水处理厂、人工湿地、河流"四级递进式的治污模式，在全市持续干旱、河道径流锐减的严峻形势下，有 7 个国控河流考核断面稳定达标，9 条省控河流持续保持省政府"恢复鱼类生长”的民心工程要求，县区重点河流考核断面综合达标率达97.38%，流域水质实现了自1985年以来的最好水平。针对城区大气污染问题，开展治理大气污染改善环境空气质量活动，综合整治水泥、建陶、电力、板材等重污染企业1080余家，采取原料覆盖、车辆清洗、密闭运输、洒水降尘和临时绿化等措施控制扬尘污染，开展机动车环保检测、实施环保标志化管理，机动车环保定期检测率达80%以上。

【环境安全】 坚持环境风险隐患排查清理，全年排查环境风险隐患企业1430家、整改46家、关停取缔15家、动态管理297家。实行市、县环保部门和风险源单位3级定期监测，企业风险点位、生产车间、总排污口3层防范工程配套。并实行企业排污口、城市污水处理厂、入河断面、县区交界断面、出境断面5级预警监测，设置109个预警监测点，建成流域、区域和重点企业自动监测、在线监测、视频监测等设施305台（套），安装特征污染物在线监测设备57台（套），重点区域部位全天24小时监控。建立健全环境应急处置体系，高标准建设集成有线通讯、无线通讯、全球定位系统、地理信息系统的指挥平台，制定了全市环境安全防控体系建设实施方案，健全市、县区和企业3级应急预案，完善应急专家库，储备应急物资，提高了应急处置能力。

市环境监控应急指挥中心投入使用

【执法服务】 开展“整治违法排污保障群众健康”环保专项行动，针对性开展重点行业、建设项目、工业园区、信访案件等专项执法监察行动，坚持每周两次夜查、每月对重点企业1次全面检查、每季对检查情况1次后督察。全市累计出动环保执法人员4.65万余人次，检查企业1.31万余家次，解决群众环境信访问题2100余件。增强市级环境监测能力，年内，达到了109项水质指标监测能力，对59个河流断面实行日监测或周监测，对城区8个空气自动监测点位5项污染因子进行日监测日分析，加强了全市地表水、大气、辐射、生态环境监测网络。服务经济社会发展，年内审批符合国家产业政策的建设项目420个，做到提前介入、靠前指导，设立重大建设项目“绿色通道”，确保服务到位。市政务大厅环保窗口全年受理各类审批服务事项1047件，被评为文明服务窗口。

【生态保护】 加快落实《生态省建设市长目标责任书2008—2012）》，强化责任落实，加强监督考核，开展生态环境监察试点工作，推进生态市建设，节能减排、循环经济发展、国土绿化、生态保护与修复、土壤污染、农村环境综合整治等工作。划定18个集中式饮用水水源保护区，总面积达1939平方公里，开展饮用水水源保护区的立桩定界和标志牌设立等工作，全面清理整治保护区范围内的排污口，落实保护措施和应急预案，提高了饮用水安全保障能力。推广农村生活污水集中处理、秸秆气化、垃圾无害化处理、小流域生态修复、畜禽养殖污染防治、水源安全保护、绿色食品基地的农村环保新模式。全市创建10个国家级生态乡镇、54个省级生态乡镇、87个市级生态乡镇，新申报国家级生态乡镇16个。全市自然保护区、生态功能区、风景名胜区、森林公园等受保护面积占国土面积的15.1%，保护了湿地水网、生态基流、生物多样性。

【环境宣传】 在电视、报纸等媒体开设“环保动态”、“实施一创六建，打造美好家园—环保篇”、“沂蒙环保世纪行”等专栏，在全市主要新闻媒体发布环保稿件550余篇，《中国环境报》刊发稿件80余篇，2次刊发临沂市地方环保专刊。增加户外环保宣传设施，城区、交通干线沿线设立大型广告牌300余块、交通指示广告牌5000余个，公交车、出租车张贴环保宣传标语，191家重点企业和环保治理工程点位设立环保宣传标语牌等3800余个。“六五”世界环境日期间，市、县两级集中宣传，开展了低碳减排绿色生活全民行动、全市水污染防治成果展、环境安全警示教育等活动。组织21所市级绿色学校、10所绿色社区参加绿色创建培训，开展青少年“彩色梦”环保动画片推广系列活动，新创建省级绿色学校20所、市级绿色学校26所、省级绿色社区5个、市级绿色社区6个，省级创建数量居全省前列。加强政务信息工作，环境保护部政务信息采用量始终保持第一名。

（蒋大伟）

财税·金融

财　　政

【组织收入】　2010年,市财政系统围绕全市改革发展,强化增收节支,依法科学理财,强化督导考核,积极培植财源。全市实现地方财政收入115.5亿元,增长26.2%;一般预算支出236.5亿元,增长26.2%。以组织收入为核心,加强调度分析和激励引导,严格依法征管,强化督导考核,财政收入持续平稳较快增长。全市地方财政收入总量突破100亿元,比上年增收24亿元,增幅高于全省平均水平1.2个百分点,其中地方级税收收入完成88亿元,增长26.5%,占地方财政收入的76.2%,比上年提高了0.2个百分点。抓住国家和省支持转方式调结构、加大民生投入、缓解县乡财政困难的机遇,争取上级支持,全年全市共争取转移支付和其他各类资金107.8亿元,比上年增长21.7%,缓解了财政收支矛盾,增强了财政保障能力。

【培植财源】　开展"加快工业发展年"活动,科学运用财税政策手段,发挥财政资金激励引导作用,促进全市经济平稳增长。整合设立县域经济发展专项资金1亿元,鼓励引导县区培植壮大财源。落实企业发展类专项资金5.6亿元,推动传统工业技术改造和战略性新兴产业、特色产业集群发展。制定完善促进服务业跨越发展的政策措施,推动企业剥离非核心业务,促进服务业繁荣发展。落实能源节约利用支出1.7亿元,加大对节能减排的支持力度。落实污染防治支出1.3亿元,支持污染治理和迎接淮河流域水污染防治检查。争取上级财政在"两型社会"建设领域给予全市重点支持,市政府与省财政厅签署了临沂市"两型社会"建设试点合作协议,建立了规范化的合作共建机制。落实中央预算内投资项目地方配套资金4.5亿元,保障了全市重点项目建设。落实结构性减税政策,办理出口免抵退税和政策性减免税收39.6亿元,减轻了企业负担,促进了产业结构改善。针对中小企业融资难问题,在全省率先与国家开发银行合作开展支持中小企业贷款业务、率先设立市级创业投资引导基金2亿元、率先开展政府采购信用融资业务。加大中小企业信用担保力度、做大"过桥"还贷规模,市中小企业信用担保有限公司新增贷款担保297笔、担保额33.3亿元,市级中小企业"过桥"还贷资金规模增加到3亿元,全年为162家中小企业提供还贷周转资金15.3亿元。

【保障重点支出】　全年全市各级财政用于民生方面的支出达138亿元,增长23.1%,占全市财政支出的58.4%。全市教育支出51.9亿元,增长24.5%。安排资金11.8亿元,完善义务教育经费保障机制,提高农村初中、小学生均公用经费标准,实施农村中小学"两热一暖一改"和校舍安全工程,改善了办学条件;安排职业教育发展资金2073万元,推动了全市职业教育的健康发展;安排资金1.1亿元,完善家庭经济困难学生资助体系,扩大中等职业教育免学费范围,提高普通高校、高中国家助学金资助标准,解决了7.5万名家庭经济困难学生的学习生活问题。与兰山区配套联动,共同完善城区教育资源配置,从2010年起,市与区各安排资金1亿元,连续安排3年。北城新区多方筹资7.3亿元,新建了13所中小学校,年内全部投入使用。医疗卫生支出21.1亿元,增长34.1%。提高了新农合和城镇居民基本医疗保险政府补助标准,各级财政落实资金10.1亿元,惠及农民837.5万人、城镇居民77.8万人。关闭破产国有企业退休职工参加城镇职工基本医疗保险,各级财政落实资金1.3亿元,保障了基本医疗需求。实施国家基本药物制度,各级财政落实资金2680万元,保障了试点县群众用药安全、价格合理。提高公共卫生服务水平,各级财政落实资金1.2亿元,支持了市妇幼保健院、胸科医院、疾控中心建设和1055个村级卫生室改造。社会保障和就业支出26.8亿元,增长28.1%。推进新型农村社会养老保险试点工作,政策覆盖3个县,受益人达42.6万人。将农村低保标准提高到每年1200元,城市低保标准最高的县区达到每月260元、最低的达200元,企业职工基本养老金月人均提高180元,保障了困难群众的基本生活。支持实施"金蓝领"培训工程和农村劳动力转移培训,落实小额担保贷款、援企稳岗等政策,促进了困难群体就业再就业。支持"三支一扶",促进了大学生就业创业。文化体育与传媒支出3.6亿元,增长32.8%。支持实施农村五大文化惠民工程和市广播电视发射中心建设,成功举办了F1摩托艇世锦赛中国临沂大奖赛和中国首届红色运动会。加快保障性安居工程建设,各级财政筹集资金3.9亿元,改善了城乡居民住房条件。各级财政积极拓宽渠道,多方筹集资金,集中支持了城区路桥、文泗公路、沂新公路、沂河生态路、金锣沂河大桥建设和飞机场提升改造、公交国有化、新能源公交车购置等市委、市政府确定的重点项目。推进北城新区、涑河片区、商城管委会、临沂大学城等重点项目区的封闭运行,科技馆、规划馆、书法城、博物馆、图书馆、文化艺术中心、兵学城、大学城建设等重点项目相继建成投入使用或即将竣工,完善了城市功能,提升了临沂城的整体形象。保障了公共文明指数测评、国家卫生城市创建、"平安临沂"建设、安全生产监管、抗旱救灾等支出。

【新农村建设】 落实强农惠农政策,扩大公共财政对农村的覆盖范围。各级财政用于"三农"方面的支出123.6亿元,增长25.7%,占全市财政支出的52.3%。全年发放粮食直补、农资综合、良种、农机具购置4项补贴6.7亿元。兑付家电和汽车摩托车下乡补贴4.6亿元,补贴家电74万件、汽车摩托车15万辆。落实农业综合开发资金1.1亿元,治理土地面积7866.67公顷。落实农村生态建设资金5590万元,支持绿化造林、森林生态效益补偿、森林防火和推广环保养殖技术。落实农业产业化发展资金1668万元,新建优质农产品基地5.69万公顷,重点扶持了61家农业产业化龙头企业和55家农民专业合作组织。落实扶贫开发资金2494万元,支持整乡推进扶贫开发,惠及168个贫困村、11.6万人。落实贫困村村民发展互助组织试点补助资金2200万元,新增试点村147个。落实水库除险加固资金2亿元,其中市财政配套1.1亿元,在全省率先完成32座大中型、819座小型病险水库除险加固任务。落实水土保持、中小河流治理和小农水重点县建设资金1亿元,改善了农业生产条件。落实农村饮水安全工程资金3360万元,新增受益人口42万人。落实农村可再生能源建设资金2800万元,推进农村户用沼气、畜禽养殖场大型沼气和秸秆综合利用工程建设。落实乡村环境综合整治资金1500万元,改善了农村环境。

【财政改革管理】 完善部门预算编制,推进乡镇国库集中支付改革,纳入县级国库集中支付管理范围的乡镇达82个,占全市乡镇数的46%,规范了财政支出行为。财税库银实现横向联网,促进了涉税部门信息共享和税收管理的规范。加强政府采购监管,全市政府采购完成采购额52亿元,节约资金9.7亿元,节支率15.7%。评审政府公共投资项目388个,评审额16.3亿元,审减3.3亿元,审减率20%,节约了财政资金。加大财政监督检查力度,开展财政专项资金、扩大内需项目资金、"小金库"专项治理、强农惠农资金清理等专项检查活动,严肃了财经纪律,规范了财政管理。

【行风建设】 加强领导班子和队伍建设,营造了解放思想、干事创业、凝心聚力、科学发展的氛围。修改完善局机关内部工作制度,制定实施了科级后备干部培养、班子成员联系县区、每周例会、工作日禁酒等制度,促进了机关工作的规范化、制度化。建立科学合理、严格周密的考核激励机制,调动了干部职工争先创优、干事创业的积极性。坚持公正用人,对符合条件的优秀科级干部及时选拔任用,形成了良好的用人导向和机制。严格落实党风廉政建设责任制,认真查找廉政风险点,制定防控措施,建立防控机制。全年市财政局行风评议获得免评;在全市"千家企业评部门"活动中,获得市直经济和社会管理部门第三名。

2010年临沂市地方财收入主要项目完成情况表

项　　目	收入数(万元)	增长率(%)
一、税收收入	879,968	26.50
增值税	165,099	22.00
营业税	235,401	30.60
企业所得税	72,347	25.80
个人所得税	19,514	29.50
资源税	23,453	14.00
城市维护建设税	57,569	27.80
房产税	23,049	22.10
印花税	19,212	46.70
城镇土地使用税	78,793	12.00
土地增值税	28,738	84.50
车船税	17,875	29.20
耕地占用税	34,464	-37.40
契税	97,376	111.00
烟叶税	7,078	-18.90
二、非税收入	274,848	25.10
专项收入	43,059	-0.50
行政事业性收费收入	95,945	16.10
罚没收入	45,323	12.30
国有资本经营收入	6,916	-54.50
国有资源(资产)有偿使用收入	41,639	256.50
其他收入	41,966	58.60
本年收入合计	1,154,816	26.20

2010年临沂市财政支出主要项目完成情况表

项　　目	支出数(万元)	增长率(%)
一、一般公共服务	284,580	12.74
二、外交	-	
三、国防	2,634	-13.01
四、公共安全	150,911	24.55

续表

项　　目	支出数(万元)	增长率(%)
五、教育	519,127	24.49
六、科学技术	32,862	49.80
七、文化体育与传媒	36,077	32.80
八、社会保障和就业	267,515	28.08
九、医疗卫生	211,382	34.11
十、环境保护	72,272	19.90
十一、城乡社区事务	154,700	24.19
十二、农林水事务	285,644	19.94
十三、交通运输	112,425	25.70
十四、资源勘探电力信息等事务	45,373	80.71
十五、商业服务业等事务	78,803	70.08
十六、金融监管等事务支出	1,772	1672.00
十七、地震灾后恢复重建支出	4,134	-60.43
十八、国土资源气象等事务	43,679	77.41
十九、住房保障支出	31,633	35.42
二十、粮油物资储备管理事务	6,403	54.25
二十一、国债还本付息支出	673	
二十二、其他支出	22,050	24.77
本年支出合计	2,364,649	26.22

（张玉波）

国家税务

【国税收入】 2010年，全市共完成国税收入1183725万元，同比增长31.18%，增收281363万元，扣除海关代征进口环节增值税，累计完成国内税收收入1066295万元，增长27.43%，增收229497万元，国内收入总量在全省居第八位，增幅居第四位。市县级收入完成233968万元，增长26.28%，增收48687万元。全年国税宏观税负为4.93%，比上年提高了0.65个百分点。

【税收征管】 完善税收征管体系，开展税源专业化管理试点工作，对全市范围内具有地域特点且形成规模的62个小类行业分别建立了管理办法。强化应用税收预警评估系统，强化日常税源控管，全年共完成评估任务12912户次，查补入库税款51517万元，居全省第三位。强化税收征管基础建设，规范个体税收定额工作程序，制定了《个体双定户定额核定操作办法》和个体定额工作简易流程。明确了注销税务登记的原则，从制度上杜绝了假注销、随意注销情况的发生。加强特殊行业个体定额管理，对参与“家电下乡”活动的农村超市进行税收定额调整，对停业户比例较大的地方开展复审复核工作。强化数据质量管理，基础数据准确率达99.998%，居全省前列。

【依法治税】 加强综合税政管理,落实《税收规范性文件制定管理办法》,提高依法行政水平。组织对水泥生产企业、房地产及建筑安装企业、运用税收预警分析系统重点选案企业、医药经销企业以及部分自选企业开展专项税收检查,全市共检查企业587户,查补入库税款11124万元,组织企业自查入库税款12913万元。开展税收执法督察,以县区局自查与市局重点督察相结合的方式,实行“检查底稿制”和检查工作责任制,对执法检查发现问题、日常管理发现问题及苗头,分析成因,针对问题提出执法建议。重视重大税务案件审理的结果应用,对7起重大案件进行审理,补充调查2起,变更审理意见3起,维持2起。构建税收风险控制体系,开展执法风险排查和评估,查找出税收执法权运行的重点部位和环节存在的56个风险点,制定执法风险控制管理办法,强化了税收风险控制。

全市国税收入突破百亿元新闻发布会

【纳税服务】 以需求为导向,规范完善纳税服务体系,在巩固首问负责制、提醒服务、预约服务、限时服务、延时服务等服务基础上,普遍推行县域范围内所有办税业务的“同县通办”、厅内业务的“一窗通办”和免填表单,对办税服务厅窗口标识、功能区标识、服务设施标识进行了统一改造,增强了窗口服务功能,建立了内部文书快速流转机制,提高了办税效率。推行网上办税服务厅,初步构建了以网上办税为主体,上门办税、流动办税等方式为补充的多维立体办税服务网络,网上办税服务厅系统被评为全省国税系统科技创新奖,并通过了省科技厅的科技成果鉴定,全市共上线运行企业类纳税人1.6万余户,占全部企业类纳税人的90%以上,通过网络申报车购税信息8万余户次,信息准确率100%。全市共审批免抵退税197049万元,增长26.49%,其中国库办理免抵退税共计180810万元,增长4.76%。开展纳税信用等级评定工作,共评定出A级信用纳税人76户,B级信用纳税人4789户,C级信用纳税人4377户,D级信用纳税人1590户。开展税收宣传,围绕税收政策法规和纳税人权利、义务等内容,把第19个税收宣传月活动作为重点,开展了6项主体宣传活动,增强了税收宣传的社会效果。

【队伍建设】 加强各级领导班子思想政治建设、组织建设和作风建设。加大干部交流力度,优化领导班子结构,考察选拔了4名正科级领导干部、3名主任科员和3名副主任科员,对3个县区局6名班子成员进行了调整交流。落实个人重大事项报告、收入申报、述职述廉等规章制度,组织对两个县局班子的巡视考核。加强干部教育培训,举办了5期稽查、税收管理员、企业所得税、“六员”等培训班,培训人员300余人次,组织3期共23名新提拔科级领导干部参加省税校的领导干部任职培训班,组织2期“更新知识、提升能力”短期培训班,在省局业务能手选拔考试中,全市有25人入围。强化国税文化建设,确立了“忠诚、法治、尽责、创新、和谐、发展”的国税文化核心价值理念和“团结奋进、求实创新、敬业奉献、勇创一流”的临沂国税精神。开展文明创建工作,全年共争创系统内外国家级、省级以及市级集体荣誉58个、个人荣誉102个,其中,全国“巾帼文明岗”1个、“全国巾帼建功标兵”1人、省级文明单位2个。

（王乐鑫）

地方税务

【概况】 2010年,全市地税系统累计组织各项收入71.77亿元,增收15.51亿元,增长27.56%。其中,市县级收入56.62亿元,增收12.07亿元,增长27.1%,占全市地方财政收入的比重为49.02%,比上年提高1.4个百分点。

【税收管理】 做好收入预测、分析和调度,建立收入统计预测模型,提高了税收预测准确率。以实施信息管税为龙头,推进税源专业化管理,完善了税收管理方式,提高了征管水平,各项业务指标在全省通报中均位居前列。强化对"大集中"系统的安全运行和相关软件的上线应用,实现了财税库银横向联网,发挥了信息化对各项管理的支撑作用。加强重点企业、重点税种、重点项目、重点行业管理,强化社会综合治税,推进企业二三产业分离,开展"五小"专项整治,发挥了促管增收的作用。市局先后制定了个体经营电信业务、旅行社、保险营销员等行业税收管理办法,跨区域重大建设项目管理办法被省局转发,发票整治工作得到总局表彰。

【执法服务】 以贯彻落实《山东省地方税收保障条例》为重点,深入推进"五五"普法工作。市局被授予全市"依法行政工作先进集体",并申报国家级先进集体,全国《"五五"普法简报》专期刊发了临沂地税"法治地税"建设的经验做法,《大众日报》记者进行了专门采访报道。参与市委、市政府组织开展的"加快工业发展年"和"企业服务年"活动,送政策上门,帮企业解忧,受到了广大纳税人的好评。服务民生建设,落实税收优惠政策,依法做好各项规费代征工作,发挥了税收扶持作用。创新服务举措,成立纳税人税法培训中心,开展"欢乐农村行—地税服务进万家"活动,建设网上综合服务平台,密切了税收征纳关系。在全省纳税服务满意率调查中,居全省第二位,市地税局和罗庄分局被授予"全省地税系统'征纳共盈'纳税服务品牌创建先进单位",市地税局办税服务厅被授予"全市十大文明示范岗"称号。纳税人税法培训中心管理办法被省地税局转发,"局长服务日"活动在全省地税系统推广。

【基层建设】 抓住新一轮基层建设的机遇,形成了罗庄分局"税收一体化管理"、兰山分局"专业化管理、区域式集中"、沂水县局"划片集中办公"3 种模式试点,得到了省地税局的肯定。在全省地税系统基层建设工作会议和推进现场会议上,市地税局作了典型发言;《人民权利报》对基层建设工作进行了一线采访报道。市地税局被授予"全省地税系统服务基层优秀单位"称号,罗庄分局、沂水县局被授予"全省地税系统基层建设优秀单位"称号。各级投入基层建设资金 5700 余万元,为基层更新配备微机 773 台、车辆 75 台、空调 408 台,基层的办公生活条件和装备水平得到改善。

【干部队伍建设】 加大教育培训力度,全年累计举办各类培训班 70 余期次,专题讲座 16 期,培训人员 3500 余人(次)。加大干部选拔培养力度,开展上挂、下派双向交流,全年累计提拔科级干部 47 人,交流基层中心所长 13 人,选派 1 名优秀干部到省局机关挂职锻炼,选拔 2 名优秀干部到市局机关挂职锻炼,新招录人员 18 人。加大全系统党的建设力度,以开展创先争优活动为动力,以"创争当先锋、建设新基层"为主题,加大党建工作指导力度,提高了全系统党建工作水平,增强了凝聚力和战斗力。市局在市直党建工作会议上作典型发言,被授予全市第一批"党的基层组织规范化建设工作先进单位",被推荐为全市"双百先锋"。加大文明创建力度,落实文明创建 3 年规划,加大了内外宣传力度。全系统获得市级以上集体荣誉 189 个、个人荣誉 215 个,1 人获"全国职工职业道德建设先进个人"称号,2 人被推荐参加全省地税系统"道德模范"评选。加大党风廉政建设力度,以开展《廉政准则》学习教育活动为切入点,加强廉政文化建设,实施行政问责,参与行风评议,提升了地税形象。《行政问责办法》被省地税局转发,《廉政准则》学习宣传漫画以省局名义在全省地税系统印发,在地税总局《税务纪检监察简报》刊发学习宣传情况。在全市"千家企业评行风"活动中,市地税局在 22 个执法部门中获得第二名,获得行风评议免评资格。市地税局和 8 个县区局被授予"全市廉政文化六创建先进单位"称号。

(王燕妮)

金融综述

【概况】 临沂市金融工作办公室是根据省委、省政府批准的《临沂市人民政府机构改革方案》(鲁厅字[2009]45 号)和市委、市政府《关于临沂市人民政府机构改革的实施意见》(临发[2010]4 号),于 2010 年新设立的市政府工作部门。内设综合科、银行科、资本市场科 3 个职能科室。年内,市金融办被评为市直文明机关。

【信贷投放】 围绕"转方式、调结构"和"加快工业发展年"活动,会同市人民银行分别在 7 个县区和市直召开了9次政银企合作洽谈会，累计为697家企业落实贷款意向资金691亿元。分析全市贷款利率偏高的原因，协调有关银行机构适当下调贷款利率，让利于企业和社会。支持市银监分局开展小企业贷款和常林集团19.7亿元银团贷款推进工作，支持农行、农发行开展新农村建设贷款业务，落实市政府与人民银行济南分行、民生银行总行等签署的战略合作协议，为全市“两型社会”建设、小企业发展和项目贷款提供了有力资金支持。全年全市本外币存款余额2123.6亿元，较年初增加355.5亿元，存款余额及新增分别居全省第七位和第六位。全市本外币各项贷款余额1559.7亿元，较年初增加298.9亿元，贷款余额及新增均居全省第六位。

【企业上市】 5月，对全市年净利润超过500万元的重点骨干企业和年净利润超过200万元的科技创业型中小企业进行了调查统计，归类划分并筛选出了50个拟上市备选企业。邀请省证监局党委委员、局长助理赵洪军做企业上市辅导报告，系统讲解企业上市的重要意义、有关规定和具体要求。组织20余家企业参加省金融办组织的各类上市培训活动4次。与中信万通、国泰君安、中信建投、京缘投资、建银投资、鲁信高新投等知名证券公司、投资公司、会计师事务所进行接洽交流，达成合作意向，为拟上市企业提供专业化服务。金正大于9月8日在深圳中小板挂牌，募集资金15亿元，这是1999年以来全市第一家境内上市的企业。鲁兴钛业、龙岗旅游分别在天津股权交易所和美国纽约纳斯达克交易所挂牌交易。宏艺科技上市申报材料上报到中国证监会创业板发行部，史丹利上市材料经中国证监会受理。力士德机械正在进行上市辅导，立晨物流正在筛选新的上市项目筹备再次上市申报，兴盛矿业、罗欣药业筹备异地2次上市，雷华塑料、新港集团积极筹备境外上市。

【金融机构引进及新型农村金融机构建设】 至年末，浦发银行临沂分行、招商银行临沂分行及莱商银行平邑支行开业运营，华夏银行、兴业银行在临沂市设立分支机构工作经省银监分局批准筹建。同信证券、金鹏期货临沂营业部相继开业运营。12月29日，河东区齐商村镇银行开业，这是全市设立的第一家村镇银行，也是2008年以来全省开业运营的第六家村镇银行。中国银行总行和新加坡淡马锡公司在沂水县设立村镇银行拟于2011年初开业。全年新设立小额贷款公司11家，全市小额贷款公司总数达14家，居全省第三位；年内开业的13家小额贷款公司注册资金13.9亿元，全年累计向社会发放贷款22.75亿元，其中累计支持中小企业231家，个体工商户296户，“三农”业户977户，实现营业利润945.2万元，发挥了小额贷款公司“小额、分散、及时”的优点，为“三农”和中小企业、个体经济发展提供了有力的资金支持。支持地方法人金融机构发展。支持临商银行战略转型提升，拓展企业发展空间。年内，宁波慈溪支行和郯城、临沭、费县、沂南支行及宁波北仑支行等相继开业。按照临沂市农村中小金融机构银行化改革发展规划要求，推动费县农合行组建农村商业银行。撰写了《关于探索建立股权交易机构的汇报》、《关于全市金融支持商业地产发展情况》等调研报告。

【保险担保证券期货业】 召开了临沂市保险业第四次会员代表大会，选举产生了新一届协会领导集体，全面加强协会自身建设，提高了执行能力和服务水平。开展“让消费者满意行动”活动，市保险协会与各保险公司签订了“让消费者满意行动”承诺书，增强了保险机构的服务意识和社会责任。与市银监分局、保险业协会制定了《关于加强银保合作规范银行代理保险业务的通知》，规范了银代市场秩序。开展政策性涉农保险，小麦、玉米和能繁母猪入保工作，年末，政策性涉农保险风险责任金额达5.8亿元。全年全市各类保险机构54家（其中年内新开业4家），从业人员4.4万人。全市各类保险机构全年累计实现保费收入76.3亿元，同比增长38%，累计支付赔款和给付保险金预计15.3亿元，为全市承担各类风险责任金额逾7000亿元。推进融资性担保公司规范整顿工作。按照省政府会议要求，专门召开了全市融资性担保公司整顿会议，按要求分批做好材料审核上报工作。全年全市开展业务的28

家担保机构担保额达76亿元,增加29.3亿元,增长62.7%。证券业方面,全市证券公司营业部6家,新开户数18326万户,全年累计交易额1536.2亿元。期货业方面,全市期货公司营业部4家,全年交易283.8万手,交易额1910.67亿元,上交利税76.08万元。

【化解和处置不良贷款】 推动成立了临沂市金融资产处置服务有限公司,为金融机构不良贷款处置提供评估、拍卖、核销"一条龙"服务,全年处置不良贷款万元。将涉及不良贷款数量较大、金融机构较多的企业列为重点,与法院、银监部门协调配合,利用贷款核销、资产重组等手段提高处置效果,加大对重点企业不良贷款处置力度,解决了建设银行在平邑一中的债权问题和雅美纺织、澳龙物流、罗湖房地产等重点企业不良贷款处置。支持农信社通过利用土地、林权置换不良贷款等手段,加大不良贷款处置力度,全年置换不良贷款24.89亿元。全年辖内银行业金融机构不良贷款余额70.4亿元,较年初减少30.5亿元;不良贷款占比4.5%,较年初下降3.23个百分点。

【政策推动】 制定了《临沂市金融生态环境建设量化考核办法》,对各县区金融运行状况、社会信用环境、政策支持环境、司法支持环境、域外金融机构贷款、金融机构综合评价6个方面实行量化评分、全面考核,督促引导各县区加大金融生态环境建设。制定了《临沂市金融突发事件应急预案》、《临沂市金融稳定工作联席会议制度》,加强对金融突发事件应急处置工作,为维护全市金融稳定、确保全市金融安全提供了制度保障。制定了《关于金融支持临沂市高新技术产业发展的指导意见》和《关于在河东区、平邑县、沂水县开展农村土地承包经营权抵押贷款试点的意见》,在兰山区和费县开展了集体土地租赁权抵押贷款试点工作,推动"三押一推"工作,动产抵押、股权质押、商标专用权质押和企业信用体系建设取得了显著成效。开展了"金融知识进万家·走进临沂"大型展览活动,市委、市人大、市政府、市政协主要领导和各县区、各部门、社会各界4万余人参观了展览。

【自身建设】 积极开展"五比"活动,比学习强素质、比团结凝力量、比作风树形象、比干劲创佳绩、比服务讲奉献,教育和引导全体干部立足本职岗位,干一流工作,创一流佳绩,在"五比"中"树优质服务形象、当创先争优先锋"。建立健全了金融办理论学习制度、廉政守则、党组会议制度、财务收支管理工作规范等各项规章制度,促进了各项工作的制度化、规范化。实行分工负责制和责任追究制,对重点工作落实时间进度和要求,定期调度和听取汇报。加强机关党风廉政建设。制定了《2010年落实党风廉政责任制分工意见》,对年度工作进行了明确分工,做到了任务明确,责任到人。开展了廉政风险防范管理工作,制订了《市金融办廉政风险防范管理工作实施方案》。做好惩治和预防腐败体系建设工作,召开了全市金融系统惩治和预防腐败体系建设座谈会。年内公开考选了5人到市金融办工作。

(赵臻元　高　聪　李海峰)

中国人民银行临沂市中心支行

【概况】 2010年,临沂市金融机构认真贯彻国家适度宽松的货币政策,保持信贷增长,优化信贷结构,促进全市经济的发展。年末,全市金融机构本外币各项存款余额2123.6亿元,增加355.5亿元,余额和增量分别居全省第七位、第六位。全年各项存款同比少增1.3亿元,增幅22.1%,同比下降5.1个百分点。其中,储蓄存款余额1391.9亿元,增加211.8亿元,提高8.8个百分点;企业存款余额371.7亿元,增加66.4亿元,下降11.5个百分点。

【业务经营】 年末,全市金融机构本外币贷款余额1559.7亿元,增加256.5亿元,增长19.7%。全年各项贷款增量、余额均居全省第六位。核销和剥离不良贷款43.23亿元,各项贷款增加299.7亿元,多增48.1亿元,超出年初计划35.7亿元,完成年初各行信贷计划的113.5%。全年全市银行业金融机构为企业增加银行承兑汇票、信用证、保函风险敞口共计99.7亿元,增加44.4亿元;金融机构通过核销、置换形式处置不良贷款共计腾出规模43.23亿元。全年银行业金融机构新增信用总量443亿元,增加31亿元。市外金融机构新增贷款较年初增加61亿元,增长34.5%。

优化结构,新增贷款主要投向重点项目、重点行业、中小企业、县域和民生领域。全市制造业、房地产、商贸物流业、农业及电力、燃气及水的生产和供应业等重点行业贷款累放额占全部行业累放额71%。人民银行联合市发改委、市经信委召开重点建设项目政银企合作推进会、工业信贷资金供需座谈会,集中推荐的511个重点项目,金融机构全年累放投放贷款达265亿元。年末,全市金融机构对于高新技术产业、十大振兴产业和战略新兴产业新增贷款分别同比增加2亿元、6.4亿元和23.6亿元。全市个人中长期消费贷款余额209.6亿元,比年初增加61.3亿元,其中个人购房贷款余额200.5亿元,比年初增加57.7亿元。中小企业542.2亿元,新增98.9亿元,同比增加29.4亿元。年末县域贷款余额达600亿元,比年初增加100.7亿元。全年全市银行业金融机构五级分类不良贷款余额70.4亿元,减少23.1亿元,不良率4.5%,下降2.6个百分点。全年实现账面利润33.9亿元,增加10.9亿元。全年金融机构累计上缴各类税收9.8亿元,增加5.1亿元。全年全市外汇收支48亿美元,其中外汇收入31亿美元,支出17亿美元,分别增长41%、32%和54%,外汇收支顺差14亿美元,增长17%。全市外商直接投资汇入资本金2亿美元,增长40%。全市对境外直接投资汇出资本金0.24亿美元,增长234%。

【实施货币信贷政策】 中国人民银行临沂市中心支行认真贯彻适度宽松货币政策,引导全市金融机构合理把握信贷节奏,落实"有扶有控"的信贷政策,信贷投放总量适度、结构合理,满足了经济社会发展的需求。制订了货币信贷、金融支持高新技术产业发展、金融支持服务业发展、开展农村土地承包经营权抵押贷款试点等4个指导意见。配合济南分行与临沂市政府就共同推进临沂市"两型"社会建设试点签订合作框架协议,在费县召开"发挥基层央行职能作用,支持县域经济发展"座谈会。加大对重点项目和行业的信贷支持力度。联合市经信委召开工业信贷资金供需座谈会,集中向金融机构推荐451项重点项目,联合市发改委召开重点建设项目政银企合作推进会,为59个项目落实意向贷款金额60.5亿元。组织召开全市第八届政银企合作洽谈会,联合沂南、苍山、罗庄、蒙阴、经济区、平邑和河东7个县区政府召开"金融支持加快工业发展,政银企合作推进会",累计为367家中小企业落实贷款协议141亿元,年末资金平均到位率超过82%。拓展中小企业抵押物范围,动产抵押和股权质押融资业务居山东省第一位。配合市政府制定《临沂市金融生态环境建设量化考核办法》,联合市经信委、财政局印发《临沂市中小企业信用评级试点工作实施意见》,启动首批200个成长型中小企业信用评级工作。开展对金融机构"两管理、两综合"工作,即加强对新设金融机构开业报告管理、以重大事项报告为核心的营业管理工作,以及对银行业金融机构的综合执法检查和综合评价工作。组织开展对中国银行泰安分行、威海城市商业银行综合执法检查,配合枣庄中支、莱芜中支对中国银行临沂分行、临商银行完成综合执法检查,辖区共组织完成了对101家分支机构或营业网点的银行卡、反洗钱、金融统计、人民币流通和反假货币业务等专项检查,提高了金融机构合规经营能力。对招商银行等4家新开业机构进行考核验收,促进了各项金融法规政策的有效落实。与全市银、证、保、小额贷款公司等77家金融机构负责人签订责任书,建立《证券业风险监测分析制度》、《保险业风险监测分析制度》。推动市政府在全市建立金融突发事件应急预案、金融稳定工作联席会议制度,维护了全市金融稳定局面。

【外汇管理与服务】 改进外汇管理和服务,支持了涉外经济发展。顺利完成进口付汇核销制度改革,改进贸易外汇收支管理,促进了贸易投资便利化,引进外资3.23亿美元,境外投资2.6亿美元。加强外汇政策宣传,举办10余场政策宣讲会、咨询会、专题讲座,受众2万多人次;组织召开涉外企业与外汇指定银行洽谈会,为160家企业落实贷款12亿美元。建立重点涉外企业联系制度,开展"一企一策"式服务,及时解决外汇业务难题,得到企业的一致好评。严厉打击外汇违法违规行为,组织外汇检查10次,处罚机构15个,罚款55万元,维护了辖内外汇秩序。推进跨境贸易人民币结算试点工作,492家企业被国家纳入出口试点企业名单,60余次组织金融机构到企业开展政策辅导和业务推荐活动,成功办理全省第一笔资本项目跨境人民币业务,累计办理35笔共计1.8亿元跨境人民币结算业务,为企业节约财务成本720余万元,支持了全市涉外经济发展。年内,国家外汇管理局临沂市中心支局被市委、市府授予“全市外经贸工作先进单位”称号。

【金融服务】 创新金融服务，支持经济发展。加快农村支付服务环境建设，在全市推广集中代收付系统，成功开办“跨行通”业务，在银企间搭建了支付桥梁，方便了居民生活。推广非现金支付工具，农民工银行卡业务量居全省第三位。沂水县支行、平邑县支行被分行授予农村支付服务环境建设突出贡献奖。发挥大学生村官、团组织力量优势，引导其参与农村金融生态环境建设，推动农村青年诚信创业。推广财税库银横向联网系统，为全市4.8万户纳税人提供了更加方便快捷的服务，提高了税款入库速度。拓展国库直接支付范围，全市国库直接支付种类达24项，累计办理财政补贴资金1.2亿元，惠及群众36万人，覆盖范围、惠及人数列全省首位。做好人民币流通管理，确保全市现金合理供应，全年全市发行基金累计投放127.89亿元，回笼现金300.06亿元，净回笼现金172.22亿元。累计完成残损人民币销毁330.66吨，金额为56.52亿元；累计收缴各类假人民币331.82万元、假美元9900元、假日元996万元。作为全国唯一地市级试点单位，成功开展发行基金物流系统推广和回笼完整券入钞票处理中心业务试点工作。加强反洗钱工作，与市检察院建立反贪污贿赂反洗钱合作机制。成功举办“金融知识进万家 走进临沂”大型公益展览活动，47家金融机构参展，累计4.6万人现场参观。中心支行获“临沂市职业道德建设十佳单位”称号，并获“振兴沂蒙劳动奖状”。

（马永亮）

银行业监督管理

【概况】 2010年，中国银行业监督管理委员会临沂监管分局贯彻国家信贷政策支持地方经济发展为重点，加强依法监管，持续推进改革服务，提高监管的有效性和针对性，促进了辖区经济金融健康发展。全年全市银行业金融机构本外币各项存款2123.59亿元，增加355.47亿元，增长20.1%；本外币各项贷款余额1559.7亿元，增加256.53亿元，增长14.0%；不良贷款余额70.37亿元，比年初减少30.51亿元；不良贷款占比4.51%，比年初下降3.23个百分点；实现税后利润29.27亿元，增加4.32亿元。年内，临沂银监分局被山东银监局授予“学习型组织标兵单位”，被省文明委授予“省级文明单位”等称号。

【监管工作】 加强不良贷款双降工作，明确年度不良贷款双降目标，加大了不良贷款核销力度。截至年末，全市银行业不良贷款余额和占比分别比年初下降30.51亿元和3.23个百分点，实现了不良贷款双降，处置不良贷款62.7亿元。对新发生大额不良贷款进行严肃问责，对4家大型银行新发生大额不良贷款进行责任追究27人次。向各银行业金融机构发送了“个人住房贷款风险提示”，明确了监管要求，及时提示和排查淘汰落后产能信贷风险，针对国家环保部公布的2010年第一批挂牌督办案件和工信部公告的18个工业行业淘汰落后产能企业名单，及时调度辖区名单企业授信情况，并分别下发2次监管提示。在全面掌握被监管机构各类风险状况基础上，有针对性地确定监管重点，及时跟进监管措施。全年共下发非现场监管意见书13个，非现场监管风险提示8次。组织实施现场检查项目25个，提出针对性整改意见208条。推进农村信用社顶冒名贷款集中治理工作，完成了顶冒名贷款清理工作既定目标。重申了重大事项报告制度，保持案防高压态势。督促指导各银行业金融机构开展合规风险管理“回头看”活动和“维护市场秩序月”活动，部署银行业金融机构进行高息揽储不正当竞争自查自纠，规范了银行经营行为。全年共组织开展了76期10272人次不同层次和形式的贷款新规专题培训，举办了全市银行业“三法一指引”电视知识竞赛。按照各银行业金融机构贷款新规要求，制定了相应的实施细则和操作规程，对授信管理体系、业务操作流程和岗位职责进行了梳理、改造和完善，为全面实施新规打下了基础。

【金融改革】 引入5家银企在临沂市设立分支机构，其中，浦发银行临沂分行、招商银行临沂分行和莱商银行平邑支行正式开业，兴业银行临沂分行的开业申请和华夏银行临沂分行的筹建申请分别获得山东银监局批复同意；向省银监局争取临商银行新增设了4家县域支行，县域覆盖率达78%；河东齐商村镇银行开业；推动临商银行战略转型，遵循“围绕市场定位、推进战略转型、实现科学发展”的监管思路,推动临商银行全面提升经营管理水平,走特色化、差异化之路。全年临商银行新发放贷款中单户500万元以下小企业贷款占比达73.13%,小企业贷款余额占比达69.77%,比年初增长29.58%。资本充足率、拨备覆盖率等主要监管指标均持续好转,监管评级较上年提升了一级,全省排名提高了2名;推进农村金融改革,通过签订监管目标责任书,推动全市农村合作金融实现了3年达标规划,全市统算资本充足率达9.22%,有9家机构达8%以上。推动农村合作金融机构银行化改革,费县农村合作银行获准筹建农村商业银行。

(陈正凯)

中国农业发展银行临沂市分行

【概况】 中国农业发展银行临沂市分行各项贷款余额52.47亿元;各项存款余额8.02亿元;同业存款余额9.00亿元,日均余额13.10亿元,居全省第一位;办理国际结算业务1.28亿美元,综合排名全省第一位;实现利润1.23亿元。有7项经营考核指标居全省第四位,上升3个名次。被省行授予“省行级文明单位”,被市委、市政府评为市级文明单位、百万农户致富工程先进单位,被市银监局评为文明服务单位。

【支农贷款】 拓宽信贷支农范围,加大贷款投放力度。全行新营销贷款客户12家,续增贷客户63家,累计放贷27.15亿元,累计收回20.96亿元,贷款余额52.47亿元,比年初增加6.19亿元,增幅13.4%。做好政策性短期信贷业务。累计放贷3.43亿元,累计收回5.89亿元,余额18.32亿元。审慎的办理准政策性、商业性信贷业务。累计放贷14.37亿元,累计收回13.65亿元,余额13.71亿元。拓展政策性中长期信贷业务。重点加大对政府关注,群众急需的市县级重点项目的支持力度。累计营销蒙山旅游开发、临港产业区路网、沂河两岸路网、临沂经济开发区和郯城县农民集中住房改造等中长期项目10个,贷款16.50亿元,已对7个项目发放贷款9.35亿元。年末中长期贷款余额20.44亿元,占全部贷款38.9%,覆盖了市直和9县4区。

【信贷风险管理】 市行把防控信贷风险作为全行工作的重点,贯彻落实贷前、贷时、贷后等办法,探索新的风险防控手段与方法。强化全行员工特别是各级高管人员的风险意识。提高支行行长化解风险贷款的能力。制定了《防控和化解信贷风险指引》,举办了支行班子成员参加的风险管理培训班,增强了县行班子成员识别、预防、控制、化解信贷风险能力,确保了全行信贷资产安全。制作《警示铭》,在各县支行行长室、客户部、财务会计部悬挂。制定了《信贷业务审查、审议工作流程及要点》,明确了信贷业务审查、审议每个环节的主要工作、审查内容、把握要点以及办理时限要求等,提高了审查审议工作质量。监督信贷资金支付,增强实贷实付理念,确保专款专用。采取“优势企业适度做大、劣势企业逐步退出”的审慎营销策略,为13个政府融资平台项目贷款15.8亿元全部补办了抵押、担保手续。清收处置不良贷款,年初,市行不良贷款余额4198万元,占比0.91%,全部为历史遗留问题。主要为苍山县2个棉厂,占有不良贷款3652万元。市行多次召开专题会议,研究加快苍山县两个棉厂破产进程措施,与苍山县政府、法院、供销社等部门协调,从一棉厂现金收回不良贷款115万元,破产终结,贷款呆账材料报送省行。二棉厂的资产经第4次拍卖成功,近期申报呆账。郯城、费县两个企业546万元已呆账核销。至年末,市行不良贷款3537万元、占比0.67%,分别下降661万元、0.24个百分点。

【国际结算业务】 年内,共办理国际结算业务2100笔,金额12847万美元,增加5545万美元,增长75.37%,完成省行任务的156.67%,获全省一等奖。完成了省行安排的枣庄、济宁、菏泽等6个市分行工作人员来临沂分行以工代训任务。

【中间业务】 全年实现利润1.23亿元,比上年增加4924万元。贷款利息应收尽收。应计贷款利息2.79亿元,实际收回2.80亿元,收回率100.23%。加大中间业务收入。实现中间业务收入286万元,比上年增加75万元,居全省第三位。加强资金计划管理。全行头寸平均占用1970万元,全省平均占用最少。加大同业存款营销,降低资金成本。

【内部管理】 按照省行开展“继续深化管理年”活动方案要求，强化制度建设，提高内控管理水平。强化财会管理，提高经营管理水平。落实财务会计制度，开展了坐班主任异地交流、季度检查辅导、柜员等级考核等工作，确保制度落实到位。认真履行职责，完成了辖内所有审计任务，其中，安排专人完成了全行360余份借款合同、保证合同、借款凭证等文本资料的现场审查工作，发现并督促纠改问题110余个，保证了合同文本的合规合法。加大科技投入，为业务经营提供技术支撑。坚持费用向业务倾斜，向一线倾斜的原则，通过网上询价、集体采购、阳光操作的方式，购买电子设备74台(套)，加快了办公自动化进程。修订完善了《非贷款企业存款、同业存款与业务管理费用挂钩考核办法》、《七项业务指标绩效挂钩考核办法》、《2010年度财务会计工作考核办法》和《2010年经营绩效考评办法》等，建立健全了有效的激励约束机制，规范了绩效考评工作，促进了经营效益和管理水平提升。落实“银行业金融机构从业人员职业操守指引”，健全了内、外部监督机制，规范了员工行为，提高了内控和案防制度执行力。

【企业文化建设】 重点加强内部办公环境建设和整治，为员工统一购置了工装，坚持挂牌上岗，在各县支行和市行机关走廊悬挂文化展示板和名言警句等，营造了健康向上的工作氛围。坚持与文明创建相结合，开展了献爱心、慈心一日捐、书法摄影比赛、劳动知识竞赛、文艺汇演、职工查体等活动，陶冶了员工情操，增强了凝聚力和战斗力。临沭县支行被评为总行级文明单位，市分行机关、莒南县支行、蒙阴县支行被授予“省行级文明单位”称号。

（邱守超　孙　卿）

中国工商银行股份有限公司临沂分行

【概况】 2010年，中国工商银行股份有限公司临沂分行加快产品创新和服务改革步伐，发挥工商银行整体实力和资金规模优势，为全市经济和社会各项事业发展提供优质高效的综合性金融服务。至年末，本外币各项存款余额226亿元，本外币各项贷款余额243亿元，4家国有银行占比32.72%，排名第一，贷款增量四行占比35.11%，排名第一，缴纳税金1亿元。贷款余额在4家国有银行中率先突破200亿元。先后被市委、市政府授予“精神文明先进单位”、“行风建设先进单位”、“群众满意机关”、“金融先进单位”、“外经贸服务先进单位”、“发展民营经济先进单位”、“信访工作先进单位”、“外经贸招商引资先进单位”；被山东省银监局评为小企业金融服务先进单位；被省政府授予“金融创新奖”等称号。

【业务经营】 全行加大工作力度，实行严格的考核管理，把完成中间业务作为实现效益目标、改善经营、保障员工收入的重中之重，全年完成中间业务收入27317万元，增加7350万元，增量全省排名第三位，增幅36.71%，居全省第二位。其中，个人金融专业中间业务收入完成11283万元，居全省第四位，增加1560万元，增幅46.09%，居全省第三位。公司业务专业完成9455万元，其中实现保理业务收入1065万元，投行业务收入3094.6万元。结算中间业务收入实现6721万元，实现利息收入11.9亿元，增加0.4亿元，超额完成计划。

全年全行各项存款余额达226亿元，增加17.8亿元，增幅8.14%，居全省第七位。开展“旺季劳动竞赛”和“网点龙虎争霸赛”，分别获得全省旺季业务竞赛优胜单位奖和竞争力提升一等奖。全年举办各种产品推介活动728场次，密切了银企关系，理财业务与储蓄存款业务互动发展，实行代发工资及高端客户流失问责制。至年末，全行销售各类理财产品87.6亿元，增加41亿元，销售额居全省第四位，四行占比56%，居第一位。储蓄存款达122亿元，增加12.3亿元，增量居全省第八位。通过强化对重点客户服务和关系维护，继续保持企业年金的绝对优势，全年机构存款余额达39亿元，增加5.86亿元。公司存款通过加强对新开户和无贷户的拓展，重点对日均存款100万元以上的527户优质客户进行了挖潜维护，逐户指定专人负责，纳入客户经理日常考核，稳定了客户存款和资金日常结算。拓展新市场、发展新客户。组织成立56个营销小分队，重点开展临沂批发市场专项营销活动，制定营销计划、加强激励考核，全面实施“走进去”的营销策略，营销批发商贸市场客户673户，发放贷款6.33亿元，为业务加快发展注入了新的活力。新增个人客户12.2万户，其中5万元以上增加6353户,20万元以上增加2335户,100万元和800万元以上客户分别增加363户和19户;新增对公客户347户,其中法人客户23户,小企业客户42户,同业与机构客户88户,外汇客户194户;全年国际结算业务量累计完成19.4亿美元,同比增加4.4亿美元,增幅29.3%;国际结算量四行占比32.83%,居第一位;累计完成结售汇7.96亿美元,超额完成了全年任务。

【强化风险管理】 加强信贷管理和资产风险控制。针对不良贷款处置难度加大、情况复杂的状况,实行一户一策,逐个突破,与中介机构深度合作,打包处置城区行个贷违约及不良贷款,全年清收4.7亿元,其中现金清收1.44亿元,居全省第二位。年末不良贷款余额4.96亿元,较年初下降1.31亿元,下降额居全省第三位,不良率下降0.92个百分点,实现了"双降"。严格贯彻"三个办法一个指引"贷款新规,切实按要求做到"实贷实付"、"受托支付",防范监管风险。主动化解担保圈贷款31.75亿元,清理不规范个人贷款1.1亿元,同时对客户经理按照贷款质量状况实行分类管理。年末,一般法人客户违约率为零,小企业贷款违约率为零,较年初下降0.72个百分点。

调整优化信贷结构。年末,各项贷款余额243亿元,较年初增加31亿元,增量四行占比第一位,同比多增2.6亿元。全年累计营销常林机械、汽工贸、华能电厂等项目贷款14亿元。加强小企业业务发展,组织核心客户及其上游客户召开业务推介会,拓宽小企业客户营销范围及"网贷通"和小企业物业贷款等新业务,促进小企业贷款增长。全行小企业贷款余额达24.2亿元,较年初增加3.3亿元;实现小企业新开户146户,净增42户;开办网贷通业务80户,合同金额4.6亿元,提款金额4.1亿元;小企业不良贷款较年初增加406.5万元,不良率较年初下降0.28个百分点。抓住临沂房地产市场及商贸批发市场快速发展的机遇,实施"重点地区、重点客户、重点产品"的个人贷款经营策略。年末,全行个人贷款余额92.9亿元,突破90亿元大关,较年初增加24.7亿元,增量全省系统排名第四位,余额系统排名第二位;余额、累放、新增均居四行占比第一位。

【创新机制体制】 制定管理人员考核办法、营销小分队负责人考核办法、前台主任、客户经理、柜员考核办法和支行分类管理办法,强调考核的沟通透明,事前核准,事中审核,事后满意度调查,召开4个层次座谈会,制定支行分配指引。优化人力资源配置,缓解特别是柜员和销售人员紧张的局面,改善了服务质量。制定了《优化人力资源配置,缓解支行柜员紧张状况的通知》、《柜员星级考核评比办法》、《客户经理分类考核管理办法》。坚持有针对性地教育培训,加强和改进服务,强化全员技术练兵活动,在全省第八届业务技术比赛中,市行获得第四名。完善机制体制。明确了市场定位和分层经营,结合经营实际,优化、细化行长目标、计价考核及绩效合约"三位一体"的考核激励体系,形成了科学、规范、精确的以绩效考核为基础的薪酬分配体系。修订了支行行长目标考核办法。建立了以人均利润、人均中间业务收入、人均新增存款、四行占比、资产质量五个指标为核心,以个金业务和小企业为重点的分层经营考核体系。调整了支行产品计价办法。以发展稳定优质客户数量及调整客户结构为导向,根据不同的客户群制定不同的产品价格,引导支行快速提高市行的中高端客户占比、贡献度和产品渗透率。加快绩效合约管理实施进度。通过以岗定薪、以能定资、以绩定奖,将员工收入与所在机构的内部等级、经营成果、岗位责任、个人贡献联系起来,在提高人均效率的基础上合理增加员工收入,逐步使价值创造力强的员工薪酬水平具备市场竞争力,调动员工的积极性。

【企业文化建设】 全年共组织编辑撰写上报网讯1821篇,被总、省行采用1346篇,稿件采用量居全省二级分行第三位。组织撰写上报网讯415篇,被省总行转发239篇,在市行部室中居第二位。全年共编发《临沂工行简报》160期。在对外宣传方面,全行开展品牌业务宣传活动45次,发放宣传折页23万份,在全国和省、市平面媒体发表各类新闻稿件314篇,居全省第一位;对外发布网络信息5564篇,居全省第四位。其中反映市行中心工作的稿件《一枝独秀好风光》、《安得广厦千万间》、《成长在蒙山沂水间》,分别在《中国城市金融杂志》、《城市金融报》、《山东经济导报》、《山东商报》、《临沂日报》、《齐鲁晚报》等媒体发表。在广播电台、电视台播放形象类宣传广告5期,平面媒体宣传7次。

(梁克水)

中国农业银行股份有限公司临沂分行

【概况】 中国农业银行股份有限公司临沂分行各项存款增加40.36亿元,增量市场份额34.37%,高出全省平均10.74和3.36个百分点,居第一位。各项贷款增加40.93亿元,增量份额39.83%,居第一位,存量份额29.66%,高于全省平均4.06百分点,居16个市分行第一位。实现中间业务收入2.78亿元,居全省第3位;市场份额34.25%,保持同业首位。拨备后利润9.37亿元,居全省第5位,市场份额40.11%,居第一位。综合实力评价列全国311个二级分行20强。综合考评继续保持全省一类行。连续四年被授予省级"良好银行"、"文明单位"称号,被授予全市"职业道德十佳单位"称号,全部支行被授予市级"文明单位"称号,7个机构获省部级"文明单位"称号,居各市分行第一位。兰山支行营业部被全国银行业协会评为规范化服务千佳示范单位。

【业务经营】 针对临沂大客户少、法人业务相对弱势的实际,搭建法人客户"市行直销+关系管理+高管包户"营销体系,拓展优质客户,推动对公业务由弱变强,跃居同业第一位。做强市行直销平台,提高核心客户贡献度。立足"掌控高端靠直销"思路,着力打造市行直销平台,组建大客户部,实施准事业部制管理,战略启动"312"工程,有62家直销客户存贷款达36.71亿元、92.3亿元,存量分别占法人客户的36.5%、61.98%。加强客户关系管理,提高精准营销能力。构建以"经营状况、高管信息、金融需求"为主要内容的关系管理平台,增强了高端市场冲击力。AA级以上优良客户存贷款增加8.83亿元、13.01亿元,分别占全行法人存贷款增量的119.32%、95.73%;增量市场份额27.61%和29.49%,均居第一位。建立重点客户综合营销监测体系,制定《公私联动营销意见》,强化资产、负债、中间业务对称营销和公私联动营销,提高了综合营销能力。年结算量500万美元以上重点客户市场份额21.3%,提高了2.4个百分点。启动金医、金教、金商、金媒工程,拓展价值链营销新领域,在全省首笔发放股权质押贷款。制定了《高管包户营销实施意见》,对存款200万元以上客户实行高管包户营销,纳入绩效考核和年度考评,包户营销的284家客户3年增存39亿元,占全行对公存款增量的79.15%,增量市场份额65.77%,居第一位。

推进网点转型、个贷营销、计价管理。率先打造"基地效应",筑牢零售业务主渠道。制定网点调整规划,推动物理网点、电子渠道、功能分区建设,创新推出月度例会、季度通报、移位协管、柜员业绩考核、网点效能评价等精细管理措施,推动网点由结算平台向综合营销基地、价值创造主体递升。优化调整低效网点42处。点均存款达1.85亿元,增长124.6%,增速高于4家大型银行平均17.9个百分点,非柜台业务占比达57.87%,居全省第五位。制定《高端客户拓展维护实施意见》,组建2处市区财富管理中心和31个支行理财室,对金融资产50万元以上客户实施"一对一"服务,持续锻造吸附高端能力。年末存款10万以上客户增加1.02万户,带动个人存款强劲增长。创新集中营销模式,着力突破个人贷款。搭建集中营销团队,市行成立个贷经营中心,全部支行组建个贷经营部,配备专职营销人员106名,实行个人资产业务集中管理、批发营销,个人贷款五年增加27.71亿元,存量份额由第4位上升至第2位,增量市场份额31.04%。组建市区"三行一部"专业营销平台,加大个人住房贷款投放力度,增加17.84亿元,增量份额35.46%,居第一位。

推进三农金融事业部改革。严格标准组建三农金融事业分部,制定《推动县域支行加快发展的意见》、《深化三农事业部改革实施意见》,理清三农板块业务边界,梳理客户名单,明晰营销管理职责,实施重点突破,打造县域领军银行。全面廓清市场资源,重点拓展农业产业化龙头企业和县域骨干企业,法人存贷款市场份额37.86%、35.58%,高于全省平均9.97、6.74个百分点。龙头企业贷款37.23亿元,存量市场占比38.26%。组建中小企业专营机构,制定临工集团产业链融资、化肥集群整体融资等方案,集中营销中小企业密集、呈板块化发展的27个重点产业集群,市行被省银监局授予"小企业金融服务工作先进单位"称号。发展农户金融业务。与供销系统、科技局建立全面合作关系,依托"一网两平台"、"双通工程"代理平台,实施批量发卡,整村推进农户贷款。惠农卡总量48.5万张、农户小额贷款余额12.12亿元,分别居全省第二位、第三位。

率先探索乡镇网点缺位下代理新农保的路子，省行现场会议推广“平邑模式”。创新推进“三农”支付结算体系建设，市行在全省支付结算会议上作典型经验介绍。

【精细管理】 坚持标本兼治，提高信用风险防控能力。牢固树立信贷资产质量“生命线”意识，坚持促发展与防风险并重，致力精细管理与过程控制，实现了发展与控险、质量与效益的和谐统一。创新风险精细化管理模式。前瞻股改剥离后信贷资产精细化、高质量管理要求，自主研发的涵盖由层级到条线、由总量到品种、由总体到个体，直至客户经理管贷能力等各主体的收益风险制衡监管，辅之以容忍度、橙色预警和停复牌“三项制度”，自下而上、穿透监管至末端的信贷“531”监管系统，实现了各管贷环节、各信贷品种的全流程、全覆盖监管，信用风险管控的针对性、有效性明显提高。注重过程管理，建立重点风险管控机制。坚持市县两级行长风险例会制度，率先推行风险经理与独立审批人“双派驻”。立足存量正常贷款的质量保障，制定了《贷款风险下迁徙管理意见》。

【内控管理】 将内控管理分析纳入季度分析例会，首创违规积分管理、远程预警监控系统，全省首家完成守押社会化改革等被总省行推广。创新实施会计主管履职考核、柜员等级管理等“4+1”管理办法，综合运用自律监管、整体移位、行为排查等系统与手段，开展案件风险排查、合规文化建设、“三铁”创建等活动，内控综合评价保持全省一类行。针对全市人口流量大、民间高利贷、票贩子活跃和网点人员多、管理半径宽等复杂环境，以及管理基础相对粗放的现状，始终秉持“从严治行”经营方略，被市委市政府授予“平安临沂建设先进单位”称号，有5个支行被总行授予“案件防范先进单位”称号。认真贯彻《廉政准则》，实行“一票否决制”和层级管理目标责任制，构筑拒腐防变的长效机制。

【文化建设】 加强干部队伍建设，打造坚强的高管团队。秉持凭业绩、重实干、看潜质的用人导向，全面推行支行副行长、机关中层干部公开竞聘，落实“五为五要”、“666”管理（加强“六种作风”、提升“六种能力”、落实“六件要事”），把“做规划、系统推、项目抓”作为履职首要任务，推行高管“双包”、“代位接管”责任制，提升了各级班子的对内公信力、对外影响力。分行领导班子年度考评居全省前三位，15个支行班子、成员优秀率均达91%以上。完善激励约束机制，激发经营活力。将管理绩效和员工绩效、综合考核与专项考核有机结合，突出市场竞争和价值创造导向，立足“四性”（全面、导向、预见、针对），把握“四力”（价值创造、市场竞争、风险控制、持续发展），构建涵盖支行考评、高管考核、部门评价、直销挂钩、产品正负计价等全方位、多维度绩效考核体系。制定《支行领导班子核心业务指标竞争力考核办法》，强化正负激励，激发了经营活力。制定《“新员工工程”实施意见》，定期举办技术比赛与技能测试，推行产品培训单科证书制，将员工技能与分级分类管理挂钩，建立管理和技术序列“双阶梯”激励机制。制定了“222”人才培养计划，每半年对新入行大学生考核评价，搭建青年员工快速成才通道。在省行第四届业务技术比赛中，获团体第一名，26名员工分别被授予省级“劳动模范”、市级“金融卫士”等称号。。制定启动《企业文化建设实施方案》，突出5项重点，着力加强精神文化建设。开展“争先创优”活动，建立各类先进序列评选制度。全面落实“六件实事”，加强“职工小家”、“小伙房”建设，开展困难职工送温暖活动，被总行授予“先进工会委员会”称号。坚持“月活动、季主题”，开展摄影书法、职工运动会等系列文体活动，被授予“全省职工健身月活动先进单位”、“全省群众体育先进单位”等称号。举办高层次新年音乐会，以每月1期《农行动态》增进与地方党政的沟通交融。年内市行被市委市政府授予“振兴沂蒙劳动奖章”等称号。

（刘　青）

中国银行股份有限公司临沂分行

【概况】 中国银行股份有限公司临沂分行深化改革，强化管理，创新服务，纵深推进战略定位、业务协同和资源配置，各项业务实现了协调发展。年末，全行实现营业利润3.57亿元，增加8556.7万元；实现账面利润（税前利润）3.76亿元，增加1.72亿元；实现拨备前税后利润2.63亿元,增加3643.45万元;实现净利润2.84亿元,增加1.27亿元;人均净利润35.09万元,增加14.75万元。

【存款业务】 年内,全行人民币各项存款余额155.43亿元,增加31.89亿元,增幅25.81%。其中,人民币储蓄存款余额64.75亿元,增加11.6亿元,增幅21.9%;人民币企业存款余额90.68亿元,增加20.3亿元,增幅28.85%。外币各项存款余额4029万美元,增加562万美元,增幅16.21%。金融机构存款余额9.21亿元,增加2.56亿元,增幅83.61%。

【资产业务】 全年全行人民币各项贷款余额128.21亿元,增加15.01亿元,增幅13.26%。其中,人民币公司贷款余额76.85亿元,增加5.01亿元,增幅6.97%;人民币零售贷款余额51.36亿元,增加10亿元,增幅24.18%。外币各项贷款余额1.76亿美元。不良贷款余额3.51亿元,比年初减少0.51亿元,不良率2.51%,比年初下降0.66个百分点。

【中间业务】 至年末,全行实现中间业务净收入12413万元,同比增加2627万元,增幅26.84%。完成国际结算业务量18.78亿美元,增加5.27亿美元,增幅39.01%,外管口径市场份额达42.04%,继续在同业中保持领先;累计叙做跨境人民币结算业务21笔,金额1.25亿元,市场份额达70.34%;新增发卡35691张,净增有效卡20671张;个人网银新增58525户;手机银行客户新增8882户;第三方存管新增开户7272个;代售保险10407万元;新增签约年金账管户数6808户。

【内部管理】 坚持"综合治理、标本兼治、长短结合、突出重点"的工作方针,完善内控管理体系。加强内控制度建设,完善了各项管理制度,加强合规文化教育,倡导依法合规经营理念,加大了业务条线、管理条线的检查、辅导、督办力度,通过开展案件风险排查及案防"回头看"活动,加强风险排查和问题整改。全年共开展安全检查10次,发出隐患整改通知书21份,提出具体整改意见57条,隐患整改率达100%。全面实施人才强行战略,落实全员培训计划。年内,全辖共举办各类培训班70期次,培训人员11049人次。

【队伍建设】 加快队伍建设,组建了零售客户经理、大堂经理和理财经理、银行卡经理队伍。完善服务硬件环境建设。加大了ATM自助机的投放,提高了网点设备的配备率,完善了ATM系统功能。结合网点自助服务区建设改造,发挥了自助渠道柜台业务迁移效用。提高网点大堂经理的配备率,加强客户引导和分流。推广综合柜员制,减轻对私柜台业务压力,实现业务高峰时点、高峰工作日网点窗口人员的弹性调配。进行个人金融业务流程梳理重组,缩短客户交易处理时间,缓解和改变柜台拥挤和排长队现象。市行分别获"临沂市2010年度行风建设先进单位"、"2010年度市直文明单位"等称号。

(钱　存)

中国建设银行股份有限公司临沂分行

【概况】 中国建设银行股份有限公司临沂分行全年存款余额达187.8亿元,新增25.64亿元,全省系统内排名第六位。各项贷款余额140.32亿元,新增17.02亿元。其中,对公贷款余额102.69亿元,增加12.64亿元,系统内第七位。全年累计处置不良贷款23234万元,完成省行计划的210%。五级分类口径不良贷款余额24884.14万元,比年初减少15969.5万元,不良贷款率1.77%,比年初下降1.54个百分点,不良余额、不良贷款率四行最低,超额完成"双降"任务目标。

【市场营销】 加快产品结构调整,转变信贷营销理念,加快信贷投放力度,促进了新增贷款结构的合理匹配。全年小企业信贷户数307户,新增116户,小企业贷款余额18.09亿元,新增8.22亿元,新增额及完成率分别居省行第五、六位。个人网银、手机短信通知、手机银行客户网均新增均居系统内第一位,企业网银、中间业务收入网新增系统内分列第二位和第三位。实现对公外汇余额2532万美元,增加2043万美元,增幅居四行第一位。巩固和提高了信用卡业务市场份额,客户新增居全省第三位,消费额、商户收单、中间业务收入3项指标均超额完成计划,全省排名第二位。全行实现信用卡客户新增3

万户，全省排名第三位；新增特约商户410户，实现信用卡消费交易额27.6亿元。信用卡预审批系统营销成功率达34%，全省排名第一位。造价咨询业务全面发展。全年实现造价咨询业务收入1771万元，完成全年计划的111%，系统内排名第五位，同比提升3个位次。市场及物流业取得新进展。针对7个市场的营销团队实施营销，市场及物流业务取得初步成效。全年实现中间业务毛收入16906万元，增长4784万元，增速39.48%。

【基础管理与服务】 坚持"目标管理、标准控制、结果兑现、持续改进"的原则，将考核内容与省分行"基础管理收效年"活动安排全面对接，把部门、条线基础管理工作开展情况纳入考核范围。对部门的考核与省分行条线考核结果挂钩，对综合排名前6名进行奖励、后6名进行处罚，全年季度基础管理考核位次上升，实现了"三无两安全"工作目标。加强会计营运管理。全年平均稽核问题率0.48/万分，下降了0.45/万分；49个核算机构全年问题率1/万分以上网点由上年的22个降至零；无差错柜员187人，同比增加137人，砚池街储蓄所实现连续27个月零差错；各季度对账单回收率排名均居全省前列；全年本外币现金备付率总体控制良好；账户合规率稳步增长，完成年度98%的提升目标。年末，基本账户、大额账户支付密码签约率分别达64.38%、77.33%，居全省第五位和第三位。制定完善《2010年业务管理费分配办法》、《临沂分行报账管理规程》、《临沂分行部门营销费用管理方案》、《2010年度本级费用部门预算方案》，理顺了全行费用管理，基本保证了全行正常运行及业务拓展。提高服务管理水平。开展了"服务质量年"活动，推出了具有分行特色的客户意见评价系统，在省行全年两次服务检查中均取得了前五名的成绩。客户投诉比上年下降52%，"天天服务"品牌在山东电视台播出，被市委市政府授予全市七大"群众满意服务品牌"称号。

【体制机制改革】 加强安全生产监督管理，把案件防控工作持续作为重点工作来抓，全年无任何责任事故和案件发生。全行各计算机业务系统平稳、高效、安全运行。转变思想教育方式。树立起业务发展与基础管理两手抓、两手硬的思想，在全行倡导"适应转型、转变方式"。在行务运行上，坚持部门晨会制度，确立市行行级领导每天早晨碰头会制度。在工作推动上，摒弃以往只下指标、下通报的做法，由"要你干"转变为"教你干"。在业务运行上，建立了信贷业务推进会议制度。制定了《临沂分行网点经理职务考核管理办法》和《临沂分行电子银行渠道占比提升考核办法》。

【企业文化建设】 完善组织形式。成立了电子银行中心、贷后管理中心、评估评价中心，补充完善客评中心和个贷中心，成立对公业务6个任务型团队。制定了《临沂分行深入开展创先争优活动实施方案》。全年下发创先争优简报26期。组建了本部机关产品经理队伍，推行了青年员工下派建功立业与部室员工横向交流制度，制定了《进一步提升员工职业素养的实施方案》。加大培训力度，全年组织培训61期2208人次，组织参加总行、省行、境外培训22期48人次，提高了全行干部员工队伍的工作能力。组织参加"E路同行"电子银行知识比赛获得全省团体第二名。市行在全市"三个办法、一个指引"知识和"金融机构支付结算知识"电视竞赛中分别获团体第一名和第二名。

（文秀龙）

临商银行

【概况】 2010年，临商银行总资产310.74亿元，同比增加57.51亿元；各项存款余额273.59亿元，增加50.06亿元；各项贷款余额180.53亿元，增加35.70亿元；拨备覆盖率194.93%，增加54.74个百分点；贷款损失准备充足率181.66%，增加13.86个百分点；资本充足率14%，增加1.15个百分点；实现拨备前利润48493万元，增加12055万元。

【体制机制改革】 围绕发展小企业贷款业务、建设特色支行的战略规划，以业务营销为核心，开展了组织架构调整和人事改革工作。重新调整了总行授信管理部门组织架构和服务职能，将原有的3个信贷部门调整为小企业信贷部、公司业务部、授信审批部、风险控制及法律合规部4个部门，支行只整合保留了市场营销部、综合业务部，前、中、后台各个环节更加严密合理。制定了"竞聘管理岗位实施方案"、

“中层管理岗位竞聘暂行办法”等制度，实行了中层管理岗位竞聘上岗和员工双向选择工作，引导、鼓励优秀人才转为客户经理，组建了264人的客户经理队伍。加强后备人才库建设，实行管理和业务双线发展通道，通过竞聘方式确定了35名员工入选中层管理岗位副职后备人才库。丰富用工形式，引进了劳务派遣制用工方式，对新建县域支行的客户经理实行了劳务派遣制用工。

【市场营销】 确定了转变增长方式，走特色化、差异化发展道路的思路，引导13家贴近市场的支行建设成“商户金融服务特色行”、11家位于市区的支行建设成“市民理财及消费信贷服务特色行”、9家位于城乡结合部和乡镇的支行建设成“三农金融服务特色行”，将罗庄支行建设成为“资产管理特色行”、总行营业部定位为“大客户金融服务中心”。以发展小企业贷款为核心，下达营销计划，建立主动营销机制，实施了以2~3名客户经理组成服务小组的营销模式，引导客户经理贴近自身网点，做特定市场、特定行业和自己熟悉的客户。强化市场营销，存款总量大幅提升，全年新增存款50.06亿元。采用“2+1+2”的营销运行模式（即客户经理与平行风险经理同时调查、风险审查，背对背出具调查报告和风险评估报告，支行风险经理审查，支行有权审批人和总行有权审批人分别审批）。不断推出小企业特色产品，针对批发市场商户、工薪阶层、三农客户量身定做了“惠商贷”、“惠薪贷”、“惠农贷”等系列产品。其中“惠商贷”贷款业务，被中国银行业协会评为全国服务小企业及三农十佳特色金融产品。

【信贷资产管理】 优化贷款结构，提高贷款质量。制定了流动资金贷款、存量贷款管理办法、个人贷款管理实施细则等，下发了土地抵押贷款、银行员工参与社会融资活动等风险提示，防范了信贷风险。加快结构调整步伐，严格规范贷款审查标准，退出国家限制淘汰类行业、“两高”行业，全年新增贷款35.70亿元。实施不良贷款实时监测制度，加强督促调度，定期召开重点行不良贷款和问题贷款调度会。全年清收盘活不良贷款5.31亿元，不良贷款余额1.83亿元，下降1.57亿元，顺利实现“双降”目标。

【中间业务】 完成了公务卡上线和车友卡调研准备工作，打造惠商卡支付品牌，全年发卡总量达88.65万张，沉淀存款38.32亿元。持续拓展商付通、商通宝、商家乐等特色品牌，网上银行实现迁移升级，手机银行业务成功上线，基金代销系统实现升级。改造外汇业务系统，开发了外汇自主托收业务、网银自助结汇等在全省领先的产品，提升了市行外汇业务品牌。年末，全行外汇业务结算量达6.77亿美元，增加2.72亿美元。拓展多元化营利渠道，增持优质债券，强化票据运作，提高资金运营效益，实现了资金效益的大幅提高。全年全行货币、票据市场共计实现账面利润1.75亿元，增幅达70%。

【机构发展】 宁波分行业务发展。围绕物流企业等特色群体，开发了“车保通”、“联保通”等产品，并将业务范围扩大到了北仑、宁海、象山等县市区。宁波分行支持物流企业的做法，被中国银监会作为典型经验在全国同业间交流。至年末，宁波分行各项存款余额51.38亿元，增加19.60亿元；贷款余额38.80亿元，增加16.02亿元；实现账面利润5037万元，增加1782万元。加快县域支行布局。6月设立了宁波慈溪支行，11月设立了郯城、临沭支行，12月设立沂南、费县支行和宁波北仑支行，县域市场份额大幅提升，年末，县域机构达8家。

【内控管理】 实施费用比例控制，加大增收力度，加强收息率考核，加快多元化收入步伐。全年实现拨备前利润48493万元。实施了会计主管委派制度，推广支付密码器，开展了内控业务检查和合规风险管理“回头看”活动，提高了业务操作的规范性和风险防范能力。在全市金融机构支付结算知识竞赛、非现场监管统计技能达标竞赛中，市行获全市团体第一名，在中国人民银行组织的人民币流通管理量化考核中，获全市第一名，被评为优秀等级。年底，开展了案件风险排查活动，重点对存单质押贷款、大额资金汇划和开户等风险点进行了专项检查，消除了风险隐患。加强稽核转型，搞好内控评审，其中“内部控制评价”项目被省内审协会评为优秀内部审计项目，市行被授予“作出突出贡献和创造新经验内审机构”称号。加强了计算机、3G终端、网络泄密等重要环节的保密管理。

【企业文化建设】 组织开展了“转方式、调结构”解放思想大讨论、创先争优、建设学习型机关、四项监督制度集中学习宣传等活动，激发了全员干事创业的积极性。以建设和谐商行为目标,先后举办了迎新春文艺晚会、职工金秋艺术节等活动。开展了“送温暖、献爱心”捐款、玉树抗震救灾暨“慈心一日捐”活动,募集捐款达22万余元。临商银行工会被中华全国总工会授予“全国模范职工之家”称号。加强形象宣传和信息交流工作,开展了临商银行“好新闻”评选活动,提高了全行整体形象。年末,全行累计在内部刊登各类信息1300余篇,在外部各类媒体发表稿件4500余篇,被山东省银行业协会评为山东省银行业信息宣传先进单位。

(李会利)

山东省农村信用社联合社临沂办事处

【概况】 2010年,全市农村信用联社(合作银行)各项存款达707.9亿元,比年初增加113.4亿元,首次突破700亿元,完成省联社全年计划的140%,存款市场占有率为33.4%。各项贷款达514.1亿元,比年初增加61亿元(如考虑置换和核销因素,各项贷款实际增加98.5亿元),贷款市场占有率为33%。实现各项收入48.4亿元,同比增加3亿元,其中利息收入42.5亿元;中间业务收入9349万元,完成省联社全年计划的103.9%;实现经营利润21.6亿元,同比增加5.3亿元,增幅达33.5%,完成省联社全年计划的121.4%。临沂办事处被省国资委授予“省管企业文明单位”称号,被省联社授予“先进基层党组织”、“先进单位”、“五个好基层党组织”称号,获得“全国妇女双学双比活动先进集体”、“山东省消费者满意单位”、“振兴沂蒙”劳动奖状,被市委、市政府授予“全市金融工作先进单位”、“行风建设先进单位”、“服务民营经济先进单位”、“百万农户致富工程先进单位”、“全市千村帮扶工程先进单位”、“社会治安综合治理先进单位”、“平安临沂建设先进单位”等称号。

【业务经营】 全市农村信用社开拓农村市场,创新金融产品,强化金融服务,履行社会责任,实现了社会效益与经济效益的“双赢”。

加强信用工程建设。全市信用社把信用工程建设作为各项业务工作开展的基础。通过加强银政合作、加大宣传力度、加强信贷支持,走村串户开展信用村、信用户评定活动,密切了客户关系,巩固了客户群体。全年全市信用社新评定信用户25.5万户,授信额226亿元,核发贷款证17.6万个。总信用户数达72.28万户,占全部农户的30.1%,有效贷款证53.8万个,授信额652.2亿元,用信率达65%。

开展“六进四联”活动。全市成立帮扶小组3000余个,重点联系工厂(企业)户1800户,市场(商场)户1600户,种植户7200户,养殖户5400户。各小组深入农村、厂矿、企业、市场、居民生活区,走村串巷、到门上户走访、调研、座谈、宣传,开展送信息、送科技、送资金活动,拉近了与客户之间的距离,树立了全新的信贷营销形象。

创新金融服务项目。结合临沂实际,实施专项和定向扶持项目,多方促进农村经济发展。推出“金瓦工程”,发放贷款1.3万笔、金额5.17亿元,参与政府推动的农民住房建设和农村危房改造等惠农项目;实施“到村任职高校毕业生帮扶相对贫困农户致富工程”,累计发放贷款2.5亿元,支持大学生“村官”帮扶1.6万户农民走上致富道路;发放“返乡农民工创业贷款”2.8万笔、金额28.4亿元;发放家电下乡专项贷款5414万元,惠及4990户农户;推出“出国劳务通”业务,累计发放贷款867笔、金额1756万元;向213个大联保体发放贷款2.01亿元,向396个农村专业合作社发放贷款6668万元,向社员发放贷款18.65亿元。

实施“沂蒙惠农一卡通”工程,促进国家惠农政策落实到位。全市信用社结合粮食直补工作,与财政局、农业局等单位创新推出了“沂蒙惠农一卡通”工程,为辖内农户每户免费开立1个“个人结算账户”,实现了信用社对全市230万户农户金融服务的“户户通”,及时把国家各项惠农政策落实到了实处。全市发放“惠农一卡通”存折240余万本,发放助农资金5亿余元,既扩大了信用社的客户群体,也为政府发放各类助农资金搭建了良好平台。“沂蒙惠农一卡通”的经验被省财政厅、省联社在全省推广,中央电视台等全国6家媒体做了专题报道。

开发贷款品种和担保方式。为解决“三农”和中小企业贷款难的瓶颈问题,在流动资金贷款基础上推出了建业互助金、兴业快贷通、展业信时贷、助业一抵金以及商友贷、商速贷、行业通、小企业整贷零还等业务品种。推广实施动产抵押,全年共办理第三方监管质押贷款1.2亿元,动产抵押贷款6.5亿元,缓解了客户融资难的压力。开办采矿权抵押贷款、应收账款质押贷款以及集体土地使用权抵押贷款,全年办理采矿权抵押贷款2880万元,应收账款质押贷款5000余万元,集体土地抵押贷款8361万元。

加大实体贷款投放力度。全市信用社准确理解和把握全年信贷政策和经济政策配套执行情况,将信贷调结构、促发展作为重点,加大实体贷款投放营销力度。年末,累计发放涉农贷款448亿元、小企业贷款186亿元,余额分别比年初增加62.16亿元和14亿元。

推进农村金融服务点项目。为解决农村支付结算瓶颈,办事处积极争取有关部门支持建设农村金融服务点,设立农民自助服务终端。全年全市建设农村金融服务点900处,计划3年内建设1300处,覆盖了距离信用社偏远、金融服务辐射不到的区域,扩大金融业务范围。全市信用社农业贷款总量、农户贷款总量、年累计发放农贷总量、农户贷款占比、评级授信农户数、农户贷款证发放等主要支农服务指标,连续6年居全省同行业首位。

【风险管控】 加快推进人力资源管理改革,创建长效发展新机制。各县级联社认真遵循"以岗定级、以级定薪、以绩付酬"的管理理念,以省联社改革方案及辅导意见为指导,以薪酬分配改革为切入点,完成了启动准备、宣传发动、组织实施、总结完善4个阶段的任务目标。年初制定了员工培训教育规划,通过加大培训教育力度,把全体员工的思想和精力引导到与时俱进、干事创业和稳健发展上来,促进了各项业务又好又快发展。全年全市信用社累计开展"三个办法一个指引"专项培训、新会计准则专项培训等项目332个,累计培训天数744天,累计培训人数33174人次,受训面达100%。

创新规章制度,规范合规行为,开展案件防控治理工作。全市信用社认真落实案件防控业务条线管理,组织开展了合规文化教育和合规风险管理"回头看"等活动,强化风险排查,狠抓制度落实,取得了明显成效。针对前期风险排查发现的业务操作问题和管理薄弱环节,编写了《临沂市农村信用社内部控制风险点手册》,明确内部风险点242条,针对每个风险点列出了检查方法及违规处罚标准,健全了内控管理考核机制。制定下发了《临沂市农村信用社员工违规积分管理办法》,对员工在各级检查中存在的违规行为按规定标准积分,奖优罚劣。制定下发了"双十严"、"十不准"制度,纳入"每月一法"重点学习内容,提高了员工的制度执行力。制定了《临沂市农村信用社网点规范化建设调研方案》,组织12家县级联社调查了77个乡镇366个自然村,发放收回有效调查问卷19273份。通过开展案件专项整治及群防飞行检查,强化风险排查、堵塞风险漏洞专项检查,达到了所有机构、网点、人员、业务的全覆盖。年末,累计整改各类问题21145个,金额116.26亿元,按照"一项一文"的要求完善整改档案2332个,综合整改率达88.93%。通过风险排查、责任追究和整改落实,解决了客户经理预签贷后检查表,监控中心及中心金库达不到2人24小时坐班值守、4人武装押运落实不到位、历次检查发现问题整改不到位、"理(董)事长热线"未安装全景镜头及受理举报处置不及时等重大风险点。

以审计基础管理达标升级活动为核心,提高审计稽核工作水平。全年办事处共组织开展了2009年度经营管理指标真实性检查、"解剖式"飞行检查、高管人员离任审计、新增公司类不良贷款、办事处检查问题责任追究情况审计、反洗钱检查、财务专项审计、财务预算编制及执行情况检查、后续审计等20个项目,对全市12家县级联社、136家分支机构进行了现场审计,累计投入896个现场工作日,共发现630个问题,涉及金额10.12亿元;提出审计建议154条,被查单位采纳144条,制定整改措施72项,已整改问题365个,整改金额2.33亿元。

【内控管理】 开展安全教育培训。结合兵役制实施、"安全保卫一日操作规程"、预案实战演练等活动,全年累计组织营业场所应急演练105场次,押运及守库环节应急演练37场次,消防演练69场次,参训人员达4896人次。加强安全设施达标建设。实现了营业场所、室内卫生间、防弹玻璃、防尾随联动门、视频监控、110报警联网和中心金库、监控中心、防弹运钞车、车载监控、指纹押运、提款箱、ATM等自助设备达到安防设施"13个100%"的达标目标,营业场所和金库、自助设备全部取得了公安部门颁发的《安全防范设施合格证》。加大安全检查整改力度。累计检查发现各类安全问题隐患558项,全部进行了整改落实。

(石连忠)

中国邮政储蓄银行临沂市分行

【概况】 中国邮政储蓄银行临沂市分行于2008年4月23日正式挂牌成立。各分支机构于5月份相继组建完成。全市共设立10家一级支行、137家二级支行(网点)、115个邮政代理网点。全行干部职工982人,其中市行267人、县级支行715人。市分行成立3年来,围绕"特色办行、人才立行、科技强行、依规治行、文化兴行"的科学发展战略,推进全面转型,各项业务均取得了跨越式发展,连续两年实现了翻番增长。至年底,全辖各类存款达150亿元,累计投放各类贷款40亿元,贷款结余24亿元。

企业文化。市分行营造人文和谐的企业文化,提升企业管理水平,增强企业的凝聚力和竞争力,被山东银监局评为良好银行,被中国邮政集团公司评为全国邮政系统"先进集体",被中国邮政储蓄银行评为全国城市零售信贷示范行优秀分行,被市委、市政府授予"百万农户致富工程先进单位"、"市级文明单位",被市总工会授予"市级劳动关系和谐企业"等称号。

(姜 燕)

保 险

【综述】 2010年,临沂保险业围绕中心、服务全局,主动的开展各项保险服务,发挥了经济补偿、资金融通和辅助社会管理的功能,在促进改革、保障经济、稳定社会和构建和谐社会等方面发挥了作用。年内,进驻临沂的保险机构达55家,其中产险公司19家、寿险公司24家、专业保险代理公司12家,所属县区分支机构300余处。全市保险从业人员达4万余人。

保险业务。全年全市各保险机构累计实现保费收入76.3亿元,增长38.1%。全年临沂保险深度为3.2%,保险密度达每人761元,保费规模居山东省第四位(不含青岛)。保险业为全市承担着逾7000亿元风险金额的财产和人身保障,全年因各类自然灾害事故共支付赔款和保险金15.28亿元。全行业不断拓宽服务领域,创新服务方式,开展财产保险、人寿保险、健康保险、意外伤害保险、分红保险4类300余个险种。

驻临沂市各保险机构名录。中国人民财产保险股份有限公司临沂分公司、中国人寿保险股份有限公司临沂分公司、中国平安财产保险股份有限公司临沂中心支公司、中国平安人寿保险股份有限公司临沂中心支公司、平安养老保险股份有限公司临沂中心支公司、中国太平洋人寿保险股份有限公司临沂中心支公司、中国太平洋财产保险股份有限公司临沂中心支公司、泰康人寿保险股份有限公司临沂中心支公司、新华人寿保险股份有限公司临沂中心支公司、天安财产保险股份有限公司临沂中心支公司、大地财产保险股份有限公司临沂中心支公司、太平人寿保险有限公司临沂中心支公司、太平养老保险股份有限公司临沂中心支公司、中华联合财产保险股份有限公司临沂中心支公司、民生人寿保险股份有限公司临沂营销服务部、永安财产保险股份有限公司临沂中心支公司、安邦财产保险股份有限公司临沂中心支公司、合众人寿保险股份有限公司临沂中心支公司、阳光财产保险股份有限公司临沂中心支公司、嘉禾人寿保险股份有限公司临沂中心支公司、安华农业保险股份有限公司临沂中心支公司、都邦财产保险股份有限公司临沂中心支公司、永诚财产保险股份有限公司临沂中心支公司、民安保险(中国)有限公司临沂中心支公司、渤海财产保险股份有限公司临沂中心支公司、华安财产保险股份有限公司临沂中心支公司、华夏人寿保险股份有限公司临沂中心支公司、中国人民人寿保险股份有限公司临沂中心支公司、恒安标准人寿保险股份有限公司临沂营销服务部、中荷人寿保险股份有限公司临沂营销服务部、长安责任保险股份有限公司临沂中心支公司、长城人寿保险股份有限公司临沂中心支公司、中国人民健康保险股份有限公司临沂中心支公司、华泰人寿保险股份有限公司临沂中心支公司、中国人寿财产保险股份有限公司临沂中心支公司、阳光人寿保险股份有限公司临沂中心支公司、信泰人寿保险股份有限公司临沂中心支公司、天平汽车保险股份有限公司临沂中心支公司、英大泰和保险股份有限公司临沂中心支公司、生命人寿保险股份有限公司临沂中心支公司、中意人寿保险股份有限公司临沂中心支公司、中宏人寿保险股份有限公司临沂中心支公司、国华人寿保险股份有限公司临沂中心支公司、山东华菱保险代理有限公司、山东恒基保险代理有限公司、临沂市同颐保险代理有限公司、临沂翔宇君悦保险代理有限公司、华康保险代理有限公司临沂分公司、泛华保险服务集团济南泛华融泰临沂分公司、临沂市新环球保险代理有限公司、临沂市宏元保险代理有限公司、临沂市磐石安候保险代理有限公司、华宏保险销售服务有限公司临沂分公司、大同保险代理公司临沂分公司、山东亿信保险销售服务有限公司、山东华承保险代理有限公司。

（田学宝）

【中国人民财产保险股份有限公司临沂市分公司】 全年实现保费收入10亿元，同比增长25.43%，成为全省系统唯一保费突破10亿元的地市级分公司，名列全国系统地市级分公司第17位，实现两个“率先突破”（山东人保财险区域公司发展史的率先突破，革命老区人保财险事业的率先突破）。10亿元发展业绩入选“临沂十大金融新闻”。全年累计为431649名客户承担风险责任1560余亿元，共向80381位客户支付各类赔款50586万元；全年上缴营业税金6000万元，同比增加1497万元，代征代缴车船使用税7632万元，位列全市纳税百强企业（集团）第33位。公司先后被评为山东省消费者满意单位、平安山东建设先进基层单位、山东省治安保险工作先进单位、市级文明单位。

规范经营。推广经济社会发展和人民群众急需的交强险、治安保险、政策性农业保险、安全生产责任保险、校园方责任险、物流货运保险等。公司继续坚持社会效益高于经济效益、公众利益高于商业利益的经营原则，提升了服务人民群众生产生活、保障地方经济建设的能力。其中，治安保险工作得到了中央电视台、人民日报等国家主流媒体的关注，2月27日，中央电视台记者朱敏、刘嵩、李重阳一行3人到临沂市采访治安保险工作。公司总经理李连亮重点介绍了临沂市治安保险工作的推行过程以及今后创新发展、保持持久生命力的关键举措等情况。

（王　猛）

【中国人寿保险股份有限公司临沂分公司】 2010年，公司主营人寿保险、健康保险、意外伤害保险三大类人身保险业务，代理经营财产保险、年金保险等业务。在各县区和城区设立了17个经营单位，183个农村营销服务部，543个兼业代理网点，全辖有各级各类管理、销售人员近8600人，其中员工队伍503人。实现保费总收入22.61亿元，同比增长17.84%，保费规模、增幅居全省系统第三位。其中个险渠道13.36亿元，同比增长17.09%。银保渠道7.19亿元，同比增长27.71%。团险渠道3863万元。

客户服务。公司以丰富服务内涵，提高服务能力为出发点，以国寿鹤卡为载体，为广大客户提供健康好帮手服务，为VIP客户开展了免费查体，丰富了国寿1+N服务的内容。开展了国寿大讲堂活动，介绍健康知识，健康理念，提供超值服务。公司先后为全市240余万客户提供各类保险保障。

销售平台建设。公司严格落实会议精神，严抓活动管理和基本法考核。在持续发挥自身优势的同时，重点推动效益型险种的发展。分渠道、分平台、分层级、分人群进行了细化推动。坚持定期增员与日常增员相结合，立足增员动作的常态化。

内部管理。全面预算管理，制定了绩效考核办法。加强了对财务管理、业务管理、客户服务、内控管理、销售督察、单证管理、印章管理等关键岗位人员的专业技能培训和依法合规教育。组织开展了效能监察、销售督察专项检查、中介业务自查整改。

服务经济社会发展。全年公司支付死亡、伤残、医疗、企业年金和满期保险金4.5亿元，上缴地方税收2300万元，提供就业岗位8600余个。全市保单借款件数3.6万余件，保单借款金额达3.17亿元。

（王兆刚）

【中国太平洋财产保险股份有限公司临沂中心支公司】 2010年，临沂中心支公司实现保费收入3.2亿元，同比增长216.05%，完成年度预算的150.78%，市场份额占14%，市场地位排名第二位；已决赔款9054万元，未决赔款4786万元，综合赔付率56.75%，综合成本率86.71%，实现利润2878万元。

业务发展。维护好现有客户资源，对渠道客户服务专员重新梳理、重新配置，将现有的渠道进行挖潜并重点维护，建立公司稳定可靠的销售渠道，保证公司可持续发展。开拓新的渠道，在业务开拓过程中，汽车销售商、金融领域及其它系统等，扩大了服务领域。做好续保工作和日常续保业务，通过专线电话回访、上门服务等方式加强上年度车商渠道代理的车险续保业务。

内部管理。严格执行保监局费用监管指引和分公司制定下发的《费用管理指引》实施细则及费用管理指导意见，按照分公司预算管理系统执行预算管理制度，执行财务集中制度，规范完善报销审核流程，规范各项费用列支，杜绝虚开发票、假发票流入公司。强化对现金流的监测与管理和应收保费管理，切实降低经营风险。推进6S管理制度落实，强化制度，落实责任，实现服务标准规范化。组织全体员工认真学习《山东分公司服务标准化实施细则》和《太平洋产险窗口服务规范与标准》，确保员工熟知、理解和执行服务规范与质量标准的各项规定要求，结合公司安装的专线服务电话：3595500，定期进行回访，接受投保、投诉，增强员工的服务能力和综合素质。

客户服务。优化和完善整体运行架构，使各部门工作重点突出，职责明确，特别对承保出单与送单、客服内外勤衔接、与财务支付衔接等流程，重新进行理顺，减少不必要的环节，节约不必要的时间，提高工作效率。通过设立客户服务专线回访、区分客户等级、推广远程定损等措施，提高理赔速度和质量。简化程序，实现小额赔案3日赔付的目标，发挥小额快速理赔"绿色通道"的作用。外地出险大额案件，公司派员查勘第一现场，及时与客户取得联系，现场解决相关问题。发挥法规医疗科的专业作用，为客户提供法律咨询、交通事故咨询等服务。加强承保、财务、行政等后援部门服务意识，将"用心承诺、用爱负责"、"服务无止境"的理念融入日常工作中，突出为基层服务、为销售服务、为客户服务，提升了管理与服务意识。

合规经营。坚持分类化评价、差异化政策，剔除亏损性险种，淘汰效益差客户；实施差异化资源配比，制定差异化承保定价费率。坚持初级核保集中，要求凡是提交分公司核保的单子必须经中心支公司初审后再提交分公司，确保承保质量。强化理赔管理，建立车险理赔定损系统，坚持赔款转帐支付制度，坚持人伤案件跟踪处理制度，坚持理赔人员考核制度等，加强理赔内控管理。加强教育，提高合规意识。全员签订了《合规经营责任书》，形成合规责任刚性约束机制；结合保监局对中介业务的现场检查、分公司意外险专项检查，及时成立整改小组，整改检查所发现的问题和薄弱环节，提高了员工自觉合规意识。

（杨大新）

投资公司

【临沂投资发展有限责任公司】 临沂投资发展有限责任公司作为政府国有资产运营平台，公司确保了授权经营资产的安全运营并保值增值，管理水平和经济效益有了显著提高，取得了良好的经济效益和社会效益。全年共实现主营业务收入6649万元，利润总额8922万元，利税9084万元。年末公司总资产71.99亿元，净资产36.11亿元。

投资管理、融资承贷、项目担保和招商引资。作为市政府重点项目投资管理平台，参与市政府重点项目投资、国资监管运营等工作，当好市政府代言人，行使出资人权利，维护出资人权利。公司拥有产业组织28家，其中控股企业2家（临沂商城资产经营有限责任公司、山东百草药业有限公司）。参股企业7家（华能临沂发电有限责任公司、国电费县发电有限公司、山东铁路建设投资公司、沂沭铁路有限责任公司、国泰君安证券股份有限责任公司、国泰君安投资管理股份有限公司、临沂蓝天热力有限公司），其他政府划转企业及享有产权单位19家。积极参与市政府重点项目建设投资、监管运营等工作，当好市政府代言人，行使出资人权利，维护出资人利益。累计为临沂飞机场、山东百草药业公司、商城资产经营公司、国电费县发电公司、华能临沂发电有限公司、临沂蓝天热力公司等重点项目投资8.6亿余元。融资承贷。为全市基础设施建设和重点项目建设融通了大量资金，积极支持北城新区、临沂大学、临沂经济开发区、临沂高新技术产业开发区、涑河综合整治、土地收储与旧城开发、临沂城区滨河大道、城区外环路等重点基础建设项目的开发建设。全年承担了市政府与国家开发银行山东分行、省工商银行、中国银行、农业银行、建设银行、兴业银行、深圳发展银行、招商银行以及地方金融机构等政府信用合作贷款共计57.094亿元。重点项目担保。为临沂滨河大道、临沂大学、北城新区、临沂土地收储中心、天元集团政府建设项目、恒源热电集团公司、临沂发电有限责任公司、国电费县发电有限公司等重点项目贷款提供担保136笔，累计担保额70.6亿元。招商引资。根据市政府关于招商引资工作的部署和要求，加强与国内外大型企业财团沟通联系，邀请外资企业到临沂考察，先后就临沂政府接待中心、沂河宾馆、北城新区、原人大会议中心、光电照明产业园区建设及其它项目进行洽谈、交流。与国家国电集团公司、鲁能发展集团公司、华能集团有限公司合作建设重点项目，全年共完成招商引资83.01亿元，圆满完成了市政府安排的招商引资工作任务。

（盛曰仑）

【临沂市经济开发投资公司】 2010年，临沂市经济开发投资公司围绕全市经济和社会发展的总体规划和战略重点，发挥财政投资公司的优势，全方位、多渠道筹集资金，坚持改革创新，以支持全市经济社会发展为宗旨，不断提升金融服务水平和开拓发展空间，取得了较好的经济效益和社会效益。全年实现收入3796万元，同比增长40.3%，缴纳税款192.97万元。新增担保项目297个，新增担保金额33.3亿元；至年末，在保项目266个，在保金额42.12亿元，累计担保额52亿元；为162户企业提供过桥还贷资金15.3亿元；政府融资贷款余额40.13亿元。临沂经开创业投资有限公司完成三家科技型中小企业共计1459万元的股权投资。

政府融资业务。年内，公司根据省政府《加强政府融资平台公司管理的通知》和市财政局对清理规范融资平台公司工作的要求，规范了公司整改措施，并配合贷款银行整改保全措施。完成了政府融资贷款及省重点项目调控资金的本息收取工作。政府融资贷款和省重点项目调控资金累计到位44.33亿元，年末余额40.13亿元。

担保、过桥还贷、典当、招标、投资、监管业务。市中小企业信用担保公司经营贷款担保、票据承兑担保、贸易融资担保、项目融资担保、信用证担保；诉讼保全担保、投标担保、预付款担保、工程履约担保、尾付款如约偿付担保等履约担保业务；与担保业务有关的融资咨询、财务顾问等中介业务。过桥还贷业务。为解决中小企业融资难问题，市政府制定了《临沂市市级中小企业过桥还贷资金管理试行办法》。年内，根据业务需求，在原有“过桥还贷”资金基础上，市财政局拨付资金2亿元，运作资金规模达3亿元，为过桥还贷工作提供了资金保障。为确保过桥还贷资金安全，制定了规范的操作流程，实行由沂州典当行负责项目的考察，投资公司负责项目审核，市财政局负责审批的三级审核制度。工作中遵循“急事急办、特事特办”的原则，确保资金运行快捷、安全。典当业务。临沂沂州典当行注册资本5000万元，投资公司持股46%，该典当行面向社会中小企业、个人发放抵押和质押借款，提供优质快捷的融资服务。年内，为27家中小企业提供典当资金18100万元。招标业务。临沂市财信招标有限公司，是全市唯一国有独资招标公司，主营业务涉及货物类、服务类的政府采购招标、集中采购招标等业务，全年共代理招标项目50个，实现收入100余万元。创业投资业务。为支持全市中小企业尤其是科技型中小企业创新创业，按照市政府的要求，2010年9月投资公司注资4000万元成立临沂经开创业投资有限公司。公司已完成首批三家成长性高新技术企业共计1459万元的股权投资工作。监管业务。为严格控制担保风险，解决企业动产质押问题，年内，成立了临沂市沂州通资产管理有限公司，为金融、担保、典当机构提供质押资产的动态监管。公司注册资本金500万，其中投资公司参股300万。成立以来，有力解决了贷款企业抵押资产不足的问题，拓宽了企业融资渠道，实现银担企多方的合作共赢。至年末，公司监管货物标的额2.3亿元。

（顾　蕾）

科学技术

综　　述

【科技政策实施】　全市科技系统认真贯彻落实《临沂市中长期科学技术发展规划纲要(2006年－2020年)》、《关于实施科技规划纲要增强自主创新能力建设创新型城市的决定》等政策文件，大力实施“科技兴工”发展战略，加快推进科技创新步伐。制定下发了《关于加快推进高新技术产业发展的意见》，重点支持新能源、新材料、电子信息、生物与新医药、新型装备制造、节能与环保等六大战略性新兴产业发展，并通过加大财政科技投入力度、拓宽投融资渠道、积极满足高新技术产业发展用地需求、加大财税政策扶持等多种手段，加快推进高新技术产业发展。制定下发了《关于金融支持临沂高新技术产业发展的指导意见》，整合金融资源，创新服务产品，突出支持重点，加大金融支持力度，有力推进了科技进步和创新发展。全年全市共投入应用技术研究与开发经费2140万元，设立了资金总额为2亿元的高新技术产业发展创业投资基金，增强了财政资金的引导功能。

制定了《关于加快临沂市技术市场发展的意见》，按照“政府搭台、政策激励、需求导向”的思路，加快推进技术市场服务体系和能力建设，全市共有技术贸易机构1256家，从业人员16000余人；共获得省技术市场金桥奖16项；全年完成技术合同统计额2.58亿元。

【高新技术产业】　坚持把加快高新技术产业发展作为转方式调结构的根本途径和中心环节，采取培育壮大战略性新兴产业与加快利用先进适用技术改造传统产业相结合的办法，加快推进高新技术产业化和传统产业高技术化。至年底，全市共有高新技术企业54家，国家火炬计划重点高新技术企业7家，高新技术产业实现产值1512.53亿元，同比增长30.08%，占规模以上工业总产值的比重达31.22%，比年初提高了2.31个百分点。高新技术产业固定资产投资达134.9亿元，增长106.3%，占规模以上工业固定资产投资的24.6%。纯电动汽车关键技术更加成熟，新能源汽车示范推广试点城市创建工作正式启动。国内首座单一式全自动光伏跟踪电站——兆瓦级光伏跟踪电站项目顺利完工，并正式并网发电。污泥过程减量活性污泥法污水处理工艺与工程示范研究取得重大突破，达到国际领先水平；35MPa高档液压主件核心技术联合研究项目顺利启动实施，高端装备制造能力显著增强；高新区“二次创业”步伐加快，高新技术产业集聚能力显著提升，国家级高新区创建工作进展顺利。同时，积极利用先进适用技术改造提升传统产业步伐，传统产业高技术化水平得到快速提升。

【科技创新体系建设】　落实了《临沂市关于加快科技创新平台建设的意见》，完善了以企业为主体、市场为导向、产学研相结合的技术创新体系。年内，鲁南制药集团股份有限公司“中药制药新技术国家重点实验室”正式通过国家科技部评审并获批建设，山东罗欣药业股份有限公司、山东新港集团有限公司、临沂市海纳电子有限公司等3家企业正式获批建设省级工程技术研究中心，阜丰集团有限公司、山东金正大生态工程股份有限公司、山东华盛中天机械集团有限公司、鲁南制药集团股份有限公司等4家企业获批建设省级重点实验室。至年底，全市共建有国家级工程技术研究中心2家、省级14家,国家级重点实验室1家、省级5家,国家火炬计划特色产业基地2家,国家级高新技术服务中心1家、省级1家,省级示范生产力促进中心3家,省级农业科技园区1家,形成了较为完备的技术创新体系,企业自主创新能力和承载省级以上重大科技项目的能力显著提升。

【科技计划管理】 注重科技项目的培育、筛选、推荐和服务工作,提升了科技计划项目的质量和竞争力。全年共争取实施了国家级项目53项,省级项目101项,落实无偿扶持资金6437.5万元,其中,国家中小企业创新基金14项,落实无偿扶持资金1060万元;省自主创新成果转化5项,落实无偿扶持资金1500万元;另有临沂新时代药业有限公司"替吉奥胶囊"、山东卡特重工机械有限公司"EBZ35掘进机"等7个项目被列入2010年度国家重点新产品计划,落实自然科学基金16项、博士基金7项、软科学4项、省大型科学仪器设备升级改造技术研究立项2项。贯彻落实《临沂市科技计划管理暂行办法》,强化市级科技计划的组织实施,全年共实施市科技计划项目123项,落实扶持资金2140万元,其中市级重大科技创新计划项目28项、引导项目36项、无资项目48项。

【产学研合作与科技人才队伍建设】 山东省科学院唯一一家地市级分院——山东省科学院临沂分院正式揭牌成立,与临沂市科学技术合作与应用研究院、中国科学院山东综合技术转化中心临沂中心,共同组成了临沂推进产学研合作的高端平台和有效载体。企业产学研平台建设力度加大,史丹利化肥股份有限公司、山东宏艺科技股份有限公司、山东同方鲁颖电子有限公司、山东龙盛龙牧集团有限公司、蒙阴大成纺纱有限公司等5家企业获批建设院士工作站,院士工作站总量达8家,共引进院士9名;成立了临沂市高端制造业研究所,改组了临沂市新世纪能源研究所,战略性新兴产业核心关键技术研发能力显著增强;企业与国内外大院大所的产学研合作进一步深化,全年全市30%以上规模以上企业至少与一家科研院所开展了一项实质性产学研合作,合作院校达到60多家,共引进高端科技创新人才和团队28个,签定产学研合作项目110个。其中,鲁南制药集团股份有限公司手性药物创新团队被山东省委、省政府授予"山东省优秀创新团队"称号,并给予100万元奖励资金;临沂巨皇新能源科技发展公司董事长李京台被评为"山东省海外高层次回国创业人才",并被授予"泰山学者海外特聘专家"称号。国际科技合作与交流渠道进一步畅通,先后与美国佛罗里达大学、日本国立环境研究所、澳大利亚昆士兰大学、新西兰奥克兰大学等国外科研院所建立了科技合作关系,国际科技合作平台达到4家。国际科技合作项目实现零的突破,市研究院、临沂兴华工程机械有限公司从俄罗斯联合引进了纳米级粉末改性剂制备及其用于铸钢铸铁改性技术项目,山东常林集团与日本、德国合作开展的35MPa液压主件核心技术联合研究项目,分别被国家科技部列入重点扶持的国际科技合作项目,争取扶持资金1300多万元。

【民生科技实施】 与中科院沈阳生态所、日本国立环境研究所合作,共同为静脉生态产业园临沂试点城市建设提供技术支撑;重点支持进民水务污泥减量化技术及一体化设备、华盛江泉脱硫减排技术、宏艺科技工业废渣在水泥工业中的超值利用等项目,加快推进节能环保关键核心技术研发推广与产业化;重点加快河东区滨河湿地、武河湿地等省级生态可持续发展试验区和临沂大学省级水土保持与环境保育重点实验室建设,加快推进先进发展模式探索。加强重大新药创制工作,鲁南制药集团股份有限公司和罗欣药业股份有限公司两家企业被列为"国家综合性新药研发技术大平台(山东)产业化示范企业"后,新时代药业股份有限公司"克拉维酸钾技术改造"和罗欣药业股份有限公司"注射用盐酸氨溴索的研究"2个项目入选国家重大新药创制计划。

【农业科技研发与推广】 全市共有良种育种研发机构17家,推广机构27家,育种企业11家,累计承担国家、省农业科技成果转化资金项目13项,省良种产业化工程项目42项,先后培育了农业新品种32个,引进畜牧、水产、果品良种35个,良种覆盖率达90%。共建成省级农业科技示范园1个、市级40个、县级268个，基本形成了莒南果茶、郯城银杏、平邑金银花、费县核桃、沂南蔬菜等“一县一园一特色”的发展格局。全市农村科技信息“双通”工程稳步推进，农村信息化进程加快，全年已发展“双通”会员2万多名，科技示范户3000多户，整合农村专业合作组织200多家，扶持产业化基地31个，带动农民增收约20亿元。科技特派员工程实施顺利，全市各县区累计选拔科技特派员1770名，派驻到1664个村(场)开展创业服务行动，累计开发项目596项，创办各类利益共同体372个，建立科技特派员示范基地355处，推广新技术、新成果1082项，引进新品种801个，受益农民达260万人，带动农民收入增幅近8%。

【科技成果管理】 落实市政府《临沂市科技成果管理试行办法》和《临沂市科学技术奖励办法》，严格审查申报材料，不断充实专家数据库，坚持异地评审、全程监督、结果公示，提高鉴定水平，积极协调县区做好成果鉴定工作。全年共取得各项科技成果220多项。其中，获国家科技进步二等奖2项(山东新时代药业有限公司、鲁南制药集团股份有限公司、南贝特制药有限公司合作完成的“克拉维酸钾及系列复方制剂的研制与产业化”项目和山东金正大生态工程股份有限公司完成的“新型作物控释肥研制及产业化开发应用”项目)；获山东省科学技术进步奖一等奖1项(鲁南制药集团股份有限公司完成的“手性制药技术科技创新平台(企业科技创新)，山东省科学技术进步奖二等奖6项、三等奖7项。根据《临沂市科学技术奖励办法》的规定，授予山东罗欣药业股份有限公司总经理、技术中心主任李明华为临沂市科学技术最高奖；授予鲁南制药集团股份有限公司、鲁南贝特制药有限公司、山东新时代药业有限公司、郯城县第一人民医院共同完成的“盐酸替罗非班原料及系列制剂的研制开发”和临沂中法利群太阳能科技有限公司完成“基于热膨胀和反压缩原理的太阳能冷暖空调器”等2项科技成果为临沂市技术发明奖一等奖；授予鲁南厚普制药有限公司、郯城县第一人民医院完成的“川蛭通络胶囊的研究与开发”和山东金正大生态工程股份有限公司、菏泽金正大生态工程有限公司完成的“玉米专用控释肥研制及应用研究”等2项科技成果为临沂市技术发明奖二等奖；授予鲁南厚普制药有限公司完成的“茵栀黄片的研究与开发”和山东阜丰发酵有限公司完成的“玉米原料生产结晶果糖关键技术研究”等2项科技成果为临沂市技术发明奖三等奖；授予山东金正大生态工程股份有限公司、菏泽金正大生态工程有限公司共同完成的“腐植酸包膜缓控释肥研究与开发”等10项科技成果为临沂市科学技术进步奖一等奖；授予山东宏艺科技股份有限公司完成的“工业废渣在水泥工业中的超值利用研究”等111项科技成果为临沂市科学技术进步等二等奖；授予山东天一液压科技股份有限公司“数控液压活塞杆镗铣床”等53项科技成果为临沂市科学技术进步奖三等奖。

【知识产权管理】 组织开展了临沂市专利评选活动，共评出一等奖20项，二等奖85项，三等奖104项，发放奖金15万余元，有力促进职专利成果转化。为企事业单位办理专利费用减缓申请300余件，组织2家企业申报资助向国外申请专利专项资金，获得11万元的资助资金。国家知识产权试点城市建设稳步推进，知识产权环境得到明显好转，专利申请与授权成绩显著，全年全市专利申请2791件，居全省第9位，同期增加627件，增长率为28.97%。其中，发明专利516件，占申请总量的18.49%；职务申请639件，占申请总量的22.99%，专利申请的质和量有了较大幅度的增长。截至年末，全市累计专利申请16949件，全市累计专利授权11102件。持续加大了知识产权保护力度，先后开展了“全市假冒专利行为执法检查”、“药品流通领域保护知识产权专项检查”、“无冒充专利商品商场评选”、“打击侵犯知识产权专项行动”等活动，临沂市被批准进入国家526执法推进工程。知识产权管理工作取得重大进步，临沭县成为全省6个国家知识产权强县之一，并通过了省知识产权试点县验收，被批复为省知识产权示范县。费县、河东、罗庄成为省知识产权试点县。获第十二届中国专利优秀奖1项，获山东省第五届“发明创业奖”评一等奖1项、二等奖1项、三等奖3项、优秀奖6项，山东罗欣药业股份有限公司李明华荣获“齐鲁巾帼发明家”称号；中国专利山东明星企业达71家，临沭县东方红锅炉制造有限公司被批准2010年度山东省专利创造能力培育单位。投入30万元，建立了知识产权信息服务平台，硬件设施、网络联接、分析软件等已安装调试到位，与省知识产权局专利信息平台形成了网络互动、资源共享的格局。

2009 年获临沂市科学技术进步一、二等奖项目情况表

项目名称	完成单位	奖项
腐植酸包膜缓控释肥研究与开发	山东金正大生态工程股份有限公司 菏泽金正大生态工程有限公司	一等奖
节能减排二冲程汽油机	山东华盛农业药械股份有限公司	一等奖
高产普鲁兰酶的菌种选育及产业化研究	山东隆科特酶制剂有限公司	一等奖
抗癌新药替吉奥原料及制剂的研制开发	山东新时代药业有限公司 鲁南制药集团股份有限公司	一等奖
生物因子对土壤缓冲性及苹果生长发育的影响	临沂市果茶技术推广服务中心	一等奖
耐热植酸酶降低肉鸡磷排放及低磷日粮配制技术研究与产业化示范	山东龙盛农牧集团有限公司 山东农业大学	一等奖
临沂市“宜居水城”建设战略研究	临沂市规划局 临沂市城市建设勘察测绘院	一等奖
大于 50 岁供者活体亲属肾移植可行性的临床研究	临沂市人民医院	一等奖
神经干细胞移植在神经系统疾病中的应用	临沂市沂水中心医院	一等奖
新生儿先天性甲状腺功能低下症患儿（CH）早期干预治疗与智能发育的研究	临沂市妇幼保健院	一等奖
工业废渣在水泥工业中的超值利用研究	山东宏艺科技股份有限公司	二等奖
E0 脲醛粘合剂及 E0 多层人造板的生产与物理特性研究	山东华鑫佳升木业有限公司 费县林业局 临沂市林业科学研究所	二等奖
城镇污水处理厂反硝化同步除磷脱氮研究	临沂市建筑设计研究院	二等奖
新型高强度耐磨铲斗系列开发	山东华星工程机械有限公司 临沂师范学院	二等奖
无缝钢管高效节能生产技术开发	临沂金正阳管业有限公司	二等奖
WWXQ130SB 型数控无卡旋切机的研制	费县金轮机械厂	二等奖
低维系统电子结构和动力学研究	临沂师范学院	二等奖
临沂市国税系统网上办税服务厅	临沂市国家税务局	二等奖
临沂农村科技信息"双通"工程 WID 信息化助农系统开发与应用	临沂红九亿信息科技有限公司	二等奖
大规模复杂可编程逻辑电路超声波热能表	山东智方仪表科技有限公司	二等奖
无烟节能旋流燃煤有机热载体锅炉	山东圣威新能源有限公司	二等奖
高密度低频率 295 芯信号连接器研制开发	临沂市龙立电子有限公司	二等奖
县级医院数字化体系建设与应用的研究	蒙阴县人民医院	二等奖

续表

项目名称	完成单位	奖项
SHFS35－3.82/450－SM 型流化悬浮水煤浆锅炉	山东华源锅炉有限公司	二等奖
临沂市城市水体水华预警机制和应急预案设置研究	临沂师范学院 临沂滨河景区	二等奖
区域污水资源化循环利用研究与示范－－以蔬菜加工废水区域资源化利用研究为例	临沂市环境保护科学研究所 山东农业大学	二等奖
县域文化与县域经济发展研究	费县科学技术情报研究所	二等奖
高性能水泥混凝土发泡剂的制备与应用	山东宏艺科技股份有限公司	二等奖
自密实混凝土在钢管砼工程中的应用	临沂天元混凝土工程有限公司	二等奖
大跨度异型钢箱式拱精确安装技术的研究与应用	临沂市政工程总公司	二等奖
新型普灯生产线自动化程度提升与改造技术研究	临沂市永明电器有限公司 北京交通大学	二等奖
临沂市会计管理信息系统	临沂市财政局 临沂朝阳信息科技有限责任公司	二等奖
EBZ35 掘进机研制与开发	山东卡特重工有限公司	二等奖
活性脱脂粉状花生蛋白生产工艺研究	山东天申生物蛋白有限公司	二等奖
固定化酶法连续生产麦芽糖工艺	山东省鲁洲食品集团有限公司 山东省科学院中日友好生物技术研究中心	二等奖
孟鲁司特钠原料及制剂、氯雷他定颗粒的研究与开发	鲁南贝特制药有限公司 鲁南制药集团股份有限公司 郯城县第一人民医院	二等奖
专家优化系统在谷氨酸发酵中的应用技术研究	山东阜丰发酵有限公司	二等奖
酒精发酵废气回收食品级二氧化碳	山东泓达生物科技有限公司	二等奖
醋氯芬酸原料及制剂的研制开发	鲁南贝特制药有限公司 鲁南制药集团股份有限公司	二等奖
低温分解钾长石生产硫酸钾中试工艺技术	山东禾坤农业科技有限公司	二等奖
壳寡糖、壳聚糖生产新工艺的研究开发	沂南天成生物制品有限公司 山东卫康生物医药科技有限公司	二等奖
均温构件流化床甲醇脱水制二甲醚工业试验	山东清大新能源有限公司 清华大学	二等奖
高塔控失肥技术	山东金沂蒙生态肥业有限公司	二等奖

续表

项目名称	完成单位	奖项
多功能一体化复合肥生产工艺及装置研究	史丹利化肥股份有限公司	二等奖
改良草炭生产含腐植酸复混(合)肥料	临沭县农友化肥有限公司 山东春雨肥业有限公司	二等奖
改性PP柔性集装袋生产技术及节能技术改造	山东雷华塑料工程有限公司	二等奖
以玉米皮为原料制备木阿糖浆的开发研究	山东省鲁洲食品集团有限公司	二等奖
巴洛沙星原料及其制剂、厄多司坦、二氟尼柳分散片的研究	山东罗欣药业股份有限公司	二等奖
醋酸乙酯流程再造及节能新工艺技术	临沂市金沂蒙生物科技有限公司	二等奖
新型涤纶超柔毛毯的开发	临沂新光毛毯有限公司 临沂绿因工贸有限公司	二等奖
环保型杨木集装箱底板的研究	山东新港企业集团有限公司 南京林业大学	二等奖
桃新品种－黄中皇选育及丰产配套措施研究	临沂市兰山区果树技术推广中心 临沂市兰山区黄金山庄	二等奖
新型安全中药饲料添加剂开发与研究	山东亚特生态技术有限公司 山东省分析测试中心 清华大学材料系粉体工作研究室 山东省中医药研究院	二等奖
史氏鲟微创伤取卵全人工繁育技术研究	临沂市渔业技术推广站 临沂市渔业协会	二等奖
稻瘟病发生规律及防控技术研究	临沂市水稻研究所	二等奖
生态观光蔬菜关键栽培技术及越夏栽培环境调控技术研究	临沂市兰山区经济作物站 临沂市蔬菜办公室	二等奖
日本栗标准化生产及降低板栗空棚率综合技术实验研究	临沂市经济林管理站 临沂市林业科学研究所 费县林业局	二等奖
出口菠菜农残控制技术研究与开发	临沂市蔬菜办公室 山东青果食品有限公司	二等奖
杞柳种质资源库的建立和开发利用	郯城县林业局	二等奖
俄罗斯草本花卉引种驯化及应用技术研究	临沂市农业科学院	二等奖
临沂市设施土壤环境特征及土壤障碍修复技术研究	临沂市土壤肥料工作站	二等奖
美国高灌蓝莓引进及示范	莒南县果茶技术推广中心	二等奖

续表

项目名称	完成单位	奖项
乙醇燃料作物、粮菜兼用型甘薯新品种引进选育及配套栽培技术研究	山东省临沂市农业科学院	二等奖
鲁南水源地水源保护林综合配套技术的研究与示范	临沂市林业科学研究所	二等奖
籽用栝篓良种引进、选育与立体种植模式应用研究	临沭县生产力促进中心	二等奖
费县 5 万亩有机核桃示范园建设	费县果业服务中心	二等奖
桃树斜干纺锤形优质高效栽培技术研究	蒙阴县果业局	二等奖
茶树新品种引进与名优茶开发	临沂师范学院 临沭春山茶场	二等奖
苍山大蒜品种改良及有害生物检测及防控措施研究	苍山县蔬菜发展管理局 苍山县农业技术推广中心	二等奖
洁水型有机鱼养殖及生物肥在小型水库水产养殖的研究与应用	沂水县渔业局 蒙阴云蒙湖渔业有限公司 蒙阴县渔业局	二等奖
外来检疫性有害生物计算机快速鉴定及防控技术研究	临沂出入境检验检疫局综合技术服务中心 平邑县林业局 日照出入境检验检疫局综合技术服务中心	二等奖
鼻腔吸入 IFN－γ 阻断 GATA－3 表达对变应性鼻炎大鼠治疗作用的研究	临沂市人民医院 山东医学高等专科学校	二等奖
联合用药阻断乙肝病毒感染母婴传播研究	高新区马厂湖镇计划生育服务站 临沂市肝胆病研究所 兰山区计划生育妇幼保健服务中心	二等奖
高压氧对脑外伤并发尿崩症患者及早期治疗对重型颅脑损伤应激性溃疡的作用研究	临沂市中医医院 临沂市沂水中心医院	二等奖
神经生长因子 NGF、缩宫素受体与子宫内膜异位症疼痛的相关性研究	临沂市人民医院	二等奖
面颊外翻颌咽联合入路切除咽旁间隙巨大肿瘤	山东省临沂市肿瘤医院	二等奖
慢性盆底痛综合征与慢性细菌性前列腺炎患者心理分析及治疗前后尿动力的变化	临沂市人民医院	二等奖
短时吸入安氟醚、异氟醚影响大鼠边缘系统 c－fos 基因表达的实验研究	临沂市人民医院	二等奖

续表

项目名称	完成单位	奖项
STAT5 和 Bcl－xL 在非小细胞肺癌、食管癌中的表达及 P－gp 的检测与临床相关性研究	临沂市人民医院 苍山县人民医院	二等奖
护理干预配合纤支镜防治脑卒中患者吸入性肺炎及危重病人营养支持在医院感染控制中的研究	临沂市中医医院 山东医学高等专科学校附属医院	二等奖
肥胖和被动吸烟对围产期妊娠结局及剖宫产术后功能恢复中物理疗法应用的探讨	临沂市人民医院 临沂市妇幼保健院 临沂市兰山区计生妇幼中心	二等奖
同期双侧开胸手术内固定治疗双侧多发肋骨及微创治疗下部胸椎及腰椎椎体压缩骨折临床研究	临沂市沂水中心医院	二等奖
房水脂联素、PEDF 抗体与 2 型糖尿病患者视网膜病变及血糖漂移与 2 型糖尿病微量白蛋白尿的临床研究	临沂市人民医院 临沂市中医医院	二等奖
顺铂配合一体化后装腔内放疗在宫颈癌治疗中的临床研究	临沂市肿瘤医院	二等奖
机械通气联合记忆合金环抱器肋骨内固定治疗重症梿枷胸的研究	临沂市沂水中心医院	二等奖
拇指－腕正中神经传导速度测定在腕管综合征诊断中的价值	临沂市人民医院	二等奖
T 型切开直肠盲端技术及悬吊挤捏法在急症胆囊切除术中的应用	临沂市人民医院 苍山县人民医院	二等奖
储尿囊中浆肌层包埋加结肠反套入抗输尿管返流的临床研究	临沂市中医医院	二等奖
会厌在修复梨状窝癌切除垂直半喉缺损中的应用	临沂市人民医院	二等奖
后发性白内障 Nd:YAG 激光治疗前后视网膜黄斑区的光相干断层扫描	临沂市人民医院	二等奖
舒芬太尼、氯诺昔康预防腭咽成型术患者术后苏醒期躁动及西地那非治疗先天性心脏病手术后肺动脉高压的临床研究	临沂市交通医院 临沂市妇幼保健院	二等奖
持续植物状态患者预后与促醒康复法及临床路径和整体护理相结合在肾移植患者中的应用	临沂市人民医院	二等奖
纳米羟基磷石灰复合 BMP 质粒直接盖髓的实验研究	临沂市人民医院	二等奖
肾综合征出血热病毒对骨髓造血影响的系列研究	平邑县人民医院	二等奖

续表

项目名称	完成单位	奖项
皮肌炎/多发性肌炎合并间质性肺病相关因素及预后不良因素研究	临沂市人民医院	二等奖
抗甲状腺药物引起 GD 病人白细胞减少与治疗 Graves 病前后胰岛素抵抗变化研究	临沂市人民医院 临沂市沂水中心医院	二等奖
不同治疗方法对阻塞性睡眠呼吸暂停合并高血压患者的血压晨峰的影响	临沂市人民医院	二等奖
磁共振扩散加权成像鉴别乳腺良恶性病变及实体瘤全身热化疗临床研究	临沂市人民医院 蒙阴县人民医院	二等奖
麻疹疫苗效力与接种率及其影响因素的调查研究	临沭县卫生防疫站	二等奖
临沂市铁强化酱油预防缺血性贫血及婴幼儿缺铁性贫血维生素 A 营养状况调查及临床干预效果研究	临沂市疾病预防控制中心 费县妇幼保健院	二等奖
立止血、甘露醇联合应用控制超早期脑出血及在钡餐检查慢性阑尾炎中的应用研究	莒南县人民医院 山东医学高等专科学校附属医院	二等奖
白细胞介素 -1 受体拮抗剂基因多态性与缺血性卒中及老年缺血性脑卒中患者研究	临沂市人民医院	二等奖
Aurora -A 在上皮性卵巢癌中的表达及 P16、Bcl -2、clusterin 蛋白在膀胱肿瘤中的表达及临床意义	临沂市人民医院 沂南县人民医院	二等奖
巴利昔单抗在 HLA 全相合同胞供者异基因造血干细胞移植中的应用	临沂市沂水中心医院	二等奖
限制性液体复苏对肝脏缺血再灌注损伤及治疗重度混配有机磷农药中毒临床研究	临沂市人民医院 临沭县人民医院	二等奖
血管紧张素Ⅱ诱导大鼠胰星状细胞增殖和胶原合成	临沂市人民医院	二等奖
临床实验室质量控制因素溯源分析及 ELF 电磁场对小鼠免疫功能影响的研究	临沂市肿瘤医院 山东医学高等专科学校	二等奖
128 层、多层螺旋 CT 对支气管动脉血管造影、颈动脉狭窄诊断及导向下经皮肾穿刺硬化治疗肾囊肿的临床价值研究	山东医学高等专科学校附属医院 临沂市沂水中心医院 临沂市中医医院	二等奖
彩超对动静脉畸形栓塞治疗前后血流动力学变化及多功能电离子治疗机治疗血管纤维瘤临床研究	临沂市肿瘤医院 临沂市皮肤病医院 临沂市人民医院	二等奖
再次经皮球囊二尖瓣成形术治疗 PBMV 术后再狭窄临床研究	临沂市人民医院	二等奖

续表

项目名称	完成单位	奖项
痰液分析在婴幼儿反复喘息诊治及黄芪、生脉注射液治疗新生儿窒息后心肌损伤的临床研究	临沂市人民医院 平邑县人民医院	二等奖
彩色超声探查头静脉走行指导心脏起搏器安置、多指标评价动脉粥样硬化与小儿腹痛胃肠原因及相关因素的超声研究	临沂市人民医院 临沂市中医医院 平邑县人民医院	二等奖
MSCT 低剂量扫描在小儿先心病诊断中的临床应用研究	临沂市妇幼保健院	二等奖
面神经隐窝径路解剖通道术前影像学评估在儿童人工耳蜗植入中的临床价值研究	临沂市人民医院	二等奖
血培养分级报告和葡萄球菌耐药基因检测在院内感染诊断中的应用研究	临沂市人民医院	二等奖
通腑醒神口服液治疗痰热腑实、风痰上扰型脑梗死临床研究	苍山县中医医院	二等奖
平衡针灸疗法对肾性高血压的调节作用及动痛点水针治疗肩部伤筋的临床研究	临沂市人民医院 临沂市中医医院	二等奖
从痰湿瘀论治痛风及化痰消脂散对肥胖患者血清 CRP 及其疾病危险因素的影响	临沂市中医医院 临沭县人民医院 临沭县中医医院	二等奖
P53,P21 和 ki－67 蛋白联合检测及 TGAb、TPOAb、甲功、临床症状在诊断 HT 中意义的研究	临沂市沂水中心医院 苍山县人民医院	二等奖
培土生金法论治老年恶性胸腔积液及使用负压式胸腔穿刺引流器在胸腔积液治疗中的应用临床研究	临沂市中医医院 莒南县人民医院	二等奖
特医推拿治疗颈肩腰椎病的研究与临床应用	临沂市逸麟特医推拿研究所	二等奖

（李　振）

地震监测

【**概况**】 2010 年,全市共发生 2.0 级以上地震 2 次。6 月 7 日苍山发生 2.2 级地震;9 月 21 日河东区发生 2.5 级地震。与上年度相比全市地震活动强度有所增强。全年沂水、蒙阴、沂南等县新增 9 台数字化强震仪、3 台测震仪;兰山、河东、临沭等地落实异常 20 余起,稳定了当地群众的情绪。为 23 个建设单位新建工程提出了科学合理的地震安平报告,全年出动执法检查共计 100 余次。马陵山台站地电和重力被国家地震局评为全国第二名,市地震网络信息节点运行在全国地震资料评比中获得第二名;费县地震志愿者队伍被团中央、中国志愿者协会评为第八届青年志愿者队伍优秀组织奖;市地震局先后被省人力资源和社会保障厅、省地震局评为全省地震群测群防工作先进集体、全省防震减灾工作综合评比第三名、全省地震监测预报先进单位。

【地震监测预报】 全年完成了马陵山地震台职工公寓楼和环境改造已全面竣工，苍山地震台、费县地震台、牛岚地震台的台站改造项目基本竣工。相公庄地震台台站改造项目已开始建设，费县芍药山测震台、强震台建设已经完成；费县、郯城、临沭新安装了数字化水温、水位仪；沂水、蒙阴、沂南等县新增9台数字化强震仪、3台测震仪；马陵山地震台更换了地电阻率仪器、重力仪器电瓶，新上钻孔应变仪安装完成并投入试运行；全年完成了全市12个县区地震信息节点安装、调试工作，实现省、市、县地震数据共享，使全市防震减灾能力进一步增强。全市各专业台站和群测骨干点70余台套仪器运行正常，共产出有效数据近40万组，为监测预报工作提供了连续可靠的基础性材料。加强短临跟踪，提高地震趋势会商水平。坚持按时收集、报送、分析数据，对观测数据进行认真分析、处理，确保观测资料准确可靠，数据处理及时，坚持周、月、季会商，有异常情况紧急会商。制定了《临沂市地震局2010年度震情跟踪工作方案》。

【行政执法与行政许可】 全年调整充实了执法队员，新成立了执法中队2个，配备了地震行政执法专用车2辆，并制定了执法人员工作制度，要求每周定期执法，明确了责任，加大了工作力度。调整充实了执法人员，对全市重点建设项目执法检查共计100余次，在社会上产生较大影响。依法加强对执法人员的工作培训，组织有关人员参加全省地震行政执法培训班，对新申请执法工作证的人员进行业务培训，全体执法人员换发了新的执法证件。

【地震应急与震害防御】 年内，自玉树地震发生后，夏初网络上出现有关临沂6月13日将要发生8-9级地震的传言，并快速传播。谣传发生后，市地震局立即向市领导做了汇报，市长张少军，市委常委、宣传部长丁风云，分管副市长王晓嫚，分别就谣传事件平息和社会稳定做出重要指示。针对这种情况，市地震局积极采取各种措施平息地震谣传，维护社会稳定。按照省地震局的要求，结合全市实际情况，市地震局下发了《关于做好平息地震谣传误传事件维护社会稳定工作的紧急通知》，研究制定了应对措施。同时，加强与主流媒体的协调沟通，市局连夜起草了辟谣声明，将其发布在政府网络和各大报刊上，科学解释地震预报，有效地遏制了谣传的蔓延。加大地震应急检查力度，提高应急能力。市消防支队、市教育局、市地震局联合组成检查组，对全市校园安全工作进行了检查。检查组抽查了部分学校，对学校的消防、地震应急疏散演练以及应急设施建设与完善等各项工作进行了检查，对检查出的问题及时进行了纠正。开展地震应急救援演练，提高自救互救的能力。市局参加了滨州举办的鲁中片区地震应急协作会议和应急演练，进一步与周围地市加强了应急协作能力。8月10～11日，市地震局参加了全国地震应急指挥系统演练。完善地震应急配套设施，加强应急装备。市局为每个县区购置了一部欧星卫星电话，并举办了卫星电话知识培训班，有效提高了地震应急通讯保障能力，保障了地震监测设备正常运行。依法做好建设工程的地震安全性评价工作，使各类建设工程达到抗震设防要求。全年共完成地震安评项目23项，均已经省安评委评审通过。积极推进地震小区划工作。经省地震局批准，全年推进了平邑、临沭城区地震小区划工作。进一步加强了农村民居防震保安工作。为加强对农村民居工程的指导，省地震局在临沭县举办了省农村民居建筑抗震施工工匠培训班，全市从事村镇房屋建筑的180名施工工匠参加了培训。通过培训，提高了农村建筑工匠的防震减灾意识和建筑施工技术水平。积极开展地震安全农居工程示范村建设工作。为逐步提高农村防震减灾能力，全市继续在费县、莒南、河东等地创建地震安全示范社区。年内，莒南三义社区、费县自由社区、河东三官庙社区等5个社区已通过上级地震管理部门和专家组的验收，被认定为“山东省地震安全示范社区”。

【地震科普宣传】 全市共开展了各种形式的防震减灾知识宣传100次，比上一年增加20次，编印各种防震减灾知识宣传材料20万余份。认真做好《防震减灾法》、《山东省防震减灾条例》等法律法规的宣传工作。全市新增14所省级地震科普示范学校，马陵山地震台被中国科协设立为国家级科普教育基地。

（李　蒙）

气象工作

【气候评述】 2010年，全市大部县（区）平均气温正常，降水、日照接近常年。冬季气温正常，降水偏多，日照不足；春季气温偏低，降水正常，日照不足；夏季气温正常，降水、日照适宜；秋季气温偏高，日照充足，降水虽接近常年，但时空分布极为不均，后期更是长时间无降水，气候异常干燥。综合评价属一般年景。全市平均气温为13.7℃，较常年偏高0.4℃。4月份异常偏低，2、7、8、11月份偏高，其他各月接近常年。各地平均气温在12.8℃（沂南）~14.1℃（平邑）之间，各县（区）均高于常年。年极端最高气温38.7℃，出现在河东（7月6日），年极端最低气温-14.1℃，出现在沂南、沂水（1月13日）。全市平均降水量为743.9mm，较常年偏少6%，属正常年份。各县（区）降水量在665.7mm（沂南）~886.6mm（郯城）之间。全市平均日照时数2275.2h，接近常年，各县（区）日照时数在2180.0h（费县）~2373.0h（平邑、苍山）之间，其中蒙阴、平邑、苍山、临沭偏多，其他县（区）偏少。

【气象灾害】 干旱。9月中旬至12月底，全市无有效降水，旱情十分严重。至12月份，小麦受旱面积达33.87万公顷，占小麦播种面积的92.7%，其中轻旱面积14.13万公顷，重旱面积12.4万公顷。因旱缺苗断垄地块面积达10.6万公顷。

低温冻害。4月14日全市出现雨雪天气，最低气温2℃左右，大部分地区出现低温霜冻灾害，其中蒙阴县灾情较为严重，15日该县气温降至-1℃，伴有雨雪，此时正值果树开花、挂果的关键时期，低温严重影响了果树生长，造成经济损失2.52亿元。

冰雹。5月30日14时左右，沂水、蒙阴等县遭受暴风雨和冰雹袭击，冰雹最大直径1.5厘米。沂水县沂水、诸葛、富官庄等乡镇，蒙阴县常路、高都、旧寨、垛庄、界牌等乡镇灾情较重。冰雹共造成120个行政村、5.1万人受灾，农作物受灾1234.2公顷，造成直接经济损失1389万元，其中农业损失1350万元。

暴雨洪涝灾害。7月18日凌晨，费县遭受暴风雨袭击，费城镇、城北乡、梁邱镇、朱田镇等乡镇受灾较重。全县受灾人口71415人，农作物受灾面积4632公顷，绝收面积20公顷，倒塌房屋47间，损坏房屋534间，造成直接经济损失2592万元。

大风。4月26日夜间，兰山、郯城、蒙阴、沂水、沂南、莒南等县（区）52个乡镇遭受大风袭击，最大风力10级（沂水县风速达26m/s），直接经济损失2600余万元。

【气象服务】 年内，市气象台发布灾害性天气预警信号54次，重要天气报告29期，决策气象服务短信息287次。在做好常规天气预报服务的同时，先后为F1世界摩托艇锦标赛、书圣文化节、全国首届红色运动会（莒南）等活动提供了跟踪式气象保障服务工作，圆满完成了各项保障任务。共组织开展了5次人工增雨、防雹作业，为全市粮食总产再创历史新高做出了贡献，取得了明显的社会经济效益。

【基础业务及现代化建设】 全市地面气象测报三项错情率0.03‰，列全省第4名。晴雨预报准确率（含县）91.32%，列全省第2位。最高气温准确率76.23%，列全省第2位。最低气温准确率78.37%，居全省第1位。麦收期预报成绩71.57%，居全省第1名。在全省业务竞赛中，预报、测报分别取得单项第3名，两人获得个人全能优秀奖。5人获得“全国质量优秀测报员”称号，60人次获得“百班无错情”称号。

改善基础服务设施。新建了气象影视制作中心，改版了《沂蒙气象》电视栏目，开发了《气象直通车》、《谈天说地》等7档节目，推出了3G手机版的临沂天气服务网，建成了由3D影院、模拟沙盘、小球大世界等设施组成的沂蒙气象科普馆，改造了预报会商大厅。临沭、沂南、郯城、苍山等县气象局也对基础设施进行了改造升级，提高了基础建设水平。

（吴凌志　付兆强）

教育

综述

【概况】 2010年，全市教育系统快速发展学前教育，均衡发展义务教育，特色发展普通高中教育，创新发展职业教育，提高高等教育质量，各类教育得到了持续、健康、协调发展。北城新区基础教育建设“北城模式”得到全省推广、成功组建临沂市现代制造业职业教育集团、临沂大学挂牌成立，教育投入持续增长，全市办学条件得到大幅改善，办学质量得到提高，人民群众满意程度不断提高。

全年全市有各级各类学校2078处（不含幼儿园），在校学生144.5万人。其中，义务教育阶段小学1639处、在校学生74.3万人，初中304处、在校学生39.3万人；普通高中51处，在校学生15.7万人；中等职业学校66处，在校生人数9.2万人；特教学校15处、在校学生2595人；普通高等学校3处，在校学生5.7万人。全市各级各类学校教职工10.4万人（不含幼儿园）。其中，普通高校教职工4195人，中等职业学校7181人，普通高中教职工1.4万人，初中教职工3.2万人，小学教职工4.6万人，特殊教育学校教职工760人。全市幼儿园2184处，在园幼儿26.1万人，幼儿教职工1.31万人。

【教育督导】 完善教育督导评估制度，以职业教育、学校体育卫生工作、“三项工程”（农村中小学“两热一暖一改”工程、教学仪器更新工程、特殊教育学校教学仪器配备工程）为重点，对县区政府教育工作进行了专项督导评估，共检查了15个县区、27个乡镇办事处、189所学校。省政府教育督导团到兰山、莒南、郯城3个县区进行专项督导，对临沂市教育工作给予了充分肯定。采取有效措施，积极推进了省教育示范县建设工作。临沂市教育局被评为全省教育督导先进集体。

北城新区13所中小学校正式启动

【学生资助工作】 市县区学生资助管理中心均完成了事业单位法人登记、机构代码申请，健全了资助体系。加强资金管理，完善发放程序，国家各项奖学金、助学金及时足额发放。全年全市共落实资金1.05亿元，资助各类学校家庭经济困难学生11万人次。其中为6433名大学生发放高校国家奖助学金1985.5万元，为5.6万人次发放中等职业学校国家助学金4171万元，为2.96万人次发放高中助学金1874万元，为1.23万人次中等职业学校农村家庭经济困难学生和涉农专业学生免除学费1561.8万元；接受社会捐资助学资金671万元，资助5287名学生；落实资金179万元为118名大中专入伍学生代偿了学费。落实国家生源地信用助学贷款政策，为临沂市1.97万名大学生成功办理了各项贷款，贷款金额达1.1亿余元，确保学生不因家庭经济困难而失去学习机会。

【学校安全工作】 强化责任分工，加强部门联动，全市校园安全网格化监管体系基本建立。以“平安和谐校园”建设为抓手，强化校舍安全、楼道疏散、食品卫生安全、宿舍管理、交通安全等日常安全管理工作，进一步完善了校园安全防范长效工作机制。验收“临沂平安和谐校园”24所。加强人防、技防、物防，全市学校配备保安人员8512名、头盔18488件、报警电话、对讲机等设备，县区中小学和寄宿制学校全部安装视频监控系统，并与公安系统联网。组织开展校园及周边治安隐患排查和治理活动160组次，排查各类安全隐患3200处，及时登记造册，认真整改，确保了学校稳定和师生人身安全。加强“五五”普法工作，推进依法治校工作，有12所学校被评为省级依法治校示范校。加强教育信访工作，全年市教育局共受理群众来信128件、来访136起459人次。在全国两会期间，全市教育系统无一起进京去省上访事件，得到市委、市政府充分肯定。

基础教育

【学前教育】 推动学前教育发展。召开全市学前教育现场会，以学校办园为主要形式，大力推进乡镇中心幼儿园建设和村级幼儿园布局调整，全年全市有幼儿园2184处，其中公办园509处，民办园1675处，在园幼儿26.04万人。进一步规范学前教育办园行为，组织教育、公安、卫生、技术监督等部门联合检查，促进了幼儿园改善办园条件、规范办园行为，全市学前教育普及程度进一步提高，学前三年教育普及率达60%。组织全市幼儿园教师优质课比赛，推荐5名教师参加全省比赛，其中2名获省一等奖。重视特殊教育发展，做好残疾儿童随班就读工作，适龄残疾儿童少年入学率达95%以上。

【义务教育】 坚持义务教育重中之重地位，宣传学习《山东省义务教育条例》，积极调整中小学布局，全市共有小学1639所，比上年减少29所；初中304所，比上年减少4所，义务教育阶段在校学生113.8万人，比上年增加4.1万人。召开全市义务教育均衡发展会议，推进各县区县域内城乡学校办学条件、经费投入和师资配备等均衡。完善“普九”档案，巩固提高“普九”质量，依法组织适龄少年儿童入学，实行小学、初中学生全员全过程交接制度，确保适龄儿童全部入小学，小学毕业生全部入初中，小学、初中适龄儿童入学率保持100%。实行控制辍学目标管理责任制，依法制止中小学生特别是农村初中学生辍学，全市小学、初中在校生巩固率分别保持在99%、98%以上。

【普通高中教育】 加大普通高中布局调整，促进内涵发展。全年全市有普通高中51所，比上年减少3所，在校学生15.7万人，比上年减少1.7万人。深化初中毕业与高中招生制度改革，完善初中毕业升学考试与高中招生工作方案，按照高中段职普比例相当的要求，调整普通高中招生规模，将60%的高中招生名额分配到初中学校。加快省级规范化普通高中建设，做好了省级规范化普通高中复查工作，扩大了优质教育资源。完善教育教学改革机制，实施教研科研人员定点联系学校制度，开展了“高效课堂”模式研究和经验推广工作。加大了地方课程、校本课程和特色课程建设力度，做好走班制和学分制管理，开齐了选修课，基本满足学生个性化发展需求。全年全市普通高考本、专科共录取53925人，录取率达到72.06%。

【办学条件】 完善义务教育保障机制改革。全市落实义务教育保障资金6.72亿元，惠及全市义务教育阶段学生113.8万名。其中，落实公用经费4.96亿元，将农村小学公用经费从400元提高到500元，初中由600元提高到700元，落实9663万元为农村义务教育阶段学生免费提供教科书，惠及农村学生96万人；按照小学每生每年500元，初中每生每年750元，为2.45万名困难寄宿生发放生活补助费1153万元。落实城市义务教育阶段学生免杂费资金4534万元，补助公用经费2132万元，惠及城市学生15.7万人。落实资金116万元，为3253名家庭经济困难学生免费提供教科书、发放寄宿生生活补助费。

城区基础教育建设成效显著。年内市政府印发了《关于调整城市基础设施配套费征收标准等有关问题的通知》、《城区完善基础教育资源配置资金管理办法》，城区义务教育建设配套费每平方米增加20元，专项用于城区中小学的新建、改建和扩建。北城新区临沂三十五中学、朴园小学等13处中小学顺利建成并于9月初正式启用，解决了北城新区近3万名学生的入学问题。罗庄区、河东区、经济开发区7个新建项目开工建设。

中小学校舍安全工程攻坚破难。年内，临沂市共规划新建项目544个，新建面积56万平方米，共投入资金5亿余元。其中中央资金6640万元、省级资金4095万元、市级资金14758万元、县区资金10298万元、其他资金14277万元。已完工项目174个、新建校舍16.8万平方米，在建项目220个、在建校舍24.6万平方米，分别完成全年规划的72.43%、73.93%。

"两热一暖一改"工程全面实施。2010年，全市农村中小学全面实施"两热一暖一改"工程"，编制了2010－2013四年建设规划，积极筹措资金，全面推进工程开展。全市共投入资金3299万元，改造完成123所学校，其中13所学校完成热水热饭改造任务、48所学校完成取暖改造任务、62所学校完成改厕任务，改善了农村中小学办学条件，惠及农村中小学生10.4万人。

仪器更新工程稳步推进。2010年，公开招标采购1880万元的教学仪器设备。对2009年度农村中小学仪器更新工程招标采购仪器逐件验收。通过稳步推进仪器更新工程建设，全市农村中小学实验仪器配备基本达到了国家标准水平。规范管理，强化应用，全市中考实验操作考试取得了圆满成功。

教育信息化工程取得成效。2010年是落实临沂市教育信息化建设三年规划最后一年。组织开展了由全市1600余名校长及教科研人员参加的教育信息化领导力专题培训，制订了《临沂市数字化校园评估标准》，全面开展了"数字化校园"创建活动，对全市37处学校400个班级进行了"绿色班班通"试点设备安装、培训和应用工作，使优质教育资源得到共享。组织参加全省重点课题成果评审，获一等奖9个，二等奖31个。组织开展了全市中小学电脑作品评选，并参加全省评选，获一等奖1件，二等奖10件；举办临沂市"启奥杯"第六届中小学生电脑机器人竞赛并参加全省竞赛，获一等奖2个，二等奖4个。根据课程改革要求，完善了中考信息技术考试系统，认真做好了8.2万名考生参加的初中学业水平考试。

市直学校建设得到加强。筹措资金900万元，为市直学校配备了实验、体育卫生艺术等设施。配合校舍安全工程建设，推进实验中学、沂州实验学校2.2万平方米的校舍改建、扩建工程，改善了学校办学条件。北城新区临沂第三十五中学、朴园小学、杏园小学三所市直学校成功建成，并顺利完成了新教师招聘、教学设施配备等基础建设工作，市直优质教育资源扩大。

【教师队伍建设】 完善管理机制。制定了《临沂市教育局事业单位岗位设置管理实施方案》，完成了市直教育系统事业单位岗位设置管理工作。对全市教师队伍建设和管理情况进行调研，形成了《全市中小学教师队伍建设和管理情况调研报告》，为市委市政府全面加强中小学教师队伍建设出谋划策。通过公开考试，为市直学校考聘新教师106人，选聘骨干教师25人，各县区也根据需要组织了新教师招考，充实了全市教师队伍。严格评审程序、严肃评审纪律，完成了2010年职称评审工作，共审查上报高级材料1407份，通过804份；中级材料2992份，通过1643份。做好了山东省第七批特级教师评选工作，有41名教师通过省级评选，总人数全省第一。援川支教工作得到市援川办肯定，市教育局被评为援川工作先进集体。贯彻落实教师资格考试制度，严格考试考核，全年全市有6300人取得了教师资格。实现了全市农村中小学教师工资由县财政统一预算、统一标准、统一发放，落实了农村教师医疗、保险、住房等社会保障政策，实现了城乡教师"同工同酬"。

教师教干培训效果良好。完善市、县(区)、学校三级管理网络，建库总容量近9万人，占全省数据库总容量的九分之一，实现了全市中小学教师继续教育管理科学化、信息化、规范化。全市暑期高中全员教师培训成效显著，优秀资源数名列全省前三位。圆满完成国家培训计划、省教育厅培训项目的全部遴选派遣工作，全年培训国家、省、市教师教干1.6万余人次，得到教育部与省教育厅领导的充分肯定。全市小学、初中、高中专任教师学历达标率分别达到99.66%、99.64%、96.35%。

教研科研成果突出。确定了2010年度十大课题，申报了山东省教育科学"十一五"规划2010年度课题41项、全国教育科学规划2010年度课题17项。年内，评选出临沂市教科研论文一等奖165篇，二等奖205篇，三等奖154篇。组织完成教育部重点课题《薄弱学校提高办学质量的实践模式研究》。组织教师参加国家、省优质课评比156人次，其中55人获得一等奖，70人获得二等奖，获奖比例和人次均比上年有较大提高；组织853名教师参加市级优质课评比，评出一等将256人，二等奖597人。

语言文字工作顺利开展。以创建省级语言文字规范化示范校为突破口，全面推进语言文字工作。评选了26所市级语言文字规范化示范校，择优推荐了15所学校申报省级语言文字规范化示范校。沂水、平邑、莒南、河东、罗庄和临港全县(区)教师已全部完成普通话水平测试,全市总测试人数达2万余人。

【素质教育建设】 加强德育工作。开展思想道德建设系列活动,加强未成年人思想道德建设。5月,在临沂召开的全国推进"乡村少年宫"建设座谈会上,与会人员对临沂市未成年人思想道德建设给予了高度评价。组织1200名中小学校长参加家长委员会建设专题培训,所有中小学均成立了家长委员会。中小学全部设置了心理咨询室,组织1300余人参加心理健康教育培训,452名教师通过国家心理咨询师资格考试。组织参加全省中小学生读书系列活动,获奖123人次;组织参加全省中学生国防知识竞赛,荣获团体第二名。

规范办学行为。召开了全市推进素质教育工作会议,建立健全违规办学举报查处机制,完善违规办学网络举报平台,全市中小学办学行为进一步规范。召开全市创建"健康校园"工作会议,积极开展创建活动,全市创建健康校园122所。开展规范化学校创建活动,全年验收市级规范化学校20所,17所学校申报省级规范化学校、11处学校申报省级规范化学校复评,全市省级规范化学校达124所。

推进课程改革。召开全市基础教育课程与教学工作会议。举办了全市普通高中高效课堂构建暨无纸化备课经验交流会、全市初中高效课堂构建经验成果推介会、全市小学高效课堂暨作业评价改革经验交流会以及齐鲁名师高峰论坛等活动。推介了"自能高效课堂"、"个性优质课堂"等27项高效课堂构建成功经验。制定印发《临沂市中小学办学水平评价实施方案(试行)》,建立了办学水平评价新机制。开展课程实施水平评价和教学质量监测,改革中小学日常教学评价。全面实施初中毕业生学业考试与综合素质评价相结合的高中阶段招生考试制度,将60%的普通高中招生指标分配到各初中。

【教育行风建设】 完善招生考试工作。进一步规范考试管理,提高考试管理的现代化水平,严肃考风考纪,确保教育公平。市教育局共组织了研究生考试、普通高考、自学考试、普通高中学生学业水平考试等13次国家及省级考试,总报考30万余人次。临沂市招生办公室被市直机关工委评为工人先锋号,被省教育厅、省招委评为全省招生工作先进单位。

加强教育宣传。围绕全市教育中心工作,加强正面宣传,积极营造教育改革与发展的良好舆论环境。全年编发《教育信息》25期,编辑县区信息500余篇,撰写、修改教育动态信息180篇,向省教育厅、市委、市政府等报送教育信息920余篇次。教育信息数量和质量均有较大提高,在中央、省、市级媒体发表文章500余篇次,其中《罗庄区实施教育民生工程促教育均衡发展》一文先后在新华社高管信息《教育参考》、《山东信息》等新闻媒体上报道。市教育局荣获省教育新闻宣传工作先进集体、优秀记者站等荣誉称号。全年接受市人大代表和政协委员建议和提案49件,对129位代表和委员进行了答复,有效促进了问题整改,得到了代表和委员的一致好评。

职业教育

【概况】 年内,全市有中职学校66处,在校学生9.2万人。召开了全市职业教育工作会议,印发了《临沂市人民政府关于加强职业教育基础能力建设的意见》,市人大、市政协分别对全市职业教育进行专题调研和视察,开展了中职德育工作先进评选推荐工作,1所学校被教育部、人社部评为全国中职德育先进集体,2处学校被评为全省中职德育先进集体,5名职教工作者被评为全省中职德育先进个人。评选表彰了2010年临沂市职业教育十佳学校、校长、班主任、双师型教师、技能标兵、就业明星。做好了瑞典梅拉达伦技术学院访问活动,进一步促进了职业教育对外交流。2010年全市中等职业学校招生4万余人,比2009年增长近30%。

职业教育基础能力建设得到加强。2010年市财政投入职业教育专项经费2000万元用于职业教育基础能力建设、职业院校技能大赛等工作;职业教育重点专业建设得到加强,评估认定41个专业为首批市级重点专业并安排了经费扶持。加强重点中等职业学校和示范性中等职业学校建设,4所学校申报国家级重点中等职业学校通过了省教育厅复评,1所学校被确定为首批示范性中职项目学校,3所学校被确定为2011、2012年项目候选学校。积极做好了职业教育教干教师培训工作,先后推荐260余名职业教育教干教师参加国家及省级培训。

成功举办第二届职业院校技能大赛。实行师生同赛，成功举办了2010年全市职业院校技能大赛。组织参加全省职业院校技能大赛，取得了6个二等奖、13个三等奖，临沂市获得省优秀组织奖。积极做好第七届全国中等职业学校“文明风采”竞赛活动，全市151名学生荣获教育部奖励，其中一等奖22个，3所学校荣获组织奖，临沂市荣获特殊贡献奖。

成功举办2010临沂职业教育节。开展了职业教育高峰论坛、职业教育成果现场演示会暨职业院校现场报名会、技能型人才大型招聘会暨校企合作签约仪式等系列活动，签署了《临沂职业教育合作发展联合宣言》及26份校企共建协议。全市42家职业院校参加活动，21家企业到现场进行招聘，提供就业岗位5996个。

组建职业教育集团。组建了临沂市现代制造业职业教育集团，进一步深化了职业教育办学体制、运行机制和人才培养模式改革，推进了校企合作、区域合作、城乡合作和校际合作，更好地服务于全市经济社会发展。

（史庆潮）

【临沂职业学院】 临沂职业学院是经山东省政府批准成立，国家教育部备案，纳入国家统一招生计划，培养高等技术应用性专门人才的全日制公办高等专科院校，学院占地34.07公顷，校舍建建筑面积13万余平方米，有教职工531人，教授、副教授116人。图书馆藏书28万余册，电子图书30万余册，仪器设备总值5200余万元，拥有实习实训基地和现代化教学及体育设施。

党建工作。开展“争先创优”和“讲党性、重品行、做表率”活动，总结活动中先进典型事例，号召全院教职工学习。开展“制度创新年”活动，加强基层党组织建设，共发展新党员54人。开展“送温暖、献爱心”活动，为玉树灾区捐款4万余元，为重病学生捐款3万余元，为帮扶村老党员捐款18130余元。

瑞典梅拉达伦技术学院来临沂市职业学院访问交流

群团工作。召开各种层次的座谈会，了解师生工作、学习情况，帮助解决困难。重视老干部工作，为离退休老干部解决生活中的困难，落实离退休人员的各项待遇。成立督查办公室，制定了《学院督查工作暂行办法》，工作中坚持了学生早操有通报（日报）、职工出勤有日报、督查工作有周报、督办事项有旬报、教工考勤有月报的“五项报告制度”。

干部和教师队伍建设。制定了《学院中层正职竞聘上岗实施办法》，按照民主推荐、答辩、组织考核等程序，有9人竞聘为中层正职，其中1名进入党委，根据工作需要，适时调整干部和工作人员，为学院的发展提供组织保证和人才支持。加强师资队伍建设，把培养和引进“双师型”教师作为师资队伍建设的重点，通过考试聘用急需专业课教师23人，制订《教师进修暂行规定》，支持鼓励教师参加各级各类进修学习，多次聘请知名专家来院做学术报告或聘为客座教授，建立了专兼结合的“双师型”教师队伍。有5人分别被评为省人事、后勤、德育工作先进个人，职教十佳班主任，十佳双师型教师。

教学和科研工作。调整完善了学院2009～2013年专业建设规划，确定了专业建设的原则、方向和重点。年内，成功申报3个专业，会计电算化专业被评为市级重点专业，争取扶持资金10万元。至年底，有高职专业16个、中职16个专业，形成了建筑工程类专业群，专业结构合理，增强服务地方经济的能力。加强科研工作力度，教师撰写的学术论文在国家核心期刊上发表40余篇，3个课题获准省教育厅立项，1个课题被确定为市社会科学研究重点课题。加强课程建设，制定了《教学大纲编写和管理规定》和《考试大纲编写和管理规定》等教学文件，制定了教学大纲和考试大纲模版，组织各系部进行了课程建设研究，编订了240余门理论课、实践课教学大纲和考试大纲，形成了符合高职专业人才培养目标、科学合理的课程体系。注重实践性教学，建立了6大类40余个实习实训基地。组织学生参加职业技能鉴定，今年有130余人次参加了车工等2个工种（中级）的国家职业资格考试和技能等级考试。组织学生到扬州中铁十四局、无锡菱光、“金奥机械”、立晨物流和华派克物流进行实习。在市第三届职业院校技能大赛中，荣获收银项目一等奖、会计电算化项目二等奖和三等奖，美声唱法第一名、民族唱法第一名、客房中式铺床第一名、中餐宴会摆台第二名的好成绩。强化教学质量监控，建立了教学质量评价和监控体系，实行院系两级督导检查、学院领导“推门听课”、教师上课考勤、教师听评课、学生评教等措施，开展教学督导检查，加强教学运行质量监控，保证了教学秩序的稳定、教学活动的正常开展和教学质量的提高。开展培训工作，拓展培训领域，学院设有国家计算机等级考试、全国公共英语等级考试、珠算等级鉴定、普通话测试点，组织各类培训考核项目 7 个，全年组织考核共 19931 人次，培训收入 48 万余元。

学生工作。重视学生思想政治工作和学生干部的选拔任用，组织学生参加爱残、助残等志愿者活动、义务劳动、社会公益活动，年内，有 30 人次受到团市委、残联表彰。参加了市科技文化艺术节，承办了广告创意设计大赛，组织了歌咏比赛、英语口语大赛等活动，成功举办了学院科技文化体育艺术节各类活动 30 余项，成功举办了第二届营销之星校园实战大赛、第一届物流知识竞赛、第一届会计知识竞赛和第一届会计技能大赛。开展了“放飞青春梦想、创建阳光人生”活动，通过阳光读书、阳光体育、阳光寝室、阳光网络等活动评选并表彰了 10 名“阳光女生”、“阳光男生”。组建了学院艺术团，在市旅游局举办的礼仪大赛中，礼仪队获得三等奖、在市职业院校文艺汇演中，服装模特表演节目荣获一等奖，礼仪表演节目荣获三等奖。做好学生评先树优工作，充分发挥学生党员、学生干部的模范带头作用，共表彰 12 个优秀团支部、14 个先进班集体、70 名优秀团干部、76 名优秀班干部、310 名三好学生、380 名优秀团员。有 7 名同学受到学院通报嘉奖。做好奖学金、助学金发放工作，帮助困难学生顺利完成学业，发放奖学金、助学金共计 109.7 万元，申请助学贷款 78.8 万元。重视辅导员队伍建设，落实辅导员日志制度，实行辅导员考核结果与津贴相挂钩。

招生就业工作。今年共完成高职、中职招生 1065 人，与财校联合招生 300 人，与团市委、爱心基金会联合招收爱心职教生 28 人。开放教育招生人数 3189 人，较上年同比增长 43.7%，受到了省电大的表彰。实现了“教学 - 实习实训 - 就业”一体化，建立了物流、计算机信息、数控、机械制造与自动化、旅游与酒店管理等六大类就业实习（训）基地，与沂州集团、立晨物流、临工集团、华盛中天等近百家大型企业建立了人才培训合作关系，与北京、上海、广州、深圳等省内外发达城市的数百家企业建立了长期的毕业生就业协作关系，就业率达 98% 以上。

基础设施建设。积极争取资金，投资 81 万元用于图书馆、实训室建设。投资 132 万元，为原经济学校、商校、商业技校职工居住区解决了取暖问题，改善了教职工生活环境和条件。基建工作进展顺利，综合楼交付使用，4 个实训车间基本完工，材料库投入使用，西大门建设工程过半，完成了实训车间周围的部分路面及绿化基础、南坊新区教职工还建房建设，教职工周转房开工建设。改建了停车场，整理了实训基地前人行道，整修了实训基地院墙和空闲场地。完成了学院综合楼取暖管道铺设、学生澡堂和图书馆、合堂教室太阳能空调取暖工程，解决了师生取暖问题。加固了学生公寓楼顶通道，对全院房顶天沟进行了防水处理。

安全稳定工作。建立矛盾排查、矛盾化解机制，不断增强工作的预见性和实效性。制定突发事件应急预案，严格执行院领导和中层干部值班制度，注重消防知识培训，每学期坚持学生逃生演练，做好重点时期、重点场所、重点活动的安全防范工作。在重大政治活动期间，开展治安和安全隐患的集中治理整顿，加大对维护学院稳定工作的督促检查力度，对学生公寓等重点部位的安全隐患进行排查、整改，新添消防带、灭火器、应急灯 250 余套（台），做好校园周边环境的综合治理工作，对于存在的问题，早发现，早处置，解决在萌芽状态，确保学院的稳定，年内被市公安局授予集体三等功。

（张洪忠）

【临沂市技师学院】 临沂市技师学院（技术学院）是国家级重点技工院校，山东省技师培训基地，山东省和临沂市“工友创业”实训基地，临沂市双拥培训基地。学院占地 26 公顷，建筑面积 35 万平方米，教学实习车间 1.5 万余平方米。建有数控技术、自动控制、电工电子、烹饪实训等 43 个实验实习室，拥有数控机床、加工中心、机电、焊接等各类教学实习设备 1400 余台套。建有多媒体报告厅、卫星地面接收站、闭路电视教学系统及校园网络系统，图书馆藏书 10 万余册。学院管理机构现设有 10 个职能处室，教学机构现设有机械制造系、电气工程系、机械装配与维修系、数控技术系、商务管理系和基础部。包括技师部、高级技工部和中级技工部 3 个办学层次，学制分 2 年制、3 年制和 4 年制，开设了数控应用技术、电气自动化技术、机械装配与维修、烹饪与酒店管理、农业机械化等 54 个专业，现有 120 余个教学班，在校生 6200 余人。主要承担中级技工、高级技工、技师、高级技师的培养任务，承担了“金蓝领”技师、赴日赴韩研修生培训以及农村劳动力转移、下岗职工再就业、退役士兵技能培训、技术工人等级考核等全市100余个工种（专业）的职业培训、考核及技能鉴定工作，年内短期培训3000余人。

教师队伍建设。学院有教职工380人，其中，具有中、高级专业技术职务的268人，技师160人，高级技师60人；有全国技术能手2人，山东省技术能手10人，临沂市技术能手16人，山东省首席技师4人，临沂市首席技师5人，山东省有突出贡献的技师1人，临沂市有突出贡献的技师1人，教学名师20人，均具有大学本科及以上学历，专业课和生产实习课指导教师“一体化”水平达100%，均达到高级工或技师及以上操作技能水平。学院建立了“教学名师”选拔制度，组织和实施教师再学习工程，加快了师资队伍建设。按照“教学过关，技能达标”的培养目标，坚持新任教师上岗前技能培训、继续教育培训和教师考核评价体系建设。重视教师实践能力的培养，加大教师到企业生产一线进行实践技能教学交流工作的力度，提高了教师的实践动手能力。鼓励教师承担企业课题和科技攻关项目，参与企业设备改造、技术更新、产品开发和项目攻关，自主开发科技产品，使产、学、研实现紧密结合。组织教师参加技能竞赛活动，促进了技能水平的提高。落实和运用好人事制度改革、职称评聘等方面的政策，完善激励机制，调动了教师的积极性。在全市技工院校教师说课比赛中，学院3名教师参赛，分别获3个组别的第一名，代表临沂市参加全省技工院校教师说课比赛，获1个一等奖、2个二等奖。年内，学院被临沂市总工会、市委宣传部、市精神文明建设委员会办公室、市经济和信息化委员会、市政府纠风办公室等部门联合授予“临沂市职业道德建设十佳单位”称号。

教学管理工作。坚持“以服务为宗旨、以就业为导向、以能力为本位”的办学指导思想，推进教育教学改革，提高教学管理水平，健全和完善教学管理质量检查督导机制，加强重点专业和名牌专业建设，实施名牌带动战略。年内，新开设了农业机械化、农村经济管理、农副产品加工、农村能源开发与利用4个涉农免费专业，为专业建设开辟了新的领域。坚持特色办学，推行“一体化”、“模块式”教学模式，推广精品课教学，强化技能训练，加强学风、教风、校风的培养。组织师生参加各类技能竞赛活动，以竞赛促教学。在临沂市职业院校技能大赛中，学院教师参加了7个专业16个项目的竞赛，学生参加了7个专业20个项目的竞赛，有39名教师分别获一等奖、二等奖、三等奖，并取得8个项目的第一名；42名学生分别获一等奖、二等奖、三等奖，并取得12个项目的第一名，学院总成绩列各职业院校代表队第一名，获教师组团体一等奖、学生组团体一等奖和优秀组织奖。在第三届全国技工院校技能大赛山东省选拔赛临沂复赛中，学院参赛学生参加了10个项目的竞赛均获第一名。在山东省选拔赛上，学院学生在5个项目的竞赛中获一等奖，全省共选派20名学生参加全国大赛，学院就有5人参赛，均取得了较好成绩。

学生管理工作。建立健全了学生教育管理工作“公开、公正、科学、竞争”的考评机制，完善学生教育管理量化考核办法，强化学生教育管理工作的责任，创新学生教育管理工作的内容和方法，做好学生行为方式的正面引导工作，教育学生树立正确世界观、人生观、价值观，强化纪律约束和日常行为规范，加强学生职业素质养成教育。举办了法制、形势与政策、就业指导、心理健康和素质养成等专题教育讲座。加强学生管理队伍建设，学院有1名教师被评为临沂市职业教育十佳班主任。发挥团委和学生会的作用，开展了演讲比赛、歌咏比赛、体育比赛、文艺晚会等活动。举办学生教育管理工作交流会等，及时推广好经验好做法。坚持把“学校教育、家庭教育、社会教育”结合起来，加强学生教育管理服务工作的针对性和实效性，建立了有学院特色的学生教育管理服务体系。院团委被团市委授予“五四红旗团委”称号。

招生就业工作。加大招生工作宣传力度，利用广播、电视、报刊等媒体进行宣传。加强与县区、中学（中职）及企业的联系与合作，步扩大生源、吸引生源、优化生源，努力扩大高级部、技师部的生源比例，做好联合办学。年内，学院实现招生1986人，安置学生就业1807人，当年就业安置率达100%，用人单位满意率在98%以上。学院始终坚持社会化、市场化办学，实行招生、培训、就业“一条龙”服务，坚持选择优势企业安置毕业生，走企业和毕业生双向选择的路子；注重就业市场调研，及时把握市场信息，加大就业指导力度，推进校企合作，坚持定向和订单式培养模式，坚持实行在校学生到企业顶岗实习制度，建立了75个校外实习基地，成立了学院发展咨询委员会和校企联谊会，与经济开发区人社局等10余个企事业单位开展合作培训，被沃尔沃临工集团确定为员工“再学习、再提高”高技能人才培训基地，与中铝集团华宇公司等知名企业签订了长期用人合作协议及员工培训协议，由过去的单一用工需求，向校企合作化办学方向发展，学院毕业生出现了供不应求的局面，创出了“到技术学院靠技能就业”的品牌。年内，被省市授予“职业培训工作先进单位”称号。

平安校园建设。推进学院的内部治安保卫工作和综合治理平安创建等各项工作，制定预案制度，强化了责任意识和安全意识，加强了对重点部门的检查，会同公安、执法等部门，及时排查化解安全隐患。做好防火、防盗、防中毒、防意外事故等工作，全年未发生任何重大安全事故，保证了校园安全和学生安全。年内，学院被授予“平安临沂（兰山）建设”先进单位，被山东省公安厅授予学院保卫工作集体二等功。

后勤保障服务工作。调整充实了学院饮食工作监督委员会，建立了例会、巡查、监督、通报等制度；开展了两次“伙食工作整顿提高月”活动，提高了学生对食堂工作的满意度和认可度。加强校园基础设施建设，建立完善了后勤工作激励、监督、约束机制，强化了各部门使用管理校产责任。为改善师生饮水质量，完成了自来水供水管网的改造任务。为改善了办学条件，整修了4座实习车间和电气工程系教学楼。按照“预防为主，措施到位，责任明确，抓好落实”的要求，完善了突发性公共卫生事件应急预案，落实各项安全卫生防疫措施，建立完善重大病情、疫情应急预案、请示汇报制度等，加强了常见疾病的诊治和传染病的预防工作。开展了学生健康咨询及疾病预防宣传教育活动。

（王继玉）

【山东省交通技术学院】　山东省交通技术学院是山东省交通运输厅直属的以培养中、高级及技师专业技能人才为主的职业技术院校。学院占地28.67公顷，建筑面积17万平方米，分南北两个校区。学院设有汽车系、机械电子工程系、信息工程系3个系，开设了汽车维修与驾驶、汽车检测与维修、汽车电工、数控技术、制配与维修、会计电算化、车辆保险与理赔、农机使用与维修等20余个专业。其中，汽车维修与驾驶专业为山东省重点名牌专业，汽车检测与维修、制配与维修、数控加工3个专业为市级重点名牌专业。学院主要承担中技、高技和技师的培养任务，在校生3500余人。学院为国家级重点技工学校、全国交通系统规范化技工学校、档案管理省特级单位、市级文明单位、市级花园式单位、职业培训教材实验基地、金蓝领工人技师培训基地、国家技能型紧缺人才培养培训基地。

师资队伍。学院有在职教职工193人，其中高级职称87人、中级职称54人。有全国技术能手1人，全国交通系统技术能手1人，山东省首席技师2人，临沂市首席技师2人。理论课教师全部达到本科学历，实习指导教师均达到专科以上学历，并达到高技工或技师以上操作技能水平。在临沂市职业院校技能竞赛和临沂市第三届劳动之星职业技能竞赛中，学院师生参赛选手取得了突出的成绩。年内，有2人被授予“劳动之星”、“技术能手”、“新长征突击手”荣誉称号，其中有1人获“振兴沂蒙劳动奖章”。

教学与学管工作。学院始终坚持以教学为中心，坚持“教学质量生命线”的理念，加强常规教学管理工作，重视教学检查督导工作，重点抓好实际操作技能培训工作。在学生管理工作中，学院始终坚持“三个一切”的育人原则，坚持“以人为本、依法治校，实施全员育人”方案，推行实施业务考评机制、目标责任机制和量化考核机制。重视素质教育，发挥学生特长，开展文体活动、教育活动和社会实践活动，达到寓教于乐的目的。

招生就业工作。加大招生宣传力度，年内完成招收新生1400人。做好招生就业工作，开展了联合办学新举措，与山东科技大学、山东交通学院、临沂师范学院等联合办学，为学生深造创造了条件。与中国远通集团、上海港航局、海信集团、华星机械、荣庆物流、济南重汽、九州商业集团、三禾永佳等全国几十家大中型企业联合，签订用工合同，确保学院毕业生就业率达90%以上。

后勤保障与校办产业。后勤管理部门始终坚持“服务育人”宗旨，提高饮食服务质量，加强环境治理工作，为师生提供全方位服务。重视校办产业的发展，学院汽车驾驶培训工作完成培训汽车驾驶员8100人，实现营业收入1700余万元，为促进学院改革发展提供了经济补充。

（尤　毅）

【临沂市高级技工学校】　临沂市高级技工学校前身是临沂市技工学校，学校占地42公顷，总建筑面积近15万平方米，固定资产2.5亿元，教职工300余人，在校学生6000余人，其中全日制学生4000余人,成人业余高等教育2000余人。学校内设6个行政机构、6个系部,有一流的数控加工中心、机械加工中心、焊接技术中心、化工分析实验中心、电气技术中心,实验室、实习教学车间50余个,设有40余个校外定点实习基地,有专用设备600余台(套),450万美元世界银行贷款支持的反映当前科技发展水平的教学仪器设备1700余台(套)正在招标采购中。学校现开设4个技师专业、30余个中高级技工专业、20余个成人高等教育专业,其中,化工工艺、数控加工、钳焊、车工4个专业为临沂市名牌重点专业,数控加工、化工工艺专业为全省名牌重点专业,数控车工被评为全省百强专业。年内,被山东省人力资源和社会保障厅表彰为全省技工教育先进集体,被市人力资源和社会保障局评为全市2010年度职业培训鉴定和农村劳动力转移就业工作先进单位,省、市多家新闻媒体多次报道学校办学创新亮点和先进经验。

高级技工学校数控实训中心

技师学院创建。年内,学校工作的主线是创建鲁南技师学院。通过创建工作,加强学校综合管理,促进了学校各项工作的开展。加大创建的力度,学校注重抓宣传舆论工作。通过加强与国家、省、市各新闻媒体的联系,围绕学校的重点工作,宣传学校办学优势和学校发展思路、改革举措、工作突破;设计制作宣传手册及主题宣传片,编发了《校务通讯》,扩大了宣传覆盖面。

招生与就业。学校调整招生政策,对技能扶贫生、涉农专业、高考落榜生、各类学制班采取了不同优惠政策。加强校企、校校联合办学新模式。政府助学互惠共赢,与临沂经济开发区签署了框架合作协议,政府出资免费让符合条件的初中毕业生到学校上学,毕业后到与开发区签约的5家优秀企业工作。年内,共实现招生2000余人。召开毕业生供需见面会,加强与企业的联系合作,增强人才培养的针对性。坚持跨地区招生和跨地区就业,鼓励和支持毕业生自谋职业,多渠道多形式就业、创业,选择优势企业安置毕业生,全年安置学生就业800余人,当年就业安置率达98%以上。

教学工作。注重教与管的衔接,推行“以赛代考”,提高了教学管理水平。通过参加技能大赛等措施,提升了学校教育教学质量。年内,学校师生在国家、省、市各类职业技能竞赛中摘金夺银,很多项目实现了零的突破。

学生工作。树立全程管理的理念,建立了学校、系、学生“三位一体”的管理新体制。强化德育教育,通过改变传统的教育模式,寓教于乐,寓教于学。加强社会实践教学,用实践激励人,开展心理健康辅导工作,引导学生树立正确的人生观和价值观,形成了德育教育体系。以系、班为单位开展了多项体育比赛和文化活动,参加了团市委组织的“五四”青年红歌演唱比赛和大型水上实景“蒙山沂水”的演出,营造了健康向上的校园文化氛围。强化校系两级管理,促进了学生管理水平。开展“三自教育”(自我教育、自我管理、自我服务)活动,提高学生自律能力。加强辅导员队伍建设,实行24小时跟班管理,与学生同吃、同住,负责学生的日常思想、学习、生活等工作。

成教和培训工作。承办了“百万农村劳动力转移培训工程”、“金蓝领”高技能人才技师等培训任务。开展社会培训,举办了成人业余高等教育和赴日研修生等培训。拓展培训新业务,成功当选为山东省旅游职业教育集团理事单位,为旅游类专业的拓展奠定了基础。与临沂大学签署了“大学+技校”模式的《校际合作框架协议书》,成功举办3期大学生技能提升培训班,实现了资源共享、优势互补的双赢战略。

新校区建设。年内,完成了校园中心广场、世行贷款配套实训车间、绿化提升、教工住宅建筑外墙漆粉刷等工程,开工建设了学校塑胶操场、国家预算内投资项目——第二期实训教学楼建设等工程,累计投入资金600余万元,新增建筑面积6000平方米。推进一期工程竣工决算工作,完善了综合服务设施。

(柳俊林)

高等教育

【临沂大学】　临沂大学前身为1941年5月创建于根据地时期的滨海建国学院。学校占地面积488公顷,建筑面积142万平方米,设有21个管理服务机构、14个教学机构、28个科研机构、2个分校和1个附属中学。现有64个本科专业,涵盖9大学科门类,全日制在校生32858人;专任教师1944人,其中教授、副教授741人,具有博士、硕士学位人员1260人。建有省级重点学科8个、省级重点实验室4个,省级人文社科重点研究基地4个。学校固定资产总值19.19亿元,教学科研仪器设备总值2.54亿元,馆藏纸质图书406.40万册,数字化校园设备总值1.44亿元,数字资源总量41GB。

学校更名。根据"十年两段三步走"的发展战略规划,自2003年山东省人民政府批准以临沂师范学院为基础筹建综合性临沂大学以来,由市政府负责硬件资源,学校负责软件资源,历时8年,各主要办学指标上均达到综合性大学设学标准。2010年8月27日,全国高校设置评议委员会专家组一行5人对学校更名工作进行考察。11月26日,教育部教发函[2010]189号文件批准临沂师范学院更名为临沂大学,同时撤销临沂师范学院建制。12月2日,山东省人民政府鲁政字[2010]300号明确临沂大学由省直属管理,临沂市参与共建。12月14日,省委组织部研究决定成立中共临沂大学委员会,12月15日公布学校党委成员,丁凤云任党委书记;12月30日,山东省人民政府任命学校行政领导班子,韩延明任校长。12月8日,学校隆重举行揭牌庆典大会,教育部原党组副书记、副部长、全国高等学校设置评议委员会主任、中国教育发展基金会理事长张保庆,中共中央党校副校长孙庆聚,山东省人大常委会原副主任张瑞凤、中共山东省委高校工委书记、省教育厅厅长齐涛共同为临沂大学揭牌。

党建与思想政治工作。按照中央、省委和省委高校工委部署,在学校党委的统一领导下,紧密结合"岗位品牌建设年"活动,在全校26个基层党委(党总支)中开展了"创先争优、争当品牌创建先锋"活动,开展了承诺践诺、品牌岗位宣讲、领导点评等系列活动。坚持和完善两级理论中心组学习制度,启动沂蒙大讲堂活动,组织了校内主管报告会,开展了与市直各部门、各单位对口考察;加强干部培训工作,组织领导干部国外进修73人次,省、市级培训65人次。落实党风廉政建设责任制,制定了《2010年党风廉政建设和反腐败工作要点》,召开年度党风廉政建设工作会议,开展了"反腐倡廉教育月活动",推进廉政风险防范管理工作。规范和加强组织建设,制定《关于加强入党工作的意见》,举办了3期入党积极分子培训班,培训入党积极分子8036人,发展党员1315人,预备党员转正506人。

教学工作。把新课程建设作为人才培养模式改革的重心,制定了创新课程建设3年规划和推进工作实施方案,加强以就业出口方向课程为主体的核心课程体系建设,颁布实施了"创新课程要素标准",重构60门通识选修课程体系,顺利完成186门创新课程验收。推动创新课堂建设,实行教材"一纲多本",教学模式"一课多样",推进教学模式国际化,变灌输式教学为问题式、启发式、互动式教学,组织开展了课堂教学模式创新与展示活动,首批资助出版校本教材29部,实现了英语能力测试机考等考试方式改革,获得教改研究项目省级立项7项。培育和支持精品课程建设,大学外语被评为国家级教学示范点,常微分方程、英语口译被评为山东省精品课程,自然地理学被评为省级教学团队,高级英语被评为省成教特色课程,建成校级精品课程30门、双语教学示范课程8门。

学科专业建设。主动对接区域核心产业,调整优化学科方向,构建特色学科点和优势学科群,加强重点学科、重点实验室建设,组织应用数学、高等教育学、区域经济学和资源与环境分析化学实验室参加了省级重点项目验收,均获得良好等级。完成了18个校级重点学科和3个校级重点实验室建设任务。新增国家体育总局体育文化发展中心体育文化研究基地1个,形成了文理渗透、理工结合、以应用性学科为主干的学科结构。依托重点学科开展研究生联合培养工作,在校硕士研究生达54人。按照资源共享、优化配置、提高效益的原则,在充分论证基础上,制定了《临沂师范学院专业建设十年发展规划》,经国家教育部批准增设了朝鲜语、西班牙语、测绘工程3个本科专业,遴选10个品牌特色专业作为建设点,公共事业管理专业被评为国家级特色专业、山东省省级特色专业。费县分校建立了学前教育师资实训中心,学前教育专业被评为市级重点专业。

师资队伍建设。按照“提升现有人才、培育骨干人才、引进关键人才、储备未来人才”的思路，加强骨干师资的引进和培养，引进博士 31 名，资助 39 名教师攻读博士学位，派出 107 人到国内外大学进行学术休假，争取政府资金 48 万元资助教师出国访学；新增兼职研究生导师 11 人。完成年度专业技术职务聘任资格评定工作，新增正高级资格 21 人、副高级资格 235 人。继续实施引智工程，外聘课程教师 294 人，新增专聘教授 124 人。对现有师资进行优化配置，加大了传统学科师资及基础课师资的分流力度，推行校内各学科、专业之间相互聘任，鼓励非教学岗位人员向教学一线流动，基本满足了学生对高层次师资的需求。

学生工作。坚持“以学生为中心”的办学理念，适应人才培养模式改革，完善学生学习服务体系，实施本科生导师制，选聘了 910 名学生学业就业导师，完善了辅导员、学业及就业导师协调工作机制。完善团学工作系统超市化办公制度，直接面向全校学生开展“一站式”服务。加强辅导员队伍建设，制定《临沂师范学院辅导员工作条例》，选派 50 余名辅导员出国访问学习，有 40 余名辅导员参加国家、省各级各类培训，1 人获得“山东省十佳辅导员”称号，4 人获得“山东省百优辅导员”称号。提升学生综合素质和文明修养，参与全国文明城市建设等志愿者服务 1500 余人次，获省级及以上科技文化奖励 302 项、890 余人次，其中，国家级获奖 157 项，1 名学生获全国优秀共青团员。全国英语专业四级考试过级率为 86.40%，山东省英语口语等级证书考试通过率达 100%。加强奖助学金制度改革，变奖励学生为奖励学习，发放总额 2300 余万元，其中奖励创新项目 546 个。关爱家庭经济困难学生，成立临沂市慈善总会临沂大学分会，募集发放社会助学资金 400 余万元，为 3224 人办理了国家助学贷款 1780.4 万元，获得“全省资助工作先进单位”称号。建设了学生迎新、毕业、就业、公寓、管理等 5 个数字化管理平台，实行了学生公寓门禁系统计算机联网，促进了学生管理工作的信息化、标准化。

科研与社会服务。坚持科研为教学服务、为社会服务的工作方针，实施学术定向计划，建设创新团队，大力推进“学术突破”，成功获批省部级以上科研项目 60 项，其中国家社科基金项目 9 项；获得市厅级以上科研成果奖励 174 项，其中省部级获奖 25 项；出版学术专著、教材 35 部；在国内外学术刊物上发表学术论文 835 篇，其中被 SCI、EI、ISTP 检索 214 篇；科研经费达到 2067.8 万元；相继举办承办了数学建模国际青年科学家学术会议、海峡两岸三地环境与资源学术研讨会等 15 次高层次学术会议。贯彻《服务沂蒙工作实施纲要》，启动了应用性研究和校地合作工程，建立了 50 多个企业教授工作室，达成 80 余项校地合作项目；广泛开展社会培训服务，新增全国信息技术高级人才水平考试项目，组织和辅导社会考试 7500 余人次，培训全省中职院校骨干教师 130 余人、临沂市中学校长任职资格 140 余人；大力拓展产学研合作平台，成功组织召开沂蒙博士联谊会 2010 年年会，启动了沂蒙企业家论坛。加强档案的编研与服务利用，获得全省档案检查评估优秀。

招生与就业。进一步深化招生体制改革，优化招生结构，积极采取措施提高学生报考率和报到率，全年共有 112 个本专科专业面向全国 19 个省、直辖市、自治区计划招生 9700 人，录取新生 9614 人，其中本科录取 5913 人；录取方式改革试点专业增加到 3 个，首次招收少数民族预科生和新疆委培计划生。成人高等教育录取人数达到 3629 人。加强就业服务，成立了大学生就业服务中心，提供一条龙服务，每周定期举行专业招聘会，成功承办 2 次省级高校毕业生就业供需见面会，与 100 余家省内外企业建立了就业实习联系。加大学生创业教育和实习就业基地建设，与临沂高级技校合作培养学生职业技能，在临沂高新技术开发区建立大学生科技创业见习基地，在校内建立了创新创业科技园，17 家在校大学生注册企业入驻。2010 届毕业生初次就业率达到 92.11%，各专业本科生平均考研率达到 23.12%，46 名同学入选新疆、青海和山东“西部计划”志愿者，113 名毕业生光荣应征入伍，获得“山东省大学生创业教育示范院校”称号。

开放办学。继续坚持开放办学方略，加强国际合作办学平台建设，成立了水原大学临沂研究生院、水原科学大学教育中心、中印软件学院，与韩国水原大学联合培养首届博士研究生 25 人；成功引进水原科学大学美容美发教育项目、建国大学语言培训中心建设项目。新上 2 个中外合作办学项目，与国外高校师生互换交流 37 人次，学生出国留学访学 770 人，招收外国留学生 315 人。成功举办了第五届大学经营国际论坛、第二期剑桥－临沂师范学院暑期数学学校，与韩国水原大学、水原科学大学成功进行了百人团互访。与省内外 20 余所重点大学签订合作共建协议；与山东师创软件工程有限公司联合培养软件工程（外包方向）学生，年内招生 160 人。

新校区建设。在临沂市委市政府的领导下，新校区建设年内完成投资5.86亿元,竣工10.5万平方米,完成了西校区的置换搬迁,全长5.3km的内环路全线贯通,二期重点工程"一馆三中心"全部进入内装阶段,博物馆建成并投入使用,第二生活区四栋学生公寓楼按期完工,第一学生生活区11栋学生公寓全面开工,外国语学院教学楼进入招标阶段;教职工住宅区建设基本完成,全部达到装修入住条件。沂水分校新校区建设累计投入资金1.087亿元、建成面积8万平方米,于8月实现了整体搬迁,办学环境根本改善。

校园文化建设。加强校园环境和文化设施建设,完成了校史馆重建和博物馆布展工作,建成了剑桥、水原亭、羲之园、根、文心潭等大型文化景观和将军园、科技实验中心、沂蒙民俗民物、图书馆等休读点,对学校标识系统进行了更新;举办了第五届大学生科技文化艺术节和大学生专业技能展示、中华美文诵读、英语演讲校园明信片创意设计、模拟面试、商品交易等一系列校园科技文化活动,承办了第五届全国木球锦标赛、临沂市第六届大中学生科技文化艺术节英语口语大赛和辩论赛、山东共青团频道主持人大赛临沂赛区比赛,大学生民族管弦乐团进行了5场国内巡演,并与韩国水原大学交响乐团进行了互访演出;坚持用沂蒙精神育人,积极构建立体化"红色之旅"社会实践体系;开展了第三届"百校千企万村(社区)行"大学生暑期社会实践活动,举办了基层团干部"五个一"主题活动和第一期"青年马克思主义者培养工程"培训班;对各教学楼专业文化和学生公寓文化进行改造升级,高层次校园文化建设取得明显成效。

财务资产与后勤保障。完成年度总收入2.92亿元,其中财政拨款10393.62万元,增长10.43%;实现经营收入366.23万元,增长17%。争取中央、省、市财政专项资金4770万元,完成了奥地利政府贷款600万欧元实训设备的论证申报工作。新增教学仪器设备1616万元;投入近860万元新购图书27.09万册、期刊3483种,新增数据库11个;完成数字化校园3大平台建设和14个应用系统开发,实现了校园网千兆出口扩容。严格经费支出管理,实施"阳光采购",实现学校日常运行支出降低5%、审计审减率达到10%。实施后勤服务项目物业化管理改革,加强对各物业公司的监督管理,实施服务承诺制,完成教学楼保洁面积40.1万平方米,绿化面积51万平方米,种植各类花草树木320余种、7.8万株,被评为山东省绿化模范单位;加强学生食堂监管力度,严格控制进货渠道,规范操作服务流程,降低食堂运行成本,新校区学生食堂被临沂市卫生监督部门列为卫生免检单位,被省教育厅命名为优秀学生食堂;学生公寓规范化建设成效显著,被评为山东省高校标准化学生公寓复审达标单位。

内部管理体制改革。不断深化第四任期管理体制创新,对全校173个主管岗位进行考核,根据综合性大学内涵要求,调整事业发展核心指标,修订和完善领导干部责任合同书。加强民主治校体系建设,召开了四届一次教代会(工代会),落实教代会提案83件,完善校务公开制度,选举产生了教代会执委会,建立完善教学督导员、学生监督员、兼职监察员、特邀监察员队伍,办理督察督办事项119件。加大了对后勤社会化服务监管力度,开展了"责任细节、管理死角"检查整改。加强民主治校、依法治校,大力推进教授治学,在各二级学院成立教授委员会,在课程、教学、教材、职称评定、课题、学术科研评奖、学科发展、教学计划、教学评价等工作中充分行使了研究、讨论、决策和督促实施的职能。按国家普通高等教育设学标准加强双月湖校区办学软、硬条件建设,教学、学风和校园安全建设取得了显著成效。附中小学、初中、高中办学体系日益完善。

平安校园建设。落实综合治理责任制,层层签订治安综合治理责任书,加大技防投入力度,建立了网格化的安全保卫模式,实行了校区安全承包责任制,获得"临沂市综合治理暨平安临沂建设先进单位"、"临沂市消防工作先进单位"称号,被山东省公安厅荣记集体二等功。

(来　涛)

【山东医学高等专科学校】 山东医学高等专科学校是一所省属全日制普通高等学校,设临沂、济南两个校区,校本部设在临沂。学校占地7.53公顷,建筑总面积46.8万平方米,固定资产总值达6.1亿元,其中,教学科研仪器设备总值9032万元;图书馆藏书92.26万册。年底,新校区一期工程建设完工,并完成搬迁任务。学校设临床医学、麻醉学、妇幼保健学、眼视光学、超声医学、康复医学、口腔医学、护理、药学、中药、医学检验技术、卫生检验与检疫技术、医学影像技术、放射治疗技术、口腔医学技术、康复治疗技术、卫生信息管理、病理检验技术、药品经营与管理、医用电子仪器与维护技术、医疗保险实务技术、助产等27个专业和专业方向,有附属医院、附属眼科医院各1所,非隶属附属医院4所,教学医院、实践教学医院68所。现有全日制在校生15909人,教职工1037人,其中,具有教授、副教授等高级专业技术职务的260余人,博士、硕士学位的249人,外籍客座教授10人,外籍教师3人。年内,人才培养工作通过了省教育厅人才培养工作评估专家组的评估检查。学校被授予"全国青年文明号"、"山东省高等学校教学管理先进集体"、"山东省卫生科技教育工作先进集体"、"全省医疗卫生单位财务管理先进集体"、"山东省教育系统财会工作先进集体"、"全省卫生系统三八红旗集体"、"全省卫生系统工会先进集体"、"全省高校档案工作优秀单位"等称号。

教学工作。加强制度化建设。制定、修订了教学管理文件,强化教学督导和教学纪律,坚持听课制度和教学环节的质量监控。全省大学生计算机文化基础课程统考和英语应用能力考试均取得了优异成绩。加强了专升本工作,共有586名学生考取本科院校。护理专业毕业生第一次参加执业资格考试,考试通过率达91.17%。开展专业调研工作,加强学科建设,形成适销对路、结构合理、特色鲜明、重点突出、协调发展的专业体系。加强品牌特色专业建设和精品课程建设,建成校级教学团队7个,校级精品课程6门,省级精品课程4门,口腔医学专业被评为省级特色专业。做好院校合作办学。临沂市妇幼保健院和济钢集团总医院被省卫生厅、省教育厅正式批准为学校的非隶属附属医院,学校选派2009级妇幼保健专业和助产专业214名学生进驻临沂市妇幼保健院,50余名学生到济钢集团有限公司总医院开展教学,学生随岗实习覆盖率达100%。

科研工作。全年组织申报科研计划项目58项,其中,国家基金项目2项,省科技厅基金项目等8项。批准立项48项,鉴定成果20项,其中,科技厅攻关计划1项,省教育厅、卫生厅科研成果3项。获得科研奖励29项,获省级优秀教学研究成果二等奖1项、三等奖1项,发表论文60余篇。全校共有55名教师成为全国规划教材、卫生部规划教材的编委,其中主编10人、副主编13人。学报被评为全省第七届报刊出版质量综合评估优秀期刊,提高了学报及学校的知名度。

教师队伍建设。按照公开、平等、竞争、择优的原则,引进、培养博士、硕士等高层次、高学历人才。年内,校本部引进硕士研究生10人、高级职称人员2名,济南校区引进职工11人,其中博士后研究生1人。学校组织12名新进青年教师和附属医院11名临床兼课教师参加了教师资格岗前培训;到国外研修学习7人,鼓励教师参加学术会议、做访问学者及在职学习提高,鼓励中青年教师在职攻读硕士、博士研究生,为学校的发展储存后备力量。加强临床教师管理,合理调配临床教师,加快临床教师知识更新,促进医教研一体化,为建设"双师"型教师队伍奠定了基础。

学生工作。坚持德育为先,完善各项管理制度和综合测评体系,建立了学生管理长效机制、预警机制。开展了爱国主义教育活动和"诚实考试、自信自强"、"感恩、励志、成才"等系列主题教育活动,加强了校园精神文明建设,创建了优良育人环境。落实大学生素质教育大纲,关注学生身心健康,为学生办理了城镇居民基本医疗保险。开展"文明教育月"、"安全教育月"和"心理健康宣传月"活动,针对学生可能出现的突发事件,进行了危机干预。开展大学生社会实践活动和丰富多彩的第二课堂活动,成功举办了第23届田径运动会、大学生"飞鹰杯"篮球赛、大学生科技文化艺术节、学生宿舍文化节等活动。全年共有6名学生获得国家奖学金,213名学生获国家励志奖学金,5名学生获省政府奖学金,264名学生被评为省级优秀毕业生,2名学生获"临沂市优秀共青团干部"称号。重视特困生工作,开通了新生入学绿色通道,扩大和完善勤工助学体系,全年全校没有因家庭经济困难而辍学的学生。

招生与就业。与北京、天津、浙江、山西等12个省市实施对等招生。争取普通专科生招生计划4200名,实际录取并报到4348人,被录取新生的高考平均分数在全省同类学校中最高,并一次性完成招生任务。做好"三二"连读录取工作,共录取临沂卫校转段学生608人。加大成人夜大学招生力度,加强联合办学,职业教育和成人教育健康发展。办学模式与国际接轨,办学思路集团化,全年输送36名学生赴英国、澳大利亚、日本、新加坡等国家留学、就业。完善"全程化、全员化、专业化、信息化"就业服务体系,开拓就业渠道,为毕业生就业打造专业优势、地域优势、信息优势和素质优势。举办毕业生供需见面洽谈会,用人单位提供岗位数与毕业生数比例达2:1,毕业生就业率达94%。

（高　军　王爱华）

文　化

综　述

【公共文化服务体系建设】 坚持政府主导，加大投入力度，全市公共文化服务体系建设进展顺利。市博物馆新馆、图书馆、兵学城和文化艺术中心累计投入8.1亿元，主体工程全部建设完成，建筑面积达19万平方米，市图书馆、市博物馆新馆开馆筹备工作进行顺利。各县区加大投入，新开工建设了一批文化场馆，全年完成投资总额6880万元。郯城县文体中心、苍山县综合文化中心开工建设，沂南县博物馆开馆试运营，山东抗日民主政权创建纪念馆项目启动。五大文化惠民工程采取多元化投入机制，全面完成年度工作任务。加强乡镇综合文化站管理和使用，进一步完善功能，充分发挥文化站的作用；建设农村文化大院2700个，农家书屋920个；20户以上自然村全部开通广播电视，有线广播电视入户率达75%；文化信息共享工程基层站点规范化建设达标率50%；全市公益电影放映近10万场。积极开展文化设施管理年活动，提高场馆利用水平。全市共举办文化馆、站业务人员培训班及各专业培训班200多期，培训基层文化骨干5000余人，进一步提高了基层文化队伍的素质和能力。河东区被评为山东省社会文化先进县，沂蒙广场、沂水县黄山铺镇文化广场被评为山东省“十佳广场”。

【艺术创作与艺术教育】 现代柳琴戏《凤落梧桐》、歌曲《谁不说俺家乡好》、群舞《沂蒙情怀》等60余件作品在省级以上比赛、演出活动中获奖。提升大型水上实景演出《蒙山沂水》，更加突出红色文化，为国家公共文明指数测评、2010中国（临沂）市场贸易博览会、F1世界摩托艇大赛临沂大奖赛、中国临沂（莒南）首届红色运动会等组织专场文艺演出20余场，接待国家、省部级领导200余人次，对弘扬沂蒙精神，展示大美临沂新形象，发挥了重要作用。临沂艺术学校进一步强化内部管理，加大招生力度，与高校联合，扩大办学规模，全年实现招生319人，毕业187人。市艺术剧院、群众艺术馆联合组建了临沂市少儿艺术培训学校，培训少年儿童600多人。

【社会文化活动】 举办了第十届广场文化艺术节、民间秧歌会、第八届书圣文化节等大型节会。各县区组织文艺演出、文艺汇演等1000多场次。临沭县举办了第八届“钻石之乡”广场文化艺术节，兰山区举办了第十届“孝河文化节”，郯城县持续开展了“县、乡、村”3级文艺汇演等，丰富了群众文化生活。精心组织优秀文艺作品参加中国第九届艺术节、全国第七届“四进社区”文艺展演、山东省“星光奖”评选等20余项大型文化活动。参加文化部主办的首届中华红歌会，临沂市群星合唱团演唱的无伴奏合唱《沂蒙山小调》和混声合唱《跟着共产党走》摘得首届中华红歌会“黄河杯”。承办第二届全省农村文化艺术节声乐、器乐专场比赛，举办了20余场次大型美术、书法展览。创新公共文化服务形式,与市财政局联合下发《市直文化单位公益性演出活动财政补贴暂行办法》,形成财政经费支持公益性文化活动的运行机制,调动了广大文化工作者的积极性。市柳琴剧团开办了柳琴小剧场,6月开始演出,坚持每周五、周六晚演出,挖掘、整理、恢复演出传统剧目《花为媒》、《卷席筒》、《白玉楼》、《孟姜女》等20多出41场次,丰富了戏曲爱好者的文化生活。市群众艺术馆启动了公益性群众文化活动,在全市16个社区和人民广场、东方红广场等地举行公益性文艺演出54场,观众9万余人次。

《沂蒙》获第八届中国电视金鹰艺术节"优秀电视剧奖"

【文化广电新闻出版行业管理】 贯彻落实中央、省、市有关方针、政策,规范管理全市文化、广电、新闻出版行业。广播影视行业,深入开展"平安广电"活动,进一步完善安全播出调度指挥、安全防范和监测预警系统,对各县区"平安广电"创建暨广播电视播出机构信用等级进行年度考核,对辖区内广播电视发射塔进行安全检查,加大插播有线电视信号防范力度,依法取缔非法台站,完成了国家、省级"两会"、青海玉树地震、上海世博会、广州亚运会等重要时段的转播工作;净化荧屏声频,组织开展广播电视抵制低俗之风集中整治行动,全面清查非时政类有关节目,全年优质安全播出未出现事故。新闻出版行业,组织全市报刊出版单位参加全省新闻采编人员资格培训班,做好著作权作品申报登记和申领、换发记者证工作。规范文化市场,开展企业服务年活动,建立文化产业项目季报制度,组织文化产业统计人员培训。做好全市网吧、KTV、文化娱乐场所的年审换证工作,打印文化经营许可证、网络文化(连锁)经营许可证共计1123套。新审批文化类社团组织3家,民办非企业单位8家,全市文化类民办非企业(社团)组织已有43家,为繁荣文化市场发挥了积极作用。

【文化产业】 落实国家《文化产业振兴规划》等政策措施,推动文化产业发展。市柳琴剧团演出120余场,创收10万元,红色文化演艺公司演出100余场,创收70余万元。东方红影城全年收入1700万元,其中,电影票房收入超过1000万元。完善蒙山沂水票务营销机制,与山东中福文化传播有限公司合作,拓展票务营销渠道,进行市场化运作,大型水上实景演出《蒙山沂水》第二演季共演出86场,接纳来自国内外观众15万余人次,实现经济效益近400万元,蒙山沂水演艺有限公司获"山东省文化体制改革和文化产业发展先进单位"称号。羲之故居改造了五贤祠,增添书法体验区,接待游客近10万人次,讲解3200余场。汉墓竹简馆接待游客2万余人,其中外宾400余人,讲解1800余批次。全市文化产业结构进一步优化,动漫、游戏产业等发展迅猛,全市文化产业增加值占GDP的比重达4.5%。市文化广播电视新闻出版局被评为全省文化系统文化产业工作先进集体。

【文化遗产保护工作】 落实"保护为主、抢救第一、合理利用、加强管理"的工作方针,加强文物的安全管理。完善"三防"安全体系和管理制度,加大对全市文物库房、重点文物保护单位安全检查力度,完善县、乡、村、责任人四级田野文物保护网络。完成第三次全国文物普查田野调查阶段各项任务,转入第三阶段,做好"三普"资料的整理、汇总和数据库建设。文物普查登记复查2987处,新发现1023处,全市文物古迹已达4010处,比普查前增加了34%。配合基本建设重大工程,抢救发掘12处古代文化遗址,发掘墓葬150多座,出土了大批文物。加强文物和非物质文化遗产的保护和利用,成立了临沂市沂州考古研究所,提升临沂文物的研究水平。完成全市文物收藏单位影像和文本的数据采集,系统总记录数2780条,文物2977件,图片18704张,建立了完备的馆藏文物数据库系统。邀请中央电视台《国宝档案》等栏目组对沂南北寨汉画像石墓、龙山文化蛋壳陶、费县徐子鼎、洗砚池晋墓等进行专题展播,进一步彰显了临沂市深厚的历史文化底蕴。组织参加首届中国非物质文化遗产博览会,32个参展项目200多种"非遗"精品实现销售额300余万元,签约总额达12亿元,观众10余万人次。民间秧歌《龙灯扛阁》入选第三批国家级非物质文化遗产项目,文化遗产保护利用水平不断提高。

(诸葛祥图)

文化市场管理

【概况】 市文化市场执法局坚持管理促发展、执法促规范、服务树形象的工作理念，以净化文化市场环境为主线，以文化市场综合执法为重点，以封堵、查缴政治性非法出版物和文化市场集中整治为主要内容，切实加大日常监管力度和密度，确保管理执法责任到位、管理执法措施落实、文化市场管理执法效果良好，为维护社会和谐稳定，促进文化大发展大繁荣，建设经济文化强市创造了良好的社会文化环境。

【文化市场管理】 建立了全市文化市场管理执法指挥中心，加大日常监管力度，维护文化市场经营秩序，促进文化市场健康有序、繁荣发展。制定了《关于规范临沂市文化行政执法的意见》、《临沂市文化领域相对集中行政处罚权办法》，对全市文化市场执法工作实行统一组织、统一协调、统一指导。充分利用"净网先锋"和视频监控功能，密切关注网上舆情动向，对境外、境内网站刊登的政治性非法出版物、淫秽色情等有害信息，及时予以封堵、删除。坚决查处利用互联网、手机短信、声讯台、上网服务经营场所传播各类有害信息的行为。对市文化市场管理监控指挥中心进行了提升改造，使之具备刷卡拍照、语音交流、地图检索、远程回放、数据保密等五项功能。全市文化市场日常监管、现场检查、受理举报、查办案件、预警分析五个分系统形成一体，强化调度、指挥和控制功能，切实提高执法能力、网络监控能力和高效指挥、全面监管的能力，走出了一条对上网信息实时监控、全方位视频监控、全过程录相取证、上网环境监测等多功能于一体的监管新路子。全年监控指挥中心共处理报警652488次，查处网吧接纳未成年人案件162起。为全市751家网吧、124家歌舞娱乐场所、50家游艺娱乐场所免费制作了"未成年人禁止入内"、"禁止登陆反动、淫秽、迷信等不良网站"、"请出示有效身份证件"警示牌，《互联网上网服务营业场所场内巡查制度》、《互联网上网服务营业场所规范经营制度》、《互联网上网服务营业场所安全管理制度及疏散预案》等制度牌，统一制发了《临沂市互联网上网服务营业场所上网人员信息登记簿》，在每个网吧设置了《临沂市互联网上网服务营业场所检查登记本》，市、县区执法人员按照登记本中所列16项标准规范网吧经营行为，依法查处网吧违法违规行为，规范了娱乐场所的经营行为。坚持"12318"举报电话24小时值守制度，2010年，"行风热线"群众反映的问题案件28起，查处落实28起，接到举报电话129起，查处落实129起。

【扫黄打非工作】 认真制定年度全市"扫黄打非"行动方案。将"扫黄打非"工作与精神文明创建、社会治安综合治理、未成年人思想道德建设、社会主义新农村建设有机结合起来，明确总体要求、工作重点、行动步骤，确保领导到位、职能到位、人员到位、措施到位、工作到位，把"扫黄打非"任务落到实处。下发了《关于加强"扫黄打非"工作责任制的意见》、《关于建立健全"扫黄打非"工作长效机制的意见》、《临沂市"扫黄打非"县区工作考核办法(试行)》，进一步完善"扫黄打非"工作机制，推动全市"扫黄打非"工作向纵深发展。按照全国、全省的统一部署，连续开展十一次专项行动，突出打击手机网络传播淫秽色情信息，重点解决网吧、网络游戏、网络音乐和手机音乐等存在的问题。突出开展出版物市场和网络文化市场专项整治行动，主要是加大日常巡查力度，及时查处、封堵提供宣扬低俗、色情、淫秽、赌博、暴力等内容的非法出版物和网络游戏产品；加大校园周边文化市场执法检查力度，切实加强学校周边文化经营场所的监管，严肃查处参与制售文化垃圾的单位和个人，坚决取缔不法游商地摊，从严从重打击网吧违规接纳未成年人行为，打击色情、低俗等非法网络文化内容产品在网吧内传播，优化学校周边秩序和学生学习环境。2010年，全市出动执法人员33110人次，检查经营单位18728家次，其中，检查演出市场675家次，艺术品市场194家次，游艺娱乐场所793家次，歌舞娱乐场所1374家次，互联网上网服务营业场所9240家次，电影发行放映经营单位36家次，卫星电视广播地面接收设施139家次，书刊经营单位2178家次，音像电子出版物经营单位1475家次，印刷经营单位2581家次。查处各类违规违法案件336起。

【队伍建设】 按照政治强、业务精、作风硬、纪律严、形象好的要求，加强市、县区文化行政执法队伍建设，指导县区认真落实领导干部政治学习、业务培训制度，加强对党员干部、执法人员的理想信念和廉洁从政教育。把作风建设纳入行政执法考核范围，进行专项检查。积极构建反腐倡廉机制，及时监督纠正纪律作风、执法检查、案件办理等方面存在的问题。做到人本执法、依法执法、科学执法、公正执法、责任执法、和谐执法、程序执法、阳光执法，有力促进了文化市场的全面、协调、可持续发展。对行政不作为、行政乱作为的进行责任追究，造成严重后果的，实行行政问责。公开市、县区的职能权限、行政执法工作程序、案件处理结果、执法监督行为等方面的内容，保证行政执法的公开、公正、公平，切实维护行政相对人的合法权益，高度重视舆论监督，开展政风行风评议，对新闻媒体等反映的问题认真调查、核实，依法及时做出处理，主动接受服务对象及社会各界的评议和监督，逐步形成共同关心、爱护、监督文化市场的良好氛围，自觉接受群众对文化行政执法、文化市场经营行为监督。为公民、法人和其他组织实施监督创造条件，不断增强行政执法的透明度。加强法律法规培训。2010年6月28日至7月16日，对全市753家网吧法人代表、1500余名网管人员进行了培训。培训采取授课和实际操作相结合的方式，重点培训了互联网上网服务营业场所的许可、年审、监管、违规行为的处罚等相关内容。在省文化厅组织的2010年度全省文化市场行政执法工作考评中，临沂市文化市场综合执法考评获得全省第一名的好成绩，市局分别被文化部、省文化厅授予全国、全省文化市场综合执法先进单位称号，被全国“扫黄打非”工作小组、全省“扫黄打非”工作领导小组授予全国、全省“扫黄打非”先进集体称号。

（张玉利）

广播电视

【概况】 1月，中共临沂市委、临沂市人民政府【2010】4号文，明确临沂市广播电视台为市政府直属事业单位；7月，中共临沂市委【2010】69号文，确定临沂市广播电视台党委，隶属市委管理。投资2亿多元，建设了临沂广播电视发射塔，总塔高326米，是全省高度最高、功能最全、体量最大的发射塔，能传播36套广播电视节目，覆盖鲁南苏北及周边地区2500万人口。投入1700多万元，改造了《行风热线》直播间，购置了广播电视直播设备，更新了演播厅大屏幕，装配了高清数字电视直播车。为组织开展重大活动提供了技术保障和有利条件。

【新闻宣传】 2010年，新闻宣传工作始终坚持围绕中心服务大局，充分发挥主流媒体的舆论引导作用，精心策划，主动出击，推出了一大批有思想、有深度、有张力、有影响的宣传报道。全面体现了市委、市政府环境立市、富民强市、建设大美临沂的发展理念，充分反映了各行各业科学发展、加快发展、又好又快发展的新思路、新举措、新经验和新成果，为全市经济社会跨越式发展营造了良好的舆论环境。

对内宣传。全力做好了“两会”、学习宣传贯彻中共十七届四中、五中全会精神，学习实践科学发展观等重点宣传报道；做好重点工作的深度报道，对城乡环境综合治理、创建全国文明城市、创建国家环保模范城市，转方式、调结构推动经济又好又快发展等重要工作，组织了战役性宣传策划，进行了全景式跟踪报道，多角度、深层次展示了临沂市经济社会发展的丰硕成果。

对外宣传。坚持正面宣传为主，“上联播、上头条”，“重质量，发高音”，积极策划，抓好重点选题报道工作，一批重点稿件在中央台、省台播发，向上发稿工作居全省前列。广播在中央台《新闻联播》和《新闻和报纸摘要》中播出了《胡锦涛讲话在全国引起强烈反响》、《发扬“五四”精神 建设和谐社会》、《山东体制改革促进文化资源大省向文化强省迈进》《全国革命老区首个全功能地市级科技馆在山东临沂开馆》等50多篇重头稿件；电视在中央台《新闻联播》播出了《建材下乡接力家电下乡农村住房建设提速》、《群众性爱国主义教育活动成效显著》《把新城建起来 把精神留下来》《临沂大力发展文化产业》等60条重点稿件，其中《建材下乡接力家电下乡农村住房建设提速》在中央台《新闻联播》栏目头条位置播发。广播在省台联播播发了《临沂特色产业集群推动经济发展》《临沂市落实中央一

号文件 着力打造沂蒙山优质农产品基地》、《临沂市转方式、调结构，特色产业集团群推动经济又好又快发展》等240多篇重头稿件；电视在山东卫视《新闻联播》栏目播发《临沂文化发展：深化改革激活力放大优势促繁荣》、《临沂：民生之举促发展 民生工程暖人心》《临沂正式获得国家园林城市授牌》《临沂：走出去办市场 商城模式移植阜阳》等450条重点稿件，有效地扩大了临沂的影响，进一步提升了临沂的影响力和美誉度。2010年，广播、电视分别获得省台新闻宣传集体一等奖。

新建成的电视发射塔

【创优工作】 全力打造品牌节目，注重精品生产。《琅琊风云榜》栏目获得"展现辉煌"全国电视纪实类栏目金奖；在中国广播电视协会组织的首届中国农业电视节目评估年会上，《乡间访谈——走进三益》获主持人类一等奖，《乡间》获栏目类二等奖；在全省广播影视大奖评选中，广播系列报道《砷污染发生之后》获一等奖，电视《直播临沂》获"全省十佳栏目"称号；在全省优秀名栏目评选中，电视《临沂新闻》获得山东省优秀栏目奖；在全省文艺最高奖"牡丹奖"评选中，《2010临沂市春节电视文艺晚会》、《直播挑战》、电视广告形象片《澜泊湾》等7件作品分获一等奖。《千年兵书》等30多件作品分别获得省级二等奖和三等奖。

积极开展精品创作，组织骨干力量对《新沂蒙》的运营策划、剧本创作等进行了多次筹划和研讨；创作广播剧《沂蒙》、《兵家孙武》。根据市委宣传部和中央电视台的要求，拍摄制作《新四军军部旧址》和《孟良崮》两处新增全国爱国主义教育基地专题片。

【改革创新】 继续推进和完善制播分离改革，利用社会资源丰富广播电视内容。《乡间》、《沂蒙庄户戏》、《教育在线》、《汽车时代》等栏目进入了制播分离的实质性运作，节目栏目完全由社会公司制作，广播电视台负责栏目的策划、选题确定和终审把关。《乡间》、《沂蒙庄户戏》、《教育在线》3档栏目，通过广告时段置换，不增加任何投入，用很少的人力，办出了影响很好的栏目。《乡间》、《沂蒙庄户戏》一度成为收视率最高的栏目。

寻找新的合作平台，加强了与北城新区建设指挥部、经济开发区、高新技术开发区以及临港经济区的合作，通过重点选题、重大活动、新闻宣传等方面的密切配合，策划了一系列影响大、意义深、效果好的活动，开辟了区域新闻窗口，拓展了广播电视合作空间，延伸了对县区的服务。与河东广播电视台签订了合作协议，全面负责河东广播电视台三个频道的运营，实现了体制内电视媒体跨区域的深度合作，为广播电视文化体制改革做了一次有益的探索。

【经营创收】 积极拓展广告市场，培育新的增长点，全年共开展各类活动210多场次，其中，《欢乐农村行》活动、年度汽车风云榜晚会、全国"校园之星"北京决赛、2010临沂市"消费与服务"3.15晚会、北城新区2010阳光沙滩节系列活动、广播电视主持人大赛、陪陪母亲一日游、春秋两季的鲁南汽车节、房产节等活动，广播电视的直播互动，提升了活动品位。先后承办了全国"道德模范和身边好人"颁奖晚会、激情广场大家唱等一系列国家级大型活动。全台共完成创收1亿多元，同比增长10%。

新兴产业凸显活力。与新华印刷集团达成意向，成立股份制影视公司；与一漫公司洽谈合作拍摄制作动漫剧。以广播电视发射塔为平台，开始启动旅游、会展、餐饮、娱乐等产业，发布招商信息，与相关行业进行多方沟通和洽谈。与山东中广传播实施业务对接，开始手持电视业务的全面运营，承办了CMMB手持电视全国百城巡展。

报　纸

【概况】 2010年，临沂日报报业集团深化改革，干事创业，舆论引导水平不断提升，报业经营成效显著，各项事业呈现良好发展态势。集团通过了省级文明单位复评，获得了"全省深入学习实践科学发展观活动宣传工作先进集体"、"临沂市对口支援北川灾后恢复重建工作先进集体”、“临沂市模范集体”、“全国城市公共文明指数测评工作先进集体”、“全市城乡环境综合整治工作先进单位”、“全市商务工作先进单位”、“平安临沂建设先进集体”、“全市履行计划生育分工职责先进单位”、“中国共青团五四红旗团委”、“全市淮河流域水污染防治工作先进单位”等称号。

【新闻宣传】 主旋律宣传。在重大主题宣传报道方面，深入做好贯彻中共十七届四中、五中全会精神的宣传，大力宣传市委、市政府贯彻落实大会精神的重要举措和工作部署，宣传各级各部门转方式调结构、推动经济社会又好又快发展的具体措施和经验成果，为全市经济社会的又好又快发展营造了浓厚舆论氛围。推出《辉煌十一五 大美新临沂》专栏，集中展示临沂市“十一五”期间取得的辉煌成就。在重大事件报道方面，青海玉树大地震、舟曲泥石流等重大灾害发生后，及时编发新华社、《人民日报》相关稿件，将灾害情况及救灾进展第一时间通报给社会各界，组织策划了系列爱心捐献活动，将沂蒙人民的爱心第一时间传递到灾区群众。在重要活动宣传方面，先后开设《观世博》、《相约世博》和《粤动亚洲》等大型报道栏目，做好了对上海世博会、广州亚运会等的宣传报道。完成了对周永康、马凯、姜异康、姜大明等中央、省委领导来临沂市视察期间的采访任务。精心策划开展了全国用群众工作统领信访工作会、全省群众工作会、全省转方式调结构现场观摩会、省政协读书会、2010F1 摩托艇世锦赛、中国临沂市场贸易博览会、全国敬老爱老志愿服务活动启动仪式暨第二届中国临沂孝河文化节、“道德的传承——全国道德模范与身边好人现场交流活动”、平邑长寿节等重要活动的宣传报道。切实做好对“两会”的宣传报道，为大会召开营造良好氛围。经济社会文化建设宣传异彩纷呈。通过开设《转方式调结构 建设经济文化强市》等栏目，深入宣传临沂市稳增长、转方式、调结构，扎实做好保持经济平稳较快发展的新思路、新进展。紧紧围绕“加快工业发展年”活动，开设《加快工业发展年 · 县区思路》等栏目，为全市工业经济大发展营造了浓厚舆论氛围。围绕临沂市创建全国文明城市、全国卫生城市、国家环保模范城市及开展城乡环境综合整治等活动，《临沂日报》在要闻版开设了《创建文明城市 建设大美临沂》等创城固定栏目；《沂蒙晚报》推出了《创建文明城市 建设大美临沂》等专栏和系列报道；《鲁南商报》开设了《商城探文明》等专栏；琅琊网连续制作了《名博解读文明城临沂篇》等专题，大力宣传市委、市政府推动创城工作深入开展的各项安排部署，宣传全市各行各业、各条战线积极参与创城活动、推动创城工作深入开展的情况，宣传广大人民群众对于创城的迫切愿望和积极参与的高涨热情，营造了浓厚的创城氛围。大力宣传临沂市以建设文化名市为目标，加大重点文化设施建设推进力度，加快发展文化产业的新举措、新经验。继续加大对《蒙山沂水》大型水上实景风情歌舞、电视剧《沂蒙》、电影《沂蒙六姐妹》的宣传推介力度，为文化临沂建设作出积极贡献。做好民生新闻报道，《临沂日报》采写推出了《就业 2010》等大量民生新闻，常年开设“马上就办”栏目，全年共接听热线电话 2000 余个，回复率 80% 以上。《沂蒙晚报》开办了晚报进社区等一系列贴近群众需求、贴近生活的栏目，受到读者欢迎，增强了晚报的亲和力。《鲁南商报》推出了《探访今冬燃煤之急》等大量民生新闻调查，突出了商报特色，增强了经济新闻的贴近性。琅琊网充分发挥网络优势，与平面媒体联动，组织推出了“为苍山冷氏祖孙盖间房”等大型公益报道，拉近了媒体与民众的距离。认真做好学习实践活动和创先争优活动的宣传报道。通过开设《深入开展学习实践科学发展观活动》等专栏，大力宣传第三批学习实践活动单位创造的新经验、新典型。在创先争优活动中，策划推出了《创先争优 争做先锋》等专栏，宣传市委的各项工作部署和重要指示精神，及时报道了全市创先争优活动的最新进展情况和实际效果，交流推广活动经验，营造了浓厚活动氛围。扎实开展基本国策的宣传，不断加强人口和计划生育、环境保护、土地资源集约利用等基本国策的宣传报道，并围绕平安临沂、和谐临沂建设，继续深入做好了对社会治安综合治理、平安临沂创建、形势政策教育、“五五”普法和国防教育等的宣传报道，有效促进了和谐社会建设。

舆论监督工作。积极研究社会热点、难点和焦点问题，分析舆情，以《内部参考》为载体，在做好舆论监督工作的同时，采写编发了《“临沂制造”品牌形象亟需重塑》等稿件，及时为领导机关和职能部门科学决策提供参考依据。针对土地承包使用纠纷、劳动纠纷等社会问题，扎实开展群众来信来访工作，疏导并化解了多起矛盾冲突，树立了党报的权威形象。加强对社会热点、难点和焦点问题的舆情搜集、分析和研判，先后推出了《临沂市落实农村政策法规工作任务艰巨》、《大学生就业需要“政策推力”》、《农产品质量安全保障机制亟待建立》等稿件，引起了有关部门的重视和各级领导的充分肯定，部分稿件得到了市领导的亲自批示，推动了相关工作的开展。

对外宣传工作。在搞好日常新闻报道的同时，抓住临沂市创建全国文明城市、文艺精品集中推出等有利时机，注重做好向上发稿工作，最大限度地把新闻资源转化为宣传大美临沂的新闻稿件。全年集团共向《人民日报》、新华社、《大众日报》等省级以上重要媒体发表新闻稿件20余篇，其中在《人民日报》刊发通讯《让老区群众更幸福》和图片《各地中小学生开学》2篇，在新华社刊发图片《沂蒙老区婚礼真热闹》、《柳琴戏传承到庄户》2篇，为展示临沂崭新形象发挥了重要作用。

【媒体品牌建设】　《临沂日报》以进一步改进时政报道，突出强化民生新闻，做精《新农村》、《经济生活》、《法治》等专刊专版为重点，进行了新一轮改版，版式风格更加鲜明，内容质量有了提升，受到社会各界的广泛好评。《沂蒙晚报》切实加强本地新闻策划和精品栏目培育，贴近性、可读性大大提高，进一步巩固了宣传阵地。《鲁南商报》进一步突出本土新闻，关注民生热点，打造“商”字品牌，体现了消费生活报的特色。《东方青年》加大栏目调整力度、优化编务流程，提升了办刊质量，进一步扩大了在国内期刊界的知名度。《少年天地》加强与基层学校的联系，刊物的可读性、知识性、趣味性得到进一步提高，受到广大教育工作者和读者的好评。琅琊网进行了全面升级改版并正式上线，点击率连创新高，日点击量3.5万次以上，最高时超过4万次。《沂蒙手机报》、《领秀生活》等媒体也切实加强了质量管理，媒体质量有了稳步提升。精品化工程成效明显。扎实推进制度建设，制定了《关于好新闻好作品评选规定及奖励措施的意见》等制度，使好新闻评选工作更加规范有序，为全面提升新闻宣传水平提供了制度保障。积极搞好新闻阅评，进一步拓宽阅评思路，调整阅评重点，对各媒体强化政治责任、坚持正确舆论导向等方面都起到了较好的引导作用。认真开展好差新闻评选，继续策划组织了“安利杯”头条好新闻评选等活动，促进了办报（刊、网）质量的提升。在山东省新闻奖、中国地市报新闻奖等评选中，集团共有160余件新闻作品获奖，其中一等奖25件，二等奖68件，三等奖70件。进一步加强媒体形象建设。通过举办“多彩沂蒙、大美临沂”全国摄影大展等活动，有力提升了集团各媒体的经营水平和和品牌影响力。积极参与社会公益事业活动，先后开展了“光明行”、“健康行”、“送书下乡”等活动；《沂蒙晚报》联合市希望工程办，在全市范围内开展临沂市希望工程20周年大型寻访活动；各媒体联合策划推出了为鞠兴浩捐款救治等的宣传报道，为基层群众送去了温暖，树立了责任媒体的良好形象。以媒体品牌建设、经营管理体制改革等为重点，多次在《山东报业信息》、《临沂宣传》等媒体和专业信息刊物及临沂宣传网等综合网站上刊发集团新闻宣传和报业改革发展方面的信息稿件，被评为2010年全市舆情信息工作先进单位。

【报业改革】　7月7日，市委与大众报业集团签署了《关于临沂日报报业集团与大众报业集团战略合作的框架协议》以及《关于临沂新闻大厦转让的框架协议》，双方同意对临报集团所属《沂蒙晚报》、《鲁南商报》进行股份制改造，分别成立股份有限公司，管理运营两张报纸。大众报业集团按照成本价1.55亿元购买临沂新闻大厦。9月27日，临报集团与大众报业集团正式签署合作协议。10月14日，3家新公司正式揭牌。这次战略合作为今后临沂报业持续健康发展开辟了更加广阔的空间，同时也为宣传推介大美临沂搭建了更好的平台。不断深化主业经营体制改革，加快推进发行体制改革。按照编发分离的要求，重点做好了对临沂日报报业发行股份有限公司的改革完善。切实加强发行质量管理，建立健全确保发行质量的长效发行机制，提高了发行质量。不断加强对售报亭的管理完善工作，进一步加强了发行终端市场建设。加快推进广告经营体制改革。加强广告经营的统筹协调，理顺和完善统分结合的广告经营管理体制，建立与岗位职责相适应的经营激励机制，形成了广告经营的整体合力。加快推进印刷经营体制改革。整合印刷公司商印车间和装订车间，成立了商务印刷分厂，为下一步直接参与市场竞争奠定了基础。积极推进新媒体改革工作。在做强传统媒体的同时，集团不断加大新媒体的改革发展步伐，力争向全媒体方向发展。4月，集团整合所属琅琊新闻网、《沂蒙手机报》、《临沂手机报》、《灵通报》、信息网络中心等新兴媒体资源，并对其进行股份制改造，成立了临沂琅琊新闻传媒科技有限公司，按照现代企业制度要求，自主经营、自负盈亏、自我发展。

【报业经济】 报刊发行实现新突破。继续落实“首问责任制”，推出了“投诉当日处理制”，实行一线倾斜等优惠政策，强化有效发行，投递质量不断提高，报刊征订实现全面跃升：《临沂日报》发行量继续保持稳中有升；《沂蒙晚报》发行实现稳中有升，市区发行量大幅提升；《鲁南商报》发行量实现历史性突破；《东方青年》发行 15 万余份；《少年天地》发行突破 12 万份。广告经营继续趋稳向好。抓住各大节会庆典等有利时机，通过加强主题策划、提升服务质量、培育市场品牌，有效启动和刺激了广告投放。强化经营监理，有效确保了广告保证金、代理金的及时足额收缴入账。加强收支管控，严格成本核算，提高了经营效益。制定下发了 2011 年度广告经营实施办法，经过竞标代理和内部自营等形式，2011 年度广告代理招商任务顺利完成。印刷产业运营良好。加强印刷职工教育培训，强化印刷时效和质量长效机制建设，提高了制度化、精细化管理水平。注重强化设备技术改造，购买了先进印刷设备，印刷能力得到保障和提升。大力拓展社外业务，开发了淮安等地的新业务。强化关键环节成本管控，生产成本和非生产性开支降幅明显。在全省报纸印刷质量评比中，《临沂日报》获得了第二名的好成绩，《沂蒙晚报》、《鲁南商报》均被评为精品报。多元经营稳步开展。坚持信息网络产业化发展方向，通过调整经营思路、积极策划活动、调整广告费率等措施，实现了良好的网络经营效益。新闻旅行产业不断探索适合自身发展特色的市场定位，在继续开发常规组团旅行业务的同时，以举办旅游活动为突破点，参与承办了临沂首届市场贸易博览会的会务接待工作，树立了良好的行业形象。基础设施建设扎实推进。继续做好老社址职工宿舍楼的综合验收、后续工程及维修、车库维护管理等一系列工作。北城新区三合里社区职工宿舍楼全部转入内外装修和工程安装阶段，基本完成了外墙保温、门窗安装等工作，各项后续工程正加紧施工。实施有效的设备及网络系统管理计划，调整部分计算机及通讯系统结构，提高了网络交换效率，防止了大规模的病毒爆发和扩散，确保了内部信息网络系统的安全稳定高效运行。

【内部管理】 三项制度改革取得新进展。深化分配制度改革，使干部职工的劳动报酬与岗位职责大小、单位效益高低、业绩考核多少紧密结合，体现了工资收入向重要岗位和采编一线倾斜的原则，调动了广大干部职工的积极性。科学设置岗位，制定下发了《岗位竞争聘任工作实施方案》，并进行了岗位竞聘工作，为发展提供了人才支持和智力保障。深化干部人事制度改革，制定了《干部职工内部退养暂行规定》，逐步完善了内部退养制度。行政、财务和物业管理水平有新提高。强化重大决策部署的督导落实，行政管理水平大大提升，行政服务更加规范高效。加强经营入账审核和欠款清缴，加强财务分析预警和预算执行监管，财务管控能力明显增强。物业管理水平稳步提高，节能降耗效果明显。同时，切实加强安全、治安等工作，全年未出现一起重大治安刑事案件。经营监管和宏观调控能力有新增强。完善工作联动机制，大力推行大监理，对广告、发行、印刷及各种经营活动实行全面监管，有效堵塞了管理漏洞，规避了法律纠纷，提高了经济运行质量。以重要经营活动部署推进、重大主题新闻策划宣传和重要社务活动组织开展为抓手，进一步强化了集团社委会、编委会和经委会的宏观掌控能力，宏观管理水平有新提高。

（齐　波）

档案管理

【档案服务与利用】 各级档案部门紧紧围绕中心工作，主动参与，积极服务，完成了全市“一创六建”、迎淮检查和“书圣文化节”等重大活动的档案保障工作及其他重大接待活动的档案信息服务和保障工作。“一创六建”活动中，市、县区档案管理考核都获得了满分；创城和迎淮检查等重大活动中，全市档案系统有 8 个单位被市、县区党委政府表彰为先进集体，有 21 人被评为先进个人；作为第八届书圣文化节的重要组成部分，举办了中国馆藏古代书画珍品还原展。积极做好对全市重点建设项目、企业和民生及新农村档案工作的业务指导，市、县区综合档案馆为各级领导机关和社会各届提供利用档案资料 8895 人次，接待参观档案展览 3675 人次，组织编纂各种编研资料34种、650万字。市档案局被评为省级文明单位。

【档案资源建设】 各级档案主管部门严格落实归档整理制度，督促指导各单位完成了2009年度归档整理和到期档案的移交工作。全年市、县区档案馆接收进馆档案10万余卷(件)，馆藏档案资料达到106万余卷(件/册)。其中市档案馆新接收档案13216卷(件)，馆藏总量达13万余卷(件)。95%以上的市直单位按照规定完成了文件材料的归档整理工作。拓展馆藏门类，加强重大活动档案的收集工作。市档案馆完整、系统地接收了全运会临沂赛区、2010年F1摩托艇世界锦标赛和临博会等重大活动的全部档案资料。兰山、罗庄、蒙阴、平邑、费县等县区档案馆结合馆藏实际，积极开展了旧城改造、民族风俗、家谱族谱、书法书画等档案资料的征集活动，特色档案征集工作进展顺利。

【规范化管理】 重视和加强对基层档案工作的业务指导，重点做好国家档案局8号令的全面贯彻实施，做好国家综合档案馆测评和2010年度档案管理年度考核工作的部署和督查，机关企事业单位的年度档案立卷归档及社保等领域档案的管理逐步得到规范。全市有4个综合档案馆达到国家二级档案馆标准，3个档案馆达到省特级档案馆标准，有100个部门和单位达到省特级档案室标准、374个单位达到省一级档案室标准，98%的单位档案室达到省合格以上水平。市法院、市检察院、市工商系统档案室全部达到省特级标准，被评为全省档案先进系统。

【档案设施和信息化建设】 全市档案馆库建设进展顺利。市委、市政府对市档案馆新馆建设先后5次给予批示，新馆各项建设进展顺利，2012年交付使用。全市综合档案馆和专业档案馆数字化建设发展迅速，市档案馆达到了数字化档案馆的目标要求，有5个县区档案馆完成了机读目录数据库建设任务，有51个市直单位实现了档案目录在线归档指导接收。

【档案教育培训、学术研究】 档案教育培训工作持续发展，全年各级档案部门共举办档案人员岗位培训和专题培训44期，有2940余人次参加了培训。有5人晋升为副研究馆员，20人晋升为馆员，7人通过初级专业技术职务任职资格评审。以档案学会为依托，开展了学术研讨交流活动，交流论文50篇。有19余篇论文在省级以上报刊上发表，有38项成果获省、市档案学优秀成果奖。市档案局和兰山、蒙阴、平邑、沂南、费县等5个县区档案局被评为全省档案宣传工作先进单位。

（许征宏）

卫生·体育

卫　　生

【概况】　至年底，全市拥有医疗卫生机构1139处(不包括5362个村卫生室)，其中医院92处。全市卫生技术人员31526人(不含乡村医生)，开设病床36424张，医疗卫生机构万元以上设备20151台。全市医疗机构门急诊2697万余人次，住院病人121万余人次，手术17万余台次。反映人民健康素质的综合指标居全省先进行列。孕产妇死亡率、婴儿死亡率、新生儿出生缺陷发生率分别为9.1/10万、6.5‰、3.2‰，均低于全省平均水平。

【新农合制度建设】　全市参合农民837.51万人，参合率达99.78%。新农合人均筹资水平由100元提高到120元(其中，个人缴费20元，各级财政补助100元；自7月1日起，各级财政补助标准提高到每人120元)，累计筹资10.88亿元。住院报销封顶线由4万元提高到5万元，达到全市农民人均纯收入的8.5倍。各县区全面启动了提高儿童大病住院保障水平的试点工作。适当提高了基本药物和中医药住院报销比例，重点提高了二、三级定点医院住院报销比例，通过政策调整，全市各县区政策范围内住院报销比例全部达到了上级要求的60%以上。全面开展市级定点医院即时结报工作。强化新农合基金监管，在各级的适度控制和规范管理下，新农合年度基金使用率和累计基金使用率分别为91.59%、76.99%，符合上级规定的85%、75%以上要求，基金运行平稳安全。

【国家基本药物制度实施工作】　4月，蒙阴、临沭两县先行实施了国家基本药物制度，年底，兰山、罗庄、河东、郯城、费县及经济开发区、高薪技术开发区第二批启动实施了国家基本药物制度，经济开发区还将全区48个村卫生室纳入实施范围，全市已有142所基层医疗卫生机构顺利实施基本药物制度，全部按规定配备使用国家基本药物，并按购进价格实行零差率销售。深入开展调查摸底，按照“核定收支、核定任务、绩效考核补助”的办法，严格进行资金测算。根据“统一组织、分级负责、集中考核”的原则，采取网络教育、集中培训、座谈讨论等形式，多轮次对卫生行政管理人员、基层医疗机构负责人和医务人员系统地进行了基本药物制度政策和基本药物合理使用培训，提高了各级卫生管理人员的政策水平和执行能力。规范和加强了基层医疗机构制度管理，政府办乡镇卫生院人员、经费、业务已经全部上划县级卫生行政部门管理。市卫生局将蒙阴、临沭两县的23所乡镇卫生院全部列为市级定点监测点，进行双月动态监测评价。积极落实基本药物制度综合配套措施，联合物价部门推进医疗服务价格改革，适当调整基层医疗卫生机构收费标准，已完成成本测算、项目归并等工作。会同编办、人社、财政等部门积极推进人事制度和收入分配改革，完成了有关核编定岗、绩效工资改革的调研论证。组织全市53家县级以上非营利性医院机构参加了全省挂网药品集中招标采购工作,累计网上采购药品总金额8.5亿余元,让利患者医药费用1.1亿元。月均门诊、住院人次分别上涨23%、33%,药价平均降幅达41%,群众用药负担得到减轻。

【基层医疗卫生服务体系建设】 2010年,中央共安排临沂市扩大内需卫生建设项目27个,已有18个项目主体完工,完成率为67%。大力加强基层医疗卫生机构人才队伍建设。强化了对县级医疗机构、乡镇卫生院、社区卫生服务机构的卫生人员、卫生管理人员以及乡村医生的在岗培训。全年安排了36名县级医院骨干人员到三级医院进修学习,对387名社区卫生人员进行全科医生转岗培训、1.8万名乡村医生进行了在岗培训。深入实施"卫生强基工程",安排了9个市级医院帮扶17个县级医院和12个社区卫生机构,25个县级医院帮扶105个乡镇卫生院和14个社区卫生机构,144个乡镇卫生院帮扶372个村卫生室;各级共派出帮扶人员1507名。

【基本公共卫生服务逐步均等化工作】 9项基本公共卫生服务项目完成情况良好。建立城市社区居民健康档案144万份,建档率达90%,农村居民建档530万份,建档率61.69%。健康教育网络覆盖率达100%。儿童免疫规划接种率达95%以上,传染病及时报告率99%以上,儿童、孕产妇、老年人保健管理率以及高血压、糖尿病患者管理率和重症精神病患者管理率也全部达到了省厅要求的年度指标。6项重大公共卫生服务项目全部完成或达标。农村孕产妇住院分娩累计补助16万多人,农村妇女孕前孕早期补服叶酸项目,累计服用11.98万人。费县作为全省4个农村妇女宫颈癌检查项目试点县之一,已为5.65万名农村妇女进行了宫颈癌检查。贫困白内障患者复明项目完成手术3067例,15岁以下人群补种乙肝疫苗项目完成接种29.71万人(第1剂次者),接种率为98.97%。农村改厕改水项目也全部完成,农村卫生厕所普及率提高到75.53%。

【公立医院改革试点工作】 在全市21所医院开展临床路径管理试点和22所市级重点联系医院开展优质护理服务示范工程。审批设置民营医疗机构两家,投资总额达2200万元。扎实推进医院管理年活动和医疗质量万里行活动,组织专家对全市36所二级以上医疗机构进行了督导检查。开展了平安医院创建活动。深化惠民医疗服务工作,认真推行"一单通"制度,科学划定临床检验结果和放射诊断报告互证互认权限。积极探索建立医疗纠纷第三方调处机制,努力做好医疗事故技术鉴定工作。部分县区公立医院本着坚持医院公益性质,围绕改革人事制度、改革分配制度、改革管理体制、加强能力建设、完善惠民服务、加强质量管理等方面,积极改革试点,大胆探索尝试。

【重点疾病防控工作】 坚持抓早抓主动,全力做好手足口病等重点传染病的防控工作。全年共报告手足口病例较上年下降11.9%,报告重症病例较上年下降89.64%,全市手足口病疫情平稳。严密监测甲型H1N1流感,较好地控制了该病例的出现。艾滋病防控能力不断加强,保持了疫情的低流行态势。结核病防治工作继续保持全省领先,呼吸道传染病、肠道传染病、慢病、地方病、狂犬病及麻风病等重点疾病防治均有序开展。全市没有发生重大传染病暴发流行。组织开展麻疹和脊灰疫苗强化免疫活动,分别完成接种95.47万人、131.67万人次,接种率分别达98.23%和97.5%,顺利通过了省卫生厅的考核评估。

【卫生执法监督和保障工作】 认真开展日常卫生监管工作,对学校食堂、学屋食品、建筑工地食堂、"地沟油"和一次性筷子进行了专项检查。深入开展医疗市场专项整治活动,加大对非法行医行为查处力度,全年共检查各类医疗机构、个体诊所725家。在卫生保障工作方面,书圣文化节、临博会、F1摩托艇比赛、转方式调结构现场观摩会相继在临沂市举行,针对每项活动,全市卫生系统制定严密的保障方案,严格落实责任,有力保障了各类重大活动的顺利举行。

【中医药事业】 举办中医药知识竞赛、实践技能竞赛和发展中医药学术报告会，采取多种形式宣传中医药文化科普知识，完成了全市中医基本现状普查工作，营造了浓厚的中医药发展氛围。加快培养中医药人才，积极动员组织有关人员参加省级优秀骨干的遴选，并有2人被录取。加快发展中医药继续教育，强化农村在岗中医药人才培养，全市1273名乡村医生报名参加了2010年乡村医生中医中专学历教育考试。启动西医学习中医培训工作。以突出中医药特色为重点，强化内涵建设，积极开展中医医院管理年活动，不断加强综合医院中医药工作，市人民医院被省卫生厅确定为第一批全省综合医院中医药工作示范单位。

【爱国卫生运动】 结合创建国家卫生城市工作，进一步加强了爱国卫生组织建设，深入持久地开展了城乡环境综合整治和除四害活动，共清理“三大堆”以及各类卫生死角169.63万处，清运清理垃圾56.78万吨，增添毒饵站10万多个。认真组织开展了以“整治环境，保护健康，创建国家卫生城市，建设社会主义新农村”为主题的爱国卫生月活动和健康临沂行动。卫生先进单位创建工作成果丰硕，全年创建省级卫生先进单位17个、卫生村居(社区)5个、卫生乡镇1个；表彰命名了市级卫生先进单位93个、卫生村居(社区)52个。充分发挥在创卫工作中的综合协调作用，较好地完成了各项工作任务，通过了全国爱卫办对临沂市创卫工作的暗访。

【行业作风建设】 加强了党建工作、群团建设、纪检监察及纠风工作，认真落实党建工作责任制和纪检监察工作责任制。在党员干部中组织了对《党员领导干部廉洁从政若干准则》和《干部选拔任用四项监督办法》的学习宣传。启动创先争优、企业服务年、中层干部廉政宣誓等5项主题教育活动；继续深入开展“两好一满意”活动和医药购销领域商业贿赂专项治理工作。启动了8960123马上就办热线电话，落实率达100%。市局机关和市医院等5个单位创建为全市廉政文化建设先进单位；基层工会组织建设进一步规范，市局被评为全市工会工作先进单位。

(闫从发)

体　　育

【概况】 2010年，全市体育系统围绕建设体育强市的发展目标，坚持服务民生促和谐，举办大赛扩影响，发展产业强保障，创先争优树形象，全市体育事业发展取得了较大进步，体育工作的社会影响力有了很大提升。被省体育局授予“群众体育工作突出贡献奖”、“竞技体育工作贡献奖”、“体育彩票工作突出贡献奖”、“体育总会工作突出贡献奖”。

【群众体育工作】 围绕全民健身月、8月8日全民健身日等重要时间节点，组织开展了首届市民体育节、第三届市直机关运动会、第三届山地自行车比赛、百千万赛事、万人健步行等群体活动，承办举办了全国公路摩托车锦标赛山东站比赛、全省台球锦标赛、全省百县篮球总决赛、市网球邀请赛、市跆拳道锦标赛等比赛，增强了群众健身意识、丰富了健身形式、扩大了体育人口，在全市掀起了全民健身热潮。新培训社会体育指导员1000人，全市社会体育指导员总数达8000多人。结合协会、俱乐部年检，积极做好协会、俱乐部规范化建设，全市建有各级各类体育社团200余家，其中市级体育协会12个，体育俱乐部41家。

【竞技体育工作】 牢固树立“金牌第一”的观念，紧紧围绕22届省运会实现“总分超上届、位次超前移”的目标，努力构建举市体制的竞技人才选拔培养体系，认真研究竞技体育发展的长效机制，初步形成了合理科学的人才选拔、培养、输送、管理体系，竞技体育水平逐步提高。

2010 年临沂市运动员参加省级以上比赛获金牌情况表

项　目	组　　别	姓　名	名　次	金牌数	备　注
散打	48KG	卜德宝	1	1	省级
拳击	48KG	曹桂华	1	1	省级
田径	1500 米	李晓蕾	1	1	省级
田径	10000 米	高来源	1	1	省级
田径	5000 米	高来源	1	1	省级
跆拳道	58KG	陈泽明	1	1	省级
散打	50KG	张学良	1	1	省级
射击	飞碟多向小团体	陈　策	1	1	省级
摔跤	66KG	李岩岩	1	1	国家级
摔跤	66KG	李岩岩	1	1	国家级
射击	飞碟双多向	蔡　超	1	1	国家级
射击	飞碟多向团体	朱靖宇	1	1	世界青年锦标赛
射击	飞碟双向	王　迎	1	1	国家级
田径	5000 米	高来源	1	1	国家级
田径	10000 米	李　飞	1	1	国家级
田径	半程马拉松	高来源	1	1	国家级

F1 摩托艇比赛

【体育产业发展】 坚持体育彩票作为支柱、大力经营体育有形资产、开发体育无形资产的体育产业发展思路，把发展体育事业和开发体育产业相结合，努力做好体育经营设施、体育经营实体、体育俱乐部、体育中介组织和体育产业队伍建设，积极培育体育健身娱乐业，扶持体育用品的生产销售业，大力发展体育竞赛表演业、体育健身培训业、体育彩票业，因地制宜地开展体育系统多种经营活动。市体育中心通过场馆经营、举办赛事等方式，全年创收达 150 多万元，体彩全年销售 3.2 亿元，实现体彩公益金 2000 多万元。

【体育设施建设】 争取上级资金 900 余万元，完成了 500 个村居、社区健身工程及 5 个县级、13 个乡镇街道健身工程项目。投入 140 万元，打造滨河百里健身长廊二期工程，投入 100 万元在 12.8 公里的陷泥河两岸 15000 余平米的休闲地带安装了全民健身器材，提升了陷泥河整治工程的档次和效果，为群众健身提供了良好的环境和条件。

红运会英姿

【重大体育活动】 10月2～3日,2010年F1摩托艇世锦赛中国临沂大奖赛在沂河赛场举行。原中共中央政治局委员、中央军委副主席、国防部长上将迟浩田,全国人大教科文卫委员会副主任委员宋法棠,国家体育总局水上运动管理中心主任王渡、副省长黄胜、省体育局局长张洪涛等出席开幕式。本次大奖赛共有来自意大利、法国、葡萄牙、芬兰、俄罗斯、阿联酋、沙特等国家的11支参赛队伍、20名参赛选手参加了比赛,场均观众达5万人,是临沂市历史上参赛国家最多、比赛规格最高、观众人数最多的国际体育赛事。国内外共有190多家媒体对大奖赛进行了播报,其中有121家电视台参与转播,媒体总覆盖时长达55小时27分,观众家庭范围达4.25亿户。赛事组织圆满顺畅,后勤保障有条不紊,志愿服务热情周到,现场氛围热烈祥和,得到国际摩联和社会各界的高度评价,被国际摩联授予本年度唯一的"最佳组织城市"奖。大奖赛的成功举办,充分展示了临沂体育工作的水平、临沂滨水生态城的风貌和临沂改革开放以来经济建设的巨大成就,推动临沂体育走向世界舞台,推动临沂大美形象享誉海内外。

8月26～28日,中国临沂首届红色运动会在临沂市莒南县举行。国家体育总局局长助理晓敏、社体中心主任胡建国、机关党委副书记丁东、社体中心社会体育指导员工作部主任邢小泉、毛泽东之孙少将毛新宇、副省长黄胜等出席开幕式并观看了比赛。来自井冈山、瑞金、六安、延安、西柏坡、上杭等革命老区、红色旅游城市及解放军、中科院等38支代表队的455人参加了15个项目的比赛。新华社、《人民日报》、中央电视台、《中国体育报》、搜狐网等全国上百家新闻单位进行了高层次、高规格、全方位、立体式的宣传报道。中国临沂首届红色运动会的成功举办,吸引了全国社会各界的密切关注和高度评价。国家体育总局、省体育局将红运会比赛项目作为非奥运项目积极推广,并确定将红运会作为固定赛事在全国革命老区城市轮流举办,每年一届,单数届次在临沂举办,临沂成为红运会的永久主场,奠定了临沂作为红色运动基地的地位。

（韦国庆）

社会事业

民　　政

【社会救助工作】　全市城市低保对象6.8万人，低保标准市直3区每人每月260元，9县200～220元，月人均补差130元。农村低保对象30.9万人，标准每人每年1200元，月人均补差达63元，年发放低保金3.3亿元。全年资助39.7万名困难群众参保参合，医疗救助1.87万人。各级拨付救灾资金1920多万元，维修房屋7500间，确保了33万人的衣、食、住、医等问题。规划了占地4公顷的临沂市减灾救灾中心。对全市189名灾害信息员进行了集中培训，全部参加了民政部统一组织的考试、考评。联合市财政等部门制定了《关于实施城乡低保家庭高等教育新生入学救助办法的通知》(临民〔2010〕74号)，对全市符合条件的407名低保家庭高考新生每人发放4000元的教育救助金。救助站全年救助各类人员2356人，其经验做法在全省推广，被民政部表彰为“世博会、亚运会、亚残会救助管理工作先进集体”。乡镇敬老院达180处，有五保老人2.9万人，其中，集中供养1.9万人，集中供养率70%。全市共设立养老服务机构10家，其中，国办3家，社会办7家，床位达1412张。沂水县创新开展了“院企结对帮扶、关爱五保老人”活动，省民政厅厅长张国琛对此作出批示，要求在全省推广。

【双拥优抚安置工作】　全市共有各类优抚对象69955人，其中，残疾军人14937人，“三属”5174人，在乡复员军人23589人，带病回乡退伍军人16696人，参战涉核人员9558人。全年发放抚恤定补金3.13亿元，对义务兵优待金标准进行了两次调整，市直和兰山区等5区每人每年4000元，其他县区每人每年3600元。全市投入420多万元，为1530户优抚对象新建、修建房屋3040间。9506人参加了城镇职工医疗保险，1580人参加了居民医疗保险，5.7万人参加了新农合。为6003名慢性病人补助236万元。大额医疗救助3781人，救助金818万元。共接收退役士兵5580人，按照档案考核和文化考试相结合以及“三公开一监督”的安置办法，对所有城镇退役士兵进行了妥善安置，其中，安置到事业单位149人。市直征收退役士兵安置有偿转移金500多万元，有3320人参加了职业技能培训，自谋职业率60%以上。举办了“架起就业桥梁、放飞人生梦想”退役士兵专场招聘会，有90多家企业提供5000多个岗位供退役士兵选择，300多名退役士兵现场签订了劳务合同，山东电视台对此作了报道。荣军医院在全省成立了第一家心理医院。市民政局被山东省国防动员委员会表彰为“山东省2010年度关心国防建设十佳单位”。探索实施的以组织带动、军地互动、宣传促动、制度推动促进双拥机构网络化、双拥活动经常化、双拥文化大众化、双拥机制长效化的“以四动促四化”模式，成为临沂市双拥工作社会化的新特色，副省长郭兆信签批意见，在全省进行了推广，在全国双拥工作会议上，该经验做法作了书面交流。

【基层政权和社区建设工作】　全市排查出的147个“难点村”得到了较好治理，“难点村”治理长效机制建设受到全国村务公开领导小组的关注，在西安召开的全国“难点村”治理工作会议上，平邑县代表临沂市和山东省作了典型经验介绍。成立了临沂市城乡社区建设促进会，城市社区通过“建、租、借、扩”等办法，全市新增城市社区文体活动中心67处、社区服务中心62处、医疗卫生室86处，43个城市社区办公和服务场所面积长期不达标的问题得到了根本解决。对临沂北城新区一期23.7平方公里范围内的33个被拆迁村庄，按照全国和谐社区标准，集中规划建设了8个城市社区。其中大官苑社区投资1800多万元，建设了10800平方米的社区综合管理服务中心，成为新一轮城市社区建设的“示范工程”。农村社区建设通过试点示范、学习培训等形式，各级各有关部门对于农村社区建设有了新的认识，全市以“大村庄制”为主导，“中心村型”和“强村转化型”等为补充的临沂农村社区建设模式已经成型。市委、市政府制定下发了《关于在全市实施农村社区建设“十百千”工程的意见》，确定2年内在全市建设10个以上精品农村社区、100个以上规范化农村社区，用5年左右的时间建设1000个以上农村社区，将全市7159个行政村全部纳入社区体制。为推动全市农村社区建设和规划工作，市财政拿出1000万元用于农村社区建设。全市选派800名市县机关干部到400个农村社区任职，重点抓农村社区建设工作。市委、市政府制定下发了《关于推进农村社区规范化建设的意见》。全市共规划建设农村社区1633个，已建成综合性社区服务中心296个，建设医疗保障、文体设施、商贸供销、警务治安等服务设施1108处。

【福利慈善事业】 在全市12个县区、180个乡镇、7159个村居设立了慈善工作机构，设立慈善超市67处，经常性捐赠接收站点192个，5097个村居设立了互助基金会，专兼职慈善工作人员达3600多人。全市行业系统和企业成立了1126个慈善组织。慈善中心站发展到1067个，发展义工1.2万人。全市慈善基金达11亿多元。中国世纪金源集团董事局主席黄如论分两年向临沂市捐赠3000万元。对全市76家慈善企业、47位慈善人物进行了集中报道，评选出全市十大慈善人物。全国和省慈善总会分别在临沂市召开现场会，推广了临沂市的慈善工作做法。为全市2193名孤儿发放生活费668.8万元，临沂市被民政部表彰为“明天计划爱心奉献单位”，是全省唯一获此荣誉的市。规划建设了占地5.33公顷的市社会福利中心，计划总投资2.2亿元，总建筑面积6.3万平方米。全年福利彩票发行6.7亿元，募集公益金1.85亿元，销量居全省前列。

【社会事务管理工作】 全市共登记注册社会组织2867家，其中，社会团体1468家，民办非企业单位1399家，涉及政治、经济、教育、卫生、文化、科技、体育、劳动、民政、法律服务等领域。完成了9个县城驻地镇改办事处、12个乡撤乡设镇及6个县区部分区划调整和全市地名数据库建设工作，开通了市、县两级地名服务网，指导各县区对12条457公里的县界进行了联检。全年办理结婚登记13.1万对，离婚登记1.1万对，涉外婚姻登记60对，全市13家婚姻登记处全部达到国家规范化建设标准。办理收养登记436例。市殡仪馆通过了ISO9001:2008国际质量管理认证，被民政部授予“全国民政系统行风建设示范单位”，被市政府授予“模范集体”。在市政府举办的“行风建设万人评”电话随机采访中，福利慈善、社会事务、社会组织工作分别居全市184个参评科室的第一名、第三名和第七名。市民政局在市直社会管理与服务类30个部门单位行风建设综合考评中，居全市第一名。

（崔　凯）

劳动和社会保障

【概况】 1月31日，根据《中共临沂市委、临沂市人民政府关于临沂市人民政府机构改革的实施意见》，组建市人力资源和社会保障局，为市政府工作部门，挂市外国专家局牌子。全年有20余项单项业务工作在全省同类业务中居第一位，争取省级以上资金3.4亿元，主动调整社保政策和提高社保待遇，减轻个人缴费负担4.5亿元，参保人员增加受益3.05亿元，失业保险金援企稳岗支出1.1亿元；社会保险、技能培训、引进国外智力、信息化建设和法制宣传等5项工作，在全国会议上作了典型经验介绍，全国技工院校校园文化建设现场会在临沂市召开，市社会保险服务大厅被评为全国优质服务窗口，市人社局被评为省级文明机关，被市委市政府授予“全市行风建设先进单位”、“平安临沂建设先进单位”、“全市履行计划生育分工职责先进单位”、“全市信访工作先进集体”、“全市商务和招商引资先进单位”、“全市援川工作先进集体”等称号。

【就业再就业工作】 全年全市共实现城镇新增就业12.9万人,其中,下岗失业人员再就业4.7万人;实现农村劳动力转移就业26.1万人,完成省里下达任务的167.3%。期末城镇登记失业率为1.68%。认真贯彻落实各项就业优惠扶持政策,充分发挥政策引导促进就业的作用。为减轻企业负担,稳定就业岗位,继续帮助受到金融危机影响的企业渡过难关,将援企稳岗政策执行期限延长到年底。全年为1724户参保单位缓缴社会保险费12275万元;通过降低社会保险费率,为4586户减轻负担21647万元。在职业培训、职业介绍、社会保险、岗位补贴和小额担保贷款贴息支出项目的基础上,增加职业技能鉴定、创业培训、创业岗位开发补贴等支出。全年支出再就业资金7157.8万元,减免税费105.9万元,新发放小额担保贷款2159万元,到位贴息资金81.26万元,支持520人实现创业,带动就业1725人;扩大失业保险基金支出范围试点4386万元,援企稳岗补贴6260万元,惠及企业528万元,稳定就业岗位6.2万个。大力促进农村劳动力转移就业,积极实施"走出去"战略,扩大市外转移就业规模,新开辟劳务合作单位330家,挖掘用工岗位23.5万个;已累计派遣赴日研修生2285名,业务范围由1个组合8家企业扩展到6个组合42家企业。全市从农业转移到非农产业的农村劳动力达245万人,其中,市外转移就业137万人。全国劳动模范、"正县级"优秀农民工徐万受到总理温家宝的亲切接见。沂水县被命名为国家级农村劳动力转移就业工作示范县。积极开展多种形式的职业培训,提高劳动者技能素质。共有技工院校10所,实现招生9610人,在校生2万人;就业训练中心13所,民办职业培训机构158家。共组织培训各类人员38.3万人,9.9万人取得职业资格证书。在全省率先探索实行了企业职工教育经费由地税部门代为征收模式,开创性地在全市职业培训机构实行了派驻督导员制度。组织实施"百万农村劳动力就业技能和转移培训工程",2010年,全市共组织培训农村劳动力29.9万人,7.5万人取得职业资格证书。组织开展"人力资源市场建设提升年"活动,健全公共就业服务体系。大力开展"人力资源市场建设提升年"活动,整合劳动力市场和人才市场,在全市提升建立了13处规范统一的人力资源市场,充分发挥了市场在人力资源配置中的基础性作用。整合就业、培训、人才交流、劳务输出四个单位,组建人力资源开发服务管理办公室,实现职能有机统一。全市180个乡镇(街道)基层人力资源工作平台进一步提升规范,在促进就业、社会保险扩面征缴、服务企业发展和新型农村养老保险试点等方面,发挥了积极的作用。相继组织开展了"2010年春风行动"、"民营企业招聘周"等一系列公共就业服务活动,先后举办各类招聘会102场次,提供就业岗位9.1万个,共有14.3万人次进场求职。五是大力促进高校毕业生就业工作。统筹实施"三支一扶"、全科医师计划等基层服务项目和"援企就业计划"、"自主创业引领计划",拓宽高校毕业生就业渠道,规范提升高校毕业生就业见习基地管理,总数达到131家,累计接收2.6万名毕业生参加见习,其中1.7万名通过见习实现了就业。2010年高校毕业生实现就业3.3万人,当期就业率达到85%。六是认真做好计划性军转安置任务、自主择业军转干部管理服务以及困难企业军转干部解困维稳工作。创新实施了考试+考核、自主选择单位的"阳光安置"办法,对符合市直安置条件的29名军队转业军官进行了安置,充分体现了公开公正、平等竞争的原则,随军家属全部对口安置到机关、参照公务员法管理或其他事业单位,达到了本人、家庭、单位和部队"四满意"。

【社会保险工作】 全年共征缴各项社会保险费(含农保)73.1亿元,支出44亿元,基金累计结余97.6亿元。至年底,全市企业基本养老保险、机关事业单位养老保险、农村养老保险,城镇基本医疗保险、失业保险、工伤保险和生育保险参保人数分别达到63万人、22.5万人、224.4万人、191.8万人(其中城镇职工参保人数为93.7万人,城镇居民参保人数为98.1万人)、47.1万人、83.6万人和42万人。企业养老参保人数计划完成率、城镇医疗保险新增参保人数、工伤保险基金征缴计划完成率均位居全省第一位。进一步完善社会保险政策。为解决下岗失业断保困难人员、机关事业单位聘用的临时人员和乡镇街道办事处聘用管理的村居、社区干部及专职协管员等人员的社会保险问题，在深入调查了解、广泛征求意见的基础上，以市政府的名义制定了《关于调整完善社会保险有关政策的通知》（临政字〔2010〕68号），既符合上级政策规定，又符合全市实际，党委政府满意，社会各界支持，应参保未参保人员、断保人员踊跃参保续保，仅企业养老保险就扩面净增11.2万人，直接增加基金收入7.5亿元。进一步提高社会保障水平。年初，将基本医疗保险统筹基金支付的年度最高限额由6万元提高到8万元，大病医疗救助的年度最高支付限额由22万元提高到25万元。同时，提高女职工生育保险待遇。连续六年调整企业退休人员基本养老金，年均增幅10%左右。企业退休人员取暖补贴标准，由每人每年24元调整为每人每年1100元，仅此一项就增加支出1.09亿。积极开展新型农村社会养老保险试点工作。在做好老农保和被征地农民社会保障的同时，稳步推进新型农村社会养老保险试点工作。在平邑县国家试点和临沂经济开发区自主试点的基础上，经过积极争取，新增沂水县、费县两个试点县。2010年，全市农村养老保险参保人数达到224.4万人，其中新型农村养老保险参保人数达到166.1万人，适龄参保率达到94%，按月领取养老金的农村老年人达到41.6万人。其中，平邑县一手抓征缴、一手抓发放的做法，得到郭兆信副省长和其他上级领导的充分肯定和好评。市政协组织对平邑县新型农村社会养老保险试点工作进行了专题视察。加强社会保险基金监督和标准化建设。在完善社会保险政策，扩大社会保险覆盖范围的同时，积极开展了经办机构标准化和内控制度建设，社保基金专项治理活动扎实有效，基金监督力度进一步加大，监督管理更加规范。全市累计发放和应用新社保卡64万张，顺利通过国家金保工程示范城市验收。

【和谐劳动关系情况】 坚持以实现职工权益和企业效益的“双赢”为目标，既依法维护职工的合法权益，又为企业生产经营创造良好的环境。在全省率先在乡镇（街道）建立了基层劳动保障监察中队和劳动人事争议调解中心，实现了工作重心下移。劳动监察执法力度不断加大。坚持执法维权与服务发展并重，积极推行劳动监察“一体执法”和“两网化”建设，实行县区异地互查，注重基层监察平台建设，提高执法效能。共检查各类用人单位2.88万户次，涉及劳动者155.1万人次，查处各类案件6371起，督促用人单位补签劳动合同6.1万份，补缴社会保险费4215.6万元，补发拖欠工资839.8万元。劳动人事争议仲裁工作不断创新发展。在全省率先成立了市级劳动人事争议仲裁委员会，在6800余家用人单位建立了企业劳动争议调解委员会。共受理各类劳动争议案件2919件，按期结案率100%，为当事人挽回经济损失6792万元。全市劳动人事争议“双基”建设、劳动人事争议理论探讨、宣传报道工作均居全省第一。劳动工资宏观调控机制进一步健全。全面实施劳动合同法，推行劳动用工备案制度，以提高农民工劳动合同签订率为主要内容的“春暖行动”成效明显，补签劳动合同4.57万份。健全企业职工工资正常增长机制和支付保障机制，做好企业工资指导线发布和最低工资标准调整工作。信访维稳工作机制进一步完善。坚持用群众工作统揽信访工作，落实信访维稳工作责任制，实行领导干部定期接访，注重从源头上预防和化解矛盾纠纷。全年共接待群众来信来访954件，同比下降47%。

【部门自身建设】 认真实施大部门体制改革，基本完成市、县区机构改革，逐步实现职能、机构和人员的彻底融合。通过组织开展创先争优、技能素质提升年和行风政风建设年活动以及以军事教育、警示教育和革命传统教育为主要内容的“三项教育”系列活动，加强廉政风险防范管理，在全系统形成了凝心聚力、干事创业的浓厚氛围。以“和谐临沂民生行”为主题的人力资源和社会保障政策法规宣传年活动，扎实推进，各项宣传工作深入广泛，效果突出，位居全省第一、全国先进，为各项工作的开展营造了良好的氛围。科学编制“十二五”规划，引领人力资源社会保障事业发展，规划统计财务工作居全省第一位。人事教育、依法行政、政策法规、文秘档案、保密督查、计划生育、社区帮扶、老干部服务、赴川援建、植树造林和后勤管理等各项工作，也都取得了新的成绩，呈现出整体推进、协调发展的良好态势。

（赵胜利　李　青）

人口和计划生育

【概况】 2010年，全市计生系统深入贯彻落实中央《决定》和省、市《实施意见》，按照省人口计生委“实事求是报数、扎扎实实工作，确保两条底线不出问题”的总体要求，积极稳妥推进工作，全市人口计生工作健康平稳快速发展。全市共出生130668人，出生率12.36‰，自然增长率6.79‰，合法生育率81.96%，出生人口性别比122.89。

【各级领导重视程度越来越高】 各级充分认识人口计生工作在树立和落实科学发展观、构建社会主义和谐社会、全面建设小康社会中的重要地位，坚持把人口问题纳入全市经济社会发展的总体规划。市委、市政府先后召开了计划生育奖惩兑现大会、县区委书记座谈会、计生工作调度会、全市人口计生领导小组成员会议、半年形势分析会、苍山专题调度会等一系列会议，市人大组织专项视察，强力推进工作措施和领导责任制落实。坚持奖惩并举，2010统计年度，全市共立案查处违反计划生育政策法规案件356起，处分党员286人，起到了较好的震慑教育作用。

【宣传工作】 将宣传教育工作融入文化建设和计生工作的全局，坚持社会化宣传与进村入户宣传相结合，舆论环境宣传与思想工作相结合，宣传领导干部与教育群众相结合，在宣传的广度、深度和实效上下功夫，营造了良好的舆论氛围，全省计划生育宣传教育现场会在临沂市莒南县召开。制定了《关于加强新型婚育文化建设的意见》，发出了《致全市共产党员、共青团员的公开信》，市委书记、市长、分管书记分别发表署名文章，并在临沂日报、临沂电视台刊播了人口计生“十六评”。各县区开展以纪念《公开信》发表30周年为主题的计生文艺演出，县区级演出86场、乡镇379场次、村居4967场次。全市累计投入约7000万元用于计生宣传阵地建设，全市三分之一的村居已基本达到“莒南宣传模式”标准，计划用3年时间，在全市普及。2010年度，全市有8000多对新婚夫妇推迟了生育，有650个农村独女户自愿退掉二孩生育指标。

【综合治理人口问题】 调整充实了市人口与计划生育工作领导小组，新增市纪委、组织部、宣传部、法院、检察院、公安局的一把手担任副组长，明确了46个市直部门的主要负责人为成员，进一步细化分解责任，促进了齐抓共管合力的形成。落实“五要素”垂直考核排序通报制度，实行查下评上、部门互评等考核办法，增强了部门履行分工职责的责任感。各相关部门积极参与计划生育薄弱村帮促、流动人口“一盘棋”管理、出生人口性别比偏高综合治理、计划生育相关信息通报等工作，综合治理人口问题机制不断完善。

【基层基础工作】 大力实施强根固本战略，全面夯实农村、城市社区和企事业单位法定代表人责任制三块“基石”，基层基础工作更加稳固。在农村，进一步完善村民自治章程，创新合同化管理，探索出了以莒南县为代表的“三连”工作机制（连着干部、连着协会会员、连着亲属），通过真发动、真讨论、真签约、真兑现，提高村级自治能力。在城市，进一步托清城区出生人口和育龄妇女管理底数，针对城市化进程中出现的新情况、新问题，把城市社区人口计生工作纳入城市社会管理、社区管理的大格局，努力形成齐抓共管的工作局面。

【进一步树立实事求是的工作作风】 各级紧紧围绕人口控制刚性目标，牢固树立“数字实事求是、工作扎扎实实”的理念，坚持真抓、实抓、深抓，加大经常性考核力度，引导基层下功夫做好经常性工作和基层基础工作。结合第六次全国人口普查，深入开展人口基础信息核查，全市基本托清了出生人口底子，化解了历史遗留问题，为工作上水平打下了坚实基础；改革完善考核办法、内容及方式，设置刚性指标，采取经常性考核、信访直查等方式，加大日常管理工作、实际工作的权重，加大对弄虚作假、隐瞒虚报行为的处罚力度；对人为干扰调研考核工作的单位，给予通报批评，在全市上下形成了真抓实干的良好工作氛围。

【违法生育得到有效遏制】 全市实施统一的“月访季查”工作规范，以育龄妇女进站健康查体为总抓手，着力抓孕前型管理、抓节育措施和补救措施落实，对进站“尾子”实行备案销号制度，最大限度减少了违法生育。针对部分地区非婚生育行为增加、城市社区和流动人口等特殊人群管理难的现状，实现工作重心下移，关口前移。创新工作方式方法，有效地堵塞了管理服务漏洞。

【后进帮促工作】 由组织部门牵头，计划生育分工职责部门参与，对1036个薄弱村居实施市、县、乡3级联动帮促；市里对每个县区进行工作风险评估，加强调度指导。全年全市重点帮促的1036个薄弱村居，76%没有出现违法生育。苍山县合法生育率比上年同期提高30多个百分点。

【完善利益导向机制】 承担利益导向任务的17个市直部门，都制定了贯彻落实的具体办法措施，进一步完善了以"十大优待和两项制约"为基本内容的政策体系。全年全市以"沂蒙惠农一卡通"的形式，直接发放农村独生子女父母奖励费4254.3万元；对农村自愿终生只要1个女孩和符合有关条件落实绝育措施的家庭实行一次性2000－6000元的现金奖励，共发放奖金1104.5万元；人口基金救助独生子女户和双女户贫困学生1090人，发放救助金134万元；为28551名报考本市普通高中的计划生育家庭子女总成绩加10分，在社会上引起良好反响。

【计生服务】 各级不断加大资金投入，按照"两室、一校、一院、一街"（计划生育办公室、服务室、人口学校、文化大院、宣传一条街）的标准要求，推进阵地建设标准化。不断拓宽服务领域，利用乡村计划生育服务站（室）的宣传教育和技术服务功能，循序渐进地推进了"避孕节育优质服务工程、出生缺陷干预工程、生殖道感染干预工程"三大工程。各级坚持以人为本，以技术服务为重点，通过配备流动服务车、组织下乡村服务组、开通热线电话等方式，热心为育龄群众提供系列化优质服务。

【队伍建设和依法行政工作】 市委、市政府制定了《关于进一步加强人口计生队伍建设的意见》，在全市计生系统开展以乡、村两级为重点，以组织建设、制度建设和思想作风建设为主要内容的队伍整训，着力打造一支"思想好、作风正、懂业务、会管理"的县乡计生队伍。通过选优配强县区计生局领导班子和乡镇计生办主任，对村级计生主任实行星级化管理，全市人口计生干部队伍建设取得初步成效。在全市开展了行政执法大检查，坚决治理和纠正损害群众利益的不正之风。加大了计生工作政务公开和信访直查力度，全市没有出现1例恶性案件。

【计生协会工作】 全市各级计生协会围绕计划生育中心任务，坚持服务活动以生育关怀为主，宣传活动以文艺演出为主，组织建设以城市协会为主，工作方式以典型带动为主，评估考核以完善机制为主，协会工作水平和服务能力不断提升。全市已有15%的村（居）建立了文艺宣传队，在5·29协会会员活动日和传统节假日期间，开展丰富多彩的文艺演出活动。广泛开展人口关爱基金捐款活动，动员社会各界捐款102万元，连续4年居全省捐款第一位。

（战　蕾）

民族宗教工作

【概况】 2010年，全市少数民族经济、民族村（居）新农村建设、民族村（居）帮扶、民族教育发展、依法管理宗教事务、宗教和谐创建、宗教团体建设和信息调研等工作成绩突出，开通了临沂市民族宗教事务局门户网站，编发《民族宗教工作情况》97期，被省民委（宗教局）采用70篇条，被国家民委采用1篇条，被国家宗教局采用1篇条。市民宗局被国家宗教局评为"五五"普法先进集体；被省民委、省宗教局表彰为全省民族团结进步、和谐寺观教堂创建活动先进单位，荣获全省民族宗教信息工作一等奖，并受到市委、市政府通报表彰；被市委、市政府表彰为平安临沂建设先进单位；被市文明委复核验收为市级文明机关；被市直机关工委评为党的基层组织工作规范化建设先进单位、"和谐发展 真情服务"群众满意服务品牌。

【民族工作】 对全市部分民族村居新农村建设、长效机制、开展立体帮扶及少数民族发展资金使用情况进行调研，将费县刘庄镇许庄村列入了全市新一轮市直选派干部到社区任职帮扶范围，由市民宗局、市科协共同帮扶，投入扶持资金100万元（民品企业结对帮扶民族村资金80万元）。在沂水、沂南两县召开了全市民族村居调整经济发展方式现场观摩会，全市150名民族村居两委成员和养殖大户参加了观摩学习。指导沂水、沂南、蒙阴等县区建设发展规模化养羊小区、黄牛交易市场。研究确定了2010～2011年度市局新农村建设联系点和民品企业结对帮扶点，制定下发了《关于调整新农村建设联系点的通知》，指导各县区完成了县区局少数民族新农村建设联系点的调整工作。指导联系点制定了年度工作计划,形成《市局新农村建设联系点2010年度工作重点》。编制了《2010年少数民族发展资金项目库》。联合市财政局拨付了2010年市少数民族发展资金45万元,重点对6个民族村居的发展建设项目进行了扶持。拨付使用省少数民族发展资金80万元,重点扶持了8个民族村居的基础设施及产业结构调整项目。制定了《临沂市民族宗教事务局关于开展强农惠农资金专项清理和检查工作的实施方案》,做好了市强农惠农专项检查工作。联合市人民银行对5家民品企业相关情况进行了调研。召开了2010年度民品企业优惠贷款额度确定会议,累计增加贷款1亿元。对5家民品企业全年优惠利率贷款报批额度近4亿元。向中央财政申请2010年度民品企业技术改造专项资金16万元。发动民品企业开展向地震灾区捐款捐物活动,累计捐款285941元,捐赠喷雾机600台(价值20万元)。继续推行民品企业与民族村结对帮扶工作。联合市委组织部、统战部在市委党校举办了全市少数民族村居两委负责人培训班,培训民族村居书记、主任54人。在郯城县召开了全市民族宗教工作现场会,重点解决个别地方民族领域存在的突出问题。通过书面调查、召开座谈会、实地调研等形式对少数民族在办理车辆贷款、保险等方面的问题进行了调查摸底,形成专题报告呈报送市委、市政府有关领导,并及时上报省民委。指导沂水、莒南、临沭、罗庄等县区妥善处理了涉及少数民族群众的矛盾纠纷。做好了全市新疆籍少数民族人员的稳定工作,对全市外籍人员情况进行了进一步摸底,并组织各县区做好稳定工作。做好了上海世博会期间全市民族领域稳定工作。组织了对全市民族领域开展“五五”普法依法治理检查验收并上报工作情况。开展了第10次全市民族团结进步宣传月活动。组织了9项专题重点活动,扩展宣传教育的知晓面,扩大了宣传教育的效果。联合市委统战部制定下发了《关于对2010年民族团结进步宣传月活动开展情况进行督导的通知》,成立督导组,深入部分县区就宣传月活动组织实施、活动协调、注重实效和解决问题等情况进行督导。邀请省伊协“卧尔兹”巡回演讲团先后到郯城县马头清真寺、罗庄区花埠圈村清真寺开展“卧尔兹”巡回演讲活动。继续做好国办发【2008】33号文件的贯彻落实和监督检查,下发了《关于开展对清真食品生产、经营场所集中检查活动的通知》,联合市教育局对部分中小学设立清真餐厅或清真灶情况进行了督导。联合市委宣传部、统战部制定下发了《关于深入开展全市民族团结进步创建活动的实施意见》,对各级开展民族团结进步创建活动进行了部署。继续把民族村居“民主法治示范村”和“民族团结进步和谐村居、社区”创建活动作为一项根本性、长期性工作紧住不放,加强调度,统一验收标准,力求取得实效。在山东省第六次民族团结进步表彰大会上,市委、市政府作了典型发言,费县梁邱镇、高新区马厂湖镇东迭庄村、兰山区银雀山街道南关社区被表彰为全省民族团结进步和谐乡镇、村居、社区。组织全市3名少数民族干部参加了第五期全省少数民族中青年干部培训班。形成了《关于对临沂市民族工作重点县区配备少数民族干部的建议》,报市委组织部、统战部和有关领导。联合市委统战部做好了新增政协委员的组织考察工作。向市有关部门报送了《统战代表人士材料》和《民族领域开展区域协作工作的情况》。对全市部分民族学校基础设施及内部配套情况进行了调研,拨付了2010年度市少数民族教育资金。联合市教育局、财政局上报了《2010年民族中小学改厕治污项目申请表》,对1所民族小学改厕工程给予省少数民族教育资金扶持。顺利完成了对全市238名少数民族考生的高考身份认定、登记工作。联合市体育局积极做好了第八届全省少数民族传统体育运动会的前期筹备,共上报参赛项目3个,参赛运动员36名。下发了《关于贯彻落实 < 关于进一步做好新形势下城市民族工作的实施意见 > 的通知》,对做好临沂市城市民族工作提出指导性意见。起草了《关于进一步繁荣发展少数民族文化事业的意见》。对全市民族工作大调研大讨论活动中的优秀调研成果,向国家民委申报了国家民委系统调研报告优秀成果奖。对全市少数民族人口、村居等情况进行了统计上报,编写了全市开展农村民族工作的情况。向市发改委报送了“十二五”规划民族方面修改意见。做好了对市政协委员提案的答复工作。向市全民科学素质工作领导小组报送了《关于民族领域贯彻实施 < 全民科学素质纲要 > 工作情况的自查报告》。通过严格审核,对10名符合条件、自愿申请更改民族成份的少数民族群众出具了证明。

【宗教工作】 组织召开了全市宗教工作会议和宗教联合执法工作座谈会,贯彻落实全省宗教工作会议和深化和谐宗教场所创建活动现场会精神。市、县两级宗教工作部门先后组织宗教工作干部、宗教界人士和场所负责人参加创建“和谐宗教活动场所”培训班30多期，培训2200多人。市、县两级宗教工作部门利用报纸、局网站等媒体，积极向社会进行宣传。全市张贴标语1200多条，建宣传栏800多块，发放宣传材料3万份。先后到兰山、罗庄、苍山、郯城、沂南、费县等县区的宗教活动场所检查指导。结合国家宗教局制定的《宗教活动场所财务监督管理办法（试行）》和《教职人员备案办法》等相关规定，在兰山、罗庄、郯城、沂南、苍山等县区进行了试点，并在罗庄区召开了全市创建和谐宗教活动场所及财务规范管理经验交流会，推广了罗庄区基督教两会对宗教活动场所财务实行“双代管”的经验，得到了省宗教局的充分肯定。年底，组成3个考核组，参照《创建“和谐宗教活动场所”考核标准》，对各县区开展“两项活动”情况进行了考核验收。全市有221个“和谐宗教活动场所”达到标准，其中受国家宗教局表彰的有2个，省宗教局表彰的73个，市宗教局表彰的146个。市、县两级宗教工作部门先后组织宗教界人士和信教群众骨干参加培训班10余期，培训1800多人次。选派3名党政、公安和宗教工作干部到国家宗教局学习培训。邀请了省民委主任、宗教局长马文艺先后两次来临沂市为市人大常委会的常委和有关单位负责人作宗教形势报告。邀请全国政协委员、省伊斯兰教协会会长丁文方为临沂市民族宗教界学习时事政策作辅导报告。先后配合省委有关部门、市人大、市政协、市委统战部就全市开展创建活动、宗教界代表人士的培养使用、抵御境外宗教渗透、实施《宗教事务条例》等情况进行了3次专题调研。对全市寺观教堂情况进行统计，全市现有宗教活动场所913处，其中，佛教10处，道教3处，伊斯兰教31处，天主教108处，基督教761处。配合市旅游、工商、质监等部门，对全市佛教、道教场所进行了检查，指导市佛教协会下发文明燃香倡议书，较好地规范了寺观燃香，规范了全市佛教、道教活动秩序。指导县区检查了乱建寺观教堂和露天宗教造像情况，先后指导兰山、罗庄、苍山、沂水、沂南等县区查处非法进行的宗教活动。接待了滨州、德州、日照、枣庄等市来临沂市交流工作经验。联合有关部门认真做好天主教临沂教区在沂水县圣母山举行的大型朝圣活动，指导有关县区搞好配合服务。组织宗教团体召开了季度议事会、举办宗教界人士培训班。妥善处理了因建设寺观教堂等情况引起的信教群众来访。指导兰山、费县等县区落实宗教房产和宗教场所的还建，指导兰山区伊协做好了南北道清真寺的重建工作。加强与公安、国家安全部门的联系，共同做好抵御境外利用宗教进行的渗透活动，在统战部门的协调下，与公安、国家安全部门召开了抵御境外宗教渗透及联合执法工作座谈会，促进了联合执法工作的深入开展。先后指导市基督教两会举办了义工培训班和教职人员培训班。指导兰山区查处了带有境外渗透性质的基督教培训班。在全省抵御境外宗教渗透工作会议上作了典型发言。指导各宗教团体和宗教活动场所依据宗教法规建立健全了宗教团体人员、财务、会计、治安、消防、卫生防疫等管理制度，以及“会议、财务收支、宗教活动、信教群众、公益事业、外来人员”等登记簿。组织市基督教、天主教团体与济宁、江苏的淮阴等市团体学习交流。在宗教界开展了“十百千”培训工程。先后指导宗教界举办天主教、基督教界人士培训班，共培训了200多名宗教界人士和场所负责人。年底，组成考核组，对全市性5个宗教团体秘书长以上人员进行了考评。开展“讲奉献、献爱心”活动，修路、义务植树、修善学校等好人好事几百件，为社会福利院、困难群众捐款10多万元。青海玉树地震发生后，全市宗教界捐款30多万。开展了法律科技进教堂活动，组织信教群众在经济建设中发挥积极作用，办企业60家，个体工商户80家，专业合作社20家。

（韩　超）

老龄工作

【**概况**】 2010年，全市老龄工作坚持“党政主导、社会参与、全民关怀”的老龄工作方针，紧紧围绕市委、市政府的中心工作，实施积极老龄化战略，突出做好扶持养老服务业政策的落实，积极推进养老保障体系建设，全市老龄工作取得了新成效，老龄事业有了新的发展。

【**完善养老保障机制**】 全市养老保障事业获得较快发展，在巩固家庭养老的同时，逐步完善社会养老保障机制。《家庭赡养协议书》签订及兑现工作扎实推进，并把精神慰藉作为赡养协议的重要内容。新农保在平邑县进行试点，全年有45.6万人参保，有12.9万人按月领取养老金，发放养老金8947万元。继平邑县之后，沂水县和费县也被确定为新农保试点县，沂水县参保人数为52.1万人，参保率为97.23%；费县参保人数为37.3万人，参保率为93%。新型农村合作医疗快速发展，全市农村老年人参合率达99.8%。"银龄安康工程"顺利实施，全市共有18.3万名老年人投保，承保金额217万元，理赔189例，赔付金额41万元。开展了以"情暖高龄失能老人"为主题的"银龄救助"活动，全市共为28名贫困老人，每人一次性发放救助金800元。认真做好"银屏惠老工程"实施工作，年内先后两次为农村没有电视机的贫困老年人家庭发放240台彩色电视机。

【推动养老服务业发展】 认真落实各级关于发展养老服务、居家养老服务的政策规定，制定了《关于开展养老服务业促进年活动的通知》，明确了养老服务业促进年的指导思想、目标要求和主要内容，确定了推动养老服务业发展的4项措施。认真做好全市养老服务机构的实名统计工作和养老服务业的调研工作，通过统计，摸清了全市住养服务机构的情况，总结了发展养老服务业的典型经验和做法。积极争取资金，多渠道扩大对养老服务业的投入，积极推进养老服务机构建设，年内共争取到省市两级财政资金45万元，分别扶持3所老年公寓。

【尊老敬老工作】 "敬老月"期间，市老龄委联合市慈善总会、临沂日报报业集团和山东九州商业集团，联合开展了慈善敬老活动，为100名百岁老人和100名孤寡困难老人每人发放1000元慰问金和救助金。全市"敬老月"期间共走访慰问特困老人、高龄老人、老干部老党员等6800余人次，发放慰问救助金680余万元，组织老年人开展文体娱乐活动共200余次。重阳节上午，由中央文明办志愿服务工作组等部门主办，中共临沂市委、临沂市人民政府承办的大义临沂？全国敬老爱老志愿服务活动启动仪式暨第二届中国临沂孝河文化节隆重举行。10月8日，平邑县被授予"山东省长寿之乡"称号。

【保障老年人合法权益】 各级各部门认真贯彻落实"老年法"、省"条例"和"优待老年人规定"，充分运用法律和道德手段，加强老年人权益保障工作。畅通信访渠道，认真接待老年人来信来电来访，做到了事事有结果，件件有回音。认真做好老年优待证的办理发放工作，保证老年优待证在承诺期限内及时办理，全年共免费办理老年优待证2万余份。大力开展"银龄行动"，继续以市老科协为依托，积极组织开展了"百名专家讲科普"活动。开展"银龄爱心志愿"服务活动，成立了沂蒙红叶爱心志愿分团；全市涌现出一大批老有所为先进个人，其中15名模范老人受到了省老龄委的表彰。

【开展老龄工作调研，做好"十二五"老龄事业规划编制工作】 根据全国老龄办相关文件要求，由沂水县老龄办填报《基层老龄工作状况调查》问卷及调研报告，为上级老龄部门全面了解基层老龄工作现状提供依据和参考。做好2010年中国城乡老年人口状况追踪调查工作，积极组织相关工作人员进行业务培训，按照调查方案在郯城县和沂南县展开调查，圆满完成了调查任务。12月中旬，全国老龄科研中心督导组到沂南县进行了入户回访，对调查工作给予了高度评价。立足于全市老龄事业发展实际，在抓好老龄事业发展"十一五"规划实施情况评估验收的同时，市老龄委按照市政府的统一部署积极做好全市老龄事业发展"十二五"规划编制工作，经过反复讨论修改形成了"十二五"规划的初稿。

【加强老龄队伍和自身建设】 加强老龄宣传信息队伍建设。制定《关于加强老龄宣传报道和信息工作的通知》及老龄宣传报道信息考核办法，规定各县区老龄办要按时统计和报送用稿情况。认真做好基层党建工作规范化建设工作。5月开展了机关党支部换届选举工作，严格依照程序选出新一届机关支部委员会委员。积极开展创建"学习型机关"活动和"创先争优"活动，认真贯彻落实党风廉政建设责任制，对每个工作岗位和工作环节都进行了风险点排查，并围绕排查确定的风险点细化了30多条防控措施，实现了对岗位廉政风险点管理全方位一体化的识别防控。

（吕方晨）

县区概况

兰 山 区

中共区委书记　李沂明
副　书　记　耿学伟　谢华东　张佃虎
区人大主任　王兰荣
副　主　任　杜嘉密　张秋实(女,回族)
　　　　　　杨忠森　徐宝平　王振国
　　　　　　徐金民
区　　　长　耿学伟
副　区　长　刘耀华　季维良
　　　　　　谢大鹏(挂职,9月离任)
　　　　　　牟玉善　刘庆云(女)
　　　　　　王永哲　李玉华
区政协主席　颜景芳
副　主　席　王观利　王爱君(女)
　　　　　　孙汉富　慕增军(女)
　　　　　　廖俊义　张豪轩
区纪委书记　孙百迎(1月离任)
　　　　　　王德宏(1月任职)

【概况】 全区总面积594.6平方公里。辖10个镇、街道和1个工业园,370个行政村、社区。年末全区总人口90万人。全年实现生产总值472.60亿元,增长13.7%。其中,第一产业增加值5.79亿元,下降1.8%;第二产业增加值250.11亿元,增长13.5%;第三产业增加值216.7亿元,增长14.4%。三次产业比重为1.2:52.9:45.9。

【农业】 全年农林牧渔业实现增加值5.79亿元,下降1.8%。全年完成农林牧渔业总产值9.0亿元。其中,农业总产值5.5亿元;渔业总产值0.3亿元;农林牧渔服务业总产值0.24亿元;林业总产值0.47亿元;牧业总产值2.49亿元。全年粮食总播种面积2.34万公顷,粮食总产13.17万吨,其中:夏粮总产6.35万吨,秋粮总产6.82万吨。粮食单产375.4公斤。

【工业】 全区规模以上工业企业553个,实现主营业务收入1025.45亿元,增长28.5%;实现利税总额77.39亿元,增长32.9%;实现利润总额60.88亿元,增长38.2%。规模以上工业企业中,食品、板材、有色金属三大支柱产业共339家,累计完成产值690.77亿元,增长23.1%;实现利税49.94亿元,增长41.2%;实现利润40.08亿元,增长46.8%。年内,有134家企业产值过亿元,比上年增加27家,累计实现产值612.82亿元。其中:产值过10亿元的企业10家;利税过千万元的企业107家,比上年增加25家,实现利税43.83亿元,同比增长39.6%。全区现有中国驰名商标2个,山东著名商标15个。工商注册的中国名牌2个,山东名牌22个,服务名牌3个。

【固定资产投资】 规模以上固定资产投资累计完成320.46亿元,同比增长22.6%。其中:城镇投资完成217.16亿元,房地产投资占72.8亿元,同比增长9%;农村投资完成103.3亿元。全区共有投资项目730个。其中,本年新开工项目478个,完成投资141.4亿元。过5000万元的项目166个,完成投资183.7亿元;亿元以上项目59个,完成投资135.6亿元。

【商贸】 全区实现社会消费品零售总额352.86亿元,同比增长19.9%。批发业实现社会消费品零售额57.58亿元,增长17.0%;零售业实现零售额268.27亿元,增长20.6%;住宿业实现零售额3.59亿元,增长22.0%;餐饮业实现零售额23.42亿元,增长18.9%。其中,限额以上商贸企业实现社会消费品零售额93.06亿元,增长31.8%,高出社会消费品零售总额增幅11.9个百分点。

【邮政·电信】 全区邮政业务总量3458万元,增长11.3%。电信业务收入16.97亿元,增长29.4%。固定电话用户29.74万户;移动电话用户153.8万户,比上年同期增加17.91万户。年末互联网用户达18.34万户,比上年同期增加2.07万户。

【财税·金融】 全区实现地方财政收入24.5亿元,增长20.3%,占二三产业增加值的比重为5.2%。税收收入为20.5亿元,增长20.45%,占二三产业的比重为4.4%,税收收入占财政收入的85.4%。全区共实现税收入45.61亿元,增长26.1%,占二三产业增加值的比重为9.8%。金融机构存款余额681.62亿元,增长17.4%。其中居民储蓄存款余额406.81亿元,增长21.7%。金融机构贷款余额588.25亿元,增长14.5%。

【教科文卫】 辖区内各类学校147所(不含大学),其中,普通中学32所,中等专业学校12所,小学103所,全部在校学生共有167588人,学前一年受教育率、义务教育普及率均为100%,高中段升学率为100%。全区有国家级现代教育技术示范校1处,省级现代教育技术示范校9处,省级规范化学校20处,市级规范化学校70处。全年共有10476人参加高考,本专科学生录取7268人,其中本科录取人数为4158人。拥有区级公共图书馆1个,档案馆1个,群众艺术团1个,文化馆1处,文物所1个,文化艺术研究室1个。公共图书总藏书量29.2万册。全区共有文化产业单位2346个,从业人员2.2万人。全年实现文化产业增加值30.17亿元,同比增长24.7%,占GDP的比重为6.4%,比上年提高0.35个百分点。辖区内拥有医院、卫生院50处,拥有病床床位7298张,卫生技术人员6865人。其中,拥有民营医院16处,有病床610张,卫生技术人员538人。年末参加农村合作医疗人数达468630人。

【社会生活】 城镇居民人均可支配收入21038元,比上年增长12%;农民人均纯收入8158元,增长13.8%,农民人均生活消费性支出4890元,增长12.2%。全区参加医疗保险的人数246807人。其中,参加基本医疗保险的职工为115632人,参加城镇居民医疗保险的人数为131175人,参加失业保险人数26380人。年末,城镇登记失业人数4365人,下岗再就业人数为4394人。

【兰山区乡镇、街道概况】

兰山街道

党工委书记 王康亮
办事处主任 胡忠良

全街道有村居委47个,总人口196765人,总面积57.9平方公里,其中耕地面积200公顷。全年完成财政收入8.3亿元,农民人均纯收入8866.3元,粮食总产1500吨。有规模以上企业44个,学校4所,卫生院2所。

银雀山街道

党工委书记 谭纪玉
办事处主任 刘英娣

全街道有村居委16个,总人口15.3万人,总面积1660公顷。全年完成财政收入21436万元。有规模以上企业21个,学校2所,卫生院1所。

金雀山街道

党工委书记 桑立杰
办事处主任 孙兰珂

全街道有村居委 17 个,总人口 17.6 万人,总面积 1846 公顷。全年完成财政收入 20067 万元。有规模以上企业 7 个,学校 3 所,卫生院 14 所。

南坊街道

党工委书记 洪　剑
办事处主任 宋奎宇

全街道有村居委 47 个,总人口 12.3 万人,总面积 52.03 平方公里。全年完成地方财政收入 2.6 亿元,农民人均纯收入 8692 元。有规模以上企业 20 个,学校 16 所,卫生院 1 所。

白沙埠镇

镇党委书记 赵国芳
镇　　　长 雷贵松

全镇共有村委会 36 个,总人口 63597 人,总面积 7026 公顷,其中耕地面积 3064 公顷。全年完成财政收入 3879 万元,农民人均纯收入 7641.2 元,粮食总产量 27394.822 吨。规模以上企业 37 家,学校 9 所,卫生院 2 所。

枣沟头镇

镇党委书记 杨耀寰
镇　　　长 闫德龙

全镇有村居 50 个,总人口 6.4 万人,总面积 6341 公顷,其中耕地面积 2930 公顷。全年完成财政收入 4203 万元,农民人均纯收入 7601 元,粮食总产 22306 吨。有规模以上企业 47 个,学校 2 所,卫生院 1 所。

半程镇

镇党委书记 王　辉
镇　　　长 赵东明

全镇共有村(社区)50 个,总人口 62544 人,总面积 8912 公顷。其中耕地面积 4445 公顷,全年完成财政收入 11536 万元,农民人均纯收入 7947 元,粮食总产量 28533 吨。有规模以上企业 42 个,学校 10 所,卫生院 1 所。

李官镇

镇党委书记 赵继恺
镇　　　长 李永军

全镇有村居委 49 个,总人口 4.6 万人,总面积 82.86 平方公里,其中耕地面积 2666.67 公顷。全年完成财政收入 818 万元,农民人均纯收入 7208 元,粮食总产 1.8 万吨。有规模以上企业 24 个,学校 2 所,卫生院 1 所。

义堂镇

镇党委书记 王玉杰
镇　　　长 胡发贵

全镇现有村 35 个,总人口 5.9 万人,总面积 52.7 平方公里。全年完成地方财政收入 1.157 亿元,农民人均纯收入 8324 元。有规模以上企业 138 个,学校 3 所,中心卫生院 1 所。

朱保镇

镇党委书记 潘　瑜
镇　　　长 王金生

全镇有村居 30 个,总人口 3.9 万人,总面积 48.8 平方公里,其中耕地面积 3308 公顷。全年完成财政收入 6130 万元,农民人均纯收入 8531 元,粮食总产 1886 吨。有规模以上企业 103 个,学校 8 所,卫生院 1 所。

兰山区专栏撰稿人:王希层　寇利明　杨晓娜

罗　庄　区

中共区委书记 王行华
副　书　记 刘淑秀(女,12 月离任)
丰程秀(女,12 月任职)
王皓玉(12 月离任)
区人大主任 山常青
副　主　任 武玉芹(女,1 月离任)
刘剑利(女)　赵日坤
陈相明　江　伟

杜宝珍(女,1月任职)
区　　　长　刘淑秀(女,12月离任)
丰程秀(女,12月任代区长)
副　区　长　魏九成　钟呈春(1月离任)
吴汉林
周开举(挂职,12月离任)
张洪龙　王凤英(女)
杨翠晓　吴兴华
张玉军(1月任职)
李洪刚(挂职)
区政协主席　高文堂
副　主　席　刘继双　王志伟
辛　玲(女)　刘树荣
刘成银　李善农
区纪委书记　吴昌力

【概况】　全区总面积370平方公里,辖7个街道、1个镇、58个社区、97个行政村。年末全区总人口43.13万人。完成地方生产总值207.3亿元,增长13.8%。其中,第一产业增加值5.23亿元,增长3.0%;第二产业增加值136.64亿元,增长13.3%;第三产业增加值65.43亿元,增长15.5%。三次产业比例为2.52:65.92:31.56。规模以上固定资产投资完成100.2亿元,增长22.9%。完成区域财政总收入23.02亿元,增长16.7%,其中地方财政收入10.96亿元,增长21.1%。年末金融机构存贷款余额分别为168.56亿元和149.15亿元,比年初分别增加26.08亿元和13.51亿元,存贷比为113:100。

【农业】　全年农林牧渔业实现总产值8.66亿元,比上年增长3.0%。其中,农业4.47亿元,增长4.4%;林业0.21亿元,增长3.4%;牧业3.7亿元,增长3.2%;渔业0.25亿元,增长7.1%;农林牧渔服务业0.12亿元,增长1.2%。全年农作物总播种面积1.876万公顷,比上年增加26.67公顷;粮食总产10.58万吨,增加0.23万吨;单产376公斤,增加3公斤。全年生猪出栏12.98万头,牛0.29万头,羊1.05万只,家禽252.85万只。年末全区生猪存栏9.99万头、牛1.21万头、羊0.71万只、家禽122.38万只。肉类总产量1.36万吨,增长22.9%;禽蛋总产量0.92万吨,增长38.2%;奶类产量2.71万吨,下降12.9%。水产品产量2508吨,增长17.1%。全年完成新造林466.67公顷,森林覆盖率达30.2%。全区农机总动力23.01万千瓦,机耕率达96%,机播率达90%。

【工业】　全区新增规模以上企业102家,累计达402家。规模工业完成总产值638.81亿元、主营业务收入683.29亿元、利税70.08亿元、利润43.58亿元,同比分别增长21.3%、26.9%、32.6%和33.9%。食品、机械、建材、医药、化工、纺织服装、冶金、煤炭电力八大支柱行业完成总产值616.1亿元,增长23.8%,占规模以上工业经济总量的96.4%。制造业完成产值557.59亿元,增长20.44%,占规模以上工业经济总量的87.28%。产值、利税过亿元企业分别达到52家和9家。全区规模以上企业发展到400家,其中产值过10亿元企业10家、过亿元企业52家,利税过亿元企业9家、过千万元企业35家;华盛江泉集团、沂州水泥两家企业入选全国500强,华盛江泉集团连续9年入选。全年实现高新技术产业产值220.13亿元,占规模工业总产值的34.46%,科技进步对经济增长的贡献率达58%。

【建设·环保】　路网体系更加完善。投资2.5亿元建设改造20余条主次干道34公里,罗七路、临册路一期、电厂路全面改造完成,湖北路、振兴大道改造正在实施。服务功能日益增强,投资2亿元敷设燃气管网、暖气管网65.5公里、修复城区路面1.9万平方米、实施了35公里的弱电下地工程。绿化美化不断提升,完成了南环路中段、罗七路、电厂路、沂州路等绿化建设,新增绿化面积19万平方米,建成区绿地率、绿化覆盖率、人均公共绿地面积分别达43.2%、45.4%和12.2平方米,城市环境和品位进一步提升。对新206国道、通达南路等32条主次干道公路、城市出入口进行整治,其中新206国道、通达南路完成拆迁9万平方米、建筑立面改造2.5万平方米、新建古建筑2.1万平方米、新增绿化9.4万平方米。投资7亿余元建设15项迎淮重点工程,整治各类排污企业300余家,所有出境断面水质均实现了稳定达标排放,圆满完成迎淮检查。加强大气污染防治,36家页岩砖厂安装脱硫设施,67家建陶企业安装大布袋除尘器,焦化企业全部安装煤气脱硫设施,关闭拆除各类钢铁、焦化、“土小”企业30余家,预计年内COD削减2800吨,SO2削减1万余吨。加快建设绿色城区,实施环城森林、生态林场、水系生态绿化、单位庭院绿化四大工程，新造林466.67公顷，补植完善1533.33公顷，初步建成滨河、庆云山、麒麟山三大林场，全区森林覆盖率达29.6%。房地产开发投资9.60亿元，增长33.0%。其中，商品房建设投资3.77亿元，增长15.3%。全年商品房施工面积75.32万平方米，增长10.6%；竣工面积3.25万平方米，下降78.9%；销售面积12.74万平方米，下降45.7%；商品房销售额3.24亿元，下降21.3%。

【交通·邮电】 公路通车里程748.29公里。全年完成货运量952.40万吨，货运周转量6.44亿吨公里，客运量2172万人次，客运周转量2.49亿人公里。全年完成邮政业务总量803万元，增长17.7%；电信业务收入3.31亿元，增长14.4%。年末固定电话用户8.06万户，移动电话用户50.26万户，宽带用户3.54万户。

【贸易·旅游】 全年完成社会消费品零售总额61.18亿元，增长20.1%。批发零售企业实现零售额56.23亿元，增长19.8%；住宿餐饮业实现零售额4.93亿元，增长22.9%。全年实现服务业增加值65.43亿元，增长15.5%。实现进出口总额9.47亿美元，增长60.3%，其中，进口6.86亿美元，自营出口2.6亿美元，分别增长78.3%和26.6%。全年实际利用外资1497万美元，下降70%；新增境外生产企业和贸易公司5家，境外投资7080万美元。旅游景点全年接待国内外游客138万人次，增长22.0%；实现旅游总收入6.5亿元，增长24.0%。

【教科文卫】 全区拥有国家级技术中心1家、省级5家、市级7家，规模企业设立科技研发中心达80%以上，有200多家企业与高等院校、科研院所建立了合作关系，高新技术产业产值占规模以上工业产值的比重达35%，科技进步对经济增长的贡献率达60%。大力发展品牌经济，实施质量兴区和名牌战略，全年共申请专利291件，增长76%，授权专利201件，增长28.4%，居全市前列；全区拥有中国驰名商标6件、山东省著名商标10件，中国名牌产品2个、山东名牌产品13个、山东省服务名牌1个、中国专利山东明星企业12家。建成8个街道(镇)综合文化站、123个村居文化大院、87个农家书屋、全国文化信息资源共享工程支中心及192个基层服务站点。全年共招收小学新生7587人，初中新生5732人，高中新生2498人。义务教育适龄入学率达100%，残疾儿童入学率达97%，小学、初中在校学生巩固率分别达100%、98.6%。年末在校学生61457人，其中，普通高中在校学生6638人，初中在校学生16884人，小学在校学生33300人，中等职业学校在校生4635人。完善教育经费保障机制，中小学生均公用经费分别提高至795元、530元；加快实施中小学校舍安全工程，投资3607万元、新建校舍3.9万平方米，办学条件全面改善，罗庄区被评为全国教育工作先进县区。全区建证建卡儿童9267人，建卡建证率均达100%，共接种各类疫苗46万余人次，其中“五苗”全程接种率达95%以上。全区拥有卫生医疗机构235处，其中医院、妇保院、疾病中心及卫生院15处，医院及卫生院病床1100张，共有卫生技术人员1018人，其中执业医师及执业助理医师558人，执业护士360人。积极创建国家卫生城市，顺利通过了国家爱卫会暗访。

【社会生活】 城镇居民人均可支配收入21038元，增长12.0%；人均消费性支出12325元，增长2.4%。农民人均纯收入6825元，增长14.5%；人均生活消费支出3822元，增长8.9%。人均GDP为47875元，增长12.8%。全区在岗职工平均工资36636元，同比增长18.2%。全区城镇就业人员达66697人，其中新增就业人员8756人；完成农村劳动力转移就业16210人。城镇登记失业率为1.82%。全区企业、机关事业单位养老保险参保人员分别达4.2万人和7570人，工伤、生育、失业保险参保人数分别达47741人、28205人、15617人。全区基本医疗保险参保人数达117572人，其中城镇职工基本医疗保险参保人员42826人；城镇居民医疗保险参保人员达74746人，农村养老保险参保农民25447人。做好新农合推广工作，新型农村合作医疗达31.53万人，村居、农民参合率分别达100%、99.96%。提高五保供养水平，探索居家养老服务模式，推进养老服务社会化，全区集中供养率达71%以上。实施积极的就业政策，城乡就业从业人员达到7万人，城镇登记失业率保持在2.5%以内。实施“阳光培训工程”和科技培训工程，加快农村劳动力转移，累计培训农村劳动力1.8万余人、转移农村劳动力1万余人。

【罗庄区乡镇、街道概况】

罗庄街道办事处

党工委书记　张连胜
办事处主任　孟宪伟

全街道办事处有村居委 27 个,总人口 103721 人,总面积 4800 公顷,其中耕地面积 674.4 公顷。全年完成财政收入 31138.2 万元,粮食总产 6089 吨。有规模以上企业 66 个,学校 11 所,卫生院 2 所。

付庄街道办事处

党工委书记　密长诚
办事处主任　张其伟

全街道办事处有村居委 18 个,总人口 48502 人,总面积 4591 公顷,其中耕地面积 1311 公顷。全年完成财政收入 4913.5 万元,粮食总产 12574 吨。有规模以上企业 55 个,学校 6 所,卫生院 1 所。

盛庄街道办事处

党工委书记　李建成
办事处主任　黄慧林

全街道办事处有村居委 13 个,总人口 54927 人,总面积 4041 公顷,其中耕地面积 458 公顷。全年完成财政收入 5354.9 万元,粮食总产 4390 吨。有规模以上企业 49 个,学校 5 所,卫生院 1 所。

册山街道办事处

党工委书记　郑月庆
办事处主任　刘　春

全街道办事处有村居委 18 个,总人口 61310 人,总面积 5227 公顷,其中耕地面积 1831 公顷。全年完成财政收入 2599.4 万元,粮食总产 21129 吨。有规模以上企业 47 个,学校 9 所,卫生院 1 所。

高都街道办事处

党工委书记　赵金果
办事处主任　顾　伟

全街道办事处有村居委 14 个,总人口 49264 人,总面积 4820 公顷,其中耕地面积 2050 公顷。全年完成财政收入 3440.7 万元,粮食总产 21979 吨。有规模以上企业 40 个,学校 6 所,卫生院 1 所。

双月湖街道办事处

党工委书记　邵长满
办事处主任　彭长强

全街道办事处有村居委 20 个,总人口 35631 人,总面积 3600 公顷,其中耕地面积 418 公顷。全年完成财政收入 4338 万元,粮食总产 3641 吨。有规模以上企业 40 个,学校 5 所,卫生院 4 所。

汤庄街道办事处

党工委书记　江　伟
办事处主任　张　灏

全街道办事处有村居委 13 个,总人口 29164 人,总面积 3172 公顷,其中耕地面积 1232 公顷。全年完成财政收入 1762.5 万元,粮食总产 11102 吨。有规模以上企业 25 个,学校 5 所,卫生院 1 所。

沂堂镇

镇党委书记　陈一伟
镇　　　长　王建平

全镇有村居委 32 个,总人口 48786 人,总面积 7585 公顷,其中耕地面积 3408 公顷。全年完成财政收入 746.6 万元,粮食总产 24856 吨。有规模以上企业 16 个,学校 5 所,卫生院 1 所。

罗庄区专栏撰稿人:苗士青　汤怀泉　全玉玮

河　东　区

中共区委书记　刘占仁
副　书　记　李枝叶　陈　霖
区人大主任　段大广
副　主　任　郑朋选　盖慧涵(女)
毛立志　王　铸　侯相芹

区　　　长　李枝叶
副　区　长　刘克祥　张廷强
　　　　　　杨俊义(9 月离任)
　　　　　　李　楠(女)　尤作贵
　　　　　　徐立峰　张玉军(1 月离任)
　　　　　　李　鲁(1 月任职)
　　　　　　管佃如(10 月任职)
区政协主席　郑克勤
副　主　席　王亚非　马　华　相西钧
　　　　　　杨化邦　肖树贵
　　　　　　李宗芬(女)
区纪委书记　李延杰

【概况】　全区总面积 547.8 平方公里。辖 9 个乡(镇、街道办事处)和 1 个省级工业园区、1 个临沂汤泉旅游区,307 个行政村。年末全区总人口 50.62 万人。全年实现生产总值 107.6 亿元,比上年增长 13.6%。其中,第一产业增加值 8.49 亿元,增长 3.3%;第二产业增加值 57.17 亿元,增长 14.0%;第三产业增加值 41.94 亿元,增长 15.4%。全社会固定资产投资 64.5 亿元,增长 23.6%。

【农业】　全年农林牧渔业实现总产值 15.57 亿元,比上年增长 4.4%。粮食总产 23.1 万吨,与上年持平;棉花总产 90 吨,下降一半;油料总产 1.04 万吨,增长 2.9%;水果总产 1.65 万吨,增长 2.5%;蔬菜总产 15.95 万吨,下降 11.1%;水产品总产 0.35 万吨,下降 1.5%。肉类总产 1.63 万吨,禽蛋总产 1.22万吨,奶类总产 0.39 万吨。全年完成造林面积 2500 公顷。全区农机总动力 64.94 万千瓦,增长 3.36%。

【工业】　全年实现工业增加值 50.27 亿元,比上年增长 14.8%。规模以上工业企业(年主营业务收入 500 万元及以上的工业法人企业)216 家,实现增加值 32 亿元,增长 17.26%;实现主营业务收入 149.4 亿元,增长 26.12%;实现利税 7.02 亿元,增长 26.87%;实现利润 4.95 亿元,增长 31.25%。资质三级及以上建筑企业 20 家,完成建筑业总产值 6.5 亿元。

【贸易·旅游】　全年实现社会消费品零售总额 43 亿元,比上年增长 19.5%。其中,城市市场实现零售额 40.79 亿元,农村市场实现零售额 2.21 亿元。实现进出口总额 28341 万美元,增长 33.8%,其中出口 27503 万美元,增长 31.8%。新签利用外资项目 5 项,合同外资额 1792 万美元,增长 589.2%;实际利用外资 1550 万美元,增长 18.8%。新批境外企业(机构)4 家,协议投资总额 3405 万美元。外派人员 510 人次,增长 121.74%。主要旅游景点有山东观唐(国际)温泉度假村、临沂国际影视城、新四军军部旧址纪念馆、临沂滨河游乐园、白塔街雹神庙旅游区、临沂知春湖(国际)温泉度假村、临沂御汤苑(国际)温泉 SPA 会馆。全年接待国内外游客 260 万人次,增长 20.9%。实现旅游总收入 12.7 亿元。

【交通·邮电】　国道、省道公路通车里程 83.51 公里,县、乡、村公路通车里程 1092.31 公里。公路、水路旅客运输量分别为 80.8 万人次和 7.345 万人次,分别比上年增长 3.3% 和 19%。公路、水路货物运输量分别为 1559.6 万吨和 0.0176 万吨,分别增长 20% 和 8%。邮政业务总量 956.9 万元。年末固定电话用户 5.63 万户,移动电话用户 46.39 万户,互联网用户 2.74 万户。

【财政·金融】　实现财政总收入 8.56 亿元,增长 31.41%;地方财政一般预算收入 5.1 亿元,增长 32.87%。年末金融机构人民币各项存款余额 115 亿元,比年初增加 19.5 亿元,其中储蓄存款余额 89.6 亿元,增加 15.4 亿元。人民币各项贷款余额 73.5 亿元,增加 11.5 亿元。

【建设·环保】　年末城镇化率 52.6%,比上年提高 2.3 个百分点。城市基础设施建设投资 2.83 亿元,增长 8%。城市人均道路面积 18.7 平方米,人均绿地面积 18.8 平方米,建成区绿化覆盖率 43%。自来水普及率 98%,燃气普及率 95%。村镇建设投资 14.15 亿元,增长 16%。建成污水处理厂 1 座,污水集中处理率达 95%,无害化垃圾处理率达到 100%。城市空气质量良好率达 73%,水环境功能区达标率为 93%,道路交通声环境质量处于“较好”水平以上。

【教科文卫体】　全区有普通高中 3 所,在校生0.73 万人。初中 10 所,在校生 1.60 万人。小学 73 所,在校生 3.10 万人。特殊教育学校 1 所,在校生

0.046万人。共取得市(地)级以上各类重要科技成果6项,其中,获得省科技奖励2项。专利申请量269件,授权专利253件。有各种艺术表演团体11个,群众艺术馆、文化馆1处,公共图书馆1处,档案馆1处。广播、电视人口覆盖率分别达到100%和100%。有卫生机构14所,其中,医院1所,卫生院8所,社区卫生服务中心2所,疾病预防控制机构1所,卫生监督机构1所,妇幼保健机构1所。各类卫生机构共有床位1466张,卫生技术人员1608人,其中,执业医师及执业助理医师471人,注册护士478人。全年参加省级以上体育比赛共获奖牌26枚,其中金牌3枚。

【社会生活】 城镇居民人均可支配收入1.9万元,比上年增长16%;人均消费性支出11934元,增长10%;人均住房建筑面积27平方米。城镇在岗职工年平均工资32855元,增长16.7%。农村居民人均纯收入6714元,增长15%;人均生活消费支出4069元,增长10%;人均住房面积38.9平方米。全市城镇基本养老、医疗、失业、工伤和生育保险参保人数分别达3.82万人、8.97万人、1.01万人、2.88万人和0.99万人,比上年底分别增加0.65万人、2.22万人、0.04万人、0.36万人和0.15万人。社会保险基金总收入26654万元,增加9549万元;支出11317万元,增加2007万元。参加新型农村合作医疗农民40.4945万人。全市城乡最低生活保障救助11715人,其中,城镇低保205人,农村低保11510人。社会福利企业4个,安置残疾人员173人。

【河东区乡镇、街道概况】

九曲街道

党工委书记 赵　杰
办事处主任 诸葛夫杰

全街道办事处有社区41个,总人口102100人,总面积6688公顷,其中耕地面积867公顷。全年完成财政收入19100万元,农民人均纯收入7553元。粮食总产8328吨。有规模以上企业38个,学校18所。

相公街道

党工委书记 魏元涛
办事处主任 张鹏峰

全街道办事处有村居委41个,总人口6.47万人,总面积6200公顷,其中耕地面积3051.2公顷。全年完成财政收入9432万元,农民人均纯收入6920元,粮食总产36960.46吨。有规模以上企业12个,学校11所,卫生院1所。

太平街道

党工委书记 李贵堂
办事处主任 高秀飞

全街道办事处有村居委31个,总人口51022人,总面积6446公顷,其中耕地面积3696公顷。全年完成财政收入3204.4万元,农民人均纯收入6931元,粮食总产29916吨。有规模以上企业15个,学校10所,卫生院1所。

凤凰岭街道

党工委书记 陈　孚
办事处主任 庄少春

全街道办事处有村居委30个,总人口3.48万人,总面积3689公顷,其中耕地面积2361公顷。全年完成财政收入2257万元,农民人均纯收入6999元,粮食总产10202吨。有规模以上企业19个,学校2所,卫生院1所。

汤头街道

党工委书记 许贵鸣
办事处主任 陈芝雷

全街道办事处有村居委43个,总人口61409人,总面积9060公顷,其中耕地面积6527.96公顷。全年完成财政收入7388万元,农民人均纯收入6842元,粮食总产4.55万吨。有规模以上企业12个,学校3所,卫生院1所。

郑旺镇

镇党委书记 乔继沧
镇　　长 周　迎

全镇有村居委34个,总人口65833人,总面积8140公顷,其中耕地面积4000.3公顷。全年完成财政收入 2556 万元,农民人均纯收入 6884 元,粮食总产 41356 吨。有规模以上企业 17 个,学校 10 所,卫生院 1 所。

汤河镇

镇党委书记 王金奎
镇　　　长 李善湘

全镇有村居委 38 个,总人口 54689 人,总面积 5240 公顷,其中耕地面积 2532 公顷。全年完成财政收入 2499 万元,农民人均纯收入 6980 元,粮食总产 20800 吨。有规模以上企业 19 个,学校 20 所,卫生院 1 所。

八湖镇

镇党委书记 吴世强
镇　　　长 刘志村

全镇有村居委 21 个,总人口 34700 人,总面积 4800 公顷,其中耕地面积 2621 公顷。全年完成财政收入 3620 万元,农民人均纯收入 6160 元,粮食总产 23600 吨。有规模以上企业 27 个,学校 7 所,卫生院 1 所。

刘店子乡

乡党委书记 周　荣
乡　　　长 陈宏伟

全乡有村居委 20 个,总人口 31588 人,总面积 4230 公顷,其中耕地面积 2287 公顷。全年完成财政收入 1551 万元,农民人均纯收入 7423 元,粮食总产 15139 吨。有规模以上企业 6 个,学校 4 所,卫生院 1 所。

河东工业园区

管委会主任 管继斗
党工委书记 蒋飞鸿

园区有村居委 8 个,总人口 11156 人,总面积 1200 公顷,其中耕地面积 284 公顷。全年完成财政收入 8400 万元,农民人均纯收入 7280 元,粮食总产 3600 吨。有规模以上企业 24 个,学校 1 所。

临沂地热城管理委员会

管委会主任 空缺
党工委书记 王可田

根据《关于市汤泉旅游区管理委员会更名为临沂地热城管理委员会并调整机构规格的批复》(临编[2010]47 号)文件,将临沂市汤泉旅游区管理委员会更名为临沂地热城管理委员会,机构规格由副县级调整为正县级。

其他内容同汤头街道。

河东区专栏撰稿人:高　震　高　源

郯　城　县

中共县委书记 李明开
副　书　记 郑连胜　朱崇宝
县人大主任 李明开
副　主　任 杨玉金　李宪娜(女)
杜培佑
刘继亮(1 月离任)
李作标
侯顺吉(1 月离任)
张洪军(1 月任职)
县　　　长 郑连胜
副　县　长 刘松田　王　鑫　刘昌栋
祝远昌　解广琴(女)
袁俊海(10 月离任)
谷礼勇　商祥海(1 月任职)
县政协主席 刘子和
副　主　席 徐庆瑞(1 月离任)
佟克本　王成春
孔祥达(1 月离任)　顿志强
张凤梅(女)
王幼红(1 月任职)
梅占洋(1 月任职)
县纪委书记 朱峰华

【概况】 全县总面积 1312 平方公里。辖 17 个乡(镇、办事处)和 1 个经济开发区,674 个行政村(居委会)。年末全县总人口 104.6 万人。其中城镇人口 18

万人。人口出生率14.27‰,死亡率5.9‰,自然增长率8.37‰。有少数民族27个,5442人。全年实现生产总值190.4亿元,按可比价格计算,比上年增长13%。其中,第一产业增加值23.19亿元,增长5.36%;第二产业增加值92.5亿元,增长13%;第三产业增加值74.7亿元,增长15.2%。三次产业比重为12.2:48.6:39.2。规模以上固定资产投资9.9亿元,增长25.8%。地方财政一般预算收入5.63亿元,增长16.1%。年末金融机构人民币各项存款余额97.85亿元,比年初增加10.26亿元。其中储蓄存款余额82.19亿元,增加14.11亿元。人民币各项贷款余额56.77亿元,增加9.47亿元。

【农业】 全年农林牧渔业实现总产值44.05亿元,比上年增长6.13%。粮食总产80.82万吨,增长4.9%;棉花总产279吨,减少38.7%;油料总产1.88万吨,减少16.8%;水果总产1.91万吨,增长12.49%;蔬菜总产53.68万吨,减少9.9%。水产品总产1.63万吨,增长9.3%。肉类总产5.16万吨,禽蛋总产2.12万吨,奶类总产0.12万吨。全年人工造林面积1782公顷。全县农机总动力77.98万千瓦,增长3.45%。

【工业·建筑业】 全年实现工业增加值82.8亿元,比上年增长16.6%。规模以上工业企业(年主营业务收入500万元及以上的工业法人)企业332家,实现增加值82.8亿元,增长16.59%,实现主营业务收入36.67亿元,增25.01%。实现利税47.07亿元,增长31.46%;实现利润30.9亿元,增长33.12%。工业经济效益综合指数为165.48,比上年提高1079点。企业亏损面为3.01%,减小2.11个百分点。资质三级及以上建筑企业16家,完成建筑业总产值4.94亿元,增长18.5%;实现利税1689万元,增长9.6%。

【建设·环保】 年末城镇化率达45%,比上年提高2.4个百分点。城市基础设施建设投资8069万元,增长38.06%。城市人均道路面积15.39平方米,人均绿地面积平方米。建成区绿化覆盖率98%。自来水供水普及率13.46%,燃气普及率95.43%,集中供热普及率55%。村镇建设投资4830万元。建成污水处理厂1座,城市污水集中处理率达到87%。无害化垃圾处理率达85%。城市空气质量良好率达97%,水环境功能区达标率为100%,道路交通声环境质量处于较好水平以上。

【交通·邮电】 公路通车里程223.7公里,其中高速公路通车里程45.5公里。公路、铁路旅客运输量为984万人和12.5万次,分别比上年减少10%和增加17.2%。公路货物运输量为3494万吨,增长32%。完成邮电业务总量2.95亿元,增长13%。其中,电信业务总量2.72万元,增长15%;邮政业务总量2462.69万元,减少15%。年末固定电话用户达到84899户,移动电话用户53.11万户,电话普及率达每百人8.16部,互联网用户5万户。

【贸易·旅游】 全年共实现社会消费品零售总额86.98亿元,比上年增长19.1%。其中,城市市场实现零售额50.06亿元;农村市场实现零售额36.92亿元。实现进出口总值11788万美元,增长6.3%,其中出口总值8296万美元,增长44.2%。新签利用外资项目4项,合同利用外资额3220万美元,增长131%;实际利用外资502万美元,增长174.3%。新批准境外企业(机构)2家,协议投资总额540万美元。外派人员504人次,增长182%。主要旅游景点有银杏古梅园、马陵古战场遗址、孝妇冢、徐氏始祖陵。全年接待国内外游客42.45万人次,增长10.9%;实现旅游总收入9643万元,增长14.8%。

【教科文卫体】 中等职业、技工学校5所,在校生6894人。普通高中5所,在校生14863人。普通初中27所,在校生39718人。小学182所,在校生56731人。特殊教育学校1所,在校生253人。共取得市(地)级以上各类重要科技成果9项,其中,获得国家科级奖励1项,获得省科级奖励3项。专利申请量118件,授权专利97件。有各种专业艺术表演团体1个,公共图书馆1处,群众艺术馆、文化馆各11处,档案馆1处。广播、电视人口覆盖率分别达到99%和98%。有卫生机构42所,其中,医院、卫生院39所,疾病预防控制机构2所,妇幼保健机构1所。各类卫生机构共有床位2379张,卫生技术人员2215人,其中执业医师678人,注册护士561人。有体育馆1座,全年参加省级以上比赛共获奖牌24枚,其中金牌11.5枚。

【社会生活】 城镇居民人均可支配收入15855元,

增长 12%；人均消费性支出为 8350 元，增长 20.73%；人均住房使用面积 35.14 平方米。城镇在岗职工年平均工资 28689 元，增长 14.5 %。农民人均纯收入 6708 元，增长 14.9%；人均生活消费支出 3858 元，增长 1.5 %；人均居住面积 37.8 平方米。全年职工养老、医疗、失业、工伤、生育保险参保人数分别达到 63860 人、129860 人、35630 人、57019 人和 26870 人，比上年分别增加 7218 人、230 人、23782 人、4819 人和 1067 人。社会保险基金总收入 45346 万元，增加 14071 万元；支出 30693 万元，增加 5651 万元。新型农村养老保险参保人数达到 9.33 万人。全县最低生活保障救助 32764 人。其中，城镇低保 3776 人，农村低保 28988 人，农村特困救济 8000 人。收养性社会福利单位 15 个，收养 1489 人。社会福利企业 1 个，安置残疾人员 13 人。

【郯城县（区）乡镇、街道概况】

郯城街道

党工委书记 李　炜
办事处主任 陈　彬

全街道有村居委 114 个，总人口 14.2 万人，总面积 19620 公顷，其中耕地面积 8800 公顷。全年完成财政收入 13860.5 万元，农民人均纯收入 7600 元，粮食总产 10.7 万吨。有规模以上企业 39 个，学校 21 所，卫生院 68 所。

马头镇

镇党委书记 毛贵川
镇　　长 汤可壮

全镇有村居委 56 个，总人口 73023 人，总面积 8500 公顷，其中耕地面积 4047 公顷。全年完成财政收入 3245 万元，农民人均纯收入 6641 元，粮食总产 57066 吨。有规模以上企业 28 个，学校 29 所，卫生院 35 所。

李庄镇

镇党委书记 杨从军
镇　　长 夏立坤

全镇有村居委 31 个，总人口 50012 人，总面积 7400 公顷，其中耕地面积 3733 公顷。全年完成财政收入 1791.5 万元，农民人均纯收入 6500 元，粮食总产 40301 吨。有规模以上企业 754 个，学校 20 所，卫生院 7 所。

重坊镇

镇党委书记 王柏亮
镇　　长 田　勇

全镇有村居委 21 个，总人口 51820 人，总面积 4900 公顷，其中耕地面积 2162 公顷。全年完成财政收入 343 万元，农民人均纯收入 6751 元，粮食总产 25451 吨。有规模以上企业 10 个，学校 9 所，卫生院 1 所。

杨集镇

镇党委书记 李　晗
镇　　长 蔺胜运

全镇有村居委 46 个，总人口 5.2 万人，总面积 8000 公顷，其中耕地面积 5300 公顷。全年完成财政收入 382 万元，农民人均纯收入 6490 元，粮食总产 6.39 万吨。有规模以上企业 13 个，学校 11 所，卫生院 1 所。

庙山镇

镇党委书记 侯　雷
镇　　长 刘荣新

全镇有村居委 32 个，总人口 47137 人，总面积 7206 公顷，其中耕地面积 4454 公顷。全年完成财政收入 1002 万元，农民人均纯收入 6190 元，粮食总产 50894 吨。有规模以上企业 14 个，学校 10 所，卫生院 19 所。

高峰头镇

镇党委书记 张学智
镇　　长 禚宝海

全镇有村居委 41 个，总人口 48465 人，总面积 10667 公顷，其中耕地面积 3667 公顷。全年完成财政收入 1695.6 万元，农民人均纯收入 6617 元，粮食总产 42205 吨。有规模以上企业 13 个，学校 12 所，卫生院1所。

沙墩镇

镇党委书记 孙宗田
镇　　　长 李新建

全镇有村居委35个,总人口4.76万人,总面积7406公顷,其中耕地面积3936公顷。全年完成财政收入607.7万元,农民人均纯收入6867元,粮食总产5万吨。有规模以上企业13个,学校10所,卫生院23所。

港上镇

镇党委书记 石　洁
镇　　　长 任士刚

全镇有村居委23个,总人口43182人,总面积4008公顷,其中耕地面积2228公顷。全年完成财政收入1561万元,农民人均纯收入6687元,粮食总产29221吨。有规模以上企业17个,学校10所,卫生院1所。

红花镇

镇党委书记 郑贵尚
镇　　　长 韩铁道

全镇有村居委55个,总人口64776人,总面积12200公顷,其中耕地面积6126公顷。全年完成财政收入2382万元,农民人均纯收入6516元,粮食总产63334吨。有规模以上企业12个,学校15所,卫生院2所。

胜利镇

镇党委书记 张可秉
镇　　　长 郝玉芳

全镇有村居委28个,总人口46967人,总面积5800公顷,其中耕地面积3000公顷。全年完成财政收入512万元,农民人均纯收入6877元,粮食总产2.9万吨。有规模以上企业19个,学校13所,卫生院1所。

新村乡

乡党委书记 王庆民
乡　　　长 王光廷

全乡有村居委25个,总人口3.9万人,总面积3799.80公顷,其中耕地面积665.6公顷。全年完成财政收入1256万元,农民人均纯收入6800元,粮食总产6076吨。有规模以上企业11个,学校8所,卫生院1所。

花园乡

乡党委书记 郭传航
乡　　　长 刘忠业

全乡有村居委29个,总人口53090人,总面积7400公顷,其中耕地面积3900公顷。全年完成财政收入1320万元,农民人均纯收入6786元,粮食总产62932吨。有规模以上企业7个,学校11所,卫生院22所。

归昌乡

乡党委书记 张元曙
乡　　　长 莫　峰

全乡有村居委29个,总人口40056人,总面积5900公顷,其中耕地面积4246公顷。全年完成财政收入376.5万元,农民人均纯收入7000元,粮食总产73556吨。有规模以上企业9个,学校8所,卫生院18所。

泉源乡

乡党委书记 杨　坤
乡　　　长 高朝霞

全乡有村居委34个,总人口50980人,总面积11500公顷,其中耕地面积4762公顷。全年完成财政收入1771万元,农民人均纯收入6590元,粮食总产47825吨。有规模以上企业8个,学校10所,卫生院2所。

郯城县专栏撰稿人:郁传信　杨玉芝　孙长生

苍 山 县

中共县委书记	张闻宇
副 书 记	王晓军 薛 峰
县人大主任	张闻宇
副 主 任	李善东 李 玲(女) 赵平森 田家成 薛良斗
县 长	王晓军
副 县 长	刘连栋 刘洪军 宋学军 侯 峰 宋中东(女) 高思圣
县政协主席	刘 霞(女)
副 主 席	朱茂成 杨秀业 高久军 黄昌领 王远振
县纪委书记	张秀玲(女)

【概况】 2010年,全县各级在县委、县政府的正确领导下,深入落实科学发展观,加快转变经济发展方式,求真务实,扎实工作,全县经济和社会事业实现平稳较快发展。全年实现地方生产总值190.69亿元,同比增长13%。其中,第一产业增加值40.5亿元,第二产业增加值70.69亿元,第三产业增加值79.5亿元,分别增长3.8%、15.5%、14.7%。三次产业构成为21.2:37.1:41.7。

【农业】 2010年,第一产业实现总产值67.6亿元,其中,农、林、牧、渔及农林牧渔业服务业产值分别为57亿元、0.65亿元、7.6亿元、1.66亿元和0.7亿元。种植业平稳增长。全年农作物总播种面积16.79万公顷,比上年增长1.4%。粮食播种面积10.57万公顷,增长0.9%。总产64.63万吨,同比增加1.15万吨,增长1.7%。夏粮4.87万公顷。总产30.34万吨,同比增加0.53万吨,增长1.7%。平均单产414公斤,增产6公斤,增长1.4%。秋粮播种面积5.7万公顷,增长1.5%。平均单产401公斤,增长0.25%。总产34.3万吨,同比增产0.66万吨,增幅1.96%;油料种植面积1.19万公顷,总产4.9万吨;棉花种植面积1046.67公顷,总产量0.13万吨;水果产量7.0万吨。全年收获蔬菜面积4.61万公顷,总产223.7万吨,实现产值39.9亿元,现价同比增长12%。林业生产稳步发展。2010年,完成造林面积978公顷,四旁植树200万株,幼林抚育面积8666公顷,育苗面积173公顷,其中,当年新育63公顷,森林覆盖率为29.4%。畜禽养殖平稳发展。年末生猪存栏21.3万头,同比增长2%。家禽存栏453.4万只,增长4.7%。牛、羊存栏分别达2.38万头、28.1万只,分别增长10.1%、2.1%。全年出栏生猪26.1万头,增长1.2%。出栏家禽810.2万只,增长0.4%。出栏牛、羊分别达2.6万头、40.94万只,同比分别增长4%、1.8%。全年肉类总产量3.42万吨,比上年增长1.3%;奶类产量2485吨,增长0.4%;禽蛋产量2.66万吨。渔业稳定发展。2010年,水产品产量2.21万吨,水产养殖面积3506公顷,略有下降,其中,水库网箱养鱼面积32.5公顷,同比持平。农业生产条件进一步改善。年末农业机械总动力110.9万千瓦,比上年增长22.8%。农用拖拉机4.25万台,增长11.8%;联合收割机1995台,增长17.5%。农村用电量17033万千瓦时;全年化肥施用量(折纯)6.57万吨。

【工业】 工业生产实现较快增长,规模工业发展迅速。全县255家规模工业企业完成总产值185.66亿元,实现增加值48亿元,同比分别增长29.63%和16.59%;实现销售收入183.75亿元,增长28.81%,利税、利润分别为19.29亿元、11亿元,增长26.89%和31.25%。工业产销两旺,产销率达99.83%,同比提高0.2个百分点。

【固定资产投资和建筑业】 固定资产投资规模扩大,投资结构不断优化。2010年,规模以上投资项目292个,完成投资85.15亿元,增长22.7%。城镇以上固定资产投资额62.15亿元,增长37.7%,其中房地产投资5.72亿元,增长33.7%。农村投资23亿元,增长9.6%。第一、二、三产业投资占比分别为1.4%、54.6%和43.9%。

有资质的建筑业企业28家,其中总承包和专业承包企业18家,完成产值64471万元,增长8.53%,实现利润5154万元,利税7476万元,分别增长174.15%、124.77%;劳务分包企业10家,完成产值4108万,增长4.26%,利润263万元,增长6.91%,利税385万元,增长40%。

【交通·邮电】 交通运输业持续快速发展。年末全县通车里程2205.8公里,其中高速公路16.3公里,国、省道195.98公里,县、乡、村公路1993.459公里,其中村道1396.758公里。全年完成货运量1356万吨,增长23.1%,货运周转量91392万吨公里,完成客运量577.03万人,客运周转量20488.17万人公里。

邮电通信业发展迅速。全年完成邮政业务总量4421万元,增长1.1%;拥有固定电话用户9.06万户,同比减少3%;移动电话用户57.06万户,同比增长16.8%;全县互联网用户3.88万户,同比增长29%。

【商贸·招商引资】 消费品市场活跃,消费结构优化升级。2010年,全县社会消费品零售总额98.9亿元,增长19.9%。分行业看,批零贸易业零售额90.07亿元,增长21.47%;住宿餐饮业零售额7.01亿元,增长1.15%;其他行业零售额1.82亿元,增长16.96%。分地区看,县城社会消费品零售额82.6亿元,增长20.71%,农村社会消费品零售额16.3亿元,增长20.25%。对外贸易快速恢复。进出口总额8149万美元,增长102.1%,其中出口总额7104万美元,进口总额1045万美元,分别增长87.1%和340.9%。全年利用外资总量增长较快,新增外资项目4个,合同利用外资7244万美元,增长190%,全年实际利用境外资金1550万美元,增长81.1%。

招商引资成绩显著。全年利用外资项目达199个,其中新开工117个,合同利用外资72.3亿元,实际到位县外资金33.74亿元,其中实际利用市外资金18.63亿元。

【财税、金融、保险】 财税收入稳步增长。全年实现地方财政收入4.46亿元,较上年增长26.08%。其中,税收收入完成3.88亿元,占地方财政收入87.09%,主体税种增值税、营业税、企业所得税、个人所得税分别完成7038万元、13951万元、1653万元、433万元;非税收入完成5752万元,占整个地方财政收入的12.9%。全县财政支出累计完成16.1亿元,增长20.09%。国、地税收入合计8亿元,增长19.8%,其中,国税收入4.7亿元,增长14.9%;地税收入3.3亿元,增长27.4%。

金融业运行平稳。年末全县金融机构各项存款余额119.07亿元,比年初增加21.76亿元,其中储蓄存款余额93.27亿元,比年初增加18.7亿元。金融机构各项贷款余额61.49亿元,比年初增加9.71亿元,其中,中长期贷款余额11.8亿元,比年初增加2.9亿元,短期贷款余额46.97亿元,比年初增加5.49亿元。

保险事业发展迅速。全年中国人寿保险公司新保承保人数15.72万人,人身保费收入2.9亿元,赔保支出792万元;人民财产保险公司全年财产保险保费收入5414万元,已决赔款数2476万元。

【科技、教育、卫生】 科技成果有新突破。全年县级投入科技经费130万元,审批立项国家级项目1项,省级1项,市级6项,县级43项,获得省市级科技进步奖7项,市级优秀专利奖8项。教育事业蓬勃发展。全县共有普通中学48所,在校学生53890人,其中高中生14155人。小学243所,在校生118892人。幼儿园381所,入园儿童27030人。加强卫生工作。年末,全县共有卫生机构33个,其中医院9所。共有卫生技术人员2217人,其中医生1324人。医院、卫生院及其他医疗机构共拥有病床3258张。全县新型农村合作医疗参合人数达103.7万人,参合率达99.87%。

【人口·就业】 年末,全县总户数31.2万户,总人口128.96万人,出生率11‰,死亡率4.4‰,自然增长率6.6‰。劳动就业基本稳定,工资水平进一步提高。年末全县城镇在岗职工2.87万人,在岗职工年人均工资27996元,增长11.87%。

【社会生活】 城乡居民收入持续增长,人民生活水平明显改善。全年农民人均纯收入6687元,比上年增加884元,增长15.21%。其中,家庭经营性收入5122.5元,增长15.9%;工资性收入1126.3元,增长9.3%;财产性收入151.9元,增长73.4%,转移性收入286.1元,增长7.2%。农民生活消费支出3258元,比上年增加392元,增长13.7%。其中,食品支出980.9元,增长13.5%;衣着支出188.7元,增长23.4%;文教娱乐用品及服务支出448元,增长4.7%,农民人均居住面积为27平方米。农民生活质量明显提高,每百户拥有彩电108台,摩托车73辆,固定电话91部,移动手机92部。城镇居民人均可支配收入18120元,增长13.78%,其中,人均工薪收入15546.83元,经营净收入862.6元,财产性收入549.8元,转移性收入2507.12元。借贷收入3983.86元,其中,人均提取储蓄存款3371.62元;人均家庭总支出18654.38元,其中,消费支出13319.18元,同比增长15.78%,转移性支出2677.07元,社会保障支出1121.36元。人均借贷支出5751.29元,其中,人均储蓄存款4621.38元。城镇居民人均建筑住房面积29.63平方米。

【苍山县乡镇、街道概况】

卞庄街道办事处

党工委书记 钟如华
办事处主任 孙启全

全街道有村居委124个,总人口223581人,总面积17845.30公顷,其中耕地面积11121.59公顷。全年完成财政收入3698万元,农民人均纯收入7594元,粮食总产62772吨。有规模以上企业40个,学校43所,卫生院2所。

大仲村镇

镇党委书记 刘　坤
镇　　　长 王志永

全镇有村居委67个,总人口85943人,总面积15128.91公顷,其中耕地面积9355.8公顷。全年完成财政收入731万元,农民人均纯收入7072元,粮食总产32124吨。有规模以上企业11个,学校21所,卫生院1所。

兰陵镇

镇党委书记 徐安军
镇　　　长 周　谊

全镇有村居委113个,总人口120826人,总面积14160公顷,其中耕地面积9910.25公顷。全年完成财政收入3481万元,农民人均纯收入7396元,粮食总产78760吨。有规模以上企业19个,学校28所,卫生院1所。

长城镇

镇党委书记 郭再立
镇　　　长 萧　欣

全镇有村居委52个,总人口54592人,总面积7220.19公顷,其中耕地面积5293.63公顷。全年完成财政收入217万元,农民人均纯收入7297元,粮食总产30109吨。有规模以上企业3个,学校9所,卫生院1所。

磨山镇

镇党委书记 王景亮
镇　　　长 王　伟

全镇有村居委42个,总人口67707人,总面积7954.10公顷,其中耕地面积5582.41公顷。全年完成财政收入1504万元,农民人均纯收入7380元,粮食总产28412吨。有规模以上企业11个,学校17所,卫生院1所。

神山镇

镇党委书记 王永学
镇　　　长 王　健

全镇有村居委38个,总人口51371人,总面积6706.41公顷,其中耕地面积4281.11公顷。全年完成财政收入1780万元,农民人均纯收入7319元,粮食总产25442吨。有规模以上企业43个,学校9所,卫生院1所。

车辋镇

镇党委书记 吴付岭
镇　　　长 苏保金

全镇有村居委48个,总人口58223人,总面积12741.57公顷,其中耕地面积7672.50公顷。全年完成财政收入415万元,农民人均纯收入6970元,粮食总产30721吨。有规模以上企业11个,学校13所,卫生院1所。

尚岩镇

镇党委书记 赵家合
镇　　　长 赵　华

全镇有村居委50个,总人口51155人,总面积

8316.88 公顷,其中耕地面积 4501.45 公顷。全年完成财政收入 1464 万元,农民人均纯收入 7362 元,粮食总产 24198 吨。有规模以上企业 9 个,学校 10 所,卫生院 1 所。

向城镇

镇党委书记 赵　明
镇　　　长 李玉坤

全镇有村居委 69 个,总人口 61834 人,总面积 6079.43 公顷,其中耕地面积 4162.66 公顷。全年完成财政收入 4472 万元,农民人均纯收入 7698 元,粮食总产 22844 吨。有规模以上企业 13 个,学校 11 所,卫生院 1 所。

新兴镇

镇党委书记 马新华
镇　　　长 王　翰

全镇有村居委 44 个,总人口 43856 人,总面积 6867.47 公顷,其中耕地面积 4376.22 公顷。全年完成财政收入 988 万元,农民人均纯收入 7251 元,粮食总产 40606 吨。有规模以上企业 2 个,学校 8 所,卫生院 1 所。

南桥镇

镇党委书记 汤兴华
镇　　　长

全镇有村居委 59 个,总人口 69808 人,总面积 8520.10 公顷,其中耕地面积 6144.63 公顷。全年完成财政收入 162 万元,农民人均纯收入 6393 元,粮食总产 57014 吨。有规模以上企业 8 个,学校 13 所,卫生院 1 所。

层山镇

镇党委书记 徐　琳
镇　　　长 韩　杰

全镇有村居委 34 个,总人口 47963 人,总面积 5125.50 公顷,其中耕地面积 3660.97 公顷。全年完成财政收入 177 万元,农民人均纯收入 6694 元,粮食总产 18335 吨。有规模以上企业 2 个,学校 9 所,卫生院 1 所。

庄坞镇

镇党委书记 王胜永
镇　　　长 陈永生

全镇有村居委 19 个,总人口 39337 人,总面积 3746.40 公顷,其中耕地面积 2138.61 公顷。全年完成财政收入 474 万元,农民人均纯收入 6980 元,粮食总产 15658 吨。有规模以上企业 13 个,学校 7 所,卫生院 1 所。

鲁城镇

镇党委书记 卞艳林
镇　　　长 刘继永

全镇有村居委 37 个,总人口 40031 人,总面积 8791.39 公顷,其中耕地面积 3942.36 公顷。全年完成财政收入 2099 万元,农民人均纯收入 7191 元,粮食总产 13879 吨。有规模以上企业 23 个,学校 8 所,卫生院 1 所。

矿坑镇

镇党委书记 刘志军
镇　　　长 张广远

全镇有村居委 24 个,总人口 34310 人,总面积 8493.10 公顷,其中耕地面积 5145.71 公顷。全年完成财政收入 709 万元,农民人均纯收入 6775 元,粮食总产 13879 吨。有规模以上企业 12 个,学校 9 所,卫生院 1 所。

贾庄乡

乡党委书记 苏云涛
乡　　　长 车彦苍

全乡有村居委 49 个,总人口 52943 人,总面积 7552.28 公顷,其中耕地面积 4723.83 公顷。全年完成财政收入 530 万元,农民人均纯收入 6689 元,粮食总产 25187 吨。有规模以上企业 2 个,学校 10 所,卫生院 1 所。

下村乡

乡党委书记　周东峰
乡　　长　沈秀峰

全乡有村居委33个，总人口44859人，总面积12140.82公顷，其中耕地面积5437.48公顷。全年完成财政收入340万元，农民人均纯收入7297元，粮食总产17475吨。有学校12所，卫生院1所。

三合乡

乡党委书记　张守卫
乡　　长　杨振奎

全乡有村居委43个，总人口44963人，总面积4856.62公顷，其中耕地面积3439.29公顷。全年完成财政收入209万元，农民人均纯收入6974元，粮食总产30950吨。有学校12所，卫生院1所。

兴明乡

乡党委书记　张宽祥
乡　　长　沈　伟

全乡有村居委43个，总人口46642人，总面积4809.96公顷，其中耕地面积3525.17公顷。全年完成财政收入133万元，农民人均纯收入7320元，粮食总产33589吨。有规模以上企业2个，学校8所，卫生院1所。

二庙乡

乡党委书记　段培庆
乡　　长　宋远珍

全乡有村居委36个，总人口49637人，总面积5344.94公顷，其中耕地面积3426.86公顷。全年完成财政收入151万元，农民人均纯收入7071元，粮食总产26548吨。有规模以上企业8个，学校8所，卫生院1所。

苍山县专栏撰稿人：陈永亮　王　琳　王秀彬

莒南县

中共县委书记　张　凯
副　书　记　庄光海　赵志德
县人大主任　张　凯
副　主　任　孙忠德　张新荣（女）
刘希南
许长恩（1月离职）
李贵续
王悦振（1月任职）
县　　长　庄光海
副　县　长　赵西平　徐宝宏
郭秀章（女）　赵树敏
张作品
县政协主席　李学谦
副　主　席　主旭元（1月离职）
董家森（1月离职）
李金华（女）
刘茂芳（女）
刘汉虎
郑佩芹（女）
王亮善（1月任职）
韩茂国（1月任职）
县纪委书记　隽新阳

【概况】　莒南县辖14个乡镇和1个经济开发区，582个行政村（居委会），总面积1388平方公里。年末全县家庭总户数292803户，总人口820954人，人口出生率11.84‰，死亡率6.24‰，人口自然增长率5.60‰。全年完成生产总值161.75亿元，按可比价格计算，同比增长13.2%。其中，第一产业增加值25.02亿元，同比增长3.9%；第二产业增加值67.83亿元，同比增长13.9%；第三产业增加值68.90亿元，同比增长15.3%。三次产业结构为15.5:41.9:42.6。人均生产总值22202元，比上年增长12.9%。个体私营经济平稳发展。全年上缴税金2.83亿元，同比增长20.3%。年末工商注册私营企业2010户，个体工商户9535户；个体私营企业注册资金36.14亿元，同比增长8.8%。

【农业】　全年完成农林牧渔业总产值45.41亿元，同比增长4.5%。其中，种植业21.73亿元，林业2.05亿元，牧业18.57亿元，渔业1.47亿元，农林牧渔服务业1.59亿元。全年粮食作物播种面积6.52万公顷；全年粮食总产量41.29万吨，比上年增长

10.7%。其中,夏粮小麦播种面积3.26万公顷;单产388公斤,比上年增加8公斤;总产量19万吨,比上年增长15.1%;秋粮种植面积3.24万公顷,产量22.21万吨,比上年增长7.2%。秋粮中,玉米产量15.95万吨,增长16.6%;稻谷产量2.17万吨,下降14.1%;薯类产量3.67万吨,下降6.6%;豆类产量4065吨,下降29.9%。花生面积2.22万公顷,产量10.53万吨,下降3.2%;烤烟面积546.67公顷,产量1662吨,下降6.3%;茶叶面积302.87公顷,产量278.7吨,增长3.6%;果园面积953.33公顷,水果产量2.8万吨,增长0.7%;桑园面积986.67公顷,蚕茧产量1269吨,下降9.2%。全年新造林1805公顷,四旁植树185万株,新增和改善农田林网化面积1616公顷,新育苗260公顷。全年板栗产量1.21万吨,柳条产量1.7万吨。年末木材蓄积量69.6万立方米。全年生猪出栏128.07万头,增长0.7%;牛出栏4.23万头,增长59.4%;羊出栏8万只,下降16.9%;家禽出栏862.06万只,增长6.5%。全年肉类总产量10.89万吨,增长2.6%;禽蛋产量1.65万吨,下降31.2%。年末生猪存栏83.7万头,牛存栏3.32万头,羊存栏7.82万只,家禽存栏413.28万只。年末水产养殖面积2977公顷,全年水产品产量8867吨。全年总灌溉面积达到3.87万公顷。其中,农田有效灌溉面积达3.38万公顷。年末拥有大中小型水库146座,塘坝1906座,机电井1097眼,机电灌站372处。全县农业机械总动力66.5万千瓦,增长1.4%。其中,农产品加工机械总动力8.86万千瓦,农用排灌机械总动力6.17万千瓦。年末拥有农用拖拉机4.39万台,农用运输车4926辆。全年农村用电量3.58亿千瓦时,增长9.8%;化肥使用量(折纯)3.8万吨,增长8.6%。

【工业】 年末规模以上工业企业达到252家.全年规模以上工业完成工业总产值217.28亿元,完成增加值48.84亿元,同比分别增长34.1%和17.8%。生物发酵、有色金属冶炼、机械制造、医药化工、食品制造五大支柱产业优势逐步显现,全年五大支柱产业完成工业总产值126.34亿元,占规模以上工业的58.1%。工业产品销售率107.83%,同比上升0.06个百分点.全县有30家企业产值过亿元,其中,过5亿元企业4家,过20亿元企业2家。规模以上工业企业实现产品销售收入218.15亿元,增长39.0%;实现利税13.16亿元,增长44.0%;其中利润8.35亿元,增长42.6%。亏损企业亏损额1170万元,下降15.9%。全县具有资质等级三级以上建筑施工企业完成总产值26.27亿元,增长2.7%;房屋建筑施工面积276.47万平方米,竣工面积191.7万平方米。全社会固定资产投资完成96.53亿元,同比增长23.1%。其中,50万元以上项目291个,完成投资额72.40亿元,增长23.1%;500万元以上项目283个,完成投资72亿元,增长23.2%;5000万元以上项目83个,完成投资额46.73亿元,增长38.6%。50万元以上项目中,第一产业投资3.40亿元,增长15.4%;第二产业投资47.29亿元,增长23.2%;第三产业投资21.71亿元,增长24.3%。房地产完成投资4.23亿元,同比增长12.3%。商品房施工面积42.63万平方米,下降1.1%,竣工面积15.38万平方米,增长5.4%。

【贸易·旅游】 全年实现社会消费品零售总额72.71亿元,同比增长19.5%。从地区看,城镇实现零售额57.38亿元,乡村实现零售额15.33亿元,分别增长19.1%和21.2%。从行业看,批发业实现零售额14.79亿元,零售业实现零售额50.52亿元,住宿业实现零售额1.55亿元,餐饮业实现零售额5.86亿元,分别增长8.1%、24.1%、16.9%、14.0%。以超市、专卖店、“农家店”为主的商品流通网络进一步健全,以汽车、通讯、高档电子产品为主的新的消费热点逐步形成,促进了消费品市场的进一步活跃。积极实施“家电下乡”政策,全年销售“家电下乡”产品8.04万件,实现销售额18090万元,审核发放补贴2487万元。全年共完成进出口总额42276万美元,同比增长15.7%。其中自营出口34108万美元,增长11.1%;进口8168万美元,增长39.8%。全年实际利用外资4018万美元,增长248.5%。全县4A级旅游区2处,3A级旅游区1处;旅行社5家;星级酒店2家,其中,三星级1家;星级餐馆4家。全年接待游客170万人次,实现旅游总收入10亿元,分别增长25.1%和20.3%。

【交通·邮电】 年末县内公路通车里程1775公里,其中,国、省道111公里,县、乡道1664公里。全年完成公路客运量536万人,货运量1910万吨,分别增长2%和17%;完成旅客周转量12940万人公里,货物周转量38500万吨公里,分别增长17.6%和10.6%。全年完成邮政业务总量1886万元,下降0.5%。完成电信业务总收入2.63亿元,增长6.9%。年末固定电话交换机容量14.2万门,固定电话用户11.55万户,比年初减少1.15万户。年末移动用户51.69万户,比年初增加12.19万户。年末互联网用户4.16万户,比年初增加1.17万户。

【财政·金融】 全年完成财政总收入9.04亿元,同比增长32.4%.其中,地方财政收入4.31亿元,同比增长20.6%。从主要收入项目看,增值税(25%部分)9649万元,增长46.7%;营业税9922万元,增长48.1%;企业所得税2420万元,增长32.9%;财政支出14.45亿元,增长14.1%。全年国、地税收入合计8.9亿元,增长46.2%。其中,国税收入5.69亿元,增长47.6%;地税收入3.20亿元,增长43.7%。年末全县金融机构各项存款余额130.89亿元,比年初增加19.78亿元。其中,居民储蓄存款余额101.85亿元,比年初增加13.58亿元。金融机构贷款余额77.36亿元,比年初增加10.08亿元。

【建设·环保】 全年市政公用设施建设固定资产投资完成2.72亿元,新增供水管道12公里,新建、扩建道路长度2.3公里,新建、扩建道路面积2万平方米,新增排水管道20公里。自来水供水能力每日2万立方米,污水处理能力每日5万立方米,污水处理率92.88%,生活垃圾处理率100%。年末人均城市道路面积17.28平方米,人均公园绿地面积10.81平方米,建成区绿化覆盖率41.55%,建成区绿地率35.47%。工业"三废"排放量持续下降,COD、二氧化硫排放量全部达标。全年环境污染治理投资7200万元。有污水处理厂2座,垃圾处理站1个。

【教科文卫体】 学年末,全县普通中学27所,在校学生4.24万人;小学校109所,在校学生5.29万人;中小学校专任教师6356人。学龄儿童入学率99%。全年共取得市以上科技成果17项,其中,省科技进步奖2项,市科技进步奖9项。年内发展2家民办、厂办研究所,全县民办、厂办科研所44家。市级以上企业研发机构发展到21家。申报专利102项,新授权专利162项。全县共有影剧院2处,文化馆、博物馆、公共图书馆各1处,文化站14处。图书馆藏书30.3万册。电视综合人口覆盖率达97.8%,年内新发展有线电视用户0.8万户,有线电视用户达到14.6万户。年末全县共有医院、卫生院23处,卫生机构拥有病床2247张。各类卫生技术人员1450人,其中,医生672人,注册护士377人。全县共有村级卫生室622个。新型农村合作医疗参合率99.1%,全年报销医药费6924万元。在国家级各类体育比赛中获奖牌2枚,省级各类比赛中获奖牌12.5枚,向省队输送运动员2名。创意举办"天马岛杯"中国(临沂·莒南)首届红色体育运动会,被评为2010年全国群众体育重大赛事。全年共举办各类群体比赛、活动23次。

【社会生活】 全年城镇新增就业人口6536人,其中下岗职工再就业5225人。新增企业基本养老保险人数4608人,农村养老保险参保人数3477人,分别达到3.46万人和7.48万人。年末全县城镇在岗职工人数3.06万人,在岗职工年平均工资27284元,比上年增长16.5%。全县城镇居民人均可支配收入14908元,增长12%;农民人均纯收入6665元,增长15%。全年城镇居民人均消费支出7945元,增长8.1%;农民人均消费支出4030元,增长7.5%。年末城乡居民人均住房面积分别达29.9平方米和36.6平方米。

莒南县乡镇(街道、经济开发区)概况

开发区管委会主任 厉志刚

开发区党工委书记 冯兆胜

全区有村委会16个,总人口22347人,总面积2670公顷,其中耕地面积974.8公顷。农民人均纯收入6720元,粮食总产6373吨,有规模以上企业65个。

十字路街道

党工委书记 李洪谦

办事处主任 闫家界

全街道有村委会60个,总人口15.8万人,总面积1.41万公顷,其中耕地面积5033公顷。全年完成财政收入8723元,农民人均纯收入7800元,粮食总产29534吨,有规模以上企业23个,学校17所,卫生院3所。

大店镇

镇党委书记 赵　军(8月离任)

镇　　　长 徐　伟

全镇有村委会71个，总人口7.3万人，总面积13100公顷，其中耕地面积4666.6公顷。全年完成财政收入3483万元，农民人均纯收入6880元，粮食总产3.8万吨，有规模以上企业6个，学校12所，卫生院1所。

板泉镇

镇党委书记 姚少国
镇　　　长 王兴友

全镇有村委会62个，总人口7.5万人，总面积9900公顷，其中耕地面积5200公顷。全年完成财政收入3487万元，农民人均纯收入6800元，粮食总产41147吨，有规模以上企业11个，学校13所，卫生院1所。

文疃镇

镇党委书记 尹继西
镇　　　长 袁兆军

全镇有村委会29个，总人口44522人，总面积11646公顷，其中耕地面积3867公顷。全年完成财政收入1504万元，农民人均纯收入6239元，粮食总产31275吨，有规模以上企业8个，学校10所，卫生院1所。

坊前镇

镇党委书记 王宏霞
镇　　　长 孙运学

全镇有村委会36个，总人口5.1万人，总面积10390公顷，其中耕地面积4333.3公顷。全年完成财政收入1760万元，农民人均纯收入6624元，粮食总产28580吨，有规模以上企业11个，学校10所，卫生院1所。

相邸镇

镇党委书记 夏培记
镇　　　长 孙晓燕

全镇有村委会30个，总人口3.7万人，总面积8012公顷，其中耕地面积3067.8公顷。全年完成财政收入1306万元，农民人均纯收入5850元，粮食总产1.84万吨，有规模以上企业6个，学校7所，卫生院1所。

洙边镇

镇党委书记 刘志新
镇　　　长 孙文磊

全镇有村委会45个，总人口5.3万人，总面积1.2万公顷，其中耕地面积4666.6公顷。全年完成财政收入2118万元，农民人均纯收入6556元，粮食总产2.8万吨，有规模以上企业16个，学校8所，卫生院1所。

汀水镇

镇党委书记 胡怀军
镇　　　长 陈维菊

全镇有村委会21个，总人口2.6万人，总面积49300公顷，其中耕地面积2733.3公顷。全年完成财政收入472万元，农民人均纯收入6465元，粮食总产12873吨，有规模以上企业8个，学校3所，卫生院1所。

筵宾镇

镇党委书记 刘建峰
镇　　　长 王言君

全镇有村委会28个，总人口4.8万人，总面积7600公顷，其中耕地面积3606公顷。全年完成财政收入537万元，农民人均纯收入6500元，粮食总产36358吨，有规模以上企业7个，学校7所，卫生院1所。

岭泉镇

镇党委书记 王乐迎
镇　　　长 董玉彬

全镇有村委会35个，总人口4.2万人，总面积6970公顷，其中耕地面积3066.6公顷。全年完成财政收入966.3万元，农民人均纯收入6790元，粮食总产31297吨，有规模以上企业7个，学校8所，卫生院1所。

石莲子镇

镇党委书记　陈庆金
镇　　　长　朱礼珂

全镇有村委会40个,总人口4.5万人,总面积7100公顷,其中耕地面积4333.3公顷。全年完成财政收入1436万元,农民人均纯收入6666元,粮食总产23713吨,有规模以上企业8个,学校7所,卫生院1所。

涝坡镇

镇党委书记　牛司正
镇　　　长　王晖青

全镇有村委会45个,总人口5.8万人,总面积1.6万公顷,其中耕地面积4333.3公顷。全年完成财政收入1520万元,农民人均纯收入6357元,粮食总产20726吨,有规模以上企业9个,学校10所,卫生院2所。

道口乡

乡党委书记　张振群
镇　　　长　李　冬

全乡有村委会33个,总人口3.6万人,总面积5300公顷,其中耕地面积2900公顷。全年完成财政收入1150万元,农民人均纯收入6765元,粮食总产24280吨,有规模以上企业13个,学校4所,卫生院1所。

相沟乡

乡党委书记　鲁守生
镇　　　长　刘希照

全乡有村委会23个,总人口4.2万人,总面积1.08万公顷,其中耕地面积5788公顷。全年完成财政收入1097万元,农民人均纯收入6670元,粮食总产32284吨,有规模以上企业8个,学校9所,卫生院1所。

莒南县专栏撰稿人:王言飞

沂　水　县

中共县委书记　付　伟(9月离任)
刘贤军(12月任职)
副　书　记　刘贤军(12月离任)　杨原田
县人大主任　任树法
副　主　任　陈维君　罗爱祥
庞秀英(女)　刘晓辉
张开玉
县　　　长　刘贤军(12月离任)
杨原田(12月任职)
副　县　长　张道胜　王永浩
余春桥(9月离任)　赵常胜
郭春玲(女)　徐在铭
陈海龙
县政协主席　杨忠来
副　主　席　林庆仁(1月离任)
赵清峰　牛嗣红(女)
杨少涛　张振田　黄家斌
李玉成(1月任职)
县纪委书记　王成峰(女)

【概况】　全县总面积2434.8平方公里。辖19个乡镇、1063个行政村。年末全县总人口113.2万人,其中城镇人口49.7万人。人口出生率11.36‰,死亡率6.87‰,自然增长率4.49‰。有少数民族29个,6370人。全年实现生产总值211.37亿元,按可比价格计算,比上年增长13.4%。其中,第一产业增加值27.26亿元,增长3.4%;第二产业增加值105.71亿元,增长14.2%;第三产业增加值78.4亿元,增长14.5%。三次产业比例为12.9:50.01:37.09。社会固定资产投资110.3亿元,增长22.6%。实现财政总收入14.9亿元,增长22.6%;地方财政一般预算收入8.5亿元,增长30.8%。年末金融机构人民币各项存款余额171.9亿元,比年初增加29.3亿元,其中储蓄存款余额127.7亿元,增加20.1亿元。人民币各项贷款余额95.1亿元,增加21.7亿元。

【农业】　全年农林牧渔业实现总产值48.45亿元,

比上年增长 5.3%。粮食总产 44.97 万吨,增长 4%;棉花总产 0.36 万吨,增长 5.2%;油料总产 8.87万吨,增长 12.5%;水果总产 37.8 万吨,与上年持平;蔬菜总产 57.05 万吨,增长 7.1%;水产品总产 0.9 万吨,增长 2.2%。肉类总产 8.6 万吨,禽蛋总产 4.7 万吨,奶总产 1.7 万吨。全年完成造林面积 5117 公顷。全县农机总动力 84.3 万千瓦。

【工业·建筑业】 全年实现工业增加值 97.13 亿元,比上年增长 14.5%。规模以上工业企业(年主营业务收入 5 00 万元及以上的工业法人企业)453 家,实现增加值 101.4 亿元,增长 16.45%;实现主营业务收入 450.79 亿元,增长 25.85%;实现利税 40.67 亿元,增长 35.43%;实现利润 26.98 亿元,增长 44%。企业亏损面为 0.8%。资质三级及以上建筑企业 42 家,完成建筑业总产值 114654 万元,增长 10.6%。

【城乡建设·环保】 年末城镇化率 48%,比上年提高 2.78 个百分点。城市基础设施建设投资 33800 万元。城市人均道路面积 17.3 平方米,人均绿地面积 16.5 平方米,建成区绿化覆盖率 40.03%。自来水普及率 100%,燃气普及率 96.28%。建成污水处理厂 2 座,污水集中处理率达 100%,无害化垃圾处理率达 100%。城市空气质量良好率达到 100%,水环境功能区达标率为 100%,道路交通声环境质量处于“较好”水平以上。

【交通·邮电】 公路通车里程 2601.5 公里,其中高速公路通车里程 48.7 公里。公路、水路旅客运输量分别为 2186 万人次、2.6 万人次。公路货物运输量为 1194 万吨,增长 18.6%。完成邮政业务总量 2631.5 万元,增长 20.2%。年末固定电话用户 13 万户,移动电话用户 31 万户,互联网用户 3 万户。

【贸易·旅游】 全年实现社会消费品零售总额 90.95亿元,比上年增长 18.9%。其中,城镇市场实现零售额 80.87 亿元,乡村市场实现零售额 10.08 亿元。实现进出口总额 29882 万美元,增长 5.1%,其中出口 20469 万美元,增长 5.7%。新签利用外资项目 3 项,合同外资额 1300 万美元,增长 14.2%;实际利用外资 1303 万美元,增长 159.6%。新批境外企业(机构)3 家,协议投资总额 2160 万美元。外派人员 708 人次,增长 33.8%。主要旅游景点有主要旅游景点有:AAAA 级景区 6 处(山东地下大峡谷、雪山彩虹谷、天然地下画廊、地下萤光湖、天上王城、东方瑞海国际温泉度假村),AAA 级景区 3 处(灵泉山、沂蒙山根据地、沂蒙山酒文化园)AA 级景区 2 处(沂蒙山茶文化园、云水禅)。全年接待国内外游客 450 万人次,增长 32.3%。实现旅游总收入 39 亿元,增长 21.1%。

【教科文卫体】 有普通高等院校 1 所,在校生 2764 人。中等职业、技工学校 2 所,在校生 5698 万人。普通高中 4 所,在校生 13709 人。初中 32 所,在校生 32515 万人。小学 182 所,在校生 58646 人。特殊教育学校 2 所,在校生 302 人。共取得市(地)级以上各类重要科技成果 28 项,其中,获得国家科技奖励 4 项,获得省科技奖励 10 项。专利申请量 136 件,授权专利 104 件。有各种艺术表演团体 21 个,群众文化馆 1 处,公共图书馆 1 处,档案馆 1 处。广播电视人口覆盖率达 98.6%。有卫生机构 28 所,其中,医院、卫生院 24 所,疾病预防控制机构 1 所,妇幼保健机构 1 所。各类卫生机构共有床位 4771 张,卫生技术人员 3895 人,其中,执业医师及执业助理医师 1124 人,注册护士 1307 人。有体育馆 1 座。

【社会生活】 城镇居民人均可支配收入 16810 元,比上年增长 15.1%;人均消费性支出 9370 元,增长 10%;人均住房建筑面积 33.75 平方米。城镇在岗职工年平均工资 27951 元,增长 11.5%。农村居民人均纯收入 6665 元,增长 14.9%;人均生活消费支出 3562 元,增长 5.4%;人均住房面积 26 平方米。全市城镇基本养老、医疗、失业、工伤和生育保险参保人数分别达到 6.18 万人、7.24 万人、4.39 万人、8.92 万人和 3.73 万人,比上年底分别增加 18000 人、16750 人、1280 人、3700 人和 3700 人。社会保险基金总收入 8 亿元,增加 3.52 亿元;支出 3.97 亿元,增加 7500 万元。新型农村养老保险参保农民 66 万人,参加新型农村合作医疗农民 93.3 万人。全市城乡最低生活保障救助 40449 人,其中,城镇低保 4768 人,农村低保 35681 人,农村特困救济 4680 人。社会福利企业 4 个,安置残疾人员 110 人。

【沂水县乡镇概况】

沂水镇

镇党委书记　刘新太
镇　　　长　牛树超

全镇有村居委 93 个，总人口 7.5316 万人，总面积 15362.45 公顷，其中耕地面积 6376.71 公顷。全年完成财政收入 31000 万元，农民人均纯收入 7798 元，粮食总产 2658.3 吨。有规模以上企业 72 个，学校 22 所，卫生院 2 所。

道托乡

乡党委书记　曹传海
乡　　　长　龙希锋

全乡有村居委 43 个，总人口 3.8 万人，总面积 8646 公顷，其中耕地面积 3600 公顷。全年完成财政收入 1585 万元，农民人均纯收入 7705 元，粮食总产 11902 吨。有规模以上企业 25 个，学校 8 所，卫生院 1 所。

高桥镇

镇党委书记　刘京福
镇　　　长　赵秀章

全镇有村居委 60 个，总人口 6.2 人，总面积 11630 公顷，其中耕地面积 7145 公顷。全年完成财政收入 1434 万元，农民人均纯收入 6950 元，粮食总产 27650 吨。有规模以上企业 14 个，学校 12 所，卫生院 1 所。

马站镇

镇党委书记　程培军
镇　　　长　刘　波

2010 年，全镇有村居委 66 个，总人口 6.9 万人，总面积 13310 公顷，其中耕地面积 5266.7 公顷。全年完成财政收入 2352.2 万元，农民人均纯收入 7193 元，粮食总产 34023 吨。有规模以上企业 17 个，学校 11 所，卫生院 1 所。

杨庄镇

镇党委书记　刘金波
镇　　　长　冯培辅

全镇有村居委 54 个，总人口 6.3 万 人，总面积 1.65 万公顷，其中耕地面积 8500 公顷。全年完成财政收入 7324.8 万元，农民人均纯收入 8264 元，粮食总产 9.2 万吨。有规模以上企业 64 个，学校 22 所，卫生院 1 所。

富官庄乡

乡党委书记　胡发祥
乡　　　长　于松良

全乡有村居委 57 个，总人口 4.8 万人，总面积 135 平方公里，其中耕地面积 4371.2 公顷。全年完成财政收入 2722 万元，农民人均纯收入 6815 元，粮食总产 21595 吨，有规模以上企业 8 家，学校 15 所，卫生院 1 所。

圈里乡

乡党委书记　何法江
乡　　　长　葛云富

全乡有村居委 55 个，总人口 35055 人，总面积 11278 公顷，其中耕地面积 3331 公顷。全年完成财政收入 935 万元，农民人均纯收入 6638 元，粮食总产 19680 吨。有规模以上企业 14 个，学校 6 所，卫生院 1 所。

沙沟镇

镇党委书记　武玉生
镇　　　长　秦照强

全镇有村居委 66 个，总人口 65477 人，总面积 2.08 万公顷，其中耕地面积 5451.9 公顷。全年完成财政收入 1747.7 万元，农民人均纯收入 7207 元，粮食总产 29489.6 吨。有规模以上企业 16 个，学校 16 所，卫生院 1 所。

诸葛镇

镇党委书记　武开鑫
镇　　　长　宋庆学

全镇有村居委 72 个，总人口 77424 人，总面积 21280.77 公顷，其中耕地面积 4273 公顷。全年完成财政收入8862万元,农民人均纯收入6730元,粮食总产26759吨。有规模以上企业17个,学校20所,卫生院2所。

龙家圈乡

乡党委书记 刘健铭
乡　　　长 刘洪达

全乡有村居委54个,总人口6.2万人,总面积9400公顷,其中耕地面积2624.9公顷。全年完成财政收入5149.8万元,农民人均纯收入6912元,粮食总产21905吨。有规模以上企业37个,学校13所,卫生院1所。

黄山铺镇

镇党委书记 何长平
镇　　　长 武传亮

全镇有村居委48个,总人口51307人,总面积9850公顷,其中耕地面积3218公顷。全年完成财政收入2017.7万元,农民人均纯收入7977元,粮食总产25198.480吨。有规模以上企业19个,学校8所,卫生院1所。

崔家峪镇

镇党委书记 王金亮
镇　　　长 武传映

全镇有村居委31个,总人口33122人,总面积9408.87公顷,其中耕地面积2247公顷。全年完成财政收入2402万元,农民人均纯收入6479元,粮食总产12630吨。有规模以上企业10家,学校6所,卫生院1所。

夏蔚镇

镇党委书记 李振现
镇　　　长 于　民

全镇有村居委51个,总人口5.4万人,总面积15026公顷,其中耕地面积3200公顷。全年完成财政收入1459.1万元,农民人均纯收入7150元,粮食总产19810吨。有规模以上企业11个,学校9所,卫生院2所。

高庄镇

镇党委书记 张晓华
镇　　　长 张洪春

全镇有村委会40个,总人口5.2万人,总面积15740公顷,其中耕地面积3000公顷。全年完成财政收入1216.7万元,粮食总产449735吨。有规模以上企业9家,学校9所,卫生院2所。

泉庄乡

乡党委书记 徐本开
乡　　　长 张树永

全乡有村委31个,总人口34000人,总面积9730公顷,其中耕地面积2533.33公顷。全年完成财政收入884.1万元,农民人均纯收入7258元,粮食总产量1.5万吨。有规模以上企业7家,学校10所, 卫生院1所。

院东头乡

乡党委书记 李　真
镇　　　长 朱丽霞

全乡有村居委37个,总人口29207人,总面积10648.88公顷,其中耕地面积2090公顷。全年完成财政收入3105.4万元,农民人均纯收入7538元,粮食总产8361.3吨。有规模以上企业12家,学校7所,卫生院1所。

姚店子镇

镇党委书记 魏书文
镇　　　长 孙兆龙

全镇共有村委45个,总人口4.5万人,总面积7800公顷,其中耕地面积3067公顷。全年完成财政收入1488万元,农民人均纯收入7605元,粮食总产22524吨。有规模以上企业10个,学校12所,卫生院1所。

许家湖镇

镇党委书记 顾全华
镇　　　长 李　伟

全镇共有村居委77个，总人口8.8万，总面积12572公顷，其中耕地面积6219公顷。全年完成地方财政收入5260万元，农民人均纯收入7615元，粮食总产量39572吨。有规模以上企业39个，学校18所，卫生院2所。

四十里堡镇

镇党委书记　李志刚
镇　　　长　杨振龙

全镇有村71个，总人口67174人，总面积12362公顷，其中耕地面积6610公顷。全年完成财政收入3984万元，农民人均纯收入6748元，粮食总产37257吨。有规模以上企业19家，学校14所，卫生院1家。

沂水县专栏撰稿人：韩　笑

蒙　阴　县

中共县委书记　张广敬(12月离任)
　　　　　　　陈一兵(12月任职)
副　书　记　丰程秀(女，12月离任)
　　　　　　　王皓玉(12月任职)
　　　　　　　高永胜
县人大主任　赵振平(2月离任)
　　　　　　　张广敬(2月任职，12月离任)
副　主　任　张胜资(2月离任)
　　　　　　　薛面莲(女，2月离任)
　　　　　　　邢俊普　陈维君(女)
　　　　　　　李培信
　　　　　　　徐勤福(2月任职)
　　　　　　　陈尚彬(2月任职)
县　　　长　丰程秀(女，12月离任)
　　　　　　　王皓玉(12月任职)
副　县　长　李友成　王士新　张晓兵
　　　　　　　李玉国　冯家同
　　　　　　　武传存(2月任职)
县政协主席　张　军
副　主　席　马淑珍(女)
　　　　　　　刁传梅(女)　王开伸
　　　　　　　公丕军　李　芸(女)
　　　　　　　李守才
县纪委书记　李思超

【概况】　全县辖1街道办事处9镇1乡、蒙阴经济开发区和蒙山云蒙风景区管委会。总面积1601.6平方公里。全县实现生产总值(GDP)114.51亿元，按可比价计算，比上年增长13.4%。其中，第一产业增加值22.51亿元，增长3.5%；第二产业增加值46.99亿元，增长15.5%；第三产业增加值45.01亿元，增长15.0%。三次产业比例为19.7∶41.0∶39.3，与上年相比，第二产业比重提高0.4个百分点，第三产业比重提高1.1个百分点。人均生产总值21012元，增加2767元。在50万元及以上固定资产投资项目中，全县共完成投资64.73亿元，增长22.9%。其中，城镇投资完成49.94亿元，增长29.8%；农村投资14.79亿元，增长4.1%。全县完成地方财政收入3.30亿元，增长37.2%；其中税收2.55亿元，增长36.0%，占财政收入的比重达到77.3%。全县财政总支出10.41亿元，增长15.0%。全县年末户籍总户数176964户，户籍总人口545052人。其中男性278331人，女性266721人。本年出生人口10812人，死亡人口4808人。人口自然增长率为9.03‰。合法生育率达到74.4%。

【农业】　全年完成农业增加值17.30亿元，比上年增长0.7%；林业增加值0.78亿元，增长20.7%；牧业增加值2.72亿元，增长20.0%；渔业增加值0.96亿元，下降3.6%；农林牧渔服务业增加值0.75亿元，增长7.6%。农作物总播种面积4.44万公顷，其中：粮食作物2.81万公顷，经济作物1.63万公顷；粮食作物总产量达到19.63万吨，比上年增长0.5%。新增造林面积3373.33公顷，新育苗260公顷，零星植树205.00万株。木材蓄积量166.41万立方米。全年生猪出栏16.21万头，增长1.8%；牛出栏1.44万头，增长34.2%；羊出栏25.81万只，下降0.6%；家禽出栏379.52万只，增长8.2%。肉类总产量21928.19吨，增长3.4%；禽蛋产量7831.12吨，增长12.9%。年末生猪存栏9.19万头，牛存栏1.02万头，家禽存栏191.32万只。水产品总产量1.68万吨，比上年下降12.9%。其中：优质水产品下降较大，鲤鱼、鲫鱼产量分别为0.47万吨、0.31万吨，分别下降31.5%和28.3%。农业机械总动力达到72.68万千瓦,增长4.1%。大中型拖拉机2420台,增长12.9%。加强农田水利建设。除险加固小型水库25座。

【工业·建筑业】 规模以上工业企业(年主营业务收入500万元及以上的工业法人企业)达200家,比上年增加38家,增长23.5%;实现增加值43.40亿元,增长16.3%。其中,轻工业实现增加值23.52亿元,增长15.3%;重工业实现增加值19.88亿元,增长17.5%。规模以上工业实现主营业务收入178.88亿元,增长25.6%;实现利润、利税分别为9.29亿元、13.43亿元,分别增长25.6%和23.0%。产销衔接良好,产销率达98.01%,与上年同期持平。扭亏成效显著,企业亏损面为7.5%,比上年收窄3.5个百分点。制造业实现增加值40.54亿元,比上年增长15.4%,占规模以上工业比重由上年的92.2%提高到93.4%;实现利润8.95亿元,增长30.0%,占规模以上工业利润比重由93.1%提高到96.4%。高新技术产业占比持续上升,实现产值49.01亿元,占规模以上工业总产值的26.8%,比重提高2.3个百分点。全县具有资质等级的建筑企业17家(不含劳务分包企业),实现总产值5.51亿元。全年完成房屋建筑施工面积75.03万平方米,竣工面积33.92万平方米。

【财政·金融】 全县完成地方财政收入3.30亿元,增长37.2%;其中税收2.55亿元,增长36.0%,占财政收入的比重达到77.3%。全县财政总支出10.41亿元,增长15.0%。全县国、地税系统实现税收6.42亿元,增长29.4%;其中,国税系统实现税收4.35亿元,增长26.4%;地税系统实现税收2.07亿元,增长35.9%。年末全县金融机构各项人民币存款余额73.30亿元,比年初增加11.63亿元,同比增长18.9%。其中,居民储蓄存款57.31亿元,比年初增加10.24亿元,同比增长21.8%。各项人民币贷款余额44.05亿元,比年初增加7.99亿元,同比增长22.2%。年末短期贷款余额35.54亿元,比年初增加4.81亿元;年末个人中长期消费贷款余额6.07亿元,比年初增加2.50亿元。

【城乡建设·环保】 年末城镇化率44%,比上年提高1个百分点。县城建成区面积15.2平方公里,城区人口15万人。设计县城城区供水能力每日3万立方米,实际供水每日1.3万立方米。随着荣花园、一品御墅、龙廷居、金桂园、书香家园二期等房地产开发项目的加快建设,拉动了全县房地产投资的发展。全年房地产开发投资完成4.42亿元,同比增长82.9%,增幅比上年同期高41.8个百分点,占城镇固定资产投资的比重由上年同期的6.4%上升至9.5%。房屋施工面积64.83万平方米,增长45.8%;销售商品房28.71万平方米,增长15.1%。全年环境保护投资1.35亿元,增长3.1%。全年废水排放总量760万吨,工业废水排放达标率、工业烟尘排放达标率及工业固体废物综合利用率均达到100%。工业二氧化硫去除量1844吨,增长1.7%。

【交通·邮电】 全县公路通车里程达到2020.10公里,增长14.3%;年末营运汽车拥有量0.81万辆,增长0.3%;全年完成公路货运量2648.67万吨,增长3.5%;客运量1319.19万人次,增长30.0%;公路货运周转量89.23亿吨公里,增长12.0%;公路客运周转量5.40亿人公里,增长17.0%。邮政业务收入1082万元,比上年增加20%。

【贸易·旅游】 全县实现社会消费品零售总额51.33亿元,增长19.1%。其中城镇实现社会消费品零售额40.43亿元,同比增长18.9%,占全县消费品市场的78.8%;乡村实现社会消费品零售额10.90亿元,同比增长19.8%,占全县消费品市场的21.2%。市场规模化程度进一步提高,限额以上批发零售和住宿餐饮企业单位数达到153家,比上年增加14家。全县限额以上贸易、餐饮企业实现消费品零售额31.24亿元,同比增长26.0%,占全县社会消费品零售总额的60.9%,对社会消费品零售总额的贡献率达78.2%,拉动社会消费品零售总额增长14.9个百分点。其中,批发业实现零售额11.29亿元,同比增长37.4%;零售业实现零售额17.73亿元,同比增长20.2%;住宿业实现零售额0.56亿元,同比增长15.4%;餐饮业实现零售额1.66亿元,同比增长23.7%。全县批发零售业实现消费品零售额46.83亿元,同比增长19.2%,占全县社会消费品零售总额的比重为91.2%,拉动全县社会消费品零售总额增长17.5个百分点。其中,批发业实现15.43亿元,零售业实现31.40亿元,同比分别增长26.4%和16.0%。住宿餐饮业快速发展,全年实现零售额4.50亿元,同比增长18.1%。其中,住宿业实现0.93亿元,餐饮业实现3.57亿元,同比分别增长17.6%和18.2%。全县实现进出口总额5084万美元,其中,出口4670万美元,进口414万美元。合同利用境外资金150万美元,实际利用22万美元。外派各类劳务人员1351人,实现境外投资105万美元。全年招商引资项目达到202个,合同利用县外资金130.20亿元,增长22.8%;实际利用县外资金30亿元,增长36.4%;实际利用市外资金14亿元,增长27.3%。

全县旅游景点总数达14个,其中4A级旅游区2个。全年接待游客503万人次。其中,接待海外游客2.90万人次,旅游总收入26亿元。

【教科文卫体】 全县各类学校280所,专任教师4855人。在校学生80231人。其中,普通中学学校20所,专任教师2260人,在校学生29350人。在普通中学当中,初中学校17所,专任教师1610人,在校学生21407人;高中学校3所,专任教师650人,在校学生7943人。职业中学学校1所,专任教师144人,在校学生2854人。小学学校107所,专任教师2212人,在校学生35549人。幼儿园学校151所,专任教师217人,在校幼儿12316人。特殊教育学校1所,专任教师22人,在校学生162人。全县科技活动机构236个,筹集科技经费710万元。取得各类科技成果18项,受市级以上奖励成果10项。受理专利申请98件,授权专利75件。全县高新技术产值49.01亿元。文艺表演团体为群众演出5900场次,观众人数130万人次。文化馆(站)、图书馆共举办展览96场次,组织文艺活动150次。博物馆藏品0.20万件。公共图书馆总藏书量16.40万册,借阅图书9.10万册。档案馆1个,档案室136个,档案馆藏总量6.6万卷,其中,本年进馆档案729卷。年末电视人口覆盖率95%。全年广播节目制作2160小时,电视台节目制作1200小时。

全县各类卫生机构487处。其中医院、卫生院14处,专科防治所(站)3处,社区服务中心1处,诊所、医务室51处,农村卫生室418处。卫生机构拥有病床1472张,卫生技术人员2854人,其中医生1835人,注册护士541人,其他卫生技术人员420人。各级医院、卫生院共完成诊疗人数97.50万人次,健康检查人数10.80万人次。农村新型合作医疗参保人数达43.85万人,比上年增加0.50万人。全县体育场地184处,等级运动员73人,等级裁判员14人。全年举办县级以上体育运动会5次,参加运动员1861人。在市级体育比赛中获得奖牌3枚,其中金牌1枚。

【社会生活】 城镇居民人均可支配收入14511.54元,增长10.3%。其中,人均工资性收入11569.6元,增长10.0%;人均经营净收入1104.58元,增长50.5%;人均转移性收入2284.73元,增长2.0%。城镇居民人均消费支出9833.01元,增长9.2%,其中,人均食品支出2966.74元,增长7.1%。城镇居民人均住房建筑面积28.71平方米,增加0.58个平方米。农民人均纯收入6714元,增加890元,增长15.3%。农民人均消费性支出4148元,增加524元,增长14.5%。

企业养老保险参保职工3.47万人,增加0.2万人;当年支付离退休费9594万元,增长33.0%。机关事业单位参保职工1.2万人,当年支付离退休费7895万元。失业保险参保职工2.57万人,支付失业保险金788.73万元。工伤保险参保职工4.9万人,增长8%。企业生育保险参保职工2.17万人,增长5%。医疗保险参保人数11.44万人,征缴医疗保险基金4256万元,增长23.5%。收养类福利事业单位14个,年末收养人员1354人。社会福利企业5个,安置职工168人。全年社会福利救济费支出6655万元,有3.8万名城乡困难群众和五保户得到经济救助。

【蒙阴县乡镇、街道概况】

蒙阴街道办事处

党工委书记 孟庆龙
办事处主任 李建华

全街道有村居委75个,总人口152169人,总面积25790公顷,其中耕地面积4337公顷。全年完成财政收入5117万元,农民人均纯收入6773元,粮食总产41454.49吨。有规模以上企业22个,学校4所,卫生院1所。

联城镇

镇党委书记 许方华

镇　　长　王忠军

全镇有村居委 52 个，总人口 46146 人，总面积 16090 公顷，其中耕地面积 3587 公顷。全年完成财政收入 641 万元，农民人均纯收入 6609 元，粮食总产 24956.36 吨。有规模以上企业 9 个，学校 18 所，卫生院 1 所。

常路镇

镇党委书记　公茂栋
镇　　长　包西堂

全镇有村居委 30 个，总人口 34270 人，总面积 7740 公顷，其中耕地面积 3051 公顷。全年完成财政收入 731 万元，农民人均纯收入 6783 元，粮食总产 15133.95 吨。有规模以上企业 20 个，学校 11 所，卫生院 1 所。

高都镇

镇党委书记　李再成
镇　　长　彭玉华

全镇有村居委 33 个，总人口 32562 人，总面积 9020 公顷，其中耕地面积 2079 公顷。全年完成财政收入 629 万元，农民人均纯收入 6798 元，粮食总产 10687.56 吨。有规模以上企业 15 个，学校 11 所，卫生院 1 所。

野店镇

镇党委书记　房新宇
镇　　长　王　彬

全镇有村居委 31 个，总人口 36057 人，总面积 19620 公顷，其中耕地面积 2084.13 公顷。全年完成财政收入 529 万元，农民人均纯收入 6783 元，粮食总产 14336.13 吨。有规模以上企业 10 个，学校 15 所，卫生院 1 所。

岱崮镇

镇党委书记　刘元德
镇　　长　李发来

全镇有村居委 42 个，总人口 52983 人，总面积 18390 公顷，其中耕地面积 1909 公顷。全年完成财政收入 526 万元，农民人均纯收入 6811 元，粮食总产 17367.62 吨。有规模以上企业 14 个，学校 22 所，卫生院 1 所。

坦埠镇

镇党委书记　孙令杰
镇　　长　王锦栋

全镇有村居委 32 个，总人口 33209 人，总面积 8100 公顷，其中耕地面积 1544 公顷。全年完成财政收入 492 万元，农民人均纯收入 6639 元，粮食总产 10520.36 吨。有规模以上企业 13 个，学校 8 所，卫生院 1 所。

旧寨乡

乡党委书记　张大伟
乡　　长　石　焱

全乡有村居委 47 个，总人口 39256 人，总面积 12420 公顷，其中耕地面积 1665 公顷。全年完成财政收入 609 万元，农民人均纯收入 6619 元，粮食总产 9776.9 吨。有规模以上企业 13 个，学校 9 所，卫生院 1 所。

桃墟镇

镇党委书记　伊永玖
镇　　长　李先德

全镇有村居委 48 个，总人口 45337 人，总面积 1.71 万公顷，其中耕地面积 2655 公顷。全年完成财政收入 368 万元，农民人均纯收入 6692 元，粮食总产 18532.27 吨。有规模以上企业 8 个，学校 20 所，卫生院 1 所。

界牌镇

镇党委书记　李卫东
镇　　长　秦元东

全镇有村居委 38 个，总人口 36887 人，总面积 12070 公顷，其中耕地面积 2656 公顷。全年完成财政收入 626 万元，农民人均纯收入 6612 元，粮食总产 14332.58 吨。有规模以上企业 14 个，学校 11 所，卫生院 1 所。

垛庄镇

镇党委书记　胡守东
镇　　长　公茂礼

全镇有村居委24个,总人口36176人,总面积13820公顷,其中耕地面积2845公顷。全年完成财政收入1745万元,农民人均纯收入6762元,粮食总产23123.55吨。有规模以上企业12、个,学校17所,卫生院1所。

蒙阴县专栏撰稿人:张　军

平　邑　县

中共县委书记　王林山
副　书　记　陈一兵(12月离任)
马祥营(12月任职)
李献荣
县人大主任　程新安
副　主　任　李秀兰(女)　廉茂岭
夏成光
郑晓亭(1月离任)
王　霞(女)
陈志德(回族,1月任职)
县　　长　陈一兵(12月离任)
马祥营(代,12月任职)
副　县　长　鞠成祥　刘仕江　吕国强
刘玉山　王建锋　黄　波
张　鑫
县政协主席　孙印远
副　主　席　徐守军　赵景元　张庆伟
王秀冬(女)　高彦坤
吴庆民
县纪委书记　麻建东

【概况】 平邑县辖16个乡、镇,738个行政村(居委会),总人口101万人,比年初增加0.6万人。总面积1823平方公里。全年实现生产总值165.0亿元,按可比价增长13.3%。三次产业增加值分别为28.1、74.7和62.3亿元,按可比价分别增长3.7%、14.5%和14.8%。一、二、三产业结构为17:45.2:37.8,第三产业占GDP比重提高1.2%。人均地区生产总值1.8万元,按可比价增长12.6%。

【农业】 全年完成农林牧渔总产值48.7亿元,可比价增长8.4%。其中种植业32.5亿元,增长4.1%;林业产值0.3亿元,增长29%(不包含干果之类);畜牧业13.6亿元,增长10.6%;渔业1.1亿元,增长1.3%;农林牧渔服务业1.2亿元,增长21.4%。各业占农林牧渔业的比重分别为农业66.7%、林业0.6%、牧业27.9%、渔业2.3%、农林牧渔服务业2.5%。

全年农作物总播种面积9.79万公顷。粮食作物全年播种5.95万公顷,油料播种面积1.85万公顷,蔬菜瓜类播种面积7933.33公顷;其中土豆面积5066.67公顷,大蒜面积3733.33公顷;烤烟播种面积1533.33公顷。主要农产品获得好收成,全年粮食总产量37.9万吨,比上年增加3.1万吨,增长8.9%;其中夏粮总产量13.8万吨,比上年增加1.6万吨,增长13.1%;秋粮总产量24.1万吨,比上年增加1.5万吨,增长6.6%;在秋粮总产中,玉米15.9万吨,比上年增加2.0万吨,增长14.4%;油料总产量8.1万吨,下降1.8%;蔬菜总产量38.9万吨,较上年基本持平,在蔬菜总产量中,土豆15.2万吨,减少19.5%,大蒜7.8万吨,比上年增长2.3%;水果总产量17.5万吨,较上年基本持平;金银花面积7133.33公顷。

全年新造林面积2013公顷,新育苗667公顷,义务植树189万株,四旁植树260万株。年末全县森林覆盖率达到33.1%,林木蓄积量120.2万立方米,干果总产量1.5万吨。

年末生猪存栏34.3万头,牛存栏1.36万头,羊存栏36.8万只,家禽存栏716.1万只。全年生猪出栏50.9万头,增长5.2%;牛出栏1.4万头,增长3.2%;羊出栏46.4万只,增长2.5%;家禽出栏1896.2万只,增长1.2%。全年肉类总产量6.1万吨,增长6.8%;奶类产量0.3万吨,增长10.9%;禽蛋产量3.6万吨,增长2.6%。水产品产量为1.2万吨。

提高农用机械化程度。年末农用机械总动力63万千瓦,比上年增长3.2%。全县农机装备水平有了显著提高,农用运输车0.8万辆,拖拉机3.1万台,化肥施用量(折纯)11.9万吨。

【工业】 全年实现工业增加值63.6亿元,比上年增长15.1%。全县规模以上工业总资产83.4亿元,增长16.0%,完成工业总产值223.4亿元,增加值51.4亿元,分别增长21.5%、16.7%。全县规模以上工业企业实现销售收入223.2亿元、利税19.4亿元、利润11.6亿元,分别增长26.5%、29.3%、35.8%。全县有26家规模以上工业企业产值过亿元,完成工业总产值74.4亿元,占规模以上工业的33.3%;实现利税过千万元的工业企业20家,利税合计6.0亿元,占规模以上工业的30.7%。

【民营经济】 全县注册私营企业1494家,注册资本22.8亿元,私营企业雇工2.4万人;注册个体户数2.0万户,注册资本6.2亿元,从业人员6万人。规模以上工业中民营企业311家,实现产值211亿元,占全部规模以上工业产值的94.4%,其中股份制企业136家,完成工业总产值108.2亿元,实现利润4.4亿元,分别占全部规模工业的48.4%和37.9%。

【贸易・旅游】 全年共实现社会消费品零售总额80.7亿元,增长20.0%。其中城镇消费品零售额70.4亿元,增长20.2%,乡村消费品零售额10.3亿元,增长18.7%。全县批发零售贸易业零售额75.7亿元,增长20.5%,住宿餐饮业零售额5.0亿元,增长13.1%。

年内,全县新增内资获权企业13家,47家出口企业实现自营进出口总额1.4亿美元,增长21.4%,其中自营进口0.1亿美元,降低35.7%,自营出口1.3亿美元,增长31.1%。自营出口中加工贸易出口0.3亿美元,降低25.0%。

全年全县旅游接待总人数260万人次,增长7.4%,实现旅游综合总收入33亿元,增22.2%。

【交通・邮电】 全县年末境内公路通车里程2352.5公里,其中村村通1494.8公里,高速公路通车里程43公里。全年完成公路客运量749万人次,增长15%;公路客运周转量9亿人公里,增长20%。公路货运量1121万吨,增长16%;公路货运周转量86.8亿吨公里,增长22%。

完成电信业务总量3.7亿元,增长10.9%;邮政业务总量2.3亿元,函件总量228.5万份,报刊杂志653.8万份。年末固定电话用户12.8万户,比年初减少2.5万户;移动电话用户56.5万户,比年初增加13.4万户;电话普及率每百人69.4部,比上年每百人增加14.6部。

【财政・金融】 全县完成地方财政收入4.5亿元,增长21.4%。实现国、地税收入7.1亿元,增长27.9%,其中,国税收入3.7亿元,增长30.6%;地税收入3.4亿元,增长25%。全县财政总支出15.4亿元,增长23.8%。

年末全县金融机构各项存款余额达104.9亿元,增加15.5亿元,增长17.3%。其中企业存款12.5亿元,增长36.8%;居民储蓄存款76.4亿元,增加13.5亿元,增长21.5%。各项贷款余额61.9亿元,增加12亿元,增长24.0%。其中短期贷款47.9亿元,比年初增加8.1亿元;中长期贷款13亿元,比年初增加3.9亿元。

【建设・环保】 全县建筑业完成增加值11亿元,增长11.1%。全县资质以上建筑企业15家,完成建筑业总产值19.5亿元,增长14.7%,实现利润总额1.1亿元,上缴税金6656万元。具有资质等级的建筑企业房屋建筑施工面积153万平方米,竣工面积129万平方米。

县城城区供水能力每日6万立方米,集中供热总量45万机焦,供热面积175万平方米。已建成污水处理厂2座,工业废水排放量492万吨,比上年增加126万吨。工业废气烟尘排放量达标率100%。空气质量指数达到二级或好于二级以上天数占全年的100%。

年末全县共有气象台、站13处。全年平均气温14.1摄氏度,较常年高0.6摄氏度。无霜期213天,日照2373.2小时。全年降雨量706.3毫米,较常年平均偏少36.4毫米,实施人工降雨6次。

【社会事业】 全县有幼儿园98所,在园幼儿1万人;小学159所,在校学生6.8万人;初中26所,高中8所,在校学生分别为4.1万人和1.6万人;中等职业中学3所,在校学生0.4万人;特殊教育学校1所,在校学生126人。

全县共安排县级以上科技发展项目24项,其中国家级2项,省级5项,市级9项。全县共获得县级以上科技成果奖20项,其中市级4项。技术市场管理工作有了新的进展,技术市场日益活跃,全县民办科研机构48家。科技投入不断增加,全年科技3项经费和科学事业费110万元。

年末拥有各种文化事业机构6个，电影院1个，全县专业文艺表演团体为群众演出160场次。群众艺术馆、文化馆共举办展览16场次，组织文艺活动80场次。公共图书馆藏书10万册。广播电视事业得到长足发展，全县有广播电视发射塔1座，塔转塔1座，卫星收转站5座，有线广播电视传输光缆干线网络5000杆公里；模拟有线电视用户7.8万户，数字电视用户6696户。

全县各级各类医疗卫生机构675家（包含村级卫生室），其中二级医院2处，疾控预防控制中心1处，卫生监督机构1处，专科医院4处（包括站、所），卫生学校1处，乡镇卫生院16处（中心卫生院5处），门诊部、社区卫生服务站31处，村级卫生室586处，厂矿企业卫生室31处，个体诊所2处。各类卫生机构共有床位2825张，卫生技术人员2812人。

全民健身运动蓬勃兴起，体育竞赛水平不断提高，举办了全县万人登蒙山比赛。在全省自行车锦标赛上，我县自行车队共夺得1金、4银、6铜，总分名列全省第三。

全年，城镇居民人均可支配收入1.5万元，增长10%；在岗职工年平均工资2.7万元，比上年增长14.8%；农民人均纯收入0.7万元，增长15.0%。全县城镇养老、失业、医疗、工伤、生育保险参保人数分别达到5.7万人、3.3万人、6.9万人、7.5万人、2.5万人。农村新农保参保人数45.9万人。年末全县养老机构17家，床位1803张，年末供养2552人，其中集中供养1803人、分散供养749人。城镇居民最低生活保障人数6746人，发放城镇低保金1182.2万元，农村居民最低生活保障人数3.1万人，发放农村低保金2566.2万元，社会福利企业4个，安置残疾人180人。

【平邑县乡镇、街道概况】

平邑街道办事处

党工委书记 时光晓
办事处主任 李景忠

街道办事处有村居委90个。总面积20113公顷，其中耕地面积8670公顷。全年农民人均纯收入6927元，粮食总产58300吨。有规模以上企业45个，学校19所，医院、卫生院1所。

仲村镇

镇党委书记 孙　伟
镇　　　长 王力伟

全镇有村居委59个。总面积11465公顷，其中耕地面积6277公顷。全年农民人均纯收入6815元，粮食总产28642吨。有规模以上企业28个，学校13所，医院、卫生院1所。

武台镇

镇党委书记 王　峰
镇　　　长 华明秀

全镇有村居委30个。总面积7963公顷，其中耕地面积2213公顷。全年农民人均纯收入6839元，粮食总产3925吨。有规模以上企业9个，学校8所，医院、卫生院1所。

保太镇

镇党委书记 晏　伟
镇　　　长 池召伟

全镇有村居委61个。总面积10912公顷，其中耕地面积6056公顷。全年农民人均纯收入6825元，粮食总产42428吨。有规模以上企业22个，学校12所，医院、卫生院1所。

柏林镇

镇党委书记 刘全文
镇　　　长 裴中军

全镇有村居委25个。总面积13543公顷，其中耕地面积4953公顷。全年农民人均纯收入6756元，粮食总产26071吨。有规模以上企业21个，学校12所，医院、卫生院1所。

卞桥镇

镇党委书记 刘　涛
镇　　　长 张林森

全镇有村居委37个。总面积11843公顷，其中耕地面积4071公顷。全年农民人均纯收入6854元，粮食总产22664吨。有规模以上企业9个，学校

7 所,医院、卫生院 1 所。

资邱乡

乡党委书记
乡　　　长 杨　波

全乡有村居委 24 个。总面积 5922 公顷,其中耕地面积 3225 公顷。全年农民人均纯收入 6733 元,粮食总产 17760 吨。有规模以上企业 10 个,学校 7 所,医院、卫生院 1 所。

地方镇

镇党委书记 王　忠
镇　　　长 孙　峰

全镇有村居委 62 个。总面积 12595 公顷,其中耕地面积 3335 公顷。全年农民人均纯收入 6714 元,粮食总产 27826 吨。有规模以上企业 29 个,学校 18 所,医院、卫生院 1 所。

铜石镇

镇党委书记 燕　峰
镇　　　长 高　庆

全镇有村居委 58 个。总面积 15844 公顷,其中耕地面积 6536 公顷。全年农民人均纯收入 6751 元,粮食总产 9263 吨。有规模以上企业 19 个,学校 11 所,医院、卫生院 1 所。

温水镇

镇党委书记 赵仁峰
镇　　　长 聂海涛

全镇有村居委 25 个。总面积 4953 公顷,其中耕地面积 3159 公顷。全年农民人均纯收入 6748 元,粮食总产 18930 吨。有规模以上企业 13 个,学校 7 所,医院、卫生院 1 所。

流峪镇

镇党委书记 王文军
镇　　　长 秦冠宇

全镇有村居委 53。总面积 10860 公顷,其中耕地面积 4141 公顷。全年农民人均纯收入 6713 元,粮食总产 11114 吨。有规模以上企业 15 个,学校 10 所,医院、卫生院 1 所。

郑城镇

镇党委书记 沙振霄
镇　　　长 宋汉银

全镇有村居委 38 个。总面积 8669 公顷,其中耕地面积 3636 公顷。全年农民人均纯收入 6733 元,粮食总产 38186 吨。有规模以上企业 8 个,学校 8 所,医院、卫生院 1 所。

魏庄乡

乡党委书记 华　强
乡　　　长 杨明亮

全乡有村居委 17 个。总面积 7395 公顷,其中耕地面积 3650 公顷。全年农民人均纯收入 6358 元,粮食总产 22635 吨。有规模以上企业 8 个,学校 5 所。

白彦镇

镇党委书记 唐义柱
镇　　　长 陈成才

全镇有村居委 48 个。总面积 19088 公顷,其中耕地面积 9552 公顷。全年农民人均纯收入 6591 元,粮食总产 11775 吨。有规模以上企业 20 个,学校 19 所,医院、卫生院 1 所。

临涧镇

镇党委书记 孙文吉
镇　　　长 华　营

全镇有村居委 60 个。总面积 12083 公顷,其中耕地面积 5850 公顷。全年农民人均纯收入 6590 元,粮食总产 17467 吨。有规模以上企业 15 个,学校 12 所,医院、卫生院 1 所。

丰阳镇

镇党委书记 王立剑
镇　　　长 邱　咏

全镇有村居委44个。总面积9259公顷,其中耕地面积4526公顷。全年农民人均纯收入6586元,粮食总产18593吨。有规模以上企业8个,学校7所,医院、卫生院1所。

平邑县专栏撰稿人:李　强

费　县

中共县委书记	尹长友(9月离职)
	杜昌伟(9月任职)
副　书　记	杜昌伟(9月离职)
	高振凯
县人大主任	尹长友(9月离职)
	杜昌伟(9月任职)
副　主　任	周耘耕(1月任职)
	管修学
	王光俊(1月离职)
	刘胜文
	任志勇(1月离职)
	杨东霞(女)
	王西长(1月任职)
县　　长	杜昌伟(9月离职)
	高振凯(9月任职)
副　县　长	江　波　孙德士
	周耘耕(1月离职)
	韩冬梅(女)　吴召勇
	孙百亮　李富奎(1月任职)
县政协主席	崔又飞
副　主　席	李永环(1月离职)
	刘成武　王法德
	韩冬梅(女)　刘吉利
	任庆珠　陈文武(1月任职)
县纪委书记	刘　飞

【概况】　全县辖14镇、4乡,566个行政村(居委会)。总面积1917.6平方公里,其中耕地面积62253公顷,年末全县总人口98万人,其中城镇人口11万人。全年实现生产总值190.98亿元,按可比价格计算,比上年增长13.1%。其中,第一产业增加值27.68亿元,增长3.7%;第二产业增加值97.3亿元,增长14.7%;第三产业增加值66亿元,增长14.3%。三次产业比例为14.5:50.9:34.6。全社会完成固定资产投资(规模以上)79.5亿元,增长22.5%。实现财政总收入14.2亿元,增长13.7%,其中地方财政一般预算收入5.53亿元,按可比口径增长20.21%。税收总收入10.6亿元,增长19.1%。年末金融机构本外币各项存款余额103.4亿元,比年初增加16.4亿元。其中居民储蓄存款余额82.4亿元,比年初增加13.17亿元。年末金融机构本外币各项贷款余额84.1亿元,比年初增加5.6亿元。金融服务水平进一步提高,年内人民银行在费县恢复运营,临沂商业银行在费县建立支行。

【农业】　全年农林牧渔业实现总产值53.9亿元,比上年增长6.2%。粮食总产41.07万吨,比上年增长2.6%。棉花总产0.19万吨,增长5.56%;油料总产10.6万吨,增长3.9%;水果总产21.5万吨,减少1.6 %;蔬菜总产60.9万吨,减少3%。生猪存拦32.11万头;大牲畜3.19万头,其中奶牛3650头;羊29.2万只;肉类总产13.6万吨,禽蛋总产2.74万吨,奶类总产1.14万吨。水产品总产1.48万吨,增长4.23%。全年人工造林面积987公顷;森林覆盖率44%。全县农机总动力63万千瓦,增长1.45%。农业结构进一步优化,形成了金银花、有机蔬菜、有机核桃、生态观光农业四大基地。被评为“全国核桃产业十强县”“全国经济林产业示范县”“全省烤烟强县”,被列为全国产油大县。农业产业化水平不断提高,市级农业龙头企业发展到20家,农民合作组织发展到600家。农业基础设施逐步完善,完成了31座小型水库除险加固任务和3.8万人的农村饮水安全工程。投资2436万元,开工建设92处农田水利工程。农村住房建设与危房改造平稳推进,新建改建农房2.2万户。农村生活条件大大改善,实现了村村通路、通电、通电话、通有线电视等工程,农村自来水普及率达到77%。实现农民税赋“零负担”,被评为全国惠农工作先进县。

【工业】　全年实现工业增加值99.5亿元,比上年增长7.22% 。规模以上工业企业389家,完成增加值91.16亿元,增长16.24%;实现产品销售收入393.73亿元,增长26.47%;实现利税33.6亿元,增长19.3%;实现利润24.2亿元,增长16.4%。规模以上非公有制工业实现增加值82.92亿元，占规模以上工业企业的90.96%。全县销售收入过亿元的企业达到86家，利税过亿元企业达3家。国电费县电厂、新时代药业、沂州水泥、中粮油脂等具有重要支撑作用的大项目运转正常；恒联纸业一期工程，曙光铸造综合节能技改项目已开工建设；木材加工产业集群被评为山东省产业集群综合增长竞争力十大典范经济区。企业自主创新能力不断增强，创中国驰名商标1个，山东省著名商标6个。

【城镇建设】 年末人口城镇化率达43%，比上年提高0.7个百分点。城镇承载经济发展能力显著增强，驻地人口过万的乡镇达5个。城市人均道路面积13.69平方米，人均绿地面积8.36平方米，建城区绿化覆盖率40.74%，自来水普及率100%，燃气普及率95.48%，集中供热普及率20%。房地产业实现突破，累计开发商品房面积120万平方米。实行了经济适用房政策，并落实了城镇居民廉租房制度。村镇建设完成投资124561万元。建成污水处理厂1座，城市污水集中处理率达85%，投资6000余万元的城市生活垃圾处理厂开工建设。完成环境污染治理投资额5.73亿元，城市空气质量良好率达到97%，水环境功能区达标率为100%。道路交通声环境质量在较好以上。资质三级以上建筑企业19家，完成建筑业总产值83037万元，实现利税3279万元。

【交通·邮电】 全境公路通车里程2158公里（含乡村公路），其中高速公路通车里程112公里。有专业性客运企业2家，货运企业12家，二类以上维修企业12家，汽车综合性能检测站1家。全县纳入交通行业管理的营业性车辆2.3万辆，其中营业性客车525辆，营业性货车22255辆，出租公交220台；公路旅客运输量为506万人次，比上年增长15.26%，旅客周转量26328万人公里；公路货物运输量为1537万吨，比上年增长113.77%，货物周转量169070万吨公里。完成邮电业务总量21201万元，增长25.16%。其中，电信业务总量16802万元，增长29.69%；邮政业务总量4399万元，增加10.41%。年末固定电话用户24万户，移动电话用户38万户，电话普及率25部/百人，互联网用户4.4万户。

【商业贸易】 全年实现社会消费品零售总额62.3亿元，比上年增长18.9%。其中，城镇市场实现零售57.1亿元。积极实施“万村千乡市场”工程和“一网两平台”工程，建成各类超市及便民店678处，形成了完善的农村现代流通服务体系。全年共落实招商项目197个，其中过亿元项目14个。全年实现进出口总值25728万美元，增加33.5%，其中出口总值24741万美元，增加40.4%。新签利用外资项目5项，实际利用外资931万美元，增长1.2%。新批境外企业2家，对外投资额520万美元。外派人员（境外）1017人次；年末县外务工人员15万人次；实现劳务收入近12亿元。

【旅游】 全年接待国内外游客130万人次，增长8.33%；实现旅游总收入11亿元，增长14.58%。积极打造生态旅游品牌，费县中华奇石城、祊河国际影视城等重点旅游项目进展顺利；成立了许家崖景区管委会，重点抓好景区的开发、建设和提升，改造景区道路，实施了许家崖水库水源地生态保护工程，打造南部生态旅游圈；与山东鲁商集团达成了合作开发天蒙旅游景区的协议。本着将费县建成“临沂后花园”的目标，加大了用生态对接临沂的力度。

【教科文卫体】 全县有普通高等院校2所（临沂大学蒙山校区、青岛理工大学费县校区），在校生10064人。中等职业技工学校2所，在校生2405人。普通高中3所，在校生12288人。普通初中24所，在校生30223人。小学153所，在校生51886人。特殊教育学校1所，在校生197人。小学、初中入学率达到100%。自开展农村义务教育经费保障机制改革试点以来，教育经费保障水平不断提高，农村中小学生均公用经费分别提高到600元、400元，全年教育支出达到33845万元，占地方财政支出的23%，同比增长19.3%。筹集化债资金3687万元，在全市率先完成了农村义务教育债务化解工作，基本解决了全县义务教育学校多年来沉重的债务负担。

全年完成各类科技成果132项，取得市（地）级以上各类重要科技成果15项，其中国家科技进步二等奖1项，科技对经济的贡献率达56%。专利申请量183件，授权专利113件。有国家级技术中心1家，省级技术中心1家，市级技术中心达10家，民办科研机构已达99家，高新技术产业产值比重达到

18.44%

全县有各种艺术表演团体25个，公共图书馆1处，群众艺术馆1处、文化馆1处，档案馆1处。文化事业不断繁荣，继续落实“五大文化惠民工程”。现有209个标准农家书屋，成为全省建设“农家书屋”最多的县区。成功举办了颜真卿书法大展、县域文化论坛、中国(费县)赏石旅游文化节。

全县有卫生机构26所，其中，医院、卫生院23所，疾病预防控制机构1所，妇幼保健机构1所，社区卫生服务中心1处。乡镇医疗机构基础设施不断改善，新建标准化村级卫生室253处。各类卫生机构共有床位2795张，卫生技术人员1343人，其中，执业医师582人，注册护士433人。有体育馆1座，全年参加省级以上体育比赛共获奖牌11枚，其中金牌2枚。

【社会生活】 城镇居民人均可支配收入14200元，增长4.41%；人均消费支出为9508元，增长16.39%；人均住房建筑面积32平方米。城镇在岗职工年平均工资28027元，增长17.89%。累计新增城镇就业3.6万人，城镇登记失业率控制在3.5%以内。农民人均纯收入6665元，增长15.01%；人均生活消费支出3702元，增长3.26%；人均居住面积30平方米。全年职工养老、医疗、失业、工伤、生育保险参保人数分别达到5.97万人、12.49万人、3.24万人、4.51万人和2.42万人，比上年分别增加0.66万人、7.33万人、0.02万人、0.46万人和0.15万人。社会保险基金收入3.94亿元，增加11600万元；支出2.79亿元，增加5100万元。新型农村养老保险参保农民达到41.73万人，增加近40万人，从10月份开始为符合条件的农村老人每人每月发放55元养老金。参加新型农村合作医疗农民80.14万人，参合率达99.97%。全县最低生活保障救助39907人。其中，城镇低保4556人，农村低保35351人。城乡低保实现应保尽保，城镇、农村低保人均月补助标准分别提高到220元和100元。全县福利彩票销售2299万元，比上年增加179万元。收养性社会福利单位(敬老院)19个，床位2102张，收养556人，五保集中共养率达70%。社会福利企业4个，安置残疾人员77人。人口出生率14.38‰，死亡率5.25‰，自然增长率9.13‰。有少数民族25个，3492人。

【费县乡镇概况】

费城镇

镇党委书记 闫 峰
镇　　长 戚光振

全镇有村居委会82个，总人口175303人，总面积2万公顷，其中耕地面积4999公顷。全年完成财政收入13936万元，农民人均收入6954元，粮食总产31704吨。有规模以上企业71个，学校21所，医院1所。

上冶镇

镇党委书记 王全平
镇　　长 徐庆秋

全镇有村委会38个，总人口57073人，总面积7610公顷，其中耕地面积4000公顷。全年完成财政收入2900万元，农民人均收入7177元，粮食总产2.27万吨。有规模以上企业21个，学校14所贯家财，卫生院1所。

薛庄镇

镇党委书记 张庆余
镇　　长 李忠海

全镇有村委会21个，总人口55628人，总面积15670公顷，其中耕地面积3389公顷。全年完成财政收入1772万元，农民人均收入6728元，粮食总产21930吨。有规模以上企业17个，学校11所，卫生院1所。

方城镇

镇党委书记 周俊献
镇　　长 刘文勇

全镇有村委会29个，总人口47267人，总面积9300公顷，其中耕地面积4400公顷。全年完成财政收入5044万元，农民人均收入6600元，粮食总产25870吨。有规模以上企业20个，学校7所，卫生院2所。

汪沟镇

镇党委书记 魏云广
镇　　　长 周兴金

全镇有村委会40个,总人口6.35万人,总面积14140公顷,其中耕地面积5600公顷。全年完成财政收入1100万元,农民人均收入6201元,粮食总产2.9万吨。有规模以上企业8个,学校12所,卫生院1所。

探沂镇

镇党委书记 朱玉祥
镇　　　长 于国宏

全镇有村委会50个,总人口6.2万人,总面积10610公顷,其中耕地面积3733公顷。全年完成财政收入9398万元,农民人均收入7296元,粮食总产27987吨。有规模以上企业81个,学校15所,卫生院1所。

朱田镇

镇党委书记 李国华
镇　　　长 黄宗国

全镇有村委会38个,总人口60063人,总面积15620公顷,其中耕地面积4066公顷。全年完成财政收入1855万元,农民人均收入6305元,粮食总产24135吨。有规模以上企业5个,学校14所,卫生院1所。

梁邱镇

镇党委书记 谭忠诚
镇　　　长

全镇有村委会34个,总人口9.1万人,总面积19700公顷,其中耕地面积5400公顷。全年完成财政收入2120万元,农民人均收入6400元,粮食总产3.5万吨。有规模以上企业8个,学校14所,卫生院2所。

新庄镇

镇党委书记 邵士侠
镇　　　长 乔长城

全镇有村委会33个,总人口5.4人,总面积12300公顷,其中耕地面积3733公顷。全年完成财政收入1405万元,农民人均收入6053元,粮食总产23085吨。有规模以上企业5个,学校10所,卫生院1所。

马庄镇

镇党委书记 任宏伟
镇　　　长 王永祥

全镇有村委会23个,总人口3.2万人,总面积8050公顷,其中耕地面积2133公顷。全年完成财政收入1664万元,农民人均收入6681元,粮食总产15090吨。有规模以上企业26个,学校7所,卫生院1所。

新桥镇

镇党委书记 田　园
镇　　　长 廉士明

全镇有村委会34个,总人口58261人,总面积7100公顷,其中耕地面积3823公顷。全年完成财政收入2100万元,农民人均收入7289元,粮食总产30450吨。有规模以上企业28个,学校10所,卫生院1所。

刘庄镇

镇党委书记 王　琨
镇　　　长 臧德厚

全镇有村委会30个,总人口31979人,总面积6200公顷,其中耕地面积3425公顷。全年完成财政收入2217万元,农民人均收入7160元,粮食总产16887吨。有规模以上企业19个,学校6所,卫生院1所。

胡阳镇

镇党委书记
镇　　　长 孙恒军

全镇有村委会17个,总人口42957人,总面积7020公顷,其中耕地面积4013公顷。全年完成财政收入506万元,农民人均收入6657元,粮食总产23660吨。有规模以上企业14个,学校6所,卫生院1所。

石井镇

镇党委书记　王献德
镇　　　长　王跃华

全镇有村委会22个,总人口36797人,总面积10220公顷,其中耕地面积3777公顷。全年完成财政收入1149万元,农民人均收入5938元,粮食总产16910吨。有规模以上企业2个,学校9所,卫生院1所。

大田庄乡

乡党委书记　于　杰
乡　　　长　续秉秋

全乡有村委会17个,总人口21827人,总面积9638公顷,其中耕地面积1587公顷。全年完成财政收入1002万元,农民人均收入6556元,粮食总产8161吨。有规模以上企业3个,学校6所,卫生院1所。

南张庄乡

乡党委书记　谭成亮
乡　　　长　姚　勇

全乡有村委会19个,总人口36238人,总面积7150公顷,其中耕地面积2755公顷。全年完成财政收入1504万元,农民人均收入6490元,粮食总产17279吨。有规模以上企业11个,学校6所,卫生院1所。

城北乡

乡党委书记　李德伦
乡　　　长　陈士文

全乡有村委会19个,总人口32648人,总面积6010公顷,其中耕地面积3339公顷。全年完成财政收入1300万元,农民人均收入7177元,粮食总产16670吨。有规模以上企业11个,学校6所,卫生院1所。

芍药山乡

乡党委书记　唐　恺
乡　　　长　张晓华

全乡有村委会19个,总人口22991人,总面积6306公顷,其中耕地面积1775公顷。全年完成财政收入970万元,农民人均收入6035元,粮食总产9479吨。有规模以上企业3个,学校7所,卫生院1所。

费县专栏撰稿人:姚东海　周　德

沂　南　县

中共县委书记　马　崑(12月离任)
　　　　　　　刘淑秀(女,12月任职)
副　书　记　王常胜
　　　　　　　赵晓晖(12月离任)
　　　　　　　鞠艳峰(12月任职)
县人大主任　马　崑(12月离任)
　　　　　　　刘淑秀(女,12月任职)
副　主　任　黄宝传　赵桂芳(女)
　　　　　　　王贵云(1月离职)
　　　　　　　谢发国　高泽吉
县　　　长　王常胜
副　县　长　鞠艳峰　唐音波　张繁咏
　　　　　　　王兆杰　张生花(女)
　　　　　　　葛继勇
县政协主席　公维禹
副　主　席　李志荣　宋汝金　刘振奎
　　　　　　　苗德文　祖丽梅(女)
　　　　　　　刘希军
县纪委书记　李茂楠

【概况】　全县面积1774.08平方公里,辖17个乡镇(1乡16镇),600个行政村(居委会)。年末全县总人口94.73万人,其中城镇人口15.07万人。人口出生率12.62‰,死亡率5.50‰,自然增长率为7.12‰。有少数民族22个,2143人。全年实现生产总值131.5亿元,同比增长13.5%;其中,第一产业增加值27.3亿元,增长3.7%;第二产业增加值

56.7亿元，增长16.1%；第三产业增加值47.5亿元，增长14.6%。三次产业增加值之比为20.8∶43.1∶36.1，第三产业所占比重同比提高1.4个百分点。规模以上固定资产投资完成85.55亿元，增长22.6%。实现财政总收入7.53亿元，地方财政收入42625万元，比上年增长21.35%，其中，税收收入34557万元，比上年增长25.02%。年末金融机构各项存款余额107.67亿元，比年初增加16.4亿元。其中储蓄存款余额86.41亿元，比年初增加13.89亿元。金融机构各项贷款余额50.28亿元，比年初增加9.02亿元。其中短期贷款35.38亿元，比年初增加5.53亿元；中长期贷款余额8.79亿元，比年初增加1.26亿元；票据融资6.11亿元，比年初增加2.48亿元。

【农业】 全年农林牧渔业实现增加值为27.3亿元，比上年增长3.7%。粮食总产44.4万吨，增长1.4%。花生总产7.4万吨，增长2.6%；蔬菜总产83.7万吨，减少23.3%。全年完成林业产值1.1亿元，新造林1111公顷，森林覆盖率达到37.2%。肉类总产量13.3万吨，增长12.5%；禽蛋产量2.9万吨，增长13.6%；奶类产量1.3万吨，基本持平。水产品产量1058吨。

【工业·建筑业】 规模以上工业企业发展到248家，增加38家，完成工业产值186.6亿元，增长46.04%。轻工业总产值115.27亿元，增长50.44%。重工业总产值71.33亿元，增长39.45%。轻重工业总产值比例为100∶61.88。规模以上工业实现增加值43.9亿元，增长17.74%。高新技术产业企业39家，实现产值53.89亿元，增长60.9%。规模以上工业企业实现产品销售收入179.93亿元，增长39.64%；利税11.97亿元，增长42.27%；其中利润7011亿元，增长44.61%。总承包及专业承包企业31家，完成建筑业总产值14.28亿元，增长6.49%；实现工程结算收入12.79亿元，增长17.34%。

【建设·环保】 年末城镇化率为44.52%，比上年提高2.55个百分点。全县建成区面积为21.5平方公里，人居拥有公共绿地17.57平方米。完成拆迁10万平方米；硬化路面32万平方米；铺装人行道板4万平方米；安装路沿石2.2万米；敷设雨污管网3000米、低压管网4000米，完成供水820万吨；安装路灯514基；新近绿地面地30万平方米，改造绿地面积10万余平方米，栽植行道树5000余棵；房地产开发83.57万平方米。水环境质量改善，两个跨界考核断面中水质达标率为100%。河流水质达到省政府要求的"稳定恢复鱼类生长"的民心工程要求。城区空气质量优良率为98.6%。削减化学需氧量422吨，二氧化硫排放量449吨。

【交通·邮电】 全县公路通车里程为1988.6公里，增加126.6公里。完成地方公路客运量1052.8万人次，旅客周转量7.45亿人公里，公路货运量1701.6万吨，货物周转量46.77亿吨公里。邮政业务总量1995.49万元。年末固定电话用户7.6万户，移动电话用户43万户，电话普及率为每百人53.41部，互联网用户3.8万户。

【贸易·旅游】 全县实现社会消费品零售总额58.7亿元，增长19.1%。其中城镇实现消费品零售额28.9亿元，增长20.78%；乡村实现消费品零售额29.8亿元，增长17.51%。实现进出口总额10072万美元，同比增长50.6%。其中出口额9449万美元，同比增长51.5%；进口额623万美元，同比增长37.5%。全县实有国家A级旅游景区7家，其中AAAA级2家，AAA级4家；工农业旅游示范点4家；旅行社6家；三星级酒店2家。全年接待国内外游客396万人次，同比增长230%；实现旅游总收入19.8亿元，同比增长230%。

【教科文卫体】 有中等职业、技工学校2所，在校生3773人。普通高中2所，在校生1.22万人；初中27所，在校生3.39万人；小学144所，在校生6.38万人。特殊教育学校1所，在校生126人。实施科技计划项目56想，其中国家级2项，省级4向，市级11项。取得各类科技成果24想，获省科技进步奖5项。申请专利138件，授权129件。新增纳入高新技术产业统计企业12家。拥有各种群众文化机构3处，博物馆4处，公共图书馆1处，档案馆1处，国家级重点文物1处，省级重点文物保护单位6处。广播、电视人口覆盖率分别达100%、75.51%。有卫生机构37所，其中医院、卫生院32处，专科疾病防治所2处，妇幼保健院1处、疾病预防控制中心1处。各类卫生机构共有床位2657张张，卫生专业技术人员1619人。有体育馆1座,全年参加省以上体育比赛共获奖牌12枚。

【社会生活】 全县城镇居民人均可支配收入13777元,增长11.99%,城镇居民人均消费性支出8684元,增长22.43%。城镇在岗职工人均工资25706元,增长16.17%。农民人均纯收入6550.5元,增长15.01%;农民人均生活消费性支出3692元,增长7.0%。全年城镇新增就业8150人,转移农村劳动力1.72万人,城镇登记失业率控制在3.16%以内。全年征缴各项社会保险费4.51亿元,比上年增收10.7亿元,增长28.8%。全县有76.67万农民参加新型农村合作医疗,参合率大99.86%。全年企业基本养老保险、机关事业单位养老保险、农村养老保险、医疗保险、失业保险、工伤保险、生育保险参保人数分别达4.06万人、1.60万人、7.26万人、12.24万人、3.61万人、6.11万人、2.40万人。

【沂南县乡镇概况】

界湖镇

镇党委书记　王富余
镇　　　长　杨玉琢

全镇有村居委41个,总人口73194人,总面积8490平方公里,其中耕地面积3015公顷。全年完成财政收入1.26亿元,农民人均纯收入达7069元,粮食总产量31808吨。有规模以上企业57家,学校14所,卫生院1所。

依汶镇

镇党委书记　朱洪国
镇　　　长　陈金沂

全镇有村居委40个,总人口5.1万人,总面积1.23万公顷,其中耕地面积3239公顷。全年完成财政收入1620万元,农民人均纯收入达6647元,粮食总产量15855吨。有规模以上企业12家,学校4所,卫生院2所。

马牧池乡

乡党委书记　梁立民
乡　　　长　杜　霞

全乡有村居委23个,总人口33179人,总面积9120公顷,其中耕地面积2094公顷。全年完成财政总收入1280.71万元,实现农民人均纯收入6720元。粮食总产1万吨;有规模以上企业6家,学校6所,卫生院1所。

岸堤镇

镇党委书记　赵方禄
镇　　　长　邹元平

全镇有村居委35个,总人口5.6万人,总面积14350公顷,其中耕地面积5482公顷。全年完成财政总收入884万元,实现农民人均纯收入7026元。粮食总产量17393吨;有规模以上企业7家,学校12所,卫生院2所。

孙祖镇

镇党委书记　杨玉环
镇　　　长　袁俊勇

全镇有村居委36个,总人口4.2万人,总面积15370公顷,其中耕地面积3028公顷。全年完成财政总收入1915万元,实现农民人均纯收入6179元。粮食总产量16022吨;有规模以上企业15家,学校4所,卫生院2所。

双堠镇

镇党委书记　徐从山
镇　　　长　张京柏

全镇有村居委30个,总人口44480人,总面积15618公顷,其中耕地面积3945.27公顷。全年完成财政总收入2190万元,实现农民人均纯收入7031元。粮食总产量19548.8吨;有规模以上企业8家,学校9所,卫生院2所。

青驼镇

镇党委书记　刘元浩
镇　　　长　范志光

全镇有村居委41个,总人口64433人,总面积14800公顷,其中耕地面积5252公顷。全年完成财政总收入 2627 万元,实现农民人均纯收入 7211 元。粮食总产量 31853 吨;有规模以上企业 17 家,学校 10 所,卫生院 2 所。

张庄镇

镇党委书记 任立军
镇　　　长 张景岗
全镇有村居委 39 个,总人口 4.9 万人,总面积 1.16 万公顷,其中耕地面积 4589.82 公顷。全年完成财政总收入 755 万元,实现农民人均纯收入 7100 元。粮食总产量 23090 吨;有规模以上企业 7 家,学校 8 所,卫生院 1 所。

砖埠镇

镇党委书记 辛中锋(2010 年 8 月离任)
镇　　　长 于明江
全镇有村居委 27 个,总人口 4.1 万人,总面积 7140 公顷,其中耕地面积 3131 公顷。全年完成财政总收入 1837 万元,实现农民人均纯收入 6480 元。粮食总产量 2.7 万吨;有规模以上企业 9 家,学校 7 所,卫生院 1 所。

葛沟镇

镇党委书记 贺作江
镇　　　长 刘振峰
全镇有村居委 28 个,总人口 35801 人,总面积 6900 公顷,其中耕地面积 3645 公顷。全年完成财政总收入 1709.58 万元,实现农民人均纯收入 6450 元。粮食总产量 25171.15 吨;有规模以上企业 4 家,学校 8 所,卫生院 1 所。

杨家坡镇

镇党委书记 聂成芳
镇　　　长 刘瑞聪
全镇有村居委 23 个,总人口 30296 人,总面积 5628 公顷,其中耕地面积 3533 公顷。全年完成财政总收入 871 万元,实现农民人均纯收入 6700 元。粮食总产量 2.1 万吨;有规模以上企业 7 家,学校 6 所,卫生院 1 所。

大庄镇

镇党委书记 范如峰
镇　　　长 王立忠
全镇有村居委 36 个,总人口 55029 人,总面积 8868 公顷,其中耕地面积 4320 公顷。全年完成财政总收入 3950 万元,实现农民人均纯收入 6686.62 元。粮食总产量 31633 吨;有规模以上企业 20 家,学校 7 所,卫生院 2 所。

辛集镇

镇党委书记 于长水
镇　　　长 公学厚
全镇有村居委 36 个,总人口 5.8 万人,总面积 9500 公顷,其中耕地面积 5100 公顷。全年完成财政总收入 1909.14 万元,实现农民人均纯收入 9123 元。粮食总产量 4.67 万吨;有规模以上企业 16 家,学校 12 所,卫生院 2 所。

蒲汪镇

镇党委书记 王　涛
镇　　　长 王学新
全镇有村居委 42 个,总人口 55064 人,总面积 9800 公顷,其中耕地面积 5692 公顷。全年完成财政总收入 512.62 万元,实现农民人均纯收入 6480 元。粮食总产量 34085 吨;有规模以上企业 8 家,学校 10 所,卫生院 2 所。

湖头镇

镇党委书记 李道宽
镇　　　长 曹光恕
全镇有村居委 38 个,总人口 53169 人,总面积 9020 公顷,其中耕地面积 7479 公顷。全年完成财政收入 942 万元,农民人均纯收入达 7200 元,粮食总产量 29113 吨。有规模以上企业 7 家,学校 4 所,卫生院 2 所。

苏村镇

镇党委书记 贺方启

镇　　长　刘　峰

全镇有村居委28个,总人口5.6万人,总面积6800公顷,其中耕地面积3538公顷。全年完成财政总收入1280万元,实现农民人均纯收入7989元。粮食总产量2.7万吨;有规模以上企业14家,学校7所,卫生院1所。

铜井镇

镇党委书记　黄树田
镇　　长　于苏林

全镇有村居委45个,总人口6.03万人,总面积12325公顷,其中耕地面积4133.3公顷。全年完成财政总收入1820万元,实现农民人均纯收入5980元。粮食总产量2.48万吨;有规模以上企业7家,学校3所,卫生院2所。

经济开发区

党工委书记　胡发钊
管委会主任　张德新

全区有村居委12个,总人口1.8万人,总面积2655公顷,其中耕地面积1037公顷。全年完成财政总收入8720万元,实现农民人均纯收入7322元。粮食总产量9800万吨;有规模以上企业32家,学校1所。

沂南县专栏撰稿人:刘　英

临　沭　县

中共县委书记　孙丰刚
副　书　记　任庆虎
　　马祥营(12月离任)
县人大主任　季保劲
副　主　任　凌伦泽　付学可
　　云雪飞(女)　王志善
　　薛海燕(女)
县　　长　任庆虎
副　县　长　王伟庆　钟　华
　　宋正垠(挂职,9月离任)
　　朱孔科　宋玉智　杨会军
　　杨秀秀(女,回)
县政协主席　张守仕(1月离职)
　　马祥营(1月任职,12月离任)
副　主　席　王维玺　刘美厚(女)
　　樊圣俊　孟庆然
　　于丽华(女)　刘会迎
县纪委书记　周东开

【概况】　全县辖12个乡(镇),300个行政村(居委会),总面积1051.79平方公里。年末全县总人口66.01万人,其中城镇人口19.31万人。人口出生率25‰,死亡率8.44‰,自然增长率16.56‰。有少数民族32个,人口不足全县总人口的1%。全年实现生产总值132.39亿元,按可比价格计算,比上年增长13.6%。其中,第一产业增加值15.17亿元,增长3.3%;第二产业增加值70.82亿元,增长14.7%;第三产业增加值46.4亿元,增长14.9%。三次产业比例为11.46:53.49:35.05。规模以上固定资产投资88.91亿元,增长22.8%。实现财政总收入13.42亿元,增长32.48%,地方财政一般预算收入4.53亿元,增长23.01%。年末金融机构人民币各项存款余额110.25亿元,比年初增27.69%,其中储蓄存款余额64.25亿元,增加22.32%。人民币各项贷款余额68.75亿元,增加30.13%。临沭是中国钻石之乡、中国柳编之都、全国双拥模范县、全国最具投资潜力中小城市百强、中国全面小康成长型百佳县、全国企业成长环境十佳县、全省基层党建工作先进县、创建省级文明城市工作先进县、省级园林城市、省级卫生县城。

【农业】　全年农林牧渔业实现总产值28.98亿元,比上年增长3.86%。粮食总产31.7万吨,增长0.5%;棉花总产823吨,下降29%;油料总产17.37万吨,增长3.9%;蔬菜总产16.6万吨,增长2.8%;水果总产1.1万吨,增长2.1%。肉类总产6.95万吨,增长22.2%;禽蛋总产3.3万吨,下降14.2%;奶类总产0.95万吨,增长21.5%。水产品总产6698吨,增长1.8%。全年完成造林面积1383公顷。全县农机总动力67.7万千瓦,增长8%。

【工业】　全年实现工业增加值74.98亿元,比上年增长10.43%。规模以上工业企业(年主营业务收入500万元及以上的工业法人企业)308家,实现增加值72亿元,增长17.25%;实现主营业务收入318.79亿元,增长30%;实现利税20.91亿元,增长19.76%;实现利润17.27亿元,增长18.1%。企业亏损面为2.6%,增加1.56个百分点。资质三级以上建筑企业22家,完成建筑业总产值7.66亿元,增长17.81%。

【建设·环保】 年末城镇化率43%,比上年提高2.2个百分点。城市基础建设完成投资8630万元,增长12.3%。城市人均道路面积11.04平方米,人均绿地面积9.44平方米,建成区绿化覆盖率40.78%。自来水普及率100%,燃气普及率100%,集中供热普及率65%。开工建设经济适用房4500平方米。村镇建设投资8亿元,增长21%。已建成污水处理厂2座,污水集中处理率达到85%,无害化垃圾处理率达到100%。城市空气质量良好率达到100%,水环境功能区达标率为100%,道路交通声环境质量处于"较好"水平以上。

【交通·邮电】 公路通车里程1267.4公里。完成公路客运量536.81万人次,公路货运量913.37万吨。完成邮电业务总量2.41亿元。其中,电信业务总量2.24亿元;邮政业务总量1460.8万元。年末固定电话用户8.26万户,移动电话用户39.6万户,电话普及率13.38部/百人,互联网用户4.57万户。

【贸易·旅游】 全年共实现社会消费品零售总额54.52亿元,比上年增长19.5%。其中,城镇市场实现零售额42.86亿元,农村实现零售额11.67亿元。实现进出口总额30030万美元,增长34.4%,其中出口18351万美元,增长36.9%。实际利用外资903万美元,下降11.3%。新批境外企业3家。主要旅游景点有苍马山风景名胜区、冠山风景名胜区、沭河古道生态旅游带等。全年接待国内外游客53.59万人次,实现旅游总收入687.9万元。

【教科文卫体】 有中等专业学校1所,在校生5815人。普通高中3所,在校生10729人。初中20所,在校生24718人。小学87所,在校生46743人。特殊教育学校2所,在校生194人。共取得市(地)级以上各类重要科技成果37项,其中,获得省科技奖励3项。专利申请量321件,授权专利192件。有各种艺术表演团体1个,群众艺术馆、文化馆1处,公共图书馆1处,档案馆1处。电视综合覆盖率96%。有卫生机构18所,其中,医院、卫生院14所,疾病预防控制机构3所,妇幼保健机构1所。各类卫生机构共有床位1390张,卫生技术人员1599人,其中,执业医师及执业助理医师629人、注册护士437人。有体育馆1座,全年参加省级以上体育比赛共获奖牌12枚,其中金牌3枚。

【社会生活】 城镇居民人均可支配收入15858.78元,比上年增长12.63%;人均消费性支出8422.24元,增长7.95%;人均住房建筑面积34.02平方米。城镇在岗职工年平均工资28615元,增长16.20%。农民人均纯收入6668.7元,增长14.91%;人均生活消费支出4530.72元;人均住房面积30.04平方米。全县城镇基本养老、医疗、失业、工伤和生育保险参保人数分别达54902人、104825人、29659人、42840人和23980人,比上年底增加22136人、23581人、-157人、5046人和2023人。社会保险基金(含农保)总收入3.1亿元,增加5000万元;支出1.7亿余元,增加1000万元。新型农村养老保险参保农民88234人,参加新型农村合作医疗农民54.13万人。全县城乡最低生活保障救助24959人,其中,城镇低保2454人,农村低保22505人,农村特困救济779人。收养性社会福利单位12个,收养998人。社会福利企业2个。

【临沭县乡镇、街道概况】

临沭街道办事处

党工委书记 杨瑜玲
办事处主任 李怀东

全街道有村居委33个,总人口12万人,总面积1.21万公顷,其中耕地面积5273公顷。全年完成地方财政收入7809万元,农民人均纯收入8128元,粮食总产1.8万吨。有规模以上企业43个,学校18所,卫生院1所。

郑山街道办事处

党工委书记 高希华
办事处主任 吴清军

全街道有村居委 18 个,总人口 3 万人,总面积 4100 公顷,其中耕地面积 2200 公顷。全年完成财政总收入 1 亿元,农民人均纯收入 6222 元,粮食总产 15231 吨。有规模以上企业 18 个,学校 6 所,卫生院 1 所。

南古镇

镇党委书记　张伟峰
镇　　　长　袁清光

全镇有村居委 16 个,总人口 5.2 万人,总面积 7380 公顷,其中耕地面积 3000 公顷。全年完成财政总收入 2300 万元,农民人均纯收入 6538 元,粮食总产 24583 吨。有规模以上企业 26 个,学校 8 所,卫生院 1 所。

店头镇

镇党委书记　李守彬
镇　　　长　徐勤举

全镇有村居委 30 个,总人口 5 万人,总面积 8385 公顷,其中耕地面积 6738 公顷。全年完成财政总收入 1839 万元,农民人均纯收入 6255 元,粮食总产 18663 吨。有规模以上企业 17 个,学校 10 所,卫生院 1 所。

石门镇

镇党委书记　周洪杰
镇　　　长　王绪华

全镇有村居委 29 个,总人口 5.3 万人,总面积 12830 公顷,其中耕地面积 6667 公顷。全年完成地方财政收入 560 万元,农民人均纯收入 6650 元,粮食总产 31710 吨。有规模以上企业 18 个,学校 11 所,卫生院 1 所。

曹庄镇

镇党委书记　王德军
镇　　　长　李光宇

全镇有村居委 25 个,总人口 5.1 万人,总面积 8412 公顷,其中耕地面积 4200 公顷。全年完成地方财政收入 899 万元,农民人均纯收入 8018 元,粮食总产 31860 吨。有规模以上企业 6 个,学校 10 所,卫生院 1 所。

白旄镇

镇党委书记　刘洪明
镇　　　长　代长红

全镇有村居委 20 个,总人口 4.37 万人,总面积 6045 公顷,其中耕地面积 2553 公顷。全年完成财政总收入 1407 万元,农民人均纯收入 7097 元,粮食总产 18513 吨。有规模以上企业 6 个,学校 7 所,卫生院 1 所。

青云镇

镇党委书记　葛龙江
镇　　　长　徐会社

全镇有村居委 27 个,总人口 5.2 万人,总面积 10455 公顷,其中耕地面积 4948 公顷。全年完成地方财政收入 678 万元,农民人均纯收入 6814 元,粮食总产 32073 吨。有规模以上企业 22 个,学校 9 所,卫生院 1 所。

大兴镇

镇党委书记　陈贯波
镇　　　长　王利锋

全镇有村居委 30 个,总人口 6.5 万人,总面积 8369 公顷,其中耕地面积 6373 公顷。全年完成财政总收入 2166 万元,农民人均纯收入 6816 元,粮食总产 33746 吨。有规模以上企业 19 个,学校 13 所,卫生院 1 所。

蛟龙镇

镇党委书记　徐奎堂
镇　　　长　张明峰

全镇有村居委 21 个,总人口 4.1 万人,总面积 6958 公顷,其中耕地面积 3634 公顷。全年完成财政总收入 1416 万元,农民人均纯收入 6146 元,粮食总产 19293 吨。有规模以上企业 9 个,学校 7 所,卫生院 1 所。

玉山镇

镇党委书记 崔 浩
镇　　长 付成飞

全镇有村居委20个,总人口3.2万人,总面积6000公顷,其中耕地面积3315公顷。全年完成地方财政收入211万元,农民人均纯收入6500元,粮食总产16672吨。有规模以上企业9个,学校6所,卫生院1所。

朱仓乡

乡党委书记 贾中波
乡　　长 李根深

全乡有村居委22个,总人口4.7万人,总面积10201公顷,其中耕地面积5133公顷。全年完成财政总收入1770万元,农民人均纯收入7200元,粮食总产34770吨。有规模以上企业6个,学校12所,卫生院1所。

临沭县专栏撰稿人:王庆国

临沂高新技术产业开发区

管委会主任 李玉洪
副 主 任 王可田(10月离任)
相启荣(女)　刘 伸
刘 佗　唐永中　朱 烨
崔凯歌　赵修玉(1月任职)
党工委书记 王可田(10月离任)
李玉洪(10月任职)
副 书 记 李玉洪(10月离任)
相启荣(女)
张维莉(女,1月任职)
刘 伸
纪工委书记 尹 焰(女,1月离任)
张维莉(女,1月任职)

【概况】 临沂高新技术产业开发区总规划面积190平方公里,实际控制区面积160平方公里,下辖52个行政村(社区),总人口16万人。全区实现技工贸总收入223亿元,同比增长35.8%;实现GDP 58.4亿元,增长26.5%。全区规模以上企业达到140家,实现工业总产值139.3亿元,增长36%;实现工业增加值35.9亿元,增长26.9%。新开工过5000万元工业项目29个;完成全社会规模以上固定资产投资38.6亿元,增长35%。实现财政总收入4.5亿元,增长36%;其中地方财政收入1.7亿元,增长26.8%,可用财力近3亿元。完成高新技术产业产值66.4亿元,占规模以上工业总产值的比重达47.7%;完成高新技术产业投资18亿元,占规模以上工业投资的比重达46.6%。实际利用市外资金增幅76.5%、高新技术产业产值占比达47.7%、高新技术产业投资占比达46.6%,3项指标均居全市第一位。获全市"招商引资工作先进县区"、"县域经济工作先进县区"、"商务及外经贸工作先进县区"、"平安临沂建设先进县区"、"人口和计划生育工作先进县区"、"安全生产先进县区"、"科技工作先进县区"、"全国城市公共文明指数测评集体突出贡献奖"以及"全省财政系统先进集体"等称号。

【招商引资和项目建设】 配齐配强了区直4个专业招商局,在两个乡镇、办事处设立了正科级招商安商办公室。突出委托招商和驻点招商,在宁波和深圳设立了2个招商办事处。全年全区在建项目94个,其中过20亿元项目1个,过亿元项目22个,过5000万元项目25个,实际完成投资28亿元,增长86.7%;实际到位市外资金13亿元,增长76.5%,增幅居全市第一位。

【西部园区建设】 重点规划建设了总面积15平方公里的西部马厂湖商贸物流园区、先进制造业园区和罗西新型低碳工业园区。开工建设了化武路西段、工业路等6条支线道路和园区内道路,完善了供排水、强弱电、燃气管道等配套设施。投资1000余万元,拆除了西部关停的50多座石料场、石灰窑,腾出工矿用地73.33公顷,启动了近2平方公里的光电工业园建设;投资710万元,新修了4条园区道路,形成了"四纵二横"的道路框架。盘活启动了总投资5.6亿元、占地面积34.87公顷的琳恩国际、盛永动力等13个停产项目。在东朱隆村、西朱隆村范围内一期规划了100公顷的电动汽车生产基地。银宝机电市场、铁马特种车辆等总投资46.3亿元的7

个项目落户电动汽车工业园。由浙江名门世业集团投资80亿元开发建设的500万平方米“西部·新城”城市功能综合体项目已签约,浙江台运集团投资20亿元、总量100万平方米的“盛世·沂城”项目动工建设。

【科技创新工作】 投资8850万元建设了总面积3万平方米的国家级创业孵化器二期工程,5月投入使用,中法利群太阳能、卫康生物、光伏工程技术研发中心、玛左软件等37家科技企业入驻。引进科技孵化项目66个,在孵企业全年实现技工贸总收入4.5亿元,增长32%;上交税金3360万元,增长239%。公开考聘了20多名科技人才,充实加强了科技创新队伍。企业引进高端人才48人,其中博士18人,教授16人。投入500余万元建成了省中小企业创业辅导基地、市留学人员创业园等6个产学研合作平台。通过以奖代补方式,依托企业建成了斯菲特金属材料表面处理中心、电子测量实验室、动漫渲染平台等5个公共技术服务平台。有50余家科技型企业获得各级创新扶持资金近2000万元。全年新增专利申请95件。通过审批或获得资金扶持的国家级项目5个,省级项目4个,市级项目8个,共获各级扶持资金312万元。

【发展环境建设】 完成了迎淮检查、创建国家卫生城市、城市公共文明指数测评和环保模范城复核验收等各项迎评创建任务。投资7000余万元对辖区内老龙沟、南涑河流域实施了环保综合治理和生态修复,新修南涑河沿河路12公里,对两条河流全线进行了景观绿化,打造了满沟屯桥节点、苑庄桥节点等5处景观节点。投资5600万元建成日处理能力3万吨的污水处理厂,铺设污水主管道39公里,辖区污水收集处理率达到了100%,全部实现达标排放。加大了基础设施建设,投资1500余万元,新建社区服务中心3处,购置图书7000余册,制作制度版面500余平方米,增设宣传栏530个。对科技大道、启阳路、湖北路等20余公里的道路进行了全面改造提升。建成乡镇驻地垃圾收集中转站2处,因地制宜、高标准建设了中桥休闲广场、西朱隆文化广场、山北头生态休闲园等5处农村文化活动场所。全区基本完成主要街道路面硬化的51个村,占全部村居的98%;达到“五化”标准的村居49个,占全部村居的94%。

【内部机制建设】 年初对乡镇班子成员进行了充实调整,新提拔正科级干部3名,副科级干部10名;10月,组织了区直中层干部竞争上岗,竞任了10名正科级干部、22名副科级干部,调动了广大干部职工爱岗敬业、干事创业的积极性。强化项目落地建设联席会议制度,建立起快速决策机制,形成了招商安商的局面。继续推行项目手续办理全程代理制度、建设项目调度制度以及重点项目绿色通道制度,先后为90余家入园企业办理立项、环评、规划、土地、建设等审批手续300余件次。

【社会事业】 社会治安、信访稳定工作成效显著。公安部门共破获各类刑事案件270余起,查处治安案件690余起,刑事发案率比上年同期下降19%。法庭共受理各类诉讼案件1258起,审结1266起。维稳部门先后接待群众来信来访144起369人次,下降55%。全年完成财政总收入4.5亿元,增长36%,其中地方财政收入1.7亿元,增长26.8%。实现政府土地收益2亿元,全年新增政府融资4950万元。分别与临沂电视台、临沂日报社合作开办了《走进高新区》和《关注高新区》栏目,在省、市级主流媒体刊播各类稿件300余篇次。以“C”型生态农业观光带建设、优质农产品基地建设、农村专业合作组织建设、标准化养殖小区建设等为依托,新建星期九有机蔬菜基地53.33公顷,南桥花卉种植基地20公顷,山北头核桃种植园33.33公顷,新增西磊石桂花种植基地13.33公顷,西石埠三精药材种植基地20公顷,创建市级标准化养殖小区2个。计划生育、安全生产、劳动保障、民政、教育、文化、卫生等协调发展。全区合法生育率保持在80%以上,流动人口综合管理服务落实率达95%,合法生育二胎孕情跟踪率达93.2%。开展“安全生产基层基础年”活动,排查消除事故隐患1700处。发放低保补助、救济救灾、大病和优抚医疗补助等各类社会救助金340余万元。全面完成了社保扩面和征缴养老保险基金任务,征缴各项社保基金5000余万元,新型农村合作医疗参保率达98.1%。全区新增就业4600人,农村劳动力转移就业2620人,动态消除了“零就业”家庭。对现有医疗卫生资源进行了整合和改制,完成了高新区人民医院托管罗西社区卫生服务中心的工作;全区所有政府办基层医疗卫生机构,全部实施了国家基本药物制度。公开招聘了50名教师,全区师资力量进一步增强。争取上级教育危房改造资金491.6万元，罗西中心小学和马厂湖武德小学开工建设。

临沂经济技术开发区

党工委书记 徐福田
副　书　记 邹际国
岳利娟（女，1月任职）
管委会主任 徐福田
副　主　任 邹际国　陈永生　周希伟
孙　伟　尤柳生　张　韬
王淑太（1月任职）
杜以方

【概况】 2010年，开发区完成业务总收入420亿元，同比增长32%；实现地区生产总值132亿元，增长20%；实现财政总收入15亿元，增长139%，其中地方财政收入6亿元，增长95%；国、地税分别组织收入10.9亿元、2.6亿元；完成进出口总额3亿美元，其中出口1.5亿元，增长59.4%，主要经济指标增幅均居全市第一位。在全市各县区科学发展评价考核中，开发区以97.87的综合得分高居榜首，成为山东省增速最快、进位最快、成长最快的开发区。

【现代工贸】 实施专业招商、以商招商、产业招商相结合，培植形成了工程机械、医疗器械、新能源新材料、生物化工、现代物流等五大主导产业和特色产业。工程机械产业主要有世沃尔沃—临工、山重建机、日本胜代、华夏重工等40余家产值过百亿元的主导产业集群。医疗器械产业依托中国（临沂）医疗器械产业园，加快了雅博士、鸿康、凯洋、广顺、美国德维比斯等建设步伐。新能源新材料产业引进建设了高科包装、金升铜业、浪潮LED、明思普LED、天丰太阳能、禧通砷化镓太阳能电池、沂达微型电动汽车、广亚铝材、上海光大电缆等项目。生物化工产业重点推进了深圳海普瑞、美国SD乙二醇、华澳能源等骨干企业。现代物流业先后建成了海关、口岸和全市仅有的立晨、华派克两家A型保税仓库，华扬B型保税出口加工区正在积极推动，年货物周转值突破500亿元。全年开发区新开工建设项目51个，新增规模以上工业企业21家，累计达134家，规模以上工商贸企业累计达190家。

【科技创新】 开发区财政投入1360万元对企业技改扩建、自主创新、科技研发等12个方面进行奖励，推动企业上技改、强创新、扩规模、增效益。全年完成技改投资39亿元，其中临工桥箱等20个项目实现当年改造、当年投产。高新技术产业发展迅猛，68%的企业成立了技术中心，30余家企业与高等院校建立了产学研合作关系，省级以上高新技术企业达13家，其中，沃尔沃—临工拥有国家级工程技术中心和博士后工作站，施可丰长效缓控释肥荣获我国肥料行业最高奖“国家科技进步二等奖”。科技孵化方兴未艾。建立了科汇高科园、浦东归国留学人员创业园、中科院计算机与人工智能开发所等孵化载体；慧普软件园集聚了清华同方、成功软件等42家企业，成为全市最大的IT产业和服务外包基地；其中新波浪荣获全国动漫最高奖项“美猴奖”，拓普软件认定为全市第一家省级射频识别工程技术中心，机客网络代表中国区参加美国西雅图高通世界总决赛获得季军，为中国摘得了该项奖赛二十年来首枚奖牌。

【名牌集聚】 创新企业管理方式。开发区70%的企业实行6S现场管理模式，65%的规模以上工业企业完成了ISO9000质量体系和ISO14000环境体系认证。积极推行“六西格玛”等先进管理模式，与清华大学联合举办MBA企业高管培训班。实施品牌带动战略，年内，新增“立晨物流”为山东著名商标，累计拥有临工、山东重工、联邦、中化、华夏、日月、浪潮、福马、烟农、国人、施可丰、银凤、天丰、美多、爱博等15个中国名牌（驰名商标）和13个山东名牌（著名商标）。全年规模以上工业企业实现利税23亿元、利润17亿元；工业企业税收对财政贡献率达90%，60家企业产值过亿元，其中山东临工、梅开置业分别纳税3.85亿元、3.67亿元，华扬进出口、沃尔沃建筑设备、金升汇森、华夏重工、山重建机、临工金利等20家企业纳税过千万元，骨干企业带动作用明显增强。

【生态旅游】 完善生产配套。形成了十纵十横160公里的路网框架，敷设市政各类管网650公里，“七通一平”更加完备。完善金融配套。加强政银企合作，花旗、恒丰、深发、浦发等20余家金融机构在开发区开展业务，各类贷款余额115亿元。在全市率先成立的中小企业互助担保协会提供过桥互助资金7860万元，积极推行动产抵押、货款质押、股权出质登记，累计助企融资8.2亿元。完善生态配套。高标准建成了皇山东夷文化公园、李公河生态水景走廊、万亩梅开生态花卉园林基地等生态工程，重点提升了沂河二滩等绿化美化档次，累计绿化面积860万平方米，绿化覆盖率39%。完善商住配套。集聚名都国际、科技大厦、天和商务大厦等总部经济和楼宇项目。美国雷迪森管理的日月五星级大酒店启动建设，五星级沂河国宾馆、德力酒店等星级酒店、商业地产项目相继竣工或开盘，宇帆国际体育休闲中心建成运营并成功承办F1摩艇世锦赛，被世界摩联主席尼克鲁誉为"开发区速度就是F1速度"。

【文明和谐工作】 积极实施社会保障"五个全覆盖"。安居住房全覆盖。全年新拆迁14个村，3年累计拆迁53个村，建成8大社区839栋楼房，6.2万名群众回迁入住，月亮湾社区被评为全省城市示范社区。通过旧村改造累计盘活存量土地1266.67公顷，落地建设了70余个工商贸项目。劳动就业全覆盖。通过"项目扩大就业、创业带动就业、培训促进就业、政策扶持就业、服务保障就业"等措施，确保每户家庭都有固定收入来源，已由政府出资培训就业1.5万人。医疗卫生全覆盖。开发区人民医院和月亮湾社区卫生服务中心竣工使用，市残疾人康复中心加快建设；在全市率先推行基本药物制度，保障每一户家庭都能享受到"零差价"医疗。养老保险全覆盖。自筹资金在拆迁村率先开展了新型农村养老保险试点，受益群众3.7万人；高标准建设了社会福利中心，开发区120名孤寡老人入住中心。脱贫解困全覆盖。开展"百村千户手拉手"扶贫工程，让每户家庭都过上好日子。加强各层面的安定维护工作，促进社会和谐。全年破获刑事案件370起，查处治安案件870起，人均破案率连续5年居全市第一位。健全群众工作网络，及时化解矛盾纠纷，今年共审结民事案件1495件，帮助企业挽回经济损失8000余万元。文明和谐之区温暖人心。

【自身建设】 加强思想建设。开展了保持共产党员先进性教育活动、学习实践科学发展观活动、创先争优活动，提高了干部素质，得到省市巡视组充分肯定。加强组织建设。落实党建责任制，推行"四民主一考核"村级自治制度；积极开展企业党建工作，非公有制企业党组织组建率达90%。加强制度建设。坚持民主集中制，定期召开民主生活会，严格财务管理，每一笔重大工程拨款都做到事前有预算、事中有监督、事后有审计。加强作风建设。实施挂牌督办、效能督察、行政问责等制度，提高执行力；实施五个"一线工作法"（带着问题一线调研、带着责任一线实践、带着感情一线服务、带着任务一线调度，带着压力一线督导）深受企业群众欢迎。加强廉政建设。组织党员干部到临沂监狱、市检察院接受廉政教育，邀请市纪委、市检察院领导做专题报告，观看警示教育片；加大评议力度，对反映的问题有案必查、有查必果、有果必究，5年累计查处各类违纪案件52起，处分党员干部92人，党性得到进一步加强。

（凌海丽）

临港经济开发区

党工委书记	刘　沂
副 书 记	包　华
管委会主任	刘　沂
副 主 任	包　华
	郭希寿（10月任职）
	刘　飞
	张新华（8月离任）
	王家兴　史兰伦
纪工委书记	李忠余（8月离任）
	王永凤（女，10月任职）

临港产业区与北京动力源公司签约

【概况】 临沂临港经济开发区辖坪上、壮岗、团林、朱芦4个镇,共150个行政村,18.9万人口,总面积364平方公里。10月省政府批复临港经济开发区为省级经济开发区,着力打造成为鲁南经济带开发建设的先行区和示范区。2010年,全区完成地区生产总值24.1亿元,增长12.9%;实现工业总产值35亿元,增长34.4%;实现财政总收入4357万元,增长35%。

【招商引资】 坚持把招商引资作为各项工作的重中之重来抓,着力在完善机构、落实责任、优化服务等方面抓落实。全区共有招商引资过5000千万元项目77个,其中,竣工项目10个(过亿元项目2个);在建项目37个(过20亿元项目7个、过亿元项目13个);签约项目30个(过20亿元项目3个、过亿元项目14个);协议利用区外资金377亿元。以建设精品钢配套加工、木材物流加工、绿色化工、高新技术四处"百亿产值园区"为重点,大力加强工业园区建设。绿色化工区入园项目12个,其中过20亿元项目1个,过5亿元项目1个,过亿元项目5个,计划总投资42亿元;精品钢配套加工园区已有入园项目4个,计划总投资58亿元;木材物流加工园区入园项目9个,其中过亿元项目5个;高新技术园区有9个项目入园建设,总投资37亿元。

【基础设施建设】 进一步完善和提升道路工程建设,建设、改造主次干道路39条,总里程192公里,新建桥梁31座,总投资8.8亿元。加快推进临港起步区和小城镇建设,全区共建设小广场5处,完成主要道路绿化19公里,新增绿地面积21.2万平方米,安装路灯230盏,铺设排水管道13公里,弱电下地81公里,安装路沿石273公里,铺设污水管道9公里,高压、低压燃气管网21公里。12月份,临港新城建设正式启动。

【农业农村工作】 全年共完成10座小型水库除险加固工程,并对区内6条主要河道作了综合治理规划,其中,绣针河、龙王河完成勘察测量任务,整理开发土地533.33公顷。全区农副产品加工龙头企业发展到12家,其中市级以上4家;各类合作组织达到157家。全年新发展茶园200公顷,茶园总面积达1933.33公顷,在临沂市第六届"沂蒙春"杯名优茶评比大赛中,金牌数和奖牌数均居全市第一位;新发展蓝莓种植基地40公顷;大樱桃种植面积达466.67公顷,举办了第六届樱桃节;坪上镇被评为省级"农业旅游示范点"。坚持把农村住房建设与中心村规划、土地增减挂政策相结合,全年整村迁建项目13个,总户数2003户,其中在建810户、完工1193户。

【社会事业】 严格落实"分级负责、属地管理"和"一岗双责"制度,实现了信访稳定。在全市镇级综治维稳验收工作中,全区4个镇中有3个镇被市综治办评为一类。狠抓安全生产目标责任制落实,杜绝了各类安全生产事故的发生。重点实施了区、镇医院和计生服务中心改造工程,坪上镇医院升级改造为区级医院,全区医疗、计生服务功能日益完善。社会保险覆盖面进一步扩大,新增扩面2459人,增收社会保险费4403万元,新增城镇就业1039人,新增农村劳动力转移3100人。建设启用了临港一中体育馆,新开工建设了临港二中学生宿舍楼和演马小学教学楼。认真落实优抚政策,全年发放各类优抚经费489万元。

(张　杰　陈常永)

人　　物

先进模范人物

全国劳动模范

王传喜　男，山东省苍山县人，大专学历。1968年出生，1994年参加工作，苍山县卞庄镇代村社区党委书记、村委会主任。

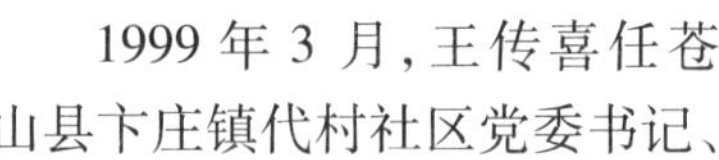

1999年3月，王传喜任苍山县卞庄镇代村社区党委书记、村委会主任，面对负债380多万元的包袱和民心散、村风乱的局面，王传喜提出了改革、发展的新思路和村庄建设的新目标，多次组织党员干部外出参观学习，结合实际，提出了实施"生态家园富民工程"，大力发展庭院养殖、种植和户用沼气建设，实现庭院的经济效益和社会效益双丰收。特别是实施推广了户用沼气"一池五改"，(建设一个户用沼气池、改水、改厕、改厨、改圈、改院)，形成利用植物秸秆、人畜粪便产沼气，沼气用于照明、做饭、取暖，沼渣、沼液用作肥料的生态链条，取得了良好的经济效益，改变了村庄街道脏、乱、差的现象。发展"生态家园"模式580余户，普及率达70%。沼气的推广使用，使户均年节柴节煤节电近千元，沼渣沼液作为肥料节约近千元，户均养殖两头牛或20头猪增收5000元以上，庭院种植增收500元以上。代村2004年被评为山东省户用沼气示范村，2006年被评为全国生态家园富民行动示范村。

王传喜始终把"乡风文明、村容整洁"作为新农村建设的目标来抓，努力改善村民居住环境，实施旧村改造工程。按照珍惜土地，有利于节约土地的原则，提出了"对现有村民住房实行改造升级，集体开发，滚动发展，逐步实现居民楼房化；对现有耕地实行规模化、集约化经营，大力发展现代化农业，促进新农村建设"的总体思路，聘请了建设部门专家进行高标准、高起点科学规划，全面实施旧村改造工程。从1999年开始，在原村庄规模的基础上，对村庄建设用地进行严格控制，禁止私建、乱建行为。村集体出资3000万元，开发了老年公寓、小康居民楼和别墅楼，按每平方补贴500元的优惠政策，鼓励村民搬进楼房，住进别墅。全村已建起了14栋居民楼，170栋别墅，有500多户群众乔迁新居。

2007年，为加快发展现代农业，推进社会主义新农村建设，王传喜一班人成立了"山东新天地现代农业开发有限公司"，规划建设"山东省苍山现代农业示范园"。已完成投资2亿元，吸引10家企业，4个专业合作社，100个农民大户入园。2010年，实施代村商贸物流城开发建设规划占地6.66公顷，预算总投资2亿元，计划分5～8年时间完成。一期工程占地20公顷，计划投资5000万元，可容纳近2000商铺入驻经营，间接带动就业近万人。

王传喜先后被授予"山东省思想政治工作先进个人"、"临沂市劳动模范"、"临沂市十佳文明市(村)民"、"临沂市优秀青年星火带头人"等称号，连续二届当选为县人大代表、人大常委会委员，2007年当选为山东省第九次党代会代表，2008年4月被授予"山东省劳动模范"称号，2010年被授予"全国劳动模范"称号。

石连德 男，中共党员，大专文化。1951年6月出生，1974年8月参加工作，山东省临沂市公安局刑侦支队副县级侦查员，副主任法医师，一级警督警衔。

石连德从事刑警、法医工作30多年，对技术精益求精，对受理的每一起案件都认真负责，技术鉴定论证客观、全面、准确。对现场痕迹、物证论证科学，见解独到，为案件的侦破、起诉、审判和民事纠纷、交通事故处理提供了科学依据。30多年来，他共勘验各类刑事案件现场2150余起，检验尸体1260余具，检验活体18000余例，检验物证3160余起，参与重特大和疑难案件侦破630余起，为有关县区纠正定性不准的案件120余起。自1998年以来，石连德先后参与830余起重特大刑事案件及系列性案件的侦破工作，成功地组织破获了兰山“2001.10.21”公共汽车爆炸案、“2004.10.19”跨国抢劫杀人案、“2006.8.27”持枪抢劫杀人埋尸案、“2009.9.24”入室抢劫强奸杀人案、“2010.1.15”抢劫杀人案，郯城“2008.7.8”特大杀人案，苍山“2010.3.10”故意杀人案，平邑“2007.4.12”特大强奸杀人案、“2009.12.30”爆炸杀人案，费县“2005.1.11”特大杀人案、“2007.4.11”尸骨案，2008年罗庄邹文玉犯罪集团系列抢劫金店案，沂南“2009.3.19”杀人抢劫匿尸案、临沭“2009.4.1”抢劫杀害出租车司机案，2009年开发区汤兴华犯罪集团系列盗抢行驶货运车辆物资案等重特大刑事案件，受到党委、政府和人民群众的好评。

石连德具有高度的事业心和责任心，在刑侦法医工作岗位上无私奉献，全身心地投入到侦查破案中。不管是酷暑还是严冬，也无论是荒郊还是野外，哪里有现场，哪里就有他的身影。由于长期超负荷工作，生活不规律，冷暖无保障，他身患严重胃炎等多种疾病，但他始终认真细致，毫无怨言。石连德没有休过一次假，星期天、节假日也很少在家休息。2000年以来共出差1850余天，加班3150余小时。

石连德清正廉洁，一身正气。他手中掌握着刑事技术鉴定的权力，能否客观公正做出结论，对案件当事人而言至关重要，经常有亲朋好友、当事人亲属上门说情。但他坚持执法为民，依法办案，廉洁自律，正确对待手中的权力，时时刻刻警示自己，不徇私情，不办关系案、人情案。2000年以来，石连德拒贿160余次，用自己的言行举止示范于人，做到了洁身自好，勤政为民。

石连德为临沂市公安刑事侦查工作做出了突出贡献，先后被评为全市十佳破案能手、先进科技工作者、全省人民满意政法干警、先进工作者等，荣立一等功1次，二等功2次。2002年被评为市级劳动模范，2003年被评为山东省劳动模范，2010年4月被国务院评为全国先进工作者。2010年被授予“全国劳动模范”称号。

李义文 男，山东省淄博市人，中共党员，研究生学历。1952年4月出生，1971年12月参加工作。临沂矿业集团有限责任公司董事长、党委书记，临沂市第十六届人大代表、常委，中国煤炭公关策划中心副董事长，中国矿业大学经济管理学院兼职教授。

临沂矿业集团有限责任公司的前身临沂矿务局，是1960年在合并地方小煤窑的基础上成立的一家社会效益型企业，从1973年到2001年连续29年亏损，亏损总额5.6亿元，成为全国煤炭行业36家特困企业之一。在山东省7家矿务局中一直是负担最重、规模最小、职工收入最低的困难单位。2000年全局煤炭产量74万吨，销售收入3.6亿元，所属22个经营单位有16个单位亏损，亏损额高达2665万元，亏损面达73%。年人均工资收入只有6000多元，拖欠职工工资和各类费用3451万元。全局有2342户、8747人只能靠城市居民最低保障金生活，占全市当时拿低保金总人数的三分之二。

2001年李义文调任临沂矿务局任局长、党委书记，他面对企业生存和发展的严峻形势，坚持以发展为主题，克服等靠要熬、不敢闯不敢干、自满自足、发展要求不高等思想障碍；以产权改革为主线，着力解决陈旧体制的束缚。将15个生产经营单位进行了产权改革，对2批共7个单位实施了关闭破产，对9个单位实施主辅分离，对11所学校、医院进行了移交。通过改革改制，使各单位成为自我发展的市场主体；以规模扩张为主线，累计投资9亿元，建成投产2对矿井，正在建设1对矿井，划转了省局所属的3对矿井，投资5亿元对4对矿井进行了技改，主业每年以100万吨的速度递增，逐步形成了煤电焦、建筑建材、服务业三大产业链条。

在李义文带领下，全局干部职工艰苦奋斗，临沂矿务局在短短6年内由一个满目疮痍的烂摊子，迅速成长为一家拥有煤炭生产、煤矿机械制造与加工、玻璃纤维、煤化工、发电供热、建筑建材等多个产业为一体的大型企业集团，资产总额42亿元，从业人员2万人。整个矿区横跨山东省临沂、淄博、济宁、济南、德州、莱芜、泰安、烟台等市及内蒙古自治区。在煤炭主业扩张上，在内蒙古获得了120多平方公里30亿吨煤炭储量的探矿权。积极涉足铁矿等其它矿产资源的开发，在苍山购买了储量1.4亿吨的铁矿石资源。非煤产业方面，先后开发建设了古城、沂水两个电厂以及光力士玻纤集团的墙布、窗纱等专业化生产线，实现了非煤产业的壮大。还根据国家发展政策，涉足风险比较小的领域，重点在房地产开发、金融等领域进行了探索，完成商品房开发面积17.2万平方米，参股临沂商业银行8000万元，临沂矿务局实现了快速高效发展。

李义文是采煤一线成长起来的领导干部，在几十年的工作生涯中，无论再忙他都没有放弃学习，由于有丰富的一线工作经验和在实践中不断学习积累的理论知识，被中国矿业大学聘为客座教授，经过他扭亏为盈的企业成为了课堂上工商管理实际操作的经典案例。李义文关心职工，特别是在安全生产方面，采取严格的管理制度和人性化教育相结合的方法，在各主要生产场所、办公休息区域、运输通道和公共区域，采用宣传画、灯箱、牌板、大型电视屏幕全方位宣传安全生产。在矿广播站、电视台开办安全专题节目，让职工在潜移默化中增强安全生产意识和自主保安意识。

李义文先后被授予"全国煤矿优秀工作者"、"中国煤炭工业优秀企业家"、"当代中国杰出管理人才"、"山东省富民兴鲁劳动奖章"等称号，并被中国企业联合会、中国企业家协会评为2006年度最受关注企业家。2010年被授予"全国劳动模范"称号。

李国华 男，汉族，山东省莒南县人，高中文化。1976年出生，1992年参加工作。天元集团6公司605项目部镶贴工班班长。

李国华长期在一线班组担任瓦工班长，擅长镶贴技艺，他先后参与施工了天元大厦、临沂市人民医院主体大楼、莒县建行营业楼、鲁能长清工业园、临沂市自来水净化处理工程、沂水中心医院门诊楼、沂水新华书店图书发行大厦、罗庄公安局指挥中心、临沂大学、临沂市新华苑住宅楼等30多个工程，其中市人民医院主体大楼获"鲁班奖"、"全国建筑安全奖"和"建设部科技示范工程"，莒县建行营业楼、沂水中心医院门诊楼、沂水新华书店图书发行楼获"泰山杯"，天元大厦获"沂蒙杯"，所在QC小组被评为全国工程建设优秀质量管理小组。李国华负责施工的20余项工程的镶贴工分部分项工程，合格率达100%，优良率达95%以上。

李国华具有高度的事业心和责任感。为了工程质量，他经常加班加点，吃、住在工地，带领班组职工解决施工难题。天元大厦工程是李国华任镶贴工班长施工的第一个工程，该工程墙砖镶贴面积5000余平方米，工程量大，质量要求高，工期紧，任务重。为确保工程按期顺利完成，李国华经常加班加点干到凌晨，对每一道工序都认真校核，工程竣工后，李国华的体重降了十多斤。2002年参与施工的临沂市人民医院主体大楼工程，建筑面积88600平米，总高度104米，工程体量大、工期紧、技术含量高、社会影响面广，施工任务异常艰巨。在整个施工阶段，李国华班的作息时间是早晨5点上班，晚上11点下班，他认真研究图纸，科学安排工序，合理调配人员，在施工中以身作则，墙砖镶贴优良率达100%。该工程创造了178天圆满完成88600平米的主体施工纪录，并同时荣获"鲁班奖"、"全国建筑安全奖"、"建设部科技示范工程"3个国家级大奖，取得了良好的社会效益。几年来，李国华参与施工的高大难工程十余项，累计施工面积近30万平米，每个工程都圆满完成了施工任务。

李国华重视知识学习，专业技术精湛，他借阅和购买了多套专业书籍，认真学习，积极实践，担任班长后无论工作多忙，从没有忘记学习。他在施工时都携带一个档案橱，每当工人师傅抬起它转移工地时，总会对它的重量感到惊讶。有工人开玩笑的说：里面装的是金砖吧！其实里面装满了专业技术书籍。作为公司镶贴工技术骨干，李国华多次代表公司参加建筑技能大赛，2005年9月在临沂市建筑业职业技能大赛获镶贴工第一名，2006年8月在山东省建筑业职业技能大赛选拔赛镶贴工第一名，，随后代表山东省参加全国建筑业职工职业技能大赛，获全国建筑业职业技能大赛镶贴工银奖，在人民大会堂接受了党和国家领导人的颁奖。

李国华重视对工人的培训，每到午休，工地办公室就成了临时课堂。他把工人当作技术员培训，当发现工人现场施工有错误时，他从不严厉批评，而是耐心指导。项目部也因其经验丰富、工作认真，连年选派他担任新入厂工人的指导教师，进行"传帮带"。李国华常对工人们说："我们不能满足于会干，更要干好、干精，干出一流水平。只要你们能吃得了苦，好好学，我愿意把自己这些年的所有经验都传授给你们，让你们都成为岗位能手。"在日常工作中，李国华对徒弟们高标准、严要求，无论工期多么紧张，工程质量必须确保，决不能让不合格品进入下道工序。几年来李国华带领的60多名徒弟，已经能够独立承担重要的施工任务，成为本职岗位的行家能手。

李国华先后被评为临沂市技术能手、临沂市青年岗位能手、临沂市首席技师、临沂市有突出贡献技师，全国建筑行业技术能手、全国建筑装饰业技术能手、山东省有突出贡献技师、山东省首席技师等，2008年获"全国五一劳动奖章"，2010年被授予"全国劳动模范"称号。

刘文友　男，汉族，山东省蒙阴县人，中共党员，大专文化。1972年8月出生，1994年7月参加工作，"文友"家禽养殖专业合作社党支部书记、社长。

2004年9月，刘文友成立了蒙阴县文友家禽养殖合作社，他筹资3200万元在蒙阴县常路镇征地4公顷，建起了标准化种禽养殖基地，并建设了种禽孵化厂。经过几年的实践，刘文友及合作社一班人成功创造出了"文友模式"，即"公司＋合作社＋养殖户"的经营模式和"社员代表大会＋支部大会＋理(监)事会"的管理模式，2010年底该合作社已发展社员670余人，遍布蒙阴县及周边的平邑县、费县、新泰市等4个县市。实现产值3.2亿元，为养殖户创造利润5800多万元。

刘文友积极探索创业新途径，时刻为社员着想。在鸡苗购进上，与供苗方签定鸡苗合同，以每只低于市场价0.2元的价格供应给社员，每年为社员节省鸡苗钱近百万元；在饲料购进上，与厂家签定了饲料合同，争取到低于市场5%的价格，为社员每年可节省饲料钱100万元；在药品购进上，与生产厂家签定合同，以优惠10%的价格供应社员，每年节省药品钱40余万元；在成品鸡的销售上，与收购企业签定合同，按每斤高出市场价0.02元的价格收购，每年可为社员增加额外收入40多万元；在技术服务上，刘文友高薪聘请了两名畜禽专业的技术员并常驻合作社，配备了2辆技术服务车，深入养殖户做技术指导和养殖示范，小病治疗，大病预防，解除广大养殖户的实际困难和后顾之忧。

刘文友除了把流通环节节省出来的费用让利于社员外，还把从各个厂家争取到的各种补贴以二次返利的形式重新分配给社员。2006年年初，刘文友多方争取资金60多万元，按养殖只数每只成鸡近0.15元补贴返还社员。同时，还从风险基金中拿出4万元先后为不慎失火而造成重大损失的社员进行补贴，帮助他们建起了大棚，2007年特大暴风雨袭击了蒙阴，灾情发生后，刘文友带领工作人员深入现场调查了解情况，并同养殖户一起深入水淹大棚，抗水救灾，把水灾造成的损失降到最低，合作社迅速和各合作企业联系，多方争取他们的扶持，把企业扶持款10万元及时送到受灾户手中；2008年春节前夕，刘文友拿出2万元走访了特困户；2009年春节，他又购买了面粉、大米、茶叶、棉被等价值近3万元的物品走访慰问了36家贫困户。5·12汶川特大地震发生后，他带头捐款1万元，缴纳特别党费2000元，并把获得省劳模奖励的8000元现金也捐给了灾区。2010年4月，他向党组织一次性缴纳1万元特殊党费，支援玉树灾区抗震救灾、重建家园。

在刘文友的带领下，"文友"家禽养殖专业合作社取得了良好的经济效益和社会效益。合作社先后被授予"临沂市劳动模范集体"、"全省畜牧行业优秀合作社"、"全省农村青年中心优秀服务项目"、"山东省十佳订单销售型农民专业合作社"、"全国农民专业合作组织示范项目"、"全国最具影响力农民专业合作社"称号。刘文友先后被评为蒙阴县十五届人大代表、"蒙阴县十大新闻人物"、临沂市优秀共产党员、山东省劳动模范、全国农村青年创业致富带头人。2010年被授予"全国劳动模范"称号。

刘绍连　男，汉族，山东省郯城县人，小学文化，中共党员。1957年8月出生，1998年5月入党，山东郯城县港上镇港上四村党支部书记，

刘绍连靠承包65公顷土地发展粮食生产走上了致富路。

在大面积种植中，他辛勤劳动，刻苦钻研，订阅了《农业知识》、《山东科技报》等报刊，遇到不懂的问题就到县、镇农技推广部门去咨询，上网找专家咨询，积极探索改造中、低产田的路子。进行测土配方施肥，节约了成本，降低了投入，提高了产量。测土配方施肥取得成功后，他不忘乡亲，带着仪器为各家进行土地肥值测量，写出施肥方案，为农户节约了大量的投入，增加了单产。刘绍连和广大农户探索机械化种植，提高作业效率，购买大小机械48台套，种植经济作物60余公顷，2004年被评为全国十大种粮标兵之一，成为沂蒙山区走出的首位全国种粮大户。10多年来，刘绍连向国家交售粮食120多万公斤，向社会提供良种500多万公斤，同时先后为村敬老院捐款捐物2万多元，为幼儿园捐助5000多元。他投资3万元铺设了村里的水泥路，每年免费为村里田间小道拉沙铺路，同时还义务为村里种下了5000多棵树木。他还将村里的困难户、五保户列为自己的帮扶对象，无偿代为耕种、精心指导，带动他们走上脱贫致富的道路。

2005年3月，刘绍连当选港上四村支部书记。就任村支部书记后，他着手理顺人事关系，清理村欠外债问题。上任5个月，就筹措资金偿还村债务26万元，平息了多年的债务纠纷问题，健全“党员代表、村民代表、财务监督小组”三支队伍，充分发挥“三支队伍”的监督管理作用。在村务大事上实行村民公决，财务按月公开并报镇经管站审计。自上任以来，未发生一起村集体资金流失和贪占挪用事件，村里各项工作步入良性发展轨道，群众安居乐业，连续8年未发生一起上访事件。他支持村民办厂、搞活经济。村民上项目、办厂子，积极协调供电、税务等部门，保证生产运营，协调信用社提供资金扶持，提供购销信息，现在港上四村已成为著名的的鲁南苏北籽棉加工基地，日加工籽棉100多吨。另外，有80多户村民搞起了板材加工，村民收入由2004年底的不到3000元，上升到2009年的5000多元。

刘绍连多次被评为县、镇致富能手，2000年，刘绍连当选县十大杰出青年农民，2002年被中华农业基金会授予“神农奖”，2004年1月份被农业部授予“全国十大种粮标兵”称号，奖励铁牛—70拖拉机1台，是全省唯一获此殊荣的种粮大户，多次受到中央、省、市、县领导的接见。2007年被评为全国种粮大户，2008年被评为山东省劳动模范，2010年被授予“全国劳动模范”称号。

侯子山　男，山东省郯城县人，中共党员，大学文化。1951年出生，1974年参加工作，临沂市人民医院心血管内科主任。

“简单的事情长期干好就不简单，容易的事情长期坚持就不容易”。侯子山几十年如一日，刻苦钻研心脏介入手术，取得了令人瞩目的成绩，他是市级医院二尖瓣治疗的“先行者”。1990年前后，侯子山注意到“风湿性心脏病”病人在临沂是个很大的群体，而心脏二尖瓣单纯狭窄是最常见的病变之一。由于治疗风湿性心脏病是一个非常难以攻克的医学难题，一些病人往往对生活失去信心，甚至有患者痛不欲生而自杀。“医生的存在价值不就是为病人解除痛苦吗?”侯子山决心介入这一领域，他经过多方学习、研究和总结，选择了“经皮穿刺球囊二尖瓣成形术”为研究方向。“经皮穿刺球囊二尖瓣成形术”是一项1984年才在世界首次临床报告的新技术，采用这种治疗技术在许多方面都优于通常的“外科置瓣术”，但是技术难度较大，国内于1985年才出现首例该项手术，到90年代初，能够实施这项手术的也只有一些老牌三甲医院，从来没有在市级医院开展这种手术的先例。

在开展“经皮穿刺球囊二尖瓣成形术”研究早期阶段，临沂市人民医院心内科条件非常简陋，没有专门的手术室，也没有任何具有手术经验的人员。“有条件要上，没有条件创造条件也要上”，侯子山想。他邀请外地专家做指导，并自己动手制作铅衣，有时铅衣不够就暴露在X线下观察。经过艰苦努力，刻苦钻研，侯子山终于熟练掌握了这项技术。1992年，“沂蒙——长城”国际心脏病介入学术会议在临沂市人民医院举行，侯子山现场进行了经皮穿刺球囊二尖瓣成形术演示，得到了与会代表和专家的一致肯定，市人民医院也成为全国第一家开展此项高难度手术的地市级医院。2002年，侯子山又在全国最早开展了经皮金属分离器二尖瓣扩张术，取得了良好的临床效果。此外，他还扩展了二尖瓣狭窄手术的治疗范围，并简化了治疗操作步骤，取得了疗效好、病人痛苦小的良好效果。2005年5月27日，作为手术演示组的四名专家组成员之一，侯子山在江西省南昌市召开的第四届全国先心病、瓣膜介入学会上，作了《经皮球囊二尖瓣成形术栓塞并发症的防治》的专题讲座，得到全体与会人员的好评。

侯子山医术精湛,经他独立完成各种心脏病介入手术已超过4000例。其中经皮球囊二尖瓣成形术1300余例,数量创全国之最。1997年侯子山率领的心内科被评为山东省特色专科,2000年经省卫生厅复审晋升为A级特色专科,成为山东省地市级医院中唯一的一家。2005年秋天,来临沂进行经济交流的7旬日本友人田中周造,因心脏病突发急送市人民医院院抢救,经造影显示,其心脏血管狭窄部位达90%~95%,病情危急。在侯子山带领下,心内科为其顺利实施了PTCA加支架植入手术,一个月后病人康复出院。田中周造对心内科医生的高超医术和优良服务非常满意。此后,他每年3次定期来临沂市人民医院查体保健。

侯子山积极开展国内外技术合作和国际交流,他聘请国内外专家担任科室的客座教授、名誉主任,定期交流指导,引进了一批新技术、新项目,使心血管内科专业技术水平位居全国同级医院前列。他注重人才培养、提高科研水平,是科内年轻医生“生活中的慈父,工作中的严师”。给病人查体时,他带着年轻医生,给他们讲解诊断不同疾病的要领;在病房查房时,疑难病人的诊治情况由年轻大夫先说,然后他将错误指出来,正确的给予表扬。在他的带动和培养下,科内有4人成为院级拔尖人才,近年有4人考取硕士研究生、2人考取博士研究生。侯子山常说:“多一个人掌握这些技术,就可使更多的患者摆脱痛苦,我希望每一个医护人员都能超过我。”

侯子山始终牢记患者利益,营造和谐医患关系。他总是在保证疗效的前提下,将医疗方案优化再优化,以尽量为患者节省了医疗费用。有句话总是挂在侯子山嘴边:“在保证同样的疗效下,我们要用价廉物美的药品。能用本地的就不用外地的,能用国产的就不用进口的,农民赚点钱不容易,我们给他们看病,能省一点是一点。”一次,一个疑难病例的治疗方案出来以后,侯子山召集几个病人主要家属座谈,将几套治疗方案的不同风险、效果、花费一一摆给家属。当家属提出不同意见时,他不断对医疗方案进行修改。侯子山先后与病人家属进行了6次交流,并与当时在医院工作的美国杜克大学医疗中心心血管教授肖特博士3次协调,才最终确定病人的治疗方案。病人家属送“红包”,有时把钱物送到家里,他均予以拒绝。心血管内科药品收入占科室总收入从未超过15%,且从未发生重大差错和医疗事故。

随着科室快速发展,心血管内科病床已达80余张,危重病人多,工作任务十分繁重,有时一夜抢救六七例急病号,每当有危重病人需要紧急抢救,他都会组织讨论制定治疗方案,并全程参加抢救。他经常加班加点,从来没有休过完整的假期。侯子山常对值班医生、护士说的一句话就是“一旦病人有情况,不管什么时候一定打电话给我。”因为长时间处于X线照射下,侯子山的身体受到很大伤害,左腿外侧汗毛全部脱落,1997年血象一度出现问题,细胞形态发生变化,但他仍坚持工作在心内科医疗第一线。

侯子山曾十多次担任国际国内心血管病会议的大会主席团成员,并在学术会议上作学术报告和手术演示。先后出版及参编了《介入心脏病学研究与实践》和《介入心脏病学》两部著作,独立完成科研课题1项,撰写省级以上学术论文23篇。他领导的科室,1992年和1996年连续两次协助举办了“沂蒙——长城”国际心血管病学术会议,1997年被评为山东省特色专科,2000年经省卫生厅复审晋升为A级特色专科,成为山东省地市级医院中唯一的一家,2004年被授予全国“五一”劳动奖状。侯子山1999年被评为山东省卫生系统先进个人,立二等功。2000年被评为临沂市技术拔尖人才。2003年被评为临沂市劳动模范;2005年被评为山东省十佳医师,2007年获全国“五一劳动奖章”。2010年被授予“全国劳动模范”称号

郭俊岭 男,汉族,山东省河东区人,大专学历。1953年出生,1972年10月参加工作,临沂大林食品股份有限公司董事长、总经理。

郭俊岭自1999年1月担任临沂大林食品股份有限公司总经理以来,团结带领公司员工,在全区乃至全市率先走上了创新改革的跨国引资之路。与韩国客商达成合作意向,在国内第一个引进了蔬菜脱水最先进的FD生产线,让小企业实现了跳跃式发展。他高标准高起点运作,斥巨资先后对企业4次技改和4次规模扩张,使企业拥有FD生产线33条,AD生产线20条,MD干燥箱50台套,年吞吐出口蔬菜8.25万吨,综合生产能力达5500吨,FD生产能力达4000吨,居全球FD蔬菜生产企业排行榜第一位。大林食品股份有限公司的迅速崛起,为八湖及周边乡镇的万余户农民解决了农产品积压的难题,并使3000余名农村劳动力

进入企业。同时,在大林的示范带动下,全区 70 余家农字号企业先后建成投产,为全区农村经济的发展注入了巨大的活力。大林公司 2009 年销售收入达 4.29 亿元,出口创汇 6280 万美元,利税 6430 万元。居全国同行业出口创汇榜首。

企业有了钱,郭俊岭首先想到的是职工群众,2000 年,他投资 500 万元新建职工宿舍 600 余间和职工食堂;2001 年在全区率先为近百名职工办理了养老保险;2003 年又投资 1650 万元在临沂城黄金地段为职工购买了一栋 56 套的宿舍楼。他不仅对职工的工资全部按月兑现,每年还拿出 90 多万元提高职工的工资和福利待遇。他富而思源,致富不忘回报社会,不忘回报人民群众。国家救灾他不用动员主动捐物捐款,乡村修桥筑路建学校他无偿提供资金。2004 年秋季,家乡郭圪墩村的村村通工程捐款,他一次就捐出 20 万元,在他的带动下,村里其他企业也都纷纷捐款,既解决了集体缺资金的难题,还减轻了农民的负担。郭俊岭支持村村通工程,不仅捐在乡里,还把款捐到乡外,先后为太平镇的两个村捐出了 10 万元。2005 年,镇里拓宽改造驻地两条大道,郭俊岭一次捐款 200 万元。2006 年他一次为敬老院老人和中心小学特困学生捐款 20 万元。2006 年被评为临沂市热心社会公益事业十佳人物。2007 年他为育晨希望小学捐款 5 万元,并为全镇残疾人捐款 5 万元。2008 年他为四川汶川大地震捐款 20 万元。2009 年在"慈心一日捐"活动中他一次性捐款 30 万元。

在郭俊岭的带领下,临沂大林食品股份有限公司先后被认定为山东省高新技术企业、农业产业化重点龙头企业,连续多年被评为全市明星企业、出口创汇先进企业。郭俊岭先后被授予"山东省优秀共产党员"、"山东省劳动模范"、"齐鲁乡村之星"、"临沂市十大爱心慈善人物"等称号。2010 年被授予"全国劳动模范"称号。

彭　静　女,山东省兰山区人,中共党员,大专学历。1976 年 5 月出生,1993 年参加工作,临沂供电公司市中供电部营业服务部经理。

彭静自参加工作以来,积极践行国家电网公司服务宗旨,不断强化管理,创新服务。她所在的市中供电部营业服务部是临沂供电公司重要的对外服务窗口,主要承担着临沂城区客户的用电业务受理、电费收取、用电咨询及大客户服务等工作。面对城区 15 万不同需求层次的电力客户,经她之手办理了数以万计的业务,从未发生过一起投诉。她说得最多的一句话就是"服务部是公司优质服务的重要窗口,我一定要擦亮窗口,为国家电网品牌增光添彩。"

彭静善于换位思考,为客户着想。为减少客户办理业务的实际困难,她带领同事们创造了"一卡、一板、一解说"的服务方式,即《办电业务指南》卡、各类业务填写模板和多媒体解说三者相结合,编写了《营业厅标准化服务指导书》,客户办理业务和等待时间大大缩短,办理业扩业务受理的时间由国家电网公司规定的每件 20 分钟缩短到 10 分钟左右,客户满意率上升到 99.88%。她积极改善营业厅设施,增设引导员,客户办理业务始终有人引导、负责。设立自助区和休息区,增设触摸屏查询机、自助打印电费明细机及 24 小时自助缴费终端等设备,在休息区等候的客户,可以通过观看多媒体解说片了解业务流程,实现了人性化服务。

彭静千方百计为客户降低用电费用,解决用电难题,促进企业和供电公司的共同发展,对新上用电设备的大客户,彭静提出"一个项目、一套班子、一个负责人、公开一个热线电话、实行一条龙服务"的承诺。鑫海科技有限公司是一家镍铁生产企业,年用电量 5 亿多千瓦时,电脑系统大客户信息中的记录一路飘红。2008 年底,这个公司在金融危机中遭遇寒流,产品价格下跌,企业面临困难。彭静带领用电专家组主动上门服务,分析了企业用电状况后,专家组提出了合理避峰用电、改变电容器投切时间的措施,使这家企业的用电成本大幅下降。这家企业大刀阔斧降低生产成本,很快走出低谷,2009 年用电量增加了 1 亿多千瓦时。

在彭静的带领下,其所在部门连续 13 年保持国家级"青年文明号"称号,先后被授予"全国电力用户满意服务明星班组"、山东省"巾帼文明岗"、山东电力集团公司"管理精细化标杆班组"以及临沂市"十大文明服务窗口"等称号;她牵头撰写的《客户服务最佳做法》被收录到国家电网公司营销管理"最佳实践库",带领的 QC 小组被评为山东省"优秀质量管理小组";她本人先后被评为中央企业知识型先进职工、国家电网公司"劳动模范"、国家电网公司暨山东电力集团公司"十佳服务之星"、山东电力集团公司“巾帼建功标兵”、山东电力集团公司“彩虹工程”10年十大服务明星等。2010年被授予“全国劳动模范”称号。

周绪元 男,汉族,山东省费县人,中共党员,大学文化。1963年出生,1983年参加工作。临沂市蔬菜办公室推广研究员,中共山东省第七、八、九次党代会代表,山东园艺学会常务理事、蔬菜专业委员会副主任。享受国务院特殊津贴。

1983年周绪元在临沂地区经作站参加工作后,先后任助理农艺师、农艺师。他在对临沂地区蔬菜生产现状进行细致调查的基础上,引进、推广了蔬菜新品种、新技术。主持实施了西瓜嫁接栽培技术试验、大白菜高产稳产技术开发、蔬菜遮阳网覆盖栽培技术开发3个项目,均获得临沂地区科技进步奖。对冬暖型大棚棚型结构及黄瓜栽培实施了以保温、增光、控湿为主的配套技术,使临沂地区成为黄淮流域第一个冬季不加温便能大面积生产黄瓜的地区,该成果获山东省科技进步二等奖。

1993年7月,周绪元任临沂市农技中心副科长。他认真研究生产中的技术难题,在蔬菜保护地栽培及蔬菜无公害标准化研究方面有所创新。主持实施了新型棚膜大面积应用项目,获得临沂地区星火二等奖。主持实施了丘陵地区高效农田综合配套技术开发项目,获山东省星火三等奖。在全国率先制定了黄瓜深冬栽培的地方标准,获山东省科技进步三等奖。实施冬暖型大棚番茄前期弱光补偿管理、后期防止早衰的栽培管理模式,获山东省科技进步三等奖。完善了早春大棚西瓜割蔓再生、一种两收的栽培方式,获山东省科技星火三等奖。

1998年4月,周绪元任临沂市蔬菜办公室主任。他大力推动全市蔬菜产业发展,先后主持在费县、沂南、苍山、河东等地建起了10余处瓜菜新品种展示园、有机蔬菜示范园。实施了百万农户致富工程瓜菜项目、无公害蔬菜标准化示范工程等;主持和参与了许多重大蔬菜推广项目的实施;组织开展了全市优质西瓜评比、无公害瓜菜展评、绿色优质农产品宣传推介、沂蒙特色农产品绿色论坛等活动。与专家合作,创立了新型日光温室及栽培技术新体系,制定了7种主要蔬菜栽培技术的山东省地方标准,获山东省科技进步一等奖和国家科技进步二等奖;开展了日光温室建造与无公害蔬菜生产技术标准化研究,研究成果获山东省科技进步二等奖;探索了无公害蔬菜标准化生产全程质量控制、无公害栽培与品牌经营有机结合的新模式,成果获临沂市科技进步一等奖;开展了出口蔬菜标准化生产技术研究,利用HACCP原理研究改进了出口蔬菜生产加工技术及工艺,制定出了出口蔬菜栽培与加工技术规程4个临沂市地方标准,获临沂市科技进步一等奖和山东省科技进步三等奖;进行了有机蔬菜栽培关键技术的研究,创立了有机蔬菜综合生产与保护技术,该成果被列入2006年、2007年山东省30项农业主要推广技术。

在周绪元的带领下,市蔬菜办多次被评为全省农技推广系统先进集体、全市农业系统先进集体、全市科普工作先进集体。2005年被评为全国农业技术推广先进单位。周绪元个人共获得各种科技成果奖20余项,其中国家科技进步二等奖1项,省科技进步一等奖1项,省科技进步二等奖2项,省科技进步三等奖3项,省科技星火三等奖2项,市科技进步一等奖2项,省丰收一等奖1项。在省以上刊物发表蔬菜论文30余篇,出版蔬菜科技书籍10余本。周绪元先后被评为全国青年科技标兵、全国科普先进工作者、省优秀共产党员、省优秀科技工作者,2007年获“全国五一劳动奖章”。2010年被授予“全国劳动模范”称号

全国五一劳动奖章获得者

李　增 男,汉族,山东省费县人,大学本科,中共党员,1974年5月出生,2002年7月加入中国共产党,临沂市建筑工业产品归口管理办公室主任。

李增自1995年参加工作以来,勤勉敬业,工作认真负责,为临沂市外出工管理和建筑工业产品备案管理工作做出了突出贡献,多次被评为全市建设工作先进个人。特别是在参加恢复四川灾区重建两年多工作过程中,李增带领临沂市援建指挥部规划建设组人员,精心组织,克服余震不断、水土不服、蚊虫叮咬、暴雨洪水及滑坡滚石等危险,兢兢业业,扎实工作,圆满完成了各项工作任务,展示了临沂良好形象,赢得了北

川党委政府和群众的广泛赞誉。

根据山东省援川办的统一安排，临沂市对口援建北川通口镇。李增带领建设组人员按照国家、省对口支援地震灾区的有关方针政策，积极开展对口援建的各项工作。为了尽早让灾民有所居住，李增带领施工人员加班加点，用最短的时间完成了板房建设任务。为农村永久性住房建设提供技术保证，工作中他带领建设组认真制定镇域总体规划，抓好小坪村、清泉村和同乐村的永久性住房建设试点，对因地质灾害等集中搬迁的农户，全镇确定了相对集中的永久性安置点13个，并对安置点建房进行科学合理规划，加强建筑材料集中采购供应，解决农户进料难、成本高的问题，认真落实重建资金的发放及协调贷款工作。通过不懈的努力，全镇重建农户地基已全部落实，全镇农村重建永久性住房1417户、维修加固721户已全部完工。项目的完成建设，大大改善了通口镇驻地基础设施的承载能力和镇容镇貌，满足了人民群众的基本生活需求。

省前指根据各地市完成乡镇情况，择优从17个地市选择8个地市进行北川新县城安居房建设，临沂市为其中的1家。同时，给临沂市分配的北川敬老院、北川福利院、北川县川剧团、影剧院等近2亿元的援建任务。李增和建设组应上级要求，结合当地实际，把灾后新县城重建工作作为重要工作，列入议事日程，统筹安排，坚决创建优质工程、夺杯工程、领导满意工程、北川人民放心工程。认真抓好援建乡镇项目的完善和收尾工作，尽早开工建设县城援建项目。切实抓好援建项目工程质量、安全管理工作，打造优质放心援建工程。加大工程施工现场监管力度，积极推行“三关”（进场材料质量关、施工过程质量关、竣工验收备案关）、“三查”（坚持拉网式检查、专项检查和适时抽查）制度。先后组织施工人员4000余人次；严格企业自检、监理复检、指挥部协同验收工序序，抓好监管环节，确保工程质量。严把设计关、材料关、分面验收关。

在李增和建设组全体人员的努力下，对口支援通口镇场镇项目在全省率先全面竣工并交付使用，项目获得绵阳市最高建筑质量奖“绵州杯”。临沂市援建新县城安居房、影剧院、艺术中心和敬老院3个组团项目，所有工程均获得“四川省优质结构工程”和“四川省安全文明工地”称号，其中安居房和影剧院、艺术中心二个组团项目获都获得了四川省建筑质量最高奖“天府杯”，并均通过“泰山杯”专家组复验。敬老院、福利院、未成年人保护中心组团项目正在申报“绵州杯”且进展顺利，李增先后被评为北川县优秀援建干部和优秀共产党员、四川省优秀援川干部。2010年获全国“五一”劳动奖章。

山东省富民兴鲁劳动奖章获得者名录

姓　名	性别	出生时间	民族	文化程度	参加工作时间	政治面貌	单　　位	职务、职称
贾建华	男	1959.09	汉	大学	1976.08	中共党员	山东临沂兰山农村合作银行	党委书记、董事长
沈庆荣	男	1962.10	汉	大学	1983.07	中共党员	临沂市罗庄区总工会	党组书记、主席
刘西法	男	1964.11	汉	高中	1998.08	中共党员	山东鲁泰鞋业有限公司	车间主任
黄进前	男	1951.02	汉	大学	1971.03	中共党员	临沂恒昌煤业有限责任公司	董事长
孟祥宏	男	1958.05	汉	大学	1974.11	中共党员	苍山县人民医院	党总支书记、院长
于奎军	男	1972.01	汉	初中	1986.12	中共党员	沂水县华琪服装有限公司	包装车间工人
朱凯峰	男	1977	汉	大专	1987.07	中共党员	沂南县卫生防疫站综合执法科	科员
尹士增	男	1954.02	汉	高中	1975.07	中共党员	山东省平邑归来庄矿业有限公司	爆破队队长
魏晓声	男	1967.11	汉	大学	1988.07	中共党员	山东省费县公安局指挥中心	主任

续表

姓　名	性别	出生时间	民族	文化程度	参加工作时间	政治面貌	单　　位	职务、职称
兰瑞祺	男	1966.07	汉	大学	1981.12	中共党员	蒙阴县地税局蒙阴中心所	税收管理员
鲁　磊	男	1968.03	汉	中专	1986.10	中共党员	莒南县市容管理处	副队长
陈德清	男	1975.04	汉	大专	1997.08	中共党员	山东金正大生态工程股份有限公司	十二车间主任
顾学伟	男	1968.04	汉	大学	1990.07	中共党员	临沂市劳动就业办公室	副主任
张贵民	男	1969.10	汉	硕士	1993.08	中共党员	鲁南制药集团股份有限公司	科研部部长
陈　伟	男	1969.05	汉	研究生	1992.08	中共党员	临沂市城市路灯维护管理所	主任
庞茂龙	男	1971.12	汉	大专	1993.07	中共党员	山东临沂银凤陶瓷集团有限公司	生产处主任
赵建梅	女	1976.09	汉	大学	1994.10	中共党员	临沂市公安局河东公安分局治安大队	民警
孙运杰	男	1952.03	汉	大学	1970.12	中共党员	临沂市总工会返聘	专业人员
郑建友	男	1961.12	汉	大专	1978.01	中共党员	山东鲁班建设集团	项目经理
朱玉贵	男	1957.03	汉	大学	1976.02	中共党员	临沂市工商局批发城分局	副局长
陈家忠	男	1961.09	汉	大学	1982.07	中共党员	临沂矿业集团古城煤矿	矿长
韩玉亮	男	1958.05	汉	大学	1981	中共党员	山东兰陵企业(集团)总公司	常务副总
任广来	男	1957.01	汉	大学	1975.07	中共党员	临沂市第四人民医院	院长、党委书记
郝风柱	男	1969.09	汉	硕士	1992.08	中共党员	临沂市邮政局	党委书记、局长
朱孔祥	男	1963.04	汉	硕士	1982.08	中共党员	中国电信股份有限公司临沂分公司	总经理
钱　进	男	1964.04	汉	硕士	1980.12	中共党员	中国农业银行临沂分行	党委书记行长
刘洪顺	男							

省部级先进工作者名录

姓　名	性别	出生时间	民族	文化程度	政治面貌	工作单位及职务	所获荣誉称号
于彦明	男	1955.11	汉	大学	中共党员	临沂市人民防空办公室党组书记、主任	全国人民防空先进个人
刘加平	男	1962.12	汉	大学	中共党员	临沂市林业局副调研员	全国生态建设突出贡献奖——林木种苗先进工作者
张可遵	男	1960.08	汉	中专	中共党员	山东省临沂交通运输有限责任公司临沭分公司经理、党总支书记	全国交通运输系统劳动模范
刘　静	女	1958.01	汉	大学	中共党员	临沂市国税局妇女工作委员会主任	全国巾帼建功标兵
高富军	男	1958.03	汉	硕士 研究生	九三学社社员	山东医专附属眼科医院院长	九三学社中央优秀社员

续表

姓　名	性别	出生时间	民族	文化程度	政治面貌	工作单位及职务	所获荣誉称号
武玉芹	女	1952.01	汉	大学	九三学社社员	罗庄区人大副主任	九三学社山东省委 2007－2010 年度社会服务先进个人
曹　晓	男	1967.05	汉	大学	中共党员	临沂市财政局科长、会计师	山东省对口支援北川灾后重建工作先进个人（享受省部级劳动模范、先进工作者待遇）
段卫东	男	1965.04	汉	硕士研究生	中共党员	临沂市环境保护局党组书记、局长	记一等功
孙树建	男	1963.09	汉	大学	中共党员	市援川办综合组组长、市证券协调指挥办公室副主任（正科）	山东省对口支援北川灾后恢复重建工作先进个人（享受省级劳模待遇）
刘纪民	男	1970.07	汉	大学	中共党员	市发改委党组书记、主任	贯彻落实国防动员建设发展“十一五”规划先进个人
李尊章	男	1959.10	汉	大学	中共党员	局长助理、办公室主任	全省住房城乡建设系统先进工作者
朱孔祥	男	1963.04	汉	硕士研究生	中共党员	中国电信临沂分公司党委书记、总经理经济师	第十八届山东省优秀企业家
刘　英	女	1972.3	汉	大学	中共党员	市质监局办公室副主任科员	全国质检系统政务信息工作先进个人
李彦普	男	1958.5	汉	大学	中共党员	临沂市国土资源局党委书记、局长	全国国土资源管理系统先进工作者
胡乃幸	男	1977.1	汉	大专	中共党员	临沂市国土资源局兰山分局地质测绘科科长	全国优秀地质灾害群测群防监测员
傅沂庆	男	1981.7	汉	大学	中共党员	临沂市国土资源局罗庄分局付庄国土所所长	全国优秀地质灾害群测群防监测员
赵学山	男	1962.3	汉	中专	中共党员	临沂市国土资源局河东分局地质测绘科长	全国优秀地质灾害群测群防监测员
董岳峰	男	1974.6	汉	大专	中共党员	苍山县国土资源局地环科科长	全国优秀地质灾害群测群防监测员
田宝军	男	1974.5	汉	大学	中共党员	沂水县国土资源局地质环境保护站站长	全国优秀地质灾害群测群防监测员
王负举	男	1974.10	汉	大学	中共党员	郯城县国土资源局地环科副科长	全国优秀地质灾害群测群防监测员
苏　超	男	1974.1	汉	大学	中共党员	临沭县国土资源局临沭镇国土所所长	全国优秀地质灾害群测群防监测员
林化忠	男	1960	汉	大学	中共党员	费县国土资源局地环科科长	全国优秀地质灾害群测群防监测员
腾　飞	男	1975.11	汉	大学	中共党员	莒南县国土资源局矿产资源保护站副站长	全国优秀地质灾害群测群防监测员
张　红	女	1968.7	汉	大学	中共党员	沂南县国土资源局地质勘查办公室副主任	全国优秀地质灾害群测群防监测员
王家荣	女	1969.7	汉	初中	中共党员	平阴县临涧镇付家沟村党支部书记	全国优秀地质灾害群测群防监测员

临沂市劳动模范名录

姓 名	性别	出生时间	民族	文化程度	政治面貌	参加工作时间	单 位	职务、职称
张淑琴	女	1968.10	汉	大学本科	中共党员	1987.07	临沂第一实验小学	教师
陈伟强	男	1975.10	汉	大学专科		1992	广东吉恒电器有限公司临沂办事处	
陈 磊	男	1973.02	汉	大学本科	中共党员	1988.04	兰山农村合作银行岚兖路支行	业务营销员
张志亮	男	1964.07	汉	大学本科		1988.07	临沂市兰山区人民医院	外科医生
高 忠	男	1968.10	汉	大学本科	中共党员	1990.07	临沂市兰山区广播电视局	副局长
韩振涛	男	1960.10	汉	大学本科	中共党员	1976.12	临沂市兰山区人民检察院	副检察长
蔡丽霞	女	1963.05	汉	大学本科	中共党员	1983.07	临沂市兰山区法院	民一庭庭长
刘 勤	男	1953.09	汉	大学专科	中共党员	1971.09	山东华丰企业集团总公司	董事长
张本新	男	1970.10	汉	大学专科	中共党员	1990.04	临沂昆仑实业集团	董事长
杨景雷	男	1965.04	汉	大学专科	中共党员	1980.01	山东君道高温耐火材料有限公司	技术科长
高洪路	男	1967.06	汉	大学专科	中共党员	1985.10	华盛江泉集团热电厂生技科	科长
甘永胜	男	1977.04	汉	中专	中共党员	1994.07	临沂宏达瓷业有限公司机电科	科长
张正水	男	1952.09	汉	大学本科	中国党员	1970.12	临沂罗庄中心医院	
韩风生	男	1975.02	汉	大学专科	中共党员	1996.01	山东罗欣药业股份有限公司	技术中心主任
李树斗	男	1964.11	汉	大学本科	中共党员	1984.08	临沂兴元投资发展集团有限公司	董事长
孙桂友	男	1967.12	汉	大学专科	中共党员	1986.08	华盛江泉集团有限公司	副总经理
郭玉春	男	1986.06	汉	高中	预备党员	2005.07	临沂大林食品股份有限公司	职工
伍文达	男	1962.02	汉	大学本科	中共党员	1982.07	临沂河东区人民医院	
王洪晓	男	1972.03	汉	大学本科	中共党员	1995.12	河东区建设局环卫所	主任
国庆忠	男	1975.08	汉	大学本科		1995.08	临沂第二十四中学政教处	副主任
纪庆坤	男	1962.10	汉	大学本科	中共党员	1980.12	山东临沂河东农村合作银行	董事长
许传贵	男	1969.10	汉	大学本科	中共党员	1992.8	山东阳煤恒通化工股份有限公司	高级工程师
贾金秋	男	1957.11	汉	大学本科	中共党员	1971	临沂恒昌焦化股份有限公司机电科	科长
段连强	男	1972.12	汉	高中	中共党员	1996.12	山东鲁南纸业有限公司	机工段长
颜炳锦	男	1962.01	汉	大学本科	中共党员	1981.06	郯城县地方税务局	局长
鞠佃军	男	1996.10	汉	大学本科	中共党员	1986.08	郯城县农村信用合作联社	党委书记、董事长
王新涛	男	1963.04	汉	大学专科	中共党员	1980.09	郯城县烟草专卖局(分公司)	局长、经理
崔 侠	女	1968.05	汉	大学专科	中共党员	1988.10	向城镇敬老院	副院长

续表

姓　名	性别	出生时间	民族	文化程度	政治面貌	参加工作时间	单　　位	职务、职称
朱　宏	男	1971.11	汉	大学本科	中共党员	1987.09	矿坑乡计生服务站	职工
庄守营	男	1973.11	汉	大学专科	中共党员	1994.09	苍山县房地产管理局评估事务所	
潘云峰	男	1969.11	汉	大学本科	中共党员	1990.07	苍山县公安局刑侦大队	政治教导员
刘云峰	男	1973.12	汉	大学专科		1998.02	山东东方佳圆房地产开发有限公司	董事长
武玉明	男	1964.11	汉	大学本科	中共党员	1985.08	沂水二中	教导处副主任
李善波	男	1971.10	汉	高中		1998.08	沂河山庄餐饮部	行政总厨
王洪伟	男	1981.06	汉	初中		1997.06	山东沂蒙建设集团有限公司	镶贴工
时秀坤	男	1962.12	汉	大学本科	中共党员	1980.01	沂水县地方税务局	党组书记、局长
徐允厚	男	1958.10	汉	大学本科	中共党员	1975.08	沂水县沂新中学	校长
顾全华	男	1966.10	汉	大学本科	中共党员	1988.07	许家湖镇党委	党委书记
马新为	男	1974.09	汉	大学专科	中共党员	1992.09	沂水雪山旅游开发有限责任公司	总经理
蔡　军	男	1969.12	汉	大学专科	中共党员	1990.07	临沂烟草有限公司沂水分公司	经理
张爱民	男	1969.02	汉	大学本科	中共党员	1988.12	沂南县城市建设管理办公室	施工技术员
祖庆涛	男	1973.02	汉	大学本科	中共党员	1996.07	沂南县铜井镇初级中学	教师
郭　丽	女	1970.05	汉	中专	中共党员	1989.07	沂南县计划生育服务站	技术员
贺可斌	男	1963.01	汉	大学专科	中共党员	2004.12	沂南县苏村镇卫生院	院长
刘清德	男	1954.10	汉	大学专科	中共党员	7974.04	山东黄金矿业(沂南)有限公司	总经理、党委书记
孙国廷	男	1965.01	汉	大学本科		1988.07	临沂开元轴承公司	总经理
李长迎	男	1962.01	汉	大学本科	中共党员	1981.10	平邑县自来水公司	工程师
高丽阳	男	1976.10	汉	大学专科	团员	1996.11	山东冠鲁集团	市场经营部经理
孙爱军	女	1970.11	汉	大学本科	中共党员	1991.07	山东省平邑实验中学	教师
阚士宇	男	1963.01	汉	大学本科	中共党员	1978.08	平邑县中医医院	医生
沙振霄	女	1962.03	回	研究生	中共党员	1981.07	郑城镇党委	党委书记、人大主席
王富民	女	1968.07	汉	大学本科	中共党员	1984.06	临沂市平邑县招商局	局长
蔡长存	男	1960.12	汉	大学专科	中共党员	1977.08	山东天宝化工有限公司	董事长
魏　伟	男	1972.11	汉	大学本科	中共党员	1991.12	费县林业局森林消防大队	大队长
闫茂泉	男	1966.06	汉	大学本科	中共党员	1977.03	费县公安局马庄派出所	
宋君霞	女	1978.09	汉	高中	群众	1996.03	山东正义纺织集团有限公司纺织厂	挡车工

续表

姓　名	性别	出生时间	民族	文化程度	政治面貌	参加工作时间	单　　位	职务、职称
陈　涛	男	1962.05	汉	研究生	中共党员	1979.09	费县国家税务局	局长
张德玉	男	1962.10	汉	大专	中共党员	1981.07	费县城市管理行政执法局	党组书记、局长
郭士成	男	1963.03	汉	大学本科	中共党员	1987.07	费县供电公司	经理
秦铖泓	男	1959.06	汉	大学本科	中共党员	1978.10	蒙阴县自来水公司	职工
于永法	男	1965.11	汉	大学专科	中共党员	1987.03	山东新银麦啤酒有限公司行销公司	职工
朱连先	男	1964.03	汉	研究生	中共党员	1986.07	蒙阴县农科所	农艺师
张富荣	女	1975.11	汉	大学本科	中共党员	1998.05	蒙阴县桃墟镇中心小学	教师
邵长军	男	1968.07	汉	大学本科	中共党员	1988.09	山东华建集团有限公司	董事长
万绪强	男	1984.10	汉	高中		1995.05	山东鑫海科技股份有限公司电炉维修车间	工段长
唐顺田	男	1970.05	汉	大学专科	中共党员	1991.07	莒南县石泉湖水库灌溉管理所	主任
化玉峰	男	1963.03	汉	大学本科	中共党员	1978.09	莒南县农业局农经中心	副主任
张松波	男	1968	汉	大学本科	中共党员	1987	莒南县广播电视台记者	主任编辑
王群英	女	1962.07	汉	大学专科	中共党员	1979.12	山东天宇工具有限公司	董事长
毛可富	男	1965.07	汉	大学专科	中共党员	1986.10	莒南县农村信用合作联社	理事长
杨元效	男	1960.01	汉	大学专科	中共党员	1979.12	临沭县民政局滨海革命烈士陵园	农艺师
左德翠	女	1964.08	汉	大学本科	中共党员	1982.7	临沭县人民医院	护士长
杨力逢	男	1963.01	汉	中专	中共党员	1983.06	山东常林机械集团股份有限公司	主任
姜春雷	男	1963.01	汉	大学本科	中共党员	1980.10	山东省临沭县国家税务局	党组书记、局长
张　超	男	1979.09	汉	研究生	中共党员	2002.09	金沂蒙集团有限公司	董事长
李辉永	男	1973010	汉	大学专科	中共党员	1996	山东金湖水泥有限公司	车间主任
宋　委	男	1973.12	汉	大学本科	中共党员	1995.08	临沂第三十中学	副校长
姜良振	男	1970.09	汉	大学专科	预备党员	1994	临沂利达瓷业有限公司	总经理
杜庆响	男	1967.01	汉	高中	中共党员	1985.09	山东临工工程机械有限公司桥箱中心驱动桥装配一组	班组长
崔华军	男	1978.01	汉	大学专科		1996.09	山东立晨物流股份有限公司	仓储部经理
张洪福	男	1964.01	汉	大学专科	中共党员	1985.05	山东赛洋化肥有限公司	副总经理
张冬梅	女	1976.01	汉	大学专科		1994.09	临沂中环工艺品有限公司	总经理
瞿　晓	男	1968.11	汉	大学本科	中共党员	1992.07	临港一中教导处	副主任

续表

姓　名	性别	出生时间	民族	文化程度	政治面貌	参加工作时间	单　　位	职务、职称
唐　永	男	1972.09	汉	研究生	中共党员	1990.12	山东景耀玻璃集团	总裁
田洪东	男	1960.01	汉	大学专科		1981.07	山东电力集团临沂供电供司调度所	技术专工
林相亮	男	1965.02	汉	中专	中共党员	1985.09	临沂矿业集团公司王楼煤矿掘进一工区	队长
谭丽华	女	1976.10	汉	研究生		2001	鲁南制药集团股份有限公司	职员
袁佐栋	男	1978.04	汉	大学本科		2003.07	临沂市环境保护局	
梁　艳	女	1978.03	汉	大学本科		1996.07	临沂市城市排水维护管理处女子巡视维护班	班长
戚兴旭	男	1978.11	汉	中专		2002.03	市邮政局投递局西苑投递部	投递员
刘福勤	女	1964.01	汉	大学本科	中共党员	1986.07	临沂沂州实验学校	教师
周国宏	男	1963.09	汉	大学本科	中共党员	1986.07	临沂第一中学	年级主任
程学凯	女	1982.01	汉	大学本科	中共党员	2003.07	临沂沂州宾馆	科员
王春玲	女	1972.11	汉	大学本科	中共党员	1994.07	中共临沂市委党校	教师
杨文全	男	1973.05	汉	大学本科	中共党员	1996.07	临沂市工商行政管理局公平交易局经检二科	副主任科员
刘金桥	男	1969.07	汉	大学专科	中共党员	1985.12	临沂实康水务有限公司水费稽查大队	稽查队员
来永聪	男	1972.10	汉	大学专科	中共党员	1992.12	国家统计局临沂调查队	副主任科员
高文献	男	1964.06	汉	大学本科	中共党员	1983.07	临沂市沂水中心医院心血管内科	主任医师
吉立新	男	1962.07	汉	研究生	农工民主党	1987.07	临沂市人民医院脊柱外科	主任医师
田　宇	女	1975.01	汉	大学本科		1995.05	临商银行股份公司银雀山支行营业部	主任
张东阳	男	1962.11	汉	大学本科	中共党员	1983.07	山东省交通技术学院交院驾校	老师
张永保	男	1975.05	汉	大学专科	中共党员	1993.12	市城市管理局二分局夜勤中队	中队长
崔　伟	男	1967.02	汉	大学专科	中共党员	1993.03	临沂金瑞际商贸有限公司	总经理
徐百合	男	1962.09	汉	大学专科	中共党员	1978	临沂市百合装饰材料有限公司	总经理
尤仁耀	男	1963.12	汉	大学专科		1997.04	山东吉祥装饰建材有限公司	经理
朱孔峰	男	1963.01	汉	高中	中共党员	1982.11	临沂小商品城易得力文体用品有限公司	总经理
安百盈	男	1978.04	汉	大学专科			山东帅克新能源有限公司	总经理
凌　涛	男	1963.06	汉	初中	中共党员	1976.12	沂南县政府驻青岛办事处	主任
高素珍	女	1963.08	汉	大学本科	中共党员	1985.07	临沂档案局法规业务科	科长

续表

姓 名	性别	出生时间	民族	文化程度	政治面貌	参加工作时间	单 位	职务、职称
管桂坤	男	1966.08	汉	大学本科	中共党员	1988.07	山东兰陵美酒股份有限公司	副总经理
王富和	男	1958.05	汉	研究生	中共党员	1976.12	中国联合网络通信有限公司	副总经理
孟宪杰	男	1955.03	汉	大学本科	中共党员	1974.12	临沂市审计局办公室	主任
尹相善	男	1964.03	汉	大学本科	中共党员	1985.07	天元建设集团有限公司	总会计师
戚洪玺	男	1960.03	汉	大学本科	中共党员	1981.07	山东中元联合会计师事务所	所长
焦中志	男	1976.10	汉	博士研究生	九三学社	2006.03	建筑设计研究院	高级工程师
崔长伟	男	1974.12	汉	大学本科	中共党员	1996.10	临沂市交通局	高级工程师
邵 伟	男	1965.01	汉	大学专科	中共党员	1980.12	临沂市林业局选林绿化科	科长
姚 建	男	1957.05	汉	大学本科	中共党员	1974.11	临沂交通运输有限责任公司交通石化分公司	经理
宋 颖	女	1960.01	汉	大学本科	中共党员	1977	临沂市科学技术协会反邪教协会办公室	主任
王洪鹏	男	1974.05	汉	大学本科	中共党员	1996.08	临沂市公安局兰山分局刑事侦查大队五中队	中队长
刘秀芹	女	1960.10	汉	大学本科	中共党员	1981.07	临沂市救助管理站	书记、站长
马茂兴	男	1963.11	汉	大学本科	中共党员	1980.12	天元七公司	工程师
张兆伟	男	1967.10	汉	大学本科	中共党员	1991.07	山东正源律师事务所	二级律师
李红婷	女	1962.01	汉	博士研究生		1981.09	临沂师范学院理学院数学教育研究所	所长
苏彦浩	男	1971.06	汉	大学本科	中共党员	1993.06	临沂市房产登记交易中心、临沂市房地产置业担保公司	副主任、总经理
刘 凯	男	1971.05	汉	研究生	中共党员	1994.07	市委讲师团	副团长
吴凌志	男	1964.09	汉	大学本科	中共党员	1983.07	临沂市气象局办公室	高级工程师
赵世涛	男	1973.06	汉	大学本科	职工共党员	1996.07	临沂市规划局主任科员	高级工程师
韩佃友	男	1957.08	汉	大学本科	中共党员	1975.07	市特殊教育中心	副校长
李子永	男	1957.01	汉	大学本科	中共党员	1979.12	临沂二中	校长
玄瑞利	男	1962.11	汉	大学本科	中共党员	1979.11	山东蒙阴旅游集团有限公司	副总经理
刘 飞	男	1963.11	汉	大学本科	中共党员	1986.07	临沂市农业科学院	副院长
常贵录	男	1957.10	汉	大学本科	中共党员	1976.10	临沂职业技术学院	工会主席
黄治增	男	1966.2	汉	大学本科	中共党员	1986.07	临沂市公路工程监理设计咨询公司	经理

续表

姓　名	性别	出生时间	民族	文化程度	政治面貌	参加工作时间	单　　位	职务、职称
任重群	男	1960.02	汉	大学专科	中共党员	1976	山东九州商业集团有限公司宜家佳购物广场	总经理
王正荣	女	1967.11	汉	大学本科		1989.08	临沭县总工会	副主席
井彦明							沂州集团热电公司	经理
田玉富	男	1954.08	汉	高中	中共党员	1968.12	山东远通汽车贸易集团配件事业部	经理
王春雨	男	1963.03	汉	大学本科	中共党员	1981.08	山东金升有色集团有限公司	副总经理
王丽玲	女	1971.12	汉	大学本科	中共党员	1993.08	临沂日报报业集团	主任记者
李　峰	男	1969.04	汉	研究生	中共党员	1990.07	临沂市国土资源局统一征地办公室	副主任
杜庆印	男	1965.01	汉	大学本科	中共党员	1984.07	兰山区委办公室	副主任
李茂华	男	1961.04	汉	大学本科	中共党员	1976.12	临沂市纺织工业协会机关党支部	书记
赵宪荣	女	1963.12	汉	大学专科	中共党员	1981.09	山东省煤炭临沂温泉疗养院理疗科	主任
孙光辉	男	1961.04	汉	大学本科	中共党员	1976.12	中国工商银行股份有限公司临沂分行	党委书记、行长
杨兆坤	男	1974.09	汉	大学本科	中共党员	1995.07	临沂国际旅行社有限公司	总经理
李景宏	男	1961.11	汉	大学本科	中共党员	1982.09	临沂宇光矿业有限责任公司	总经理
庞玉坤	男	1968.12	汉	大学本科	中共党员	1990.08	临沂市政工程总公司	总经理
蹇兆旺	男	1961.11	汉	大学专科	中共党员	1983.07	临沂鲁光化工有限公司	董事长
李连亮	男	1962.6	汉	大学本科	中共党员	1980.10	中国人保财险临沂市分公司	党委书记、总经理

逝世人物

张英斋(1926.2～2010.2)　男,汉族,山东省沂水县人,中共党员。1943年6月参加革命工作,1946年1月加入中国共产党。1945年1月至1945年6月在鲁中军区二分区训练队任班长,1945年7月至1946年5月在鲁中警备三旅供给处任副排长,1946年5月至1948年10月任东北四野三纵队第九旅任助理员,1948年10月至1949年5月在中国人民解放军四十军120师任副科长。1950年9月至1953年11月在中国人民志愿军炮兵团40团任处长,1953年12月至1955年3月在中国人民解放军炮兵40团任处长。1955年3月至1959年4月在中国人民解放军后方勤务学院学习。1959年5月调往西藏军区后勤部组织计划处任科长,1961年3月至1962年4月在西藏自治区后勤部训练处任科长,1962年4月至1964年12月在西藏军区江孜军分区后勤部任部长,1965年1月至1966年4月在西藏军分区日喀则军分区后勤部任部长。部队转业后,1966年4月至1970年2月在临沂地区行署财贸干校任校长,1970年3月至1971年6月在临沂地革委政治部教育组任负责人,1971年6月至1975年7月在临沂地革委基建局任局长,1975年8月至1979年10月在临沂地区基建委员会任副主任,1979年10月至1980年6月在临沂地区行署地震办公室任主任,1980年7月至1984年10月任临沂地区行署科委副主任,1984年10月离休,享受副地级待遇。

张英斋在革命战争年代，不畏艰险，出色完成组织上交给的各项任务。抗日战争时期先后在山东、东北对日作战，解放战争时期在东北第四野战军参加了辽沈战役、平津战役、解放海南岛战役，先后6次立功受奖；建国后又参加中国人民志愿军入朝作战3年，被授予朝鲜民主共和国三级国旗勋章。1957年被授予三级解放勋章、三级独立勋章。60年代又参加了西藏平叛和中印自卫反击战。在社会主义建设时期，他长期担任领导职务，自觉服从组织的分配和安排，工作积极认真，作风严谨，求真务实，创造性地开展工作。他努力学习管理知识，积极带领干部职工开拓进取，努力探索经济发展规律，具有较强的领导能力和较高的专业技术水平，在业内具有很高威信，为全市经济社会发展作出了积极贡献。退休后，张英斋仍十分关心全市的经济社会发展，积极建言献策，体现了一名共产党员对事业高度负责的精神。

张英斋为人正直，襟怀坦白，坚持原则，处事公道，廉洁奉公，与人为善，从不计较个人得失，始终把党和人民的利益放在首位。在住院和病重期间，他多次告诉家人要厉行节约，不要给单位和组织添麻烦，表现出一名党员领导干部的优秀品质。

2010年2月12日，张英斋在临沂病逝。

苏兴诚（1936.4～2010.3）　男，汉族，江苏省徐州市人，中共党员。原临沂市统计局党组书记、局长。1952年7月参加工作，1959年5月加入中国共产党，1952年7月始，先后在费县第五区供销社、沂源县工业局、临沂地区工业局、临沂地区化工局工作，期间1955年2月至8月在山东合作干部学校学习。1977年7月任临沂地区沂蒙化肥厂任财务负责人，1979年3月任临沂地区统计局业务科科长，1984年4月任临沂地区物价局副局长，1984年8月任临沂地区统计局副局长，1991年3月任临沂地区统计局局长、党组书记，1995年2月任临沂市统计局局长、党组书记，1996年7月退休。

苏兴诚对工作认真负责，业务工作熟练，组织领导能力强，思路开阔，工作成绩突出，1977年在地区化工局被评为先进工作者。1982～1983年，连续两年被地直机关党委会授予模范党员。1987年被国务院工业普查领导小组授予国家级先进工作者。1987年撰写的《发挥优势，调整结构，加快地方工业发展》一文被国务院工业普查办公室评为第二次全国工业普查优秀分析报告。1988年撰写的《简论第二次全国工业普查的质量控制》一文被山东省工业普查领导小组评为优秀论文。1989年撰写的《抓科研，带交流，育人才，壮队伍—地市级统计学会工作路子刍议》一文被中国统计学会主办的《中国统计学会通讯》全文发表。苏兴诚长期担任各种领导职务，做了大量的工作。尤其是为临沂市统计事业的发展作了长期不懈的努力。

苏兴诚为人正直，襟怀坦白。坚持原则，处事公道，廉洁奉公，与人为善，始终把党和集体的利益放在首位。他学识渊博，修养深厚，品格高尚，德高望重，始终坚持实事求是，勤于调查研究，勇于创造性开展工作，具有丰富的领导经验和较高的领导水平。在住院和病重期间，多次告诉家人要厉行节约，不给单位和组织添麻烦，表现出一名党员领导干部的优秀品质。

2010年3月，苏兴诚在临沂病逝。

韩兆斌（1954～2010.5）　男，汉族，山东省兰山区人，中共党员。曾任临沂市委党史研究室副调研员，正高级职称。1970年5月参加工作，1980年7月加入中国共产党。1970年5月至1982年8月，先后任沂南县化肥厂车间主任、团委书记；1982年8月至1992年12月，调至沂南县委党史委工作，历任秘书、副主任（期间于1985年9月至1987年7月在临沂地委党校党政专业大专班学习，1984年5月转干）；1992年12月至2010年5月在临沂市委党史研究室工作，先后任征集科科长、秘书科科长、副主任、副调研员。

韩兆斌长期从事文字工作，在党史资料征集和党史研究等方面做了大量工作。先后参与了《三帅在沂蒙》、《朱瑞在山东》、《历史的丰碑》、《沂蒙旌旗》、《放歌沂蒙》、《沂蒙新辉煌》、《中共临沂地方史》、《中共临沂组织史》、《中共临沂大事记》等15本书500余万字，参与撰写了《孟良崮战役》、《拨乱反正》、《山东省组织史资料》、《蒙山沂水新华章》、《叶飞传》、《山东南菜园》等20余部书籍，同时参与了《沂蒙》、《血火丰碑》等电视片的编创和其他编纂工作。

韩兆斌长期担任领导职务，能够认真贯彻党的路线、方针、政策，在思想上、行动上与党中央保持高度一致。他注重学习，勤于思考，善于积累，不断充实丰富自己，提高工作能力和工作水平，创造性地开展工作。具有扎实的理论功底、丰富的实践经验和解决各种复杂疑难问题的能力。他为人正直，襟怀坦白，坚持原则，廉洁奉公，团结同事，与人为善，从不计较个人得失，始终把党的利益、集体的利益放在首位。在住院和病重期间，他还多次告诉家人要厉行节约，不要给组织添麻烦，表现了一个党员领导干部的优秀品质和高尚情操。

2010 年 5 月 6 日，韩兆斌在临沂病逝。

吕锡元（1935.12～2010.7） 男，汉族，山东省青岛市人，中共党员。临沂市政协原副主席。1952 年 7 月参加工作，1956 年 8 月加入中国共产党。1952 年 7 月，任即墨县保险公司业务员；1953 年 1 月，山东财政干校学员；1953 年 9 月，任临沂地区建设银行会计、文书；1958 年 9 月，在山东财经学院学习；1961 年 8 月，任临沂地区财经干校教员、副科长；1966 年 2 月，任临沂地区供销社政治处办事员；1970 年 3 月，任临沂地革委生产指挥部秘书；1975 年 8 月，任临沂地区财委秘书科副科长、基层工作科科长；1981 年 7 月，任临沂地区行署办公室副主任；1986 年 7 月，任临沂地区建设银行行长、党组书记，高级经济师；1994 年 3 月，任山东省政协临沂地区工作委员会副主任、党组成员；1995 年 4 月，任临沂市政协副主席、党组成员；1998 年 7 月退休。

吕锡元参加革命工作近 60 年，始终坚决执行党的路线、方针、政策，为党和人民的事业倾注了全部精力。他在担任建行主要领导期间，按照省行和地委的部署，从临沂地区实际出发，有针对性地提出办行思路和措施目标。他提出的“自力更生办银行、群策群力办银行，依靠党政领导办银行”的思路和“见缝插针，四面出击，广泛联合，发展代办”的行动策略，得到省行的认可，并在全省推广。他在任期间，存贷款快速增长，比任前增长了 9 倍，为临沂地区经济建设和社会发展做出了重要贡献。在政协工作期间，他围绕党政工作中心，积极履行政治协商、民主监督、参政议政职能，组织所分管的提案和经济 2 个委员会作了大量调研视察工作，为市委、市政府提出许多立意高、可行性强的意见和建议。退休后，吕锡元仍关注全市的改革开放和现代化建设，认真参加各项活动，积极为临沂经济和社会发展献计献策；每年两会期间，他都会到提案征集处翻阅提案，了解社情民意；在汶川地震、玉树地震发生后，他带病参加捐款，充分体现了一名老党员、老干部对党和人民事业高度负责的精神。

吕锡元为人正直，襟怀坦白。坚持原则，处事公道，廉洁奉公，与人为善，始终把党和集体的利益放在首位。他始终坚持实事求是，勤于调查研究，勇于创造性开展工作，具有丰富的领导经验和较高的领导水平。在住院和病重期间，多次告诉家人要厉行节约，不给单位和组织添麻烦，表现出一名党员领导干部的优秀品质。

2010 年 7 月 30 日，吕锡元在临沂病逝。

殷向前（1945.10～2010.10） 男，汉族，山东省沂源县人，中共党员。曾任临沂市建设局调研员、市人大常委。1962 年 7 月参加工作，1967 年 3 月加入中国共产党。1962 年 7 月任解放军 68 军 202 师通信营战士。1965 年 1 月任解放军 68 军 202 师政治部放映组长。1967 年 12 月任解放军 68 军 202 师司令部管理科支部书记。1969 年 10 月任解放军 68 军 202 师政治部职工科干事。1971 年 3 月任临沂军分区政治部宣传干事。1978 年 10 月任临沂军分区政治部宣传科科长。1980 年 12 月任临沂县人武部副政委。1983 年 7 月任临沂县委常委、人武部政委（1986 年 6 月转地方，保留正县级）。1990 年 2 月任县级临沂市委副书记。1993 年 2 月任县级临沂市委副书记、市政协主席。1995 年 2 月任兰山区筹建工作领导小组副组长。1995 年 3 月任兰山区委副书记、区长。1998 年 1 月任临沂市建委党组书记、主任。2001 年 7 月任临沂市建设局党组书记、局长（2003 年 1 月，当选市人大常委）。2003 年 4 月任临沂市建设局调研员、市人大常委。2008 年 2 月退休。

殷向前在多年的革命工作中，坚决执行党的路线、方针、政策。他注重加强党性修养，牢记党的宗旨，树立了牢固的共产主义信念；他工作认真，作风严谨，求真务实，在多年的革命工作中，积累了丰富的实践经验；他勇于实践，乐于奉献，与时俱进，开拓创新，具有强烈的事业心和责任感，具有优秀的道德品质和很高的群众威信。殷向前长期担任领导职务，勤勤恳恳，任劳任怨，一心扑在工作和事业上。特别是在担任兰山区区长和市建设局局长期间，对工作认真负责，一丝不苟，认真执行政策，敢于坚持原则，为临沂市城乡建设事业的发展作了长期不懈的努力，全市城乡建设工作成绩斐然。退休后仍十分关注全市经济建设、改革开放和社会各项事业的发展，充分体现了一名老党员、老领导、老干部对党和人民事业高度负责的精神。

殷向前为人正直，襟怀坦白，严于律己，宽以待人，团结同事，始终把党和人民的利益放在首位。他廉洁奉公，经常告诫子女要艰苦朴素。在住院和病重期间，多次告诉家人要厉行节约，不要给单位和组织添麻烦，表现了一名党员领导干部的良好精神风貌和优秀品质。

2010年10月14日，殷向前在临沂病逝。

于兴和（1931.12～2010.12） 男，汉族，山东省莒县人，中共党员。曾任临沂地区人大工作委员会副主任。1947年8月参加工作，1949年9月加入中国共产党。1947年8月至1975年5月，先后任莒县小学教员、区公所文助、莒县团县委秘书、临沂团地委干事、临沂地委办公室秘书；1975年5月至1981年6月，任临沂地委办公室副主任；1981年7月至1984年12月，任临沂地委副秘书长、调研室主任；1984年12月至1988年10月，任临沂地委秘书长；1988年10月至1989年1月，任临沂地区人大联络组副组长、地委秘书长；1989年1月至1993年3月，任临沂地区人大工作委员会副主任、党组成员；1993年12月离休。

于兴和在在60多年的革命生涯中，按照党的原则办事，认真贯彻执行党的路线、方针、政策。尤其在临沂地委工作期间，他积极投入到改造自然、治山治水、改变沂蒙山区贫困面貌的社会主义建设中，为沂蒙山区建设做出了突出贡献。于兴和多年从事文字工作，机关工作经验丰富，知识面广，具有较强的文字水平和写作能力。他熟悉党的路线方针政策，敏于领会上级指示和地委意图，经常深入基层调查研究，亲自或组织起草了地委一系列的报告文件，为地委提供了有关经济政策等方面的情况和典型，发挥了参谋助手作用。他工作积极主动、勤勤恳恳、任劳任怨，责任心强，一心扑在工作上，注意协调各种关系，表现出了很强的革命事业心和组织领导能力。在担任临沂地区人大工作委员会副主任、党组成员主持人大工作期间，于兴和坚持以经济建设为中心，坚持改革开放，按照“突出中心、明确职责、联系代表、服务基层”的指导思想，积极履行宪法和法律赋予的职责，创造性地开展工作，为推进全市经济社会发展和民主法制建设做出了积极的努力。

于兴和工作积极认真，作风严谨，求真务实，生活俭朴，群众威信高；他注重理论和科学文化知识的学习，不断改进工作作风和领导方式，创造性地开展工作。他离开领导岗位后，仍十分关注全市经济建设、改革开放和社会各项事业的发展，通过各种途径积极为临沂的发展和建设献计献策，充分体现了一名领导干部对党的事业高度负责的精神。

于兴和为人正直，襟怀坦白。坚持原则，处事公道，廉洁奉公，与人为善，始终把党和集体的利益放在首位。在住院和病重期间，多次告诉家人要厉行节约，不给单位和组织添麻烦，表现出一名党员领导干部的优秀品质。

2010年12月3日，于兴和在临沂病逝。

文献辑存

《地方志工作条例》

（2006年5月18日国务院第467号令）

第一条　为了继承和发扬中华民族优秀文化传统，全面、客观、系统地编纂地方志，科学、合理地开发利用地方志，发挥地方志在促进经济社会发展中的作用，制定本条例。

第二条　中华人民共和国境内地方志的组织编纂、管理、开发利用工作，适用本条例。

第三条　本条例所称地方志，包括地方志书、地方综合年鉴。

地方志书，是指全面系统地记述本行政区域自然、政治、经济、文化和社会的历史与现状的资料性文献。

地方综合年鉴，是指系统记述本行政区域自然、政治、经济、文化、社会等方面情况的年度资料性文献。

地方志分为：省（自治区、直辖市）编纂的地方志，设区的市（自治州）编纂的地方志，县（自治县、不设区的市、市辖区）编纂的地方志。

第四条　县级以上地方人民政府应当加强对本行政区域地方志工作的领导。地方志工作所需经费列入本级财政预算。

第五条　国家地方志工作指导机构统筹规划、组织协调、督促指导全国地方志工作。

县级以上地方人民政府负责地方志工作的机构主管本行政区域的地方志工作，履行下列职责：

（一）组织、指导、督促和检查地方志工作；

（二）拟定地方志工作规划和编纂方案；

（三）组织编纂地方志书、地方综合年鉴；

（四）搜集、保存地方志文献和资料，组织整理旧志，推动方志理论研究；

（五）组织开发利用地方志资源。

第六条　编纂地方志应当做到存真求实，确保质量，全面、客观地记述本行政区域自然、政治、经济、文化和社会的历史与现状。

第七条　省、自治区、直辖市人民政府制定本行政区域地方志编纂的总体工作规划（以下简称规划），并报国家地方志工作指导机构备案。

第八条　以县级以上行政区域名称冠名的地方志书、地方综合年鉴，分别由本级人民政府负责地方志工作的机构按照规划组织编纂，其他组织和个人不得编纂。

第九条　编纂地方志应当吸收有关方面的专家、学者参加。地方志编纂人员实行专兼职相结合，专职编纂人员应当具备相应的专业知识。

第十条　地方志书每20年左右编修一次。每一轮地方志书编修工作完成后，负责地方志工作的机构在编纂地方综合年鉴、搜集资料以及向社会提供咨询服务的同时，启动新一轮地方志书的续修工作。

第十一条　县级以上地方人民政府负责地方志工作的机构可以向机关、社会团体、企业事业单位、其他组织以及个人征集有关地方志资料，有关单位和个人应当提供支持。负责地方志工作的机构可以对有关资料进行查阅、摘抄、复制，但涉及国家秘密、商业秘密和个人隐私以及不符合档案开放条件的除外。

地方志资料所有人或者持有人提供有关资料，可以获得适当报酬。地方志资料所有人或者持有人不得故意提供虚假资料。

第十二条 以县级以上行政区域名称冠名、列入规划的地方志书经审查验收，方可以公开出版。

对地方志书进行审查验收，应当组织有关保密、档案、历史、法律、经济、军事等方面的专家参加，重点审查地方志书的内容是否符合宪法和保密、档案等法律、法规的规定，是否全面、客观地反映本行政区域自然、政治、经济、文化和社会的历史与现状。

对地方志书进行审查验收的主体、程序等由省、自治区、直辖市人民政府规定。

第十三条 以县级以上行政区域名称冠名的地方综合年鉴，经本级人民政府或者其确定的部门批准，方可以公开出版。

第十四条 地方志应当在出版后3个月内报送上级人民政府负责地方志工作的机构备案。

在地方志编纂过程中收集到的文字资料、图表、照片、音像资料、实物等以及形成的地方志文稿，由本级人民政府负责地方志工作的机构指定专职人员集中统一管理，妥善保存，不得损毁；修志工作完成后，应当依法移交本级国家档案馆或者方志馆保存、管理，个人不得据为己有或者出租、出让、转借。

第十五条 以县级以上行政区域名称冠名的地方志书、地方综合年鉴为职务作品，依照《中华人民共和国著作权法》第十六条第二款的规定，其著作权由组织编纂的负责地方志工作的机构享有，参与编纂的人员享有署名权。

第十六条 地方志工作应当为地方经济社会的全面发展服务。县级以上地方人民政府负责地方志工作的机构应当积极开拓社会用志途径，可以通过建设资料库、网站等方式，加强地方志工作的信息化建设。公民、法人和其他组织可以利用上述资料库、网站查阅、摘抄地方志。

第十七条 县级以上地方人民政府对在地方志工作中作出突出成绩和贡献的单位、个人，给予表彰和奖励。

第十八条 违反本条例规定，擅自编纂出版以县级以上行政区域名称冠名的地方志书、地方综合年鉴的，由县级以上地方人民政府负责地方志工作的机构提请本级人民政府出版行政部门依法查处。

第十九条 违反本条例规定，未经审查验收、批准将地方志文稿交付出版，或者地方志存在违反宪法、法律、法规规定内容的，由上级人民政府或者本级人民政府责令采取相应措施予以纠正，并视情节追究有关单位和个人的责任；构成犯罪的，依法追究刑事责任。

第二十条 负责地方志工作的机构的工作人员违反本条例第十四条第二款规定的，由其所在单位责令改正，依法给予处分。

第二十一条 编纂地方志涉及军事内容的，还应当遵守中央军委关于军事志编纂的有关规定。

国务院部门志书的编纂，参照本条例的相关规定执行。

第二十二条 本条例自公布之日起施行。

《山东省地方史志工作条例》

（2005年9月29日山东省第十届人民代表大会常务委员会第十六次会议通过）

第一条 为了继承和发扬中华民族优秀文化传统，客观记载区域地情，系统积累、保存地方史志文献，服务经济建设和社会发展，结合本省实际，制定本条例。

第二条 本省行政区域内地方史志的组织编纂、管理和服务工作，适用本条例。

本条例所称地方史志是指各级各类志书、年鉴及相关地情文献。

第三条 编纂地方史志应当遵循存真求实的原则，全面客观地反映当地自然与社会的历史和现状。

第四条 县级以上人民政府应当加强对地方史志工作的领导，将地方史志工作纳入国民经济和社会发展计划，所需经费列入同级财政预算。

第五条 县级以上人民政府史志工作机构主管本行政区域内的地方史志工作，具体承担下列任务：

（一）规划、协调地方史志工作；

（二）制定地方史志编纂业务规范；

（三）组织、检查、指导地方史志编纂工作；

（四）编纂、审查、验收有关地方史志稿件；

（五）征集、整理、保存地方史志文献，开展地方史志学术研究；

（六）宣传、推广地方史志成果，开展地情研究，建设地情文献库和地情文献网站，为公众读志用志提供服务；

（七）同级人民政府和上级业务部门交办的其他事项。

第六条 从事地方史志编纂业务的人员应当具备相应的专业知识和学术水平。

地方史志编纂工作应当吸收社会各界专家、学者参加。

第七条 以县级以上行政区划冠名的地方志、地方综合年鉴、综合地情文献，由同级人民政府史志工作机构按照规划组织编纂，其他组织和个人不得编纂出版。

第八条 省、设区的市、县（市、区）三级志书二十年左右编修一次，编纂任务由省人民政府统一部署。

第九条 人民政府史志工作机构可以向机关、社会团体、企业事业单位和其他组织以及公民征集有关地方史志资料，有关单位和公民应当为其提供便利。地方史志编纂机构可以对资料内容进行查阅、摘抄、复制。涉及国家秘密、商业秘密和个人隐私以及不符合档案开放条件的除外。

地方史志资料所有人或者持有人不得故意提供虚假资料。

第十条 为执行本单位的地方史志编写任务或者利用本单位的物质技术条件收集、积累的地方史志资料，应当按照有关规定归档管理，任何人不得损毁或者据为已有。

第十一条 设区的市、县（市、区）人民政府史志工作机构应当根据全省地方史志工作规划，制定本行政区域的志书编纂方案，报上一级人民政府史志工作机构批准后实施。

第十二条 承担省、设区的市、县（市、区）三级志书编写任务的部门、企业事业单位和其他组织应当根据地方史志工作规划，明确相关编写单位或者编写人员，拟定编写方案报同级人民政府史志工作机构批准后实施。

第十三条 省、设区的市、县（市、区）三级志书志稿实行分级申报、审查、验收制度。

省志报省地方史志编纂委员会审定，经省人民政府批准后出版。

设区的市、县（市、区）的志书报上一级地方史志编纂委员会审定，经同级人民政府批准后出版。

县（市、区）志报省人民政府史志工作机构备案。

第十四条 以县级以上行政区划冠名的地方综合年鉴由同级人民政府史志工作机构组织编纂，经同级人民政府批准后出版。

以县级以上行政区划冠名的综合地情文献由同级人民政府史志工作机构组织编纂。

第十五条 有关组织和单位可以自行组织编纂本条例第十三条、第十四条规定以外的志书、年鉴或者其他地情文献。编纂单位应当按照隶属关系或者注册登记关系报人民政府史志工作机构备案。

第十六条 承担地方史志编纂任务的部门和行业组织，可以根据地方史志工作规划对其管理单位的地方史志编写工作进行督导。

第十七条 编纂单位应当在地方史志出版后三十日内向当地和上级人民政府史志工作机构报送样书和电子文本。以县级以上行政区划冠名的地方志、地方综合年鉴、综合地情文献在编纂过程中形成的档案资料，应当移交同级国家综合档案馆保管。

第十八条 地方史志文献应当向社会公开，地情文献库应当向公众开放。

单位和个人可以免费利用地情文献库和地情文献网站查阅、摘抄地方史志文献。

第十九条 违反本条例，有下列行为之一的，由县级以上人民政府史志工作机构按照管理权限责令其停止违法行为，限期改正；逾期不改的，由其所在单位或者有关行政部门依法给予行政处分或者纪律处分：

（一）擅自编纂出版以县级以上行政区划冠名的地方志、地方综合年鉴或者综合地情文献的；

（二）损毁单位所有或者持有的地方史志资料或者将其据为己有的；

（三）地方史志资料所有人或者持有人故意提供虚假资料的；

（四）未经审查、验收、批准将地方史志交付出版的；

（五）无故拖延、拒绝提供地方史志资料或者承担编写任务的；

（六）拒绝向上级人民政府史志工作机构报送地方史志文献的。

有前款第（一）、（二）项行为，造成重大损失或者恶劣影响的，人民政府史志工作机构、地方史志资料所有或者持有单位和相关部门可以依法向人民法院提起诉讼。

第二十条　本条例自 2005 年 12 月 1 日起施行。

临沂市人民政府
关于加强地方史志工作的意见

各县区人民政府，市政府各部门、各直属机构，临沂高新技术产业开发区管委会，临沂经济开发区管委会，临沂临港产业区管委会，各县级事业单位，各高等院校：

编纂地方志是中华民族的优良传统，是经济建设、政治建设、文化建设、社会建设的重要组成部分，是承上启下、继往开来、服务当代、有益后世的千秋大业。我市自上世纪 80 年代全面开展第一轮社会主义新方志编修工作，到世纪末基本结束，全市共编纂出版《临沂地区志》1 部、县志 10 部、省志中的诸子名家志 4 部、各级专业志及其他志类书籍 150 余种、年鉴 30 余部，为全市经济建设和社会发展发挥了重要作用。

我市 2001 年启动第二轮修志工作，2005 年按照省政府部署，全面展开第二轮修志工作。在各级、各部门的共同努力下，经过广大修志人员的艰苦努力，第二轮修志工作取得一定成效。完成了《临沂市志》编修方案的编写工作，并经评审后下发各县区和各部门、单位；部分县已完成县志稿总纂并进行了评审；部分市直部门编辑出版了专业志；各级年鉴的编辑、地情网建设、方志馆建设也取得了较好成效。

为进一步加强地方史志工作，确保全市第二轮修志工作及其他各项史志工作顺利、健康推进，根据国务院《地方志工作条例》和《山东省地方史志工作条例》，结合全市实际，提出如下意见。

一、充分认识加强地方史志工作的重要性

地方志具有“资政、存史、育人”三大功用。编修地方志，是在党委领导、政府主持下对地情进行全面调查的基础上的资料性著述，是一项重要的政治建设、思想建设、文化建设、史学建设工作。各县区人民政府、各部门单位要充分认识编纂地方志的重要性、必要性和长期性，切实加强对史志工作的组织领导，把史志工作列为政府和部门的重要工作任务，主要领导同志要高度重视史志工作，确定一名副职具体分管史志工作，及时帮助解决史志工作的困难和问题，不断推动史志事业向前发展。

二、明确史志工作任务，推进史志事业全面协调可持续发展

按照《山东省续修新方志工作纲要》（省地方史志编纂委员会 2001 年 6 月）要求，我市第二轮修志工作任务是 1 部市志、12 部县区志。同时，要按照志、鉴、库、馆、开发利用“五业并举”的思路，努力实现地方史志事业的全面协调可持续发展。

（一）按时完成第二轮修志工作任务。第二轮修志工作的任务目标是：已展开第二轮修志工作的县区，要在保证质量的基础上加快进度，未展开第二轮修志工作的县区，2010 年必须全部展开续修新志工作，到 2015 年，除郯城县外，《临沂市志》及 11 部县区志全部完成编纂出版任务。郯城县因上部县志下限为 1999 年，因此续修《郯城县志》于 2018 年完成编纂出版任务。市直部门在完成《临沂市志》稿的编写任务后，有条件的可编纂出版专业志。

（二）加强各级综合年鉴的编辑出版工作。市级年鉴保持每年编辑出版 1 部，县区在完成第二轮志书编纂出版任务后，每年编辑出版 1 部年鉴。

（三）加强地情网站、方志馆建设和地情资料的开发利用工作。市及县区史志办均要于 2010 年建立起完善的地情网站。各级地情网站要以发布志鉴资料为基础，不断扩大地情资料收集领域，向社会提供优良的地情服务。要按照省地方史志编纂委员会《关于加快方志馆建设的若干意见》中 2010 年市级方志馆面积不小于 200 平方米、县级方志馆面积不小于 50 平方米，2015 年市级方志馆面积不小于 1000 平方米、县级方志馆面积不小于 200 平方米的要求，建成市、县方志馆，并配备专职管理人员，不断充实志书，实行科学管理。通过开展旧志整理、读志用志等工作，加强对我市历史文化资源的开发利用，为全市经济建设和社会发展提供服务。

三、认真贯彻落实地方史志工作《条例》，全面落实修志工作“一纳入、五到位”

“一纳入、五到位”（将地方史志工作纳入当地国民经济和社会发展计划及政府的任务之中，领导到位、机构到位、经费到位、队伍到位、条件到位）是做好史志工作的基础，各级、各部门要结合贯彻落实地方史志工作《条例》，全面加强对史志工作“一纳入、五到位”的落实。

（一）各县区人民政府要把第二轮修志工作纳入当地国民经济和社会发展计划及政府的工作任务之中。市政府将把县区续志工作及县区、市直部门对《临沂市志》专业编的完成情况列入年度工作考核内容。

（二）县区要进一步完善史志工作机构设置，配备足够的修志、年鉴编辑、地情网站管理和方志馆管理人员。市直部门要安排2名以上熟悉行业情况、责任心强、有一定文字水平的人员专门承担《临沂市志》专业稿的编写任务。要保持史志队伍的相对稳定，并采取有效措施，不断提高修志人员的业务水平。

（三）各县区要从2010年起把修志、年鉴编辑、地情网站和方志馆建设等经费列入本级财政预算，及时足额划拨史志工作所需经费。要加强地方志办公室信息化、办公自动化建设，改善史志工作条件，确保史志工作正常、顺利开展。

四、加强管理，确保志书编纂质量

编纂地方志应当做到存真求实、全面客观地记述本行政区域自然、政治、经济、文化和社会的历史与现状。要按照中国地方志指导小组印发的《地方志书质量规定》和《关于第二轮地方志书编纂的若干意见》编纂志书，确保第二轮修志质量。

（一）加强志书的编纂工作。市及县区地方史志机构要加强对本区域地方志书的编纂工作，确保志书的编纂质量；市直部门、县区直部门要加强对本区域本行业地方志稿的编写工作，确保志稿的编写质量。

（二）加强修志工作检查指导。各级史志机构要充分发挥职能作用，加强对下级志书及本区域各部门专业志书编纂工作的检查和指导，促进修志质量的提高。

（三）加强业务培训工作。通过举办培训班、走出去、请进来等方式进行业务培训，使修志业务人员具备相应的业务水平。

（四）加强志稿评议工作。县区志稿完成总纂工作形成评议稿后，要召开志稿评议会议，由市地方史志办公室召集和邀请有关专家学者对志稿的编纂质量进行全面评议。志书编纂单位要根据评议意见对志稿进行认真修改。未经评议的志稿，不予审查验收。

（五）加强志书审查验收工作。县区志稿经评议修改后，在组织本县区保密、档案、历史、法律、经济、军事等方面的专家进行初审后，报市地方史志编纂委员会审定。市级专业志稿要报市地方史志办公室审定，县区专业志稿报县区地方史志办公室审定。未经审定的志稿不准出版印刷。各级史志部门要加强对志书的审查验收工作，确保各级志书的编纂出版质量。

二〇一〇年四月三十日

临沂市年鉴编纂业务管理办法

第一章　总　则

第一条　为建立健全临沂市年鉴工作管理机制，使年鉴工作逐步走上法制化轨道，做到依法办鉴、以法管鉴，促进全市年鉴事业健康有序发展，依据国务院《地方志工作条例》、《山东省地方史志工作条例》及有关政策法规，特制定本办法。

本办法适用于临沂市行政区域内各级各类年鉴。

第二章　管理原则和范畴

第二条　各级各类年鉴编纂实行分级管理的原则。全市年鉴编纂管理由临沂市地方史志办公室组织实施，县区地方史志办公室对县区所属各类年鉴负有指导与管理职责。

第三条 年鉴编纂业务管理包括：年鉴编纂资格管理和年鉴编纂质量管理。

第三章 编纂资格管理

第四条 市、县（市、区）综合年鉴由同级党委、政府主办或主管，地方史志机构承编。部门、行业和企业年鉴由本部门、行业和企业确定适应年鉴编纂工作的承编单位。

第五条 各级各类年鉴须配备与年鉴编纂工作相适应的专职业务人员。

第六条 市、县（市、区）综合年鉴编纂机构须有专用的办公场所、必备的办公设施。编纂、出版经费由同级财政保障。

第七条 部门、行业和企业年鉴由同级政府地方史志机构统一规划、组织、协调和指导。

第八条 中央驻临沂市的行业、企业及市属企业年鉴编纂资格，参照县级综合年鉴标准认定。

第九条 县区综合年鉴、市属部门（行业、专业）、企业年鉴编纂资格由市地方史志办公室考察认定。中央驻临沂市行业、企业年鉴编纂资格由其主管单位考察认定，报市地方史志办公室备案。县区属部门（行业、专业）年鉴编纂资格由县区地方史志办公室考察认定，报市地方史志办公室备案。

第十条 市内已出版的各级各类年鉴（包括刊号、书号、准印号），按本办法的有关标准和程序，对编纂机构编纂资格进行考察认定，合格者由市地方史志办公室颁发《年鉴编纂资格证书》，不合格者要暂停编纂业务，按标准进行调整和完善，获取《年鉴编纂资格证书》后方可继续开展年鉴编纂业务。

新创办年鉴单位，须事先申领《年鉴编纂资格证书》，未取得证书的单位不得开展年鉴编纂工作。

第十一条 年鉴主办单位须每两年进行一次资格证书年检。

第十二条 市地方史志办公室定期对年鉴主编（执行）进行业务考核。

第四章 编纂质量管理

第十三条 市及各县区地方史志办公室须设立负有年鉴质量管理职责的年鉴工作处（科、室），由分管领导主持，指导和督促各年鉴编纂机构制定和实施质量保证措施。

第十四条 各年鉴编纂机构要制定内部质量管理制度，建立健全质量管理和质量保证体系，将年鉴质量管理落实到编纂、出版、发行的全过程。年鉴稿件实行三审制度，发稿达到“齐、清、定”要求，出版过程实行“三校一读”校对责任制，对胶片、样书、成品要进行严格质量检查。

第十五条 各年鉴主办单位要加强出版后的年鉴审读，于每年度1月31日前报上年度所出版年鉴的质量审读报告。县区所属各类年鉴报县区地方史志办公室，抄报市地方史志办公室；县区综合年鉴，市级专业年鉴，中央驻临沂市行业、企业年鉴报市地方史志办公室。

第十六条 各级各类年鉴在出版后的1个月内，报市地方史志办公室10册样书，以备抽审。

第十七条 市及县区地方史志办公室年鉴工作处（科、室）要成立年鉴质量检查小组，每年对属内年鉴进行抽审，写出审读报告，并对不合格的年鉴提出处理意见，通报主办单位。

第十八条 市及县区地方史志办公室对所属各级各类年鉴负有业务指导责任。应不定期举办业务培训班、主编研讨班，或以巡回检查、重点授课等形式进行业务指导，提高年鉴队伍的资质水平。

第十九条 每两年以市政府办公室名义举办一次全市优秀年鉴评奖活动。

第五章 奖励与处罚

第二十条 对一贯注重年鉴质量工作的编纂单位和个人，各级年鉴主办单位及主管机关可以结合质量检查工作给予表彰和物质奖励。

第二十一条 经检查为质量不合格的年鉴，须采取技术处理或改正重印。市地方史志办公室、主管机关要给予通报批评或处罚。

第二十二条 对造成年鉴重大质量问题及不合格的责任者，其年终考核应定为不称职；对连续质量问题严重的责任者，要调整其工作岗位。主办单位对年鉴内容发生的严重错误和其他重大问题，要承担领导责任。

第六章 附 则

第二十三条 本办法由临沂市地方史志办公室负责解释。

便民生活

临沂汽车客运总站班次时刻表

省际班次

序号		到站	发车时间	车型	里程
	1	北京	8:00\9:40\12:20\12:20\14:00\15:00\16:20\19:00\19:40\20:10\20:30	中级\高级	733KM
	2	天津	9:00\11:00\16:40	高级\中卧	600KM
	3	上海	6:00\7:30\8:20\9:00\9:45\10:30\11:30\12:30\14:20\15:20\17:00\18:00\19:00\20:00	高级	692KM
浙江	4	舟山	7:40	中级	1029KM
	5	象山	13:00	高级	1074KM
	6	宁波	18:20	高级	947KM
	7	萧山	10:20	高级	758KM
	8	杭州	8:40\10:50\15:00\16:00\17:00\20:00	中级	732KM
	9	湖州	14:40	中级	642KM
	10	海宁	9:00	中级	708KM
	11	嘉兴	10:10\12:10	高级	660KM
	12	绍兴	09:40\19:00	中级	799KM
	13	义乌	13:40\20:00	中级\高卧	888KM
	14	玉环	15:40	高级	1089KM
	15	路桥	12:00	高级	1029KM
	16	温州	12:20\16:20	高级	1169KM
	17	鳌江	11:00	高级	1232KM
	18	衢州	16:00	中级	996KM

续表

序号		到站	发车时间	车型	里程
安徽	19	淮南	7:00	中级	388KM
	20	天长	13:20	高级座椅	320KM
	21	蚌埠	7:40	高级	329KM
	22	淮北	13:20	中级	239KM
	23	滁州	9:20	高级座椅	380KM
	24	宿州	08:10\13:40	中级	302KM
	25	灵璧	14:00	中级	252KM
	26	阜阳	7:40	中级	396KM
	27	芜湖	9:50	普卧	506KM
	28	合肥	7:00\8:00\9:30\11:40	中级	462KM
	29	安庆	15:00	中级	651KM
湖北	30	武汉	15:00	中级	844KM
	31	襄樊	12:40	中级	876KM
广东	32	广州	16:00	高级	1840KM
	33	汕头	10:00	高级	2180KM
内蒙古	34	包头	9:00	高级	1550KM
	35	呼市	11:40	普卧	1293KM
山西	36	太原	9:40\15:40	高级	866KM
	37	临汾	17:30	中级	936KM
	38	长治	10:20	中级	713KM
陕西	39	西安	13:20	中卧	1095KM
河南	40	洛阳	13:00	中卧	663KM
	41	郑州	7:20\9:40\11:40\14:40\16:30	高级\中级	518KM
	42	新乡	18:00	中级	524KM
	43	项城(停)			
	44	安阳	10:20	中级	545KM
	45	南阳	13:40	中级	698KM
	46	周口	15:40	普客	459KM
	47	濮阳	9:20	中级	431KM
	48	商丘	7:00\8:00\9:40\11:20\14:20	高级\中级	331KM

续表

序号		到站	发车时间	车型	里程
福建	49	福州	14:40	高级	1602KM
	50	石狮	9:00	高级	1834KM
辽宁	51	沈阳	10:40\13:30	高卧\高级	1343KM
	52	丹东	11:00	中级	812KM
河北	53	石家庄	8:00\13:40	高级\普卧	630KM
	54	唐山	15:00	中级	725KM
	55	保定	10:20	普卧	609KM
	56	衡水	7:40	中级	525KM
	57	邢台	8:40	中级	563KM
	58	邯郸	9:20	高级	531KM
	59	高碑店	11:00(停)	中卧	710KM
	60	沧州	14:00(隔日)	普客	496KM
	61	秦皇岛（停）			
江苏	62	南通	11:20	普卧	503KM
	63	南京	06:00\6:40\7:30\8:40\9:40\12:20\15:30	高级\中级	404KM
	64	六安	10:20	高级座椅	520KM
	65	灌云	15:30	宇通	154KM
	66	昆山	11:00	高级	640KM
	67	扬州	7:40\14:30	高级	379KM
	68	盐城	7:00\8:40\10:20\12:10\13:30\15:00	高级\中级	304KM
	69	淮安	6:50\8:20\9:40\13:00\14:30	中级	209KM
	70	宿迁	7:20\9:00\10:20\11:50\13:00\13:30\14:00\15:00\16:20	中级	143KM
	71	苏州	10:00	高级	602KM
	72	无锡	10:40	中级	505KM
	73	姜堰	14:50	中级	417KM
	74	启东	15:40	普客	649KM
	75	沛县	13:40	中级	184KM
	76	丰县	13:10	中级	216KM
	77	东海	7:50\10:20\13:00\14:00\14:40\15:30\16:50	中级	100KM

续表

序号		到站	发车时间	车型	里程
	78	赣榆	9:00\10:00\12:00\13:30\15:00\16:30	普客	110KM
	79	常州	9:20	中级	492KM
	80	扬中	8:40	普卧	407KM
	81	沭阳	6:20\9:00\11:30\12:30\13:30\14:00\14:30\15:30\16:30	中级	142KM
	82	丹阳	7:00	高级	441KM
	83	新浦	6:00－－18:20(约每25分钟)	中级	114KM
	84	徐州	6:00－－18:30(约每30分钟)	中级	192KM
	85	新沂	6:00－－18:00(约每20分钟)	中级	90KM
	86	邳州	7:30－－18:00(约1小时一班)	中级	107KM
	87	连云港	11:50	中级	144KM
	88	常熟	18:30	普客	492KM
	89	吴江	13:00	中级	636KM
	90	泗洪	13:10	中级	187KM
	91	睢宁	14:20	中级	169KM
湖南	92	长沙	16:00	高级卧铺	1360KM
吉林	93	辽源(停)			
黑龙江	94	哈尔滨	14:30	中级卧铺	1900KM
宁夏	95	银川	11:40	高级卧铺	1520km
江苏	96	宝应	12:30	高级座椅	264KM
广东	97	深圳	11:00	高级卧铺	1900KM
云南	98	昆明	11:00	高级卧铺	2600KM
河南	99	临西	17:30	中级卧铺	450KM
江西	100	南昌	13:30	高级卧铺	1020KM

省内班次

序号		到站	发车时间	车型	里程
	1	济南	6:10－－19:00(约每15分钟)	中级\高级	278KM
	2	青岛	6:20－－17:20(约每30分钟)	中级\高级	299KM
	3	日照	6:00－－18:00(约每15分钟)	中级	138KM
	4	莒县	6:00－－18:00(约每8分钟)	普客\中级	84KM
	5	枣庄	6:00－－18:20(约每10分钟)	中级	91KM

续表

序号		到站	发车时间	车型	里程
	6	潍坊	6:00 - -12:00(约30分)\12:00 - -17:00(约12分)	中级	255KM
	7	滕州	6:20 - -9:20(每1小时)\9:40 - -18:00(约30分)	中级	145KM
	8	兖州	6:00 - -12:00(约40分)\12:00 - -18:00(约13分)	普客	171KM
	9	济宁	7:00 - -18:00(每40分钟一班)	中级	202KM
	10	淄博	6:10 - -9:10(每1小时)\10:00\10:50\11:40	中级	
	11	淄博\张店	7:00\7:50\8:50\9:40\10:20\11:00\12:00\13:00 \13:50\15:20\16:10\14:30\17:00\18:00	高级	252KM
	12	菏泽	6:00\7:00\8:00\9:00\10:10\11:30\13:10 \14:00\14:30\15:20\16:00\17:00\18:00	中级	316KM
	13	烟台	6:30\7:30(停)\8:20\8:50(停)\9:10(停)\9:30 \9:50(停)\10:10(停)\10:50\11:30(停)\12:00 \12:40(停)\13:20\14:00(停)\14:40\15:30\17:20	中级\高级	460KM
	14	东营	6:25\7:10\7:55\8:40\9:25\10:10\11:10\12:20 \13:10\14:00\14:50\15:40\16:40\18:00	中级	313KM
	15	青州	7:30\8:30\11:35 - -17:30(每30分钟一班)	中级	210KM
	16	新泰	7:20\8:40\9:20\10:00\10:30\11:00\11:30\12:00 \12:50\13:20\14:40\15:20\16:00\16:40\17:30	中级	124KM
	17	泰安	7:00 - -17:00(每40分钟一班)	中级	198KM
	18	聊城	7:20\8:30\9:30\10:40\12:50\14:00\15:10\16:20	中级	326KM
	19	威海	6:40\7:40\8:40\10:40\14:40	中级	534KM
	20	岚山头	9:10\9:50\10:40\11:10\12:00\12:30\12:40\15:10 \15:50\16:40	中级	108KM
	21	莱芜	6:40\8:00\9:20\11:20\12:40\13:10\14:40\15:20 \16:00	中级	167KM
	22	德州	8:40 \10:40 \12:30 \15:00	中级	405KM
	23	滨州	7:20\08:30\13:20\14:20\15:20	中级	322KM
	24	邹城	9:40\10:20\11:00\11:40\12:40\13:20 \14:00 \14:40\15:20	中级	141KM

续表

序号		到站	发车时间	车型	里程
	25	即墨	6:00\11:00\12:40\14:20\16:00	中级	282KM
	26	莱西	7:20\13:40	中级	340KM
	27	平度	12:00\13:00\15:00	中级	272KM
	28	黄岛	8:00\10:40\11:30\12:20\13:20\15:20	中级	260KM
	29	胶南	8:40\13:50	中级	207KM
	30	石岛	12:20	中级	560KM
	31	文登	6:00\13:00(停)	中级	482KM
	32	荣城	15:20	中级	523KM
	33	海阳	7:00\13:20	中级	372KM
	34	胶州	7:20\13:00	中级	234KM
	35	莱阳	7:00\14:20	中级	346KM
	36	莱州	14:20	中级	327KM
	37	栖霞	9:20	中级	389KM
	38	蓬莱	6:00\7:20\8:50\10:40\12:40	高级\中级	445KM
	39	招远	6:40\8:00\9:40\11:20\13:40	中级	390KM
	40	黄县	6:00\7:20\14:00	中级	414KM
	41	昌邑	12:15	中级	288KM
	42	高密	9:30\11:00\12:00\13:10\14:10	中级	222KM
	43	诸城	8:40\11:40\12:50\13:30\14:30\15:30	中级	166KM
	44	临朐	12:20\13:20\14:20\15:20	中级	188KM
	45	寿光	6:00\7:00\9:40\12:00\13:00\14:00\15:00	中级\普客	243KM
	46	沂源	8:40\9:40\12:40\14:00\15:20	中级	178KM
	47	淄川	12:20\13:30\14:10\15:10	中级	233KM
	48	周村	6:40\14:30	中级	277KM
	49	博山	9:20\12:40	中级	214KM
	50	阳信	9:40	中级	387KM
	51	无棣	12:00	中级	387KM
	52	冯家	10:40	中级	387KM
	53	五莲	11:40\12:30\14:30	普客	164KM
	54	小店	11:20	中级	90KM

续表

序号		到站	发车时间	车型	里程
	55	樱桃园	12:00	中级	438KM
	56	寿张	9:00	中级	335KM
	57	章丘	14:20\15:00	中级	280KM
	58	宁阳	12:00\13:20\15:00	中级	224KM
	59	定陶(停)			
	60	曹县	8:40	中级	328KM
	61	单县	13:30	中级	269KM
	62	鄄城	7:40	高级	321KM
	63	郓城	15:00	中级	271KM
	64	巨野	13:50	中级	251KM
	65	嘉祥	10:40(只运行到济宁)\12:20(停)\12:40	高级	228KM
	66	金乡	9:20(运行至济宁)\10:00(运行至济宁)\13:20\14:20	中级	250KM
	67	鱼台	13:00\14:00	中级	196KM
	68	微山	14:00	中级	140KM
	69	梁山	9:00\13:30	中级	254KM
	70	冯卯	8:40\15:50	中级	120KM
	71	滨海	12:40	高级	284KM
	72	昌乐	13:00	高级	230KM
	73	山亭	9:30\15:40	中级	130KM
	74	薛城	10:10\(停班)10:40(停班)\13:30	中级	125KM
	75	楼德	9:00\13:10	中级	164KM
	76	高塘	13:50	中级	360KM
	77	东莞(停)			
	78	天宝	12:40	中级	135KM
	79	两城	13:50	中级	170KM
	80	桑元	12:20	中级	120KM
	81	莱钢	13:40	中级	145KM
	82	汶上	13:40	中级	242KM
	83	涧头	11:40(班次暂停)	普客	130KM
	84	峄城	11:00(班次暂停)	中级	120KM

续表

序号		到站	发车时间	车型	里程
	85	泗水	12:56\13:56\14:26(停)\14:56	中级	127KM
	86	安丘(停)			
	87	台儿庄	13:00	中级	94KM
	88	龙须岛	(停)		
	89	乳山	8:00(长期停班)	中级	440KM
	90	牟平(停)			
	91	临淄	(无)	中级	
	92	邹平	10:40	中级	292KM
	93	肥城	14:20	中级	245KM
	94	东明	(无)	中级	349KM
	95	桑村	8:00\14:30	中级	140KM

市内班次

序号		到站	发车时间	车型	里程
	1	苍山	6:00 - -19:00(每 8 分钟)	普客	42KM
	2	郯城(东)	6:00 - -19:00(每 8 分钟)	中级	62KM
	3	郯城(西)	6:10 - -19:00(每 13 分钟)	普客	62KM
	4	临沭	6:06 -19:00(每 9 分钟)	普客	38KM
	5	莒南	6:00 - -19:00(每 8 分钟)	普客	56KM
	6	沂南(东)	6:00 - -19:00(每 16 分钟)	普客	70KM
	7	沂南(西)	5:00 - -19:00(每 16 分钟)	普客	70KM
	8	沂水	6:00 - -19:00(每 14 分钟)	中级	96KM
	9	蒙阴	6:00 - -18:20(每 17 分钟)	普客	96KM
	10	平邑	5:28 - -19:00(每 10 分钟)	普客	85KM
	11	费县	6:00 - -19:30(每 6 分钟)	普客	40KM
	12	梁邱	6:00 - -18:00(每 17 分钟)	普客	59KM
	13	上冶	6:20 - -17:40(每 11 分钟)	普客	74KM
	14	白彦	6:00\6:40\7:30\8:20\9:10\10:00\10:50\11:40 \12:30 \13:20\14:10\15:00\15:50\16:40\17:40	普客	78KM
	15	芍药山	7:00\17:30(25 分钟一班)	普客	49KM
	16	卞桥	7:00\7:40\8:30\10:00\11:00\12:20\13:20\15:00 \15:30\16:20	普客	76KM

续表

序号		到站	发车时间	车型	里程
	17	柏林	11:50\17:00	普客	88KM
	18	岱崮	6:30\7:05\7:50\9:00\10:20\11:20\12:20\12:50 \13:20\13:50\14:30\15:40	中级	143KM
	19	丰阳	8:00\14:40	中级	107KM
	20	泮池	11:20\11:40	中级	131KM
	21	韩旺	12:10	中级	140KM
	22	龙湾	9:40\11:30\12:00(停)\13:30	中级	150KM
	23	官庄	12:30	中级	146KM
	24	诸葛	11:00	中级	124KM
	25	庞庄	9:00\15:30	中级	110KM
	26	苏村	12:10	中级	73KM
	27	牛岚	7:15\8:20\13:40\14:30	中级	78KM

临沂火车站旅客列车时间表

临沂站

车次↑	始发站	始发时间	到站时间	查询站	开车时间	终点站	终点时间	里程
1450/1451	日照	14:00	15:31	临沂	15:37	牡丹江	23:41	2419
1452/1449	牡丹江	16:48	04:18	临沂	04:22	日照	06:00	2419
2150/2151	郑州	21:52	05:51	临沂	05:54	日照	07:32	710
2152/2149	日照	19:23	20:52	临沂	20:56	新乡	04:25	630
5018/5019	烟台	08:45	15:12	临沂	15:22	菏泽	20:00	754
5020/5017	菏泽	19:30	23:58	临沂	00:06	烟台	07:29	754
5026/5027	青岛	07:28	13:35	临沂	13:47	菏泽	18:29	623
5028/5025	菏泽	20:50	01:22	临沂	01:32	青岛	06:36	623
5036/5037	枣庄西	07:50	11:29	临沂	11:37	烟台	19:19	710
5038/5035	烟台	21:32	03:15	临沂	03:22	枣庄西	07:06	710
K1066/K1067	威海	09:35	17:34	临沂	17:36	汉口	05:37	1268
K1068/K1065	汉口	07:45	20:01	临沂	20:10	威海	05:00	1268
K1160/K1161	广州	10:00	13:41	临沂	13:47	烟台	21:50	2574
K1162/K1159	烟台	09:03	15:29	临沂	15:34	广州	20:56	2574

续表

车次↑	始发站	始发时间	到站时间	查询站	开车时间	终点站	终点时间	里程
K415/K414	扬州	08:45	17:30	临沂	17:36	青岛	21:37	835
K416/K413	青岛	08:00	12:15	临沂	12:18	扬州	21:40	835
K51	北京	23:08	09:29	临沂	09:33	日照	11:11	967
K52	日照	17:05	18:34	临沂	18:36	北京	05:20	967
K8272/K8273	日照	08:50	10:19	临沂	10:22	烟台	22:01	996
K8274/K8271	烟台	08:30	20:25	临沂	20:28	日照	22:07	996
K8281	济南	08:11	12:18	临沂	12:21	日照	14:10	472
K8282	日照	14:41	16:18	临沂	16:21	济南	20:50	472
L256/L257	成都	16:29	02:29	临沂	02:35	烟台	09:35	2491
L258/L255	烟台	10:38	18:02	临沂	18:22	成都	06:30	2491

临沂北站

车次↑	始发站	始发时间	到站时间	查询站	开车时间	终点站	终点时间	里程
L256/L257	成都	16:29	02:29	临沂北	02:35	烟台	09:35	2491
K416/K413	青岛	08:00	12:15	临沂北	12:18	扬州	21:40	835
K1160/K1161	广州	10:00	13:41	临沂北	13:47	烟台	21:50	2574
K1162/K1159	烟台	09:03	15:29	临沂北	15:34	广州	20:56	2574
K415/K414	扬州	08:45	17:30	临沂北	17:36	青岛	21:37	835
K1066/K1067	威海	09:35	17:34	临沂北	17:36	汉口	05:37	1268
L258/L255	烟台	10:38	18:02	临沂北	18:22	成都	06:30	2491
K1068/K1065	汉口	07:45	20:01	临沂北	20:10	威海	05:00	1268

临沂飞机场航班时刻表

出港航班

航程	航班号	起飞时间	到达时间	班期	票价(元)	机型
临沂－南苑	KN2270	9:50	10:55	每日	690	737
临沂－南苑	KN2294	13:10	14:10	2、4、6	690	738
临沂－首都	MU2074	22:00	23:25	每日	690	737
临沂－虹桥	MU2340	10:10	11:30	每日	710	737
	FM9238	20:55	22:20	每日		737
临沂－广州	ZH9748	11:45	14:05	每日	1250	A319

续表

航程	航班号	起飞时间	到达时间	班期	票价(元)	机型
临沂－杭州	MU2668	15:45	17:05	每日	790	737
临沂－厦门	MU2668	15:45	19:30	每日	1350	737
临沂－大连	MU5773	10:30	11:30	每日	690	73D
临沂－昆明	MU5774	13:50	17:00	每日	2000	73D
临沂－成都	3U8816	17:25	20:00	1、3、5、7	1800	A320
临沂－长沙	MU5854	16:25	18:15	1、3、5	1200	737
临沂－丽江	MU5854	16:25	21:40	1、3、5	2650	737
临沂－桂林	HU7836	12:35	14:55	1、3、5	1490	738
临沂－海口	HU7836	12:35	16:55	1、3、5	1990	738
临沂－温州	CZ3316	12:55	14:25	1、5	930	A320
临沂－深圳	CZ3316	12:55	17:15	1、5	1560	A320

进港航班

航程	航班号	起飞时间	到达时间	班期	票价(元)	机型
南苑－临沂	KN2269	8:05	9:05	每日	690	737
南苑－临沂	KN2293	11:20	12:20	2、4、6	690	738
首都－临沂	MU2073	19:45	21:15	每日	690	737
虹桥－临沂	MU2339	8:15	9:20	每日	710	737
	FM9237	18:35	20:00	每日		737
广州－临沂	ZH9747	8:45	11:00	每日	1250	A319
厦门－临沂	MU2667	11:45	15:00	每日	1350	737
杭州－临沂	MU2667	13:50	15:00	每日	790	737
昆明－临沂	MU5773	7:00	9:50	每日	2000	73D
大连－临沂	MU5774	12:10	13:10	每日	690	73D
成都－临沂	3U8815	14:25	16:35	1、3、5、7	1800	A320
丽江－临沂	MU5853	11:00	15:45	1、3、5	2650	737
长沙－临沂	MU5853	13:55	15:45	1、3、5	1200	737
海口－临沂	HU7835	7:25	11:45	1、3、5	1990	738
桂林－临沂	HU7835	9:40	11:45	1、3、5	1490	738
深圳－临沂	CZ3315	7:55	12:10	1、5	1560	A320
温州－临沂	CZ3315	10:40	12:10	1、5	930	A320

主题索引

说明:1、索引的主题词 后面的数字表示内容所在的页码,数字后的拉丁字母表示该页自左至右的栏别。

2、以下内容顺序是按拼音排列。

H

J

L

M

表格索引